# MANUAL DE CONTABILIDADE BANCÁRIA

**APLICÁVEL A TODAS AS ENTIDADES AUTORIZADAS PELO BANCO CENTRAL DO BRASIL**

O GEN | Grupo Editorial Nacional – maior plataforma editorial brasileira no segmento científico, técnico e profissional – publica conteúdos nas áreas de ciências sociais aplicadas, exatas, humanas, jurídicas e da saúde, além de prover serviços direcionados à educação continuada e à preparação para concursos.

As editoras que integram o GEN, das mais respeitadas no mercado editorial, construíram catálogos inigualáveis, com obras decisivas para a formação acadêmica e o aperfeiçoamento de várias gerações de profissionais e estudantes, tendo se tornado sinônimo de qualidade e seriedade.

A missão do GEN e dos núcleos de conteúdo que o compõem é prover a melhor informação científica e distribuí-la de maneira flexível e conveniente, a preços justos, gerando benefícios e servindo a autores, docentes, livreiros, funcionários, colaboradores e acionistas.

Nosso comportamento ético incondicional e nossa responsabilidade social e ambiental são reforçados pela natureza educacional de nossa atividade e dão sustentabilidade ao crescimento contínuo e à rentabilidade do grupo.

ERIC **BARRETO**

coordenador

# MANUAL DE CONTABILIDADE BANCÁRIA

## APLICÁVEL A TODAS AS ENTIDADES AUTORIZADAS PELO BANCO CENTRAL DO BRASIL

Ademir Luiz Bortolatto Junior
Alexandre Gonzales
Alexei De Bona
Carlos Quinteiro
Claudio Filgueiras Pacheco Moreira
Cristiane Tiemi Kussaba
Diana Lúcia de Almeida
Ênio Bonafé Mendonça de Souza
Eric Barreto
Fabio Bassi de Oliveira
Giovanna do Nascimento Ferraz

Gisele Sterzeck
Ivanice Teles Floret
Jaime Massaharu Nakata
Joanília Neide de Sales Cia
Julio Cesar Zanini
Maria Camila Baigorri
Marlon Soares Fernandes
Rodrigo Andrade de Morais
Uverlan Rodrigues Primo
Wesley Mendes Carvalho

Denis Eduardo Pereira (*revisor*)

- O coordenador deste livro e a editora empenharam seus melhores esforços para assegurar que as informações e os procedimentos apresentados no texto estejam em acordo com os padrões aceitos à época da publicação, *e todos os dados foram atualizados pelo coordenador até a data de fechamento do livro*. Entretanto, tendo em conta a evolução das ciências, as atualizações legislativas, as mudanças regulamentares governamentais e o constante fluxo de novas informações sobre os temas que constam do livro, recomendamos enfaticamente que os leitores consultem sempre outras fontes fidedignas, de modo a se certificarem de que as informações contidas no texto estão corretas e de que não houve alterações nas recomendações ou na legislação regulamentadora.

- Data do fechamento do livro: 29/09/2023

- O coordenador e a editora se empenharam para citar adequadamente e dar o devido crédito a todos os detentores de direitos autorais de qualquer material utilizado neste livro, dispondo-se a possíveis acertos posteriores caso, inadvertida e involuntariamente, a identificação de algum deles tenha sido omitida.

- **Atendimento ao cliente: (11) 5080-0751 | faleconosco@grupogen.com.br**

- Direitos exclusivos para a língua portuguesa
  *Copyright* © 2024, 2025 (2ª impressão) by
  **Editora Atlas Ltda.**
  *Uma editora integrante do GEN | Grupo Editorial Nacional*
  Travessa do Ouvidor, 11
  Rio de Janeiro – RJ – 20040-040
  www.grupogen.com.br

- Reservados todos os direitos. É proibida a duplicação ou reprodução deste volume, no todo ou em parte, em quaisquer formas ou por quaisquer meios (eletrônico, mecânico, gravação, fotocópia, distribuição pela Internet ou outros), sem permissão, por escrito, da Editora Atlas Ltda.

- Capa: Manu | OFÁ Design

- Imagem de capa: Cinefootage Visuals | iStockphoto

- Editoração Eletrônica: Sílaba Produção Editorial

- Ficha catalográfica

---

M251

Manual de contabilidade bancária: aplicável a todas as entidades autorizadas pelo Banco Central do Brasil / coordenação Eric Barreto ; Ademir Luiz Bortolatto Junior ... [et al.]; revisor Denis Eduardo Pereira. – 1. ed. [2ª Reimp.] – Barueri [SP]: Atlas, 2025.

: il.

Inclui bibliografia e índice

ISBN 978-65-5977-543-9

1. Contabilidade bancária. I. Barreto, Eric. II. Bortolatto Junior, Ademir Luiz. III. Pereira, Denis Eduardo.

23-85261    CDD-657.833

CDU-657:336.7

---

Gabriela Faray Ferreira Lopes – Bibliotecária – CRB-7/6643

*Para Tathiana e amigos do Sway.*

# SOBRE O COORDENADOR, OS AUTORES E OS REVISORES

**Eric Barreto (autor, revisor e coordenador)**
Doutor, mestre e bacharel em Ciências Contábeis pela Faculdade de Economia, Administração, Contabilidade e Atuária da Universidade de São Paulo (FEA-USP), é professor do Insper e sócio da M2M SABER e da Ok.ai. É um dos maiores especialistas em instrumentos financeiros, contabilidade bancária e *fintechs* do Brasil. Foi coordenador e professor em diversas escolas de negócios, e executivo em bancos e empresas de consultoria. É autor e organizador de livros sobre contabilidade de instrumentos financeiros – IFRS 9/CPC 48, contabilidade a valor justo – IFRS 13, contabilidade de derivativos e *hedge accounting* e contabilidade bancária.

**Ademir Luiz Bortolatto Junior (autor e revisor)**
Graduado em Ciências Contábeis pela Universidade Estadual de Mato Grosso do Sul (UEMS), mestre em Ciências Contábeis pela FEA-USP, é professor na pós-graduação da Fundação Escola de Comércio Álvares Penteado (FECAP) e da Trevisan, além de ser bancário. Tem experiência nas áreas de contabilidade e finanças e em empresas de consultoria e instituições financeiras, com foco em IFRS e contabilidade bancária (Cosif).

**Alexandre Gonzales (autor)**
Doutor em Controladoria e Contabilidade pela FEA-USP. Mestre em Ciências Contábeis e Atuariais pela Pontifícia Universidade Católica de São Paulo (PUC-SP). Especialista em Direito Tributário pelo Instituto Brasileiro de Estudos Tributários (IBET). Contador pela Universidade Presbiteriana Mackenzie. Professor do Insper. Profissional da área contábil e tributária há mais de 30 anos. Atua na docência há 15 anos. Autor de dezenas de artigos acadêmicos, livro, capítulos de livros. Coidealizador do canal Balanços Macabros.

**Alexei De Bona (autor e revisor)**
Contador e Especialista em Finanças pela Universidade Federal do Paraná (UFPR), tem mais de 30 anos de experiência no mercado financeiro no Brasil, na Europa e na Ásia. Atua há mais de 15 anos com implementação de normas IFRS e de projetos transformacionais em funções de controladoria, mais recentemente novos produtos digitais e novos negócios do mundo de *startups*. Lidera ações de divulgação de práticas *Environmental*, *Social* e *Governance* (ESG) nas demonstrações contábeis, bem como da estruturação de políticas contábeis voltadas ao tema, incluindo a aquisição de créditos de carbono e compensação de emissões de $CO^2$.

**Carlos Quinteiro (autor e revisor)**
Consultor e empresário na área de serviços profissionais de contabilidade, controladoria e tributos

para empresas de pequeno, médio e grande portes. É professor de cursos de graduação e pós-graduação em diversas instituições, como Saint Paul, Fundação Instituto de Pesquisas Contábeis, Atuariais e Financeiras (Fipecafi) e outras. Bacharel e mestre em Contabilidade pela FEA-USP. Tem experiência nas áreas de controladoria e contabilidade, com ênfase em mercado financeiro, IFRS, controladoria e relações com investidores (RI).

### Claudio Filgueiras Pacheco Moreira (autor e revisor)

Contador e mestre em Contabilidade – Derivativos, pela Universidade do Estado do Rio de Janeiro (UERJ). Trabalha no Banco Central do Brasil (BCB) desde 1998, com passagens pela supervisão de bancos, financeiras, corretoras e distribuidoras, administradoras de consórcios e cooperativas de crédito. Desde 2017, é o chefe da unidade responsável pelo crédito rural no BCB. Foi professor de Contabilidade das Instituições Financeiras, Sistema Financeiro Nacional e Mercado de Títulos e Derivativos na Universidade do Federal do Rio de Janeiro (UFRJ), UERJ, Universidade La Salle e Universidade Gama Filho (UGF), além de ser autor de livro sobre contabilidade bancária. Antes do BCB, foi oficial da Marinha do Brasil (área financeira), formado pela Escola Naval (EM).

### Cristiane Tiemi Kussaba (autora)

Mestre em Controladoria e Contabilidade e bacharel em Ciências Contábeis pela FEA-USP, é professora do Insper, Saint Paul Escola de Negócios, Instituto Israelita de Ensino e Pesquisa Albert Einstein, Escola de Negócios Europeia de Barcelona, entre outras universidades e escolas de negócio. É head acadêmica na Saint Paul Escola de Negócios e na FBM Educação. Tem mais de 10 anos de experiência como especialista em normas e pareceres contábeis em empresas de consultorias e bancos. É coautora dos livros *IFRS no Brasil: temas avançados abordados por meio de casos reais* e *Contabilidade bancária*.

### Denis Eduardo Pereira (revisor)

Mestre em Economia pelo Insper, MBA *Data Analitycs* (USP-ESASLQ), bacharel em Administração pela Fundação Armando Alvares Penteado (FAAP). Professor da Fundação Instituto de Administração (FIA). Sócio da Deloitte, com mais de 20 anos de experiência no mercado financeiro atuando em diversos departamentos de bancos, consultorias e no fundo garantidor de crédito. Tem experiência em Tesouraria, Risco de mercado, Risco de liquidez e ALM, Risco de crédito, Modelagem, Gestão de Riscos Integrados e Capital.

### Diana Lúcia de Almeida (autora)

Doutora e mestre em Contabilidade pela FEA-USP, bacharel em Ciências Administrativas e Contábeis pela PUC-Campinas, atua como professora na Fundação Getulio Vargas (FGV) e na Fipecafi. Especialista na área da contabilidade financeira, com atuação em empresas como Big Four, Multinacional Francesa e em um dos maiores bancos brasileiros, em temas recorrentes relacionados aos instrumentos financeiros e de contabilidade bancária. Coautora de livros sobre contabilidade a valor justo – IFRS 13 e contabilidade bancária.

### Ênio Bonafé Mendonça de Souza (autor)

Engenheiro civil, economista e contador. Mestre em Economia, doutor em Contabilidade e Controladoria na FEA-USP. Acumula mais de 30 anos de experiência profissional, tendo sido executivo do mercado financeiro, e diretor setorial de gestão de riscos da Federação Brasileira de Bancos (Febraban). Foi membro de vários comitês e comissões de administração de riscos no mercado, entre eles, CIP e BM&F. Integrou o *Experts Advisory Panel* do IASB, grupo encarregado de assessorar o *board* da entidade na revisão da norma internacional de contabilidade para instrumentos financeiros. É consultor de empresas na área financeira e professor na área de finanças, tendo lecionado disciplinas de gestão de riscos, derivativos, finanças corporativas, econometria e estatística, na Fipe, Fipecafi, Fia, B3, Escola de Administração de Empresas de São Paulo da Fundação Getulio Vargas (FGV-EAESP), Universidade Presbiteriana Mackenzie e FEA-USP.

### Fabio Bassi de Oliveira (autor e revisor)

Mestre em Controladoria e Finanças Empresariais e bacharel em Ciências Contábeis pela Universidade Presbiteriana Mackenzie, professor de cursos de pós-graduação e profissional da área contábil com mais de 10 anos de experiência em bancos nacionais e internacionais, com foco em instrumentos financeiros.

### Giovanna do Nascimento Ferraz (autora e revisora)

Graduada em Ciências Contábeis pela Universidade Presbiteriana Mackenzie. Pós-graduada em Finanças e Riscos pela Fipecafi. Mestranda em Economia pela FGV. Tem mais de 10 anos de experiência nas áreas de contabilidade e finanças. É certificada em IFRS pelo Institute of Chartered Accountants in England and Wales (ICAEW).

### Gisele Sterzeck (autora e revisora)

Doutora, mestre e bacharel em Ciências Contábeis pela FEA-USP. É professora na Fipecafi. Sócia de consultoria contábil na PwC. Além de sua experiência no mercado brasileiro, também tem experiência internacional na PwC Boston (EUA), onde atuou por dois anos. Reconhecida por sua especialidade em consultoria contábil, nas áreas de instrumentos financeiros, *hedge accounting*, reconhecimento de receita e contratos de seguros. Coordena projetos de implementação de IFRS em instituições financeiras e seguradoras. Dedica-se às atividades de educação continuada e treinamentos na PwC. Ministra cursos de IFRS tanto internamente quanto para clientes.

### Ivanice Teles Floret (autora e revisora)

Mestre em Ciências Contábeis pela PUC-SP, graduada e pós-graduada em Ciências Contábeis pela Universidade Católica de Salvador (UCSal). Tem aproximadamente 20 anos de experiência nas áreas de contabilidade e finanças. Já foi professora em cursos de graduação e MBA e ministrou treinamentos de finanças em instituições financeiras de grande porte. Corresponsável pela implementação do IFRS 9 em banco de grande porte. Foi gerente de contabilidade em instituição de pagamentos. É professora da M2M SABER. É responsável pela estruturação contábil de *fintechs* e instituições de pagamento da M2M SABER.

### Jaime Massaharu Nakata (autor)

Economista pela Universidade Estadual de Campinas (Unicamp) com especialização em contabilidade e finanças (CEFIN) pela FEA-USP, vem atuando na área de contabilidade e finanças de instituições financeiras de grande porte durante toda a carreira profissional. É diretor do comitê contábil da Febraban, participando ativamente dos debates de temas contábeis junto ao mercado e ao regulador.

### Joanília Neide de Sales Cia (autora)

Professora sênior da FEA-USP nos cursos de Contabilidade e de Atuária, ministra disciplinas e orienta trabalhos na área de contabilidade de instituições financeiras, de seguro e previdência e de instrumentos financeiros e derivativos, finanças e gestão de riscos. Doutora em Sistemas de Informações e mestre em Finanças pela FGV EAESP, sendo bacharel em Ciências Contábeis pela Universidade de Fortaleza (UNIFOR). Tem mais de 30 anos de experiência em cargos de gestão, consultoria e treinamento nas áreas de contabilidade, finanças e sistemas de informações.

### Julio Cesar Zanini (autor e revisor)

Graduado em Administração de Empresas pela FAE Centro Universitário, em Ciências Contábeis pela Universidade Cesumar, com pós-graduação em Finanças/MBA e Marketing pelo Instituto Superior de Pós-Graduação (ISPG). Com mais de 26 anos no mercado financeiro, atuando em bancos nacionais e internacionais de grande porte, é *expert* em gestão contábil e de capital (Basileia) em instituições financeiras e demais instituições autorizadas a funcionar pelo BCB.

### Maria Camila Baigorri (autora e revisora)

Contadora e mestre em Ciências Contábeis pela Universidade de Brasília (UnB). Ministrou diversos cursos na graduação de Ciências Contábeis, com foco em contabilidade internacional e teoria da contabilidade. Analista do BCB desde 2015. Desde 2020, é chefe da Divisão de Normas Contábeis, Convergência Internacional, Auditoria e Governança Corporativa (Dicon) do Departamento de Regulação do Sistema Financeiro (Denor). Atua, na condição de alterno, no BCBS – *Accounting Experts Group* (AEG) – *Accounting Task Force* (ATF) e na Subcomissão de Demonstrações Contábeis do SGT-4 do Mercosul.

### Marlon Soares Fernandes (autor e revisor)

Graduado em Ciências Contábeis pela FEA-USP, atualmente está cursando mestrado profissional na FGV-EAESP, para obtenção de título em mestre em Gestão para a Competitividade (Finanças e Controladoria). Possui também curso de especialização em gestão de riscos na B3 e contabilidade e finanças na University of La verne (Los Angeles, EUA). Atualmente, é *head* de Negócio e Produto da frente de *Banking as a Service* do *Will Bank*, onde também atuou como *controller*. Atuou também no Nubank como *controller* e foi responsável por estruturar todos os processos contábeis e documentos regulatórios no momento da aprovação do Nubank, pelo BCB, como instituição de pagamento e, posteriormente, como sociedade de crédito, financiamento e investimento (SCFI). Anteriormente, passou pela área de Normas Contábeis do Banco Safra e de controladoria do BTG Pactual.

### Rodrigo Andrade de Morais (autor)

Bacharel em Ciências Contábeis pela Universidade Presbiteriana Mackenzie, pós-graduado em Gestão Financeira e Risco pela Fipecafi e certificado em IFRS pelo Institute of Chartered Accounts in England and Wales, é membro do Comitê de Pronunciamentos Contábeis (CPC), membro do Accounting Standards Advisory Forum (ASAF), diretor do comitê para assuntos contábeis da Febraban e presidente da comissão de administração e finanças da Confederação Nacional das Seguradoras (CNSEG). Com mais de 20 anos de experiência no setor financeiro, é um dos maiores especialistas nas normas internacionais de contabilidade

(IFRS). Foi membro do *Senior Accouting Group* do Institute of Internacional Finance (IIF) e atuou junto ao International Integrated Reporting Council (IIRC) no desenvolvimento do <IR> *Framework*.

**Uverlan Rodrigues Primo (autor)**

Doutor, mestre e bacharel em Ciências Contábeis e bacharel em Economia, é servidor do BCB, onde atua na área de regulação contábil, e professor em cursos de graduação e pós-graduação em contabilidade. É representante do Brasil na Subcomissão de Demonstrações Contábeis do Subgrupo Financeiro do Mercosul e no *Accounting and Audit Experts group* (AAEG) do *Basel Committee on Banking Supervision* (BCBS) e Membro do Conselho de Vogais da Fundação de Apoio aos Comitês de Pronunciamentos Contábeis e de Sustentabilidade (FACPC).

**Wesley Mendes Carvalho (autor e revisor)**

Mestre e bacharel em Ciências Contábeis pela FECAP, com artigos publicados em revistas acadêmicas e anais dos mais importantes congressos da área, fez carreira em empresas de auditoria e consultoria, é *expert* em derivativos, *hedge accounting* e temas contábeis complexos na M2M SABER. Atua também como parecerista e professor de cursos *in company*.

# APRESENTAÇÃO

Em 1997, ingressei na graduação de Ciências Contábeis, na Universidade de São Paulo (USP), onde fui orientado pelo saudoso professor Iran Siqueira Lima, que fez a bondade de me apresentar e de me tornar um entusiasta dos instrumentos financeiros, dos derivativos e das instituições financeiras.

Nesse mesmo ano, comecei minha carreira em empresas de consultoria e tecnologia, e iniciei uma busca por conhecimentos específicos das áreas que abracei. A tarefa foi árdua, pois tínhamos poucos livros da área e nenhum deles teve a pretensão de cobrir todos os campos de atuação das instituições autorizadas pelo Banco Central do Brasil (BCB).

Já em 2007, ingressei no mestrado, onde conheci Carlos Quinteiro, meu amigo e um dos autores deste Manual. Novamente, fui orientado pelo professor Iran, que adicionou tempero às ideias que outros mestres, como Nelson Carvalho, Bruno Salotti, Ariovaldo dos Santos, Eliseu de Almeida e José Roberto Securato, plantaram na minha mente. Ao finalizar o mestrado, o tema da minha dissertação se tornou o primeiro livro do Brasil sobre contabilidade a valor justo, o qual tive a sorte de escrever em parceria com a amiga Diana Almeida, que também é autora deste Manual.

Continuando a trajetória, entre 2012 e 2016, no curso de doutorado, fui orientado pelo grande Alexsandro Broedel Lopes em um trabalho sobre manipulações contábeis ocorridas em um banco brasileiro que havia sido liquidado. Nesse período, tive contato com outros especialistas em instrumentos financeiros – Fernando Caio Galdi e Eduardo Flores – que, junto comigo, escreveram o primeiro livro sobre a nova contabilidade de instrumentos financeiros (IFRS 9/CPC 48) do Brasil. Posteriormente, convidei Fernando e Eduardo para prefaciar, respectivamente, meu livro sobre contabilidade de derivativos e *hedge accounting*, e este Manual de contabilidade bancária. Além do Eduardo, o querido professor José Carlos Marion também nos brindou com um prefácio nesta primeira edição. Sobre o livro de derivativos e *hedge*, importante lembrar que o Wesley Carvalho, que o coordenou junto comigo, também é autor deste Manual.

Em minha opinião, a qual tenho certeza que é compartilhada por boa parte daqueles que militam na área bancária, há muito esperávamos por uma obra como esta, cuja proposta é tornar-se referência na contabilidade daquilo que é o negócio dos bancos, sociedades de crédito, instituições de pagamento e outras entidades autorizadas pelo BCB: pagamentos, crédito, investimentos, câmbio e proteção financeira, sem substituir obras com propósitos distintos... O nosso querido e histórico *Manual de Contabilidade Societária*, da Fipecafi e do GEN | Atlas, por exemplo, continuará sendo referência para contadores das empresas não financeiras, assim como servirá para aprofundamento em aspectos "não bancários" dos contadores de instituições autorizadas pelo Banco Central.

A normatização contábil é uma matéria viva, que evolui junto com a sociedade e suas novas formas de fazer negócio, e o BCB, como normatizador, mostra competência e trabalho, independentemente do governo do momento. Novos desafios, como alinhar o padrão contábil ao internacional ou acompanhar as tendências de instituições altamente tecnológicas, foram superados com maestria; em contrapartida, deixaram o mercado ainda mais carente de conhecimento.

Ao organizar esta obra, tive a felicidade de ter por perto alguns dos maiores especialistas na área. Além daqueles que já mencionei, pude contar com Maria Camila Baigorri, Claudio Filgueiras e Uverlan Primo, funcionários experientes do BCB e autores de livros e artigos inspiradores; Alexei De Bona, Jaime Nakata, Marlon Fernandes e Rodrigo Morais, alguns dos mais destacados profissionais de contabilidade bancária e internacional, que brilham nos encontros das associações e federações de bancos e *fintechs*; Denis Pereira e Gisele Sterzeck, trazendo a competência das empresas de auditoria; Ademir Bortolatto, Alexandre Gonzales, Cristiane Kussaba, Enio Bonafé, Fábio Bassi, Ivanice Teles e Joanília, que, além de serem excelentes profissionais, atuam como professores em importantes escolas; e meus colegas de M2M SABER, Giovanna Ferraz e Julio Zanini, parceiros de todos os dias. Foram essas pessoas que deram vida ao sonho de organizar e esquematizar o conhecimento em contabilidade bancária, que espero ser útil a muitos profissionais e estudantes e que sigam evoluindo junto com a nossa sociedade e com a normatização.

Por último, gostaria de acrescentar que este Manual é resultado de um trabalho conjunto, e que, algumas vezes, eu, como coordenador, tive que optar por um determinado caminho de interpretação ou de didática. Assim, a contribuição individual dos autores não reflete, em nenhum aspecto, a opinião das entidades que representam.

*Eric Barreto*

# PREFÁCIO

Felizmente, teremos um *Manual de Contabilidade Bancária*. Viva!

Há muito esperávamos poder contar com um conteúdo de superior qualidade voltado à aplicação e ao ensino da contabilidade bancária no Brasil, quer seja nos cursos de graduação, quer seja nos cursos de pós-graduação.

Não obstante a relevância deste livro para o desenvolvimento da profissão contábil, é necessário caracterizar que a evidência da pesquisa acadêmica robusta tem demonstrado que não é factível o desenvolvimento econômico-social sem o respectivo desenvolvimento do setor bancário.

Desde os primórdios, assírios e sumérios, passando pela antiguidade grega em suas mais diferentes datações, culminando na renascença italiana, é observado que o surgimento de novas formas de lidar com os recursos financeiros é imperativo para consecução do planejamento público-privado e, por conseguinte, obtenção de um estado de bem-estar social mais equitativo e justo.

Sem que os mercados financeiros tivessem ganhando "musculatura", provavelmente relevantíssimas áreas sociais não teriam ascendido aos seus patamares contemporâneos. Seria impraticável o desenvolvimento de mecanismos de aposentação, por exemplo, sem que houvesse a intermediação bancária visando aplicar os excedentes e garantir-lhes retornos financeiros na forma de juros, mesmo em ocasiões nas quais tais projetos vão à bancarrota.

Outrossim, instrumentos mais sofisticados voltados à gestão de riscos de variações de preços, mudanças de taxas e oscilações de índices, como os derivativos, os quais permitem maiores estabilizações para gestão das finanças corporativas, não teriam se popularizado sem a proeminência dos mercados bancários.

É sempre oportuno ressaltar, quando se toca na temática de derivativos, que as crises bancárias associadas a esses instrumentos poucas vezes têm surgido em decorrência de produtos mal estruturados ou pouco seguros sob o prisma financeiro. Antes, pelo contrário, as crises bancárias envolvendo derivativos, senão todas, ao menos em grande parte, possuem um componente moral em sua gênese, cujas decorrências culminam por criar um efeito de se culpar o mercado financeiro, quando, a bem da verdade, a problemática reside em regulações inócuas ou em atributos da própria ética humana.

Com relação a interassociação com a contabilidade, cumpre ressaltar que o desenvolvimento dos mercados bancários se confunde com o próprio avanço da contabilidade como área do conhecimento humano que visa metrificar e divulgar as mudanças patrimoniais ao decorrer do tempo de continuidade das organizações.

O estudo contábil tem permitido que indivíduos e entidades desmistifiquem modelos de negócios por meio da compreensão de como esses empreendimentos irão gerar ou consumir caixa, e isto é uma ferramenta essencial para o mercado bancário. Diferentemente de uma indústria de manufatura, na qual é possível verificar o emprego de matérias-primas objetivando a confecção de produtos acabados, a operação de um banco, por exemplo, tem uma natureza muito mais abstrata à medida que os fluxos financeiros circulam, quer seja em espécie, quer seja em meio virtual, transitando de agentes superavitários para agentes deficitários, de modo que as instituições financeiras precisam ter absoluto controle de tudo o que acontece sob a sua intermediação e, portanto, carecem de um regramento contábil de vanguarda.

Aliás, por se falar em intermediação financeira, o Balanço Patrimonial de um banco pode ser compreendido, em alguma medida, como o controle das posições dos agentes superavitários no tocante aos passivos bancários, *vis-à-vis* ao controle das posições dos agentes deficitários no que consiste aos registros de ativos financeiros. Trata-se de uma compreensão relevantíssima que precisa ser democratizada por meio de iniciativas educacionais como o feito deste livro, pois a tônica econômica do século XXI, no que se refere à economia produtiva, parece ser a de que as empresas se posicionam como agentes de intermediação e não como efetivos executores nos ramos em que atuam – isto é, provedores de serviços têm se mostrado mais próximos de agentes de intermediação.

Fator de relevância ímpar para o estudo da contabilidade bancária consiste no correto entendimento da composição e movimentação das taxas de juros. É mister compreender como a expansão dos gastos públicos, aumentos na inflação, variações cambiais, dentre outros elementos, afetam esse vetor de balanceamento do sistema financeiro. É importante recobrar que o juro é uma invenção humana e não uma criação do cosmos. Portanto, não basta aos que se dedicam ao estudo da contabilidade bancária simplesmente aceitar que as taxas de juros são fatores dados pelo mercado, mas buscar compreender a esmo as razões e decorrências de suas formações e variações.

O juro é o valor do dinheiro no tempo – essa é a definição básica de manuais de matemática financeira – contudo, afinal, o que isso quer dizer? Em síntese estreita: o juro é o preço do dinheiro, é a medida de remuneração para se trocar gasto presente por consumo futuro e isso quer dizer muito para os que aprenderam a ler nas entrelinhas das demonstrações contábeis das instituições financeiras e, sobretudo, vislumbrar as sinalizações que os relatórios contábeis nos transmitem.

Adicionalmente, incutir na mentalidade dos contadores de um modo geral que não é possível que o preço à vista e o preço a prazo possuem valores idênticos é desmitificar que não é porque não se pratica o ajuste a valor presente em uma organização que não se tem juros embutidos em suas operações de venda a prazo. Aliás, uma entidade que vende à vista e a prazo pelos mesmos valores e afiança não haver juros embutidos em seus preços futuros tem de lidar com um problema teológico e não financeiro, à medida que tal fato somente seria possível por intermédio de um milagre!

A força de juros é muito mais bem compreendida a partir do estudo da contabilidade bancária, pois o juro é um fator precípuo de remuneração das instituições financeiras. Não por outra razão, a contabilidade bancária é dotada de normatização própria visando assegurar que os juros sejam registrados no resultado das entidades em medida temporal adequada, bem como em volume razoavelmente seguro de sua conversão em caixa.

Ainda no tocante às competências necessárias para boa compreensão da contabilidade bancária, sobressai o conceito do valor justo, ou como o cacoete de alguns profissionais ainda insiste em chamar de marcação a mercado. A mensuração a valor justo consiste em levar as posições de ativos e passivos a valores de saída, isto é, valores de liquidação. Esse fator é essencial no segmento bancário, pois o que importa para manutenção da solvência de uma instituição financeira é a sua capacidade de realizar os pagamentos relativos aos recursos captados junto a terceiros. Posto isso, as posições contábeis precisam estar a valores de realização na data de suas mensurações para que os bancos avaliem a higidez dos seus saldos em tesouraria.

Sem maiores delongas, o presente livro cumpre um papel relevantíssimo na literatura contábil nacional, abrindo campo para que haja maior inserção da disciplina de contabilidade bancária nos cursos de graduação, de modo que tal disciplina possa ser lecionada com rigor acadêmico e agregação de efetivo valor cognitivo aos estudantes que se debruçarem sobre essa temática.

Mais do que parabenizar os autores capitaneados pelo professor Eric Barreto, compete-me agradecer-lhes pelo tempo disponibilizado para levarem a cabo este material. Tenho a inestimável alegria de verificar duas características no corpo autoral da presente obra: (i) o fato de que expressiva parte dos autores são amigos de longa data, os quais tive a oportunidade de conhecer nas mais variadas fileiras de minha carreira; e (ii) que boa parte dos acadêmicos que assinam este livro são egressos de instituições nas quais eu tive e ainda tenho o imenso prazer de atuar, como a Universidade de São Paulo.

Meus agradecimentos por esse conteúdo e o mais honesto desejo de que este livro culmine por efetivamente aprofundar o conhecimento sobre a contabilidade bancária nacional.

*Eduardo Flores*
Professor do Departamento de Contabilidade e
Atuária da Universidade de São Paulo (USP)
Cidade Universitária, 10 de março de 2023.

# PREFÁCIO

Quando recebi o convite de prefaciar este tão relevante livro, fiquei empolgado, pois havia um vazio a ser preenchido nesta área. Meu sentimento sobre este vazio é desde a minha graduação em Contabilidade, na década de 1970.

Minha empolgação foi ainda maior ao saber que o professor Eric Barreto coordenaria este projeto, e que também teria o professor Alexandre Gonzalez, entre outros colegas, como autores deste ousado trabalho, inédito em uma área tão carente.

A parceria GEN | Atlas e Fipecafi vem endossar a excelência e a importância desta obra. Sem dúvida, essas instituições, em conjunto com a equipe de autores, consolidam um selo de qualidade. São centenas de páginas que praticamente cobrem todo o cerne do conteúdo contábil desta área.

A excelência deste trabalho é consolidada pela diversificação de professores, pesquisadores e profissionais de contabilidade bancária, que militam em instituições como Insper, Fipecafi, Fecap, Faculdade Trevisan, Banco BV, BCB, Deloitte, FGV, FIA, Fipe, PwC, M2M SABER, Banco Safra, Will Bank, Itaú-Unibanco, etc.

O currículo do coordenador do livro, professor Eric Barreto, é um lastro para o sucesso: autor de *Contabilidade de valor justo*, *Contabilidade de instrumentos financeiros* (GEN | Atlas, 2018), *Contabilidade de derivativos e hedge accounting* (GEN | Atlas, 2022) e coautor de *IFRS no Brasil: temas avançados abordados por meio de casos reais* (GEN | Atlas, 2015).

As Instituições reguladas pelo BCB concentram uma parte importante dos contadores que seguem uma normatização contábil específica: o Plano Cosif. Esse padrão está cada vez mais se alinhando às normas internacionais e nacionais de contabilidade (IFRS e CPC), porém, sempre haverá particularidades, uma vez que as próprias transações das instituições financeiras são mais singulares.

Neste livro, os autores procuram tratar dos principais ativos e passivos dos bancos e outras instituições autorizadas pelo BCB, passando por aspectos mais basilares, desde a normatização até a apresentação de demonstrações financeiras, e outros mais específicos, relacionados aos instrumentos financeiros, sua classificação, sua mensuração, a provisão para perdas esperadas relacionadas ao risco de crédito, à contabilidade de *hedge* e a diversos aspectos que tornam a contabilidade bancária uma área tão interessante.

Prof. Dr. José Carlos Marion
Docente e pesquisador do Mestrado em
Contabilidade e Finanças da Pontifícia
Universidade Católica de São Paulo (PUC-SP).

# ABREVIATURAS E SIGLAS

| | | |
|---|---|---|
| ANEEL | – | Agência Nacional de Energia Elétrica |
| BCB | – | Banco Central do Brasil |
| BCBS | – | *Basel Committee on Banking Supervision* |
| BID | – | Banco Interamericano para o Desenvolvimento |
| BIRD | – | Banco Internacional de Reconstrução e Desenvolvimento |
| BNDES | – | Banco Nacional de Desenvolvimento Econômico e Social |
| CAPM | – | *Capital Asset Pricing Model* (Modelo de precificação de ativos financeiros) |
| CCB | – | Cédula de Crédito Bancário |
| CCE | – | Cédula de Crédito à Exportação |
| CDA | – | Certificado de Depósito Agropecuário |
| CDB | – | Certificado de Depósito Bancário |
| CDI | – | Certificado de Depósito Interfinanceiro |
| CDSFN | – | Central de Demonstrações Financeiras do Sistema Financeiro Nacional |
| CECL | – | *Current Expected Credit Loss* |
| CFC | – | Conselho Federal de Contabilidade |
| CMN | – | Conselho Monetário Nacional |
| Cosif | – | Plano Contábil das Instituições do Sistema Financeiro Nacional |
| CPC | – | Comitê de Pronunciamentos Contábeis |
| CPR | – | Cédula de Produto Rural |
| CRH | – | Cédula Rural Hipotecária |
| CRPH | – | Cédula Rural Pignoratícia Hipotecária |
| CVM | – | Comissão de Valores Mobiliários |
| DCF | – | Demonstração do Fluxo de Caixa |
| DF | – | Demonstração Financeira |
| DRE | – | Demonstração do Resultado do Exercício |
| FASB | – | *Financial Accounting Standards Board* |
| FGC | – | Fundo Garantidor de Crédito |
| FSB | – | *Financial Stability Board* |
| IASB | – | *Internacional Accounting Standards Board* |
| IBGE | – | Instituto Brasileiro de Geografia e Estatística |
| ICAAP | – | Processo Interno de Avaliação da Adequação de Capital |
| IFC | – | *International Finance Corporation* |
| IFRS | – | *International Financial Reporting Standards* |
| IP | – | Instituições de Pagamento |

| | | | |
|---|---|---|---|
| IRRBB | – Taxas de Juros em Instrumentos Classificados na Carteira Bancária | PL | – Patrimônio líquido |
| | | PLA | – Patrimônio líquido ajustado |
| JV | – *Joint Venture* | PR | – Patrimônio de referência |
| LC | – Letra de câmbio | RA | – Razão de Alavancagem |
| LCA | – Letra de crédito do agronegócio | RDB | – Recibo de Depósito Bancário |
| LCI | – Letra de crédito imobiliário | RWA | – *Risk Weighted Asset* |
| LF | – Letra financeira | SFH | – Sistema Financeiro de Habitação |
| LGD | – *Loss Given Default* (Perda incorrida) | SFN | – Sistema Financeiro Nacional |
| LH | – Letra hipotecária | Susep | – Superintendência de Seguros Privados |
| LI | – Letra imobiliária | TJE | – Taxa de juros efetiva |
| LIG | – Letra imobiliária garantida | TR | – Taxa de Referência |
| LNR | – Lucro Não Realizado | UGC | – Unidade Geradora de Caixa |
| LTN | – Letra do Tesouro Nacional | USGAAP | – *United States Generally Accepted Accounting Principles* |
| MEP | – Método da Equivalência Patrimonial | | |
| MoU | – *Memorandum of Understanding* | VF | – Valor futuro |
| NCE | – Nota de Crédito à Exportação | VJPR | |
| NCR | – Nota de Crédito Rural | ou VJR | – Valor Justo por meio do Resultado |
| PANC | – Participação de não controladores | VP | – Valor presente |
| PD | – Probabilidade de *Default* | WA | – *Warrant* Agropecuário |
| PIB | – Produto Interno Bruto | WACC | – Custo Médio Ponderado de Capital |

# SUMÁRIO

## 1 PADRÃO CONTÁBIL DAS INSTITUIÇÕES REGULADAS PELO BANCO CENTRAL DO BRASIL (COSIF), 1
*Fabio Bassi de Oliveira / Alexei De Bona / Giovanna do Nascimento Ferraz / Eric Barreto*

- 1.1 Introdução, 1
- 1.2 Origem do Cosif, 2
- 1.3 Padrão Contábil das Instituições Reguladas pelo Banco Central (Cosif), 2
- 1.4 Distribuição das rubricas, 5
- 1.5 Escrituração contábil, 6
    - 1.5.1 Escrituração contábil por agência, 7
    - 1.5.2 Livros de escrituração, 7
- 1.6 Exercícios, 8
- 1.7 Respostas dos exercícios, 9
- Referências, 9

## 2 SEGMENTAÇÃO DO SISTEMA BANCÁRIO, 11
*Julio Cesar Zanini / Eric Barreto / Giovanna do Nascimento Ferraz*

- 2.1 Introdução, 11
- 2.2 Regulamentação, 11
- 2.3 Segmentos, 12
- 2.4 Porte e atividade internacional, 12

2.5 Regras para alteração do enquadramento, 13
2.6 Alteração do enquadramento – outras informações, 13
2.7 Requerimentos, 13
2.8 Instituições de pagamento, 14
2.9 Exercícios, 14
2.10 Respostas dos exercícios, 14
Apêndice – Definição de termos, 14
Referências, 14

## 3 PRINCÍPIOS GERAIS E PRONUNCIAMENTO CONCEITUAL BÁSICO, 15
*Diana Lúcia de Almeida / Eric Barreto (revisor)*

3.1 Introdução, 15
3.2 Demonstrações financeiras: objetivo, utilidade e limitações, 16
3.3 Características qualitativas das informações financeiras úteis, 17
3.4 Demonstrações financeiras e a entidade que reporta, 19
3.5 Elementos das demonstrações financeiras, 21
    3.5.1 Elementos do Balanço Patrimonial: conceito de ativos, passivos e patrimônio líquido, 21
    3.5.2 Elementos da Demonstração do Resultado: conceito de receitas e despesas, 24
3.6 Reconhecimento dos elementos das demonstrações financeiras, 26
3.7 Baixa dos elementos das demonstrações financeiras, 28
3.8 Mensuração dos elementos das demonstrações financeiras, 28
3.9 Apresentação e divulgação, 31
3.10 Exercícios, 31
3.11 Respostas dos exercícios, 33
3.12 Recomendação de leitura, 34
Referências, 34

## 4 MENSURAÇÃO DO VALOR JUSTO, 35
*Diana Lúcia de Almeida / Ademir Luiz Bortolatto Junior (revisor)*

4.1 Introdução, 35
    4.1.1 Contexto de elaboração da norma, 36
    4.1.2 Conceitos importantes para aplicação da norma, 38
4.2 Mensuração do valor justo, 39
    4.2.1 Mensuração do valor justo de ativos não financeiros, 40
    4.2.2 Mensuração do valor justo de passivos financeiros e instrumentos patrimoniais, 41
    4.2.3 Mensuração de ativos e passivos financeiros com posições líquidas em risco de mercado ou de contraparte, 43
4.3 Técnicas de avaliação, 43
4.4 Hierarquia do valor justo, 44
4.5 Divulgação, 46

4.6 Exercícios, 47
4.7 Respostas dos exercícios, 49
4.8 Recomendação de leitura, 49
Referências, 49

## 5 DISPONIBILIDADES, 51
*Ivanice Teles Floret / Julio Cesar Zanini (revisor) / Giovanna do Nascimento Ferraz (revisora)*

5.1 Introdução, 51
5.2 Demonstração dos fluxos de caixa, 52
5.3 Exercícios, 52
5.4 Respostas dos exercícios, 53
Referências, 53

## 6 OPERAÇÕES INTERFINANCEIRAS DE LIQUIDEZ, 55
*Joanília Neide de Sales Cia / Julio Cesar Zanini / Giovanna do Nascimento Ferraz*

6.1 Introdução, 55
6.2 Operações compromissadas, 56
6.3 Processo de registro das operações compromissadas em instituições financeiras, 57
6.4 Exercícios, 63
6.5 Respostas dos exercícios, 64
Referências, 64

## 7 OPERAÇÕES COM TÍTULOS E VALORES MOBILIÁRIOS, 65
*Ivanice Teles Floret / Julio Cesar Zanini / Giovanna do Nascimento Ferraz*

7.1 Introdução, 65
7.2 Tratamento contábil aplicável aos títulos e valores mobiliários até 31/12/2024, 66
    7.2.1 Classificação de títulos e valores mobiliários – títulos para negociação, 66
    7.2.2 Classificação de títulos e valores mobiliários – títulos disponíveis para venda, 66
    7.2.3 Classificação de títulos e valores mobiliários – títulos mantidos até o vencimento, 66
7.3 Marcação a mercado de títulos e valores mobiliários, 66
7.4 Reclassificação de títulos e valores mobiliários, 67
    7.4.1 Exemplos de contabilização de títulos e valores mobiliários por tipo de categoria, 67
7.5 Novo critério de tratamento contábil de instrumentos financeiros, a partir de 1º/01/2025, 71
7.6 Mensuração subsequente, 72
7.7 Contratos híbridos, 72
7.8 Reclassificação de títulos e valores mobiliários, 73
7.9 Exercícios, 73
7.10 Respostas dos exercícios, 74
Referências, 75

## 8 OPERAÇÕES DE ARRENDAMENTO MERCANTIL, 77
*Maria Camila Baigorri / Uverlan Rodrigues Primo / Eric Barreto (revisor)*

8.1 Introdução, 77
8.2 Conceito, 77
8.3 Classificação, 79
8.4 Tratamento contábil, 79
    8.4.1 Vigente, 79
    8.4.2 Norma internacional, 84
8.5 Exercícios, 88
8.6 Respostas dos exercícios, 89
Referências, 89

## 9 OPERAÇÕES DE CÂMBIO E COMÉRCIO EXTERIOR, 91
*Rodrigo Andrade de Morais / Jaime Massaharu Nakata*

9.1 Introdução, 91
9.2 Definições, 92
9.3 Regras de escrituração, 92
    9.3.1 Plano de contas, 92
    9.3.2 Moeda de escrituração, 92
    9.3.3 Tipos de contratos de câmbio, 93
9.4 Exercícios, 99
9.5 Respostas dos exercícios, 100
Referência, 100

## 10 DESPESAS ANTECIPADAS, 101
*Julio Cesar Zanini / Alexandre Gonzales / Giovanna do Nascimento Ferraz*

10.1 Introdução, 101
10.2 Conteúdo e classificação, 101
10.3 Plano de contas, 102
10.4 Contabilização, 102
10.5 Ajuste a valor presente, 103
10.6 Exercícios, 103
10.7 Respostas dos exercícios, 103
Apêndice – Definição de termos, 103
Referências, 103

## 11 ATIVO IMOBILIZADO, 105
*Julio Cesar Zanini / Alexandre Gonzales / Giovanna do Nascimento Ferraz*

11.1 Introdução, 105
11.2 Mensuração inicial, 105

11.3 Mensuração subsequente, 106
11.4 Classificação e conteúdo das contas, 107
11.5 Baixa do ativo imobilizado, 108
11.6 Divulgação nas demonstrações contábeis, 108
11.7 Reavaliação do ativo imobilizado, 108
11.8 Exercícios, 108
11.9 Respostas dos exercícios, 109
Apêndice – Definição de termos, 109
Referências, 109

## 12 ATIVO INTANGÍVEL, 111
*Ivanice Teles Floret / Fabio Bassi de Oliveira / Giovanna do Nascimento Ferraz*

12.1 Introdução, 111
12.2 Registro contábil de ativo intangível, 112
    12.2.1 Ativos intangíveis desenvolvidos pelas instituições, 112
    12.2.2 Ativos intangíveis recebidos em doação, 113
12.3 Amortização do ativo intangível, 113
    12.3.1 Amortização de ativo intangível com vida útil definida, 113
    12.3.2 Amortização de ativo intangível com vida útil indefinida, 113
12.4 Baixa de ativo intangível, 114
12.5 Exercícios, 114
12.6 Respostas dos exercícios, 114
Referências, 115

## 13 INVESTIMENTOS E MÉTODO DA EQUIVALÊNCIA PATRIMONIAL, 117
*Julio Cesar Zanini / Ademir Luiz Bortolatto Junior / Giovanna do Nascimento Ferraz*

13.1 Introdução, 117
13.2 Controlada, 117
13.3 Coligada, 118
13.4 *Joint venture*, 118
13.5 Reporte do investimento em controladas, 118
13.6 Reporte de investimentos em coligadas e *joint ventures*, 118
13.7 Exemplo de investimento em entidade controlada, 119
13.8 Exemplo de resultado de entidade controlada, 120
13.9 Exemplo de distribuição de dividendos por entidade controlada, 121
13.10 Exemplo de investimento em coligada, 123
13.11 Exemplo de resultado de entidade coligada, 124
13.12 Exemplo de distribuição de dividendos por entidade coligada, 125
13.13 Investimentos em participações societárias sem controle ou influência, 126
13.14 Método da equivalência patrimonial, 126

13.15 Reconhecimento inicial de investimento em participação societária, 127

13.16 Resultado de investimento avaliado pelo Método da Equivalência Patrimonial, 127

13.17 Dividendos pagos por entidade avaliada pelo Método da Equivalência Patrimonial, 127

13.18 Reconhecimento de ágio na aquisição de participações societárias, 128

13.19 Lucro não realizado em transações com entidades ligadas, 128

13.20 Descontinuidade do uso do Método da Equivalência Patrimonial, 128

13.21 Exercícios, 128

13.22 Respostas dos exercícios, 129

Apêndice – Definição de termos, 129

Referências, 129

## 14 REDUÇÃO AO VALOR RECUPERÁVEL DE ATIVOS, 131
*Cristiane Tiemi Kussaba / Gisele Sterzeck (revisora) / Eric Barreto (revisor)*

14.1 Introdução, 131

14.2 Base Normativa – Conselho Monetário Nacional e Banco Central do Brasil, 131

14.3 Definição de redução ao valor recuperável de ativos (*impairment*), 132

14.4 Mensuração do valor recuperável, 132

14.5 Taxa de desconto, 133

14.6 Periodicidade do teste de *impairment*, 134

14.7 Evidências de perda para testes de *impairment*, 134

14.8 Unidade geradora de caixa nos testes de *impairment*, 134

14.9 Reversão da perda por desvalorização (*impairment*), 135

14.10 Exercício resolvido, 135

14.11 Aplicação da redução ao valor recuperável de ativos em instituições financeiras, 137

14.12 Exercícios, 138

14.13 Respostas dos exercícios, 139

Referências, 139

## 15 RECURSOS DE DEPÓSITOS, ACEITES CAMBIAIS, LETRAS, DEBÊNTURES, EMPRÉSTIMOS E REPASSES, 141
*Cristiane Tiemi Kussaba / Diana Lúcia de Almeida*

15.1 Introdução, 141

15.2 Depósitos, 142

15.3 Depósitos à vista, 142

15.4 Depósitos a prazo, 144

15.5 Depósitos de poupança, 145

15.6 Depósitos interfinanceiros, 146

15.7 Depósitos em moedas estrangeiras, 148

15.8 Recursos de aceites cambiais, 148

15.9 Recursos de letras imobiliárias, hipotecárias, financeiras e do agronegócio, 149

15.10 Recursos de debêntures, 151

15.11 Captação por emissão de títulos e valores imobiliários no exterior, 152

15.12 Captação por certificados de operações estruturadas, 153

15.13 Recursos de empréstimos e repasses, 154

15.14 Exercícios, 156

15.15 Respostas dos exercícios, 156

15.16 Recomendação de leitura, 157

Referências, 157

# 16 PROVISÕES, PASSIVOS E CONTINGÊNCIAS, 159
*Alexandre Gonzales / Eric Barreto (revisor)*

16.1 Introdução, 159

16.2 Passivo circulante e passivo não circulante, 160

16.3 Provisões e passivos contingentes, 161

16.4 Ativos contingentes, 163

16.5 Gastos estimados com desmontagem de ativos, 163

16.6 Provisões para devoluções, 165

16.7 Necessidade de formalização para constituição de provisão, 167

16.8 Tratamento fiscal, 167

16.9 Exercícios, 168

16.10 Respostas dos exercícios, 169

Referências, 169

# 17 BENEFÍCIOS A EMPREGADOS, 171
*Ademir Luiz Bortolatto Junior / Giovanna do Nascimento Ferraz*

17.1 Introdução, 171

17.2 Base Normativa – Conselho Monetário Nacional e Banco Central do Brasil, 171

17.3 Introdução ao Pronunciamento Técnico CPC 33 (R1) – Benefícios a Empregados, 172

    17.3.1 Benefícios de curto prazo, 173

    17.3.2 Benefícios pós-emprego, 174

    17.3.3 Benefícios de longo prazo, 178

    17.3.4 Benefícios rescisórios, 178

17.4 Exercícios, 179

17.5 Respostas dos exercícios, 179

Referências, 180

# 18 PAGAMENTO BASEADO EM AÇÕES, 181
*Ademir Luiz Bortolatto Junior / Eric Barreto / Giovanna do Nascimento Ferraz*

18.1 Introdução, 181

18.2 Base Normativa – Conselho Monetário Nacional e Banco Central do Brasil, 181

18.3 Reconhecimento e mensuração de transação com pagamento baseado em ações, 182

18.4 Condições de aquisição de direitos (*vesting conditions*), 182

18.5 Divulgação de transações com pagamento baseado em ações, 183

18.6 Exemplo prático de contabilização, 183

18.7 Exercícios, 183

18.8 Respostas dos exercícios, 184

Referências, 184

## 19 RESULTADO POR AÇÃO, 185
*Ademir Luiz Bortolatto Junior / Giovanna do Nascimento Ferraz / Eric Barreto*

19.1 Introdução, 185

19.2 Base Normativa – Conselho Monetário Nacional e Banco Central do Brasil, 185

19.3 Introdução ao Pronunciamento Técnico CPC 41 – Resultado por Ação, 186

19.4 Resultado básico por ação, 186

19.5 Resultado diluído por ação, 187

19.6 Exercícios, 187

19.7 Respostas dos exercícios, 188

Referências, 188

## 20 EVENTO SUBSEQUENTE, 189
*Fabio Bassi de Oliveira / Cristiane Tiemi Kussaba / Eric Barreto*

20.1 Introdução, 189

20.2 O que é um evento subsequente, 190

20.3 Quando o evento é considerado evento subsequente, 190

20.4 Quando o evento subsequente demanda ajustes, 190

20.5 Quando o evento subsequente não requer ajustes, 191

20.6 Dividendos, 192

20.7 Continuidade, 192

20.8 Divulgação, 193

20.9 Exercícios, 193

20.10 Respostas dos exercícios, 194

Referências, 194

## 21 POLÍTICAS CONTÁBEIS, MUDANÇA DE ESTIMATIVA E RETIFICAÇÃO DE ERROS, 195
*Cristiane Tiemi Kussaba / Ivanice Teles Floret / Eric Barreto*

21.1 Introdução, 195

21.2 Base Normativa – Conselho Monetário Nacional e Banco Central do Brasil, 195

21.3 Pronunciamento Técnico CPC 23 – Políticas Contábeis, Mudança de Estimativa e Retificação de Erro: Objetivo da norma, 196

21.4 Pronunciamento Técnico CPC 23 – Políticas Contábeis, Mudança de Estimativa e Retificação de Erro: Políticas contábeis, 196

21.5 Pronunciamento Técnico CPC 23 – Políticas Contábeis, Mudança de Estimativa e Retificação de Erro: Mudança nas Políticas Contábeis, 196

21.6 Pronunciamento Técnico CPC 23 – Políticas Contábeis, Mudança de Estimativa e Retificação de Erro: Aplicação Retrospectiva de Política Contábil, 196

21.7 Pronunciamento Técnico CPC 23 – Políticas Contábeis, Mudança de Estimativa e Retificação de Erro: Estimativa contábil, 197

21.8 Pronunciamento Técnico CPC 23 – Políticas Contábeis, Mudança de Estimativa e Retificação de Erro: Mudança na estimativa contábil, 197

21.9 Pronunciamento Técnico CPC 23 – Políticas Contábeis, Mudança de Estimativa e Retificação de Erro: Erro, 198

21.10 Pronunciamento Técnico CPC 23 – Políticas Contábeis, Mudança de Estimativa e Retificação de Erro: Retificação de Erro, 198

21.11 Pronunciamento Técnico CPC 23 – Políticas Contábeis, Mudança de Estimativa e Retificação de Erro: Divulgações, 198

21.12 Pronunciamento Técnico CPC 23 – Políticas Contábeis, Mudança de Estimativa e Retificação de Erro: Resumo, 198

21.13 Exercícios, 199

21.14 Respostas dos exercícios, 199

Referências, 200

## 22 CONTAS DE COMPENSAÇÃO, 201

*Ivanice Teles Floret / Cristiane Tiemi Kussaba / Giovanna do Nascimento Ferraz*

22.1 Introdução, 201

22.2 O que são e como usar as contas de compensação, 201

22.3 Exercícios, 203

22.4 Respostas dos exercícios, 203

Referência, 203

## 23 OPERAÇÕES DE CRÉDITO, CARTÕES DE CRÉDITO E *CHARGEBACK*, 205

*Julio Cesar Zanini / Eric Barreto / Ivanice Teles*

23.1 Introdução, 205

23.2 Classificação das operações de crédito, 205

    23.2.1 Empréstimos, 206

    23.2.2 Títulos descontados, 206

    23.2.3 Financiamentos, 206

23.3 Contabilização de operações de crédito prefixadas, 207

23.4 Contabilização de operações de crédito pós-fixadas, 207

23.5 Exemplos de contabilização, 207

23.6 Liberação do crédito, 208

    23.6.1 Cadastro do cliente, 208

23.6.2 Análise de risco de crédito, 208
23.6.3 Aprovação do crédito, 208
23.6.4 Formalização do contrato, 209
23.6.5 Parâmetros para a análise do crédito, 209
23.6.6 Procedimentos contábeis, 209
23.7 Cartões de crédito, 211
23.8 *Chargeback*, 212
23.9 Novo tratamento contábil, 212
23.10 Sistema de informações de crédito, 213
23.11 Exercícios, 213
23.12 Respostas dos exercícios, 213
Referências, 213

## 24 CONTABILIDADE DE INSTRUMENTOS FINANCEIROS SEGUNDO AS RESOLUÇÕES CMN nº 4.966 E BCB nº 219, 215

*Carlos Quinteiro / Alexei De Bona / Eric Barreto*

24.1 Introdução, 215
24.2 Escopo da norma, 215
24.2.1 Histórico da elaboração da Resolução CMN nº 4.966/2021, 215
24.2.2 Objeto da Resolução CMN nº 4.966/2021 e da Resolução BCB nº 219/2022, 218
24.3 Exercícios, 219
24.4 Respostas dos exercícios, 219
Referências, 219

## 25 TERMOS E DEFINIÇÕES DAS RESOLUÇÕES CMN nº 4.966 E BCB nº 219, 221

*Carlos Quinteiro / Alexei De Bona / Eric Barreto*

25.1 Introdução, 221
Referências, 223

## 26 CLASSIFICAÇÃO E MENSURAÇÃO DE ATIVOS E PASSIVOS FINANCEIROS, 225

*Uverlan Rodrigues Primo / Eric Barreto / Jaime Massaharu Nakata (revisor)*

26.1 Introdução, 225
26.2 Classificação dos ativos financeiros, 225
26.3 Operações de crédito, 229
26.4 Instrumentos Patrimoniais – Opção por Valor Justo em Outros Resultados Abrangentes, 229
26.5 Opção pelo valor justo, 229
26.6 Classificação de passivos financeiros, 229
26.7 Contratos híbridos, 230
26.8 Reclassificação, 230

26.9 Reconhecimento e mensuração, 231

 26.9.1 Mensuração inicial, 231

 26.9.2 Reconhecimento inicial, 231

 26.9.3 Apropriação de receitas, 231

 26.9.4 Método dos juros efetivos, 232

 26.9.5 Mensuração subsequente, 233

 26.9.6 Definição do valor justo, 234

26.10 Exercícios, 234

26.11 Respostas dos exercícios, 234

Referência, 234

## 27 BAIXA DE INSTRUMENTOS FINANCEIROS, 235
*Wesley Mendes Carvalho / Alexei De Bona / Eric Barreto*

27.1 Introdução, 235

27.2 Ativos financeiros, 235

27.3 A Resolução CMN nº 3.533/2008 e a crise financeira mundial, 240

 27.3.1 Problema com a Resolução CMN nº 3.533/2008, 241

27.4 Passivos financeiros, 241

27.5 Exercícios, 243

27.6 Respostas dos exercícios, 243

Referências, 243

## 28 PROVISÃO PARA PERDAS ESPERADAS RELACIONADAS AO RISCO DE CRÉDITO, 245
*Maria Camila Baigorri / Eric Barreto / Marlon Soares Fernandes (revisor) / Denis Eduardo Pereira (revisor) / Giovanna Ferraz (revisora)*

28.1 Introdução, 245

28.2 Resolução CMN nº 2.682, de 21 de dezembro de 1991, 247

28.3 Resolução CMN nº 4.966, de 25 de novembro de 2021, 250

 28.3.1 Escopo, 250

 28.3.2 Metodologia simplificada ou metodologia completa, 251

 28.3.3 Metodologia simplificada, 253

 28.3.4 Classificação em estágios – metodologia completa, 256

 28.3.5 Perda esperada, 259

 28.3.6 Provisão para perda esperada, 261

 28.3.7 Baixa, 262

28.4 Exercícios, 262

28.5 Respostas dos exercícios, 263

Referências, 264

## 29 CONTABILIDADE DE *HEDGE* (*HEDGE ACCOUNTING*), 265
*Ênio Bonafé Mendonça de Souza / Wesley Mendes Carvalho (revisor) / Eric Barreto (revisor)*

29.1 Introdução, 265
    29.1.1 O que é *hedge*, 265
    29.1.2 Contabilidade de *hedge*, 266

29.2 Relação de proteção, 267
    29.2.1 Objeto de *hedge*, 267
    29.2.2 Instrumento de *hedge*, 267
    29.2.3 Contraparte externa, 268

29.3 Classificação das operações de *hedge*, 268

29.4 Componentes de risco, 269
    29.4.1 *Swap* de taxas de juros, 269

29.5 Contabilização do *hedge*, 275
    29.5.1 *Hedge* de valor justo, 275
    29.5.2 *Hedge* de fluxo de caixa, 275
    29.5.3 *Hedge* de investimento líquido no exterior, 276

29.6 Critérios de qualificação para contabilidade de *hedge*, 276

29.7 Efetividade de *hedge*, 276
    29.7.1 Requisitos de efetividade, 276
    29.7.2 Outras formas de avaliar a efetividade, 276
    29.7.3 Equilíbrio do índice de *hedge*, 277

29.8 Documentação formal do *hedge*, 277

29.9 Descontinuidade da contabilidade de *hedge*, 277

29.10 *Hedge* de valor justo da exposição à taxa de juros de carteira de ativos ou de passivos financeiros, 277

29.11 Inclusão dos ajustes de *hedge* no capital da instituição, 278

29.12 Exercícios, 278

29.13 Respostas dos exercícios, 279

Referências, 279

## 30 COMBINAÇÃO DE NEGÓCIOS, 281
*Ademir Luiz Bortolatto Junior / Alexandre Gonzales / Gisele Sterzeck / Eric Barreto*

30.1 Introdução, 281

30.2 Base Normativa – Conselho Monetário Nacional e Banco Central do Brasil, 282

30.3 Método de aquisição, 282
    30.3.1 Identificar o adquirente, 282
    30.3.2 Determinar a data de aquisição, 282
    30.3.3 Reconhecer e mensurar os ativos identificáveis e passivos assumidos, 283

30.4 Exercícios, 291

30.5 Respostas dos exercícios, 291

Apêndice – Definição de termos, 291

Referências, 292

## 31 CARACTERÍSTICAS ESPECÍFICAS DOS CONSÓRCIOS, 293
*Fabio Bassi de Oliveira / Ivanice Teles Floret*

31.1 Introdução, 293

31.2 Normas contábeis aplicáveis às administradoras de consórcio, 293

31.3 Elaboração e publicação de documentos contábeis, 293

31.4 Características contábeis específicas dos consórcios, 294

31.5 Exemplos de contabilização das principais transações, 297

31.6 Exercícios, 297

31.7 Respostas dos exercícios, 297

Referências, 298

## 32 INSTITUIÇÕES DE PAGAMENTO, 299
*Marlon Soares Fernandes / Maria Camila Baigorri (revisora) / Eric Barreto (revisor)*

32.1 Introdução, 299

32.2 Base normativa, 299

32.3 Conceitos regulatórios importantes, 301

    32.3.1 Instituição de pagamento, 301

    32.3.2 Arranjo de pagamento, 301

    32.3.3 Instituidor de arranjo, 302

    32.3.4 Interoperabilidade de arranjos de pagamento, 303

    32.3.5 Instrumento de pagamento e moeda eletrônica, 303

32.4 As modalidades de instituição de pagamento: negócio e contabilização, 304

    32.4.1 Instituição de pagamento emissora de moeda eletrônica, 304

    32.4.2 Instituição de pagamento emissora de instrumento pós-pago, 305

    32.4.3 Instituição de pagamento credenciadora, 307

    32.4.4 Iniciador de transação de pagamento, 308

32.5 Recepção do IFRS 9 pelo BCB – Resolução BCB nº 219, de março de 2022, 309

32.6 Exercícios, 309

32.7 Respostas dos exercícios, 310

Referências, 312

## 33 SOCIEDADES DE CRÉDITO DIRETO E SOCIEDADES DE EMPRÉSTIMOS ENTRE PESSOAS, 315
*Marlon Soares Fernandes / Ivanice Teles Floret (revisora) / Eric Barreto (revisor)*

33.1 Introdução, 315

33.2 Base normativa, 315

33.3 Conceitos regulatórios, 316

33.4 Sociedades de Crédito Direto, 316

    33.4.1 Contabilização das Sociedades de Crédito Direto, 317

33.5 Sociedades de Empréstimo entre Pessoas, 318

    33.5.1 Contabilização das Sociedades de Empréstimo entre Pessoas, 319

33.6 Exercícios, 321

    33.6.1 Conceitos sobre Sociedades de Crédito Direto, 321

    33.6.2 Conceitos sobre Sociedades de Empréstimo entre Pessoas, 321

    33.6.3 Sociedades de Crédito Direto e Sociedades de Empréstimo entre Pessoas, 321

33.7 Respostas dos exercícios, 322

Referências, 324

## 34 COOPERATIVAS DE CRÉDITO, 325
*Claudio Filgueiras Pacheco Moreira / Carlos Quinteiro (revisor)*

34.1 Cooperativas de crédito – origem, princípios e desenvolvimento, 325

34.2 Atos cooperativos, 327

34.3 Classificação das cooperativas de crédito, 327

34.4 Capital mínimo, patrimônio líquido mínimo e regimes prudenciais, 328

34.5 Bancos cooperativos, fundo garantidor e captação de poupança, 328

34.6 Repasses interfinanceiros e recursos transferidos para bancos cooperativos, confederações ou cooperativas centrais, 330

34.7 Patrimônio líquido: quotas de capital, fundo de reserva, Fundo de Assistência Técnica, Educacional e Social e sobras ou perdas acumuladas, 330

34.8 Apuração de resultado – distribuição de sobras ou rateio de prejuízos, 331

34.9 Balancete combinado do sistema cooperativo, 331

34.10 Auditoria cooperativa, 332

34.11 Exercícios, 333

34.12 Respostas dos exercícios, 334

34.13 Recomendação de leitura, 334

Referências, 335

## 35 CRÉDITO RURAL, 337
*Claudio Filgueiras Pacheco Moreira / Carlos Quinteiro (revisor)*

35.1 Agronegócio brasileiro: de importador a grande produtor e exportador de alimentos, 337

    35.1.1 Introdução, 337

    35.1.2 Relevância do agronegócio no PIB brasileiro, 338

35.2 Crédito rural, 338

    35.2.1 Crédito rural: origem, finalidades e objetivos, 338

    35.2.2 Regulamentação do crédito rural, 339

    35.2.3 Depósitos interfinanceiros vinculados ao crédito rural, 341

    35.2.4 Equalização de taxas de juros, 342

35.2.5 Taxas de Juros do Crédito Rural e Taxas de Juros Rurais dos Fundos Constitucionais de Financiamento, 342

35.2.6 Fatores de ponderação, 343

35.2.7 Monitoramento e fiscalização do crédito rural, 343

35.2.8 Títulos de crédito do agronegócio: modernização e maior captação de recursos, 344

35.2.9 Plano Safra, 345

35.2.10 Contabilização e controle das operações de crédito rural, 346

35.3 Exercícios, 346

35.4 Respostas dos exercícios, 347

35.5 Recomendação de leitura, 347

Referências, 348

## 36 DEMONSTRAÇÕES CONTÁBEIS, 349
*Carlos Quinteiro / Fabio Bassi de Oliveira (revisor) / Alexei De Bona (revisor)*

36.1 Introdução, 349

36.2 Demonstrações consolidadas, 350

36.3 Demonstrações contábeis intermediárias, 351

36.4 Apresentação das demonstrações contábeis, 351

36.5 Divulgação das demonstrações contábeis, 352

36.6 Conglomerado prudencial, 353

36.7 Conteúdo mínimo das demonstrações contábeis, 354

36.7.1 Balanço Patrimonial, 354

36.7.2 Demonstração do Resultado do Exercício, 355

36.7.3 Demonstração do Resultado Abrangente, 355

36.7.4 Demonstração das Mutações do Patrimônio Líquido, 355

36.7.5 Informações gerais, 355

36.7.6 Notas Explicativas, 356

36.8 Demonstrações contábeis intermediárias, 356

36.9 Divulgação (*disclosure*), 356

36.10 Envio das demonstrações contábeis à Central de Demonstrações Financeiras do Sistema Financeiro Nacional (CDSFN), 357

36.11 Exercícios, 357

36.12 Respostas dos exercícios, 358

Referências, 358

## 37 DEMONSTRAÇÃO DOS FLUXOS DE CAIXA, 359
*Uverlan Rodrigues Primo / Maria Camila Baigorri (revisora)*

37.1 Introdução, 359

37.2 Caixa e equivalentes a caixa, 359

37.3 Estrutura da Demonstração dos Fluxos de Caixa, 360

37.4 Fluxo de caixa das atividades operacionais, 360

37.5 Fluxo de caixa das atividades de investimento, 360

37.6 Fluxo de caixa das atividades de financiamento, 361

37.7 Demonstração dos fluxos de caixa de bancos, 361

37.8 Demonstração dos fluxos de caixa – métodos de elaboração, 364

    37.8.1 Método direto, 364

    37.8.2 Método indireto, 364

    37.8.3 Método direto × método indireto, 365

37.9 Exercícios, 365

37.10 Respostas dos exercícios, 366

Referências, 366

## 38 GESTÃO DE CAPITAL, 367

*Julio Cesar Zanini / Claudio Filgueiras Pacheco Moreira (revisor) / Giovanna do Nascimento Ferraz (revisora)*

38.1 Introdução, 367

38.2 Basileia I e II, 367

38.3 Basileia III, 368

38.4 Regulamentação prudencial – os três pilares de Basileia II, 368

38.5 Segmentação das instituições financeiras, 369

38.6 Índice de Basileia, 370

38.7 Regras vigentes aplicáveis às instituições de pagamento, 371

38.8 Mudanças nas regras prudenciais das instituições de pagamentos, 372

38.9 Exercícios, 373

38.10 Respostas dos exercícios, 373

Apêndice – Definição de termos, 374

Referências, 374

## ÍNDICE ALFABÉTICO, 377

# 1
# PADRÃO CONTÁBIL DAS INSTITUIÇÕES REGULADAS PELO BANCO CENTRAL DO BRASIL (COSIF)

**Fabio Bassi de Oliveira**
**Alexei De Bona**
**Giovanna do Nascimento Ferraz**
**Eric Barreto**

## 1.1 INTRODUÇÃO

As entidades públicas e privadas realizam no seu dia a dia as mais diversas transações, seja aquisição de bens, prestação de serviços, pagamento de contas etc. Essa variedade de ações necessita ser escriturada e documentada, de modo a respaldar os atos e fatos administrativos praticados por essas instituições, que servirão de base informacional para a apuração do lucro ou prejuízo, para o recolhimento de impostos e obrigações acessórias, bem como para a composição do balanço.

Um plano de contas tem por objetivo padronizar o registro dos atos e fatos administrativos praticados por essas entidades, permitindo a escrituração dos lançamentos contábeis de modo uniforme. Por meio dessa estrutura, é possível facilitar algumas ações, entre as quais a localização desses lançamentos, a análise, a fiscalização e a elaboração de demonstrações contábeis.

Todas as instituições, públicas ou privadas, têm um plano de contas que é utilizado para fins de escrituração e reconhecimento contábeis, e alguns desses planos de contas podem ser definidos pela própria autarquia reguladora de determinado mercado, tais como a Superintendência de Seguros Privados (Susep), no caso das seguradoras, a Agência Nacional de Energia Elétrica (Aneel) no caso das empresas do setor elétrico e o Conselho Monetário Nacional (CMN), junto com o Banco Central do Brasil (BCB), no caso de instituições financeiras.

Para o caso das instituições financeiras, o CMN, junto com o BCB, instituiu o **Plano Contábil das Instituições do Sistema Financeiro Nacional** (Cosif) – Padrão Contábil das Instituições Reguladas pelo Banco Central do Brasil –, que reúne as normas contábeis que tratam o "reconhecimento, a mensuração e a evidenciação contábeis estabelecidas na regulamentação emanada do CMN e do BCB e do elenco de contas a serem observados pelas instituições autorizadas a funcionar pelo BCB na escrituração contábil".

Desse modo, o Cosif tem por objetivo

> uniformizar os registros contábeis dos eventos, transações e atos e fatos administrativos praticados, racionalizar a utilização de contas, estabelecer regras e procedimentos necessários à obtenção e à divulgação de informações contábeis e financeiras, prover informações para a supervisão das instituições reguladas, bem como para a análise, a avaliação do desempenho e o controle pelos usuários da informação contábil, de modo que as demonstrações financeiras e os demais documentos contábeis expressem, com fidedignidade e clareza, a situação econômico-financeira da instituição e dos conglomerados dos quais fazem parte (CONSELHO MONETÁRIO NACIONAL, 2020).

Portanto, no que diz respeito à escrituração, ao reconhecimento, à mensuração e à evidenciação contábeis, são obrigadas a observar e cumprir com as normas consubstanciadas no Cosif as instituições autorizadas a funcionar pelo BCB, inclusive administradoras de consórcio (bem como os grupos de consórcio por essas administrados) e instituições de pagamento.

## 1.2 ORIGEM DO COSIF

Com base no art. 4º da Lei nº 4.595/1964, uma das competências do CMN é "expedir normas gerais de contabilidade e estatística a serem observadas pelas instituições financeiras". Nesse sentido, o art. 9º da referida lei menciona que "compete ao Banco Central da República do Brasil cumprir e fazer cumprir as disposições que lhe são atribuídas pela legislação em vigor e as normas expedidas pelo Conselho Monetário Nacional". Portanto, nos depararemos tanto com normas emitidas pelo CMN, a partir de 2020 (Quadro 1.1), intituladas "Resolução CMN", como com regulações emanadas pelo próprio BCB, intituladas "Resolução BCB" ou "Instrução Normativa BCB", sendo que essas últimas, até julho de 2020, eram denominadas Circular e Carta Circular, respectivamente.

**Quadro 1.1** Normas emitidas pelo CMN

| Até julho de 2020 | Órgão emissor | A partir de julho de 2020 |
|---|---|---|
| Resolução | CMN | Resoluções CMN |
| Circular | Banco Central | Resoluções BCB |
| Carta Circular | Banco Central | Instrução Normativa BCB |

As denominações dessas novas normas derivam da revisão e consolidação efetuada pelo BCB sobre seus atos normativos já editados. Essa exigência parte do Decreto nº 10.139, de 28 de novembro de 2019, e nesse processo de revisão foram analisados mais de 2.600 atos normativos emitidos até então pelo BCB e pelo CMN, segregando-os por pertinência temática e analisados quanto à necessidade de consolidação de cada tema em normativo único (Exposição de motivos sobre a Resolução CMN nº 4.858/2020).

Entre esses temas, o BCB identificou a necessidade de atualização das normas dispostas no intitulado, até então, Plano Contábil das Instituições do Sistema Financeiro Nacional (Cosif), criado há mais de 30 anos pela Circular nº 1.273, de 29 de dezembro de 1987.

Ainda conforme motivos que levaram o Banco Central à revisão do Cosif,

> desde a sua criação, e em decorrência da sua evolução nesse ínterim, tornou-se um padrão contábil completo, englobando outras funções além de um mero elenco de contas, como a consolidação de normas de reconhecimento, mensuração e evidenciação contábeis, modelos de documentos e pronunciamentos de outras entidades aplicáveis às instituições autorizadas por este Banco Central.

Cabe ressaltar que a Circular nº 1.273/1987 continuará em vigor até o início de vigência da Resolução CMN nº 4.966/2021, em 1º de janeiro de 2025, cujo inciso XII do art. 80 revogará a referida circular. Assim, nesse processo de revisão do Cosif, o BCB realizou a "atualização de termos, dos conceitos e da linguagem, eliminação das ambiguidades e das duplicidades de comandos e na revogação expressa de dispositivos obsoletos ou tacitamente revogados por normas supervenientes".

## 1.3 PADRÃO CONTÁBIL DAS INSTITUIÇÕES REGULADAS PELO BANCO CENTRAL (COSIF)

O Cosif está estruturado nos seguintes capítulos, com as respectivas funções, conforme define o art. 5º da Resolução CMN nº 4.858/2020:

- Capítulo 1 – Normas Básicas: consolida os princípios, os critérios e os procedimentos contábeis estabelecidos na regulamentação emanada do CMN ou do BCB.
- Capítulo 2 – Elenco de Contas: consolida as rubricas contábeis e suas respectivas funções.
- Capítulo 3 – Modelos: apresenta os modelos de documentos que devem ser elaborados pelas instituições autorizadas a funcionar pelo Banco Central do Brasil.
- Capítulo 4 – Documentos Complementares: apresenta padrões e pronunciamentos contábeis emitidos por outras entidades que foram recepcionados pela regulamentação emanada do CMN ou do BCB.

O Capítulo 1 – Normas Básicas está estruturado nos seguintes itens:

1. Princípios Gerais.
2. Instrumentos Financeiros.
3. Arrendamento Mercantil.
4. Ativos Não Financeiros Mantidos para Venda.

5. Outros Ativos Não Financeiros.
6. Avaliação de Investimentos e Combinação de Negócios.
7. Ativo Imobilizado.
8. Ativo Intangível.
9. Ativos e Passivos Fiscais.
10. Provisões, Passivos Contingentes e Ativos Contingentes.
11. Pagamento Baseado em Ações.
12. Obrigações Sociais e Trabalhistas.
13. Patrimônio Líquido e Remuneração do Capital Próprio.
14. Demonstrações Financeiras de Divulgação.
15. Documentos Contábeis de Remessa.
16. Conglomerado Prudencial.
17. Combinado Cooperativo.
18. Grupos de Consórcio.
19. Empresas em Liquidação Extrajudicial.
20. Auditoria Independente.
21. Outros Dispositivos.

Esses itens contêm as orientações específicas em relação a cada grupo de assunto, consolidando os termos das normas existentes sobre seu respectivo tema. Em relação aos Princípios Gerais, que será comentado em capítulo específico deste livro, cabe ressaltar que a Resolução CMN nº 4.924/2021 incorpora a Estrutura Conceitual para Relatório Financeiro (Pronunciamento Técnico CPC 00 (R2)), além de aspectos a serem observados na escrituração contábil, pelas instituições financeiras e demais instituições autorizadas a funcionar pelo BCB, no registro dos atos e fatos administrativos por elas praticados.

O Capítulo 2, conforme disposto nos arts. 7º a 9º da Resolução CMN nº 4.858/2020, estabelece o plano de contas definido pelo BCB de acordo com o seu tipo, sendo obrigatória a sua aplicação pelas instituições financeiras e demais instituições autorizadas a funcionar pelo Banco Central. Esse elenco de contas é formado por:

I – Contas patrimoniais, nas quais devem ser registrados os ativos, os passivos e o patrimônio líquido da instituição.

II – Contas de resultado, nas quais devem ser registradas as receitas e as despesas.

III – Contas de compensação, nas quais devem ser registradas:

    a) informações sobre eventos e transações cujos efeitos possam se traduzir em modificações futuras no patrimônio da instituição; e

    b) informações de controle relativas aos elementos patrimoniais e de resultado.

As rubricas contábeis do elenco de contas do Cosif são formadas pelos seguintes componentes, sendo vedada a modificação, pela entidade, da estrutura das rubricas contábeis do Cosif ou a alteração de qualquer um de seus elementos caracterizadores:

I – Código.
II – Nomenclatura.
III – Função.

As instituições ficam facultadas a utilizar desdobramentos de uso interno, ou seja, contas contábeis analíticas, decorrentes de suas necessidades de controle interno e gerencial, desde que sejam passíveis de conversão ao nível mais analítico aplicável do elenco de contas do Cosif.

Por meio da Resolução BCB nº 92/2021, o BCB dispõe sobre a estrutura do elenco de contas do Cosif a ser observado pelas instituições financeiras e demais instituições autorizadas a funcionar pelo BCB. Conforme art. 4º da referida norma, o código das rubricas contábeis é formado por, no mínimo, cinco níveis de agregação (apresentado no Quadro 1.2), seguido do dígito de controle.

**Quadro 1.2**    Níveis de agregação do código das rubricas contábeis

| Nível | Denominação | Exemplo (em negrito) |
|---|---|---|
| 1º nível | Grupo | **1**.0.0.00.00-7 |
| 2º nível | Subgrupo | 1.**3**.0.00.00-4 |
| 3º nível | Desdobramento de subgrupo | 1.3.**1**.00.00-7 |
| 4º nível | Título contábil | 1.3.1.**20**.00-1 |
| 5º nível | Subtítulo contábil | 1.3.1.20.**10**-4 |

§ 1º O Departamento de Regulação do Sistema Financeiro (Denor) poderá definir novos níveis, de dois dígitos, para as rubricas contábeis para as quais a agregação definida no *caput* não seja suficiente para a manutenção dos controles contábeis necessários e a adequada escrituração dos eventos, transações e atos e fatos administrativos.

O Cosif também estabelece um atributo identificador do tipo da instituição aos títulos e, se existentes, aos subtítulos contábeis. Esses atributos indicam quando a instituição, a depender do seu tipo, pode ou não utilizar determinada conta. Os atributos definidos são os apresentados no Quadro 1.3.

**Quadro 1.3**  Atributos de contas contábeis

| Atributo | Tipo de instituição |
|---|---|
| A | Sociedades de Arrendamento Mercantil |
| B | Bancos Comerciais e Bancos de Câmbio |
| C | Sociedades Corretoras de Títulos e Valores Mobiliários e Sociedades Corretoras de Câmbio |
| D | Bancos de Desenvolvimento |
| F | Sociedades de Crédito, Financiamento e Investimento |
| H | Administradoras de Consórcio |
| I | Bancos de Investimento |
| J | Sociedades de Crédito ao Microempreendedor e à Empresa de Pequeno Porte, Sociedades de Crédito Direto e Sociedades de Empréstimo entre Pessoas |
| K | Agências de Fomento ou de Desenvolvimento |
| L | Banco do Brasil S.A. |
| M | Caixa Econômica Federal |
| N | Banco Nacional de Desenvolvimento Econômico e Social |
| P | Grupos de Consórcio |
| R | Cooperativas de Crédito |
| S | Sociedades de Crédito Imobiliário e Associações de Poupança e Empréstimo |
| T | Sociedades Distribuidoras de Títulos e Valores Mobiliários |
| U | Bancos Múltiplos |
| W | Companhias Hipotecárias |
| Y | Instituições de Pagamento |
| Z | Empresas em Liquidação Extrajudicial |

O Capítulo 3 do Cosif traz modelos de documentos para que sirvam de base para o preenchimento e envio desses documentos ao BCB, incluindo modelo para a Estatística Bancária Mensal ou Global (códigos 4500 e 4510, respectivamente).

Já o Capítulo 4 contém os Documentos Complementares, compreendendo os pronunciamentos emitidos pelo Comitê de Pronunciamentos Contábeis (CPC) e por outras entidades que foram recepcionados por normas do CMN ou do BCB. Ressalta-se que o conteúdo de normas do Cosif não substitui a regulamentação vigente emanada do CMN ou do BCB.

Se, a partir das Normas Básicas e dos dispositivos que constam do elenco e da função das contas, restarem eventuais dúvidas de interpretação entre esses dispositivos, deverá ser aplicado o conteúdo das Normas Básicas.

**A partir de 1º de janeiro de 2025**: a Resolução BCB nº 255/2022 trouxe novas definições sobre o Padrão Contábil das Instituições Financeiras Reguladas pelo Banco Central do Brasil (Cosif), as quais foram complementadas pela Resolução BCB nº 320/2023.

Foi alterada a estrutura do código do Cosif, sendo que:

- o 2º nível da conta passará a ter dois dígitos; e
- o 3º nível da conta passará a ter dois dígitos.

As grandes contas Cosif ficaram definidas da seguinte forma:

I – 1.00.00.00.00   Ativo;
II – 2.00.00.00.00   Passivo;
III – 3.00.00.00.00   Patrimônio Líquido;
IV – 4.00.00.00.00   Resultado Credor;
V – 5.00.00.00.00   Resultado Devedor;
VI – 8.00.00.00.00   Compensação Ativa; e
VII – 9.00.00.00.00   Compensação Passiva.

A escrituração contábil somente poderá ser efetuada nas rubricas contábeis relativas a operações que a instituição estiver autorizada a realizar, porém, os atributos do Cosif foram suprimidos pela Resolução BCB nº 255/2022.

## 1.4 DISTRIBUIÇÃO DAS RUBRICAS

Os Quadros 1.4 e 1.5 sintetizam a distribuição das contas Cosif, agregadas de acordo com seu respectivo grupo e subgrupo.

Quadro 1.4  Grupos do Cosif

| Balanço Patrimonial ||||
|---|---|---|---|
| **Ativo** || **Passivo** ||
| 1 | Circulante e Realizável a Longo Prazo | 4 | Circulante e Exigível a Longo Prazo |
| 2 | Permanente | 6 | Patrimônio Líquido |
| 3 | Compensação | 7 | Contas de Resultado Credoras |
|  |  | 8 | Contas de Resultado Devedoras |
|  |  | 9 | Compensação |

Quadro 1.5  Grupos e subgrupos do Cosif

| Balanço Patrimonial ||||
|---|---|---|---|
| **Ativo** || **Passivo** ||
| 1 | Circulante e Realizável a Longo Prazo | 4 | Circulante e Exigível a Longo Prazo |
| 1.1 | Disponibilidades | 4.1 | Depósitos |
| 1.2 | Aplicações Interfinanceiras de Liquidez | 4.2 | Obrigações por Operações Compromissadas |
| 1.3 | Títulos e Valores Mobiliários e Instrumentos Financeiros Derivativos | 4.3 | Recursos de Aceites Cambiais, Letras Imobiliárias e Hipotecárias, Debêntures e Similares |
| 1.4 | Relações Interfinanceiras | 4.4 | Relações Interfinanceiras |
| 1.5 | Relações Interdependências | 4.5 | Relações Interdependências |
| 1.6 | Operações de Crédito | 4.6 | Obrigações por Empréstimos e Repasses |
| 1.7 | Operações de Arrendamento Mercantil | 4.7 | Instrumentos Financeiros Derivativos |
| 1.8 | Outros Créditos | 4.9 | Outras Obrigações |
| 1.9 | Outros Valores e Bens |  |  |
| 2 | Permanente | 6 | Patrimônio Líquido |
| 2.1 | Investimentos | 6.1 | Patrimônio Líquido |
| 2.2 | Imobilizado de Uso | 6.2 | APE – Patrimônio Social |
| 2.3 | Imobilizado de Arrendamento | 6.4 | Participação de Não Controladores |
| 2.4 | Diferido |  |  |
| 2.5 | Intangível |  |  |
|  |  | 7 | Contas de Resultado Credoras |
|  |  | 7.1 | Receitas Operacionais |
|  |  | 7.3 | Receitas Não Operacionais |
|  |  | 7.8 | Rateio de Resultados Internos |
|  |  | 7.9 | Apuração de Resultado |
|  |  | 8 | Contas de Resultado Devedoras |
|  |  | 8.1 | (–) Despesas Operacionais |
|  |  | 8.3 | (–) Despesas Não Operacionais |
|  |  | 8.8 | (–) Rateio de Resultados Internos |
|  |  | 8.9 | (–) Apuração de Resultado |
| 3 | Compensação | 9 | Compensação |
| 3.0 | Compensação | 9.0 | Compensação |
| 3.1 | Classificação da Carteira de Créditos | 9.1 | Classificação da Carteira de Créditos |
| 3.9 | Outros | 9.9 | Outros |

Cabe ressaltar que, apesar da distribuição demonstrada anteriormente, a forma de apresentação dos ativos e passivos nas demonstrações financeiras é realizada exclusivamente por ordem de liquidez e exigibilidade, atendendo aos requerimentos das normas da Resolução CMN nº 4.818/2020 e da Resolução BCB nº 2/2020.

## 1.5 ESCRITURAÇÃO CONTÁBIL

As informações contábeis têm papel de extrema importância na tomada de decisão das partes interessadas nas empresas, sejam elas os próprios donos ou acionistas, credores, reguladores ou investidores. Nesse sentido, deve-se prezar pelo estabelecimento e pela manutenção de controles que possam evidenciar, de forma objetiva, os atos administrativos realizados por essas empresas.

A Resolução CMN nº 4.924/2021, que dispõe sobre a escrituração contábil, coloca que esta deve ser "completa, compreendendo todos os eventos, transações e atos e fatos administrativos ocorridos na data a que se refere, que modifiquem ou venham a modificar, imediatamente ou não, a composição patrimonial da instituição".

Além disso, quanto às características da escrituração contábil, destaca-se que essa deve ser: (i) mantida em registros permanentes; (ii) realizada em idioma e em moeda corrente nacionais; (iii) efetuada até o dia 10 do mês subsequente ao da ocorrência do evento, da transação ou do ato ou fato administrativo; e (v) elaborada em ordem cronológica de dia, mês e ano.

Quanto ao exercício social, o art. 22 da Resolução CMN nº 4.924/2021 dispõe que, "para fins de classificação, mensuração, reconhecimento, escrituração e evidenciação contábeis, o exercício social tem duração de um ano com encerramento em 31 de dezembro, data que deve ser fixada no estatuto ou no contrato social da instituição".

No tocante ao conteúdo da escrituração contábil, deve conter, em relação a todas as transações realizadas e todos os eventos, atos e fatos administrativos ocorridos:

I – local;
II – data;
III – identificação adequada das rubricas contábeis;
IV – histórico ou código do histórico da operação;
V – valor; e
VI – informações necessárias para identificar, de forma unívoca, todos os registros que integram um mesmo lançamento contábil.

O art. 19 da referida norma dispõe que caso haja envio de informações incorretas, falta ou atraso de conciliações contábeis e a escrituração mantida em atraso por período superior a 15 (quinze) dias, subsequentes ao encerramento de cada mês, a instituição e seus administradores, membros da diretoria, do conselho de administração, do conselho fiscal, do comitê de auditoria e de outros órgãos previstos no estatuto ou no contrato social da instituição estarão sujeitos a penalidades cabíveis, nos termos da lei.

Cabe ressaltar que as regras contábeis do CMN e do BCB aplicáveis à escrituração, à classificação e à mensuração de ativos, passivos, receitas ou despesas são próprias para fins contábeis, ou seja, não alteram suas características para fins fiscais e tributários, sendo aplicável, neste último caso, a regulamentação emanada da Receita Federal do Brasil.

Apenas o lançamento contábil que debita e credita as contas envolvidas no registro de determinada transação não é suficiente para atestar a veracidade do evento que se pretende registrar. Nesse sentido, a Resolução CMN nº 4.924/2021 dispõe ainda que "a simples escrituração contábil não constitui elemento suficientemente comprobatório, devendo a escrituração ser fundamentada em comprovantes hábeis para a perfeita validade dos eventos, transações e atos e fatos administrativos". Esses comprovantes podem ser recibos, notas fiscais, contratos, relatórios e demais documentos que servem de base para tal fundamentação.

Os documentos comprobatórios de eventos, transações e atos e fatos administrativos devem integrar a escrituração relativa à data em que ocorreram e devem ser arquivados junto ao movimento contábil, ou em arquivo próprio, eletrônico ou físico, segundo sua natureza, e integram, para todos os efeitos, os movimentos contábeis (art. 10, da Resolução CMN nº 4.924/2021).

O registro contábil contínuo dos eventos associados às atividades empresariais requer também uma pós-conferência, com o intuito de avaliar se, a cada período contábil – no mínimo mensalmente –, o saldo das contas contábeis está condizente com as movimentações e contabilizações realizadas no período. As instituições "devem realizar as devidas conciliações dos títulos contábeis com os respectivos controles analíticos e mantê-las atualizadas, devendo a respectiva documentação ser arquivada por, pelo menos, um ano", conforme art. 8º, § 2º, da Resolução CMN nº 4.924/2021.

Assim, cumpre-se mais um dos passos necessários para o registro adequado. Esses passos irão compor a fundamentação e o respaldo dos números contábeis apresentados nos documentos a serem entregues aos reguladores, no cumprimento de obrigações fiscais, tributárias e demais obrigações regulatórias, bem como na elaboração e divulgação das demonstrações financeiras.

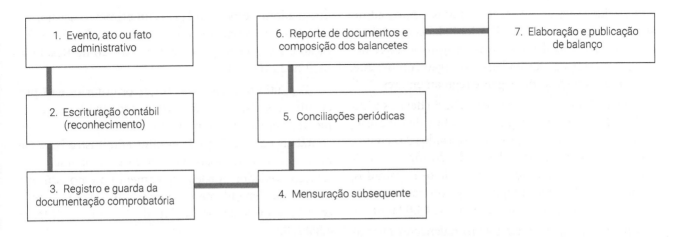

**Figura 1.1**  Fluxo contábil genérico.

No caso de escrituração contábil em forma digital, a comprovação deve ser feita mediante listagens extraídas dos registros em arquivos eletrônicos (art. 8º, § 3º, da Resolução CMN nº 4.924/2021).

## 1.5.1 Escrituração contábil por agência

É usual que as instituições financeiras e demais instituições autorizadas a funcionar pelo BCB detenham negócios em diferentes regiões do país ou até mesmo do exterior. Nesses casos, a escrituração contábil, conforme dispõe o art. 11 da Resolução CMN nº 4.924/2021, deve ser realizada por agência ou dependência da instituição.

Embora essas agências possam se subdividir em Postos de Atendimentos (PA), Postos de Atendimentos Eletrônicos (PAE) e Unidades Administrativas Desmembradas (UAD), os movimentos diários dessas subdivisões devem ser incorporados à contabilidade da sede ou da agência a que estiverem subordinados na mesma data da sua ocorrência, sendo admitida a centralização da contabilidade das agências de um mesmo município em agência da mesma praça. Caso seja utilizada essa prerrogativa de centralização, a norma dispõe que a instituição deverá:

I – comunicar previamente ao Banco Central do Brasil;

II – utilizar o mesmo livro Diário ou livro Balancetes Diários e Balanços para registro do movimento contábil das agências; e

III – manter os livros escriturados em uma agência, a ser indicada pela instituição, pertencente ao mesmo município.

Caso a instituição mantenha contabilidade centralizada, ela deverá (i) manter nas suas agências as cópias da contabilização dos respectivos movimentos e dos Balancetes Diários e Balanços, sob a forma física ou eletrônica; e (ii) inscrever nos livros da dependência centralizadora, em 30 de junho e em 31 de dezembro de cada ano, os seguintes documentos, assinados pelo diretor responsável pela contabilidade da instituição e por contador legalmente habilitado:

I – as demonstrações financeiras obrigatórias, acompanhadas das notas explicativas e do relatório da auditoria independente, observada a regulamentação específica;

II – o balancete mensal; e

III – o balanço patrimonial e a demonstração do resultado da sede e de cada uma das agências (art. 17 da Resolução CMN nº 4.924/2021).

Caso a instituição mantenha contabilidade descentralizada, deve possuir, para a sede e para cada uma das agências, os livros Diário e Razão, os quais deverão (i) ter os termos de abertura e de encerramento assinados por contador legalmente habilitado; e (ii) ser legalizados no órgão competente, em observância às disposições legais e regulamentares (art. 18, da Resolução CMN nº 4.924/2021). Mais detalhes sobre os livros e suas características estão descritos na Seção 1.5.2.

## 1.5.2 Livros de escrituração

Vimos que a escrituração contábil é uma técnica de registro e controle do patrimônio empresarial, fundamentada na identificação e anotação, em ordem cronológica, de todos os fatos contábeis que uma organização tenha realizado. O objetivo dessa técnica é assegurar que uma empresa possa realizar o controle do seu patrimônio de modo organizado, permitindo o cumprimento de suas obrigações e a gestão do negócio.

O conjunto da escrituração dos atos e fatos administrativos compõe os livros Diário, Balancetes Diários e Balanços, Razão e demais livros obrigatórios, que devem ser mantidos de forma legal no órgão competente, observando as disposições legais e regulamentares.

A instituição que adotar o livro Diário deve escriturar o livro Razão, de forma que se permita a identificação, a qualquer tempo, da composição dos saldos das contas. No Livro Razão, devem ser elaborados históricos elucidativos de eventos, transações e atos e fatos registrados, com indicação da conta em que se registra e a respectiva contrapartida (art. 13 da Resolução CMN nº 4.924/2021).

A instituição que adotar o livro Balancetes Diários e Balanços deve manter controles analíticos que permitam identificar, a qualquer tempo, a composição dos saldos das contas (art. 14 Resolução CMN nº 4.924/2021).

Caso a instituição opte por substituir o livro Diário pelo livro Balancetes Diários e Balanços, ela deverá (i) programar para que a substituição se processe na mesma data em todas as suas dependências; e (ii) escriturar o Livro Diário normalmente até o dia anterior à data da substituição, quando deve ser lavrado o termo de encerramento (art. 15 da Resolução CMN nº 4.924/2021).

O livro Balancetes Diários e Balanços deve consignar, em ordem cronológica de dia, mês e ano, a movimentação diária das rubricas contábeis, discriminando em relação a cada uma delas (i) o saldo anterior; (ii) os lançamentos a débito e os lançamentos a crédito escriturados no dia; e (iii) o saldo resultante, com indicação dos saldos credores e devedores (art. 16 da Resolução CMN nº 4.924/2021).

Os registros e as documentações suporte dos eventos, transações, atos e fatos administrativos devem ser mantidos – pelas instituições financeiras e demais instituições autorizadas a funcionar pelo BCB – à disposição do BCB pelo prazo mínimo de cinco anos, exceto nos casos em que a regulamentação específica determinar prazo diverso (art. 25 da Resolução BCB nº 120/2021).

Quanto aos responsáveis pela observância e pelo cumprimento das normas relativas ao reconhecimento, à mensuração, à escrituração e à evidenciação contábeis, a norma determina que as instituições devem designar, perante o BCB, diretor(a) tecnicamente qualificado(a), sendo este(a) responsável pelas informações prestadas e pela ocorrência de fraude, negligência, imprudência ou imperícia no exercício de suas funções, sem prejuízo da aplicação das penalidades previstas na legislação em vigor (art. 21 da Resolução CMN nº 4.924/2021).

Adicionalmente, essas instituições devem registrar no Sistema de Informações sobre Entidades de Interesse do Banco Central (Unicad), no prazo de dez dias contados da data da nomeação, os dados do(a) diretor(a) designado(a) responsável pelo cumprimento das normas relativas ao reconhecimento, à mensuração, à escrituração e à evidenciação contábeis (art. 26 da Resolução BCB nº 120/2021).

Por último, cabe ressaltar que os critérios e os procedimentos dispostos no Cosif, e comentados anteriormente, bem como a previsão normativa de rubricas contábeis para registro de eventos administrativos, não pressupõem permissão para prática de operações ou serviços vedados por lei, regulamento ou ato administrativo, ou dependente de prévia autorização do BCB, conforme disposto no art. 10 da Resolução CMN nº 4.858/2020.

Se, porventura, restarem dúvidas da instituição quanto à interpretação das normas e procedimentos previstos no Cosif, eventuais consultas devem ser encaminhadas ao BCB, obrigatoriamente firmadas pelo diretor e pelo profissional habilitado responsáveis pela contabilidade, cabendo ressaltar que consultas em andamento, sobre a interpretação de normas regulamentares vigentes ou de sugestões para o reexame de determinado assunto, não eximem a instituição interessada do seu cumprimento (art. 27 da Resolução CMN nº 4.924/2021).

## 1.6 EXERCÍCIOS

1. (Adaptado de Filgueiras, 2013 – Manual de Contabilidade Bancária) – O Cosif está subdividido em capítulos que contemplam as Normas Básicas, o Elenco de Contas, os Modelos de Documentos e os Documentos Complementares. Caso haja dúvidas de interpretação entre as Normas Básicas e o Elenco de Contas:

a) Deve prevalecer o que for estabelecido no Elenco de Contas.

b) Deve prevalecer o que for estabelecido nas Normas Básicas.

c) Deve prevalecer o que for estabelecido na Circular nº 1.273/1987.

d) As Normas Básicas e o Elenco de Contas estão no mesmo nível hierárquico, portanto não haverá prevalência entre eles.

2. (Adaptado de Bacen, 2002) – Conforme destacado no Padrão Contábil das Instituições do Sistema Financeiro Nacional (Cosif), as normas ali consubstanciadas possuem os seguintes objetivos, exceto:

a) Uniformizar os registros contábeis dos atos e fatos administrativos praticados pelas instituições financeiras e demais instituições autorizadas a funcionar pelo Banco Central.

b) Racionalizar a utilização de contas.

c) Possibilitar a fiscalização por parte da Secretaria da Receita Federal do Brasil.
d) Possibilitar o acompanhamento do sistema financeiro, bem como a análise, a avaliação do desempenho e o controle das transações.
e) Estabelecer regras, critérios e procedimentos necessários à obtenção e divulgação de dados.

3. No padrão Cosif, qual a natureza de uma conta que se inicia com o dígito 4?

a) Patrimônio líquido.
b) Receita ou despesa.
c) Passivo.
d) Ativo de curto prazo.
e) Ativo de longo prazo.

## 1.7 RESPOSTAS DOS EXERCÍCIOS

1. b
2. c
3. c

## REFERÊNCIAS

CONSELHO MONETÁRIO NACIONAL. Resolução CMN nº 4.858, de 23 de outubro de 2020. Dispõe sobre o Padrão Contábil das Instituições Reguladas pelo Banco Central do Brasil (Cosif). *Diário Oficial da União*: Brasília, 26 out. 2020. Item 0.2.1. Art. 4º. Disponível em: https://www.bcb.gov.br/estabilidadefinanceira/exibenormativo?tipo=RESOLU%C3%87%C3%83O%20CMN&numero=4858. Acesso em: 23 jun. 2023.

CONSELHO MONETÁRIO NACIONAL. Resolução CMN nº 4.858, de 23 de outubro de 2020. Dispõe sobre o Padrão Contábil das Instituições Reguladas pelo Banco Central do Brasil (Cosif). *Diário Oficial da União*: Brasília, 26 out. 2020. Item 0.2.2. Art. 5º. Disponível em: https://www.bcb.gov.br/estabilidadefinanceira/exibenormativo?tipo=RESOLU%C3%87%C3%83O%20CMN&numero=4858. Acesso em: 23 jun. 2023.

# 2

# SEGMENTAÇÃO DO SISTEMA BANCÁRIO

Julio Cesar Zanini
Eric Barreto
Giovanna do Nascimento Ferraz

## 2.1 INTRODUÇÃO

O Banco Central do Brasil (BCB), para autorizar o funcionamento de qualquer instituição, exige o cumprimento de determinadas obrigações, como o envio de informações periódicas.

No entanto, é necessário diferenciar as instituições muito grandes, cuja existência afeta de forma significativa o Sistema Financeiro Nacional (SFN), das entidades com atuação regional ou de nicho, que impactam o sistema de forma mais modesta. Sobre as primeiras, é preciso um acompanhamento mais detalhado, por isso, as entidades autorizadas pelo BCB são segmentadas de acordo com seu porte em relação ao Produto Interno Bruto (PIB) brasileiro.

A segmentação também é uma forma de proporcionalizar os custos de observância, cobrando menos das instituições menores, que têm menos margem para arcar com esses gastos, e mais das grandes instituições.

## 2.2 REGULAMENTAÇÃO

Diante da heterogeneidade do SFN, e seguindo as recomendações internacionais do Comitê de Basileia para Supervisão Bancária (BCBS, sigla de *Basel Committee on Banking Supervision*, em inglês), o Conselho Monetário Nacional (CMN) aprovou e publicou a Resolução CMN nº 4.553, de 30 de janeiro de 2017, com o objetivo de segmentar as instituições financeiras e demais instituições autorizadas a funcionar pelo BCB, para fins de aplicação proporcional da regulação prudencial.

Entende-se por regulamentação prudencial o arcabouço legal, vinculado ao BCBS, que estabelece requisitos para as instituições financeiras com foco no gerenciamento de riscos e nos requerimentos mínimos de capital para fazer face aos riscos decorrentes de suas atividades.

Portanto, a edição desse normativo procura compatibilizar a regulamentação ao porte e a atividade internacional das instituições que compõem cada segmento, bem como seu perfil de risco.

Para se ter uma dimensão do alcance da referida norma, apresentamos, na Figura 2.1, a composição do SFN, tendo o CMN como órgão normativo e o BCB como supervisor/garantidor do cumprimento dessas normas.

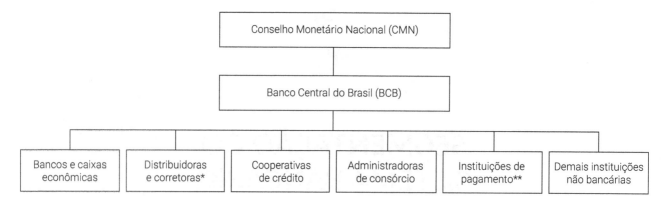

**Figura 2.1**   Composição do SFN, destacando instituições autorizadas pelo BCB.

**Fonte:** adaptada de Banco Central do Brasil.

\* Dependendo de suas atividades, também são fiscalizadas pela Comissão de Valores Mobiliários (CVM).

\*\* Não compõem o SFN, mas são reguladas e fiscalizadas pelo BCB, conforme diretrizes estabelecidas pelo CMN.

## 2.3   SEGMENTOS

As instituições financeiras e demais instituições autorizadas a funcionar pelo BCB, para fins de aplicação proporcional da regulação prudencial, devem se enquadrar em um dos seguintes segmentos:

**Segmento 1 (S1):**

- bancos múltiplos, bancos comerciais, bancos de investimento, bancos de câmbio e caixas econômicas que:
   - tenham porte igual ou superior a 10% (dez por cento) do PIB; ou
   - exerçam atividade internacional relevante, independentemente do porte da instituição.

**Segmento 2 (S2):**

- bancos múltiplos, bancos comerciais, bancos de investimento, bancos de câmbio e caixas econômicas de porte inferior a 10% (dez por cento) e igual ou superior a 1% (um por cento) do PIB; e
- demais instituições de porte igual ou superior a 1% (um por cento) do PIB.

**Segmento 3 (S3):**

- instituições de porte inferior a 1% (um por cento) e igual ou superior a 0,1% (um décimo por cento) do PIB.

**Segmento 4 (S4):**

- instituições de porte inferior a 0,1% (um décimo por cento) do PIB.

**Segmento 5 (S5):**

- instituições de porte inferior a 0,1% (um décimo por cento) do PIB que utilizem metodologia facultativa simplificada para apuração dos requerimentos mínimos de Patrimônio de Referência (PR), de Nível I e de Capital Principal;
- essa regra não se aplica a bancos múltiplos, bancos comerciais, bancos de investimento, bancos de câmbio e caixas econômicas.

## 2.4   PORTE E ATIVIDADE INTERNACIONAL

De acordo com o BCB, o porte é definido com base na razão entre o valor da Exposição Total da instituição e o valor do PIB do Brasil, considerando:

- Exposição Total, conforme metodologia definida pelo BCB.
- PIB do Brasil a preços de mercado e valores correntes divulgado pelo Instituto Brasileiro de Geografia e Estatística (IBGE), acumulado para o período de quatro trimestres consecutivos.

A instituição não sujeita à apuração da Exposição Total deve substituir, para fins de definição do seu porte, o valor da Exposição Total pelo valor do Ativo Total apurado de acordo com os critérios estabelecidos no Plano Contábil das Instituições do Sistema Financeiro Nacional (Cosif).

A atividade internacional é considerada relevante nos casos em que o total consolidado de ativos no exterior da instituição seja igual ou superior a US$ 10.000.000.000,00 (dez bilhões de dólares dos Estados Unidos).

## 2.5 REGRAS PARA ALTERAÇÃO DO ENQUADRAMENTO

As regras para alteração do padrão de enquadramento referem-se às condições necessárias para que uma instituição migre de um segmento para outro, ou seja:

**Para o Segmento 1 (S1):**

A instituição deve se enquadrar nos requisitos do segmento S1 por 03 (três) semestres consecutivos.

**Para o Segmento 2 (S2):**

A instituição deve se enquadrar nos requisitos do segmento S2:

- por 03 (três) semestres consecutivos, se proveniente dos segmentos S3, S4 ou S5;
- por 05 (cinco) semestres consecutivos, se proveniente do segmento S1.

**Para o Segmento 3 (S3):**

A instituição deve se enquadrar nos requisitos do segmento S3:

- por 03 (três) semestres consecutivos, se proveniente dos segmentos S4 ou S5;
- por 05 (cinco) semestres consecutivos, se proveniente dos segmentos S1 ou S2.

**Para o Segmento 4 (S4):**

A instituição deve se enquadrar nos requisitos do segmento S4:

- por 05 (cinco) semestres consecutivos, se proveniente dos segmentos S1, S2 ou S3;
- imediatamente, se proveniente do segmento S5, ao deixar de utilizar a metodologia facultativa simplificada para apuração dos requerimentos mínimos de PR, de Nível I e de Capital Principal.

**Para o Segmento 5 (S5):**

A instituição deve se enquadrar nos requisitos do segmento S5:

- imediatamente, quando a instituição se enquadrar nos requisitos do segmento S5.

## 2.6 ALTERAÇÃO DO ENQUADRAMENTO – OUTRAS INFORMAÇÕES

Os prazos para alteração de enquadramento podem ser adiantados caso o BCB perceba que a instituição já possui capacidade de atendimento da regulação prudencial aplicável ao segmento de destino, ou perceba ausência de perspectiva de retorno do atendimento aos requisitos para enquadramento no segmento de origem.

Alterações de enquadramento também podem ocorrer fora do prazo quando houver mudança de objeto social, criação ou cancelamento de carteira operacional, fusão, cisão, incorporação ou alterações de controle, ou outra mudança significativa do modelo de negócio, considerando as perspectivas para o porte e para a relevância da atividade internacional da instituição.

O BCB também se reserva o direito de alterar enquadramento em prazo distinto quando ações de supervisão evidenciem melhor adequação entre as atividades desenvolvidas pela instituição e a regulação prudencial do segmento de destino.

## 2.7 REQUERIMENTOS

Em função do enquadramento nos segmentos S1, S2, S3 e S4, as instituições financeiras e demais instituições autorizadas a funcionar pelo BCB devem cumprir normas mais complexas de gerenciamento de risco, de capital e de divulgação de informações. Dessa forma, tais instituições devem implementar:

- estrutura de gerenciamento contínuo e integrado de riscos;
- estrutura de gerenciamento contínuo de capital;
- política de divulgação de informações sobre:
  - estruturas de gerenciamento, descritas anteriormente;
  - a apuração do montante de ativos ponderados pelo risco (RWA);
  - adequação do Patrimônio de Referência (PR);
  - os indicadores de liquidez;
  - a Razão de Alavancagem (RA); e
  - política de remuneração de administradores.

Diferentemente desses segmentos, as instituições enquadradas no segmento S5 devem implementar estrutura simplificada de gerenciamento contínuo de riscos.

Para o BCB, o enquadramento em segmentos não deve ser entendido como incentivo ou desincentivo à instituição ou às suas atividades. As regras de segmentação servem como referência para ajustar o cumprimento da regulamentação prudencial de maneira proporcional a cada segmento. Por meio do enquadramento em segmentos, as grandes instituições contam com uma regulamentação mais exigente e mais complexa, enquanto as instituições menores ou de operações menos estruturadas cumprem normas específicas com o seu porte e operação, proporcionando, inclusive, um custo de observância mais equilibrado comparativamente às demais segmentações.

## 2.8 INSTITUIÇÕES DE PAGAMENTO

A Resolução BCB nº 197/2022 traz distinção entre os conglomerados prudenciais compostos por pelo menos uma instituição de pagamento (IP). Trata-se dos seguintes tipos:

a) tipo 1: conglomerado prudencial cuja instituição líder é uma instituição financeira ou outra instituição autorizada a funcionar pelo BCB sujeita à Lei nº 4.595/1964;

b) tipo 2: conglomerado prudencial cuja instituição líder seja uma IP e que não seja integrado por uma instituição financeira ou outra instituição autorizada a funcionar pelo BCB sujeita à Lei nº 4.595/1964, ou à Lei nº 10.194/2001; e

c) tipo 3: conglomerado prudencial cuja instituição líder seja IP e que seja integrado por uma instituição financeira ou outra instituição autorizada a funcionar pelo BCB sujeita à Lei nº 4.595/1964, ou à Lei nº 10.194/2001.

## 2.9 EXERCÍCIOS

1. Qual das entidades abaixo não faz parte das instituições supervisionadas pelo BCB?

a) Banco Bradesco S.A.
b) AGK Corretora de Câmbio.
c) Redecard Instituição de Pagamento S.A.
d) BrasilCap Capitalização S.A.

2. Uma instituição financeira poderá alterar o seu enquadramento para o segmento S3 quando:

a) Manter os requisitos de S3 por dois semestres consecutivos se proveniente do segmento S1 ou S2.
b) Manter os requisitos de S3 por cinco semestres consecutivos se proveniente do segmento S1 ou S4.
c) Manter os requisitos de S3 por três semestres consecutivos se proveniente do segmento S4 ou S5.
d) Manter os requisitos de S3 por cinco semestres consecutivos se proveniente do segmento S2 ou S5.

3. Em qual segmento os bancos comerciais não podem ficar enquadrados?

a) S2.
b) S5.
c) S1.
d) S3.

## 2.10 RESPOSTAS DOS EXERCÍCIOS

1. d
2. c
3. b

---

### APÊNDICE – DEFINIÇÃO DE TERMOS

**Comitê de Basileia para Supervisão Bancária:** fórum internacional para discussão e formulação de recomendações para a regulação prudencial e cooperação para supervisão bancária. Tem por objetivo reforçar a regulação, a supervisão e as melhores práticas bancárias para a promoção da estabilidade financeira.

**Nível I:** consiste no somatório do Capital Principal (capital social e lucros acumulados) e do Capital Complementar (instrumentos híbridos de capital).

**Patrimônio de Referência:** consiste no somatório do Nível I e do Nível II (instrumentos híbridos e instrumentos de dívida subordinada).

---

## REFERÊNCIAS

BANCO CENTRAL DO BRASIL. Instrução Normativa BCB nº 197, de 9 de dezembro de 2021. Estabelece o formato, a periodicidade e as informações a serem publicadas pelos participantes do Pix relacionados à facilitação de serviço de saque. *Diário Oficial da União*: Brasília, 13 dez. 2021. Disponível em: https://www.bcb.gov.br/estabilidadefinanceira/exibenormativo?tipo=Instru%C3%A7%C3%A3o%20Normativa%20BCB&numero=197. Acesso em: 23 jun. 2023. Documento normativo revogado, a partir de 1º/11/2022, pela Instrução Normativa BCB nº 313, de 24/10/2022.

CONSELHO MONETÁRIO NACIONAL. Resolução CMN nº 4.553, de 30 de janeiro de 2017. Estabelece a segmentação do conjunto das instituições financeiras e demais instituições autorizadas a funcionar pelo Banco Central do Brasil para fins de aplicação proporcional da regulação prudencial. *Diário Oficial da União*: Brasília, 31 jan. 2017. Disponível em: https://www.bcb.gov.br/estabilidadefinanceira/exibenormativo?tipo=RESOLU%C3%87%C3%83O&numero=4553. Acesso em: 23 jun. 2023.

# 3

# PRINCÍPIOS GERAIS E PRONUNCIAMENTO CONCEITUAL BÁSICO

**Diana Lúcia de Almeida**
**Eric Barreto (revisor)**

## 3.1 INTRODUÇÃO

Em 24 de junho de 2021, o Conselho Monetário Nacional (CMN) publicou a Resolução CMN nº 4.924, a qual estabelece os princípios gerais para reconhecimento, mensuração, escrituração e evidenciação contábeis pelas instituições financeiras e demais instituições autorizadas a funcionar pelo Banco Central do Brasil (BCB). A referida resolução não é aplicável às administradoras de consórcio, bem como às instituições de pagamento, as quais devem observar a regulamentação emanada pelo BCB, a seguir mencionada.

Em 27 de julho de 2021, o BCB publicou a Resolução BCB nº 120, a qual estabelece os princípios gerais para reconhecimento, mensuração, escrituração e evidenciação contábeis pelas administradoras de consórcio e pelas instituições de pagamento autorizadas a funcionar pelo BCB. Adicionalmente, a referida resolução estabelece procedimentos específicos para a aplicação dos princípios gerais tratados por esta resolução, bem como pela Resolução CMN nº 4.924, previamente apresentada, pelas instituições financeiras e demais instituições autorizadas a funcionar pelo BCB.

De acordo com a Resolução CMN nº 4.924 e a Resolução BCB nº 120, todas as instituições inseridas em seus respectivos escopos devem reconhecer, mensurar e evidenciar as informações contábeis de acordo com os seguintes pronunciamentos contábeis:

- CPC 00 (R2) – Estrutura Conceitual para Relatório Financeiro;
- CPC 01 (R1) – Redução ao Valor Recuperável de Ativos;
- CPC 23 – Políticas Contábeis, Mudança de Estimativa e Retificação de Erro;
- CPC 46 – Mensuração do Valor Justo (sempre que regulamentação específica requeira tal forma de mensuração); e
- CPC 47 – Receita de Contrato com Cliente.

Importante ressaltar que esses pronunciamentos contábeis, bem como outros já recepcionados pelo CMN e pelo BCB, não podem ser aplicados enquanto não forem também recepcionados por norma específica.

No que tange à Estrutura Conceitual, foco deste capítulo, com a decisão pela convergência da contabilidade brasileira às Normas Internacionais de Contabilidade, emitidas pelo *International Accounting Standards Board* (IASB) e a promulgação da Lei nº 11.638/2007, o Comitê de Pronunciamentos Contábeis (CPC) adotou integralmente a Estrutura Conceitual emitida por aquele órgão, denominada *Framework for the Prepara-*

*tion and Presentation of Financial Statements*, e emitiu o seu pronunciamento conceitual, denominado Estrutura Conceitual para Relatório Financeiro.

É importante observar que a Estrutura Conceitual não é uma norma contábil, mas um conjunto básico de princípios a serem seguidos na elaboração das normas contábeis, propriamente ditas, com base em conceitos consistentes. Além disso, a Estrutura Conceitual auxilia os preparadores das demonstrações financeiras no desenvolvimento de políticas contábeis consistentes às transações ou outros eventos que não possuam uma norma contábil específica aplicável ou em situações nas quais as normas permitam uma escolha contábil. Por fim, mas não menos importante, a Estrutura Conceitual auxilia na compreensão e interpretação das normas contábeis.

A versão revisada da Estrutura Conceitual foi divulgada pelo CPC no final do ano de 2019 e recepcionada pelo BCB pelos atos normativos previamente mencionados, a Resolução CMN nº 4.924 e a Resolução BCB nº 120.

## 3.2 DEMONSTRAÇÕES FINANCEIRAS: OBJETIVO, UTILIDADE E LIMITAÇÕES

As demonstrações financeiras visam fornecer informações financeiras que sejam úteis aos usuários na sua tomada de decisão referente à oferta de recursos à entidade. Os usuários das informações financeiras são investidores, credores e outras fontes de obtenção de recursos, atuais ou potenciais, enquanto as decisões por eles tomadas envolvem:

- a compra, venda e/ou manutenção de títulos de dívida ou patrimonial;
- a concessão ou liquidação de empréstimos ou outras formas de crédito; ou
- o exercício do direito de votar ou outra forma de influência nos atos da administração no que tange ao uso dos ativos da entidade.

Essas decisões dependem dos retornos esperados pelos usuários, como dividendos, pagamentos de principal e juros ou aumento no preço de mercado. As expectativas dos usuários, por sua vez, dependem dos fluxos de caixa futuros líquidos esperados para a entidade, levando em conta o valor, a época e as incertezas, bem como da gestão dos ativos feita pelos administradores da entidade.

Para que os usuários possam realizar as suas análises, eles precisam de informações acerca dos ativos, dos passivos e do patrimônio líquido da entidade, bem como das suas variações ao longo do tempo. Adicionalmente, os usuários necessitam de informações para avaliar a eficiência e eficácia da administração no cumprimento da sua responsabilidade sobre o uso dos ativos da entidade.

É nesse ponto que entra a importância dos relatórios financeiros, que cumprem o papel de fornecer informações financeiras da entidade, as quais permitem que o valor da entidade possa ser estimado, visando contribuir para o processo decisório dos usuários. Cabe ressaltar que as demonstrações financeiras não fornecem, nem podem fornecer, todas as informações que os usuários possam precisar. Cabe a eles considerar outras fontes seguras, visando coletar informações sobre condições e expectativas econômicas, ambiente político e perspectivas do setor e da entidade, por exemplo.

Além disso, cabe a observação de que cada usuário possui uma demanda de informação que pode variar entre eles. Considerando esse fato, as normas contábeis são desenvolvidas com o objetivo de fornecer informações que atendam às necessidades do maior número de usuários, o que não impede que a entidade divulgue informações adicionais que possam ser úteis a um grupo de usuários em específico.

As demonstrações financeiras fornecem informações sobre a posição financeira da entidade, as quais consistem em informações sobre os seus ativos, passivos e patrimônio líquido. Além disso, as demonstrações financeiras fornecem informações acerca das variações que ocorreram nos ativos, passivos e no patrimônio líquido ao longo do tempo. Todas essas informações são úteis para as decisões acerca da oferta de recursos à entidade.

Informações sobre os ativos e passivos podem auxiliar os usuários a avaliar a liquidez e solvência da entidade, suas necessidades de financiamento adicional e sua probabilidade de êxito na obtenção desse financiamento. No ponto de vista dos ativos, essas informações permitem avaliar a gestão dos recursos conduzida pelos seus administradores. Por outro lado, informações sobre os passivos possibilitam prever como futuros fluxos de caixa serão distribuídos entre os seus credores.

A composição dos ativos afeta diferentemente a avaliação do usuário, acerca das perspectivas de fluxos de caixa futuros. Alguns fluxos de caixa futuros resultam de ativos existentes, como os empréstimos a receber. Outros fluxos de caixa resultam da utilização de vários ativos em conjunto para prestar serviços aos clientes, como os ativos imobilizados e intangíveis.

As variações dos ativos e passivos resultam do desempenho financeiro da entidade, bem como de outros eventos e transações, como a emissão de títulos de dívidas (por exemplo, *bonds* e *notes*) ou de instrumentos patrimoniais (por exemplo, ações). Para avaliar adequadamente as perspectivas de entrada de fluxos de caixa, bem como a gestão dos ativos feita pelos seus administradores, os usuários precisam de informações suficientes para identificar esses dois tipos de mudanças que podem ocorrer nos ativos e passivos da entidade.

Do ponto de vista de contribuições, as informações sobre o desempenho financeiro da entidade ajudam os usuários a avaliar os retornos por ela produzidos e, com isso, analisar a gestão dos ativos conduzida pelos seus administradores. Além disso, informações sobre as variações dos ativos e passivos permitem avaliar a incerteza dos fluxos de caixa futuros e prever os retornos futuros da entidade.

Cabe aqui destacar que os relatórios financeiros não consistem em representações exatas da entidade, uma vez que se baseiam, significativamente, em estimativas, julgamentos e modelos. O papel cumprido pela Estrutura Conceitual é estabelecer os conceitos subjacentes a essas estimativas, julgamentos e modelos, essenciais para a utilidade das demonstrações financeiras.

Por fim, o desempenho financeiro de uma entidade é refletido pela utilização do regime de competência, o qual registra, no período vigente, as variações ocorridas nos ativos e passivos, exceto aquelas oriundas de novos recursos de credores e investidores, independentemente de os pagamentos e recebimentos ocorrerem em momentos diferentes. A sua utilização fornece base melhor para a avaliação do desempenho passado e futuro da entidade do que informações exclusivamente sobre valores recebidos e pagos no período, uma vez que fornece visão ampla de todas as transações ocorridas no período e que afetaram os seus ativos e passivos.

## 3.3 CARACTERÍSTICAS QUALITATIVAS DAS INFORMAÇÕES FINANCEIRAS ÚTEIS

Na Seção 3.2, muito se falou sobre a questão da utilidade das demonstrações financeiras, para que estas atinjam o seu papel de fornecer informações para a tomada de decisão do usuário. É nesse ponto que conseguimos identificar a importância das características qualitativas das informações financeiras úteis.[1]

As características qualitativas identificam os tipos de informações que tendem a ser mais úteis aos usuários existentes e potenciais, para que eles tomem decisões com base nas informações fornecidas pelas demonstrações financeiras, bem como por outras formas a eles fornecidas. Cabe destacar que o custo de elaboração e fornecimento da informação financeira é uma restrição generalizada sobre a capacidade de a entidade fornecer informações financeiras úteis, cabendo à administração da entidade a avaliação de custo *versus* benefício do fornecimento de uma determinada informação financeira. A Figura 3.1 sintetiza as características qualitativas previstas na Estrutura Conceitual do IASB.

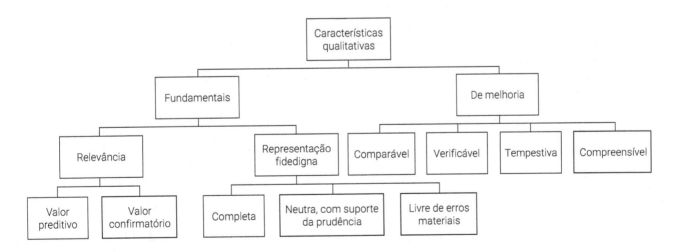

**Figura 3.1** Características qualitativas.
**Fonte:** Elaborada pelos autores com base na Estrutura Conceitual do IASB.

---

[1] Doravante, referidas apenas como características qualitativas.

Como pode ser observado na Figura 3.1, as características qualitativas são divididas em dois grandes grupos: as características qualitativas consideradas fundamentais e aquelas que são consideradas de melhoria da informação.

Do ponto de vista das características fundamentais, para que a informação financeira seja útil, ela deve ser tanto relevante quanto representar fidedignamente aquilo que pretende representar.

As informações financeiras são consideradas relevantes quando são capazes de fazer diferença nas decisões tomadas pelos usuários. Isso ocorre quando a informação tem valor preditivo ou valor confirmatório, ou ambos.

Enquanto o valor preditivo diz respeito à capacidade de a informação financeira prever resultados futuros, o valor confirmatório fornece *feedback* sobre as avaliações anteriores (confirmando ou alterando as previsões). Importante ressaltar que a capacidade preditiva não significa fornecer previsões ou prognósticos, mas possibilitar seu uso pelos usuários ao fazerem as suas próprias previsões.

Ambos os valores preditivos e confirmatórios das informações financeiras são inter-relacionados, pois informações que possuem valor preditivo frequentemente possuem valor confirmatório. Para ilustrar, informações sobre as receitas de juros do período atual podem ser utilizadas para prever as receitas de juros futuras. Em paralelo, as receitas de juros do período atual servem para comparar com as previsões que tenham sido feitas em período anterior.

Ainda no que tange à relevância, cabe destacar a questão da materialidade, a qual é considerada como um aspecto da relevância específico da entidade com base na natureza ou magnitude, ou ambas, de itens dentro da demonstração financeira da entidade. A informação é considerada material se a sua omissão, distorção ou obscuridade puder influenciar, razoavelmente, as decisões dos usuários.

É importante salientar que a própria Estrutura Conceitual declara que a materialidade é um aspecto da relevância, mas não se trata de sinônimos, uma vez que o conceito de relevância é mais abrangente que a definição de materialidade. Como bem enfatizam os autores Gelbcke, Santos, Iudícibus e Martins (2018), mesmo que os números sejam proporcionalmente considerados pequenos, ainda assim eles podem influenciar as decisões dos usuários. Os autores ilustram seu posicionamento com o exemplo de uma entidade que talvez tenha investido pouco para obter determinado ativo, mas que este pode ter uma capacidade enorme de produção de caixa para o futuro. Em tal caso, a informação sobre o ativo é relevante, mesmo que o número que o representa seja considerado proporcionalmente pequeno. Daí a importância de a própria Estrutura Conceitual não especificar um limite quantitativo ou predeterminar o que pode ser material em uma situação específica, cabendo à entidade o julgamento caso a caso.

Outro fator importante para que a informação seja útil é que ela represente fidedignamente o fenômeno econômico que se propõe a representar. Para atingir tal objetivo, a informação precisa ser completa, neutra e isenta de erros. Evidentemente, a perfeição nunca ou raramente é atingida, cabendo à entidade maximizar tais qualidades sempre que possível.

Considera-se que a informação financeira é completa quando ela inclui todas as informações necessárias para que o usuário compreenda os fenômenos que estão sendo representados, permitindo a eles a compreensão sobre a situação financeira e o desempenho da entidade.

A representação neutra de uma informação financeira significa que ela é imparcial, não tendenciosa, sem qualquer inclinação otimista ou pessimista em relação ao já realizado e/ou em relação às expectativas futuras. Adicionalmente, como esclarecido por Gelbcke, Santos, Iudícibus e Martins (2018), a neutralidade diz respeito à ausência de viés na escolha da forma de registro ou de mensuração, quer para melhorar artificialmente a realidade, quer para piorá-la.

A Estrutura Conceitual ressalta que a neutralidade é apoiada pelo exercício da prudência, que compreende a cautela ao fazer julgamento sob condições de incerteza. Isso não significa que os ativos e receitas serão avaliados para menos (subavaliados), enquanto os passivos e despesas para mais (superavaliados), tão somente que eles devam ser avaliados de modo a representar fielmente o que pretendem representar.

Por último, como dito anteriormente, a precisão de uma informação financeira nunca ou raramente ocorre. Isso significa que ser livre de erros não é ser preciso, mas, sim, que o processo utilizado para produzir as informações financeiras foi selecionado e aplicado sem erros. Como bem esclarecem os autores Gelbcke, Santos, Iudícibus e Martins (2018), estar livre de erro significa que a descrição é clara e precisa, que a estimativa é a melhor possível, que a natureza, inclusive do risco do item, está devidamente revelada, e que não se escolheu de forma indevida ou tendenciosa qualquer critério de reconhecimento, de mensuração ou de divulgação.

Migrando para as características de melhoria, a utilidade das informações financeiras é aumentada se elas forem comparáveis, verificáveis, tempestivas e compreensíveis. Como o próprio nome diz, as características de melhoria visam contribuir para a melhoria da utilidade das informações financeiras que sejam tanto relevantes quanto forneçam uma representação fidedigna dos eventos econômicos que se pretende representar.

A comparabilidade é atingida quando a informação financeira é capaz de ser comparada ao longo do tempo e entre entidades. Para isso, transações e eventos semelhantes devem ser contabilizados similarmente.

Uma informação financeira é considerada verificável quando usuários diferentes podem atingir um consenso acerca da representação fidedigna do fenômeno econômico que a informação pretende representar. Isso significa que a informação pode ser verificada, recalculada ou reconstruída por diferentes usuários e que eles chegarão à mesma conclusão acerca do fenômeno econômico. Para ilustrar, isso significa que se diferentes usuários fizerem a contagem do dinheiro guardado no cofre, todos chegarão à mesma conclusão sobre o montante apresentado na rubrica de "Caixa".

A tempestividade diz respeito à disponibilização de informação em tempo hábil de ser capaz de influenciar as decisões dos usuários. Quanto mais defasada a informação for, menos útil ela se torna. Entretanto, para fins de identificação de tendências, algumas informações, mesmo que antigas, ainda continuam sendo consideradas tempestivas. Portanto, conclui-se que a tempestividade pode variar, a depender da necessidade do usuário.

Por fim, a compreensibilidade significa que a informação está apresentada de forma clara e concisa, de modo a ser compreendida pelos usuários. Evidentemente, não se trata de tarefa fácil, tendo em vista que alguns fenômenos são complexos por si só, o que torna bastante desafiador transformá-los em algo simples (por exemplo, instrumentos compostos de capital e dívida). Além disso, há o desafio imposto pela utilização de termos técnicos por alguns reguladores do mercado, como o BCB, para os usuários não especializados naquele segmento em específico.

## 3.4 DEMONSTRAÇÕES FINANCEIRAS E A ENTIDADE QUE REPORTA

O objetivo das demonstrações financeiras é fornecer informações financeiras sobre ativos, passivos, patrimônio líquido, receitas e despesas da entidade que sejam úteis aos usuários na avaliação das expectativas futuras de fluxos de entrada de caixa líquidos para a entidade e na avaliação da gestão da administração sobre os recursos econômicos da entidade.

As informações financeiras são fornecidas pelas seguintes demonstrações financeiras:

- **Balanço Patrimonial**: apresenta os ativos, passivos e o patrimônio líquido.
- **Demonstração do Resultado do Exercício e Demonstração do Resultado Abrangente**: apresentam as receitas e despesas.
- **Demais demonstrações financeiras e notas explicativas**: apresentam e detalham os elementos das demonstrações financeiras[2] que foram reconhecidos ou não, inclusive com informações sobre natureza e riscos, os fluxos de caixa, as contribuições e distribuições aos detentores de direitos sobre o patrimônio líquido da entidade e os métodos, premissas e julgamentos utilizados para a elaboração das demonstrações financeiras.

O detalhamento sobre o conjunto completo de Demonstrações Financeiras que as instituições financeiras devem elaborar, bem como a frequência da sua divulgação, estão apresentados no Capítulo 36, "Demonstrações Contábeis".

A elaboração das demonstrações financeiras assume a perspectiva da entidade que reporta como um todo, e não o ponto de vista dos usuários da informação. Além disso, as demonstrações financeiras são elaboradas sob o pressuposto de continuidade operacional, o que significa que se espera que a entidade continuará em operação dentro de um futuro previsível. Caso haja necessidade ou intenção de encerrar a operação, cabe à entidade a elaboração das suas demonstrações financeiras em bases diferentes daquelas utilizadas quando a entidade é considerada em continuidade e, inclusive, a divulgação sobre tal fato.

Aproveitando o ensejo da menção da perspectiva da "entidade que reporta", cabe aqui a necessidade da sua definição. A entidade que reporta consiste na entidade que é obrigada a, ou decide, elaborar demonstrações financeiras. Ela pode ser uma única entidade ou uma parte dela ou, ainda, compreender mais de uma entidade. Importante destacar que ela não é necessariamente uma entidade legal.

Em alguns casos, a entidade controladora possui o controle de uma ou mais entidades (controladas). Caso a entidade que reporta compreenda tanto a entidade controladora quanto as suas controladas, as demonstrações financeiras da entidade que reporta são denominadas "demonstrações consolidadas". Por outro

---

[2] Elementos das demonstrações financeiras: ativos, passivos, patrimônio líquido, receitas e despesas.

lado, caso a entidade que reporta compreenda apenas a entidade controladora, as demonstrações financeiras da entidade que reporta são denominadas "demonstrações financeiras não consolidadas", também referidas como demonstrações financeiras individuais ou separadas.

Se a entidade que reporta compreender duas ou mais entidades que não sejam todas vinculadas pelo relacionamento controladora-controlada, as demonstrações financeiras são denominadas "demonstrações financeiras combinadas". Importante enfatizar que, apesar de constar da Estrutura Conceitual, esse tipo de demonstração financeira é vedado tanto pela Resolução CMN nº 4.924/2021, quanto pela Resolução BCB nº 120/2021, exceto quando previsto em regulamentação emanada do CMN ou do BCB.

Para ilustrar algumas possíveis relações que podem existir entre as entidades, a Figura 3.2 apresenta quatro entidades (K, L, M e Z).

A Entidade K possui investimentos em três entidades: L, M e Z. A relação entre a Entidade K e as Entidades L e M envolve controle, o que significa que a Entidade K é capaz de direcionar o uso do recurso econômico das suas controladas e obter os benefícios econômicos que possam fluir dele. Diferentemente, a relação entre a Entidade K e a Entidade Z já não envolve controle. Caso a entidade que reporta seja apenas a Entidade K, ela apresentará suas demonstrações financeiras não consolidadas contendo três ativos: investimentos nas Entidades K, L e Z.

Por outro lado, caso a entidade que reporta seja tanto a Entidade K quanto as duas controladas, nesse caso, ela apresentará suas demonstrações financeiras consolidadas, contemplando as Entidades K (controladora) e L e M (controladas), como se elas fossem uma única entidade (grupo econômico). Importante observar que a Entidade Z, em qualquer das duas demonstrações financeiras (consolidadas ou não), será tratada como um ativo (investimento) da entidade que reporta.

Portanto, sintetizando o que foi dito anteriormente, a depender da entidade que reporta, as demonstrações financeiras podem ser apresentadas de três formas:

- **Demonstrações Individuais ou Separadas**: fornecem informações sobre ativos, passivos, patrimônio líquido, receitas e despesas apenas da controladora.
- **Demonstrações Consolidadas**: fornecem informações sobre ativos, passivos, patrimônio líquido, receitas e despesas da controladora e controladas como uma única entidade que reporta (grupo econômico).
- **Demonstrações Combinadas (se permitidas)**: fornecem informações sobre ativos, passivos, patrimônio líquido, receitas e despesas de duas ou mais entidades não conectadas por um relacionamento de controladora-controlada.

Por fim, mais detalhes sobre as formas de investimentos e o tratamento contábil podem ser vistos no Capítulo 13, "Investimentos e Método de Equivalência Patrimonial", enquanto o Capítulo 36, "Demonstrações Contábeis", se aprofunda nas demonstrações financeiras que devem ser elaboradas pelas entidades.

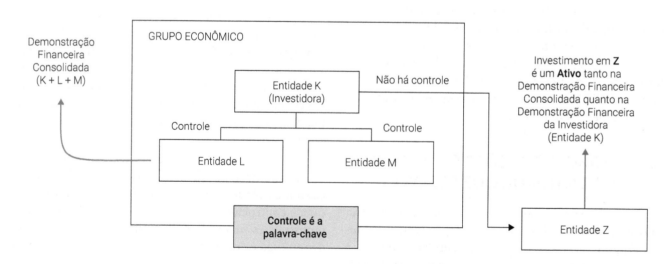

**Figura 3.2** Participações societárias e as demonstrações financeiras.

## 3.5 ELEMENTOS DAS DEMONSTRAÇÕES FINANCEIRAS

Os elementos das demonstrações financeiras são os ativos, os passivos e o patrimônio líquido, que se referem à posição financeira da entidade e são apresentados no Balanço Patrimonial.

Adicionalmente, os outros dois elementos que compõem as demonstrações financeiras são as receitas e as despesas, que se referem ao desempenho financeiro da entidade e são apresentados na Demonstração do Resultado do Exercício e na Demonstração do Resultado Abrangente.

Os conceitos de todos esses elementos serão aprofundados nas subseções a seguir.

### 3.5.1 Elementos do Balanço Patrimonial: conceito de ativos, passivos e patrimônio líquido

O Balanço Patrimonial é composto por três elementos: ativos, passivos e patrimônio líquido. A Figura 3.3 ilustra a composição do Balanço Patrimonial, bem como as suas correspondentes definições.

Os ativos são definidos como os recursos econômicos presentes controlados pela entidade como resultados de eventos passados. Os recursos econômicos, por sua vez, são os direitos que têm o potencial de produzir benefícios econômicos.

Gelbcke, Santos, Iudícibus e Martins (2018) destacam que a definição de ativo apresentada privilegia o "agente" e não o ativo no sentido econômico propriamente dito. Para ilustrar, os autores analisam o caso de uma máquina usada na linha de produção: o verdadeiro ativo econômico é a sua capacidade de produzir benefícios econômicos futuros advindos da sua utilização, mas a contabilidade reconhece como ativo a máquina, o agente produtor dos benefícios econômicos. Por isso, a definição usa o termo "recurso", que é o agente gerador de benefícios econômicos futuros.

Outro exemplo seria o caso de uma opção de compra. O valor dela decorre do seu potencial de geração de benefícios econômicos para a entidade, por meio do exercício da opção de comprar algo em momento futuro, evidentemente, em condições que lhe são favoráveis. Em tal caso, o verdadeiro ativo econômico é o benefício recebido em virtude de a opção ter sido exercida. Entretanto, o recurso econômico é representado pelo direito presente de exercer a opção de comprar algo em data futura e não o ativo subjacente de tal opção. Portanto, com base nos dois exemplos citados, é importante novamente frisar: o ativo é o **recurso** e não o benefício que finalmente se resultará dele.

Para compreender adequadamente a definição apresentada na Estrutura Conceitual, precisamos esclarecer três elementos-chave: o direito, o potencial de produzir benefícios econômicos e o controle.

Muitos direitos são estabelecidos por contrato, legislação e meios similares, mas também podem ser obtidos de outras formas, como por meio da aquisição ou desenvolvimento de conhecimento que não seja de domínio público. Eles podem assumir diversas formas, e podem ser subdivididos em dois grupos:

1. os direitos que correspondem à obrigação de outra parte; e
2. os direitos que independem de obrigações de terceiros.

O primeiro grupo, direitos que correspondem à obrigação de outra parte, contemplam, por exemplo, o direito de receber caixa (por exemplo, empréstimo a receber), o direito de receber produtos ou serviços (por exemplo, adiantamento a fornecedor), o direito de trocar ativos com terceiros em condições favoráveis à entidade (por exemplo, compra de opção de compra de ações) e o direito de se beneficiar de obrigação de outra parte transferir um ativo se ocorrer evento futuro incerto especificado (por exemplo, direito de receber indenização em caso de sinistro).

---

**Balanço Patrimonial**

| | |
|---|---|
| **Ativo:** é um **recurso econômico presente controlado** pela entidade como resultado de eventos passados. | **Passivo:** é uma **obrigação presente** da entidade de transferir um recurso econômico como resultado de eventos passados. |
| Um recurso econômico é um direito que tem o potencial de produzir **benefícios econômicos**. | **Patrimônio Líquido:** participação **residual** nos ativos da entidade após a dedução de todos os seus passivos. |

**Figura 3.3** Definições dos elementos patrimoniais.

**Fonte:** Elaborada pelos autores com base na Estrutura Conceitual do IASB.

Já os direitos que independem de obrigações de terceiros contemplam, por exemplo, os direitos sobre bens corpóreos (por exemplo, uso de ativo imobilizado) e o direito sobre itens intangíveis (por exemplo, direito de usar uma propriedade intelectual).

No que tange ao potencial de gerar benefícios econômicos, ele não precisa ser certo, nem mesmo provável, tão somente que ele seja oriundo de um direito que já exista e que, em pelo menos uma circunstância, sejam maiores do que os benefícios econômicos disponíveis para todas as outras partes. Isso significa que, mesmo que seja baixa a probabilidade de os benefícios econômicos resultarem para a entidade, o direito pode, ainda assim, atender à definição de recursos econômicos e, portanto, ser um ativo. Entretanto, a baixa probabilidade pode afetar decisões sobre reconhecer ou não o ativo, bem como a sua mensuração. Em suma, o direito pode até atender à definição de ser um ativo, mas se será ou não reconhecido e como será mensurado dependerá de condições que adiante serão discutidas em mais profundidade.

O terceiro elemento-chave é o controle, que é aquilo que vincula um recurso econômico a determinada entidade. Ele advém da capacidade presente de direcionar o uso do recurso econômico e obter benefícios econômicos que dele possam se originar. Do ponto de vista prático, o controle inclui a capacidade presente de impedir que outras partes possam direcionar o uso do recurso econômico e obter benefícios econômicos dele. Assim, quem detém o controle pode empregar tal recurso em sua atividade (por exemplo, usar um prédio como sua sede administrativa) ou, então, permitir que outra parte o empregue (por exemplo, alugar seu prédio para ser sede administrativa de outra entidade).

Para que o controle exista, os benefícios econômicos advindos do recurso devem fluir direta ou indiretamente para a entidade. Isso não significa que a entidade está segura de que sempre obterá benefícios advindos do recurso, pois os benefícios podem não fluir, pelas mais variadas razões. Contudo, caso os recursos produzam benefícios econômicos, é a entidade que os controla quem os obterá, quer seja de modo direto ou indireto. Novamente, a entidade pode se beneficiar diretamente pela utilização de um recurso (por exemplo, imóvel para uso próprio) ou, então, indiretamente, pela contraprestação recebida como contrapartida da utilização que outra parte faz de um imóvel objeto de uma operação de aluguel.

Em geral, o controle resulta de direitos legais, mas não se limita a eles. Por exemplo, um conhecimento que não seja de domínio público e que possa ser guardado em sigilo, cujo uso é direcionado pela entidade, visando à obtenção de benefícios econômicos, também atende à definição de ser um recurso controlado pela entidade, mesmo que tal conhecimento não esteja protegido por meio de uma patente registrada.

Importante destacar que nem todos os direitos da entidade são, de fato, ativos dela, afinal, para serem ativos, os direitos devem ter potencial de produzir benefícios econômicos e estarem sob controle da entidade que o reporta. Contrapondo o exemplo anterior, um conhecimento específico que seja de domínio público não é um ativo da entidade, visto que não há controle sobre ele, mesmo que possa gerar benefícios econômicos para a entidade.

Um aspecto importante a ser mencionado diz respeito à associação que se faz entre gastos e aquisição de ativos. Não necessariamente um ativo deve ser adquirido, pois pode ser algo oriundo de uma transação sem ônus financeiro (por exemplo, direitos advindos de outorga governamental ou de doações de terceiros).

Por último, a entidade não pode ter direito de obter benefícios econômicos de si própria. Para ilustrar, caso a entidade tenha emitido um instrumento de dívida (por exemplo, letra de crédito) ou instrumentos patrimoniais (por exemplo, ações) e, posteriormente, os recompre, eles não são ativos da entidade, mas, sim, redutores das contas que os representam (por exemplo, ações em tesouraria, no caso da emissão de títulos patrimoniais). Da mesma forma, caso se trate de uma demonstração financeira consolidada e uma das entidades do grupo econômico detenha títulos emitidos por outra entidade do mesmo grupo econômico, novamente não se tem um ativo na entidade que reporta, e o mesmo cuidado previamente mencionado deve ser consistentemente aplicado (por exemplo, tratar como redutores das contas que os representem os títulos negociados entre partes de tal grupo econômico).

Mudando para o outro lado do balanço, os passivos são definidos como obrigações presentes da entidade de transferir um recurso econômico como resultado de eventos passados. Portanto, para que exista um passivo, três critérios precisam ser atendidos:

1. a entidade tem uma obrigação;
2. a obrigação é de transferir um recurso econômico (ativo); e
3. a obrigação é presente porque resulta de eventos passados.

Analisando o primeiro critério, a entidade tem uma obrigação com terceiros quando ela assume dever ou responsabilidade sobre os quais ela não tem capacidade prática de evitar. Isso significa que, para cumprir tal obrigação, a entidade terá que, inevitavelmente, entregar ativos.

Muitas obrigações se originam por contratos, leis ou meios similares, o que as torna legalmente exigíveis por aqueles a quem elas sejam devidas. Contudo, obrigações podem surgir de práticas usuais, políticas publicadas ou declarações específicas feitas pela entidade, as quais criam para a entidade a incapacidade prática de evitar ter que honrá-las. Tais obrigações são, às vezes, denominadas "obrigações presumidas".

Em algumas situações, pode haver incertezas sobre a existência ou não de uma obrigação. Por exemplo, uma parte pode buscar uma compensação por alguma irregularidade cometida pela entidade. Na visão da entidade, pode haver incertezas se de fato a obrigação existe, levando em conta as incertezas sobre se a irregularidade de fato ocorreu, se a entidade a cometeu e como a lei se aplica em tal situação. Até que a incerteza seja esclarecida (por exemplo, por meio de decisão judicial), é incerto se a obrigação presente existe e, portanto, se a entidade possui um passivo e se ele, de fato, deve ser reconhecido. Mais adiante, voltaremos a esse ponto, para uma discussão em mais profundidade.

O segundo critério para um passivo é que haja uma obrigação de transferir ativos. Tal critério será satisfeito quando houver potencial de transferência de ativos. Isso significa que não precisa ser certo ou provável que a entidade será obrigada a entregar ativos, pois a transferência pode ocorrer somente se um evento futuro incerto específico ocorrer. Para tanto, é preciso somente que a obrigação já exista e que, em pelo menos uma circunstância, ela exigirá que a entidade transfira um ativo. Novamente, a obrigação pode até atender à definição de ser um passivo, mesmo que a probabilidade de transferir ativos seja baixa, mas se será ou não reconhecido e como será mensurado dependerá de condições que adiante serão discutidas em mais profundidade.

As obrigações contemplam, por exemplo, a obrigação de entregar caixa (por exemplo, empréstimo a pagar), obrigações de entregar produtos ou serviços (por exemplo, adiantamento de clientes), obrigações de trocar ativos com terceiros em condições desfavoráveis à entidade (por exemplo, venda de opção de compra de ações), obrigações de transferir um ativo se ocorrer evento futuro incerto especificado (por exemplo, obrigação de pagar uma indenização em caso de um sinistro) e obrigações de emitir um instrumento financeiro se este criar para a entidade uma obrigação de transferir um recurso econômico.

Em alguns casos, em vez de entregar um ativo para a contraparte, a obrigação é liquidada ao negociar a sua dispensa, ao ser transferida para terceiros ou ao substituí-la por outra obrigação, por meio da celebração de uma nova transação. Em qualquer dessas situações, a entidade tem a obrigação de transferir um ativo até que tenha liquidado, transferido ou substituído tal obrigação.

O terceiro critério de um passivo é que a obrigação seja presente, resultante de eventos passados. Isso significa que a obrigação presente existe caso a entidade já tenha obtido os benefícios econômicos (por exemplo, recebido o produto ou serviço demandado da contraparte) ou tomado uma ação (por exemplo, operado em determinado mercado) e, como consequência, tenha ou poderá ter que entregar ativos que não consegue evitar.

Em situações de mudança de legislação, a sua promulgação não é suficiente para criar uma obrigação, mas, sim, o fato de ela já ter afetado a entidade, em virtude de a entidade já ter obtido benefícios econômicos ou tomado uma ação, como antes exemplificado. Do mesmo modo, práticas usuais, políticas publicadas ou declarações da entidade só geram obrigações para a entidade quando já aplicáveis a ela e já tenham gerado obrigações a cumprir que a entidade não consegue mais evitar.

Por fim, a obrigação ainda não existe se a entidade não tiver obtido os benefícios econômicos ou tomado uma ação e, consequentemente, criado para si uma obrigação de entregar ativos que ela não consiga evitar. Para ilustrar, imagine que a entidade tenha celebrado um contrato de trabalho, no qual haverá determinada remuneração em troca dos serviços profissionais prestados por tal empregado. Nessa situação, a entidade não tem obrigação de pagar salário ao empregado enquanto não tiver usufruído dos serviços que ele deve prestar.

Do mesmo modo, caso a entidade tenha celebrado um contrato de compra de novos computadores, a serem usados pela sua equipe administrativa, não há obrigação enquanto os produtos demandados não tiverem sido entregues. Até que a obrigação surja, trata-se do que denominamos "contrato executório", que consiste em uma troca de promessas entre as partes envolvidas, as quais ainda estão pendentes de cumprimento (por exemplo, empregado ainda não entregou o serviço e a entidade ainda não pagou o seu salário).

Na medida em que uma das partes cumpra a sua correspondente obrigação, o contrato deixa de ser executório. Se a entidade que reporta for a primeira a cumprir, esse evento dá origem a um ativo para a entidade, uma vez que concede a ela um direito de receber algo (por exemplo, receber os serviços a serem prestados pelo empregado, visto que eles já foram pagos). Por outro lado, caso a contraparte cumpra primeiro a sua correspondente obrigação, esse evento cria um passivo para a entidade que reporta, haja vista que, deste ponto em diante, ela passa a ter uma obrigação que não consegue evitar (por exemplo, empregado trabalhou, logo, a entidade passa a ter a obrigação de honrar o salário pactuado).

Importante destacar que, em certas circunstâncias, pode haver uma norma específica que oriente o registro de um ativo e passivo e ela deve ser respeitada. Por exemplo, até 2018, não se registravam efeitos de um contrato de aluguel de 10 anos, no qual se obtém o direito de usar o espaço alugado em contrapartida do pagamento de uma contraprestação por sua utilização. Entretanto, a partir de 2019, com a entrada da nova norma acerca dos contratos de arrendamento mercantil, tais contratos passaram a ser apresentados no Balanço Patrimonial, sob a forma de um direito de uso do imóvel (ativo) e uma obrigação presente de todos os aluguéis a serem pagos pelo prazo do contrato (passivo). Para mais informações, recomenda-se a leitura atenta do Capítulo 8, "Operações de Arrendamento Mercantil".

Migrando para o terceiro elemento do Balanço Patrimonial, o patrimônio líquido é definido como a participação residual nos ativos da entidade após a dedução de todos os passivos. Nota-se que a definição de patrimônio líquido recai sobre a equação do balanço, qual seja:

Ativos = Passivos + Patrimônio Líquido

Ao isolar o patrimônio líquido, temos, portanto:

**Patrimônio Líquido** = Ativos − Passivos

Notadamente, pode-se observar que a definição de patrimônio líquido recai sobre a exclusão da hipótese de o evento econômico atender à definição de passivo. Logo, se há obrigação presente de entregar recursos que a entidade não possa evitar, trata-se de um passivo; caso contrário, por eliminação, atende-se à definição de patrimônio líquido. O desafio é imposto em situações que envolvam títulos híbridos, os quais possuem tanto a característica de passivo quanto a de patrimônio líquido (por exemplo, debênture conversível em ações). O Capítulo 24, "Contabilidade de Instrumentos Financeiros", discorre em mais profundidade sobre essas situações.

O patrimônio líquido inclui ações de diversos tipos emitidas pela entidade (por exemplo, ações e quotas) e obrigações da entidade de emitir outro instrumento patrimonial (por exemplo, opção de ações da própria entidade).

Para finalizar, um último conceito importante, que afeta os ativos e passivos da entidade, é o conceito de unidade de conta. A unidade de conta consiste no direito ou obrigação, ou grupo de direitos ou de obrigações, aos quais os critérios de reconhecimento e mensuração serão aplicáveis. Em algumas situações a unidade de conta é individual, enquanto em outras é mais conveniente que sejam agrupados. Do ponto de vista de relevância, a unidade de conta é selecionada para prover informação relevante sobre os ativos ou passivos e quaisquer receitas e despesas. Já do ponto de vista de representação fidedigna, a unidade de conta é selecionada para prover uma representação fiel da substância das transações ou outros eventos que gerem ativos, passivos e quaisquer receitas e despesas.

Como já mencionado anteriormente, o custo é um fator restritivo para a elaboração e fornecimento da informação financeira, não sendo diferente no tocante à seleção da unidade de conta. Cabe aqui, também, uma avaliação dos benefícios fornecidos aos usuários ao se selecionar determinada unidade de conta que justifiquem os custos de fornecer e utilizar tais informações.

### 3.5.2 Elementos da Demonstração do Resultado: conceito de receitas e despesas

Ao longo do tempo, o patrimônio líquido de uma entidade sofre variações, positivas ou negativas, justificadas pelos motivos listados a seguir:

- transações realizadas entre a entidade e os detentores de direito sobre o patrimônio líquido (por exemplo, acionistas); e/ou
- resultado gerado pela própria operação da entidade.

A Figura 3.4 sintetiza os motivos que podem justificar as variações no patrimônio líquido de uma entidade.

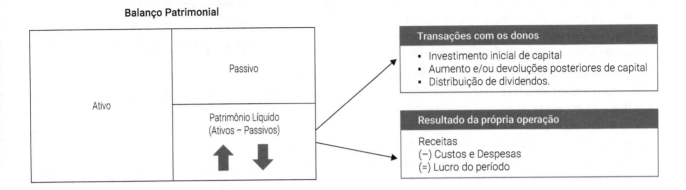

**Figura 3.4**  Mutações do patrimônio líquido.

Sob a ótica de transações entre a entidade e seus donos, o patrimônio líquido aumenta toda vez que há uma nova injeção de capital na empresa e reduz, por exemplo, se houver uma redução de capital e quando há distribuição de resultados aos donos.

Do ponto de vista de resultado da própria operação, ele é apurado ao se computarem todas as receitas ganhas pela empresa, deduzidos de todos os gastos que foram necessários para a sua obtenção.

Assim, a Demonstração do Resultado é composta por dois elementos, os quais se referem ao desempenho financeiro da entidade: receitas e despesas. A Figura 3.5 ilustra a composição do Balanço Patrimonial, bem como as correspondentes definições de receitas e despesas e como elas afetam os elementos patrimoniais.

Segundo o CPC 00 (R2), as receitas são definidas como "aumentos nos ativos, ou reduções nos passivos, que resultam em aumentos no patrimônio líquido, exceto aqueles referentes a contribuições de detentores de direitos sobre o patrimônio". Já as despesas, por sua vez, são definidas como "reduções nos ativos, ou aumentos nos passivos, que resultam em reduções no patrimônio líquido, exceto aqueles referentes a distribuições aos detentores de direitos sobre o patrimônio".

Como dito na definição, as receitas implicam o aumento do patrimônio líquido, por meio de acréscimos nos ativos, como no reconhecimento de receitas de juros de operações de crédito, ou de reduções nos passivos, tais como nos casos de perdão de dívidas da entidade. Por outro lado, as despesas implicam reduções

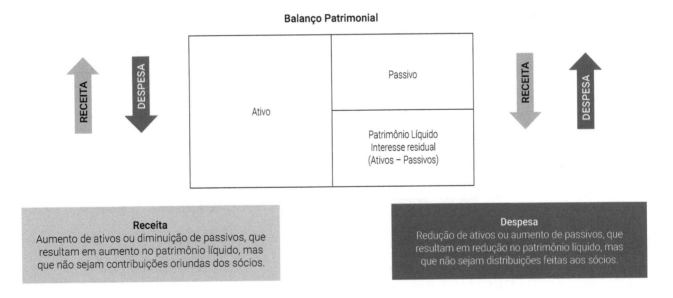

**Figura 3.5**  Definições dos elementos da demonstração de resultado.

**Fonte:** Elaborada pelos autores com base na Estrutura Conceitual do IASB.

do patrimônio líquido, por meio de decréscimos de ativos, como no reconhecimento de perdas com títulos e valores mobiliários, ou de acréscimos de passivos, como nos casos de juros sobre empréstimos captados.

Ambas as definições deixam evidenciado que eventos que tenham ocorrido entre a entidade e os detentores de direitos sobre o seu patrimônio líquido (por exemplo, acionistas) não atendem à definição de receitas, como em casos de contribuições (por exemplo, aporte de capital), bem como de despesas, como em casos de distribuições (por exemplo, distribuição de dividendos). Esses eventos afetam apenas os elementos patrimoniais, sem transitar pela Demonstração do Resultado.

Em suma, como dizem os autores Gelbcke, Santos, Iudícibus e Martins (2018), a Estrutura Conceitual trabalha como uma definição simplista, ao não vincular as receitas e despesas com o desempenho da entidade, mas, tão somente, com a informação de que esses efeitos explicam uma parte das mutações que ocorrem no patrimônio líquido da entidade, já que as demais são explicadas pelas transações de capital.

Por fim, de acordo com a Resolução CMN nº 4.924 e a Resolução BCB nº 120, as receitas e despesas devem ser reconhecidas *pro rata temporis*, levando em consideração o número de dias corridos até o último dia do período contábil, independentemente de ele ser um dia útil ou não. Para tal cômputo, deve-se incluir o dia do vencimento e excluir o dia da operação.

## 3.6 RECONHECIMENTO DOS ELEMENTOS DAS DEMONSTRAÇÕES FINANCEIRAS

O processo de reconhecimento dos eventos econômicos envolve a captura e inclusão, no Balanço Patrimonial e na Demonstração do Resultado, de um item que atenda à definição de ativo, passivo, patrimônio, receita ou despesa.

O ato de reconhecer os eventos econômicos vincula os elementos com as demonstrações financeiras, conforme demonstrado na Figura 3.6.

Sob a ótica do Balanço Patrimonial, tanto o saldo inicial quanto o saldo final do patrimônio consistem na soma de todos os ativos deduzidos de todos os passivos reconhecidos. Já as alterações reconhecidas no patrimônio líquido compreendem tanto transações realizadas com os detentores de direitos sobre o patrimônio líquido quanto o resultado gerado pela própria operação da entidade.

O vínculo entre as demonstrações financeiras se dá pelo fato de que, ao se reconhecer um novo item ou a mudança no valor contábil de um item já reconhecido, há o reconhecimento ou baixa de outro item na demonstração financeira. Por exemplo, ao se registrar uma receita de juros de uma operação de crédito, tem-se um aumento no valor contábil do ativo que

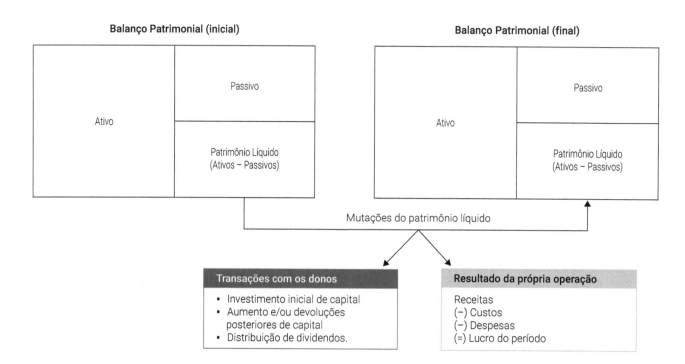

**Figura 3.6** Vínculo entre os elementos das demonstrações financeiras.

representa a operação de crédito. Em outra situação, ao se reconhecer uma despesa de salário do pessoal que atua na sede administrativa, tem-se o reconhecimento de um passivo, que representa a obrigação de pagar o salário pelo trabalho já realizado pelos empregados ou, então, uma redução no ativo (conta do caixa), na hipótese de o pagamento ter ocorrido no mesmo período em que o serviço tenha sido realizado.

Somente itens que atendem à definição de ativos, passivos e patrimônio líquido podem ser reconhecidos no Balanço Patrimonial. Da mesma forma, apenas itens que atendem à definição de receitas e despesas podem ser reconhecidos na Demonstração do Resultado. Contudo, nem todos os itens que atendem aos respectivos conceitos devem ser reconhecidos, haja vista a necessidade de atendimento de certos critérios para o seu reconhecimento. E quais são esses critérios a serem atendidos?

Os critérios básicos a serem atendidos são dois: a probabilidade de geração de benefícios econômicos futuros e a confiabilidade de sua mensuração. Os motivos para tais exigências dizem respeito à preocupação com a relevância e a representação fidedigna das demonstrações financeiras, portanto, reconhecemos os elementos que produzam informações relevantes aos usuários e que sejam representações fidedignas daquilo que se pretende representar.

Do ponto de vista de relevância, cabe à entidade, por exemplo, avaliar as incertezas da existência ou não de um ativo ou passivo e, caso eles existam, qual a probabilidade de entrada ou saída de recursos. Caso a probabilidade dos fluxos de caixa seja baixa, mesmo que o ativo ou passivo existam, as informações relevantes sobre eles podem ser a magnitude das possíveis entradas ou saídas de caixa, o momento da sua realização e fatores que podem afetar a probabilidade da sua ocorrência, informações essas que podem ser fornecidas apenas em notas explicativas.

Em outras situações, mesmo que a probabilidade de entrada e saída de recursos seja considerada baixa, ainda assim pode haver o reconhecimento do ativo ou passivo, visto que eles podem fornecer informações relevantes. Além disso, caso não os reconheça, haveria o reconhecimento de despesas ou receitas, que podem não representar fidedignamente o evento econômico.

Sob a ótica da representação fidedigna, a entidade deve considerar as incertezas na mensuração do item, as inconsistências de mensuração, conhecidas como "*accounting mismatch*" e a apresentação e divulgação de informações completas.

Para que haja o reconhecimento, o ativo ou passivo deve ser mensurado. Em certas situações, as mensurações são baseadas em estimativas, as quais estão sujeitas às incertezas. Evidentemente, como já mencionado, incertezas fazem parte do julgamento da administração e não são impeditivas de reconhecimento de um elemento, visto que ainda assim podem fornecer informações úteis aos usuários.

Entretanto, em algumas situações, o grau de incerteza da mensuração pode ser considerado tão elevado, a ponto de prejudicar a utilidade da informação que seria fornecida ao usuário. Daí a importância de a administração avaliar as incertezas de mensuração de um item, a ponto de concluir sobre o seu reconhecimento, ou não, nas demonstrações financeiras.

Além disso, o não reconhecimento de ativos e passivos pode criar inconsistência de reconhecimento (descasamento contábil), o qual resultaria no não fornecimento de informações fidedignas sobre os eventos econômicos que afetaram a posição financeira da empresa. Por fim, a representação completa inclui todas as informações necessárias para o entendimento do fenômeno retratado.

Sintetizando todas as condições explicitadas, um ativo deve ser reconhecido no Balanço Patrimonial quando for provável que os benefícios econômicos futuros fluirão para a entidade e o seu valor puder ser mensurado com confiabilidade. Por exemplo, quando é provável que um crédito cedido a um cliente será recuperado, é justificável que o ativo seja reconhecido. Entretanto, é sabido que dentro de uma carteira de crédito há certo grau de inadimplência que normalmente ocorre. Apesar disso, ainda assim o ativo é reconhecido, porém, seu valor é ajustado pelas perdas esperadas, em contrapartida de uma despesa, as quais refletem a expectativa de redução do montante de benefícios futuros a serem convertidos para a entidade.

Contrapondo o exemplo apresentado, existem outras situações que envolvem gastos, cuja expectativa da administração é que resultem em benefícios econômicos para a entidade. Por exemplo, gastos com propaganda visam ao fortalecimento da marca da entidade, o que denotaria reconhecê-los como um ativo da entidade. Entretanto, o grau de certeza de conversão em benefícios econômicos é considerado insuficiente para justificar o seu reconhecimento como ativo, sendo, portanto, tratado como uma despesa no período em que tenha sido incorrido.

Indo para o outro lado do balanço, os passivos são reconhecidos quando é provável que haverá uma entrega de ativos para a sua liquidação e a sua mensuração puder ser realizada com confiabilidade. O termo "provável" adiciona uma interpretação de que não é preciso ser líquido e certo que haverá a sua liquidação, tão somente que seja mais provável que haverá entrega de ativos, na sua liquidação, do que não. Esse ponto nos remete ao conceito de provisão, que será mais bem tratado no Capítulo 16, "Provisões, Passivos e Contingências".

As receitas devem ser reconhecidas quando resultarem em aumentos nos ativos ou reduções nos passivos e puderem ser mensuradas com confiabilidade. Seu reconhecimento deve ser feito quando a receita tiver sido ganha, em respeito ao regime de competência. Por exemplo, um ganho na venda de um título público deve ser registrado como receita no período em que o evento da venda tenha ocorrido.

As despesas, por sua vez, devem ser reconhecidas quando resultarem em aumentos de passivos ou reduções de ativos e puderem ser mensuradas com confiabilidade. Do mesmo modo que as receitas, as despesas devem ser reconhecidas quando elas tiverem sido incorridas, em respeito ao regime de competência. Por exemplo, uma perda na venda de um título de dívida privado deve ser registrada como despesa no período em que o evento da venda tenha ocorrido.

Por fim, vale ressaltar que a restrição do custo frente aos benefícios gerados pela informação é um elemento que restringe também o reconhecimento. Logo, cabe à administração da entidade a avaliação de custo *versus* benefício do fornecimento de uma determinada informação financeira. Entretanto, mesmo que um item não seja reconhecido e ele seja julgado como importante para o conhecimento do usuário, a sua informação pode ser requerida em notas explicativas (por exemplo, passivos contingentes).

## 3.7 BAIXA DOS ELEMENTOS DAS DEMONSTRAÇÕES FINANCEIRAS

A baixa consiste na retirada de parte ou da totalidade de um ativo ou passivo do Balanço Patrimonial. Isso ocorre quando um item deixa de atender à definição de ativos e passivos.

Um ativo é baixado quando a entidade perde parte ou a totalidade do controle sobre o ativo. O passivo, por sua vez, é baixado quando a entidade deixa de ter uma obrigação presente que não pode ser evitada, seja na totalidade ou parcialmente.

O objetivo de se baixar os elementos do Balanço Patrimonial é a representação fidedigna dos ativos e passivos que continuam existindo após a ocorrência do evento que resultou na sua baixa. Do mesmo modo, busca-se representar as mudanças que ocorrerem no Balanço Patrimonial como resultado da transação realizada.

A baixa dos elementos patrimoniais geralmente ocorre porque eles expiraram ou foram consumidos, recebidos, executados ou transferidos, sendo reconhecidas, neste momento, todas as receitas e despesas resultantes de tal evento.

Existem situações que parecem ter resultado na transferência de um ativo ou passivo, mas eles podem ainda assim permanecer reconhecidos na demonstração financeira. Isso pode ocorrer em casos em que a entidade transferiu um ativo, mas continua exposta às variações positivas ou negativas significativas no valor dos benefícios econômicos que podem ser produzidos pelo ativo, bem como em situações em que a entidade cedente continua controlando o ativo.

Vamos ilustrar tal situação por meio do exemplo de uma entidade que cedeu uma carteira de recebíveis a terceiros, mas ofereceu uma co-obrigação para cobrir eventuais perdas por inadimplência. Nessa situação, percebe-se que a entidade continua exposta às variações negativas que podem ocorrer com tais ativos, logo, pode não ser apropriada a baixa desse ativo, visto que isso deixaria de ser uma representação fidedigna da operação, além de que resultaria no não reconhecimento de uma obrigação que a entidade está contraindo com terceiros, a qual exigirá a entrega de recursos, caso a inadimplência ocorra. Para um entendimento mais aprofundado desse tipo de situação, recomenda-se a leitura do Capítulo 24, "Contabilidade de Instrumentos Financeiros".

## 3.8 MENSURAÇÃO DOS ELEMENTOS DAS DEMONSTRAÇÕES FINANCEIRAS

Os elementos das demonstrações financeiras são quantificados em valores monetários, o que requer a seleção de uma base de mensuração. Desse modo, a base escolhida mensura o ativo e o passivo, bem como as respectivas receitas e despesas reconhecidas em contrapartida.

A Estrutura Conceitual define o custo histórico, custo corrente, valor em uso e valor de cumprimento e discute os conceitos de manutenção do capital físico e financeiro. A aplicação das bases de mensuração é tratada pelas normas que orientam sobre cada um dos elementos das demonstrações financeiras.

As bases de mensuração podem ser divididas em dois subgrupos: os valores correntes e os valores históricos. A Figura 3.7 sintetiza tal agrupamento.

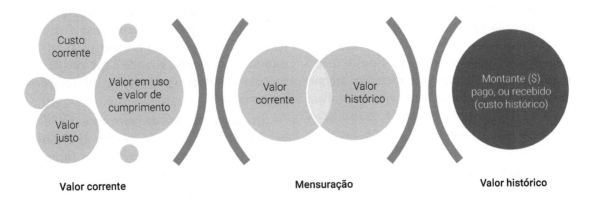

Figura 3.7   Bases de mensuração.

Os valores históricos representam o montante que a empresa pagou para obtenção de determinado recurso ou recebeu para contrair determinada dívida. Esse valor pode ser apurado por meio do custo histórico, o qual se baseia no preço da transação ou outro evento que o originou. O custo histórico não reflete as mudanças nos valores, exceto quando essas mudanças foram decorrentes da perda de capacidade de geração de benefícios econômicos futuros, a qual dá origem ao reconhecimento de uma perda por não recuperabilidade do valor do ativo (*impairment*) ou quando um passivo se torna oneroso.

O custo histórico de um ativo contempla os custos incorridos na aquisição ou geração do ativo, o qual compreende o valor pago para a sua aquisição ou criação, acrescido de todos os custos de transação que foram necessários para que o evento se materializasse. Com relação aos passivos, o custo histórico considera o valor recebido ao se contrair a obrigação, deduzidos todos os custos de transação.

Ao longo do tempo, o custo histórico do ativo é atualizado, visando refletir:

- o consumo de parte ou da totalidade do recurso (por exemplo, depreciação/amortização);
- pagamentos recebidos que extinguem total ou parcialmente o ativo;
- a perda por não recuperabilidade do valor do ativo (perda por *impairment*);
- os juros a receber, visando refletir o impacto da componente financeira do ativo.

De modo análogo, os passivos são atualizados ao longo do tempo, visando refletir:

- o cumprimento parcial ou da totalidade da obrigação (por exemplo, pagamento em dinheiro);

- o efeito de eventos que aumentam o valor do passivo, uma vez que o passivo tenha se tornado oneroso;[3]
- os juros a pagar, visando refletir o impacto da componente financeira do passivo.

Um modo aplicado na mensuração do ativo ou passivo financeiro pelo custo histórico se dá por meio da sua mensuração ao custo amortizado, o qual atualiza o valor do ativo ou passivo financeiro para refletir as mudanças que ocorrem ao longo do tempo, em virtude do cômputo dos juros, da perda por não recuperabilidade do valor do ativo financeiro e pelas movimentações decorrentes de recebimentos e pagamentos. O custo amortizado será discutido em mais profundidade no Capítulo 24, "Contabilidade dos Instrumentos Financeiros".

Os valores correntes representam as informações monetárias sobre os ativos e passivos, levando em conta as condições na data da mensuração. Eles são representados, entre outros elementos, pelo valor justo, valor em uso de ativos e valor de cumprimento de passivos e pelo custo corrente.

O valor justo é definido como o montante que seria recebido pela venda do ativo ou que seria pago pela transferência de um passivo, considerando uma transação ordenada entre os participantes de mercado, na data da mensuração. Isso significa que a sua mensuração reflete a perspectiva dos participantes do mercado, ao qual a entidade tenha acesso.

Em algumas situações, o valor justo pode ser diretamente obtido a partir de informações amplamente disponíveis no mercado, tais como por meio da cotação de ações em mercado de bolsa (por exemplo, preço das ações cotadas na B3). No entanto, nem sempre

---

[3] Considera-se o passivo como oneroso quando o custo histórico é incapaz de refletir a obrigação de satisfazer o passivo.

a informação pode ser diretamente obtida, cabendo, neste caso, a utilização de técnicas de mensuração que reflitam as estimativas de fluxos de caixa, as suas possíveis alterações e temporalidade, o valor do dinheiro no tempo, o custo das incertezas (por exemplo, prêmio de risco), além de outros fatores, como a liquidez. Para mais detalhes a respeito dessa forma de mensuração, recomenda-se a leitura do Capítulo 4, "Mensuração do Valor Justo".

O valor em uso, por sua vez, é o valor presente dos fluxos de caixa que a entidade espera obter pela utilização ou venda do ativo, enquanto o valor de cumprimento diz respeito ao valor presente dos recursos econômicos que a entidade espera ter que entregar para liquidar a sua obrigação. Ambos os valores levam em consideração os custos de transação que serão incorridos para a venda do ativo ou cumprimento do passivo.

Já o custo corrente é o custo de um ativo equivalente na data da mensuração, o qual considera o montante que seria pago nesta data, acrescidos dos custos de realização da transação. Com relação aos passivos, o custo corrente considera o montante que seria recebido para se contrair uma obrigação equivalente, deduzidos os custos de transação.

Diferentemente do valor justo, do valor em uso e do valor de cumprimento, todos eles considerados como "preço de saída", o custo corrente, assim como o custo histórico, é um "preço de entrada". Entretanto, o custo histórico representa, por exemplo, o custo que um dia foi incorrido para a aquisição de um ativo, ao passo que o custo corrente representa o que seria incorrido atualmente, para que a aquisição ocorresse. Um exemplo para ilustrar o custo corrente seria o custo de reposição de um ativo usado, o qual nem sempre é fácil de ser obtido, mas que pode ser apurado a partir do custo de um bem novo, ajustado para refletir as condições do bem usado.

A seleção de uma base de mensuração deve levar em conta a natureza das informações que a base de mensuração produzirá, sempre à luz da relevância da informação fornecida aos usuários, bem como a fidedignidade de representação daquilo que o item pretende representar.

Sob a ótica de relevância, é preciso considerar as características dos ativos e passivos, no tocante à variabilidade de seus fluxos de caixa, bem como a influência de fatores de mercado ou de outros riscos no seu valor. Por exemplo, mensurar um contrato de derivativo ao custo histórico não proveria informação relevante ao usuário, levando em conta as características de tal tipo de instrumento.

Ainda no tocante à relevância, cabe uma consideração acerca da contribuição para a geração de benefícios econômicos futuros, levando em conta como os fluxos de caixa serão gerados, bem como a atividade-fim da entidade. Por exemplo, para mensurar ativos que serão usados em conjunto, visando à geração de fluxos de caixa, o custo histórico pode prover informações relevantes aos usuários.

Do ponto de vista de representação fidedigna, a depender da base utilizada, podem-se elaborar demonstrações financeiras que apresentem inconsistências de mensuração (*accounting mismatch*), as quais podem não representar de modo fiel a posição financeira da entidade, bem como o seu desempenho no período. Por exemplo, quando ativos e passivos são, de certo modo, relacionados, utilizar bases diferentes pode criar inconsistências de mensuração (ativos a valor justo e passivos ao custo amortizado, ou vice-versa).

Incertezas na mensuração fazem parte da vida e não impedem que determinada base seja utilizada, quando ela fornece informações relevantes. Entretanto, quando o nível de incerteza é muito elevado, ao se usar determinada base de mensuração, cabe uma avaliação sobre até que ponto uma base alternativa não seria mais recomendável.

Além de considerar a relevância e a apresentação fidedigna, a seleção da base de mensuração está atrelada ao capital que a entidade busca manter, que pode ser financeiro ou físico. Na hipótese de manutenção do capital financeiro, o lucro será auferido se o patrimônio líquido final for maior que o saldo inicial, já deduzido das transações entre a entidade e seus donos. Para tal finalidade, o capital financeiro pode ser obtido por valores nominais ou levando em conta os efeitos inflacionários.

Por outro lado, se o desejo for de manutenção do capital físico, o lucro será auferido somente se a capacidade operacional da entidade, ao final do período, for maior do que aquela que havia no início do período, depois de deduzidas as transações entre a entidade e seus donos. Para tal finalidade, exige-se a utilização do custo corrente como base de mensuração.

Para finalizar, cabe a ressalva de que, de acordo com a Resolução CMN nº 4.924 e a Resolução BCB nº 120, sempre que não houver regulamentação específica, os ativos devem ser mensurados pelo menor valor entre o seu custo e seu valor justo na data do balanço. Com relação aos passivos, as mesmas resoluções determinam que, sempre que não houver regulamentação específica, os passivos devem ser mensurados pelo (i) valor contratualmente previsto para a liquidação da obrigação existente na data do balanço ou (ii) pelo valor estimado da obrigação, na data do balanço, no caso de contrato omisso quanto ao valor da obrigação ou na inexistência de contrato.

## 3.9 APRESENTAÇÃO E DIVULGAÇÃO

Informações sobre uma entidade são apresentadas por meio dos elementos apresentados nas demonstrações financeiras. Para que haja uma comunicação efetiva com os usuários, fornecendo a eles informações relevantes e que representem fidedignamente os eventos que eles pretendem representar, faz-se necessário que:

- os princípios e objetivos de divulgação e apresentação sejam priorizados, em vez de se priorizarem as regras;
- a classificação dos itens considere agrupar itens similares e separar itens diferentes;
- as informações sejam agregadas de modo a não as obscurecerem por detalhes desnecessários, nem por uma agregação excessiva.

Para facilitar a comunicação efetiva dos relatórios financeiros, é preciso que as entidades tenham flexibilidade de fornecer informações relevantes que representem fidedignamente os elementos das suas demonstrações financeiras. Em contrapartida, é preciso que elas divulguem informações comparáveis entre um período e outro, bem como entre entidades diferentes.

A Demonstração do Resultado é a fonte primária de informações acerca do desempenho de uma entidade. A sua apresentação pode ser em uma demonstração única (Demonstração do Resultado Abrangente) ou por meio de duas peças separadas (Demonstração do Resultado do Exercício e Demonstração do Resultado Abrangente), sendo esta a única opção no Brasil, por exigência legal. Em princípio, todas as receitas e despesas são classificadas e incluídas na Demonstração do Resultado.

Em princípio, também, receitas e despesas incluídas em outros resultados abrangentes serão reclassificadas para a Demonstração do Resultado do Exercício em período futuro, salvo quando há orientação diferente em norma específica, com vistas ao fornecimento de informações mais relevantes e fidedignas.

O Balanço Patrimonial visa apresentar a posição financeira da entidade em um momento específico. A classificação dos componentes do balanço visa aumentar a utilidade das informações fornecidas aos usuários. Por exemplo, a apresentação dos ativos e passivos como circulantes e não circulantes ou, então, por ordem de liquidez (como no caso das instituições financeiras), pode fornecer informações mais úteis aos usuários.

Há a possibilidade de apresentar as contas do balanço de forma compensada, exceto quando norma específica não der essa permissão. Isso seria indicado em situações em que a entidade tem um valor a receber e a pagar para a mesma contraparte. Em vez de apresentar os ativos e passivos separadamente, poderia ser mais adequada a apresentação do ativo ou do passivo líquido, a depender de qual lado prevaleça.

Por fim, o Balanço Patrimonial e a Demonstração do Resultado visam resumir as informações da entidade, cabendo o detalhamento, que seja julgado relevante, para as notas explicativas.

## 3.10 EXERCÍCIOS

Os exercícios a seguir foram baseados em materiais do Ensino Embasado na Estrutura Conceitual, Estágio 2, do IASB (Iniciativa Educacional) e nos *Staff Papers* do Projeto de Revisão da Estrutura Conceitual.

1. **Reconhecimento de ativo.** Uma entidade instalou dois geradores de apoio idênticos em seu centro de processamento de dados. O primeiro gerador de apoio fornece eletricidade quando a alimentação normal de energia é interrompida. O segundo gerador de apoio será usado no caso improvável de o primeiro gerador de apoio também falhar. Desse modo, a entidade mitiga o risco de que a queda de eletricidade interrompa o processamento de dados das suas operações. O segundo gerador de apoio é um ativo?

2. **Reconhecimento de passivo.** Uma entidade firma com seus empregados um contrato de remuneração que lhes garante o pagamento de um bônus por permanência ao longo de cinco anos consecutivos no emprego. Na data das demonstrações financeiras, os empregados completaram dois anos de emprego consecutivo após o contrato firmado. A entidade pode rescindir o contrato de trabalho antes dos cinco anos que dão direito ao bônus e, se o fizer, não terá que pagá-lo. Não obstante, é altamente provável que os empregados permanecerão pelos cinco anos e o direito será adquirido. Existe passivo ao término do segundo ano?

3. **Reconhecimento de Passivo ou Patrimônio Líquido.** Uma entidade precisa de recursos para expandir a sua operação. Avalie as três formas de captação a seguir e classifique-as como passivo, patrimônio líquido ou ambos:

a) Emissão de ações ordinárias (com direito a voto).
b) Linha de financiamento do BNDES, com prazo de dez anos, três anos de carência e cupom semestral com base em taxa fixa de juros.
c) Emissão de título de dívida com juro fixo e cupom anual, com prazo de dez anos, contendo uma opção de conversão em uma quantidade fixa de ações ordinárias à discrição do comprador do papel.

4. Com relação à natureza das informações das demonstrações financeiras, é possível afirmar que:

I. Não fornecem e nem podem fornecer todas as informações de que necessitam os investidores, credores por empréstimos e outros credores, existentes e potenciais. Esses usuários precisam considerar informações pertinentes de outras fontes, como condições e expectativas econômicas gerais, eventos políticos e ambiente político e perspectivas do setor e da empresa.

II. As demonstrações financeiras não se destinam a apresentar o valor da entidade que reporta, mas fornecem informações para auxiliar investidores e credores, existentes e potenciais, a estimar o valor da entidade que reporta.

III. Os usuários têm necessidades e desejos de informação diferentes e possivelmente conflitantes. Ao desenvolver os Pronunciamentos, o IASB/CPC procura fornecer um conjunto de informações que atenda às necessidades do maior número de principais usuários, o que não impede que a entidade que reporta inclua informações adicionais que sejam mais úteis para um subconjunto específico de principais usuários.

a) Todas as afirmações são corretas.
b) Somente a afirmação I é incorreta.
c) Somente a afirmação II é incorreta.
d) Somente a afirmação III é incorreta.

5. Acerca da utilidade da Estrutura Conceitual do IASB, analise as afirmações a seguir e assinale a alternativa **correta**:

I. É desenhada para auxiliar o IASB no desenvolvimento de novas normas e na revisão de normas existentes.

II. Oferece os elementos para a realização dos julgamentos necessários no desenvolvimento de política contábil naquelas situações em que não há uma norma específica que trata do evento ou transação que se pretende tratar contabilmente.

III. Em uma situação de conflito como uma norma específica, a visão oferecida pela Estrutura Conceitual deve prevalecer.

IV. É a "mãe de todas as normas", em termos conceituais, mas sua aplicação não se sobrepõe aos requerimentos das normas específicas.

a) Somente as afirmações I e IV são corretas.
b) Somente as afirmações I, II e III são corretas.
c) Somente as afirmações I, II e IV são corretas.
d) Todas as afirmações são corretas.

6. Depois de ganhar a Copa do Mundo, Claudio Taçael assinou um contrato de três anos de publicidade com o Banco "Vai que é Sua". Embora o Banco não tenha revelado os detalhes da transação, em condições normais, um jogador que assina tal tipo de contrato está sujeito a pagamentos anuais de R$ 500.000. Adicionalmente, ao assinar o contrato com o Banco, o jogador recebe as chaves de um carro esportivo, avaliado em R$ 70.000, como forma de pagamento pelos serviços que o jogador prestará ao Banco. Em relação ao reconhecimento e mensuração de ativos e passivos, no momento da assinatura do contrato, em condições normais, o Banco deve reconhecer:

a) Um ativo referente ao adiantamento de contrato, do valor relativo ao carro adquirido e entregue para o jogador.
b) Um passivo, pois se trata de uma dívida da entidade nos próximos três anos.
c) Uma saída de caixa decorrente da aquisição do veículo, em contrapartida de uma despesa do período.
d) Nada, pois se trata de um contrato executório.

7. Levando em consideração a definição de ativo, reflita sobre as afirmações a seguir e selecione a opção **correta**:

I. Recursos econômicos que apresentam baixa probabilidade de que benefícios econômicos fluam para a entidade não atendem à definição de ativo.

II. A existência de um ativo não significa conceitualmente, na Estrutura Conceitual atual, que ele venha necessariamente a ser reconhecido. Há critérios de reconhecimento que devem ser atendidos para que um ativo (que atende à definição) seja reconhecido.

III. Uma probabilidade baixa associada a um fluxo de benefício econômico de um ativo pode afetar decisões de quais informações serão fornecidas sobre esse ativo, incluindo decisões sobre seu reconhecimento e mensuração. Mas um direito pode atender à definição de ativo mesmo quando sua probabilidade de que produzirá benefícios econômicos seja baixa.

IV. Mesmo sem ser controlado, se um recurso tiver uma expectativa de benefício econômico, será um ativo.

V. Controle é um conceito relativo, que não implica ausência absoluta de restrições.

a) Somente as afirmações I, II e V são corretas.
b) Somente as afirmações II, III e IV são corretas.
c) Somente as afirmações II e III são corretas.
d) Somente as afirmações II, III e V são corretas.

8. O Banco Costa Litorânea decide fazer uma "provisão" (passivo) em anos com ótimos resultados, para fazer frente aos períodos de resultados ruins, nos quais o Banco terá gastos elevados, sem receitas suficientes para os contrapor. Analise as afirmações a seguir sobre essa "provisão" pretendida pela administração do Banco e assinale a opção mais adequada:

I. A provisão atende à definição de passivo da Estrutura Conceitual, mas não seria contabilizada, pois não é possível mensurar confiavelmente seu valor, dada a imprevisibilidade dos resultados.

II. O registro adequado desse fenômeno seria a constituição de uma reserva de contingência no patrimônio líquido, situação prevista na Estrutura Conceitual ao tratar do patrimônio líquido.

III. Poderá ser de fato um passivo se houver razoável certeza da ocorrência do fenômeno no futuro.

IV. Para qualquer probabilidade de ocorrência da resultados ruins que seja maior que zero, é possível afirmar que existe um passivo relativo aos gastos que o Banco incorrerá no futuro e que não terão correspondência com receitas.

V. Como se trata de uma informação útil, que ajuda a prever fluxos de caixa, trata-se de um passivo compatível com a Estrutura Conceitual.

a) Somente as afirmações I, II e V são corretas.
b) Todas as afirmações são incorretas.
c) Somente a afirmação V é correta.
d) Somente as afirmações I, III e V são corretas.

9. Uma entidade captou recursos por meio da emissão de um título de dívida com opção de resgate antecipado. As principais características do "papel" são como segue:

- O título tem prazo de 10 anos e paga juros fixos semestralmente.
- A partir do terceiro ano, o emissor pode resgatá-lo a seu livre arbítrio, pagando o seu valor principal mais os juros *pro rata* até a data do resgate, se ocorrer.
- Ao final do prazo, à escolha do detentor do "papel", o pagamento poderá ser feito em dinheiro ou em ações de emissão da mesma entidade emissora dos títulos de dívida, por uma proporção de ações por título, a qual é fixada na ocasião em que os títulos foram emitidos.

Baseando-se **exclusivamente** na Estrutura Conceitual do IASB, identifique quais elementos de Balanço Patrimonial estão presentes nesse contrato de emissão de títulos de dívida, pela ótica da emissora (entidade que emitiu o título e captou os recursos por meio dessa emissão). Ignore o caixa recebido quando o título é emitido e colocado no mercado, o qual é obviamente um ativo.

a) Passivo.
b) Ativo, passivo e patrimônio líquido.
c) Passivo e patrimônio líquido.
d) Patrimônio líquido.

## 3.11 RESPOSTAS DOS EXERCÍCIOS

**1. Solução proposta:** Ambos os geradores de apoio são itens de imobilizado. Espera-se que o equipamento que está de prontidão seja usado em mais de um período contábil, embora em momentos imprevisíveis. A probabilidade de usar o segundo gerador de apoio pode ser remota. No entanto, é uma probabilidade real de a entidade receber benefícios econômicos futuros, pois ela controla esse equipamento.

**2. Solução proposta:** Por considerar que é provável que o pagamento ocorrerá, a entidade deve provisionar o valor equivalente aos dois primeiros anos (*pro rata*) até ter a obrigação de pagar no quinto ano. Caso o empregado deixe a empresa antes de completar os cinco anos de emprego, ela estornará o valor que estiver provisionado até o momento.

**3. Solução proposta:**

a) As ações ordinárias clássicas, com direito a voto, possuem característica de interesse residual, logo, são tratadas como patrimônio líquido.

b) Como há uma obrigação presente de entregar ativos, a qual a entidade não consegue evitar, tanto na devolução do principal quanto no pagamento dos juros semestrais, a operação deve ser tratada como um passivo.

c) O título possui dois instrumentos: título de dívida + opção de conversão de ações. O título de dívida atende à definição de ser uma obrigação presente de entregar ativos e, portanto, deve ser tratada como Passivo. Já a opção de conversão, por permitir que o detentor exija a conversão do principal em uma quantidade fixa de ações ordinárias da empresa (logo, não há risco de variação do montante e quantidade a ser entregue), trata-se de um instrumento patrimonial. Portanto, o instrumento é composto (passivo e patrimônio líquido) e deve ser tratado segregadamente, conforme a característica de cada componente.

4. a

5. c

6. a

7. d

8. b

9. b

## 3.12 RECOMENDAÇÃO DE LEITURA

Determinar a materialidade para fins de elaboração das demonstrações financeiras é um desafio na prática. Por conta disso, recomendamos a leitura do artigo "A materialidade aplicada para a divulgação de informações nas notas explicativas", indicado nas referências, cuja pesquisa investigou como o conceito de materialidade pode ser aplicável para as informações divulgadas em notas explicativas.

E, aos interessados no aprofundamento dos conceitos dos elementos patrimoniais e de resultado, bem como sobre as bases de mensuração, recomendamos a leitura de bons livros de teoria contábil, os principais deles indicados nas referências.

Boa leitura!

## REFERÊNCIAS

BANCO CENTRAL DO BRASIL. Resolução BCB nº 120, de 27 de julho de 2021. Dispõe sobre os princípios gerais para reconhecimento, mensuração, escrituração e evidenciação contábeis pelas administradoras de consórcio e pelas instituições de pagamento autorizadas a funcionar pelo Banco Central do Brasil e sobre os procedimentos específicos para a aplicação desses princípios pelas instituições financeiras e demais instituições autorizadas a funcionar pelo Banco Central do Brasil. *Diário Oficial da União*: Brasília, 29 jul. 2021. Disponível em: https://www.bcb.gov.br/estabilidadefinanceira/exibenormativo?tipo=Resolu%C3%A7%C3%A3o%20BCB&numero=120. Acesso em: 15 maio 2023.

COMITÊ DE PRONUNCIAMENTOS CONTÁBEIS. Pronunciamento Técnico CPC 00. Estrutura Conceitual para Relatório Financeiro. Disponível em: http://www.cpc.org.br/Arquivos/Documentos/573_CPC00(R2).pdf. Acesso em: 15 maio 2023.

CONSELHO MONETÁRIO NACIONAL. Resolução CMN nº 4.924, de 24 de junho de 2021. Dispõe sobre os princípios gerais para reconhecimento, mensuração, escrituração e evidenciação contábeis pelas instituições financeiras e demais instituições autorizadas a funcionar pelo Banco Central do Brasil. *Diário Oficial da União*: Brasília, 28 jun. 2021. Disponível em: https://www.bcb.gov.br/estabilidadefinanceira/exibenormativo?tipo=Resolu%C3%A7%C3%A3o%20CMN&numero=%204924. Acesso em: 15 maio 2023.

FLORES, E.; BRAUNBECK, G; CARVALHO, N. *Teoria da contabilidade financeira*: fundamentos e aplicações. São Paulo: Atlas, 2018.

GELBCKE, E.; SANTOS, A.; IUDÍCIBUS, S.; MARTINS, E. *Manual de contabilidade societária*: aplicável a todas as sociedades. 3. ed. São Paulo: Atlas, 2018.

IUDÍCIBUS, S. *Teoria da contabilidade*. 12. ed. São Paulo: Atlas, 2021.

PINHEIRO, P. B.; IUDÍCIBUS, S.; SALOTTI, B. M.; GALEGALE, N. V. A materialidade aplicada para a divulgação de informações nas notas explicativas. *Revista ENIAC Pesquisa*, n. 6, v. 2, jun.-dez. 2017.

# MENSURAÇÃO DO VALOR JUSTO

Diana Lúcia de Almeida
Ademir Luiz Bortolatto Junior (revisor)

## 4.1 INTRODUÇÃO

A determinação do valor de algo é um desafio que já existia desde antes do surgimento da moeda, quando as transações comerciais se baseavam em trocas. Na área econômica, o problema da mensuração vem sendo discutido há tempos, tal como nos trabalhos de Smith (2003), Ricardo (2001) e Keynes (1982).

Sendo a contabilidade responsável pelo relato dos fatos econômicos, cabe a ela entender, acompanhar e, de maneira mais ambiciosa, antecipar a evolução desses conceitos. Segundo Hendriksen e Van Breda (1999, p. 304):

> [...] em contabilidade, mensuração é o processo de atribuição de valores monetários significativos a objetos ou eventos associados a uma empresa, e obtidos de modo a permitir agregação (tal como na avaliação total de ativos) ou desagregação, quando exigida em situações específicas.

Com o passar dos anos, é possível observar uma progressiva inclusão de mais elementos patrimoniais sendo mensurados pelo valor justo, como consequência do desenvolvimento dos mercados, bem como da evolução e sofisticação das transações econômicas.

Em resposta às mudanças nos negócios, o conceito de mensuração pelo valor justo, bem como orientações sobre a sua apuração, passaram a ser adicionados a diversos normativos contábeis. Em alguns casos, as orientações eram mais amplas, enquanto em outras, extremamente resumidas, com críticas sobre o fato de as orientações nem sempre serem consistentes, algo que abria espaço para entendimentos diversos e reduções de comparabilidade das informações financeiras fornecidas pelas entidades.

Tal inconsistência acabou se tornando uma motivação para a elaboração de um normativo robusto, que pudesse orientar sobre o valor justo presente nas demais normas contábeis. Como resultado, em maio de 2011, a norma IFRS 13 – *Fair Value Measurement* foi emitida.

Em correspondência, no Brasil, em dezembro de 2012, o CPC emitiu o Pronunciamento Técnico CPC 46 – Mensuração do Valor Justo. Na mesma ocasião, a Comissão de Valores Mobiliários (CVM) e o Conselho Federal de Contabilidade (CFC) aprovaram e tornaram obrigatório tal pronunciamento.

Mais recentemente, no ano de 2021, o CMN publicou a Resolução CMN nº 4.924, enquanto o Banco Central do Brasil (BCB) publicou a Resolução BCB nº 120, nas quais estabelecem que todas as instituições inseridas em seus respectivos escopos devem mensurar e evidenciar as informações contábeis de acordo com o CPC 46 (sempre que regulamentação específica requeira tal forma de mensuração). Vale ressaltar que, apesar de o BCB ter aprovado o CPC 46 somente em 2019, por meio da Resolução CMN nº 4.748,[1] a aplicação do valor justo em instrumentos financeiros das instituições financeiras passou a ser exigida no início dos anos 2000, com a adoção da Circular nº 3.068/2001 e Circular nº 3.082/2002, as quais estabelecem os critérios para reconhecimento e mensuração de títulos e valores mobiliários e instrumentos financeiros derivativos, respectivamente.

O objetivo da IFRS 13/CPC 46 é concentrar, em uma só norma contábil, o conceito de valor justo, as orientações sobre a sua mensuração e os requerimentos específicos de divulgação. É importante ressaltar que o normativo orienta sobre a mensuração e divulgação do valor justo, mas não é ele quem exige ou permite que um elemento patrimonial seja mensurado de tal forma, cabendo às normas específicas (por exemplo, instrumentos financeiros) o papel de orientar quais itens devem ser assim mensurados.

Para ilustrar, a IFRS 9/CPC 48 – Instrumentos Financeiros determina que, no reconhecimento inicial, a entidade deve mensurar o ativo financeiro e o passivo financeiro ao seu valor justo. Portanto, quem determina que o ativo financeiro e o passivo financeiro devem ser mensurados pelo valor justo, bem como em que momento isso deve ser feito, é a IFRS 9/CPC 48. Contudo, a IFRS 13/CPC 46 é a norma que orienta como o valor justo desse ativo financeiro e passivo financeiro será determinado.

O valor justo é uma mensuração baseada no mercado e não em uma entidade específica. Para alguns ativos e passivos, transações ou informações de mercados observáveis podem estar disponíveis, ao passo que para outros podem não estar. Entretanto, o objetivo de mensuração em ambos os casos é o mesmo: estimar o preço que seria recebido pela venda de um ativo ou pago pela transferência de um passivo, em uma transação não forçada entre participantes do mercado na data da mensuração, sob as condições de mercado daquele momento. Em outras palavras, o valor justo é o preço de saída na data da mensuração, sob a perspectiva do participante de mercado que detém o ativo ou deve o passivo.

Na hipótese de o preço de um ativo ou passivo idêntico não ser observável, a entidade mensura o valor justo usando alguma técnica de avaliação que maximize o uso de *inputs* relevantes que sejam observáveis e minimize o uso de *inputs* não observáveis.

Por ser uma mensuração baseada no mercado, o valor justo é mensurado usando as suposições que os participantes do mercado usariam para precificar um ativo ou passivo, o que inclui suposições sobre riscos. Assim, uma intenção de manter um ativo, ou de liquidar ou realizar um passivo não são aspectos relevantes para a determinação do seu valor justo.

Os requisitos de mensuração e divulgação da IFRS 13/CPC 46 aplicam-se aos ativos, passivos e instrumentos patrimoniais da própria entidade, sempre que requeridos pelas normas específicas, exceto nos assuntos a seguir:

- pagamento baseado em ações, previsto pela IFRS 2/CPC 10;
- arrendamento mercantil, previsto pela IFRS 16/CPC 06;
- mensurações semelhantes ao valor justo, mas que não o são, tais como o valor líquido realizável previsto pela IAS 2/CPC 16 – Estoques, ou o valor em uso previsto pela IAS 36/CPC 01 – Redução ao Valor Recuperável de Ativos.

Da mesma forma, os requerimentos de divulgação não são exigidos para os ativos de planos de aposentadoria mensurados a valor justo, dentro do escopo da IAS 19/CPC 33 – Benefícios a Empregados e os ativos que sejam recuperáveis pelo valor justo menos os custos de venda, dentro do escopo da IAS 36/CPC 01 – Redução ao Valor Recuperável de Ativos.

Por fim, a mensuração do valor justo é aplicável tanto no reconhecimento inicial quanto na mensuração subsequente, desde que a mensuração e a divulgação a valor justo sejam requeridas ou permitidas por outras normas IFRS/CPC.

### 4.1.1 Contexto de elaboração da norma

O processo de elaboração da norma sobre a mensuração do valor justo foi permeado por diversos momentos marcantes da história. A Figura 4.1 sintetiza esses momentos.

---

[1] A Resolução CMN nº 4.748/2019 foi revogada pela Resolução CMN nº 4.924/2021, a partir de 01/01/2022.

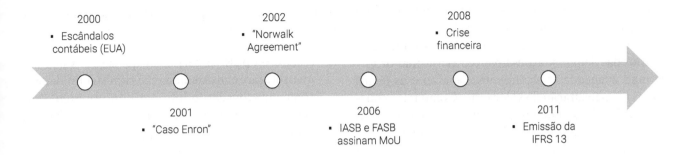

Figura 4.1    Momentos marcantes no processo de elaboração da IFRS 13.

O início dos anos 2000 foi marcado por diversos escândalos contábeis, os quais enfraqueceram o grau de confiança dos investidores, abalando o equilíbrio do mercado norte-americano e também dos demais mercados internacionais. No ano de 2001, além dos abalos provocados pelos atentados terroristas, o mundo foi surpreendido por outro evento com proporções globais: o chamado "caso Enron".

A descoberta desse caso deu início a um efeito dominó, com a constatação de práticas de manipulação em várias outras entidades, não apenas norte-americanas, mas também no resto do mundo, resultando em uma crise de confiança em níveis inéditos desde a quebra da bolsa norte-americana, em 1929. Imediatamente, as bolsas espalhadas pelo mundo reagiram com quedas.

Diante das crises de confiabilidade do mercado e motivado pela crença de que um único conjunto de normas contábeis, tecnicamente robusto, seria fundamental para maior transparência nas informações, redução dos custos de capital, eliminação dos custos de adequação das demonstrações financeiras para outro conjunto de normas, redução dos riscos e, consequentemente, atração de mais investimentos, em setembro de 2002, o *Financial Accounting Standards Board* (FASB) assina o acordo de convergência com o IASB. Por meio de tal acordo, denominado "Norwalk Agreement", ambos os órgãos firmaram seu compromisso em eliminar as diferenças e passar a desenvolver, conjuntamente, padrões contábeis compatíveis e de alta qualidade.

Novamente, em 2005, ambos os órgãos reafirmaram seu compromisso de 2002, até que, no início de 2006, foi emitido o Memorando de Entendimento (*Memorandum of Understanding* – MoU), no qual foram determinadas as prioridades no trabalho em conjunto entre o FASB e o IASB.

Por inexistência de uma norma única que tratasse do conceito de valor justo, o qual, até então, estava disperso em várias normas IFRS e, muitas vezes, não possuía uma mensuração ou divulgação clara e consistente, em 2005, iniciou-se o projeto de criação de uma única norma que tratasse do assunto. Tal projeto também fazia parte do MoU e visava alinhar as normas IFRS com os procedimentos contábeis norte-americanos, conhecidos como *United States Generally Accepted Accounting Principles* (USGAAP), resultando, assim, na mesma definição, significado e requerimentos de divulgação sobre a mensuração do valor justo.

Como pode-se observar, a mensuração do valor justo já estava incluída na pauta do IASB, quando ocorreu a crise financeira global de 2007-2008, a qual enfatizou a importância de existirem requerimentos de mensuração e divulgação únicos entre o IFRS e o USGAAP. Em particular, a crise destacou as necessidades de esclarecimento sobre como mensurar o valor justo quando o mercado de um ativo ou de um passivo se torna menos ativo, e de melhorias na transparência, por meio da divulgação sobre as incertezas a respeito da mensuração.

Ainda em 2008, um Conselho Consultivo foi estabelecido, o qual continha preparadores, auditores, usuários, bem como reguladores. Seus resultados ajudaram o IASB a rever as melhores práticas na área de técnicas de avaliação e a formular um guia prático adicional acerca de métodos de avaliação de instrumentos financeiros quando não há mercado ativo.

Como resultado final, em maio de 2011, o IASB emitiu a IFRS 13, a qual consolidou em uma só norma uma estrutura conceitual de mensuração e divulgação da mensuração pelo valor justo, tornando-se efetiva a partir de janeiro de 2013.

A norma é aplicável quando outras normas requerem ou possibilitam a mensuração pelo valor justo. Ela não introduz qualquer novo requerimento de mensuração de ativos ou passivos a valor justo, assim como não troca a mensuração por uma a valor justo ou endereça como apresentar as mudanças no valor justo.

As razões que motivaram a emissão da IFRS 13 são várias. A principal delas consiste na redução da complexidade e em um aumentada consistência na aplicação da mensuração do valor justo. Outra motivação foi o aumento na divulgação sobre o valor justo. O IASB acredita que novas exigências de divulgação ajudarão os usuários das demonstrações financeiras a avaliar de forma mais adequada as técnicas de avaliação e os *inputs* usados na mensuração do valor justo. Como tal, a emissão da IFRS 13 compõe a resposta do IASB ao pedido do G20, feito em seguida à crise financeira mundial.

Uma terceira razão a ser mencionada é o aumento na convergência entre as normas IFRS e o USGAAP, cuja emenda já foi feita pelo FASB. Ambos os órgãos trabalharam em conjunto para assegurar que o conceito de valor justo fosse o mesmo, tanto no IFRS, quanto no USGAAP, assim como sua respectiva mensuração e divulgação.

Dessa forma, a vantagem com a introdução da IFRS 13 é prover um guia claro e consistente para a mensuração do valor justo e endereçar incertezas sobre a avaliação quando não há mercado ativo. Adicionalmente, a norma aumenta a transparência da mensuração do valor justo ao requerer uma divulgação detalhada sobre o valor justo mensurado por meio de modelos.

Em suma, os principais pontos atingidos com o projeto foram:

- reduzir a complexidade e melhorar a consistência na aplicação dos princípios de mensuração do valor justo por meio de uma única norma;
- comunicar o objetivo de mensuração de forma mais clara, esclarecendo a definição de valor justo;
- melhorar a transparência ao elevar os requerimentos de divulgação; e
- aumentar a convergência entre o IFRS e o USGAAP.

### 4.1.2 Conceitos importantes para aplicação da norma

Para a adequada aplicação da norma, é necessário que alguns conceitos por ela utilizados sejam apresentados. Por isso, na sequência, serão apresentados os principais conceitos amplamente mencionados pela norma, de modo que a sua aplicação prática seja facilitada.

O **valor justo** é definido pela IFRS 13/CPC 46 como o "preço que seria recebido pela venda de um ativo ou pago pela transferência de um passivo em uma transação não forçada entre participantes do mercado na data da mensuração".

Portanto, o objetivo da mensuração a valor justo é estimar o preço pelo qual uma transação ordenada para vender um ativo ou transferir um passivo seria realizada, entre participantes do mercado, na data da mensuração, mediante condições correntes de mercado. Para isso, faz-se necessário que a entidade determine (todos) os seguintes aspectos:

i. o ativo ou passivo particular que seja o sujeito da mensuração, consistentemente com sua unidade de conta, cujo conceito foi introduzido no capítulo "Princípios gerais e pronunciamento conceitual básico";

ii. para um ativo não financeiro, as premissas de avaliação que sejam apropriadas para a mensuração, consistentemente com seu maior e melhor uso;[2]

iii. o mercado principal (ou o mais vantajoso) para um ativo ou passivo;

iv. as técnicas de avaliação apropriadas para a mensuração, considerando a disponibilidade dos dados de entrada (*inputs*) que representam as premissas que os participantes do mercado usariam para precificar o ativo ou passivo e o nível da hierarquia do valor justo no qual eles estão categorizados.

O conceito de **unidade de conta** não é tratado pela IFRS 13, especificamente. As exigências para sua determinação resultam da aplicação de outras normas IFRS. De modo geral, unidade de conta consiste no nível pelo qual um ativo ou um passivo é agregado ou desagregado para fins de reconhecimento. Para os instrumentos financeiros, por exemplo, a unidade de conta será, geralmente, um instrumento individual. Em contraste, a unidade de conta poderá ser um grupo de ativos ou de ativos e passivos de acordo com outra norma, como quando o montante recuperável de uma unidade geradora de caixa é determinado em relação ao valor justo menos os custos de dispor sob a IAS 36/CPC 01, na análise de *impairment*.

A definição de valor justo faz referência ao conceito de transação não forçada. Assim, entende-se por **transação não forçada** aquela que é realizada em condições usuais de mercado, sem fatores de estresse. Para exemplificar, uma transação forçada seria aquela realizada por meio de uma liquidação forçada ou uma venda desesperada, sob pressão. Logo, uma transação não forçada pode ser definida como aquela que ocorre em um contexto contrário às condições apresentadas neste exemplo.

Em uma transação não forçada, não há tempo suficiente para criar uma tensão competitiva e/ou potenciais compradores poderiam reduzir o preço que eles estariam dispostos a pagar. Em uma venda desesperada, o vendedor é forçado a aceitar o melhor preço ofertado no menor tempo disponível.

---

[2] O uso de um ativo não financeiro por um participante de mercado que maximizaria o valor de um ativo ou grupo de ativos e passivos (exemplo: negócio) no qual o ativo seria usado.

É importante destacar que não é apropriado concluir que todas as transações em um mercado no qual o volume ou nível de atividade tenha sido significantemente reduzido seja forçado. Em um mercado em depressão, preços podem reduzir-se a níveis muito abaixo daqueles negociados no passado. Entretanto, dando tempo suficiente para negociar um ativo, a tensão competitiva entre os participantes do mercado e uma habilidade de fornecer informações sobre o ativo podem resultar na obtenção do valor justo.

Outro conceito apresentado na definição de valor justo é o de participantes do mercado. São considerados **participantes do mercado** os compradores e vendedores no mercado principal (ou mais vantajoso) para um ativo ou passivo que tenham (todas) as seguintes características:

- sejam independentes um do outro, ou seja, não sejam partes relacionadas, embora o preço de uma transação entre partes relacionadas possa ser usado como um *input* para a mensuração do valor justo, caso a entidade tenha evidência de que a transação ocorreu conforme condições de mercado;
- tenham conhecimento razoável sobre o ativo ou passivo e a transação, com base em toda informação disponível, incluindo informação que possa ser obtida por meio de um processo de *due diligence*,[3] que seja considerado usual;
- sejam capazes de entrar em uma transação por um ativo ou passivo; e
- estejam dispostos a entrar em uma transação por um ativo ou passivo e não sejam forçados ou obrigados a fazê-lo.

Anteriormente, foram também citados os termos "mercado principal" e "mercado mais vantajoso". **Mercado principal** é aquele que apresenta o maior volume ou nível de atividade, para um ativo ou passivo. O **mercado mais vantajoso**, por sua vez, é aquele que maximiza o montante que seria recebido pela venda de um ativo ou que minimiza o montante que seria pago pela transferência de um passivo, após levar em conta os custos de transação e os custos de transporte.

A IFRS 13/CPC 46 deixa claro que a entidade não precisa empreender uma busca exaustiva por todos os possíveis mercados para identificar qual seria o mercado principal ou, na sua ausência, o mercado mais vantajoso.

Contudo, ela deve levar em conta todas as informações que estejam razoavelmente disponíveis. Além disso, assume-se que, na ausência de evidência ao contrário, o mercado no qual a entidade normalmente opera uma transação de venda de um ativo ou transferência de um passivo é presumidamente seu mercado principal ou, na sua ausência, o mais vantajoso.

É importante destacar que a entidade deve ter acesso ao mercado principal (ou mais vantajoso) na data da mensuração. Como diferentes entidades (e negócios dentro delas) com diferentes atividades podem ter acesso a diferentes mercados, o mercado principal (ou mais vantajoso) para o mesmo ativo ou passivo pode ser diferente para entidades diferentes. No entanto, o mercado principal (ou mais vantajoso) deve ser considerado de uma perspectiva da entidade e, desse modo, permitir diferenças entre entidades com diferentes atividades.

Embora uma entidade deva ter acesso ao mercado, ela não precisa ser capaz de vender determinado ativo ou transferir um passivo na data da mensuração para poder mensurar a valor justo com base no preço de mercado. A mensuração do valor justo assume uma transação hipotética de venda em condições normais de mercado.

Da definição de mercado mais vantajoso derivam outros dois conceitos: custos de transação e custos de transporte. O **custo de transação** é aquele custo para vender um ativo ou transferir um passivo no mercado principal (ou mais vantajoso), o qual seja diretamente atribuível à venda do ativo ou à transferência do passivo, e que resulte diretamente da transação. Ele tem característica incremental, o que significa que não teria sido incorrido pela entidade, caso a decisão de vender o ativo ou transferir o passivo não tivesse sido tomada.

O **custo de transporte**, por sua vez, consiste no custo que seria incorrido para transportar um ativo de sua atual localização para o seu mercado principal (ou mais vantajoso).

Por fim, outro conceito amplamente utilizado pela norma é o de mercado ativo. Assim, entende-se por **mercado ativo** aquele em que as transações para um ativo ou passivo são realizadas com suficiente frequência e volume, de forma a fornecer informações de preço em uma base contínua. Logo, os preços são cotados pronta e regularmente e disponibilizados de maneira ampla aos investidores. Cotações de bolsas e de mercado balcão são exemplos – porém, não os únicos – de preços obtidos em mercados ativos.

## 4.2 MENSURAÇÃO DO VALOR JUSTO

Na mensuração do valor justo, uma entidade deve considerar as características dos ativos ou passivos que

---

[3] *Due diligence* consiste em procedimento metódico de análise de informações e documentos de determinada entidade, com objetivos predeterminados, tais como: fusões e aquisições, planejamento de reestruturações societárias, entre outros, que resultarão em um relatório das reais condições da empresa analisada.

os participantes do mercado levariam em consideração para precificá-los, na data da mensuração. No caso dos ativos, essas características incluem, por exemplo, a condição e o local em que está o ativo e quaisquer restrições para a venda ou uso do ativo, caso existam.

O elemento mensurado ao valor justo pode ser um ativo ou passivo isolado, tal como um instrumento financeiro ou um ativo não financeiro ou um grupo de ativos, um grupo de passivos ou um grupo de ativos e passivos, tais como uma unidade geradora de caixa ou um negócio. Como dito anteriormente, a IFRS 13/CPC 46 não determina a unidade de conta do item objeto da mensuração, mas, sim, a norma específica que orienta a respeito do seu tratamento contábil. Adicionalmente, é a norma específica quem determina que elemento será mensurado ao valor justo e em que momento isso deve ser, que podem ser tanto no reconhecimento inicial quanto nas mensurações subsequentes.

### 4.2.1 Mensuração do valor justo de ativos não financeiros

Um ativo financeiro pode ser, por exemplo, uma propriedade para investimento, um ativo imobilizado, um ativo intangível ou um investimento em uma participação societária. Caso tais elementos precisem ser mensurados ao valor justo, como na hipótese de ter havido uma combinação de negócios, a sua mensuração considera a habilidade dos participantes do mercado em gerar benefícios econômicos futuros, por meio do uso do ativo em seu maior e melhor uso, ou pela venda a outro participante do mercado que o usaria em seu maior e melhor uso. Dessa afirmação, surge o conceito de maior e melhor uso de um ativo.

O **maior e melhor uso** refere-se ao uso de um ativo não financeiro que maximizaria seu valor, quer usado individualmente ou em grupo. Esse conceito considera o uso de um ativo que seja fisicamente possível, legalmente permitido e financeiramente viável, como segue:

- **fisicamente possível**: considera as características físicas do ativo, que os participantes do mercado levariam em consideração quando o estivessem precificando (por exemplo, localização ou tamanho da propriedade);
- **legalmente permitido**: considera quaisquer restrições legais para o uso do ativo, que os participantes do mercado levariam em consideração quando o estivessem precificando (por exemplo, regulação sobre loteamento aplicável a uma propriedade);
- **financeiramente viável**: leva em conta se o uso do ativo que seja fisicamente possível e legalmente permitido gera adequados níveis de receitas ou fluxos de caixa (considerando os custos para converter o ativo nesse uso), para produzir um retorno de investimento que os participantes do mercado requeiram de um investimento em um ativo colocado nesse uso.

Do ponto de vista de ser legalmente permitido, o IASB deixa claro que o uso do ativo não necessariamente precisa ser legal na data da mensuração. O importante é que ele não deva estar legalmente proibido.

A título de ilustração, suponha que o governo de determinado país tenha proibido construções ou projetos em áreas protegidas. Logo, o maior e melhor uso de um terreno não pode ser, por exemplo, desenvolvê-lo com intuito de uso industrial.

Assim como outros conceitos anteriormente apresentados, o maior e melhor uso é determinado sob a perspectiva do participante do mercado, mesmo que a entidade tenha pretensões de uso diferente para esse ativo. No entanto, presume-se que o uso corrente que a entidade tem dado a esse ativo seja seu maior e melhor uso, a menos que o mercado ou outros fatores sugiram que um uso diferente dado pelo participante do mercado maximizaria o valor desse ativo.

Como dito anteriormente, a mensuração ao valor justo de um ativo não financeiro é baseada em seu uso tanto em base isolada quanto em combinação com outros ativos ou grupos de ativos e passivos. As premissas de avaliação dependem de qual uso é consistente com as perspectivas dos participantes do mercado sobre o maior e melhor uso do ativo não financeiro.

Assim, o maior e melhor uso de um ativo não financeiro estabelece a premissa de avaliação usada para mensurar o valor justo de um ativo, como segue:

- **Em combinação**: se o maior e melhor uso de um ativo não financeiro fornecer valor máximo aos participantes do mercado, principalmente pelo seu uso combinado com outros ativos e passivos como um grupo, então seu valor justo seria mensurado com base no preço que seria recebido em uma transação corrente de venda do ativo, tendo como premissa:
  - que o ativo seria usado com outros ativos e passivos; e
  - que os ativos e passivos complementares estariam disponíveis aos participantes do mercado e seriam considerados na precificação.
- **Isolado**: se o maior e melhor uso de um ativo gerar valor máximo aos participantes do mercado, principalmente em uma base isolada, então seu valor justo seria o preço a ser recebido em uma transação corrente de venda do ativo para os participantes do mercado que o usariam de forma isolada.

Por fim, um mesmo ativo pode ter usos diferentes para os participantes de mercado. Em tal situação, o melhor uso possível seria aquele que maximizaria o seu valor. Para ilustrar, Gelbcke, Santos, Iudícibus e Martins (2018) apresentam o exemplo de um terreno adquirido por meio de uma combinação de negócios. Se usado para fins industriais, ele valeria R$ 5 milhões. Mas, se usado para fins residenciais, o seu valor seria de R$ 4 milhões. Ambas as formas de uso são fisicamente possíveis, legalmente permitidas e financeiramente viáveis e foram mensuradas sob a ótica dos participantes de mercado. Portanto, em tal situação, o valor justo do terreno seria de R$ 5 milhões, que é o uso que maximizaria o seu valor.

### 4.2.2 Mensuração do valor justo de passivos financeiros e instrumentos patrimoniais

A mensuração do valor justo assume que o passivo financeiro ou não financeiro, ou um instrumento patrimonial, é transferido ao participante do mercado, na data da mensuração. Desse modo, o passivo continua pendente e o participante do mercado, para o qual ele foi transferido, precisa cumpri-lo. Logo, assume-se que o passivo não seria liquidado com a contraparte ou, de outra forma, extinguido, na data da mensuração.

Do mesmo modo, assume-se que o instrumento patrimonial permaneceria pendente e o participante do mercado, para o qual ele foi transferido, teria os direitos e responsabilidades associados ao instrumento. O instrumento não seria cancelado ou extinguido na data da mensuração.

O valor justo de um passivo ou de um instrumento patrimonial de uma entidade é mensurado com base nos preços cotados para a transferência de instrumentos idênticos ou similares, sempre que tal informação esteja disponível. O grande desafio, nesse ponto, é que são poucos os países que possuem mercado ativo de negociação de dívidas, a ponto de permitir a obtenção de preços observáveis, que não é o caso do mercado brasileiro.

Na hipótese de um preço cotado para a transferência de um passivo, ou um instrumento patrimonial idêntico ou similar, não estar disponível, e um item idêntico seja mantido como um ativo, por um terceiro, a entidade deve mensurar o valor justo desse passivo ou instrumento patrimonial sob a perspectiva do participante do mercado que detém esse idêntico item como um ativo, na data da mensuração.

Em tais casos, a entidade deve mensurar o valor justo da seguinte forma:

- usando um preço cotado em um mercado ativo para um item idêntico mantido por outra parte como um ativo, desde que tal preço esteja disponível;
- caso o preço não esteja disponível, deverá usar *inputs* observáveis, tais como preços cotados em mercados não ativos, para itens idênticos mantidos por outras partes como um ativo;
- se os preços observáveis mencionados nos dois itens anteriores não estiverem disponíveis, deve-se usar uma técnica de avaliação, tal como:
  - **abordagem de receita**: por exemplo, usar uma técnica de valor presente que leve em conta os fluxos de caixa futuros que os participantes do mercado esperariam receber pela manutenção do passivo ou instrumento patrimonial como um ativo.
  - **abordagem de mercado**: usar os preços cotados de passivos e instrumentos patrimoniais semelhantes que sejam detidos por outras partes como ativos.

As técnicas de avaliação usadas na mensuração do valor justo serão mais bem detalhadas na Seção 4.3, "Técnicas de avaliação".

Importante destacar que a entidade deverá ajustar o preço cotado do passivo ou instrumento patrimonial detido por terceiros como um ativo somente se houver fatores específicos ao ativo que não sejam aplicáveis à mensuração do passivo ou instrumento patrimonial.

Na hipótese em que o preço cotado para a transferência de um passivo, ou instrumento patrimonial idêntico ou similar não esteja disponível, e não há um ativo correspondente, como no caso de um passivo por desativação, a entidade deve mensurar o valor justo desses instrumentos com base em técnicas de avaliação sob a ótica do participante do mercado que deve o passivo ou tenha emitido o instrumento patrimonial.

Por exemplo, na aplicação da técnica de valor presente, uma entidade pode levar em conta qualquer das seguintes premissas:

- as futuras saídas de caixa que os participantes do mercado esperam incorrer, para cumprir a obrigação, incluindo a compensação que ele poderia requerer por contrair a obrigação;
- o montante que o participante do mercado receberia para assumir uma obrigação ou emitir um instrumento patrimonial idêntico, usando as premissas que os participantes do mercado usariam para precificá-los (por exemplo, as mesmas características de crédito) no mercado principal (ou mais vantajoso) para a emissão de um passivo ou um instrumento patrimonial com os mesmos termos contratuais.

A Figura 4.2 ilustra o processo que a entidade deve usar para mensurar passivos e instrumentos patrimoniais ao valor justo.

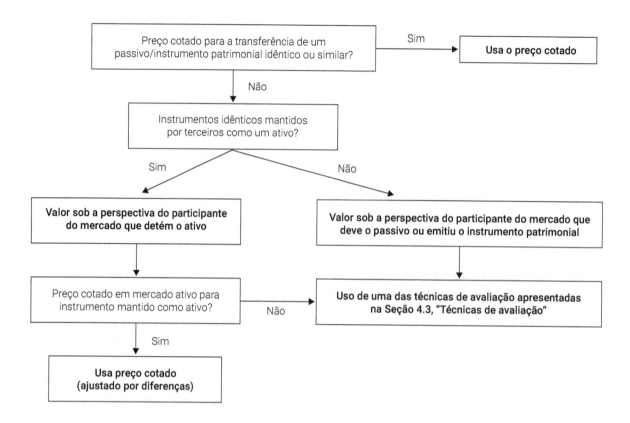

**Figura 4.2** Processo para a mensuração de passivos e instrumentos patrimoniais ao valor justo.
**Fonte:** KPMG (2011, p. 15 – tradução livre).

Conforme demonstrado, a entidade deve maximizar o uso de *inputs* observáveis relevantes e minimizar o uso de *inputs* não observáveis para atender o objetivo de mensuração a valor justo.

Por fim, outro aspecto relevante na mensuração do valor justo de passivos é o fato de que ele deve refletir o efeito do risco de não *performance*, o qual corresponde ao risco que uma entidade apresenta de não cumprir uma obrigação. Tal risco inclui, mas pode não se limitar ao risco próprio de crédito da entidade. Ele é compreendido como sendo o mesmo, antes e depois da transferência do passivo.

Para ilustrar a mensuração do valor justo de um passivo, levando em conta o efeito do risco de não *performance*, vamos assumir que a entidade ABC emitiu um título de dívida no valor de R$ 1 milhão, quando a taxa de juros era de 10% ao ano, cujo vencimento, tanto do principal quanto dos juros, ocorrerá ao final de dois anos. Tal dívida foi classificada em uma categoria que precisa ser mensurada ao valor justo.

Para fins de simplificação, após um ano, as condições de mercado continuaram as mesmas, porém, a situação financeira da entidade deteriorou-se e seu risco de crédito próprio elevou-se em 1%. Isso significa que a atual taxa de juros se tornou 11% ao ano.

Assumindo que a empresa teve que mensurar o valor justo do seu passivo por meio de uma técnica de desconto, o valor justo da dívida seria obtido da seguinte forma:

**Passo 1**: calcular o valor futuro da dívida, considerando a taxa pactuada com terceiros, que é de 10% ao ano e o prazo de dois anos, até o seu vencimento.

Valor futuro = $1.000.000 \times (1 + 0,10)^2 = 1.210.000$

**Passo 2**: calcular o valor presente da dívida, considerando a taxa de juros atual do mercado, que é de 11%. O resultado do cálculo corresponde ao valor justo da dívida, um ano após a sua captação.

$$\text{Valor justo} = \frac{1.210.000}{(1 + 0,11)} = 1.090.090$$

Portanto, conforme demonstrado, o valor justo do instrumento de dívida emitido pela entidade ABC seria de R$ 1.090.090, o qual foi impactado pela elevação do risco de crédito próprio da entidade. Caso a taxa tivesse permanecido a mesma (10% ao ano), o valor justo após um ano da emissão seria igual a R$ 1.100.000.

## 4.2.3 Mensuração de ativos e passivos financeiros com posições líquidas em risco de mercado ou de contraparte

Uma entidade que detenha um grupo de ativos e passivos financeiros está exposta a riscos de mercado do instrumento, bem como a riscos de crédito de cada contraparte com as quais tenha entrado em um ativo financeiro. A carteira é também impactada pelo risco de crédito da própria entidade.

As instituições financeiras, assim como outras entidades, podem gerir seus instrumentos com base na sua exposição líquida a um específico risco de mercado ou ao risco de crédito de uma contraparte específica.

Por esse motivo, uma exceção opcional foi introduzida pela IFRS 13/CPC 46, para a mensuração do valor justo de ativos e passivos financeiros. Tal exceção pode ser utilizada desde que determinados critérios sejam atendidos, os quais estão basicamente relacionados com o fato de a entidade gerenciar seus ativos e passivos financeiros com base em sua exposição líquida a cada um dos riscos citados. Importante ressaltar que o propósito da exceção é limitado apenas aos ativos e passivos financeiros que estejam no escopo da IFRS 9/CPC 48.

Se a entidade gerencia um grupo de ativos e passivos financeiros, os quais sejam mensurados a valor justo, com base em sua exposição líquida a riscos de mercado ou de crédito, então é permitido que a mensuração ao valor justo desses ativos e passivos seja feita com base no preço que seria recebido pela venda da posição ativa líquida ou pela transferência da posição passiva líquida, exposta a determinado risco, em uma transação não forçada entre participantes do mercado, na data da mensuração.

A aplicação da exceção é somente permitida se a entidade puder fornecer evidências que ela gerencia, consistentemente, um grupo de instrumentos financeiros com base na exposição líquida a um específico risco de mercado ou a um risco de crédito de determinada contraparte. Para isso, a entidade deve gerenciar tais ativos e passivos com base na exposição líquida, conforme política de gerenciamento devidamente documentada pela entidade, bem como fornecer informação sobre esse grupo de ativos e passivos ao pessoal chave da administração e ser obrigada ou ter eleito mensurar tal grupo de ativos e passivos ao valor justo.

Importante destacar que a exceção não se refere à apresentação das demonstrações financeiras. Em alguns casos, a base para a apresentação dos instrumentos financeiros nas demonstrações financeiras difere da base para mensuração deles. Um exemplo disso é quando uma IFRS não requer ou permite que os instrumentos financeiros sejam apresentados de forma líquida.

Em tais casos, a entidade pode precisar alocar os ajustes da carteira aos ativos e passivos individuais que componham o grupo de ativos e passivos financeiros gerenciados com base na exposição líquida de risco da entidade. Essa alocação deve ser efetuada de forma consistente e razoável, por meio de uma metodologia apropriada a tais circunstâncias.

## 4.3 TÉCNICAS DE AVALIAÇÃO

Como nem todo ativo ou passivo possui um valor de mercado objetivo, muitas vezes é necessária a aplicação de técnicas de avaliação para se chegar ao seu valor justo.

Na determinação do valor justo de um ativo ou de um passivo, a entidade seleciona as técnicas de avaliação que sejam apropriadas nessas circunstâncias e para as quais haja dados suficientes disponíveis para mensurá-lo.

A IFRS 13/CPC 46 não estabelece os requerimentos de uso de uma específica técnica de avaliação, a menos que haja preço cotado em mercado ativo para um ativo ou passivo idêntico. Entretanto, a referida norma orienta que se deve priorizar a utilização de dados observáveis e, na sua ausência, a utilização de informações não observáveis.

As técnicas de avaliação podem ser classificadas em três diferentes abordagens:

1. de mercado;
2. de receita;
3. de custo.

As técnicas de avaliação coerentes com a **abordagem de mercado** utilizam preços e outras informações relevantes geradas por transações do mercado, envolvendo transações com ativos e passivos idênticos ou comparáveis.

Essas técnicas incluem a utilização de cotações de outros ativos e passivos em um mercado ativo. Se esses ativos ou passivos são idênticos ou comparáveis, assume-se que seus valores podem ser utilizados como base para avaliar os ativos ou os passivos correspondentes.

O valor de mercado de uma Letra do Tesouro Nacional (LTN), título público prefixado, por exemplo, poderia ser utilizado como base para precificar um título privado com condições financeiras e de prazo idênticos, se o título privado não tiver um mercado ativo.

Ainda que não tivesse condições idênticas, outro ativo poderia ser utilizado como referência de precificação, se os devidos ajustes fossem feitos para adequá-lo às condições do item a ser mensurado.

A **abordagem de receita** utiliza técnicas de avaliação para converter montantes futuros (por exemplo, fluxos de caixa ou lucros) para um simples valor presente (descontado). A mensuração é baseada nas expectativas correntes do mercado sobre esses valores futuros.

Essas técnicas de avaliação incluem cálculos de valor presente, modelos de precificação de opções, como o *Black-Scholes*, de Robert Merton, ou o modelo binomial, que incorpora técnicas de valor presente, e um método multiperíodo de ganhos excedentes, que é usado para mensurar o valor justo de certos ativos intangíveis.

Por fim, a **abordagem de custos** baseia-se no montante que correntemente seria requerido para repor a capacidade de serviço de um ativo (frequentemente chamado de custo corrente de reposição).

Da perspectiva de um participante do mercado (vendedor), o preço que seria recebido por um ativo é determinado com base no custo para o participante de mercado (comprador) para adquirir ou construir um ativo substituto com utilidade comparável, ajustado por sua obsolescência.[4] A justificativa para isso é que um comprador não pagaria mais por um ativo do que o montante pelo qual ele poderia substituir a capacidade de serviço do ativo.

Em muitos casos, o método de custo corrente de reposição é usado para mensurar o valor justo de ativos tangíveis, os quais são usados em combinação com outros ativos ou com outros ativos e passivos.

## 4.4 HIERARQUIA DO VALOR JUSTO

Como dito anteriormente, técnicas de avaliação devem ser selecionadas de forma que utilizem ao máximo os *inputs* do mercado, incluindo as expectativas dele e as medidas de fatores risco-retorno do ativo, e que minimizem o uso de *inputs* específicos da entidade.

Visando aumentar a consistência e a comparabilidade nas mensurações do valor justo e nas divulgações correspondentes, a IFRS 13/CPC 46 determina uma hierarquia de valor justo, a qual classifica em três níveis os *inputs* aplicados nas técnicas de avaliação utilizadas na mensuração do valor justo. A hierarquia de valor justo dá a mais alta prioridade a preços cotados (não ajustados) em mercados ativos para ativos ou passivos idênticos (*inputs* de Nível 1) e a mais baixa prioridade a dados não observáveis (*inputs* de Nível 3). A Figura 4.3 ilustra os três níveis existentes na referida hierarquia.

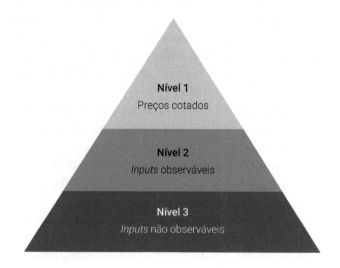

**Figura 4.3** Hierarquia do valor justo.
**Fonte:** Barreto e Almeida (2012).

A disponibilidade de *inputs* relevantes, assim como a confiabilidade deles, impacta diretamente a escolha de uma técnica de avaliação adequada. No entanto, a hierarquia do valor justo prioriza os *inputs*, e não as técnicas.

Por exemplo, uma medida de valor justo usando a técnica de valor presente pode ser considerada como Nível 2 ou Nível 3, dependendo dos *inputs* relevantes que forem utilizados para compor a mensuração.

Os *inputs* de Nível 1 são preços cotados (não ajustados) em mercados ativos para ativos e passivos idênticos, os quais a entidade pode acessar na data da mensuração. Esses *inputs*, em geral, não devem ser ajustados. Entretanto, a norma provê limitadas circunstâncias nas quais ajustes podem ser apropriados. São elas:

- Como um recurso prático, uma entidade pode mensurar o valor justo de certos ativos e passivos usando um método alternativo que não se baseie exclusivamente em preços cotados. Esse recurso é apropriado somente quando os seguintes critérios são atendidos: (i) a entidade detém grande número de ativos e passivos similares que são mensurados a valor justo; e (ii) o preço cotado no mercado ativo está disponível, porém não é prontamente acessível para cada ativo e passivo individualmente.

- Se o preço cotado no mercado ativo não representa o valor justo na data da mensuração, então a enti-

---

[4] **Obsolescência** engloba deterioração física, obsolescência funcional ou tecnológica, e obsolescência econômica. Trata-se de um conceito mais amplo do que o da depreciação para fins de informes financeiros (uma alocação de custo histórico) ou fins fiscais (baseado em expectativas de vida útil predefinidas).

dade deve estabelecer uma política a ser aplicada consistentemente, para identificar tais circunstâncias que possam afetar o valor justo. Isso pode acontecer quando um evento significativo ocorre após o fechamento de um mercado, mas antes da data da mensuração, tal como o anúncio de uma combinação de negócios.

- Uma entidade pode mensurar o valor justo de um passivo ou um instrumento patrimonial usando o preço cotado de um instrumento idêntico negociado como um ativo, e pode haver diferenças específicas entre o item mensurado e o ativo. Por exemplo, um instrumento idêntico, negociado como ativo, inclui melhoria de crédito que pode ser mensurada separadamente do passivo, se a garantia for considerada a ser excluída da unidade de conta do passivo.

A título de exemplificação, segue o caso de uma empresa que teve de ajustar o preço de suas ações, por conta de evento ocorrido após fechamento do expediente das negociações.

### Exemplo – Ajuste de *inputs*

A Companhia X investe em ações da Companhia Y, que é listada na Bolsa de Valores de Londres.

Na data de reporte, X obtém o preço de fechamento das ações de Y, diretamente da bolsa.

Subsequentemente ao horário do fechamento, Y anuncia publicamente um fato relevante que tem impacto no preço de suas ações, como evidenciado pelos preços para um pequeno número de transações realizadas na bolsa brasileira.

A Companhia X usa o preço negociado na bolsa brasileira para ajustar apropriadamente o preço de fechamento da bolsa de Londres e determinar o valor justo de suas ações.

Como se trata de um ajuste derivado de um preço de mercado observável, o valor justo resultante será classificado no Nível 2 da hierarquia.

**Fonte:** Barreto e Almeida (2012).

Como visto no exemplo, para ser Nível 1, o preço não pode ser ajustado. Assim, qualquer ajuste no preço cotado resultará na mensuração a valor justo sendo classificada em um nível inferior na hierarquia.

A determinação se o valor justo é categorizado no Nível 2 ou 3 depende se os *inputs* usados nas técnicas de avaliação são observáveis ou não observáveis e o quão significativos eles são para a mensuração.

O Nível 2 é composto por outros *inputs* que não aqueles preços cotados incluídos no Nível 1, os quais são direta ou indiretamente observáveis para o ativo ou passivo. Os *inputs* são observáveis quando se baseiam em informação pública disponível sobre os eventos e transações e refletem as premissas que os participantes do mercado usariam para precificar os ativos e passivos.

São exemplos de *inputs* classificáveis como Nível 2 os preços cotados para ativos ou passivos similares, em mercados ativos, ou *inputs* que sejam baseados ou suportados por dados observáveis de mercado, tais como taxas de juros, *spreads* de crédito ou curvas de juros que sejam observáveis no mercado.

Alguns ajustes nesses *inputs* podem ser necessários, a depender das características dos ativos ou dos passivos que estão sendo mensurados. Caso um *input* Nível 2 seja ajustado, a entidade deve avaliar se o ajuste, desde que baseado em dados não observáveis, é significativo para toda a mensuração. Se positivo, então, o valor justo é classificado como Nível 3.

Os *inputs* de Nível 3 são aqueles não observáveis, cujo uso deve ser minimizado pela entidade. No entanto, situações podem ocorrer nas quais os *inputs* não são observáveis. Nelas, os *inputs* não observáveis são baseados na melhor informação disponível sobre as premissas que os participantes do mercado usariam para precificar o ativo ou o passivo.

O princípio geral introduzido pela IFRS 13/CPC 46, que determina o uso do preço de saída baseado na perspectiva do participante do mercado, não se altera quando se mensura um ativo ou passivo com base em dados não observáveis. Logo, a entidade deve usar dados não observáveis que reflitam tais premissas que os participantes do mercado usariam.

A IFRS 13/CPC 46 não proíbe o uso de dados internos de uma entidade, quando ela precisa usar dados não observáveis. Entretanto, a entidade deve ajustar esses dados se houver informação disponível razoável que indique que outros participantes do mercado usariam informações diferentes, ou se houver algo específico das operações ou planos da entidade que não estejam disponíveis aos participantes do mercado, tais como uma sinergia da entidade.

A Figura 4.4 ilustra o processo de determinação da classificação em níveis da hierarquia do valor justo.

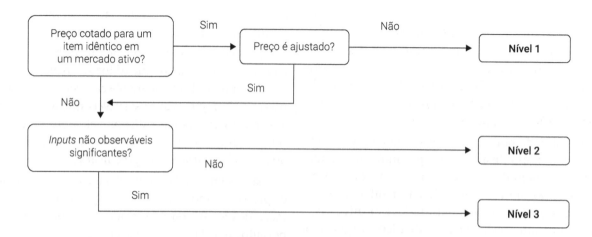

**Figura 4.4**   Processo de determinação da classificação em níveis.
**Fonte:** KPMG (2011, p. 28) – tradução livre.

Como demonstrado na Figura 4.4, o nível da hierarquia no qual o valor justo é classificado não depende das técnicas de mensuração por si só, mas, sim, dos *inputs* significativos empregados nos modelos de avaliação.

## 4.5 DIVULGAÇÃO

O objetivo da divulgação de ativos e passivos mensurados ao valor justo é fornecer informação que permita aos usuários avaliar as técnicas de avaliação e os *inputs* utilizados na sua mensuração.

A divulgação sobre a mensuração do valor justo pelas normas IFRS varia, embora muitas exijam, no mínimo, informação sobre os métodos e as premissas significativas usadas na mensuração, assim como se o valor justo foi mensurado com base em preços observáveis, oriundos de transações recentes de mercado para o mesmo, ou similar, ativo ou passivo.

As exigências de divulgação são diferentes, dependendo se a mensuração do valor justo é considerada recorrente ou não recorrente. A mensuração é considerada **recorrente** quando os ativos e passivos são mensurados a valor justo para cada período. Isso não necessariamente significa que a valorização seja efetuada em todos os períodos.

Por exemplo, uma entidade pode optar por reconhecer terrenos e edifícios pelo método da reavaliação (desde que permitida por lei), conforme IAS 16/CPC 27 – Ativo Imobilizado. As referidas normas requerem que reavaliações sejam efetuadas quando o valor justo do ativo reavaliado diferir materialmente de seu valor contábil.

Diferentemente, a mensuração é considerada **não recorrente** quando a mensuração ao valor justo é causada por uma circunstância particular, tal como um ativo que seja classificado como mantido para venda.

No caso de mensurações recorrentes ao valor justo, que façam uso de *inputs* não observáveis significativos (Nível 3), a divulgação visa apresentar o efeito dessa mensuração no resultado ou em outros resultados abrangentes.

As exigências mínimas de divulgação estão resumidas a seguir:

- O valor justo ao final do período para as mensurações recorrentes e não recorrentes e, para a mensuração não recorrente, as razões para tal mensuração.
- Para mensurações recorrentes ou não recorrentes, o nível dentro da hierarquia do valor justo no qual cada mensuração está categorizada (Nível 1, 2 ou 3).
- Para os ativos e passivos mantidos ao final do período, os quais sejam mensurados a valor justo em uma base recorrente, o montante de qualquer transferência entre os Níveis 1 e 2, as razões para tais transferências e as políticas da entidade para determinar quando as transferências entre níveis ocorreram. Transferências para dentro de cada nível devem ser divulgadas e discutidas separadamente das transferências para fora deles.
- Para mensurações recorrentes ou não recorrentes, categorizadas nos Níveis 2 e 3, uma descrição das técnicas de avaliação e os *inputs* usados na mensuração. Caso haja uma mudança de técnica de avaliação, a entidade deve divulgar que a mudança ocorreu e as justificativas. Para a mensuração categorizada no Nível 3, a entidade deve fornecer informação quantitativa sobre os *inputs* não observáveis significativos que foram usados.

- Para as mensurações recorrentes classificadas como Nível 3, deve-se divulgar uma reconciliação entre os saldos de abertura e os de encerramento, divulgando separadamente as mudanças ocorridas durante o período que sejam atribuíveis: (i) ao total de ganhos ou perdas do período reconhecidos no resultado e a linha na qual eles foram reconhecidos; (ii) ao total de ganhos ou de perdas do período reconhecidos em outros resultados abrangentes e na linha na qual eles foram reconhecidos; (iii) compras, vendas ou liquidações (cada uma delas deve ser divulgada separadamente); e (iv) o montante de quaisquer transferências para dentro ou fora (separadamente) no Nível 3, as razões para elas e as políticas da entidade para determinar quando as transferências ocorreram.

- Para a mensuração recorrente, categorizada como Nível 3, o montante de ganhos ou de perdas do período incluídos no resultado que sejam atribuíveis às mudanças nos ganhos não realizados desses ativos ou passivos mantidos ao final do período, e a linha na qual esses ganhos ou perdas não realizados foram reconhecidos.

- Para a mensuração recorrente e não recorrente, categorizada como Nível 3, uma descrição do processo de avaliação usado pela entidade, incluindo, por exemplo, como a entidade decide suas políticas de avaliação e mudanças nos procedimentos e análises de um período a outro.

- Para a mensuração recorrente, categorizada como Nível 3:
    i. Uma descrição narrativa da sensibilidade do valor justo às mudanças nos *inputs* não observáveis, se tais mudanças resultarem em um valor justo significativamente maior ou menor. Se houver uma correlação entre esses e outros *inputs* não observáveis usados na mensuração, a entidade deve fornecer uma descrição dessa correlação e como elas podem aumentar ou mitigar os efeitos de tais mudanças nos *inputs*.
    ii. Para ativos e passivos financeiros, se as mudanças de um ou mais *inputs* não observáveis, feitas para refletir possíveis premissas alternativas, mudarem significativamente o valor justo, a entidade deve relatar esse fato e divulgar os efeitos dessas mudanças. A entidade deve divulgar como o efeito da mudança foi calculado.
    iii. Para mensuração recorrente e não recorrente, se o maior e melhor uso do ativo não financeiro se diferir de seu atual uso, a entidade deve divulgar tal fato e a justificativa dele estar sendo usado de maneira diferente.

Por fim, para cada classe de ativos e passivos não mensurados a valor justo, para os quais haja divulgação de valor justo, a entidade deve também divulgar em qual nível da hierarquia eles se enquadrariam. No entanto, a entidade não precisa fornecer uma divulgação quantitativa sobre os *inputs* não observáveis significativos usados na mensuração categorizada como Nível 3, bem como outras divulgações requeridas pela IFRS 13/CPC 46.

## 4.6 EXERCÍCIOS

1. **Mercado principal, mercado mais vantajoso e valor justo.** A Companhia ABC possui um ativo que é negociado em três diferentes mercados e ela está apta a operar apenas nos Mercados B e C. O Mercado C corresponde ao mercado que a empresa normalmente negocia. Volume, nível de atividade, preço e custos estão apresentados a seguir.

|  | Mercado A | Mercado B | Mercado C |
|---|---|---|---|
| Volume anual | 30.000 | 12.000 | 6.000 |
| Negociações por mês | 30 | 12 | 10 |
| Preço | 50 | 48 | 53 |
| Custos de transporte | (3) | (3) | (4) |
| Possível valor justo | 47 | 45 | 49 |
| Custo de transação | (1) | (2) | (1) |
| Rendimentos líquidos | 46 | 43 | 48 |

Com base nos dados disponibilizados, responda (e justifique):

a) Qual é o mercado principal?
b) Qual é o mercado mais vantajoso?
c) Qual é o valor justo do ativo?

2. **Letras do Tesouro Nacional.** Uma entidade comprou 5.000 títulos públicos pelo preço unitário de R$ 600, com vencimento em 758 dias úteis. No vencimento, cada título será resgatado pelo valor unitário de R$ 1.000. Em 31/12/2016, já se passaram 53 dias úteis desde a data da compra e os títulos estão negociados no mercado a uma taxa de juros de 13,7% a.a. Considerando a nova taxa, calcular o valor justo do instrumento financeiro.

**Dado adicional:**

Abaixo, segue a equação de precificação da LTN:

$$PU = \frac{1.000}{(1 + i_{merc})^{\frac{du}{252}}} = 698,24$$

Sendo:

**PU** = Preço unitário
$i_{merc}$ = taxa de mercado
**du** = dias úteis até o vencimento

3. O objetivo de mensuração a valor justo, como regra geral, é:

a) Definir preços, tanto para ativos como para passivos, com relação ao seu valor futuro, a partir de critério único e objetivo.
b) Definir preços, tanto para ativos como para passivos, com relação ao seu valor futuro, a partir de preços de cotação.
c) Estimar, na data da mensuração, o preço pelo qual um ativo pode ser vendido (ou um passivo pode ser transferido) no mercado principal, considerando-se uma transação ordenada entre participantes do mercado sob condições atuais de mercado.
d) Estimar preços a partir de uma transação hipotética no mercado mais vantajoso para vender o ativo (ou para transferir o passivo) entre participantes de mercado, na data da mensuração, sob condições atuais de mercado.

4. Julgue os itens abaixo como verdadeiros (V) ou falsos (F) e assinale a sequência **correta**.

I. A entidade deve mensurar o valor justo de um ativo ou passivo, utilizando as premissas que os participantes do mercado usariam ao precificar o ativo ou o passivo, presumindo-se que os participantes do mercado ajam em seu melhor interesse econômico.

II. A mensuração a valor justo está condicionada à existência de um preço de mercado diretamente observável em um mercado ativo.

III. O valor justo é definido como o preço que seria recebido pela venda de um ativo ou que seria pago pela transferência de um passivo em uma transação não forçada entre participantes do mercado na data de mensuração.

a) V, V, F.
b) V, F, V.
c) F, F, F.
d) V, V, V.

5. Assinale a alternativa **incorreta**:

a) Se a mensuração utilizar um dado não observável que resulte em um valor justo significativamente mais alto ou mais baixo, tal mensuração será classificada no Nível 3 da hierarquia de valor justo.
b) Dados não observáveis devem ser utilizados para mensurar o valor justo mesmo que dados observáveis relevantes estejam disponíveis.
c) Informações de Nível 1 são preços cotados sem qualquer ajuste em mercados ativos para ativos (ou passivos) idênticos a que a entidade tenha acesso na data de mensuração.
d) Devem ser classificados no Nível 2 os preços cotados ajustados por dados observáveis relevantes.

6. Analise as afirmativas a seguir e depois assinale a alternativa **correta** em relação ao que se fala acerca delas:

I. As técnicas de avaliação podem ser agrupadas em duas abordagens: de receita, que converte valores futuros em valores presentes, e de mercado, que utiliza preços e outras informações relevantes geradas em transações de mercado.

II. Uma mudança em uma técnica de avaliação ou em sua aplicação é apropriada se a mudança resultar em uma mensuração que seja igualmente ou mais representativa do valor justo.

III. Quando do ajuste de taxa de desconto, a taxa deve ser obtida a partir das taxas de retorno observadas para ativos ou passivos comparáveis que sejam negociados no mercado. Consequentemente, os fluxos de caixa contratuais, prometidos ou mais prováveis são descontados a uma taxa de retorno de mercado.

a) Somente a afirmativa I está incorreta.
b) Somente a afirmativa II está incorreta.
c) Somente a afirmativa III está incorreta.
d) Somente as afirmativas I e III estão incorretas.

7. Como o valor justo afeta as demonstrações financeiras?

a) As demonstrações financeiras têm uma linha específica para o valor justo de todos os itens assim mensurados.

b) O valor justo dos itens nunca afeta as demonstrações financeiras, tão somente é divulgado nas notas explicativas.

c) Se o valor justo aumenta, as demonstrações financeiras são ajustadas; se o valor justo cair, nada é alterado.

d) Se o valor justo de um item aumentar ou diminuir, isso pode alterar o valor do ativo e/ou do passivo nas demonstrações financeiras.

## 4.7 RESPOSTAS DOS EXERCÍCIOS

**1. Solução proposta**: O mercado principal é aquele que possui o maior volume ou nível de atividade. Entre as opções disponíveis, observa-se que o Mercado A é o mais ativo, logo, ele é o mercado principal.

O mercado mais vantajoso é aquele que maximiza o montante que seria recebido pelo ativo ou que minimiza o montante que seria pago pela transferência de um passivo. Para a sua apuração, consideramos o possível valor justo, descontado dos custos de transação e dos custos de transporte, o que equivale aos rendimentos líquidos apresentados na tabela. Sendo assim, o Mercado C é o que fornece o maior rendimento líquido entre as opções disponíveis.

Por fim, o valor justo deve ser obtido do mercado principal e, na sua ausência, do mercado mais vantajoso. Como na situação exposta é possível definir quem é o mercado principal, ele será priorizado. Portanto, o valor justo é R$ 47.

**2. Solução proposta**:

O valor justo da LTN é de:

$$PU = \frac{1.000}{(1 + 0,137)^{\frac{(758-53)}{252}}} = 698,24$$

Como foram adquiridos 5.000 títulos e cada um tem um valor justo correspondente a R$ 698,24, o valor justo total dos títulos é igual a:

**Valor justo total** = 698,24 × 5.000 = R$ 3.491.200

3. c

4. b

5. b

6. a

7. d

## 4.8 RECOMENDAÇÃO DE LEITURA

Aos interessados no aprofundamento dos conceitos e na mensuração do valor justo, recomendamos a leitura do livro *Contabilidade a valor justo: IFRS 13*, indicado nas referências.

Boa leitura!

## REFERÊNCIAS

BARRETO, E.; ALMEIDA, D. *Contabilidade a valor justo*: IFRS 13. São Paulo: Saint Paul Editora, 2012.

BANCO CENTRAL DO BRASIL. Circular BCB nº 3.068, de 08 de novembro de 2001. Estabelece critérios para registro e avaliação contábil de títulos e valores mobiliários. *Diário Oficial da União*: Brasília, 08 nov. 2001. Disponível em: https://www.bcb.gov.br/estabilidadefinanceira/exibenormativo?tipo=Circular&numero=3068. Acesso em: 15 maio 2023.

BANCO CENTRAL DO BRASIL. Circular BCB nº 3.082, de 30 de janeiro de 2002. Estabelece e consolida critérios para registro e avaliação contábil de instrumentos financeiros derivativos. *Diário Oficial da União*: Brasília, 30 jan. 2002. Disponível em: https://www.bcb.gov.br/estabilidadefinanceira/exibenormativo?tipo=Circular&numero=3082. Acesso em: 15 maio 2023.

BANCO CENTRAL DO BRASIL. Resolução BCB nº 120, de 27 de julho de 2021. Dispõe sobre os princípios gerais para reconhecimento, mensuração, escrituração e evidenciação contábeis pelas administradoras de consórcio e pelas instituições de pagamento autorizadas a funcionar pelo Banco Central do Brasil e sobre os procedimentos específicos para a aplicação desses princípios pelas instituições financeiras e demais instituições autorizadas a funcionar pelo Banco Central do Brasil. *Diário Oficial da União*: Brasília, 29 jul. 2021. Disponível em: https://www.bcb.gov.br/estabilidadefinanceira/exibenormativo?tipo=Resolu%C3%A7%C3%A3o%20BCB&numero=120. Acesso em: 15 maio 2023.

CONSELHO MONETÁRIO NACIONAL. Resolução CMN nº 4.748, de 02 de setembro de 2019. Dispõe sobre os critérios para a mensuração do valor justo de elementos patrimoniais e de resultado por instituições financeiras e demais instituições autorizadas a funcionar pelo Banco Central do Brasil. *Diário Oficial da União*: Brasília, 02 set. 2019. Disponível em: https://www.bcb.gov.br/estabilidadefinanceira/exibenormativo?tipo=Resolu%C3%A7%C3%A3o&numero=4748. Acesso em: 15 maio 2023.

CONSELHO MONETÁRIO NACIONAL. Resolução CMN nº 4.924, de 24 de junho de 2021. Dispõe sobre os princípios gerais para reconhecimento, mensuração, escrituração e evidenciação contábeis pelas instituições financeiras e demais instituições autorizadas a funcionar pelo Banco Central do Brasil. *Diário Oficial da União*: Brasília, 28 jun. 2021. Disponível em: https://www.bcb.gov.br/estabilidadefinanceira/exibenormativo?tipo=Resolu%C3%A7%C3%A3o%20CMN&numero=%204924. Acesso em: 15 maio 2023.

COMITÊ DE PRONUNCIAMENTOS CONTÁBEIS. Pronunciamento Técnico CPC 46. Mensuração do Valor Justo. Disponível em: http://static.cpc.aatb.com.br/Documentos/395_CPC_46_rev%2014.pdf. Acesso em: 15 maio 2023.

GELBCKE, E.; SANTOS, A.; IUDÍCIBUS, S.; MARTINS, E. *Manual de contabilidade societária*: aplicável a todas as sociedades. 3. ed. São Paulo: Atlas, 2018.

HENDRIKSEN, E.; VAN BREDA, M. F. *Teoria da contabilidade*. 8. ed. São Paulo: Atlas, 1999.

KEYNES, J. M. *A teoria geral do emprego, do juro e da moeda*. São Paulo: Atlas, 1982.

KPMG. First Impressions: Fair value measurement. 2011. Disponível em: https://assets.kpmg/content/dam/kpmg/pdf/2015/03/first-impressions-fair-value-measurement.pdf. Acesso em: 29 mar. 2022.

RICARDO, D. *Princípios de economia política e de tributação*. Lisboa: Fundação Calouste Gulbenkian, 2001.

SMITH, A. *A riqueza das nações*. São Paulo: Martins Fontes, 2003.

# 5

# DISPONIBILIDADES

Ivanice Teles Floret
Julio Cesar Zanini (revisor)
Giovanna do Nascimento Ferraz (revisora)

## 5.1 INTRODUÇÃO

Conforme estabelece o art. 178 da Lei nº 6.404/1976, conhecida como Lei das Sociedades Anônimas (S. A.), no Balanço Patrimonial, as contas que compõem o Ativo são apresentadas por ordem decrescente de grau de liquidez, ou seja, os recursos econômicos[1] mais líquidos são os primeiros elencados. Nesse sentido, em termos de classificação das contas, o art. 179 da referida Lei determina que o ativo circulante inicie sua apresentação pelas disponibilidades.

De acordo com o *Manual de contabilidade societária* (IUDÍCIBUS; MARTINS; GELBCKE; SANTOS, 2018), a intitulação de disponibilidades, dada pela Lei nº 6.404/1976, refere-se aos recursos com livre movimentação para utilização nas operações da empresa e para os quais não haja impedimento para uso imediato. Nesse conceito estão o dinheiro em caixa e em bancos (ou outras instituições, como instituições de pagamento, por exemplo), e as ordens de pagamento à vista (por exemplo, cheques) em mãos e em trânsito.

Ainda segundo o Manual, as normas internacionais abrangem a definição de disponibilidades e aplicações financeiras de curto prazo, de alta liquidez, no conceito de caixa e equivalentes de caixa, conforme dispõe o Pronunciamento Técnico CPC 03 (R2) – Demonstração dos Fluxos de Caixa, o qual foi aprovado pelo Conselho Monetário Nacional (CMN),[2] permitindo que as instituições supervisionadas pelo Banco Central do Brasil (BCB) utilizem as disposições daquela norma.

O Pronunciamento Técnico CPC 03 (R2) – Demonstração dos Fluxos de Caixa traz as seguintes definições em relação a caixa e equivalentes de caixa:

| Caixa | Equivalentes de Caixa |
|---|---|
|  |  |
| Compreende numerário em espécie e depósitos bancários disponíveis. | São aplicações financeiras de curto prazo, de alta liquidez, que são prontamente conversíveis em montante conhecido de caixa e que estão sujeitas a um insignificante risco de mudança de valor. |

---

[1] Recurso econômico é um direito que tem o potencial de produzir benefícios econômicos – Pronunciamento Técnico CPC 00 (R2) – Estrutura Conceitual para Relatório Financeiro. Item, 4.4.

[2] Por meio da Resolução CMN (Bacen) nº 4.818, de 29 de maio de 2020, as instituições financeiras e demais instituições autorizadas a funcionar pelo BCB devem observar o Pronunciamento Técnico CPC 03 (R2) – Demonstração dos Fluxos de Caixa, na elaboração e publicação de suas demonstrações.

Para o Pronunciamento Técnico CPC 03 (R2) – Demonstração dos Fluxos de Caixa, os equivalentes de caixa são mantidos com a finalidade única de atender a compromissos de caixa, que sejam de curto prazo, e não para investimento ou outros propósitos. Posto isso, um investimento pode ser considerado como equivalente de caixa desde que ele tenha conversibilidade imediata em montante conhecido de caixa e não possua risco significativo de mudança de valor. Por essa razão, os investimentos em instrumentos patrimoniais (ações e cotas) não fazem parte da definição de equivalentes de caixa, salvo se eles forem, substancialmente, equivalentes de caixa, como no caso de ações preferenciais resgatáveis com prazo definido de resgate, desde que esse prazo atenda à definição de curto prazo.[3]

Como exemplo de um investimento que atenda ao conceito de equivalentes de caixa, temos as aplicações em Certificados de Depósitos Bancários (CDB). Geralmente, essas aplicações não oferecem risco de liquidez significativo, possuem garantia do Fundo Garantidor de Créditos (FGC), e podem ser resgatadas em períodos inferiores a 90 dias após sua aplicação.

Particularmente, no caso das instituições financeiras e outras instituições supervisionadas pelo BCB, caixa e equivalentes de caixa são representados pelos seguintes exemplos de ativos:

- **Disponibilidades em moeda nacional**

Representado pelo caixa, ou seja, o dinheiro propriamente dito da própria instituição e dos seus clientes, composto do saldo de contas-correntes em bancos de livre movimentação.

- **Aplicações em depósitos interfinanceiros**

Aplicação entre instituições financeiras, geralmente de um dia. Trata-se de uma operação que se assemelha a um empréstimo, no qual uma instituição financeira que está com sobra de caixa transfere recursos financeiros para uma entidade que está com deficiência de caixa.

- **Aplicações em moeda estrangeira**

São os depósitos bancários em outros países, cujo valor em moeda estrangeira é convertido para moeda nacional, pela taxa cambial de compra corrente na data do balanço.

- **Aplicações em operações compromissadas – posição bancada**

Referem-se às aplicações de recursos próprios da instituição, em que há compra de um título com compromisso de revendê-lo futuramente. Essa operação é bastante conhecida como *Reverse Repo*.

Em termos de demonstrações contábeis, no Balanço Patrimonial, geralmente, temos a apresentação disposta no Quadro 5.1.

**Quadro 5.1** Abertura das contas contábeis mais líquidas da instituição

| Ativo |
|---|
| Ativo Circulante |
| Caixa e Equivalente de Caixa |
| **Disponibilidades** |
| **Aplicações em depósitos interfinanceiros** |
| **Aplicações em moeda estrangeira** |
| **Aplicações em operações compromissadas – posição bancada** |

A composição das disponibilidades estará detalhada nas notas explicativas. Nelas, a instituição informará a definição de caixa e equivalentes de caixa, os ativos que compõem o saldo total e o prazo dos investimentos.

## 5.2 DEMONSTRAÇÃO DOS FLUXOS DE CAIXA

Entre as demonstrações contábeis exigidas às instituições supervisionadas pelo BCB, está a Demonstração dos Fluxos de Caixa (DFC), a qual, segundo o Pronunciamento Técnico CPC 03 (R2) – Demonstração dos Fluxos de Caixa, tem a finalidade de demonstrar a capacidade que a entidade tem de gerar caixa e equivalentes de caixa, bem como as necessidades da entidade de utilização desses fluxos de caixa.

Na DFC, a instituição deve apresentar os fluxos de caixa do período classificados por atividades operacionais, de investimento e de financiamento.

Essa demonstração está explicada detalhadamente no Capítulo 37, que trata especificamente de DFC.

## 5.3 EXERCÍCIOS

1. Entre as opções a seguir, marque a correta em relação ao conceito de caixa e equivalentes de caixa:

---

[3] De acordo com o Pronunciamento Técnico CPC 03 (R2) – Demonstração dos Fluxos de Caixa, normalmente, aquele que seja conversível em montante de caixa em até três meses ou menos é considerado investimento de curto prazo, a contar da data da aquisição.

I.  Os equivalentes de caixa são mantidos com a finalidade única de atender a compromissos de caixa, que sejam de curto prazo, e não para investimento ou outros propósitos.

II. Um investimento é qualificado como equivalente de caixa, quando possui conversibilidade imediata em montante conhecido de caixa, bem como está sujeito a um insignificante risco de mudança de valor.

III. Ações preferenciais resgatáveis com prazo definido de resgate, desde que esse prazo atenda à definição de curto prazo, podem ser contemplados no conceito de equivalentes de caixa.

a) Apenas a alternativa I está correta.
b) Apenas a alternativa II está correta.
c) Apenas a alternativa III está correta.
d) Todas as alternativas estão corretas.
e) Todas as alternativas estão incorretas.

2. Marque a opção correta que melhor exemplifica os fluxos de caixa que decorrem das atividades operacionais de uma instituição supervisionada pelo BCB:

a) Aplicações interfinanceiras de liquidez, imobilizado e operações de crédito.
b) Aplicações interfinanceiras de liquidez, operações de crédito e dividendos e juros sobre o capital próprio pagos.
c) Aplicações interfinanceiras de liquidez, operações de crédito e captações no mercado aberto.
d) Operações de crédito, dividendos e juros sobre o capital próprio pagos e intangível.
e) Captações no mercado aberto, dividendos e juros sobre o capital próprio pagos e imobilizado.

3. Na elaboração e divulgação da Demonstração dos Fluxos de Caixa pelo método indireto, quais itens devem ser ajustados no lucro líquido das instituições supervisionadas pelo BCB?

I.  Títulos e Valores Mobiliários e Instrumentos Financeiros Derivativos.

II. Provisão para Créditos de Liquidação Duvidosa.
III. Itens que não afetam o caixa.

a) Apenas as alternativas I e II estão corretas.
b) Apenas as alternativas II e III estão corretas.
c) Apenas as alternativas I e III estão corretas.
d) Todas as alternativas estão corretas.
e) Todas as alternativas estão incorretas.

## 5.4 RESPOSTAS DOS EXERCÍCIOS

1. e
2. c
3. b

## REFERÊNCIAS

BRASIL. Lei nº 6.404, de 15 de dezembro de 1976. Dispõe sobre as Sociedades por Ações. *Diário Oficial da União*: Brasília, 17 dez. 1976. Disponível em: https://www.planalto.gov.br/ccivil_03/leis/l6404consol.htm#:~:text=LEI%20No%206.404%2C%20DE%2015%20DE%20DEZEMBRO%20DE%201976.&text=Disp%C3%B5e%20sobre%20as%20Sociedades%20por%20A%C3%A7%C3%B5es.&text=Art.%201%C2%BA%20A%20companhia%20ou,das%20a%C3%A7%C3%B5es%20subscritas%20ou%20adquiridas. Acesso em: 26 jun. 2023.

COMITÊ DE PRONUNCIAMENTOS CONTÁBEIS. Pronunciamento Técnico CPC 03 (R2) – Demonstração dos Fluxos de Caixa. Disponível em: https://s3.sa-east-1.amazonaws.com/static.cpc.aatb.com.br/Documentos/183_CPC_03_R2_rev%2014.pdf. Acesso em: 26 jun. 2023.

IUDÍCIBUS, S.; MARTINS, E.; GELBCKE, E. R.; SANTOS, A. *Manual de contabilidade societária*: aplicável a todas as sociedades: de acordo com as normas internacionais e do CPC. 2018. 3. ed. São Paulo: Atlas, 2018.

# 6

# OPERAÇÕES INTERFINANCEIRAS DE LIQUIDEZ

Joanília Neide de Sales Cia
Julio Cesar Zanini
Giovanna do Nascimento Ferraz

## 6.1 INTRODUÇÃO

De acordo com a Circular nº 1.273/1987 do Banco Central do Brasil (BCB), os Títulos de Renda Fixa, públicos ou privados, podem ser adquiridos pelas instituições financeiras com vários objetivos, passando a compor uma das seguintes carteiras da instituição:

- Alguns têm como objetivo de compor a sua carteira de títulos, permanecendo em estoque na carteira de títulos livres para negociação, considerados como da Carteira Própria Bancada.
- Outros são usados com o intuito de servir de lastro em operações compromissadas, objetivando a captação e/ou aplicação de recursos pelas instituições financeiras. As operações de captação de recursos se operacionalizam por meio da venda com compromisso de recompra, e as de aplicação se operacionalizam por meio da compra com compromisso de revenda. Essas operações compõem a Carteira Própria Financiada, Carteira de Terceiros Bancada ou Carteira de Terceiros Financiada.
- Outros ainda servem para suportar as Aplicações em Depósitos Interfinanceiros (CDI), que correspondem às aplicações em depósitos a prazo efetuadas em outras instituições do mercado financeiro.

Assim, os Títulos de Renda Fixa em poder das instituições financeiras apresentam as características do Quadro 6.1, de acordo com o tipo de operação e respectiva carteira.

**Quadro 6.1** Características dos títulos de renda fixa

| Objetivo | Tipo de operação | Carteira |
|---|---|---|
| Títulos em carteira | Títulos mantidos em estoque, com intuito de ser para negociação, disponível para venda ou mantido até o vencimento | Carteira Própria Bancada |
| Operações Interfinanceiras de Liquidez | Operações Compromissadas | Carteira Própria Financiada |
| | | Carteira de Terceiros Bancada |
| | | Carteira de Terceiros Financiada |
| | Depósitos Interfinanceiros | CDI |

As instituições financeiras estão autorizadas a transacionar recursos entre si, em caráter de empréstimos e aplicações, com o intuito de sanar suas necessidades de capital, que são as chamadas Operações Interfinanceiras de Liquidez. No mercado financeiro no Brasil, existem duas modalidades dessas operações interbancárias: as Operações Compromissadas e os Depósitos Interfinanceiros.

Os Depósitos Interfinanceiros são os depósitos a prazo fixo efetuados em instituições do mercado financeiro, com o intuito de atender à necessidade de liquidez entre essas instituições. Têm a mesma forma de avaliação e contabilização dos demais títulos de renda fixa em carteira. Pelo Padrão Contábil das Instituições Reguladas pelo Banco Central do Brasil (Cosif), as instituições têm a obrigação de controlar essas operações, identificando as características dos títulos e depositários, bem como conciliar os extratos fornecidos pela Central de Custódia e Liquidação Financeira de Títulos (CETIP), local de transação dessas operações.

Já as Operações Compromissadas têm uma contabilização diferenciada, e serão tratadas a seguir.

## 6.2 OPERAÇÕES COMPROMISSADAS

As Operações Compromissadas, reguladas pela Resolução BCB nº 3.339/2006, são operações de aplicação ou captação de recursos, em que pelo menos uma das partes contratantes deve ser uma instituição financeira. Devem ser registradas e liquidadas no Sistema Especial de Liquidação e de Custódia (Selic) ou em sistema de custódia e liquidação ou de compensação e liquidação de operações com títulos e valores mobiliários autorizado pelo BCB ou pela Comissão de Valores Mobiliários (CVM). Podem ser contratadas com taxa de juros prefixadas ou pós-fixadas. O referido normativo lista os títulos que podem ser objeto de operações compromissadas, entre os quais os principais são:

- Títulos de emissão do Tesouro Nacional ou do BCB.
- Certificados de Depósito Bancário (CDB).
- Letras de Crédito Imobiliário (LCI).
- Certificados de Recebíveis Imobiliários (CRI).
- Letras de Crédito do Agronegócio (LCA).
- Certificados de Recebíveis do Agronegócio (CRA).
- Letras Hipotecárias.
- Debêntures.
- Entre outros.

As aplicações em compromissadas operacionalizam-se por meio das compras de títulos de renda fixa com compromisso de revenda e as captações, por intermédio das vendas desses títulos com compromisso de recompra. Na essência, os títulos não passam a compor o ativo da entidade compradora, sendo apenas garantia (lastro), permitindo, assim, a troca de reservas, com risco mais baixo do que as demais operações do mercado.

Os títulos usados nas operações compromissadas de captação de recursos, vendidos com compromisso de recompra, compõem a Carteira Própria Financiada. São registrados no Cosif de Títulos e Valores Mobiliários e Instrumentos Financeiros Derivativos, na conta Vinculados a Operações Compromissadas – Títulos de Renda Fixa – Vinculados a Recompra.

Já nas operações compromissadas de aplicação de recursos, os títulos adquiridos com compromisso de revenda compõem a Carteira de Terceiros Bancada. Essa aplicação de recursos é registrada no Cosif de Aplicações Interfinanceiras de Liquidez, na conta Aplicações em Operações Compromissadas – Revendas a Liquidar – Posição Bancada.

Existem ainda operações que envolvem as duas transações na mesma instituição, ou seja, uma aplicação vinculada a uma captação. São compostas pelos títulos adquiridos com compromisso de revenda e que são repassados, isto é, vendidos com compromisso de recompra, os quais compõem a Carteira de Terceiros Financiada. São registrados no Cosif de Aplicações Interfinanceiras de Liquidez, na conta Aplicações em Operações Compromissadas – Revendas a Liquidar – Posição Financiada.

O Quadro 6.2 resume as contas usadas para se registrar as operações compromissadas.

Quadro 6.2  Tipos de operações compromissadas

| Tipo de operação compromissada | Carteira | Conta registrada |
|---|---|---|
| Captação – Venda com Compromisso de Recompra | Carteira Própria Financiada: é composta pelos títulos vendidos com compromisso de recompra não vinculados a revendas | Vinculados a Operações Compromissadas – Títulos de Renda Fixa – Vinculados a Recompra |
| Aplicação – Compra com Compromisso de Revenda | Carteira de Terceiros Bancada: é composta pelos títulos comprados com compromisso de revenda, e não repassados, ou seja, não vendidos com compromisso de recompra | Aplicações em Operações Compromissadas – Revendas a Liquidar – Posição Bancada |
| Aplicação Vinculada a Captação | Carteira de Terceiros Financiada: é composta pelos títulos adquiridos com compromisso de revenda e repassados, isto é, vendidos com compromisso de recompra, tratando-se, assim, de uma captação com lastro na carteira de terceiros | Aplicações em Operações Compromissadas – Revendas a Liquidar – Posição Financiada |

Nas operações compromissadas é admitida a livre movimentação dos títulos objeto de compromisso de revenda, contanto que essa possibilidade esteja prevista em contrato, e que envolva os títulos elencados pela Resolução BCB nº 3.339/2006. A livre movimentação permite ao comprador negociar os títulos durante o prazo do contrato, desde que no seu vencimento ele revenda títulos da mesma espécie ao vendedor. A Circular BCB nº 3.252/2004 estabelece os procedimentos para registro contábil de operações compromissadas com acordo de livre movimentação.

## 6.3 PROCESSO DE REGISTRO DAS OPERAÇÕES COMPROMISSADAS EM INSTITUIÇÕES FINANCEIRAS

De acordo com o Cosif, as contas apresentadas no Quadro 6.3 são utilizadas na contabilização de operações compromissadas.

No caso das operações compromissadas, existem eventos para contabilização no momento da contratação da operação, na apropriação de rendimentos (regime de competência) e na liquidação da operação.

Quadro 6.3  Contas utilizadas na contabilização de operações compromissadas

| Contas Patrimoniais ||
|---|---|
| ATIVO | PASSIVO |
| Disponibilidades (Reservas) | Obrigações por Operações Compromissadas – Recompras a Liquidar |
| TVM Livres | Carteira Própria |
| TVM Vinculados a Operações Compromissadas – Títulos de Renda Fixa –Vinculados a Recompras | Carteira Terceiros |
| Aplicações Interfinanceiras de Liquidez – Aplicações em Operações Compromissadas – Revendas a Liquidar – Posição Bancada / Posição Financiada | |
| Contas de Resultado ||
| Despesas de Captação – Despesas de Operações Compromissadas | Rendas de Aplicações Interfinanceiras de Liquidez – Rendas de Aplicações em Operações Compromissadas |

## Registro das Operações

### 1. Captação – venda com compromisso de recompra

- Lançamentos Contábeis (Quadro 6.4):

Quadro 6.4   Roteiro contábil da venda com compromisso de recompra

| Evento contábil | Conta debitada | Conta creditada |
|---|---|---|
| **CONTRATAÇÃO** | | |
| 1.1.a Contratação – Valor do principal | Disponibilidades (Reservas) | Obrigações por Operações Compromissadas – Recompras a Liquidar |
| 1.1.b Resultado a apropriar | Obrigações por Operações Compromissadas – Recompras a Liquidar – Despesa a Apropriar | Obrigações por Operações Compromissadas – Recompras a Liquidar |
| 1.2 Registro do Título | TVM Vinculados a Operações Compromissadas – Títulos de Renda Fixa – Vinculados a Recompras | TVM Livres |
| **APROPRIAÇÃO DOS RENDIMENTOS** | | |
| 1.3 Apropriação da despesa | Despesas de Operações Compromissadas | Obrigações por Operações Compromissadas – Recompras a Liquidar – Despesa a Apropriar |
| **LIQUIDAÇÃO** | | |
| 1.4 Liquidação | Obrigações por Operações Compromissadas – Recompras a Liquidar | Disponibilidades (Reservas) |
| 1.5 Baixa do título | TVM Livres | TVM Vinculados a Operações Compromissadas – Títulos de Renda Fixa – Vinculados a Recompras |

### Registro em razonetes:

São feitos os registros dos seguintes eventos contábeis:

CONTRATAÇÃO
1.1.a Contratação – Valor do principal
1.1.b Resultado a apropriar
1.2 Registro do Título

APROPRIAÇÃO DOS RENDIMENTOS
1.3 Apropriação da despesa

LIQUIDAÇÃO
1.4 Liquidação
1.5 Baixa do título

Disponibilidades

| D | C |
|---|---|
| 1.1.a | |
| | 1.4 |

Obrigações por Operações Compromissadas – Recompras a Liquidar – Carteira Própria

| D | C |
|---|---|
| | 1.1.a |
| 1.4 | 1.1.b |

|  TVM Livres  ||
| --- | --- |
| D | C |
|   | 1.2 |
| 1.5 |   |

| Obrigações por Operações Compromissadas – Recompras a Liquidar – Carteira Própria – Despesas a Apropriar ||
| --- | --- |
| D | C |
| 1.1.b |   |
| 1.3 |   |

| TVM – Vinculados a Operações Compromissadas ||
| --- | --- |
| D | C |
| 1.2 |   |
|   | 1.5 |

| Despesas de Operações Compromissadas ||
| --- | --- |
| D | C |
| 1.3 |   |

## 2. Aplicação – compra com compromisso de revenda

- Lançamentos Contábeis (Quadro 6.5):

Quadro 6.5  Roteiro contábil da compra com compromisso de revenda

| Evento contábil | Conta debitada | Conta creditada |
| --- | --- | --- |
| CONTRATAÇÃO |   |   |
| 2.1.a Contratação – valor de principal | Aplicações Interfinanceiras de Liquidez – Revendas a Liquidar – Posição Bancada | Disponibilidades (Reservas) |
| 2.1.b Resultado a apropriar | Aplicações Interfinanceiras de Liquidez – Revendas a Liquidar – Posição Bancada | Aplicações Interfinanceiras de Liquidez – Revendas a Liquidar – Posição Bancada – Rendas a Apropriar |
| APROPRIAÇÃO DOS RENDIMENTOS |   |   |
| 2.2 Apropriação da receita | Aplicações Interfinanceiras de Liquidez – Revendas a Liquidar – Posição Bancada – Rendas a Apropriar | Rendas de Aplicações em Operações Compromissadas |
| LIQUIDAÇÃO |   |   |
| 2.3 Liquidação | Disponibilidades (Reservas) | Aplicações Interfinanceiras de Liquidez – Revendas a Liquidar – Posição Bancada |

- **Registro nos razonetes:**

São feitos os registros dos seguintes eventos contábeis:

CONTRATAÇÃO

2.1.a Contratação

2.1.b Resultado a apropriar

APROPRIAÇÃO DOS RENDIMENTOS

2.2 Apropriação da receita

LIQUIDAÇÃO

2.3 Liquidação

### 1.1 Disponibilidades

| D | C |
|---|---|
|   | 2.1.a |
| 2.3 |   |

### 1.2 Aplicações Interfinanceiras de Liquidez – Revendas a Liquidar – Posição Bancada

| D | C |
|---|---|
| 2.1.a |   |
| 2.1.b |   |
|   | 2.3 |

### 1.2. Aplicações Interfinanceiras de Liquidez – Revendas a Liquidar – Posição Bancada – Rendas a Apropriar

| D | C |
|---|---|
| 2.2 | 2.1.b |

### 7.1.4.10 Rendas de Aplicações em Operações Compromissadas

| D | C |
|---|---|
|   | 2.2 |

Nas operações que envolvem uma aplicação vinculada a uma captação, os lançamentos 1 e 2 devem ser realizados simultaneamente. A diferença concentra-se na conta Aplicações Interfinanceira de Liquidez, cujo subtítulo deverá ser alterado para Posição Financiada.

• **Exemplo numérico**

O Banco BBBank realizou operações de compra e venda compromissadas de 1.000 LTNs, nas seguintes condições:

Data da Compra: 01/02/X6
Data da Venda: 01/02/X6
Data da Recompra: 02/02/X6
Data da Revenda: 02/02/X6
PU contábil:       902,50
PU da compra:      901,80
PU da venda:       902,10
PU da revenda:     902,80
PU da recompra:    902,80

Pede-se: Contabilizar as operações de captação e aplicação:

1. Operação de Captação (venda com compromisso de recompra):

| | | |
|---|---|---:|
| 1.1.a | Contratação | 902.100,00 |
| 1.1.b | Resultado a apropriar | 700,00 |
| 1.2 | Registro do título | 902.500,00 |
| 1.3 | Apropriação da despesa | 700,00 |
| 1.4 | Liquidação | 902.800,00 |
| 1.5 | Baixa do título | 902.500,00 |

2. Operação de Aplicação (compra com compromisso de revenda):

| | | |
|---|---|---:|
| 2.1.a | Contratação | 901.800,00 |
| 2.1.b | Resultado a apropriar | 1.000,00 |
| 2.2 | Apropriação da receita | 1.000,00 |
| 2.3 | Liquidação | 902.800,00 |

Lançamentos contábeis (Quadro 6.6):

Quadro 6.6    Roteiro contábil de um exemplo prático

| | Evento contábil | Conta debitada | Conta creditada | Valor |
|---|---|---|---|---|
| | **1. Operação de Captação (venda com compromisso de recompra):** | | | |
| | CONTRATAÇÃO | | | |
| 1.1.a | Contratação | Disponibilidades | Obrigações por Operações Compromissadas – Recompras a Liquidar – Carteira Própria | R$ 902.100,00 |
| 1.1.b | Resultado a apropriar | Obrigações por Operações Compromissadas – Recompras a Liquidar – Carteira Própria – Despesas a Apropriar | Obrigações por Operações Compromissadas – Recompras a Liquidar – Carteira Própria | R$ 700,00 |
| 1.2 | Registro do Título | TVM – Vinculados a Operações Compromissadas Títulos de Renda Fixa – Vinculados a Recompras | TVM Livres | R$ 902.500,00 |
| | APROPRIAÇÃO DOS RENDIMENTOS | | | |
| 1.3 | Apropriação da despesa | Despesas de Operações Compromissadas | Obrigações por Operações Compromissadas – Recompras a Liquidar – Carteira Própria – Despesas a Apropriar | R$ 700,00 |
| | LIQUIDAÇÃO | | | |
| 1.4 | Liquidação | Obrigações por Operações Compromissadas – Recompras a Liquidar – Carteira Própria | Disponibilidades | R$ 902.800,00 |
| 1.5 | Baixa do título | TVM Livres | TVM – Vinculados a Operações Compromissadas Títulos de Renda Fixa – Vinculados a Recompras | R$ 902.500,00 |

| | Evento contábil | Conta debitada | Conta creditada | Valor |
|---|---|---|---|---|
| | **2. Operação de Aplicação (compra com compromisso de revenda):** | | | |
| | CONTRATAÇÃO | | | |
| 2.1.a | Contratação | Aplicações Interfinanceiras de Liquidez – Revendas a Liquidar – Posição Bancada | Disponibilidades | R$ 901.800,00 |
| 2.1.b | Resultado a apropriar | Aplicações Interfinanceiras de Liquidez – Revendas a Liquidar – Posição Bancada | Aplicações Interfinanceiras de Liquidez – Revendas a Liquidar – Posição Bancada – Rendas a Apropriar | R$ 1.000,00 |
| | APROPRIAÇÃO DOS RENDIMENTOS | | | |
| 2.2 | Apropriação da receita | Aplicações Interfinanceiras de Liquidez – Revendas a Liquidar – Posição Bancada – Rendas a Apropriar | Rendas de Aplicações em Operações Compromissadas | R$ 1.000,00 |
| | LIQUIDAÇÃO | | | |
| 2.3 | Liquidação | Disponibilidades | Aplicações Interfinanceiras de Liquidez – Revendas a Liquidar – Posição Bancada | R$ 902.800,00 |

## ATIVO

| Conta: | Disponibilidades | |
|---|---|---|
| | D | C |
| 1.1.a | R$ 902.100,00 | |
| 1.4 | | R$ 902.800,00 |
| 2.1.a | | R$ 901.800,00 |
| 2.3 | R$ 902.800,00 | |

| Conta: | Aplicações Interfinanceiras de Liquidez – Revendas a Liquidar – Posição Bancada | |
|---|---|---|
| | D | C |
| 2.1.a | R$ 901.800,00 | |
| 2.1.b | R$ 1.000,00 | |
| 2.3 | | R$ 902.800,00 |

| Conta: | Aplicações Interfinanceiras de Liquidez – Revendas a Liquidar – Posição Bancada – Rendas a Apropriar | |
|---|---|---|
| | D | C |
| 2.1.b | | R$ 1.000,00 |
| 2.2 | R$ 1.000,00 | |

| Conta: | 1.3.1 TVM Livres | |
|---|---|---|
| | D | C |
| 1.2 | | R$ 902.500,00 |
| 1.5 | R$ 902.500,00 | |

| Conta: | TVM – Vinculados a Operações Compromissadas Títulos de Renda Fixa – Vinculados a Recompras | |
|---|---|---|
| | D | C |
| 1.2 | R$ 902.500,00 | |
| 1.5 | | R$ 902.500,00 |

## PASSIVO

| Conta: | Obrigações por Operações Compromissadas – Recompras a Liquidar – Carteira Própria | |
|---|---|---|
| | D | C |
| 1.1.a | | R$ 902.100,00 |
| 1.1.b | | R$ 700,00 |
| 1.4 | R$ 902.800,00 | |

| Conta: | Obrigações por Operações Compromissadas – Recompras a Liquidar – Carteira Própria – Despesas a Apropriar | |
|---|---|---|
| | D | C |
| 1.1.b | R$ 700,00 | |
| 1.3 | | R$ 700,00 |

## RESULTADO

| Conta: | 7.1.4.10 Rendas de Aplicações em Operações Compromissadas | |
|---|---|---|
| | D | C |
| 2.2 | | R$ 1.000,00 |

| Conta: | 8.1.1.50 Despesas de Operações Compromissadas | |
|---|---|---|
| | D | C |
| 1.3 | R$ 700,00 | |

| Resultado | R$ 300,00 |
|---|---|

## 6.4 EXERCÍCIOS

1. Sobre os títulos de renda fixa, é **incorreto** afirmar:

a) Classificam-se na conta Títulos de Renda Fixa livres tanto os títulos adquiridos em operações finais como aqueles adquiridos com compromisso de revenda.

b) Quando há Carteira Própria Financiada, isso significa que a instituição está captando recursos com lastros em títulos da sua carteira.

c) Os títulos devem ser registrados na contabilidade, no momento da aquisição, pelo valor efetivamente pago.

d) Se há saldo na rubrica Revendas a Liquidar-Posição Financiada, necessariamente deve haver saldo em Recompras a Liquidar-Carteira de Terceiros.

2. Numere a segunda coluna de acordo com a primeira:

| 1) Carteira Própria Bancada | Aplicação de recursos, ou seja, uma operação de **compra com compromisso de revenda** |
|---|---|
| 2) Carteira Própria Financiada | Captação de recursos, ou seja, uma operação de **venda com compromisso de recompra** |
| 3) Carteira de Terceiros Bancada | Títulos adquiridos **com compromisso de revenda** e repassados, isto é, **vendidos com compromisso de recompra** |
| 4) Carteira de Terceiros Financiada | Títulos que permanecem em estoque, livres para negociação, oriundos de **compras definitivas** |

A sequência **correta** é:

a) 3, 2, 4, 1.
b) 4, 3, 2, 1.
c) 1, 2, 3, 4.
d) 2, 3, 1, 4.
e) 2, 4, 1, 3.

3. Quando uma instituição financeira utiliza títulos da sua própria carteira como "lastro" para operações compromissadas (venda com compromisso de recompra), pode-se afirmar que essa é uma carteira:

a) Própria Financiada.
b) De Terceiros Financiada.
c) Própria Bancada.
d) De Terceiros Bancada.

4. As operações compromissadas são operações pactuadas a preços e prazos previamente estipulados, nas quais são assumidos compromissos de recompra e revenda pelos respectivos vendedor e comprador. Essas operações são muito utilizadas pelas instituições financeiras. Entre outras finalidades, elas podem ser utilizadas para:

a) Aplicação de recursos (**compra com compromisso de revenda**) e captação de recursos (**venda com compromisso de recompra**).

b) Aplicação de recursos (**compra com compromisso de revenda e venda com compromisso de recompra**).

c) Captação de recursos (**compra com compromisso de revenda e venda com compromisso de recompra**).

d) Captação de recursos (**compra com compromisso de recompra**) e aplicação de recursos (**venda com compromisso de revenda**).

5. Entre as operações realizadas entre instituições financeiras, estão as operações compromissadas, que representam empréstimos com lastro em títulos, por meio da venda de títulos com compromisso de recompra por parte de uma instituição e compra com compromisso de revenda, por parte da outra. O Banco A realizou duas operações compromissadas, em 16/03/2018, que geraram os seguintes lançamentos:

| 1 | Débito: | Disponibilidades |
|---|---|---|
|   | Débito: | Obrigações Por Operações Compromissadas/Despesas A Apropriar |
|   | Crédito: | Obrigações Por Operações Compromissadas |
| 2 | Débito: | Aplicações Interfinanceiras De Liquidez – Aplicações Em Operações Compromissadas |
|   | Crédito: | Aplicações Interfinanceiras De Liquidez – Aplicações Em Operações Compromissadas/Rendas A Apropriar |
|   | Crédito: | Disponibilidades |

As operações que geraram os lançamentos 1 e 2 foram, respectivamente:

a) Contratação de uma venda com compromisso de recompra e Contratação de uma compra com compromisso de revenda.

b) Contratação de uma compra com compromisso de revenda e Contratação de uma venda com compromisso de recompra.

c) Contratação de uma compra com compromisso de revenda e Liquidação de uma venda com compromisso de recompra.

d) Liquidação de uma compra com compromisso de revenda e Contratação de uma venda com compromisso de recompra.

e) Liquidação de uma venda com compromisso de recompra e Liquidação de uma compra com compromisso de revenda.

6. O Banco ABC efetuou uma operação de compra com compromisso de revenda, de 1.000 LTNs, aos seguintes valores:

| Preço Unitário (PU) de compra | R$ 850,00 |
|---|---|
| Preço Unitário (PU) de revenda | R$ 852,00 |

O registro da liquidação da operação descrita provocará:

a) Um aumento das Disponibilidades (ATIVO) em R$ 852.000,00 e uma redução de Revendas a Liquidar (ATIVO) em R$ 852.000,00.
b) Um aumento das Disponibilidades (ATIVO) em R$ 850.000,00 e uma redução de Revendas a Liquidar (ATIVO) em R$ 850.000,00.
c) Uma redução das Disponibilidades (ATIVO) em R$ 850.000,00 e um aumento de Revendas a Liquidar (ATIVO) em R$ 850.000,00.
d) Uma redução das Disponibilidades (ATIVO) em R$ 852.000,00 e um aumento de Revendas a Liquidar (ATIVO) em R$ 852.000,00.
e) Um aumento das Disponibilidades (ATIVO) em R$ 902.000,00 e uma redução de Títulos e Valores Mobiliários (ATIVO) em R$ 852.000,00.

## 6.5 RESPOSTAS DOS EXERCÍCIOS

1. a
2. a
3. a
4. a
5. a
6. a

# REFERÊNCIAS

BANCO CENTRAL DO BRASIL. COSIF: Padrão Contábil das Instituições Reguladas pelo Banco Central do Brasil. Disponível em: https://www3.bcb.gov.br/aplica/cosif. Acesso em: 15 maio 2023.

FILGUEIRAS, C. *Manual de contabilidade bancária*. Rio de Janeiro: Campus, 2006.

MODENA, J. L. *Contabilidade de instituições financeiras*. Curitiba: Intersaberes, 2020.

NIYAMA, J. K.; GOMES, O. L. A. *Contabilidade de instituições financeiras*. São Paulo: Atlas, 2009.

# 7
# OPERAÇÕES COM TÍTULOS E VALORES MOBILIÁRIOS

**Ivanice Teles Floret**
**Julio Cesar Zanini**
**Giovanna do Nascimento Ferraz**

## 7.1 INTRODUÇÃO

De acordo com a Lei nº 6.385, de 07 de dezembro de 1976, com redação alterada pela Lei nº 10.303, de 31 de outubro de 2001, são considerados valores mobiliários as ações, as debêntures, os bônus de subscrição, os certificados de depósito de valores mobiliários, as cédulas de debêntures, as cotas de fundos de investimento em valores mobiliários, além de quaisquer outros títulos ou contratos de investimento coletivo, que gerem direito de participação, de parceria ou de remuneração, inclusive resultante de prestação de serviços, cujos rendimentos advêm do esforço do empreendedor ou de terceiros.

Via de regra, os títulos e valores mobiliários, conhecidos como TVMs, são os títulos financeiros (também chamados de instrumentos financeiros) de renda fixa ou renda variável, os quais podem ser de propriedade (ações) ou de crédito (obrigações). Trata-se de instrumentos financeiros negociados diariamente no mercado financeiro, emitidos por entidades públicas, como o próprio governo, ou privadas, como empresas e instituições financeiras.

A seguir, alguns exemplos de TVMs:

- Emitidos pelo governo:
  Tesouro Selic
  Tesouro prefixado
  Tesouro IPCA

- Emitidos por empresas privadas:
  Ações de companhias abertas
  Ações de companhias fechadas
  Debêntures

- Emitidos por instituições financeiras:
  Certificados de Depósito Bancário (CDB)
  Cotas de fundos de investimento
  Ações

Atualmente, as instituições supervisionadas pelo Banco Central do Brasil (BCB) efetuam aplicações em TVMs seguindo as disposições da Circular nº 3.068, de 08 de novembro de 2001, cuja vigência encerra-se em 31 de dezembro de 2024. A partir de 1º de janeiro de 2025, entrarão em vigor as novas regulamentações de instrumentos financeiros, aplicáveis às instituições financeiras e demais instituições autorizadas a funcionar pelo BCB – Resolução CMN nº 4.966, de 25 de novembro de 2021, e aplicável às administradoras de consórcio e instituições de pagamento – Resolução BCB nº 219, de 30 de março de 2022.

Neste capítulo, abordaremos o critério contábil atual e o novo, a partir de 2025.

## 7.2 TRATAMENTO CONTÁBIL APLICÁVEL AOS TÍTULOS E VALORES MOBILIÁRIOS ATÉ 31/12/2024

A Circular nº 3.068, de 08 de novembro de 2001, estabelece os critérios para registro e avaliação contábil de TVMs. De acordo com essa norma, os TVMs adquiridos por instituições financeiras e demais entidades autorizadas a funcionar pelo BCB, exceto cooperativas de crédito, agências de fomento e sociedades de crédito ao microempreendedor, devem ser registrados pelo valor efetivamente pago, inclusive corretagens e emolumentos, e classificados nas seguintes categorias: (i) títulos para negociação; (ii) títulos disponíveis para venda; e (iii) títulos mantidos até o vencimento. Para a referida Circular, o registro contábil dos TVMs leva em consideração a intenção e a capacidade financeira da instituição.

A seguir, demonstraremos o respectivo tratamento de cada uma das categorias.

### 7.2.1 Classificação de títulos e valores mobiliários – títulos para negociação

Nessa categoria são registrados os títulos e os valores mobiliários adquiridos com o propósito de serem ativa e frequentemente negociados. Esses ativos devem ser ajustados pelo valor de mercado (ver Seção 7.3 – Marcação a Mercado de Títulos e Valores Mobiliários), sendo que os rendimentos auferidos devem impactar o resultado do período.

Um exemplo de títulos que, frequentemente, são adquiridos pelas instituições e classificados nessa categoria são ações de empresas privadas, listadas na bolsa de valores.

### 7.2.2 Classificação de títulos e valores mobiliários – títulos disponíveis para venda

Na categoria títulos disponíveis para venda, são registrados os TVMs que a instituição tenha intenção de vender. Esses ativos devem ser ajustados pelo valor de mercado (ver Seção 7.3 – Marcação a Mercado de TVM), sendo que os rendimentos auferidos devem impactar o resultado do período.

Também devem impactar o resultado do período as perdas de caráter permanente, sendo que o valor ajustado, decorrente do registro das referidas perdas, passa a constituir a nova base de custo. As referidas perdas podem ter o seu registro revertido, desde que por motivo justificado subsequente à razão que levou ao seu registro. Entretanto, a reversão fica limitada ao custo de aquisição, acrescida dos rendimentos auferidos.

### 7.2.3 Classificação de títulos e valores mobiliários – títulos mantidos até o vencimento

Os TVMs, exceto ações não resgatáveis, são registrados na categoria títulos mantidos até o vencimento, quando a instituição possui intenção e capacidade financeira de mantê-los em carteira até o vencimento. Esses ativos devem ser avaliados pelos respectivos custos de aquisição, sendo que os rendimentos auferidos devem impactar o resultado do período.

Assim como na categoria títulos disponíveis para venda, também devem impactar o resultado do período as perdas de caráter permanente, sendo que o valor ajustado, decorrente do registro das referidas perdas, passa a constituir a nova base de custo.

## 7.3 MARCAÇÃO A MERCADO DE TÍTULOS E VALORES MOBILIÁRIOS

Os TVMs registrados como títulos para negociação e como títulos disponíveis para venda devem ser ajustados pelo valor de mercado, pelo menos quando da elaboração dos balancetes e balanços. Esse processo é conhecido no mercado financeiro como MtM, ou *mark to market*, e consiste em atribuir a um ativo, no caso o TVM, seu valor de mercado atualizado.

Em termos de registro contábil, a atualização ao valor de mercado dos ativos classificados como títulos para negociação pode gerar tanto uma valorização (ganho) quanto uma desvalorização (perda), cuja contrapartida deve ser registrada no resultado do período, ou seja, em uma conta de receita ou despesa.

Os TVMs classificados como disponíveis para venda têm a contrapartida do MtM em uma conta destacada do patrimônio líquido, pelo valor líquido dos efeitos tributários. Quando da venda definitiva desses ativos, os ganhos ou perdas não realizados que foram registrados no patrimônio líquido devem ser transferidos para o resultado do período.

A metodologia para marcação a mercado de um ativo é de responsabilidade da instituição. O BCB exige que sua modelagem seja estabelecida com base em critérios consistentes e passíveis de verificação. Embora a instituição tenha a liberdade de definir o adequado modelo para apreçamento dos seus instrumentos financeiros avaliados pelo valor de mercado, o BCB estabelece alguns requisitos mínimos de ajustes prudenciais, os quais devem ser observados na referida modelagem. Nesse sentido, algumas normas ainda vigentes devem ser consultadas pelas instituições, como a Resolução BCB nº 4.277, de 31 de outubro de 2013, e a Resolução BCB nº 4.389, de 18 de dezembro de 2014.

## 7.4 RECLASSIFICAÇÃO DE TÍTULOS E VALORES MOBILIÁRIOS

Uma vez registrados nas respectivas categorias citadas anteriormente, os TVMs somente poderão ser reavaliados, ou seja, mudarem de categoria, quando da elaboração dos balanços semestrais. Para tanto, o BCB determina que a instituição leve em consideração a intenção e a capacidade financeira da instituição e efetue a reavaliação considerando o valor de mercado do título ou valor mobiliário.

No Quadro 7.1, são apresentados alguns procedimentos que devem ser seguidos quando da reavaliação de TVMs.

Particularmente, no caso de transferência da categoria títulos mantidos até o vencimento para as demais categorias, a mudança não pode ser usual ou mesmo recorrente e somente poderá acontecer por motivo isolado, não previsto, ocorrido após a data da classificação. De acordo com o BCB, a referida mudança de categoria não pode descaracterizar a intenção evidenciada pela instituição quando da classificação naquela categoria.

### 7.4.1 Exemplos de contabilização de títulos e valores mobiliários por tipo de categoria

Para simplificar, iremos desconsiderar eventos tributários neste e em outros exemplos.

Quadro 7.1  Procedimentos para reclassificação de TVM

| Categoria atual | Nova categoria | Procedimento a ser adotado |
|---|---|---|
| Títulos para negociação | Demais categorias | Permanência dos valores já computados no resultado decorrentes de ganhos ou perdas não realizados |
| Títulos disponíveis para venda | Títulos para negociação | Reconhecer, imediatamente, no resultado do período, os ganhos e perdas não realizados, registrados como componente destacado no patrimônio líquido |
| Títulos disponíveis para venda | Títulos mantidos até o vencimento | Reconhecer, no resultado do período, em função do prazo remanescente até o vencimento, os ganhos e perdas não realizados, registrados como componente destacado no patrimônio líquido |
| Títulos mantidos até o vencimento | Títulos para negociação | Reconhecer, imediatamente, no resultado do período, os ganhos e perdas não realizados |
| Títulos mantidos até o vencimento | Títulos disponíveis para venda | Reconhecer os ganhos e perdas não realizados como componente destacado no patrimônio líquido |

## TÍTULOS PARA NEGOCIAÇÃO

**Situação 1:** Considere uma aquisição de 100 ações de uma empresa de varejo ao custo total de R$ 10.000,00, a qual gerou dividendos de R$ 100,00. A marcação a mercado gerou uma valorização de R$ 200,00. Após determinado período, a instituição vendeu todas as ações pelo valor total de R$ 10.500,00.

A contabilização desses ativos é efetuada da seguinte forma:

AQUISIÇÃO
D – TVM – Instrumentos Financeiros                                      R$ 10.000,00
C – Caixa – Bancos                                                      R$ 10.000,00

REGISTRO EM CONTAS DE COMPENSAÇÃO DO PRINCIPAL
D – Títulos para negociação                                             R$ 10.000,00
C – TVMs classificados em categorias                                    R$ 10.000,00

RENDIMENTOS
D – TVM – Instrumentos Financeiros                                      R$      100,00
C – Receita com ganhos de TVM – Instrumentos Financeiros                R$      100,00

REGISTRO EM CONTAS DE COMPENSAÇÃO DOS RENDIMENTOS
D – Títulos para negociação                                             R$      100,00
C – TVMs classificados em categorias                                    R$      100,00

AJUSTE AO VALOR DE MERCADO NO RESULTADO
D – TVM – Instrumentos Financeiros                                      R$      200,00
C – Ajuste positivo de TVM – Instrumentos Financeiros                   R$      200,00

VENDA COM LUCRO
D – Caixa – Bancos                                                      R$ 10.500,00
C – TVM – Instrumentos Financeiros                                      R$ 10.300,00
C – Receita com ganhos de TVM – Instrumentos Financeiros                R$      200,00

ESTORNO DO REGISTRO EM CONTAS DE COMPENSAÇÃO
D – TVMs classificados em categorias                                    R$ 10.100,00
C – Títulos para negociação                                             R$ 10.100,00

**Situação 2:** Considere as mesmas informações da situação 1, porém com desvalorização de R$ 300,00 e que a venda ocorreu pelo valor total de R$ 9.000,00.

A contabilização desses ativos é efetuada da seguinte forma:

AQUISIÇÃO
D – TVM – Instrumentos Financeiros                                      R$ 10.000,00
C – Caixa – Bancos                                                      R$ 10.000,00

REGISTRO EM CONTAS DE COMPENSAÇÃO DO PRINCIPAL
D – Títulos para negociação                                             R$ 10.000,00
C – TVMs classificados em categorias                                    R$ 10.000,00

RENDIMENTOS
D – TVM – Instrumentos Financeiros                                      R$      100,00
C – Receita com ganhos de TVM – Instrumentos Financeiros                R$      100,00

REGISTRO EM CONTAS DE COMPENSAÇÃO DOS RENDIMENTOS
D – Títulos para negociação                                             R$      100,00
C – TVMs classificados em categorias                                    R$      100,00

**AJUSTE AO VALOR DE MERCADO NO RESULTADO**
D – Ajuste negativo de TVM – Instrumentos Financeiros     R$     300,00
C – TVM – Instrumentos Financeiros                         R$     300,00

**VENDA COM PREJUÍZO**
D – Caixa – Bancos                                         R$   9.000,00
D – Prejuízo com TVM – Instrumentos Financeiros            R$     800,00
C – TVM – Instrumentos Financeiros                         R$   9.800,00

**ESTORNO DO REGISTRO EM CONTAS DE COMPENSAÇÃO**
D – TVMs classificados em categorias                       R$ 10.100,00
C – Títulos para negociação                                R$ 10.100,00

Note que o ajuste da marcação a mercado positivo e negativo, assim como os rendimentos, foi registrado em contas específicas com impactos no resultado do período.

## TÍTULOS DISPONÍVEIS PARA VENDA

**Situação 1:** Considere uma aquisição de 100 ações de uma empresa de varejo ao custo total de R$ 10.000,00, a qual gerou dividendos de R$ 100,00. A marcação a mercado gerou uma valorização de R$ 200,00. Após determinado período, a instituição vendeu todas as ações pelo valor total de R$ 10.500,00.

A contabilização desses ativos é efetuada da seguinte forma:

**AQUISIÇÃO**
D – TVM – Instrumentos Financeiros                         R$ 10.000,00
C – Caixa – Bancos                                         R$ 10.000,00

**REGISTRO EM CONTAS DE COMPENSAÇÃO DO PRINCIPAL**
D – Títulos disponíveis para venda                         R$ 10.000,00
C – TVMs classificados em categorias                       R$ 10.000,00

**RENDIMENTOS**
D – TVM – Instrumentos Financeiros                         R$     100,00
C – Receita com ganhos de TVM – Instrumentos Financeiros   R$     100,00

**REGISTRO EM CONTAS DE COMPENSAÇÃO DOS RENDIMENTOS**
D – Títulos disponíveis para venda                         R$     100,00
C – TVMs classificados em categorias                       R$     100,00

**AJUSTE AO VALOR DE MERCADO NO PL**
D – TVM – Instrumentos Financeiros                         R$     200,00
C – Ajuste positivo de TVM – Instrumentos Financeiros – PL R$     200,00

**VENDA COM LUCRO**
D – Caixa – Bancos                                         R$ 10.500,00
C – TVM – Instrumentos Financeiros                         R$ 10.300,00
C – Receita com ganhos de TVM – Instrumentos Financeiros   R$     200,00

**TRANSFERÊNCIA DO AJUSTE AO VALOR DE MERCADO DO PL PARA O RESULTADO**
D – Ajuste positivo de TVM – Instrumentos Financeiros – PL         R$     200,00
C – Ajuste positivo de TVM – Instrumentos Financeiros – Resultado  R$     200,00

**ESTORNO DO REGISTRO EM CONTAS DE COMPENSAÇÃO**
D – TVMs classificados em categorias                       R$ 10.100,00
C – Títulos disponíveis para venda                         R$ 10.100,00

**Situação 2:** Considere as mesmas informações da situação 1, porém com desvalorização de R$ 300,00 e que a venda ocorreu pelo valor total de R$ 9.000,00.

A contabilização desses ativos é efetuada da seguinte forma:

AQUISIÇÃO
D – TVM – Instrumentos Financeiros    R$ 10.000,00
C – Caixa – Bancos    R$ 10.000,00

REGISTRO EM CONTAS DE COMPENSAÇÃO DO PRINCIPAL
D – Títulos disponíveis para venda    R$ 10.000,00
C – TVMs classificados em categorias    R$ 10.000,00

RENDIMENTOS
D – TVM – Instrumentos Financeiros    R$ 100,00
C – Receita com ganhos de TVM – Instrumentos Financeiros    R$ 100,00

REGISTRO EM CONTAS DE COMPENSAÇÃO DOS RENDIMENTOS
D – Títulos disponíveis para venda    R$ 100,00
C – TVMs classificados em categorias    R$ 100,00

AJUSTE AO VALOR DE MERCADO NO PL
D – Ajuste negativo de TVM – Instrumentos Financeiros – PL    R$ 300,00
C – TVM – Instrumentos Financeiros    R$ 300,00

VENDA COM PREJUÍZO
D – Caixa – Bancos    R$ 9.000,00
D – Prejuízo com TVM – Instrumentos Financeiros    R$ 800,00
C – TVM – Instrumentos Financeiros    R$ 9.800,00

TRANSFERÊNCIA DO AJUSTE AO VALOR DE MERCADO DO PL PARA O RESULTADO
D – Ajuste negativo de TVM – Instrumentos Financeiros – Resultado    R$ 300,00
C – Ajuste negativo de TVM – Instrumentos Financeiros – PL    R$ 300,00

ESTORNO DO REGISTRO EM CONTAS DE COMPENSAÇÃO
D – TVMs classificados em categorias    R$ 10.100,00
C – Títulos disponíveis para venda    R$ 10.100,00

Note que os ajustes das marcações a mercado positivo e negativo foram registrados no Patrimônio Líquido, sendo transferidos para o resultado, após a venda. Os rendimentos foram registrados em conta específica, com impacto no resultado do período.

## TÍTULOS MANTIDOS ATÉ O VENCIMENTO

**Situação 1:** Considere a aplicação de R$ 30.000,00 em uma debênture conversível em ação, com prazo de resgate de 30 dias, e cupom no valor de R$ 3.000,00.

A contabilização desses ativos é efetuada da seguinte forma:

APLICAÇÃO
D – Títulos Renda Fixa – Debêntures    R$ 30.000,00
C – Caixa – Bancos    R$ 30.000,00

REGISTRO EM CONTAS DE COMPENSAÇÃO DO PRINCIPAL
D – Títulos mantidos para venda    R$ 30.000,00
C – TVMs classificados em categorias    R$ 30.000,00

**RENDAS A APROPRIAR**
D – Títulos Renda Fixa – debêntures  R$ 3.000,00
C – Rendas a apropriar  R$ 3.000,00

**APROPRIAÇÃO DAS RENDAS – REGIME DE COMPETÊNCIA**
D – Rendas a apropriar  R$ 3.000,00
C – Receita de renda fixa – debêntures  R$ 3.000,00

**REGISTRO EM CONTAS DE COMPENSAÇÃO DOS RENDIMENTOS**
D – Títulos mantidos até o vencimento  R$ 3.000,00
C – TVMs classificados em categorias  R$ 3.000,00

**RECEBIMENTO DOS PAGAMENTOS E BAIXA DA OPERAÇÃO**
D – Caixa – Bancos  R$ 33.000,00
C – Títulos Renda Fixa – debêntures  R$ 33.000,00

**ESTORNO DO REGISTRO EM CONTAS DE COMPENSAÇÃO**
D – TVMs classificados em categorias  R$ 33.000,00
C – Títulos mantidos para venda  R$ 33.000,00

## 7.5 NOVO CRITÉRIO DE TRATAMENTO CONTÁBIL DE INSTRUMENTOS FINANCEIROS, A PARTIR DE 1º/01/2025

A Resolução CMN nº 4.966, de 25 de novembro de 2021, e a Resolução BCB nº 219, de 30 de março de 2022, fazem parte dos esforços originados pelo CMN e pelo BCB, para a convergência da regulação contábil aplicável ao Sistema Financeiro Nacional, com os padrões emanados do IASB, a partir da incorporação, pelo Cosif, dos preceitos da norma internacional IFRS 9 – *Financial Instruments*, incluindo novas regras sobre a classificação e mensuração de ativos financeiros, um novo conceito para apuração da redução no valor recuperável (*impairment*) e, por fim, novos princípios de contabilidade de *hedge*.

Com a adoção das referidas normas, a classificação dos ativos financeiros deve ser realizada com base no modelo de negócios da instituição para gestão daqueles ativos e nas características contratuais dos seus fluxos de caixa. Além disso, a classificação desses instrumentos financeiros deve passar por um teste de fluxos de caixa contratuais. Nesse sentido, as categorias de classificação são as apresentadas no Quadro 7.2.

**Quadro 7.2** Categorias de ativos financeiros a partir de 2025

| Categorias de classificação | Requisitos |
|---|---|
| Custo Amortizado | Os ativos financeiros são geridos em um modelo de negócio que tem o objetivo de receber os respectivos fluxos de caixa contratuais, os quais são constituídos somente em pagamento de principal e juros sobre o valor do principal, em datas especificadas |
| Valor Justo em Outros Resultados Abrangentes (VJORA) | Os ativos financeiros são geridos em um modelo de negócio que tem o objetivo de receber os respectivos fluxos de caixa contratuais e de vender esses ativos com transferência substancial de riscos e benefícios<br><br>Os fluxos de caixa contratuais do ativo devem ser constituídos somente em pagamento de principal e juros sobre o valor do principal, em datas especificadas |
| Valor Justo no Resultado (VJR) | Os demais ativos financeiros, não enquadrados nas duas categorias acima |

TVMs como CDB, por exemplo, possuem fluxos de caixa contratuais compostos por somente principal e juros. Nesse sentido, esses ativos podem ser classificados na categoria custo amortizado, se estiverem em um modelo de negócio que tenha tanto o objetivo de receber os fluxos, ou classificados como VJORA, se pertencerem a um modelo de negócio que tenha o objetivo de receber os fluxos de caixa contratuais como também o de vender esses ativos, com transferência substancial de riscos e benefícios.

TVMs como ações possuem fluxos de caixa que não são compostos somente por principal e juros. Por essa razão, são exemplos de ativos financeiros que devem ser classificados na categoria VJR.

De acordo com a nova regulamentação, os TVMs devem ser reconhecidos inicialmente na data de sua aquisição, originação ou emissão, pelo valor justo, salvo quando se tratar de recebíveis de contratos com clientes sem componente de financiamento significativo. Nesses casos, deve ser considerado o preço de transação.

Os instrumentos patrimoniais, como ações e similares, não possuem fluxos de caixa contratuais compostos por somente principal e juros. Por essa razão, esses instrumentos são classificados na categoria VJR. No entanto, o BCB permite que as instituições possam optar de forma irrevogável, no reconhecimento inicial, por designar os referidos instrumentos de outra entidade, na categoria VJORA. Os Capítulos 24, 25, 26, 27, 28 e 29 deste livro trazem mais detalhes sobre a Resolução CMN nº 4.966/2021 e a Resolução BCB nº 219/2022, porém, de forma mais genérica, sem o foco exclusivo nos TVM que estamos dando neste capítulo.

## 7.6 MENSURAÇÃO SUBSEQUENTE

A mensuração subsequente dos TVMs, classificados nas categorias VJR ou VJORA, consiste na avaliação desses instrumentos pelo valor justo, pelo menos, quando da elaboração dos balancetes e balanços. A instituição precisa adotar os procedimentos apresentados no Quadro 7.3.

É importante ainda que a instituição registre os ganhos ou as perdas com a valorização ou a desvalorização (MtM) de forma segregada da despesa de provisão para perdas associadas ao risco de crédito, quando for o caso. Além disso, os ganhos ou perdas não realizados registrados em outros resultados abrangentes devem ser transferidos, quando da baixa, total ou parcial, na proporção correspondente, para o resultado do período. Na situação em que a instituição registre ações e cotas de outra entidade, na categoria VJORA, os ganhos ou perdas não realizados registrados em outros resultados abrangentes devem ser transferidos para a conta representativa de lucros ou prejuízos acumulados.

## 7.7 CONTRATOS HÍBRIDOS

Contratos híbridos são contratos que possuem um componente principal não derivativo e pelo menos um derivativo embutido.

Entende-se por derivativo embutido o componente de contrato híbrido cujo efeito consiste em determinar que parte dos fluxos de caixa do instrumento combinado varie de forma similar a instrumento financeiro derivativo individual.

Um exemplo clássico de contrato híbrido é uma debênture conversível em quantidade fixa de ações. A debênture representa o componente principal não derivativo. As ações representam o ativo subjacente do derivativo embutido, que gera oscilações no fluxo de caixa contratual da debênture. São os fluxos de caixa dessas oscilações que variam em função das ações que representam um derivativo individual, que geralmente é uma opção comprada, mas, dependendo da lógica financeira do contrato, poderá representar outros tipos de derivativos, sendo um ou mais.

De acordo com o novo critério de tratamento contábil dos instrumentos financeiros, a partir de 2025, esses instrumentos financeiros, na condição de ativos financeiros, devem ser classificados e registrados de forma conjunta, ou seja, sem separar o derivativo

Quadro 7.3  Registro de variação no valor justo de instrumentos financeiros

| Categorias de classificação | Procedimentos |
|---|---|
| VJR | Registrar a valorização ou a desvalorização (MtM) em contrapartida à adequada conta de receita ou de despesa, no resultado do período |
| VJORA | Registrar a valorização ou a desvalorização (MtM) em contrapartida à adequada conta de outros resultados abrangentes, pelo valor líquido dos efeitos tributários |

embutido, como se constituíssem um único instrumento financeiro.

Cabe ressaltar que, considerando a existência do derivativo embutido, a composição dos fluxos de caixa dos contratos híbridos não atende somente ao conceito de pagamentos de principal e juros sobre o valor do principal. Por essa razão, a classificação dos contratos híbridos deve ser a de VJR. Isso quer dizer que todo o contrato deve ser marcado a mercado, com registro dos ajustes em conta específica do resultado.

## 7.8 RECLASSIFICAÇÃO DE TÍTULOS E VALORES MOBILIÁRIOS

A reclassificação de TVM somente é permitida quando houver alteração nos modelos de negócios da instituição. Nesse contexto, o BCB determina que a reclassificação aconteça de forma prospectiva, no primeiro dia do período subsequente de apuração de resultado contábil, ou seja, a instituição não poderá mudar os registros anteriores.

Na data da reclassificação, a instituição deve efetuar os procedimentos apresentados no Quadro 7.4.

## 7.9 EXERCÍCIOS

1. Dentre as opções a seguir, marque a correta em relação ao registro inicial dos TVMs, no novo tratamento contábil, a partir de 2025:

I. No novo critério contábil, inicialmente na data de sua aquisição, originação ou emissão, os TVMs devem ser contabilizados pelo valor justo, salvo quando se tratar de recebíveis de contratos com clientes sem componente de financiamento significativo.

II. São classificados na categoria custo amortizado os TVMs geridos em um modelo de negócio que tem o objetivo de receber os respectivos fluxos de caixa contratuais e esses fluxos de caixa contratuais são constituídos somente por principal e juros sobre o valor do principal.

III. Reclassificação dos TVMs, na condição de ativos financeiros, não é permitida no novo tratamento contábil, a partir de 2025.

a) Apenas as alternativas I e II estão corretas.
b) Apenas as alternativas II e III estão corretas.
c) Apenas as alternativas I e III estão corretas.
d) Todas as alternativas estão corretas.
e) Todas as alternativas estão erradas.

Quadro 7.4   Procedimentos para reclassificação de TVM a partir de 2025

| Categoria atual | Nova categoria | Procedimento a ser adotado |
| --- | --- | --- |
| Custo amortizado | VJR | Registrar a diferença entre o custo amortizado do instrumento financeiro e o valor justo na data da transferência como receita ou despesa, no resultado do período |
| Custo amortizado | VJORA | Registrar a diferença entre o custo amortizado do instrumento financeiro e o valor justo na data da transferência como componente destacado no patrimônio líquido, pelo valor líquido dos efeitos tributários |
| VJORA | VJR | Registrar, no resultado do período, os ganhos e perdas não realizados contabilizados como componente destacado no patrimônio líquido |
| VJORA | Custo amortizado | Eliminar ganhos e perdas não realizados contabilizados como componente destacado no patrimônio líquido, em contrapartida ao valor do ativo |
| VJR | Demais categorias | O valor justo do instrumento na data da reclassificação será considerado como o novo valor contábil bruto, a partir do qual serão apurados as rendas e os encargos |

2. Marque a opção correta que melhor justifica o tratamento para contratos híbridos, de acordo com as novas regras de tratamento contábil de instrumentos financeiros, a partir de 2025:

I. A composição dos fluxos de caixa dos contratos híbridos não atende somente ao conceito de pagamentos de principal e juros sobre o valor do principal.
II. A classificação dos contratos híbridos deve ser a de VJR.
III. A classificação e o registro dos contratos híbridos devem ser realizados sem separar o derivativo embutido.

a) Apenas as alternativas I e II estão corretas.
b) Apenas as alternativas II e III estão corretas.
c) Apenas as alternativas I e III estão corretas.
d) Todas as alternativas estão corretas.
e) Todas as alternativas estão erradas.

3. Marque a opção correta em relação aos requisitos das categorias de classificação dos TVMs, na condição de ativos financeiros, de acordo com as novas normas de instrumentos financeiros, válidas a partir de 2025.

a) Na categoria custo amortizado, classificam-se os ativos financeiros que são geridos em um modelo de negócio que tem o objetivo de receber os respectivos fluxos de caixa contratuais e de vender esses ativos com transferência substancial de riscos e benefícios.
b) Na categoria VJORA, classificam-se os ativos financeiros que são geridos em um modelo de negócio que tem o objetivo de receber os respectivos fluxos de caixa contratuais e esses fluxos de caixa contratuais são constituídos somente por principal e juros sobre o valor do principal.
c) Na categoria VJR, classificam-se os ativos financeiros que são geridos em um modelo de negócio que tem o objetivo de receber os respectivos fluxos de caixa contratuais e de vender esses ativos com transferência substancial de riscos e benefícios.
d) Na categoria custo amortizado, classificam-se os ativos financeiros que são geridos em um modelo de negócio que tem o objetivo de receber os respectivos fluxos de caixa contratuais e esses fluxos de caixa contratuais são constituídos somente por principal e juros sobre o valor do principal.
e) Na categoria VJORA, classificam-se os ativos financeiros que não são enquadrados nas categorias custo amortizado e VJR.

4. Marque a opção adequada que apresenta o tratamento correto dos instrumentos patrimoniais de outra entidade (ações e cotas), de acordo com as novas normas de instrumentos financeiros, válidas a partir de 2025.

a) Os instrumentos patrimoniais podem ser classificados na categoria custo amortizado, mesmo que não possuam fluxos de caixa contratuais compostos somente por principal e juros.
b) Os instrumentos patrimoniais podem ser classificados na categoria VJORA e, posteriormente, transferidos para a categoria VJR.
c) Os instrumentos patrimoniais somente devem ser classificados na categoria VJR.
d) Os instrumentos patrimoniais podem ser classificados na categoria VJORA, desde que seja de forma irrevogável, e no reconhecimento inicial.
e) Os instrumentos patrimoniais podem ser classificados na categoria VJORA, desde que seja de forma irrevogável, na mensuração subsequente.

## 7.10 RESPOSTAS DOS EXERCÍCIOS

1. a

**Justificativa**: A reclassificação de TVM somente é permitida quando houver alteração nos modelos de negócios da instituição.

2. d

**Justificativa**: pela existência do derivativo embutido no contrato, os fluxos de caixa dos contratos híbridos não atende somente ao conceito de pagamentos de principal e juros sobre o valor do principal. Por essa razão, a classificação e o registro dos contratos híbridos devem ser realizados sem separar o derivativo embutido, e a categoria adequada é a de VJR.

3. d

**Justificativa**: na categoria custo amortizado, devem ser classificados os ativos financeiros que são geridos em um modelo de negócio que tem o objetivo de receber os respectivos fluxos de caixa contratuais e esses fluxos de caixa contratuais são constituídos somente por principal e juros sobre o valor do principal.

4. d

**Justificativa**: instrumentos patrimoniais não possuem fluxos de caixa contratuais compostos somente por principal e juros, a classificação adequada deve ser a categoria VJR. Entretanto, a condição de registrar os instrumentos patrimoniais de outra entidade na categoria VJORA é permitida, pelo BCB, desde que seja de forma irrevogável, no reconhecimento inicial.

# REFERÊNCIAS

BANCO CENTRAL DO BRASIL. Resolução BCB nº 4.277, de 31 de outubro de 2013. Estabelece requisitos mínimos e ajustes prudenciais a serem observados no processo de apreçamento de instrumentos financeiros avaliados pelo valor de mercado. *Diário Oficial da União*: Brasília, 04 nov. 2013. Disponível em: https://www.bcb.gov.br/pre/normativos/res/2013/pdf/res_4277_v2_L.pdf. Acesso em: 26 jun. 2023.

BANCO CENTRAL DO BRASIL. Resolução BCB nº 4.389, de 18 de dezembro de 2014. Altera a Resolução BCB nº 4.277, de 31 de outubro de 2013, que estabelece procedimentos mínimos a serem observados no processo de apreçamento de instrumentos financeiros avaliados pelo valor de mercado. *Diário Oficial da União*: Brasília, 22 dez. 2014. Disponível em: https://normativos.bcb.gov.br/Lists/Normativos/Attachments/48606/Res_4389_v1_O.pdf. Acesso em: 26 jun. 2023.

BANCO CENTRAL DO BRASIL. Resolução CMN nº 4.966, de 25 de novembro de 2021. Dispõe sobre os conceitos e os critérios contábeis aplicáveis a instrumentos financeiros, bem como para a designação e o reconhecimento das relações de proteção (contabilidade de *hedge*) pelas instituições financeiras e demais instituições autorizadas a funcionar pelo Banco Central do Brasil. *Diário Oficial da União*: Brasília, 29 nov. 2021. Disponível em: https://www.bcb.gov.br/estabilidadefinanceira/exibenormativo?tipo=Resolu%C3%A7%C3%A3o%20CMN&numero=4966. Acesso em: 26 jun. 2023.

BANCO CENTRAL DO BRASIL. Circular nº 3068, de 08 de novembro de 2001. Estabelece critérios para registro e avaliação contábil de títulos e valores mobiliários. *Diário Oficial da União*: Brasília, 08 nov. 2001. Disponível em: https://www.bcb.gov.br/pre/normativos/circ/2001/pdf/circ_3068_v3_L.pdf. Acesso em: 26 jun. 2023.

BANCO CENTRAL DO BRASIL. Resolução BCB nº 219, de 30 de março de 2022. Dispõe sobre os conceitos e os critérios contábeis aplicáveis a instrumentos financeiros, bem como para a designação e o reconhecimento das relações de proteção (contabilidade de *hedge*) pelas administradoras de consórcio e pelas instituições de pagamento autorizadas a funcionar pelo Banco Central do Brasil. *Diário Oficial da União*: Brasília, 1º abr. 2022. Disponível em: https://www.bcb.gov.br/estabilidadefinanceira/exibenormativo?tipo=Resolu%C3%A7%C3%A3o%20BCB&numero=219. Acesso em: 26 jun. 2023.

# 8

# OPERAÇÕES DE ARRENDAMENTO MERCANTIL

**Maria Camila Baigorri**
**Uverlan Rodrigues Primo**
**Eric Barreto (revisor)**

## 8.1 INTRODUÇÃO

O Conselho Monetário Nacional (CMN) aprovou, em 2021, a Resolução CMN nº 4.975,[1] segundo a qual, a partir de 2025, as instituições financeiras e demais autorizadas a funcionar pelo Banco Central do Brasil (BCB) devem aplicar o Pronunciamento Técnico CPC 06 (R2) – Arrendamento Mercantil, equivalente ao IFRS 16 – *Leases*, para mensuração, reconhecimento e evidenciação das operações de arrendamento mercantil, na condição de arrendadora e de arrendatária.

Contudo, como a referida Resolução entrará em vigor somente em 2025, faz-se necessário entender o tratamento contábil das operações de arrendamento mercantil atualmente vigente no Padrão Contábil das Instituições Reguladas pelo Banco Central do Brasil (Cosif),[2] o qual é influenciado pela Lei nº 6.099, que estabelece tratamento tributário diferenciado para as operações de arrendamento mercantil.

Antes de entrarmos nos aspectos contábeis dessas operações, analisaremos brevemente algumas das suas características.

## 8.2 CONCEITO

A Lei nº 6.099, de 1974, prevê, no seu art. 1º, o seguinte conceito jurídico:

> Art. 1º O tratamento tributário das operações de arrendamento mercantil reger-se-á pelas disposições desta Lei.
> Parágrafo único. Considera-se arrendamento mercantil, para os efeitos desta Lei, o negócio jurídico realizado entre pessoa jurídica, na qualidade de arrendadora, e pessoa física ou jurídica, na qualidade de arrendatária, e que tenha por objeto o arrendamento de bens adquiridos pela arrendadora, segundo especificações da arrendatária e para uso próprio desta.

A partir dessa definição, podemos identificar alguns elementos importantes: o arrendador, entidade que cede o direito de uso do ativo subjacente em troca da contraprestação, e a arrendatária, que é a entidade que, mediante pagamento de contraprestação, obtém o direito de uso do ativo.

---

[1] A Resolução BCB nº 178, de 2022, replica os critérios da Resolução CMN nº 4.975, de 2021, para as instituições de pagamento e administradoras e consórcio.

[2] O principal normativo que trata do tema é a Circular nº 1.429, de 1989, contudo, existem comandos específicos esparsos em outras normas, a exemplo da Circular nº 1.273, de 1987.

Nas operações de arrendamento mercantil, sob a ótica legal, a propriedade do bem é da arrendadora, que cede o uso para a arrendatária, para que essa possa explorá-lo economicamente. Ao final do contrato, a arrendatária tem a opção de comprar o bem, devolvê-lo ou ainda renovar o contrato.

Do ponto de vista da arrendatária, a vantagem desse tipo de contrato é que ela pode usufruir dos benefícios econômicos do bem sem precisar possuí-lo. Já as arrendadoras têm como principal vantagem o tratamento tributário diferenciado para as operações de arrendamento mercantil que sejam realizadas por empresas que fizerem dessa operação o objeto principal de sua atividade ou por empresas que centralizarem tais operações em um departamento especializado com escrituração própria.

Ainda segundo o art. 7º dessa lei, cabe ao CMN disciplinar o tema, o que foi feito mediante uma série de normativos, recentemente consolidados na Resolução CMN nº 4.977, de 2021, que estabelece que as operações de arrendamento mercantil com tratamento tributário previsto na Lei nº 6.099, de 1974 são privativas:

a) das sociedades de arrendamento mercantil, constituídas na forma da Resolução CMN nº 4.976; e
b) dos bancos múltiplos com carteira de arrendamento mercantil que mantenham departamento técnico especializado no tema.

Assim, apesar de outras entidades poderem realizar operações de arrendamento mercantil, a exemplo dos próprios fabricantes, elas não se beneficiam do tratamento tributário diferenciado previsto na Lei nº 6.099. Como as arrendadoras sujeitas ao tratamento da Lei nº 6.099 são instituições autorizadas a funcionar pelo BCB, elas devem obedecer aos critérios contábeis definidos pelo CMN e pelo BCB.

Cabe destacar que o conceito previsto na legislação tributária está baseado na forma jurídica da operação. Da mesma forma, os critérios contábeis previstos pela regulamentação vigente aplicam-se aos contratos que, formalmente, sejam considerados arrendamento mercantil.

Contudo, com a vigência da Resolução CMN nº 4.975, de 2021, a forma jurídica da operação dará lugar à sua essência econômica. Assim, serão considerados arrendamento mercantil, sujeitas aos critérios de mensuração, reconhecimento e evidenciação contábeis previstos naquela Resolução, as operações que atenderem à definição da norma internacional, qual seja, "arredamento é contrato, ou parte de contrato, que transfere o direito de usar um ativo (ativo subjacente) por um período de tempo em troca de contraprestação" (CPC 06 (R2)).

Essa definição, apesar de não ser idêntica, assemelha-se àquela prevista na norma internacional que antecedeu o IFRS 16, o IAS 17, pela qual o "arrendamento mercantil é um acordo pelo qual o arrendador transmite ao arrendatário em troca de um pagamento ou série de pagamentos o direito de usar um ativo por um período de tempo acordado".

A princípio, essa definição parece ser genérica o suficiente para abranger contratos de aluguel e de prestação de serviço, contudo, apesar de a forma jurídica da operação não ser relevante para a definição de se o contrato é (ou contém) um arrendamento, o elemento essencial para identificar a existência de arrendamento é a transferência do direito de controlar o uso do ativo.

Para que haja controle sobre o uso do ativo, a entidade deve, durante o prazo do arrendamento:

a) obter substancialmente todos os benefícios econômicos do uso do bem (e não da propriedade do bem); e
b) ser capaz de direcionar o uso do bem.

Assim, para que o arrendatário controle o uso do bem, além de usufruir dos benefícios econômicos decorrentes do seu uso, ele deve ainda ter direitos que lhe confiram poder para influenciar a capacidade do uso do bem de gerar benefícios econômicos.

O direito de direcionar o uso do bem está relacionado à capacidade de definir como e com qual finalidade o ativo será utilizado. Caso esses elementos já tenham sido predeterminados, o usuário tem o direito de direcionar o uso se ele tem poder para operar o ativo ou se ele projetou o ativo, de forma que tenha influenciado como esses elementos foram predeterminados.

Digamos, por exemplo, que a entidade assinou um contrato para prestação de serviço de transporte de executivos. Pelo contrato, os automóveis são de uso exclusivo da entidade e cabe a ela contratar os motoristas. No exemplo dado, além de usufruir dos benefícios, a entidade tem poder para direcionar o uso do bem uma vez que é ela quem o opera, portanto, independentemente da forma jurídica, o contrato será considerado, para fins contábeis, como um arrendamento. Por outro lado, caso caiba à empresa prestadora do serviço contratar os motoristas, o contrato é de prestação de serviço.

Assim, como a regulamentação vigente está baseada em um critério formal, enquanto a norma internacional considera a essência econômica da operação, um dos impactos esperados na adoção da norma internacional pelas instituições financeiras e demais autorizadas a funcionar pelo BCB é o aumento do escopo das operações sujeitas aos critérios de reconhecimento e mensuração de arrendamento mercantil.

## 8.3 CLASSIFICAÇÃO

Antes de analisarmos os aspectos contábeis, vamos avaliar a forma de classificação dessas operações.

Segundo o IFRS 16, esses são alguns indicadores de que o arrendamento mercantil é do tipo financeiro:

a) o arrendamento transfere a propriedade do ativo subjacente ao arrendatário ao final do prazo do arrendamento;

b) o arrendatário tem a opção de comprar o ativo subjacente a preço que se espera que seja suficientemente mais baixo do que o valor justo na data em que a opção se tornar exercível, para que seja razoavelmente certo, na data de celebração do arrendamento, que a opção será exercida;

c) o prazo do arrendamento é equivalente à maior parte da vida econômica do ativo subjacente, mesmo se a propriedade não for transferida;

d) na data da celebração do arrendamento, o valor presente dos recebimentos do arrendamento equivale substancialmente à totalidade do valor justo do ativo subjacente; e

e) o ativo subjacente é de natureza tão especializada que somente o arrendatário pode usá-lo sem modificações importantes.

Essa definição é similar àquela prevista na Resolução CMN nº 4.977, de 2021, pela qual são classificadas como arrendamento do tipo operacional as operações em que:

a) as contraprestações a serem pagas pela arrendatária contemplem o custo de arrendamento do bem e os serviços inerentes à sua colocação à disposição da arrendatária, não podendo o valor presente dos pagamentos ultrapassar 90% (noventa por cento) do custo do bem arrendado;

b) o prazo efetivo do arrendamento mercantil seja inferior a 75% (setenta e cinco por cento) do prazo de vida útil econômica do bem arrendado;

c) o preço para o exercício da opção de compra seja o valor de mercado do bem arrendado;

d) o contrato não preveja pagamento de valor residual garantido;

e) o bem arrendado seja suficientemente genérico, de modo a possibilitar seu arrendamento subsequente a outra arrendatária sem modificações significativas; e

f) as perdas decorrentes do cancelamento do contrato após o período de cancelamento improvável não sejam suportadas substancialmente pela arrendatária.

Caso não seja classificado como operacional, o arrendamento é do tipo financeiro.

Apesar de não serem idênticos, o que esses critérios buscam identificar é se houve a transferência substancial dos riscos e benefícios da propriedade do ativo subjacente.

Do ponto de vista da essência da operação, quando há a transferência substancial dos riscos e benefícios do ativo objeto de arrendamento, a operação se assemelha a um financiamento, com a diferença de que a propriedade legal do bem somente é transferida ao final do contrato. Por outro lado, se não há essa transferência, a operação se assemelha a um contrato de aluguel.

No caso das operações de arrendamento mercantil financeiro, pode haver ainda a figura do Valor Residual Garantido (VRG), que corresponde a uma garantia dada pelo arrendatário ao arrendador. Caso ao final do contrato ele não exerça a opção de compra, o arrendador terá a garantia de que o bem será vendido, no mínimo, pelo valor residual contratado. Dessa forma, o arrendador tem uma garantia de retorno mínimo que o recompense pelo investimento feito.

Até 2004, o Superior Tribunal de Justiça (STJ) entendia que o pagamento do VRG somente poderia ocorrer ao final do contrato de arrendamento, caso contrário o contrato era considerado como de compra e venda. Esse entendimento decorria da interpretação até então feita por aquela corte de que, no caso de pagamento antecipado, o arrendatário não teria, ao final do contrato, outra opção que não a compra do bem, o que feriria o previsto no art. 5º da Lei nº 6.099, implicando a descaracterização do contrato de arrendamento mercantil, conforme previsto no art. 11 da mesma Lei.

Contudo, em 2004, aquela corte mudou seu entendimento ao considerar que, mesmo havendo antecipação do VRG, o arrendatário permanece com as três opções possíveis ao final do contrato: comprar o bem; renovar o contrato; ou devolver o bem. Isso porque, caso ao final do contrato o arrendatário não tenha interesse em comprar o bem, o VRG por ele antecipado poderá ser devolvido, a depender do preço pelo qual o bem for vendido a terceiro não arrendatário. Assim, foi editada a Súmula nº 293, segundo a qual a antecipação do VRG não implica necessariamente a opção de compra.

## 8.4 TRATAMENTO CONTÁBIL

### 8.4.1 Vigente

O tratamento explicado na sequência estará em vigor até 31 de dezembro de 2024. A partir de 1º de janeiro de 2025, entra em vigor a Resolução CMN nº 4.975/2021, portanto, valerá o conteúdo do CPC 06 (R2), explicado na Seção 8.4.2.2.

### 8.4.1.1 Arrendadora

Já vimos que o tratamento contábil vigente no Cosif é fortemente influenciado pelo tratamento tributário previsto na Lei nº 6.099, de 1974, que prevê, no seu art. 12, que a depreciação do bem objeto de arrendamento é admitida como custo das pessoas jurídicas arrendadoras. Para garantir esse benefício tributário, a própria lei prevê que o bem objeto de arrendamento deve ser registrado no ativo da arrendadora.

Em função desse dispositivo, a regulamentação vigente que dispõe sobre os critérios aplicáveis às arrendadoras para reconhecimento e mensuração das operações de arrendamento mercantil prevê que, independentemente da classificação da operação em arrendamento mercantil financeiro ou operacional, o bem deve ficar registrado no seu ativo, dentro de contas destacadas no ativo imobilizado, de acordo com a modalidade da operação.

Esses bens são reconhecidos inicialmente pelo preço de aquisição acrescido dos custos diretos iniciais para sua obtenção, a exemplo do custo de transporte e de seguro. Mensalmente, por ocasião da elaboração dos balancetes, as instituições devem reconhecer a depreciação do bem, conforme os critérios previstos na regulamentação vigente.

Segundo a Resolução CMN nº 4.924, de 24 de junho de 2021, as instituições devem ainda aplicar o Pronunciamento Técnico CPC 01 – Redução ao Valor Recuperável de Ativos para identificar se há evidências de redução ao valor recuperável desses ativos e, caso identificada, reconhecer a provisão para perda por redução ao valor recuperável, em contrapartida ao resultado. Segundo referido CPC, essa perda pode ser revertida até o limite da provisão para redução ao valor contábil do ativo reconhecida anteriormente.

Além do reconhecimento do bem objeto do arrendamento no seu ativo imobilizado, as arrendadoras devem reconhecer o valor das contraprestações a receber nas adequadas contas de ativo, em contrapartida a sua conta retificadora. Apesar de o efeito contábil desse registro no ativo ser nulo, o registro desses valores permite identificar a capacidade da geração de resultado futuro decorrente da atividade de arrendamento mercantil, seja financeiro, seja operacional.

Mensalmente, à medida que as receitas forem exigíveis, a instituição deve reconhecê-las, em contrapartida à conta que registra o valor das rendas a apropriar. Por ocasião do recebimento, a instituição reconhece a redução nos valores que tem a receber da arrendatária em contrapartida ao caixa.

---

**Exemplo 1**

O Banco ABC adquiriu um imóvel no valor de R$ 120.000 para realização de operação de arrendamento mercantil do tipo operacional, cujo prazo previsto no contrato é cinco anos, com uma contraprestação mensal de R$ 1.500:

**No reconhecimento inicial, devem ser realizados os seguintes lançamentos:**

**Reconhecimento do Bem:**

D 2.3.3.10.30-6 BENS ARRENDADOS – ARRENDAMENTO OPERACIONAL – IMÓVEIS R$ 120.000

C 1.1.1.10.00-6 CAIXA R$ 120.000

**Reconhecimento dos Valores a Receber**

D 1.7.2.10.00-3 ARRENDAMENTOS OPERACIONAIS A RECEBER – RECURSOS INTERNOS R$ 90.000

C 1.7.2.95.00-4 (–) RENDAS A APROPRIAR DE ARRENDAMENTOS OPERACIONAIS A RECEBER – RECURSOS INTERNOS

**Ao final do primeiro mês:**

**Reconhecimento Depreciação:**

D 8.1.3.20.10-1 (–) Depreciação de Bens Arrendados R$ 1.000

C 2.3.3.90.00-3 (–) DEPRECIAÇÃO ACUMULADA DE BENS DE ARRENDAMENTO OPERACIONAL R$ 1.000

**Reconhecimento da Receita**

D 1.7.2.95.00-4 (–) RENDAS A APROPRIAR DE ARRENDAMENTOS OPERACIONAIS A RECEBER – RECURSOS INTERNOS R$ 1.500

C 7.1.2.15.00-6 RENDAS DE ARRENDAMENTOS OPERACIONAIS – RECURSOS INTERNOS R$ 1.500

**Recebimento da Contraprestação**

D 1.1.1.10.00-6 CAIXA R$ 1.500

C 1.7.2.10.00-3 ARRENDAMENTOS OPERACIONAIS A RECEBER – RECURSOS INTERNOS R$ 1.500

---

### VALOR RESIDUAL GARANTIDO E AJUSTES

No caso das operações de arrendamento mercantil financeiro, pode haver ainda a figura do VRG, o qual pode ser pago no início do contrato, ao longo deste, ou, ainda, ao final do prazo do arrendamento.

No caso do pagamento antecipado, seja em uma só parcela ou parcelado ao longo do prazo do contrato, o VRG adiantado deve ser reconhecido na adequada conta do passivo. Caso o valor esteja incluído no valor das contraprestações, a instituição deve segregar a parcela da prestação que corresponde ao pagamento da contraprestação e a parcela que corresponde a antecipação do VRG.

Além do VRG, as operações de arrendamento mercantil financeiro possuem um ajuste adicional, de forma a refletir a mensuração de uma operação de crédito.

Vimos que, por influência da legislação tributária, a regulamentação aplicável às instituições financeiras determina que o bem objeto de arrendamento seja reconhecido no seu ativo e as rendas sejam reconhecidas no resultado de forma linear ao longo do prazo de arrendamento, de forma similar ao reconhecimento de um aluguel.

Contudo, as características das operações de arrendamento mercantil financeiro o assemelham, na essência econômica, às operações de crédito. Desse modo, a regulamentação prevê um ajuste no valor da carteira das operações de arrendamento mercantil financeiro de tal forma que ela seja mensurada pelo valor presente das contraprestações, como ocorre com as operações de crédito. Assim, a mensuração das operações de arrendamento mercantil financeiro passa a refletir a forma de mensuração de uma operação de crédito.

Esse ajuste consiste basicamente em comparar o valor contábil dos contratos de arrendamento mercantil financeiro ao valor presente das contraprestações a receber descontadas pela taxa interna de retorno. Caso esses valores sejam diferentes, é realizado o seguinte ajuste:

a) se o Valor Contábil for superior ao Valor Presente: é reconhecida uma insuficiência de depreciação;
b) se o Valor Contábil for inferior ao Valor Presente: é reconhecida uma superveniência de depreciação.

No cálculo do valor presente das contraprestações a receber, devem ser considerados todos os pagamentos e os recebimentos previstos ao longo do prazo contratual, incluindo o VRG, mesmo que recebido antecipadamente, ou, no caso de inexistência, o valor presente provável de realização do bem arrendado no final do contrato, deduzidos os custos de venda. Já o valor contábil dos contratos de arrendamento mercantil é apurado pela soma das seguintes rubricas contábeis do Cosif:

(+) ARRENDAMENTOS A RECEBER – RECURSOS INTERNOS

(+) ARRENDAMENTOS A RECEBER – RECURSOS EXTERNOS

(+) ARRENDAMENTOS A RECEBER EM ATRASO

(–) RENDAS A APROPRIAR DE ARRENDAMENTOS A RECEBER – RECURSOS INTERNOS

(–) RENDAS A APROPRIAR DE ARRENDAMENTOS A RECEBER – RECURSOS EXTERNOS

(+) SUBARRENDAMENTOS A RECEBER

(+) SUBARRENDAMENTOS A RECEBER EM ATRASO

(–) RENDAS A APROPRIAR DE SUBARRENDAMENTOS A RECEBER

(+) VALORES RESIDUAIS A REALIZAR

(–) VALORES RESIDUAIS A BALANCEAR

(+) CRÉDITOS DE ARRENDAMENTO EM LIQUIDAÇÃO

(–) RENDAS A APROPRIAR DE CRÉDITOS DE ARRENDAMENTO EM LIQUIDAÇÃO

(+) BENS ARRENDADOS

(–) VALOR A RECUPERAR

(–) DEPRECIAÇÃO ACUMULADA DE BENS ARRENDADOS

(+) BENS NÃO DE USO PRÓPRIO (relativos aos créditos de arrendamento mercantil em liquidação)

(+) PERDAS EM ARRENDAMENTOS A AMORTIZAR

(–) AMORTIZAÇÃO ACUMULADA DO DIFERIDO

Perceba que a lógica desse ajuste é fazer com que as operações de arrendamento mercantil financeiro sejam mensuradas tal como uma operação de crédito. Note que, conforme visto anteriormente, a provisão para perdas dessas operações é calculada com base no valor presente das contraprestações a receber.

A lógica das contas de insuficiência e superveniência de depreciação é realizar um ajuste no valor contábil do bem por meio de um mecanismo que se assemelha ao reconhecimento da depreciação do bem. A insuficiência funciona como um complemento da depreciação, de forma a reduzir ainda mais o valor contábil do bem, enquanto a superveniência é uma espécie de estorno da depreciação, cujo efeito é aumentar o valor contábil do bem.

Assim, por mais que o registro das operações de arrendamento mercantil financeiro seja feito de forma similar a um aluguel, por meio desse ajuste sua mensuração passa a refletir o valor de uma operação de crédito, tendo em vista esta ser a essência da operação.

A Resolução BCB nº 2, de 2020, prevê, inclusive, que, para fins de divulgação das demonstrações financeiras, as operações de arrendamento mercantil do tipo financeiro sejam apresentadas pelo valor presente dos montantes totais a receber previstos em contrato líquido da provisão para perdas esperadas associadas ao risco de crédito.

## PROVISIONAMENTO

Os valores a receber das operações de arrendamento mercantil estão sujeitos ainda às regras de classificação por risco de crédito e constituição de provisão para perdas previstas na Resolução CMN nº 2.682, de 1999. Segundo a Resolução CMN nº 2.682, no reconhecimento inicial, a operação deve ser classificada de AA a H, de acordo com as características da operação e do tomador. Em função dessa classificação, deve ser constituída provisão mínima para fazer frente ao risco de crédito da operação. Além da constituição da provisão, as operações de arrendamento mercantil devem ser registradas em contas de compensação, conforme o nível de risco da operação.

Para as operações de arrendamento mercantil operacional, a provisão somente é constituída sobre o valor das parcelas vencidas, enquanto, para as operações de arrendamento mercantil financeiro, a provisão é calculada sobre o valor presente das contraprestações a receber, descontadas pela taxa interna de retorno de cada contrato.

### Exemplo 2

A Banco Alfa realizou uma operação de arrendamento mercantil com as seguintes características:

Valor do Bem: R$ 200.000

Depreciação: 10 anos

Valor das Contraprestações: R$ 2.500

Prazo: 8 anos

Taxa interna do contrato: 0,168%

VRG pago ao final: R$ 5.000

Classificação da operação: A (0,5%)

**No reconhecimento inicial:**
**Reconhecimento do Bem**

D 2.3.2.10.30-3 BENS ARRENDADOS – ARRENDAMENTO FINANCEIRO – Imóveis R$ 200.000

C 1.1.1.10.00-6 CAIXA R$ 200.000

**Reconhecimento das Contraprestações a Receber**

D 1.7.1.10.00-0 ARRENDAMENTOS FINANCEIROS A RECEBER – RECURSOS INTERNOS R$ 240.000

C 1.7.1.95.00-1 (–) RENDAS A APROPRIAR DE ARRENDAMENTOS FINANCEIROS A RECEBER – RECURSOS INTERNOS R$ 240.000

**Reconhecimento do Valor Residual**

D 1.7.5.10.00-2 VALORES RESIDUAIS A REALIZAR R$ 5.000

C 1.7.5.95.00-3 (–) VALORES RESIDUAIS A BALANCEAR R$ 5.000

**Reconhecimento da Provisão:**

D 8.1.8.30.40-2 DESPESAS DE PROVISÕES (–) Provisões Para Arrendamento Mercantil R$ 1.000

C 1.7.9.30.00-8 (–) PROVISÃO PARA ARRENDAMENTOS FINANCEIROS R$ 1.000

**Classificação da Operação por Nível de Risco:**

D 3.1.2.20.00-0 OPERAÇÕES DE ARRENDAMENTO MERCANTIL NÍVEL A R$ 201.667,55

C 9.1.1.10.00-2 CARTEIRA DE CRÉDITOS CLASSIFICADOS R$ 201.667,55

**Ao final do primeiro mês:**
**Reconhecimento da Receita**

D 1.7.1.95.00-1 (–) RENDAS A APROPRIAR DE ARRENDAMENTOS FINANCEIROS A RECEBER – RECURSOS INTERNOS R$ 2.500

C 7.1.2.10.00-1 RENDAS DE ARRENDAMENTOS FINANCEIROS – RECURSOS INTERNO R$ 2.500

**Recebimento da Contraprestação**

D 1.1.1.10.00-6 CAIXA R$ 2.500

C 1.7.1.10.00-0 ARRENDAMENTOS FINANCEIROS A RECEBER – RECURSOS INTERNOS R$ 2.500

**Reconhecimento da Despesa de Depreciação**

D 8.1.3.10.10-4 (–) DESPESAS DE ARRENDAMENTOS FINANCEIROS (–) DEPRECIAÇÃO DE BENS ARRENDADOS R$ 1.666,67

C 2.3.2.90.00-0 (–) DEPRECIAÇÃO ACUMULADA DE BENS DE ARRENDAMENTO FINANCEIRO R$ 1.666,67

**Ajuste Valor da Carteira:**

Valor Presente a Receber = R$ 201.667,55

Valor Presente das Contraprestações = R$ 196.687,94

Valor Presente do VRG = R$ 4.979,62

Valor Contábil do Arrendamento = R$ 198.333,33

(+) ARRENDAMENTOS A RECEBER – RECURSOS INTERNOS = R$ 237.500

(–) RENDAS A APROPRIAR DE ARRENDAMENTOS A RECEBER – RECURSOS INTERNOS = R$ 237.500

(+) VALORES RESIDUAIS A REALIZAR = R$ 5.000

(–) VALORES RESIDUAIS A BALANCEAR = R$ 5.000

(+) BENS ARRENDADOS = R$ 200.000

(–) DEPRECIAÇÃO ACUMULADA DE BENS ARRENDADOS = R$ 1.666,67

Como o valor contábil e o valor presente das contraprestações a receber são diferentes, o valor contábil deve ser ajustado em R$ 3.334,22 (R$ 201.667,55 – R$ 198.333,33) para refletir o valor presente, mediante uma superveniência de depreciação.

D 2.3.2.30.00-8 SUPERVENIÊNCIAS DE DEPRECIAÇÕES R$ 3.334,22

C 7.1.2.10.00-1 RENDAS DE ARRENDAMENTOS FINANCEIROS – RECURSOS INTERNOS R$ 3.334,22

Até agora, vimos quais são os critérios aplicáveis às operações de arrendamento mercantil durante o prazo de arrendamento. Veremos agora como essas operações são tratadas por ocasião do encerramento do contrato.

Como vimos anteriormente, ao final do contrato, independentemente da classificação da operação, a arrendatária poderá comprar o bem, devolvê-lo ou renovar o contrato. No caso das operações de arrendamento mercantil do tipo financeiro, a instituição deve avaliar ainda o tratamento adequado a eventual VRG.

No caso de compra pela arrendatária, esta deve ser feita pelo valor da opção de compra definida no contrato. Eventual diferença entre esse valor e o valor contábil do bem deve ser reconhecida no resultado, no caso de ganho, ou no ativo, no caso de perda. Nesse caso, a perda é diferida no resultado no prazo de vida útil remanescente dos bens arrendados.

Caso tenha ocorrido antecipação do VRG, este é deduzido do valor da opção de compra. Não tendo sido antecipado, esse valor não se faz necessário, uma vez que ele busca justamente garantir que o bem será vendido por um valor mínimo, no caso de não exercício de opção de compra pela arrendatária.

### Exemplo 3

Vamos imaginar que, no exemplo 1, ao final do contrato a arrendatária opte por comprar o bem. Como vimos na classificação das operações de arrendamento, uma das condições para que o arrendamento seja considerado operacional é que o valor do exercício de compra do bem seja pelo seu valor de mercado.

Suponhamos ainda que, ao final dos cinco anos, o valor de mercado do imóvel é R$ 65.000, enquanto seu valor residual é R$ 60.000.

Nesse caso, a arrendadora deve reconhecer, no resultado, o lucro com a venda do imóvel da seguinte forma:

D 2.3.3.90.00-3 (–) DEPRECIAÇÃO ACUMULADA DE BENS DE ARRENDAMENTO OPERACIONAL R$ 60.000

D 1.1.1.10.00-6 CAIXA R$ 65.000

C 2.3.3.10.30-6 BENS ARRENDADOS – ARRENDAMENTO OPERACIONAL – Imóveis R$ 120.000

C 7.1.2.60.00-6 LUCROS NA ALIENAÇÃO DE BENS ARRENDADOS R$ 5.000

Por outro lado, caso o valor de mercado fosse R$ 58.000, portanto abaixo do valor residual, os lançamentos seriam:

D 2.3.3.90.00-3 (–) DEPRECIAÇÃO ACUMULADA DE BENS DE ARRENDAMENTO OPERACIONAL R$ 60.000

D 1.1.1.10.00-6 CAIXA R$ 58.000

D 2.3.8.10.00-2 PERDAS EM ARRENDAMENTOS A AMORTIZAR R$ 2.000

C 2.3.3.10.30-6 BENS ARRENDADOS – ARRENDAMENTO OPERACIONAL – Imóveis R$ 120.000

Se, por outro lado, o arrendatário não optar pela compra do bem, ele deve devolvê-lo à arrendadora, para que esta arrende referido bem para terceiros ou venda-o. Na primeira hipótese, o bem permanece registrado no imobilizado de arrendamento, na segunda ele deve ser reclassificado para as contas do ativo circulante e realizável a longo prazo, conforme prazo no qual a instituição espera vender o bem, que registram os ativos não financeiros mantidos para venda.

Segundo a Resolução CMN nº 4.747, na data da reclassificação, esses ativos devem ser mensurados pelo menor valor entre o valor contábil do bem, líquido da depreciação acumulada e de provisão para perdas por redução ao valor recuperável do bem, e o valor justo, líquido de despesas de vendas.

Após essa classificação, o ativo não está mais sujeito ao reconhecimento de amortização. Contudo, a fim de garantir que ele não esteja reconhecido por valor acima do seu valor recuperável, a instituição deve reavaliá-lo anualmente e sempre que houver evidências da redução do valor justo do bem. Uma eventual redução no valor justo do ativo deve ser reconhecida no resultado, sendo que uma eventual reversão somente pode ser reconhecida até o limite das perdas reconhecidas anteriormente, de forma a evitar que haja a reavaliação do ativo.

Por ocasião da venda do bem, a diferença entre o seu valor contábil e o seu preço de venda deve ser reconhecida no resultado.

Veja que, nesse caso, a arrendadora deve avaliar se o VRG pode ser apropriado como receita, mediante sua comparação com o preço de venda do bem. Se o valor de venda do bem for igual ou superior ao VRG, este será totalmente devolvido à arrendatária; por outro lado, se ele for vendido por valor inferior ao VRG, a arrendadora se apropriará somente da diferença entre o valor de venda e o VRG, devolvendo o restante ao arrendatário.

### Exemplo 4

Vamos utilizar o exemplo 2 para avaliarmos como ficariam os lançamentos contábeis caso, ao final do contrato, a arrendatária decidisse devolver o bem. Considere que o valor residual do bem ao final do contrato é R$ 40.000

**Ao final do contrato:**
**Transferência do bem**

D 2.3.2.10.30-3 BENS ARRENDADOS – ARRENDAMENTO FINANCEIRO – Imóveis R$ 200.000

D 2.3.2.90.00-0 (–) DEPRECIAÇÃO ACUMULADA DE BENS DE ARRENDAMENTO FINANCEIRO R$ 160.000

C 1.9.8.70.00-1 ATIVOS NÃO FINANCEIROS MANTIDOS PARA VENDA – PRÓPRIOS R$ 40.000

**Recebimento do VRG**

D 1.1.1.10.00-6 Caixa R$ 5.000

C 1.7.5.10.00-2 VALORES RESIDUAIS A REALIZAR R$ 5.000

**Venda do bem:**

Como o bem foi vendido por um valor superior ao VRG, a instituição deve devolvê-lo à arrendatária.

**Devolução VRG**

D 1.7.5.95.00-3 (–) VALORES RESIDUAIS A BALANCEAR R$ 5.000

C 4.9.9.92.00-7 CREDORES DIVERSOS – PAÍS R$ 5.000

**Reconhecimento do Ganho:**

D 1.1.1.10.00-6 Caixa 50.000

C 1.9.8.70.00-1 ATIVOS NÃO FINANCEIROS MANTIDOS PARA VENDA – PRÓPRIOS 40.000

C 7.3.1.50.00-4 LUCROS NA ALIENAÇÃO DE VALORES E BENS R$ 10.000

Por outro lado, se o valor da venda for inferior ao VRG, a instituição deveria apropriar o VRG (ou parte dele) e reconhecer como ganho ou perda a diferença entre o valor residual e o VRG.

### 8.4.1.2 Arrendatária

Já vimos que, em função da influência da regulamentação tributária, o registro contábil das operações de arrendamento mercantil pelas arrendadoras é similar a uma operação de aluguel, havendo, no caso do arrendamento financeiro, um ajuste de forma que a mensuração da operação reflita uma operação de crédito.

No caso das arrendatárias, o tratamento contábil também é similar a um aluguel. Assim, mensalmente, a instituição reconhece, independentemente da classificação do arrendamento em mercantil ou operacional, a despesa de arrendamento quando esta for exigível.

Adicionalmente, as instituições financeiras arrendatárias devem registrar, em contas de compensação, o montante devido em contratos de arrendamentos por elas celebrados.

### Exemplo 5

A Cooperativa de Crédito "Todos Juntos", na condição de arrendatária, arrendou um veículo, cuja contraprestação é R$ 1.000, pelo prazo de três anos.

**Reconhecimento inicial:**

D 3.0.8.50.00-0 CONTRATOS DE ARRENDAMENTO R$ 36.000

C 9.0.8.50.00-2 RESPONSABILIDADES POR CONTRATOS DE ARRENDAMENTO R$ 36.000

**Ao final do mês:**
**Pelo reconhecimento da despesa**

D 8.1.7.09.00-7 (–) DESPESAS DE ARRENDAMENTO DE BENS R$ 1.000

C 1.1.1.10.00-6 Caixa ou CREDORES DIVERSOS – PAÍS R$ 1.000

**Pelo pagamento da contraprestação:**

D 9.0.8.50.00-2 RESPONSABILIDADES POR CONTRATOS DE ARRENDAMENTO R$ 1.000

C 3.0.8.50.00-0 CONTRATOS DE ARRENDAMENTO R$ 1.000

### 8.4.2 Norma internacional

Até agora, analisamos o tratamento contábil vigente aplicável às operações de arrendamento mercantil realizadas pelas instituições financeiras e demais autorizadas a funcionar pelo BCB, tanto na condição de arrendadora quanto na condição de arrendatária. Vamos agora analisar os principais aspectos do IFRS 16, bem como os impactos da sua adoção nas demonstrações financeiras das instituições arrendadoras e arrendatárias.

Antes, contudo, vamos abordar brevemente a norma que antecedeu o IFRS 16, o IAS 17, a fim de entender as principais alterações promovidos pela nova norma.

## 8.4.2.1 IAS 17

Segundo o IAS 17, arrendadoras e arrendatárias classificavam as operações de arrendamento mercantil em financeiro e operacional, conforme a transferência substancial dos riscos e benefícios do ativo subjacente. A norma previa ainda que essa classificação deveria ser consistente entre arrendador e arrendatária, uma vez que a operação está baseada em um acordo entre eles.

Do ponto de vista da arrendadora, caso o arrendamento fosse classificado como financeiro, ela deveria, no começo do prazo do arrendamento, desreconhecer o ativo objeto de arrendamento em contrapartida a um recebível, cuja mensuração era feita pelo valor do investimento líquido no arrendamento, que corresponde ao valor presente dos recebimentos ao longo do prazo do arrendamento, incluindo o VRG, e do valor residual não garantido, descontados pela taxa de juros implícita na operação.

A taxa de juros implícita da operação é a taxa de desconto que iguala os recebimentos mínimos ao longo do contrato mais qualquer valor residual não garantido à soma do valor justo do ativo e de qualquer custo direto inicial do arrendador. Ao incluir o custo direto inicial na mensuração da taxa de juros implícita, a receita financeira reconhecida ao longo do prazo do arrendamento é reduzida.

Os valores a receber reconhecidos pelo arrendador estavam sujeitos aos critérios de perda por redução ao valor recuperável de ativos financeiros previstos no IAS 39, CPC 38, pelo qual a instituição deveria reconhecer uma provisão para perda por redução ao valor recuperável sempre que houvesse evidência objetiva dessa perda.

Já os pagamentos feitos pelo arrendatário eram tratados pelo arrendador como amortização do capital e receita financeira, devendo o reconhecimento da receita ser baseado no padrão que refletisse o retorno constante e periódico sobre o valor do investimento líquido.

Nos arrendamentos mercantis do tipo operacional, a arrendadora permanecia com o bem registrado no seu ativo, uma vez que ela estava exposta aos riscos e benefícios decorrentes do bem, e reconhecia a receita do arrendamento de forma linear. Eventual custo direto inicial incorrido pelo arrendador era adicionado ao valor do bem e reconhecido no resultado durante o prazo do arredamento, de forma similar ao reconhecimento da receita.

O bem objeto de arrendamento, além de ser depreciado conforme a política de depreciação aplicável aos demais ativos da mesma natureza, estava sujeito ao teste de redução a valor recuperável previsto no CPC 01.

Já as arrendatárias deveriam reconhecer as operações de arrendamento do tipo financeiro no seu ativo, conforme natureza do bem objeto de arrendamento, e passivo, representativo da sua obrigação de efetuar futuros pagamentos de arrendamento, pelo menor valor entre: o valor justo do bem e o valor presente dos pagamentos mínimos de arrendamento, ambos determinados no início do arrendamento mercantil.

Para cálculo do valor presente dos pagamentos, a arrendatária utilizava a taxa de juros implícita no contrato ou, se não fosse possível determinar essa taxa, a taxa incremental de financiamento do arrendatário, que representa taxa de juros que o arrendatário teria de pagar em uma operação similar.

Nas mensurações subsequentes, o arrendatário segregava os pagamentos mínimos em amortização do principal e despesa financeira, sendo que a despesa era apropriada ao resultado, de forma a produzir uma taxa de juros periódica constante. Além da despesa financeira, o arrendatário reconhecia uma despesa de amortização do bem objeto de arrendamento, a qual era consistente com a política de depreciação dos demais ativos da mesma natureza. Caso a arrendatária tivesse razoável certeza de que iria adquirir o bem ao final do contrato, ela deveria depreciá-lo pela vida útil do ativo; caso contrário, deve considerar o menor valor entre a vida útil e o prazo do arrendamento.

Perceba que, apesar de o valor do ativo e do passivo de arrendamento serem iguais no reconhecimento inicial, nas mensurações subsequentes isso raramente acontecia, uma vez que o ativo está sujeito a depreciação, enquanto o passivo está sujeito à amortização do principal.

Nos arrendamentos mercantis do tipo operacional, as arrendatárias não reconheciam ativos ou passivos na data de início do arrendamento. À medida que os pagamentos se tornassem exigíveis, a arrendatária deveria reconhecer uma despesa de arrendamento de forma linear.

Apesar de reconhecer passivo decorrente dos pagamentos mínimos que ela estava obrigada a fazer ao longo do contrato, essa informação era disponibilizada em notas explicativas, conforme os seguintes prazos de pagamento: até um ano; mais de um ano e até cinco anos; e mais de cinco anos.

O tratamento previsto no IAS 17 sofreu muitas críticas, principalmente relacionadas ao modelo de contabilização pela arrendatária. Isso porque, apesar de a arrendatária ter obrigações de pagar as contraprestações durante o prazo do contrato, esta não reconhecia nenhum passivo. Isso fazia com que alguns usuários ajustassem as demonstrações financeiras das arrendatárias de forma a refletir essa informação. Contudo, como esse ajuste não era feito da mesma forma pelos usuários, as demonstrações financeiras tinham sua comparabilidade reduzida.

Assim, em 2006, FASB e IASB iniciaram um projeto conjunto para rever a forma de contabilização das operações de arrendamento mercantil. Esse projeto foi concluído em 2016 com a edição do IFRS 16, cuja vigência iniciou-se em 2019.

Agora que já vimos os principais pontos do IAS 17, bem como as críticas que aquele modelo de contabilização sofria, passaremos a analisar o IFRS 16. Como vimos anteriormente, as principais críticas feitas ao IAS 17 recaíam sobre a forma de contabilização das arrendatárias, assim, as principais alterações estão nos critérios de reconhecimento e mensuração das operações de arrendamento mercantil aplicáveis a elas.

Em relação às arrendadoras, não foram feitas alterações significativas.

### 8.4.2.2 IFRS 16 (CPC 06)

#### ARRENDATÁRIAS

A primeira grande alteração em relação ao modelo anterior é a definição de um modelo único de contabilização pelas arrendatárias. Assim, diferentemente do que ocorria no IAS 17, no qual a forma de contabilização dependia da classificação da operação, pelo IFRS 16, as arrendatárias, independentemente da classificação da operação de arrendamento, reconhecem, no ativo, o direito de uso, e, no passivo, as obrigações de efetuar pagamentos futuros para usar o bem.

Assim, para as arrendatárias, não há mais a necessidade de classificar as operações de arrendamento.

Na data em que o arrendador disponibilizar o bem para uso pela arrendatária, o arrendatário deve mensurar o passivo de arrendamento pelo valor dos pagamentos de arrendamento descontados pela taxa de juros implícita do contrato.

O conceito da taxa de juros implícita é o mesmo visto no IAS 17. Como seu cálculo demanda o conhecimento de alguns parâmetros dos quais o arrendatário não tem conhecimento, como o valor residual não garantido do bem, caso ele não tenha acesso à taxa de juros implícita, deve utilizar a taxa incremental sobre o empréstimo. Essa é a taxa que o arrendatário pagaria ao realizar um empréstimo para obter um ativo de valor similar ao direito de uso.

Os pagamentos de arrendamento incluem os seguintes valores, desde que o pagamento não tenha sido efetuado:

a) pagamentos fixos, incluindo os pagamentos que na forma contenham variação, mas que, em essência, são inevitáveis e, portanto, devem ser considerados como fixos;

b) pagamentos que variam devido a alterações em índices ou taxa;

c) garantias de valor residual que a arrendatária espera pagar;

d) preço do exercício da opção de compra, caso o arrendatário esteja razoavelmente certo de que irá exercer essa opção; e

e) pagamentos de multa por rescisão, se o prazo do arrendamento refletir essa escolha pelo arrendatário.

Após o reconhecimento inicial, o passivo de arrendamento deve ser ajustado de forma a refletir os juros sobre a operação, a amortização do principal e qualquer remensuração do valor contábil para refletir reavaliação ou modificação do arrendamento.

A remensuração do valor contábil do passivo deve ser ajustada em contrapartida ao direito de uso até o limite do valor contábil deste. Caso o valor contábil alcance zero, qualquer redução adicional no valor do passivo de arrendamento deve ser reconhecida em contrapartida ao resultado.

Já a mensuração inicial do direito de uso deve ser feita pelo custo, que compreende o valor da mensuração inicial do passivo de arrendamento acrescido dos custos diretos iniciais incorridos pela arrendatária e quaisquer pagamentos de arrendamento feitos até a data do início do contrato, líquido de qualquer incentivo de arrendamento recebido.

Nas mensurações subsequentes, o valor contábil do ativo dever ser avaliado pelo método do custo, exceto se o direito de uso atender à definição de propriedade para investimento conforme estabelecida no CPC 28 e a arrendatária opte por mensurar as propriedades para investimento pelo método do valor justo, conforme permitido no referido CPC.

Pelo método do custo, o ativo deve ser ajustado de forma a refletir:

a) a depreciação acumulada, calculada pelo menor prazo entre a vida útil remanescente do direito de uso e o prazo de arrendamento restante. Caso seja provável que o arrendatário irá adquirir o bem ao final do contrato, a depreciação deve ser feita pelo prazo de vida útil do ativo subjacente;

b) as perdas acumuladas em função da redução do valor recuperável do ativo; e

c) a remensuração do passivo de arrendamento decorrente de alteração ou modificação do arrendamento.

Considerando que o modelo de mensuração prevista no IFRS 16 implica um custo adicional nem sempre compatível com os benefícios associados da informação, a norma internacional prevê algumas situações nas quais a arrendatária pode optar por reconhecer as contraprestações devidas como despesa de arrendamento de forma linear ao longo da vida útil do contrato, em vez de reconhecer o direito de uso e o passivo de arrendamento.

Essa opção é permitida para os arrendamentos de curto prazo, assim considerados aqueles cujo prazo, no início do arrendamento, é de 12 meses ou menos e para aqueles cujo ativo subjacente é considerado de baixo valor. Essa avaliação deve considerar o preço do bem novo, independentemente da sua idade.

Para os arrendamentos de curto prazo, a opção deve ser feita para uma classe de ativos, enquanto, para os arrendamentos cujo ativo subjacente é de baixo valor, a opção é feita arrendamento por arrendamento.

Como a forma de contabilização prevista no IFRS 16 é similar àquela prevista no IAS 17 para as arrendatárias de arrendamento mercantil do tipo financeiro, os maiores impactos foram percebidos nas arrendatárias dos arrendamentos até então classificados como operacional.

O principal impacto foi o aumento dos ativos e passivos reconhecidos no Balanço Patrimonial, com efeito no nível de endividamento e liquidez. Alguns indicadores de resultado também foram impactados, uma vez que, em vez de reconhecimento de uma despesa operacional, as arrendatárias passaram a reconhecer despesa financeira e de depreciação. A Demonstração do Fluxo de Caixa também sofreu alterações, já que o pagamento da contraprestação do arrendamento, antes classificada como atividade operacional, passou a ser classificada nas atividades de financiamento.

No caso das instituições financeiras e demais autorizadas a funcionar pelo BCB, com a vigência da Resolução CMN nº 4.975, de 2021, são esperados resultados similares, contudo, o escopo de instituições impactadas é maior, uma vez que as arrendatárias, independentemente da classificação do arrendamento, reconhecem-no de forma similar a um contrato de aluguel.

### Exemplo 6

A Instituição ABC realiza o arrendamento de uma sala comercial, pelo prazo de três anos, com uma contraprestação no valor de R$ 5.000. A opção de compra, ao final do contrato, é R$ 50.000. O contrato prevê uma garantia de valor residual de R$ 20.000. O arrendatário não tem expectativa de realizar a compra do bem, pois ao final do contrato ele estima que o seu valor seja R$ 40.000.

A taxa de juros implícita do contrato é 0,89% am.

Passivo de Arrendamento: valor presente das contraprestações

A garantia de valor residual não entra no cálculo do passivo de arrendamento, uma vez que, como o valor residual estimado pela arrendatária é superior ao VRG, ela não espera pagar esse valor.

Direito de uso: passivo de arrendamento mais custos diretos iniciais.

Como não houve custos diretos iniciais, no reconhecimento inicial os valores são iguais.

**Reconhecimento Inicial**
D DIREITO DE USO R$ 153.433,61[3]
C PASSIVO DE ARRENDAMENTO R$ 153.433,61

**Ao final do primeiro mês**
**Reconhecimento da Depreciação**

Como o arrendatário não espera realizar a compra do bem, a depreciação do direito de uso deve ser feita pelo prazo do contrato

D DESPESA DE DEPRECIAÇÃO R$ 4.262,04
C DEPRECIAÇÃO ACUMULADA R$ 4.262,04

**Reconhecimento da Despesa Financeira**
D DESPESA FINANCEIRA R$ 1.366
C PASSIVO DE ARRENDAMENTO R$ 1.366

**Pagamento da Parcela**
D PASSIVO DE ARRENDAMENTO 5.000
C CAIXA 5.000

## ARRENDADORAS

O IFRS 16 não alterou de forma significativa a forma de contabilização feita pelas arrendadoras. Assim, para elas permanece a necessidade de classificar o arrendamento em operacional e financeiro. Sendo operacional, o arrendamento é tratado de forma similar a um contrato de aluguel; sendo financeiro, sua contabilização assemelha-se a uma operação de crédito.

---

[3] O Plano de Contas do Cosif ainda não foi ajustado para refletir os critérios de contabilização previstos no IFRS 16, portanto, as contas utilizadas nos exemplos são meramente ilustrativas.

No caso das instituições financeiras e demais autorizadas a funcionar pelo BCB, o impacto esperado, quando da vigência da Resolução CMN nº 4.975, de 2021, nas demonstrações financeiras das arrendadoras é pequeno. Isso porque, conforme visto anteriormente, as demonstrações financeiras já refletem o arrendamento mercantil financeiro pelo valor presente das contraprestações líquido da provisão para perdas esperadas associadas ao risco de crédito.

Cumpre destacar ainda que a vigência da Resolução CMN nº 4.975 é a mesma da Resolução CMN nº 4.966, de 2021, que prevê os critérios contábeis aplicáveis a instrumentos financeiros, em linha com o previsto no IFRS 9 – Instrumentos Financeiros.

Segundo referida resolução, os valores a receber das operações de arrendamento mercantil estão sujeitos à constituição de provisão para perdas esperadas associadas ao risco de crédito sobre o valor presente dos montantes totais a receber em operações de arrendamento mercantil.

No caso das operações de arrendamento mercantil do tipo operacional, como os valores a receber vincendos não estão reconhecidos no ativo, a provisão deve ser reconhecida em contrapartida ao passivo, de forma similar à provisão para perdas esperadas de crédito referente a garantias financeiras prestadas.

### Exemplo 7

A Instituição Leasing S.A. realiza o arrendamento de um imóvel cujo valor é R$ 500.000 pelo prazo de 10 anos, com uma contraprestação de R$ 6.000. Ao final do contrato, está previsto o pagamento de VRG de R$ 10.000, contudo, a entidade estima que o valor do bem ao final do contrato será de R$ 20.0000.

Para calcularmos o valor a receber dessa operação, precisamos antes estimar a taxa de juros implícita.

A taxa de juros implícita é aquela que iguala o valor presente dos pagamentos de arrendamento e do valor residual não garantido ao valor justo do ativo subjacente acrescido dos custos diretos iniciais do arrendador.

Como não temos informação dos custos diretos iniciais, vamos supor que não existiram. Já os pagamentos do arrendamento incluem o valor das contraprestações e o VRG, independentemente da expectativa de que o arrendatário vá exercer ou não a opção de compra. Além disso, deve ser incluído o valor residual não garantido, que corresponde ao valor residual do bem que não seja garantido pela arrendatária. Portanto, o valor residual não garantido é R$ 10.000.

A taxa de juros que iguala o valor presente desses valores ao valor justo do bem (R$ 500.000) é 0,67966%.

Com a taxa de juros implícita, é possível calcular o valor do investimento líquido do arrendamento:

Valor Presente das Contraprestações: R$ 491.187,87

Valor Presente do VRG: R$ 4.436,00

Valor Presente do Valor Residual Não Garantido: R$ 4.436,00

**Reconhecimento Inicial**

D VALORES A RECEBER DE OPERAÇÕES DE ARRENDAMENTO MERCANTIL FINANCEIRO R$ 500.000

C IMOBILIZADO R$ 500.000

**Ao final do primeiro mês**

**Reconhecimento da Receita**

D VALORES A RECEBER DE OPERAÇÕES DE ARRENDAMENTO MERCANTIL FINANCEIRO R$ 3.398,69

C RECEITA DE ARRENDAMENTO R$ 3.398,69

**Recebimento da Contraprestação**

D CAIXA R$ 6.000

C VALORES A RECEBER DE OPERAÇÕES DE ARRENDAMENTO MERCANTIL FINANCEIRO R$ 6.000

## 8.5 EXERCÍCIOS

1. Selecione a opção correta, com base nos critérios contábeis previstos no Cosif vigente:

a) O pagamento antecipado do VRG caracteriza a operação com uma venda regular de ativo.

b) Nas operações de arrendamento mercantil financeiro, as arrendatárias devem reconhecer o bem no seu ativo pelo valor justo na data do contrato.

c) No cálculo do valor presente das contraprestações a receber, não deve ser considerado eventual VRG recebido antecipadamente.

d) Caso o valor contábil das operações de arrendamento mercantil operacional seja superior ao valor presente das contraprestações a receber, a instituição deve ajustar o valor contábil do bem pelo reconhecimento de uma insuficiência de depreciação.

e) No reconhecimento inicial da operação de arrendamento mercantil financeiro, o impacto no ativo circulante da arrendadora é sempre zero.

2. Com base no IFRS 16, julgue as afirmações a seguir em verdadeiro (V) ou falso (F):

( ) Na mensuração do passivo de arrendamento, a arrendatária deve considerar qualquer garantia de valor residual que tenha sido fornecida.

( ) Caso o valor do direito de uso seja zero, a redução do valor contábil do passivo de arrendamento deve ser reconhecida no resultado.

( ) Independentemente da intenção da arrendatária em relação à compra do ativo, o direito de uso deve ser depreciado pelo prazo do contrato de arrendamento.

( ) Em determinadas circunstâncias, o direito de uso pode ser avaliado pelo valor justo.

( ) O direito de uso está sujeito aos critérios de redução ao valor recuperável previsto no pronunciamento CPC 01.

( ) A opção de não aplicar os critérios de mensuração e reconhecimento do IFRS 16 aos ativos de baixo valor deve ser feita por classe de ativo.

( ) No reconhecimento inicial, geralmente o direito de uso e o passivo de arrendamento têm o mesmo valor.

3. Um banco escolhe um local específico e contrata um fornecedor, que vai adquirir o espaço e depois customizar com a identidade visual e todos os requisitos projetados pelos arquitetos da instituição financeira para que, futuramente, possam ser atendidos clientes da entidade no imóvel. Quando o imóvel estiver em condições de ser usado, o banco deverá ocupá-lo por pelo menos 10 anos, em um tipo de contrato conhecido no mercado como *built-to-suit*. Por conta dos custos de aquisição do espaço e da posterior customização, o locador exigiu uma multa por distrato equivalente ao valor presente de todas as prestações a vencer. De acordo com o IFRS 16, como essa transação deveria ser contabilizada no locador e no locatário (banco)?

## 8.6 RESPOSTAS DOS EXERCÍCIOS

1. d
2. 
V
F
F
V
V
V
V

**3. Solução proposta**: O locador deverá registrar no seu ativo todos os custos de aquisição do imóvel, além de custos de transação e de preparação do ativo para uso. Já o locatário registrará o direito de usar o imóvel por dez anos, mensurando o ativo e o passivo pelo valor presente de todas as prestações previstas no contrato.

## REFERÊNCIAS

BRASIL. Lei nº 6.099, de 12 de setembro de 1974. Dispõe sobre o tratamento tributário das operações de arrendamento mercantil e dá outras providências. *Diário Oficial da União*: Brasília, 13 set. 1974. Disponível em: https://www.planalto.gov.br/ccivil_03/leis/l6099.htm#:~:text=LEI%20No%206.099%2C%20DE,mercantil%20e%20d%C3%A1%20outras%20provid%C3%AAncias. Acesso em: 27 jun. 2023.

COMITÊ DE PRONUNCIAMENTOS CONTÁBEIS. Pronunciamento Técnico CPC 06 (R2). Arrendamento mercantil. Disponível em: https://s3.saeast-1.amazonaws.com/static.cpc.aatb.com.br/Documentos/533_CPC_06_R2_rev%2018.pdf. Acesso em: 27 jun. 2023.

CONSELHO MONETÁRIO NACIONAL. Resolução CMN nº 4.975, de 16 de dezembro de 2021. Dispõe sobre os critérios contábeis aplicáveis às operações de arrendamento mercantil pelas instituições financeiras e demais instituições autorizadas a funcionar pelo Banco Central do Brasil. *Diário Oficial da União*: Brasília, 20 dez. 2021. Disponível em: https://www.bcb.gov.br/estabilidadefinanceira/exibenormativo?tipo=Resolu%C3%A7%C3%A3o%20CMN&numero=4975. Acesso em: 27 jun. 2023.

CONSELHO MONETÁRIO NACIONAL. Resolução CMN nº 4.977, de 16 de dezembro de 2021. Disciplina as operações de arrendamento mercantil com o tratamento tributário previsto na Lei nº 6.099, de 12 de setembro de 1974. *Diário Oficial da União*: Brasília, 20 dez. 2021. Disponível em: https://www.bcb.gov.br/estabilidadefinanceira/exibenormativo?tipo=Resolu%C3%A7%C3%A3o%20CMN&numero=4977. Acesso em: 27 jun. 2023.

INTERNATIONAL FINANCIAL REPORTING STANDARDS FOUNDATION. IFRS 16. Leases. Disponível em: https://www.ifrs.org/content/dam/ifrs/publications/pdf-standards/english/2021/issued/part-a/ifrs-16-leases.pdf. Acesso em: 27 jun. 2023.

# 9

# OPERAÇÕES DE CÂMBIO E COMÉRCIO EXTERIOR

Rodrigo Andrade de Morais
Jaime Massaharu Nakata

## 9.1 INTRODUÇÃO

A política cambial sempre foi utilizada no Brasil como um dos principais instrumentos de política econômica. O governo, atuando na paridade da moeda local em relação às moedas estrangeiras, tem o poder de incentivar a exportação ou importação, influenciando a balança comercial e até mesmo os níveis de inflação, como na primeira fase do plano Real ("âncora cambial"). A maior ou menor utilização dessa ferramenta variou conforme cada novo governo que se instituiu, **mas a disciplina do controle cambial se manteve igualmente rigorosa, independentemente de quem estava à frente da economia do país.**

As normas cambiais e a contabilidade de câmbio aplicável às instituições financeiras, estritamente regulamentadas pelo Conselho Monetário Nacional (CMN) e Banco Central do Brasil (BCB), refletem esse contexto.

Atualmente, o CMN parece gerenciar a economia por meio, exclusivamente, da política monetária via aumento ou redução da taxa de juros. Entretanto, não se pode ignorar que as decisões que aceleram (ou desaceleram) a economia têm o efeito de alterar o nível de entrada e saída de recursos estrangeiros no país. Não é por acaso que a moeda americana está contida na cesta que forma um dos principais índices de inflação do país: o IGPM.

Assim, a busca do governo por regulação, controle e acompanhamento do mercado de câmbio deu origem a uma contabilidade com conceitos e regras bastante específicas, que deve ser utilizada por todas as instituições financeiras autorizadas a operar no mercado de câmbio.

Conhecida como contabilidade de câmbio, e dado o contexto histórico de seu desenvolvimento, essa forma de registro não encontra semelhança nas normas internacionais de contabilidade. Em outras jurisdições, principalmente naquelas onde as *International Financial Reporting Standards* (IFRS) foram integralmente adotadas, as operações aqui descritas são tratadas como operações de instrumentos financeiros e derivativos.

Contudo, o tema é extremamente relevante para a atual contabilidade das instituições financeiras e merece ser apresentado neste Manual, com base na legislação em vigor, considerando que o processo de convergência às normas internacionais de contabilidade (IFRS) para os instrumentos financeiros e derivativos só deve ser concluído em 2025, com a entrada em vigor da Resolução CMN nº 4.966, de 2021.

É importante destacar que os bancos têm papel fundamental no fomento desse mercado, à medida que fornecem recursos e serviços para as operações de comércio exterior.

## 9.2 DEFINIÇÕES

Quando alguém precisa trocar a moeda de um país pela moeda de outro país para fazer pagamento ou recebimento, seja para viagem internacional, compra de produtos ou serviços ou outro motivo qualquer, esse alguém realiza uma operação de câmbio. No Brasil, o mercado de câmbio é regulamentado pelo CMN e pelo BCB.

A melhor definição para as operações de câmbio está contida da Resolução do CMN nº 3.568, que apresenta a seguinte redação em seu art.1 e parágrafo único:

> Art. 1 – O mercado de câmbio brasileiro compreende as operações de compra e de venda de moeda estrangeira e as operações com ouro-instrumento cambial, realizadas com instituições autorizadas pelo Banco Central do Brasil a operar no mercado de câmbio, bem como as operações em moeda nacional entre residentes, domiciliados ou com sede no País e residentes, domiciliados ou com sede no exterior.
>
> Parágrafo único. Incluem-se no mercado de câmbio brasileiro as operações relativas aos recebimentos, pagamentos e transferências do e para o exterior mediante a utilização de cartões de uso internacional e de empresas facilitadoras de pagamentos internacionais, bem como as operações referentes às transferências financeiras postais internacionais, inclusive mediante vales postais e reembolsos postais internacionais. (Redação dada pela Resolução CMN nº 3.997, de 28 de junho de 2011.)

Vale notar que esse conceito abrange desde as operações mais simples até as mais complexas.

## 9.3 REGRAS DE ESCRITURAÇÃO

### 9.3.1 Plano de contas

Como é padrão das instituições financeiras, e conforme determinado pelo BCB, as operações de câmbio também devem ser registradas nos títulos e subtítulos definidos no plano de contas Cosif.

É importante destacar que tais operações fazem uso significativo de contas de controle, sendo a grande maioria *off-balance* – as chamadas Contas de Compensação – mas com algumas operações *on-balance* – Contas Patrimoniais –, que deixam claras as afirmações contidas neste capítulo sobre o uso da contabilidade para fins de controle e acompanhamento do mercado de câmbio.

Esse ponto é importante para o leitor entender o alcance da contabilidade de operações de câmbio, em que a forma, em determinadas ocasiões, prevalece sobre a essência.

### 9.3.2 Moeda de escrituração

As operações de câmbio são geralmente realizadas em moeda estrangeira. Apesar disso, a escrituração deve ser feita em valor equivalente em reais, apurado no dia da respectiva transação.

Mensalmente, as contas patrimoniais devem ser reajustadas com base nas taxas fornecidas pelo BCB, de modo que o saldo reajustado corresponda ao saldo em moeda estrangeira, convertido por referida taxa. A variação cambial decorrente desse reajuste deve ser reconhecida na Demonstração do Resultado do período como receita ou despesa.

Atualmente, a taxa utilizada para atualização das posições patrimoniais em moeda estrangeira é a PTAX800. Apesar de existir normativo permitindo a utilização de taxa alternativa para conversão, desde que obedecidas certas condições, essa taxa alternativa ainda não é utilizada pelas instituições financeiras, que enfrentam, no momento do desenvolvimento desta obra, debates intensos com o BCB e com a Receita Federal do Brasil para garantir que a utilização não gere efeitos indesejados aos acionistas das instituições financeiras.

Caso o BCB não divulgue determinada taxa, a instituição financeira poderá fazer uso de outras fontes, desde que seja obtida em uma entidade internacionalmente reconhecida.

É comum no mercado de câmbio a divulgação de duas taxas distintas, que normalmente são utilizadas para determinação do *spread* das operações à vista. Essas taxas são denominadas câmbio de compra e câmbio de venda. Para efeito de registro das operações de câmbio, o BCB determina o uso do câmbio de compra.

A variação cambial pode ser positiva ou negativa e, por diversas vezes, a conta utilizada é única, independentemente se o registro é de um ganho ou uma perda decorrente da variação cambial.

As contas de resultado do plano Cosif que devem ser utilizadas para registro da variação cambial são:

- **Disponibilidades**: a instituição financeira deve debitar ou creditar uma conta específica de rendas de disponibilidade de moeda estrangeira (receita).
- **Aplicações financeiras**: a instituição financeira deve debitar ou creditar uma conta específica de rendas de aplicações no exterior (receita).

- **Financiamentos**: a instituição financeira deve debitar ou creditar uma conta específica de rendas de financiamentos em moedas estrangeiras (receita).
- **Posições de câmbio**: a instituição financeira deve debitar a conta específica para registro de despesas de variação e diferenças de taxas ou creditar a conta específica para registro de rendas de variações e diferenças de taxas, conforme o caso.
- **Empréstimos e obrigações no exterior**: a instituição financeira deve debitar ou creditar a conta específica de despesas de obrigações com banqueiros no exterior (despesa).

O plano de contas Cosif não permite que as contas principais fechem o período com valores que invertam sua natureza. Isso significa que uma conta de ganho ou receita não pode fechar devedora, assim como uma conta de perda ou despesa não pode fechar com saldo credor. Contudo, é comum que isso ocorra, considerando as limitações do plano Cosif para registro da variação cambial e a volatilidade do mercado de câmbio. Dessa forma, qualquer conta que apresente um saldo diferente da natureza estabelecida pelo regulador deverá ter seu montante reclassificado para a conta de receita ou despesa de forma inversa à sua natureza em conta de outras receitas ou despesas, a depender do caso.

### 9.3.3 Tipos de contratos de câmbio

Antes de apresentar operações específicas, é necessário informar que os contratos de câmbio são celebrados para liquidação à vista – câmbio pronto – ou a prazo – câmbio futuro.

As operações de "câmbio pronto" são liquidadas em até dois dias úteis da data de fechamento do contrato. Já as operações de "câmbio futuro" têm sua liquidação em período acima de dois dias úteis da data de fechamento do contrato.

Nesse ponto, é importante destacar a importância da data de fechamento do contrato. Ao contrário de outras normas de contabilidade, nas quais o evento econômico é o fato gerador para a contabilização, em alguns casos, a operação de câmbio só é contabilizada em contas patrimoniais quando a operação é fechada, mesmo que o serviço, por exemplo, já tenha ou ainda venha a ser prestado.

O mercado divide as operações de câmbio em dois grandes grupos:

1. Financeiro.
2. Exportação e Importação.

Para facilitar o entendimento, serão apresentadas as operações mais comuns. Nos esquemas contábeis a seguir, consideraremos apenas os lançamentos contábeis relacionados às operações de câmbio, não tratando tarifas ou tributos relacionados.

### 1. Financeiro

**Operações interbancárias**
São operações realizadas entre instituições financeiras. As principais operações são:
I – Compras e vendas prontas de moedas estrangeiras
II – Compras e vendas futuras de moedas estrangeiras
III – Compras e vendas a termo de moedas estrangeiras
IV – Operações de arbitragem

**I – Compras e vendas prontas de moedas estrangeiras**
É o tipo mais simples de operação de câmbio, no qual uma instituição adquire moeda estrangeira realizando a contraprestação de forma imediata – à vista ou pronta.

– Compras
Na contratação da operação, os seguintes lançamentos devem ser realizados:

D – Câmbio comprado a liquidar (ativo)
C – Obrigações por compras de câmbio (passivo)

Apesar de todos os lançamentos serem realizados em reais – moeda nacional, as contas apresentam uma diferenciação na sua finalidade:
- A conta "Câmbio comprado a liquidar" representa o direito da instituição financeira de receber o montante contratado em moeda estrangeria.
- A conta "Obrigações por compras de câmbio" representa a obrigação da instituição financeira de entregar moeda nacional em contrapartida à compra da moeda estrangeira.

Dessa forma, na liquidação devem ser feitos os seguintes lançamentos:

Pela liquidação em moeda nacional – reais

D – Obrigações por compras de câmbio (passivo)
C – Conta-corrente no Brasil

Pelo recebimento da moeda estrangeira

D – Conta-corrente no exterior
C – Câmbio comprado a liquidar (ativo)

– Vendas
Na contratação da operação, os seguintes lançamentos devem ser realizados:

D – Direitos sobre vendas de câmbio (ativo)
C – Câmbio vendido a liquidar (passivo)

As contas utilizadas nas Vendas de moeda estrangeira apresentam outras finalidades:
- A conta "Direitos sobre vendas de câmbio" representa o direito da instituição financeira de receber moeda nacional pela venda da moeda estrangeira.
- A conta "Câmbio vendido a liquidar" representa a obrigação da instituição financeira de entregar moeda estrangeira.

Dessa forma, na liquidação devem ser feitos os seguintes lançamentos:

Pelo recebimento da moeda nacional – reais

D – Conta-corrente no Brasil
C – Direitos sobre vendas de câmbio (ativo)

Pela liquidação da obrigação em moeda estrangeira

D – Câmbio vendido a liquidar (passivo)
C – Conta-corrente no exterior

II – **Compras e vendas futuras de moedas estrangeiras**
É uma operação simples, como a relatada anteriormente, mas com a liquidação futura.

– Compras
Na contratação da operação, os seguintes lançamentos devem ser realizados:

D – Câmbio comprado a liquidar (Ativo)
C – Obrigações por compras de câmbio (Passivo)

Por ser um procedimento semelhante à operação de câmbio pronto, diferindo em função do prazo ("*timing*") da ocorrência do evento de liquidação, apresentamos a seguir a operação de adiantamento de contrato de câmbio, em que ocorre um evento de adiantamento da liquidação da moeda nacional que, em sua essência, se caracteriza como uma concessão de crédito:

D – Adiantamento sobre contratos de câmbio (Passivo)
C – Conta-corrente no Brasil

Note que, embora o adiantamento sobre contrato de câmbio seja registrado em uma conta de passivo pelas normas cambiais, ela possui natureza devedora, representando na essência um "direito" da instituição financeira pelo adiantamento da moeda nacional efetuada.
Além disso, incidem sobre o adiantamento sobre contratos de câmbio os juros (lembre-se de que na essência trata-se de uma concessão de crédito), que serão apropriados no resultado ao longo do prazo da operação, independentemente de quando recebido.
A instituição financeira deve reconhecer um passivo representativo da receita de juros ainda "não ganha", ou seja, a apropriar conforme passagem do tempo ao longo do prazo da operação.

Caso os juros sejam recebidos antecipadamente, a contrapartida do passivo é um débito na conta Caixa.

D – Conta-corrente no Brasil
C – Rendas a apropriar de adiantamentos concedidos (Passivo)

Caso os juros venham a ser recebidos em outro momento que não no início da operação, em vez de um débito no caixa, registra-se um ativo representativo dos juros a receber por conta do adiantamento concedido

D – Rendas a receber de adiantamentos concedidos (Ativo)
C – Rendas a apropriar de adiantamentos concedidos (Passivo)

A conta de rendas a receber de adiantamentos concedidos deve ser baixada quando da entrada de caixa (recebimento efetivo dos juros).

D – Conta-corrente no Brasil
C – Rendas a receber de adiantamentos concedidos (Ativo)

Já a receita, independentemente do momento do recebimento dos juros, conforme citado anteriormente, é reconhecida por competência ao longo do prazo da operação.

D – Rendas a apropriar de adiantamentos concedidos (Passivo)
C – Rendas de operações de câmbio (Receita)

É possível também que a instituição financeira efetue o adiantamento da moeda estrangeira. Nesse caso, no momento da contratação da operação os seguintes lançamentos devem ser realizados:

D – Conta-corrente no exterior
C – Adiantamentos em moedas estrangeiras recebidos (Ativo)

Também nesse caso vale notar que, embora a contabilidade de câmbio tenha estabelecido a utilização de uma conta de ativo, ela possui natureza credora, representando na essência uma obrigação da instituição financeira pelo adiantamento recebido.
Há incidência de juros sobre o adiantamento da moeda estrangeira. A instituição financeira deve reconhecer um ativo representativo dos juros ainda "não devido", ou seja, a apropriar conforme passagem do tempo ao longo do prazo da operação.
Caso os juros sejam pagos antecipadamente, a contrapartida do ativo é um crédito na conta Caixa.

D – Despesas a apropriar de adiantamentos recebidos (Ativo)
C – Conta-corrente no exterior

Caso os juros venham a ser pagos em outro momento que não no início da operação, em vez de um crédito no caixa, registra-se um passivo representativo dos juros a pagar por conta do adiantamento da moeda estrangeira recebido.

D – Despesas a apropriar de adiantamentos recebidos (ativo)
C – Encargos a pagar sobre adiantamentos recebidos (Passivo)

A conta de encargos a pagar sobre adiantamentos recebidos deve ser baixada quando do efetivo pagamento dos juros (saída de caixa).

D – Encargos a pagar sobre adiantamentos recebidos (Passivo)
C – Conta-corrente no exterior

Já a despesa, independentemente do momento do pagamento dos juros, é reconhecida por competência ao longo do prazo da operação.

D – Despesas de operações de câmbio (Despesa)
C – Despesas a apropriar de adiantamentos recebidos (Ativo)

No momento da liquidação da operação de câmbio futuro, as contas de adiantamento devem ser debitadas e creditadas contra as contas em que a posição inicial foi reconhecida:

Pela liquidação em moeda nacional – reais

D – Obrigações por compras de câmbio (Passivo)
C – Adiantamento sobre contratos de câmbio (Passivo)

Pelo recebimento da moeda estrangeira

D – Adiantamentos em moedas estrangeiras recebidos (Ativo)
C – Câmbio comprado a liquidar (Ativo)

– Vendas
Na contratação da operação, os seguintes lançamentos devem ser realizados:

D – Direitos sobre vendas de câmbio (Ativo)
C – Câmbio vendido a liquidar (Passivo)

Apresentamos a seguir um evento no qual há o adiantamento da liquidação da moeda nacional no momento da contratação da operação:

D – Conta-corrente no Brasil
C – Adiantamento em moeda nacional recebido (Ativo)

Também nesse caso, essa conta de ativo possui natureza credora, representando na essência a "obrigação" da instituição financeira por conta do adiantamento recebido. Os juros devidos dessa operação, quando pagos antecipadamente, sensibilizam o caixa da instituição financeira.

D – Despesas a apropriar de adiantamentos recebidos (Ativo)
C – Conta-corrente no Brasil

Caso os juros venham a ser pagos em outro momento que não no início da operação, a obrigação deve ser registrada como um passivo representativo do encargo a pagar.

D – Despesas a apropriar de adiantamentos recebidos (Ativo)
C – Encargos a pagar sobre adiantamentos recebidos (Passivo)

Esse passivo é baixado quando do pagamento do encargo.

D – Encargos a pagar sobre adiantamentos recebidos (Passivo)
C – Conta-corrente no Brasil

A despesa de juros, independentemente do momento do recebimento do caixa, é apropriada ao longo do prazo da operação, pelo regime de competência.

D – Despesas de operações de câmbio (Despesa)
C – Despesas a apropriar de adiantamentos recebidos (Ativo)

É possível também que ocorra o adiantamento da moeda estrangeira. Nesse caso, no momento da contratação da operação os seguintes lançamentos devem ser realizados:

D – Adiantamentos em moedas estrangerias concedidos (Passivo)
C – Conta-corrente no exterior

Também nesse caso, essa conta de passivo possui natureza devedora, representando na essência o "direito" da instituição financeira por conta do adiantamento concedido. Os juros a apropriar dessa operação são reconhecidos e, quando recebidos antecipadamente, sensibilizam o caixa da instituição financeira.

D – Conta-corrente no exterior
C – Rendas a apropriar de adiantamentos concedidos (Passivo)

Caso os juros venham a ser recebidos em outro momento que não no início da operação, o direito deve ser registrado como um ativo representativo da renda a receber.

D – Rendas a receber de adiantamento concedido (Ativo)
C – Rendas a apropriar de adiantamentos concedidos (Passivo)

O ativo acima é baixado contra o caixa da instituição financeira quando do seu efetivo recebimento. A receita de juros, independentemente do momento do recebimento do caixa, é apropriada ao longo do prazo da operação, pelo regime de competência.

D – Rendas a apropriar de adiantamentos concedidos (Passivo)
C – Rendas de operações de câmbio (Receita)

No momento da liquidação da operação de câmbio futuro, as contas de adiantamento devem ser debitadas e creditadas contra as contas em que a posição inicial foi reconhecida:
Pela liquidação em moeda nacional – reais

D – Adiantamento em moedas nacionais recebidos (Ativo)
C – Direitos sobre vendas de câmbio (Ativo)

Pelo recebimento da moeda estrangeira

D – Câmbio vendido a liquidar (Passivo)
C – Adiantamentos em moedas estrangerias concedidos (Passivo)

### III – Compras e vendas a termo de moedas estrangeiras

As operações de compra e venda a termo de moedas estrangeiras diferem da compra e venda futura de moedas estrangeiras, entre outras características menos relevantes, pela inexistência do adiantamento.

Dessa forma, todo esquema contábil detalhado poderá ser usado, exceto os eventos de adiantamento, sendo, então, toda posição patrimonial liquidada contra as contas-correntes no Brasil e no exterior, de forma simultânea.

### IV – Operações de arbitragem

Para quem está tendo contato pela primeira vez com o termo "operação de arbitragem", é importante entender que o objetivo desse tipo de operação é lucrar com a compra e venda simultânea de duas moedas estrangeiras, aproveitando pequenas diferenças nas taxas de câmbio que ocorrem ao longo do dia em mercados distintos. São janelas de oportunidades, já que o mercado tende a se autoequilibrar rapidamente.

Apesar de o montante em moeda estrangeira ser diferente, o valor em moeda nacional é exatamente igual no montante inicial. Em uma leitura simples das demonstrações contábeis da instituição financeira, fica a impressão de que o banco está, simplesmente, trocando uma posição em moeda estrangeira por outra.

Como as demais operações de câmbio que foram apresentadas nesta obra, a operação de arbitragem também pode ser feita a Termo – futura, ainda que o mais comum seja a operação Pronta – à vista.

Simultaneamente, a instituição financeira deve reconhecer a compra da moeda estrangeira A e a venda da moeda estrangeira B.

Compra da moeda A:

D – Câmbio comprado a liquidar (Ativo)
C – Obrigações por compras de câmbio (Passivo)
D – Conta-corrente no exterior
C – Câmbio comprado a liquidar (Ativo)

Venda da moeda B:

D – Direitos sobre vendas de câmbio (Ativo)
C – Câmbio vendido a liquidar (Passivo)
D – Câmbio vendido a liquidar (Passivo)
C – Conta-corrente no exterior

Como a operação é com a mesma contraparte, as posições restantes são liquidadas usando uma conta transitória ou de forma direta:

D – Obrigações por compras de câmbio (Passivo)
C – Direitos sobre vendas de câmbio (Ativo)

As mesmas contas são utilizadas para operações de arbitragem pronta e a termo. A diferença está no momento da liquidação.

Nesse momento, o leitor deve estar sentindo falta do resultado dessa operação. Ele se dá pelo reconhecimento da variação cambial, que foi detalhada de forma mais ampla. Ainda assim, a forma como as instituições financeiras contabilizam hoje as operações de arbitragem não reflete a realidade econômica e objetivo da operação. Esse é um exemplo de algo que mudará significativamente com a adoção das normas internacionais de contabilidade – IFRS – pelo regulador brasileiro.

Existem diversas outras operações de câmbio financeiro, como compra e venda de espécie, cheque viagem, transferências e outras, mas pela simplicidade, não serão operações detalhadas aqui.

### 2. Exportação e Importação

Como o próprio nome diz, são operações em que as instituições financeiras atuam na intermediação do comércio exterior, operando como agente entre o exportador e o importador. A seguir, são apresentadas as operações mais comuns:
I – Cobrança simples
II – Carta de crédito
III – Financiamento às Exportações – Captações
IV – Linha de crédito no exterior

### I – Cobrança simples

É um tipo simples de contrato de câmbio, no qual uma instituição financeira é contratada e remunerada para realizar a cobrança de um produto ou serviço vendido para um cliente no exterior.

Os seguintes registros contábeis são esperados a cada evento:

a) Mensuração inicial
Registro da cobrança em contas de controle na data do registro:

D – Títulos em cobrança no exterior (Compensação Ativa)
C – Cobrança por conta de terceiros (Compensação Passiva)

b) Mensuração subsequente
No mínimo mensalmente, essas contas de compensação devem ser atualizadas pela variação cambial – diferença entre a taxa cambial atual e a utilizada no registro anterior –, de modo a manter o valor contabilizado em reais equivalente ao montante em moeda estrangeiro contratado.
As contas de compensação só serão baixadas quando ocorrer o encerramento total da operação.

Câmbio pronto
Quando da celebração da operação de câmbio para liquidação à vista (câmbio pronto) e após o embarque da mercadoria e envio dos documentos, se faz o registro em contas patrimoniais, pelo valor do câmbio contratado:

D – Câmbio comprado a liquidar (Ativo)
C – Obrigações por compras de câmbio (Passivo)

Pelo pagamento ao exportador:

D – Obrigações por compras de câmbio (Passivo)
C – Conta-corrente no Brasil

Pela liquidação da operação:

D – Conta-corrente no exterior
C – Câmbio comprado a liquidar (Ativo)
D – Cobrança por conta de terceiros (Compensação Passiva)
C – Títulos em cobrança no exterior (Compensação Ativa)

Câmbio futuro
Quando da celebração da operação de câmbio para liquidação a prazo (câmbio futuro) e antes do embarque da mercadoria e envio dos documentos, faz-se o registro em contas patrimoniais, pelo valor do câmbio contratado:

D – Câmbio comprado a liquidar (Ativo)
C – Obrigações por compras de câmbio (Passivo)

Pela antecipação do pagamento ao exportador:

D – Adiantamentos sobre contratos de câmbio (Passivo Natureza Devedora)
C – Conta-corrente no Brasil

No caso de cobrança de juros pelo adiantamento, o valor deverá ser reconhecido em uma conta de rendas a apropriar em contrapartida a caixa (se recebido) ou rendas a receber representativo do direito da instituição financeira em receber juros (até que seja recebido).

D – Conta-corrente no Brasil (se recebido)
D – Rendas a receber de adiantamentos concedidos (se não recebido)
C – Rendas a apropriar de adiantamentos concedidos (Passivo)

A receita de juros é apropriada por competência ao longo do prazo da operação.

D – Rendas a apropriar de adiantamentos concedidos (Passivo)
C – Rendas de operações de câmbio (Receita)

Pela liquidação da operação

D – Obrigações por compras de câmbio (Passivo)
C – Adiantamentos sobre contratos de câmbio (Passivo)
D – Conta-corrente no exterior
C – Câmbio comprado a liquidar (Ativo)
D – Cobrança por conta de terceiros (Compensação Passiva)
C – Títulos em cobrança no exterior (Compensação Ativa)

Para algumas operações de câmbio futuro, existe a "Trava de Câmbio de Exportação". É uma cláusula contratual que impede o adiantamento ao exportador.

II – **Carta de crédito**
É um documento por meio do qual o banco se compromete a efetuar o pagamento a um terceiro, nesse caso o exportador, uma vez que ele comprove o cumprimento de todos os termos do contrato de exportação.
Inicialmente, o importador tem o risco de pagar e não receber o produto conforme os termos estabelecidos. Já o exportador poderia entregar a mercadoria e não receber. Por meio da carta de crédito, o banco assume o risco de crédito, e o importador tem a certeza de que não terá que pagar se todos os termos não forem atendidos.
Os seguintes registros contábeis são esperados a cada evento:

a) Mensuração inicial
Registro da emissão da carta de crédito em contas de compensação pelo valor equivalente em moeda estrangeira na data do registro:

D – Créditos de exportação (Compensação Ativa)
C – Responsabilidades por créditos de exportação confirmados (Compensação Passiva)

b) Mensuração subsequente
No mínimo mensalmente, as contas de compensação acima devem ser atualizadas pela variação cambial – diferença entre a taxa cambial atual e a utilizada no

registro anterior –, de modo a manter o valor contabilizado em reais equivalente ao montante em moeda estrangeira contratado.

As contas de compensação só serão baixadas quando ocorrer o encerramento total da operação.

Câmbio pronto

Quando da celebração da operação de câmbio para liquidação à vista (câmbio pronto) e após o embarque da mercadoria e envio dos documentos, faz-se o registro em contas patrimoniais, pelo valor do câmbio contratado:

D – Câmbio comprado a liquidar (Ativo)
C – Obrigações por compras de câmbio (Passivo)

Pelo pagamento ao exportador:

D – Obrigações por compras de câmbio (Passivo)
C – Conta-corrente no Brasil

Pela liquidação da operação

D – Conta-corrente no exterior
C – Câmbio comprado a liquidar (Ativo)
D – Responsabilidades por créditos de exportação confirmados (Compensação Passiva)
C – Créditos de exportação (Compensação Ativa)

Câmbio futuro

Quando da celebração da operação de câmbio para liquidação a prazo (câmbio futuro) e antes do embarque da mercadoria e envio dos documentos, faz-se o registro em contas patrimoniais, pelo valor do câmbio contratado:

D – Câmbio comprado a liquidar (Ativo)
C – Obrigações por compras de câmbio (Passivo)

Pela antecipação do pagamento ao exportador:

D – Adiantamentos sobre contratos de câmbio (Passivo)
C – Conta-corrente no Brasil

No caso de cobrança de juros pelo adiantamento, o valor deverá ser reconhecido em uma conta de rendas a apropriar (Passivo) em contrapartida a caixa (se recebido) ou rendas a receber representativo do direito da instituição financeira em receber juros (até que seja recebido).

D – Conta-corrente no Brasil
D – Rendas a receber de adiantamentos concedidos (Ativo)
C – Rendas a apropriar de adiantamentos concedidos (Passivo)

A receita de juros é apropriada por competência ao longo do prazo da operação.

D – Rendas a apropriar de adiantamentos concedidos (Passivo)
C – Rendas de operações de câmbio (Receita)

Pela liquidação da operação

D – Obrigações por compras de câmbio (Passivo)
C – Adiantamentos sobre contratos de câmbio (Passivo)
D – Conta-corrente no exterior
C – Câmbio comprado a liquidar (Ativo)
D – Responsabilidades por créditos de exportação confirmados (Compensação Passiva)
C – Créditos de exportação (Compensação Ativa)

É possível observar que todos os lançamentos realizados em contas patrimoniais são exatamente iguais. A diferença está no tratamento da conta contábil de controle – conta de compensação.

Recomenda-se atenção no uso dos subtítulos das contas Cosif, assim como a utilização de contas internas para um controle mais detalhado.

Os contratos de exportação podem ser aditados e até mesmo cancelados. Esses eventos econômicos devem ser reproduzidos na contabilidade, fazendo uso das mesmas contas supracitadas.

O contrato de câmbio é, normalmente, liquidado com o agente nacional e estrangeiro no mesmo dia, exceto quando ocorre um adiantamento. No caso de inadimplência do exportador que recebeu adiantamento, a operação será baixada – reversão dos saldos – das contas patrimoniais e o valor adiantado deverá ser classificado para Cosif intitulado Títulos e Créditos a Receber. Uma provisão para crédito de liquidação duvidosa deverá ser constituída.

Ainda no caso de inadimplência, a instituição financeira deverá registrar o valor em discussão nas contas contábeis a seguir, onde deverão ficar até que a pendência seja solucionada ou pelo prazo mínimo previsto nas normas do BCB.

D – Devedores por contratos de câmbio (Compensação Ativa)
C – Contratos de câmbio (Compensação Passiva)

III – Financiamento às exportações – Captações

São as captações realizadas pelas instituições financeiras autorizadas pelo BCB a operarem no mercado de câmbio para financiamento às exportações brasileiras.

Ao receber a captação, o banco deverá criar um passivo em contrapartida à entrada do recurso em moeda estrangeira em caixa:

D – Conta-corrente no exterior
C – Obrigações em moeda estrangeira (Passivo)

Os juros devidos devem ser reconhecidos no resultado por competência ao longo do prazo da operação:

D – Despesas de obrigações com banqueiros no exterior (Despesa)
C – Obrigações em moeda estrangeira (Passivo)

A captação será registrada pela taxa de câmbio do dia da operação e atualizada mensalmente, quando do levantamento dos balancetes mensais, até a liquidação da operação.

**IV – Linhas de Crédito no Exterior**
É uma modalidade de financiamento às importações brasileiras por meio de uma linha de crédito concedida por um banco fora do território brasileiro. Para isso, o banco brasileiro envolvido nesse arranjo deve realizar o registro a seguir no momento inicial e mantê-lo até que a linha de crédito seja utilizada.

Pelo valor equivalente em moeda nacional do crédito "não sacado":

D – Valores de crédito contratados a liberar (Compensação Ativa)
C – Créditos contratados a liberar (Compensação Passiva)

No momento em que o importador utilizar a linha para realizar o pagamento ao exportador no exterior, a operação deve ser registrada na carteira de crédito.

Pelo valor equivalente em moeda nacional do crédito "sacado":

D – Financiamentos em moedas estrangeiras (Ativo)
C – Obrigações em moedas estrangeiras (Passivo)

O valor dos juros incorridos nessa operação deverá ser registrado no mínimo mensalmente contra a conta de resultado

D – Financiamentos em moedas estrangeiras (Ativo)
C – Rendas de financiamento em moedas estrangeiras (Receita)

Já o valor dos juros devido ao banqueiro no exterior deverá atualizar a conta do passivo, na mesma frequência que os juros ativos da operação

D – Despesas de obrigações com banqueiro no exterior (Despesa)
C – Obrigações em moedas estrangeiras (Passivo)

As etapas seguintes envolvem diversas contas e têm como objetivo final a liquidação das posições contidas nas contas de Financiamento em Moeda Estrangeira e Obrigações em Moeda Estrangeira. Vale ressaltar que todos os valores são registrados em moeda nacional – real.
Para que a operação seja liquidada com o agente no exterior, é necessário remeter recurso para fora, portanto, o primeiro evento é a contratação da operação de câmbio:

D – Direitos sobre vendas de câmbio (Ativo)
C – Câmbio vendido a liquidar (Passivo)

Já o seguinte lançamento deverá ser efetuado por conta do adiantamento e pela liquidação da dívida em moeda nacional:

D – Conta-corrente no Brasil
C – Adiantamentos em moeda nacional recebidos (Ativo)
D – Adiantamentos em moeda nacional recebidos (Ativo)
C – Direitos sobre vendas de câmbio (Ativo)

Quando da liquidação na posição em moeda estrangeira, a instituição financeira deverá:

D – Câmbio vendido a liquidar (Passivo)
C – Financiamento em moedas estrangeiras (Ativo)
D – Obrigações em moedas estrangeiras (Passivo)
C – Conta-corrente no exterior

O esquema contábil de liquidação descrito é de uma operação de câmbio à vista. Há algumas diferenças para operações de câmbio futuro, como já descrito em exemplos apresentados anteriormente.

## 9.4 EXERCÍCIOS

1. Em 10/02, o banco brasileiro KLM faz uma compra de moeda estrangeira a termo. Foram comprados ME$ 100,000 para liquidação em 10/03. Quais seriam os saldos das contas patrimoniais no fechamento do balanço em 28/02? Qual o valor da variação cambial do período?

   Para resolver o exercício, considere as seguintes taxas de câmbio:
   10/02 – PTAX de venda: R$ 3,60; e PTAX de compra: R$ 3,40.
   28/02 – PTAX de venda: R$ 3,80; e PTAX de compra: R$ 3,60.
   10/03 – PTAX de venda: R$ 3,90; e PTAX de compra: R$ 3,80.

2. A empresa ABC, sediada no Brasil, contratou o banco brasileiro KLM para realizar a cobrança de uma exportação feita para a empresa WIY, localizada nos Estados Unidos da América. O acordo prevê o pagamento de US$ 100,000.00 quando a mercadoria for embarcada. A taxa no momento da contratação era de: PTAX de venda: R$ 3,60; e PTAX de compra: R$ 3,40.

   Após 45 dias, no fechamento mensal do balanço do banco KLM, as taxas haviam valorizado consideravelmente (PTAX de venda: R$ 4,10 e PTAX de compra: R$ 3,90). Qual valor deveria estar registrado em contas de compensação no fechamento do balanço?

3. A empresa ABC, sediada no Brasil, emitiu junto ao banco brasileiro KLM uma carta de crédito. O banco

adiantou ao cliente 50% do valor da operação, que seria de US$ 120,000.00. A importadora WIY comunicou ao banco KLM que a operação havia sido cancelada. Ao entrar em contato com o exportador, o banco percebeu que teria dificuldades em receber o valor adiantado.

Quais lançamentos contábeis o banco KLM deve fazer em sua contabilidade?

4. Qual a diferença entre uma captação e uma linha de crédito no exterior?

## 9.5 RESPOSTAS DOS EXERCÍCIOS

**1. Solução proposta**: Na contratação da operação de compra a termo, os seguintes lançamentos devem ser realizados:

D – Câmbio comprado a liquidar (Ativo) – ME$ 100,000

C – Obrigações por compras de câmbio (Passivo) – ME$ 100,000

Como a operação a termo não permite adiantamento, em 28/02 os saldos das contas serão os mesmos saldos, em moeda estrangeira, do momento da contratação. Porém, como a escrituração deve ser feita em moeda nacional, o valor deve ser convertido pela PTAX de compra de 28/02 – R$ 3,60.

A variação cambial pode ser calculada pela diferença de taxas aplicada ao montante em moeda estrangeira: [PTAX 28/02 (–) PTAX 10.02] × ME$ 100,000

**2. Solução proposta**: O valor registrado em conta de compensação deve ser sempre o valor em real equivalente ao montante em moeda estrangeira contratado. Nesse caso, R$ 390.000,00.

**3. Solução proposta**:

Etapa 1 – O banco KLM deverá baixar todos os valores contabilizados em contas patrimoniais e de compensação.

Etapa 2 – A instituição financeira deverá registrar o valor do adiantamento na conta Títulos e Créditos a Receber.

Etapa 3 – O banco KLM deverá constituir uma provisão para crédito de liquidação duvidosa de acordo com as normas vigentes (atualmente, a Resolução CMN nº 2.682).

Etapa 4 – A instituição financeira deverá registrar o valor em discussão nas contas contábeis de compensação, onde deverão ficar até que a pendência seja solucionada ou pelo prazo mínimo previsto nas normas do BCB.

D – Devedores por contratos de câmbio (Compensação Ativa)

C – Contratos de câmbio (Compensação Passiva)

**4. Solução proposta**: A captação é um "empréstimo" feito diretamente por uma instituição financeira com o objetivo de direcionar o recurso para um fim específico. Nesse nosso exemplo, o recurso deve, obrigatoriamente, ser direcionado para fomento à exportação brasileira.

Já a linha de crédito no exterior é um recurso disponibilizado para o importador brasileiro por um banco estrangeiro, servindo o banco brasileiro apenas como intermediário.

Assim, a principal diferença está na contraparte do crédito (ou empréstimo).

## REFERÊNCIA

CONSELHO MONETÁRIO NACIONAL. Resolução CMN nº 3.568, de 29 de maio de 2008. Dispõe sobre o mercado de câmbio e dá outras providências. Disponível em: https://www.bcb.gov.br/pre/normativos/busca/downloadNormativo.asp?arquivo=/Lists/Normativos/Attachments/47908/Res_3568_v9_L.pdf. Acesso em: 27 jun. 2023.

# 10

# DESPESAS ANTECIPADAS

Julio Cesar Zanini
Alexandre Gonzales
Giovanna do Nascimento Ferraz

## 10.1 INTRODUÇÃO

Entende-se como despesas antecipadas os direitos adquiridos referentes a serviços que serão consumidos no futuro. Em outras palavras, no momento do pagamento, adquire-se o direito de usufruir de serviços ainda não consumidos. Assim, quando da ocorrência do fato gerador, que é o consumo desses serviços pagos antecipadamente, apropria-se a despesa efetiva no resultado, observando, dessa forma, o regime de competência.

Conforme disposto no art. 179 da Lei nº 6.404/1976, despesas antecipadas são aplicações de recursos em despesas do exercício seguinte, ou seja, Ativos cujos benefícios ou prestação de serviços à empresa ocorrerão em períodos seguintes.

## 10.2 CONTEÚDO E CLASSIFICAÇÃO

Como a disposição das contas no Ativo obedece ao grau de liquidez dos elementos nelas registrados, as despesas antecipadas aparecem em último lugar.

Vários itens podem ser exemplificados, como:

- **despesas antecipadas com seguros**: prêmios de seguros pagos antecipadamente, mas cujo benefício (cobertura do seguro) se dará durante o exercício ou exercícios subsequentes;

- **despesas antecipadas com assinaturas e anuidades**: assinaturas pagas à vista, mas com direito a usufruir do pacote por determinado período de tempo;
- **despesas com vale-transporte**: bilhetes de passagem adquiridos, mas ainda não utilizados;
- **despesas antecipadas com comissões e prêmios**: comissões comerciais pagas relativas a benefícios ainda não usufruídos;
- outros custos e despesas pagos antecipadamente.

Observa-se que o Ativo Tangível Material de Expediente, Material de Consumo etc. adquiridos e consumidos ao longo de um período não são classificados como despesas antecipadas. Os referidos itens poderão ser controlados em conta de almoxarifado (Estoques) ou lançados diretamente em resultado.

De acordo com o Padrão Contábil das Instituições Reguladas (Cosif) pelo Banco Central do Brasil (BCB), as despesas da espécie, correspondentes a cada operação, de valor até R$ 511,00 (quinhentos e onze reais) na data de sua ocorrência, podem ser apropriadas diretamente como despesas efetivas no ato do pagamento.

As despesas antecipadas são classificadas no grupo do Ativo Circulante ou Não Circulante – Realizável a Longo Prazo (RLP), desde que sejam adequadamente caracterizadas como despesas do exercício seguinte ou posteriores, e pagas antecipadamente à obtenção de seus benefícios.

## 10.3 PLANO DE CONTAS

No plano de contas de uma entidade, as despesas citadas anteriormente poderão ser elencadas conforme apresentado no Quadro 10.1.

**Quadro 10.1** Abertura das contas de despesas antecipadas

| Ativo |
|---|
| Ativo Circulante |
| Despesas Antecipadas |
| **Prêmios de Seguro** |
| **Aluguéis** |
| **Assinatura de Periódicos** |
| **Manutenção e Conservação** |
| **Comissões e Prêmios** |
| **Outros Custos e Despesas** |

| Ativo |
|---|
| Ativo Não Circulante |
| Realizável a Longo Prazo |
| Despesas Antecipadas |
| **Prêmios de Seguro** |
| **Outros Custos e Despesas** |

## 10.4 CONTABILIZAÇÃO

**Prêmios de seguros:** a título de exemplo, a empresa XYZ contratou, em dezembro de 20X1, um seguro contra incêndio de suas instalações industriais, com prazo de cobertura de 1 (um) ano e prêmio total contratado de R$ 36.000,00 (trinta e seis mil reais), divididos em 3 (três) parcelas iguais e sucessivas de R$ 12.000,00 (doze mil reais), cujos vencimentos ocorrerão nos dias 01/02/20X2, 01/03/20X2 e 01/04/20X2.

Em dezembro de 20X1
Pela contratação do seguro contra incêndio
D – Despesas antecipadas – Prêmios de seguros a apropriar (Ativo Circulante)
C – Prêmios de seguros a pagar (Passivo Circulante)
Valor = R$ 36.000,00

Em janeiro de 20X2
Pela apropriação mensal do prêmio do seguro
D – Despesas com seguros (Resultado)
C – Despesas antecipadas – Prêmios de seguros a apropriar (Ativo Circulante)
Valor = R$ 3.000,00 (R$ 36.000,00/12 meses)
Obs.: As demais apropriações, referentes aos períodos compreendidos entre fevereiro/20X2 e dezembro/20X2, devem ser contabilizadas da mesma forma, até o final da vigência do seguro, quando completará 12/12.

Em fevereiro de 20X2 (01/02/20X2)
Pelo pagamento das parcelas do prêmio do seguro
D – Prêmios de seguros a pagar (Passivo Circulante)
C – Caixa ou adequada conta (Ativo Circulante)
Valor = R$ 12.000,00 (R$ 36.000,00/3 parcelas)
Obs.: As demais parcelas com vencimentos em 01/03/20X2 e 01/04/20X2 devem ser contabilizadas da mesma forma, apenas mudando o histórico do lançamento.

**Aluguéis:** a título de exemplo, a empresa XYZ alugou, ao final de dezembro de 20X1, um barracão para ampliar as suas instalações industriais. O contrato foi firmado com prazo de locação de 1 (um) ano, com pagamento à vista do aluguel, no valor de R$ 60.000,00 (sessenta mil reais).

Em dezembro de 20X1
Pela contratação do aluguel
D – Despesas antecipadas – Aluguéis pagos antecipadamente (Ativo Circulante)
C – Caixa ou adequada conta (Ativo Circulante)
Valor = R$ 60.000,00

Em janeiro de 20X2
Pela apropriação mensal do aluguel pago antecipadamente
D – Despesas com aluguéis (Resultado)
C – Despesas antecipadas – Aluguéis pagos antecipadamente (Ativo Circulante)
Valor = R$ 5.000,00 (R$ 60.000,00/12 meses)
Obs.: As demais apropriações, referentes aos períodos compreendidos entre fevereiro/20X2 e dezembro/20X2, devem ser contabilizadas da mesma forma, até o final da vigência do aluguel, quando completará 12/12.

Caso esse aluguel tivesse sido contratado por um período de 24 (vinte e quatro) meses, uma parte do gasto deveria ser registrada no Ativo Circulante e a outra parte no Ativo Não Circulante – RLP, correspondente ao dispêndio a incorrer após o término do exercício.

Além disso, é preciso observar que, a partir de 1º de janeiro de 2025, entrará em vigor a Resolução CMN nº 4.975/2021, que recepciona o CPC 06 (R2). Essa norma trata de contratos de arrendamento mercantil e faz com que os pagamentos de contratos de aluguel, em determinadas circunstâncias, tenham o direito de uso registrado como Ativo, assim como que os futuros pagamentos desse contrato sejam registrados no passivo. Esse assunto é tratado com mais detalhes no Capítulo 8, "Arrendamento Mercantil".

## 10.5 AJUSTE A VALOR PRESENTE

De acordo com o art. 183, inciso VIII, da Lei nº 6.404/1976, modificada pela Lei nº 11.638/2007, os elementos do Ativo decorrentes de operações de longo prazo serão ajustados a valor presente, sendo os demais ajustados quando houver efeito relevante.

Em consonância com essa Lei, o Pronunciamento Técnico CPC 12 – Ajuste a Valor Presente estabelece em seu item 21 que os elementos integrantes do Ativo e do passivo decorrentes de operações de longo prazo, ou de curto prazo, quando houver efeito relevante, devem ser ajustados a valor presente com base em taxas de desconto que reflitam as melhores avaliações do mercado quanto ao valor do dinheiro no tempo e os riscos específicos do Ativo e do passivo em suas datas originais.

Logo, é preciso observar que, para as despesas antecipadas classificadas no Ativo Não Circulante – RLP, serão requeridas modificações nos saldos originais dessas despesas, pelo ajuste a valor presente. Para as despesas antecipadas classificadas no Ativo Circulante, esse ajuste somente será requerido quando houver efeito relevante.

## 10.6 EXERCÍCIOS

1. A Empresa XYZ efetua a apropriação mensal de 1/12 referente ao aluguel pago antecipadamente. Analise os registros contábeis a seguir e assinale a alternativa que representa essa apropriação:

a) D – Despesas com aluguel    C – Aluguel a apropriar
b) D – Aluguel a apropriar    C – Aluguel a pagar
c) D – Despesas com aluguel    C – Aluguel a pagar
d) D – Aluguel a apropriar    C – Despesas com aluguel

2. Considerando que a Empresa XYZ contratou, em 31/12/X0, um seguro para suas instalações, com vigência de 18 meses, analise os registros contábeis a seguir e assinale a alternativa que representa o seu registro inicial:

a) D – Despesas com aluguel    C – Seguros a apropriar
b) D – Seguros a apropriar    C – Seguros a pagar
c) D – Despesas com seguros    C – Seguros a pagar
d) D – Seguros a apropriar    C – Caixa

3. Qual das alternativas a seguir conceitua adequadamente as despesas pagas antecipadamente?

a) Representam os deveres adquiridos referentes a serviços que serão consumidos no futuro.
b) Representam os direitos adquiridos cujos fatos geradores já ocorreram.
c) Representam os direitos adquiridos referentes a serviços que serão consumidos no futuro.
d) Representam obrigações quitadas antes do vencimento, cujos fatos geradores já ocorreram.

## 10.7 RESPOSTAS DOS EXERCÍCIOS

1. a
2. d
3. c

---

**APÊNDICE – DEFINIÇÃO DE TERMOS**

**Ativo Circulante:** espera-se que seja realizado no período de até 12 meses após a data do balanço.

**Ativo Não Circulante:** espera-se que seja realizado no período superior a 12 meses após a data do balanço.

**Ajuste a Valor Presente:** objetiva efetuar o ajuste para demonstrar o valor presente de um fluxo de caixa futuro.

---

## REFERÊNCIAS

BANCO CENTRAL DO BRASIL. COSIF: Padrão Contábil das Instituições Reguladas pelo Banco Central do Brasil. Disponível em: https://www3.bcb.gov.br/aplica/cosif. Acesso em: 15 maio 2023.

BRASIL. Lei nº 6.404, de 15 de dezembro de 1976. Dispõe sobre as Sociedades por Ações. *Diário Oficial da União*: Brasília, 17 dez. 1976. Disponível em: https://www.planalto.gov.br/ccivil_03/leis/l6404consol.htm#:~:text=LEI%20No%206.404%2C%20DE%2015%20DE%20DEZEMBRO%20DE%201976.&text=Disp%C3%B5e%20sobre%20as%20Sociedades%20por%20A%C3%A7%C3%B5es.&text=Art.%201%C2%BA%20A%20companhia%20ou,das%20a%C3%A7%C3%B5es%20subscritas%20ou%20adquiridas. Acesso em: 27 jun. 2023.

BRASIL. Lei nº 11.638, de 28 de dezembro 2007. Altera e revoga dispositivos da Lei nº 6.404, de

15 de dezembro de 1976, e da Lei nº 6.385, de 7 de dezembro de 1976, e estende às sociedades de grande porte disposições relativas à elaboração e divulgação de demonstrações financeiras. *Diário Oficial da União*: Brasília, 28 dez. 2007. Disponível em: https://www.planalto.gov.br/ccivil_03/_ato2007-2010/2007/lei/l11638.htm#:~:text=Lei%20n%C2%BA%2011.638&text=LEI%20N%C2%BA%2011.638%2C%20DE%2028%20DE%20DEZEMBRO%20DE%202007.&text=Altera%20e%20revoga%20dispositivos%20da,e%20divulga%C3%A7%C3%A3o%20de%20demonstra%C3%A7%C3%B5es%20financeiras.. Acesso em: 26 jun. 2023.

COMITÊ DE PRONUNCIAMENTOS CONTÁBEIS. Pronunciamento Técnico CPC 12. Ajuste a Valor Presente. Disponível em: https://s3.sa-east-1.amazonaws.com/static.cpc.aatb.com.br/Documentos/219_CPC_12.pdf. Acesso em: 27 jun. 2023.

GELBCKE, E. R.; SANTOS, A.; IUDÍCIBUS, S.; MARTINS, E. *Manual de contabilidade societária*: aplicável a todas as sociedades: de acordo com as normas internacionais e do CPC. 3. ed. São Paulo: Atlas, 2020.

# 11

# ATIVO IMOBILIZADO

Julio Cesar Zanini
Alexandre Gonzales
Giovanna do Nascimento Ferraz

## 11.1 INTRODUÇÃO

Por definição, considera-se como imobilizado um ativo de natureza tangível, mantido para uso na produção ou fornecimento de mercadorias ou serviços, para aluguel a outros, ou para fins administrativos e com expectativa de uso por mais de um período, ou seja, por mais de um ano.

Vale destacar também que esse ativo, de permanência duradoura, deve ser reconhecido como imobilizado quando efetivamente trouxer benefícios econômicos para a empresa e quando seu valor puder ser mensurado objetivamente.

Além disso, de acordo com a redação dada pela Lei nº 11.638/2007, devem ser registrados no ativo imobilizado os direitos que tenham por objeto bens corpóreos decorrentes de operações que transfiram à companhia os benefícios, riscos e controle desses bens.

## 11.2 MENSURAÇÃO INICIAL

Os ativos imobilizados, que atendam aos critérios de reconhecimento, devem ser mensurados por seu valor de custo, o qual pode ser assim descrito:

Preço de Compra
(–) Tributos Recuperáveis
(–) Descontos comerciais e Abatimentos
(+) Custos necessários de instalação e implementação
(+) Outros gastos necessários para deixar o imobilizado pronto para uso, incluindo gastos estimados para a desmontagem do ativo

Exemplificando: considerando que em 31 de janeiro uma empresa tenha adquirido por R$ 100.000,00, a prazo, uma máquina para ser utilizada no seu processo de produção de bens. Além disso, a legislação tributária permite a recuperação de 12% de ICMS sobre o valor das compras de bens. O transporte da máquina foi pago à vista com cheque no valor de R$ 2.000,00. Os gastos de instalação física da máquina foram pagos a terceiros com cheque no valor de R$ 8.000,00. O custo do imobilizado é demonstrado a seguir:

CUSTO DE AQUISIÇÃO

| | |
|---|---|
| Preço de compra | 100.000,00 |
| (–) Tributos recuperáveis | 12.000,00 |
| (+) Fretes | 2.000,00 |
| (+) Instalações | 8.000,00 |
| Total | 98.000,00 |

Em síntese, todos os gastos necessários para colocar o bem em condições de uso pela empresa devem compor seu custo de aquisição.

As contabilizações necessárias para registrar as aquisições podem ser feitas como demonstradas a seguir:

1) Compra da máquina

D – Máquinas, aparelhos e equipamentos

C – Contas a pagar

Valor R$ 100.000,00

2) Tributos recuperáveis

D – ICMS a compensar

C – Máquinas, aparelhos e equipamentos

Valor R$ 12.000,00

3) Fretes

D – Máquinas, aparelhos e equipamentos

C – Bancos conta movimento

Valor R$ 2.000,00

4) Instalações

D – Máquinas, aparelhos e equipamentos

C – Bancos conta movimento

Valor R$ 8.000,00

O saldo final da conta contábil de máquinas, aparelhos e equipamentos deve corresponder ao custo de aquisição calculado anteriormente que resultou em um valor de R$ 98.000,00.

## 11.3 MENSURAÇÃO SUBSEQUENTE

Conforme o CPC 27, o valor residual e a vida útil de um ativo devem ser revisados pelo menos ao final de cada exercício e, se as expectativas diferirem das estimativas anteriores, a mudança deve ser contabilizada como mudança de estimativa contábil, segundo o Pronunciamento Técnico CPC 23 – Políticas Contábeis, Mudança de Estimativa e Retificação de Erro.

Além disso, com as modificações promovidas pelas Leis nº 11.638/2007 e nº 11.941/2009, o § 3º do art. 183 da Lei nº 6.404/1976 determina que a companhia deverá efetuar, periodicamente, análise sobre a recuperação dos valores registrados no imobilizado e no intangível, a fim de que sejam revisados e ajustados os critérios utilizados para determinação da vida útil econômica estimada e para cálculo da depreciação, exaustão e amortização.

O desgaste pelo uso do bem nas atividades da empresa é representado na contabilidade pela **depreciação**, que consiste na alocação do valor do bem à despesa ou custo da empresa ao longo da sua vida útil. Em outras palavras, o valor do investimento vai se transferindo do ativo da empresa para o resultado na medida em que o bem vai sendo utilizado.

O valor de aquisição do bem do ativo imobilizado deduzido de seu valor depreciado até determinado momento resulta no valor contábil do bem. Esse valor é base para avaliação patrimonial de uma entidade e, consequentemente, para consideração e apuração dos tributos envolvidos com tais bens.

A vida útil de um bem, segundo o Pronunciamento Contábil IAS 16/CPC 27, é:

- o período de tempo durante o qual a entidade espera utilizar o ativo; ou
- o número de unidades de produção ou de unidades semelhantes que a entidade espera obter pela utilização do ativo.

Assim, quando um bem é adquirido, seu valor é ativado por tratar-se de um investimento. À medida que esse bem vai sendo utilizado, parte de seu valor é transferida para despesa e isso ocorre durante a vida útil desse bem. O valor do investimento menos o valor já depreciado resulta, como já mencionado, no valor contábil do bem.

O método de depreciação utilizado deve refletir o padrão de consumo pela entidade dos benefícios econômicos futuros. Em função da existência de vários métodos de depreciação, para apropriar de forma sistemática o valor depreciável de um ativo ao longo da sua vida útil, o método utilizado pela entidade deve ser revisado pelo menos ao final de cada exercício, a fim de se verificar se houve mudança significativa no padrão de consumo previsto. Em caso positivo, esse método de depreciação deve ser alterado para refletir o novo cenário.

A depreciação de um ativo começa quando ele está pronto para uso, e deve ser encerrada quando ele é classificado como mantido para a venda, ou, ainda, na data em que é baixado, o que ocorrer primeiro. Portanto, a depreciação não cessa quando o ativo se torna ocioso ou é retirado do uso normal, a não ser que o ativo esteja totalmente depreciado.

Exemplificando: um *hardware* que custou R$ 100.000 (pagamento à vista) foi adquirido no início de janeiro de 2019 e tinha vida útil estimada de 10 anos (valor residual considerado imaterial). Após dois anos, sua estimativa da vida útil foi revisada para quatro anos (a contar da data da revisão).

Em janeiro/2019

1) Registro do ativo imobilizado

D – Ativo imobilizado (ANC)

C – Caixa ou assemelhada (ANC)

Valor = R$ 100.000

Em dezembro/2019

1) Registro da depreciação (método linear)

D – Despesa de depreciação (Resultado)

C – (–) Depreciação acumulada (ANC)

Valor = R$ 10.000

2) Saldos contábeis

| | |
|---|---|
| Ativo imobilizado (ANC) | R$ 100.000 |
| (–) Depreciação acumulada (ANC) | R$ (10.000) |
| | R$ 90.000 |

Em dezembro/2020

1) Registro da depreciação (método linear)

D – Despesa de depreciação (Resultado)

C – (–) Depreciação acumulada (ANC)

Valor = R$ 10.000

2) Saldos contábeis

| | |
|---|---|
| Ativo imobilizado (ANC) | R$ 100.000 |
| (–) Depreciação acumulada (ANC) | R$ (20.000) |
| | R$ 80.000 |

Em dezembro/2021 – após mudança na estimativa da vida útil, ocorrida desde o início de 2021

1) Registro da depreciação (método linear)

D – Despesa de depreciação (Resultado)

C – (–) Depreciação acumulada (ANC)

Valor = R$ 20.000

2) Saldos contábeis

| | |
|---|---|
| Ativo imobilizado (ANC) | R$ 100.000 |
| (–) Depreciação acumulada (ANC) | R$ (40.000) |
| | R$ 60.000 |

## 11.4 CLASSIFICAÇÃO E CONTEÚDO DAS CONTAS

Basicamente, o imobilizado pode ser enquadrado em dois subgrupos: os bens em operação (terrenos, obras civis e complementares, instalações, máquinas, equipamentos, móveis, *softwares*, entre outros) e os bens em andamento, tanto na sua fase de implantação quanto na execução da constituição efetiva do ativo.

Por exemplo, à medida que a construção de um prédio vai progredindo, a contabilidade vai apropriando os gastos no imobilizado sob o título de bens em andamento. Naturalmente, a depreciação desse ativo somente será iniciada quando ele estiver pronto. Durante a construção, entretanto, esses gastos (bens em andamento) já constituem um ativo imobilizado, o qual apresenta a mesma característica de realização que é típica dos demais itens que integram a carteira de ativos da empresa.

Os elementos do ativo imobilizado podem ser classificados ainda conforme a sua natureza e uso semelhantes nas operações da entidade. Contudo, esses registros dependem muito das características e das necessidades de informação. O Padrão Contábil das Instituições Reguladas (Cosif) pelo Banco Central do Brasil (BCB) sugere a composição das contas de imobilizado, conforme apresentado no Quadro 11.1.

**Quadro 11.1** Abertura das contas do ativo imobilizado

| ATIVO |
|---|
| Ativo Não Circulante |
| Ativo Imobilizado de Uso |
| **Imobilizado em Estoque** |
| Móveis |
| Equipamentos |
| **Imobilizações em Curso** |
| Imóveis |
| Bens móveis |
| Outros |
| **Instalações** |
| **Móveis e Equipamentos** |
| Mobiliário |
| Equipamentos de Processamento de Dados |
| Equipamentos de Comunicação e de Segurança |
| Outros Equipamentos |
| **Veículos** |
| **Benfeitorias em Imóveis de Terceiros** |
| **Imóveis** |
| Terrenos |
| Edificações |
| **Outros Imobilizados de Uso** |
| **(–) Redução ao Valor Recuperável de Ativo Imobilizado de Uso** |
| (–) Instalações |
| (–) Móveis e Equipamentos |
| (–) Veículos |
| (–) Benfeitorias em Imóveis de Terceiros |
| (–) Imóveis – Edificações |
| (–) Outros Imobilizados de Uso |
| **(–) Depreciação Acumulada de Ativo Imobilizado de Uso** |
| (–) Instalações |
| (–) Móveis e Equipamentos |
| (–) Veículos |
| (–) Benfeitorias em Imóveis de Terceiros |
| (–) Imóveis – Edificações |
| (–) Outros Imobilizados de Uso |

As contas do subgrupo "Imobilizações em Curso" refletem os ativos que ainda não estão operacionais. Já as demais contas representam os ativos em utilização no processo operacional da empresa. Um aspecto a ser observado é que, quando uma entidade constrói um imóvel, o terreno é registrado em conta separada da construção.

As contas do subgrupo "Depreciação Acumulada de Ativo Imobilizado de Uso" representam a perda do valor desses ativos investidos em função do tempo em que estão sendo utilizados. E as contas do subgrupo "Redução ao Valor Recuperável de Ativo Imobilizado de Uso" refletem as perdas de valor do capital aplicado pela sua descontinuidade ou quando comprovado que o ativo não produzirá resultados suficientes para recuperação desse valor.

De acordo com o Cosif, a ser observado pelas instituições financeiras e demais instituições autorizadas a funcionar pelo BCB, caso não sejam efetivadas as aplicações previstas no período de até três anos, os ativos registrados como imobilizado em andamento deverão ser reclassificados para o ativo circulante (Resolução CMN nº 4.535, de 24 de novembro de 2016, art. 3º, parágrafo único).

## 11.5 BAIXA DO ATIVO IMOBILIZADO

O valor contábil (custo (−) depreciação/amortização) de um ativo imobilizado deverá ser baixado por ocasião da sua alienação ou quando não houver expectativa de benefícios econômicos futuros com a sua utilização ou alienação.

## 11.6 DIVULGAÇÃO NAS DEMONSTRAÇÕES CONTÁBEIS

De acordo com o CPC 27, as demonstrações contábeis devem divulgar, para cada classe de ativo imobilizado: (a) os critérios de mensuração utilizados para determinar o valor contábil bruto; (b) os métodos de depreciação utilizados; (c) as vidas úteis ou as taxas de depreciação utilizadas; (d) o valor contábil bruto e a depreciação acumulada (mais as perdas por redução ao valor recuperável acumuladas) no início e no final do período; e (e) a conciliação do valor contábil no início e no final do período.

A seleção do método de depreciação e a estimativa da vida útil dos ativos são questões de julgamento. Por isso, a divulgação dos métodos adotados e das estimativas das vidas úteis ou das taxas de depreciação fornece aos usuários das demonstrações contábeis informação que lhes permite revisar as políticas selecionadas pela administração e facilita comparações com outras entidades.

De acordo com o Pronunciamento Técnico CPC 23 – Políticas Contábeis, Mudança de Estimativa e Retificação de Erro, a entidade deve divulgar a natureza e o efeito de uma mudança de estimativa contábil que tenha impacto no período corrente ou em períodos subsequentes. Relativamente aos ativos imobilizados, tal divulgação pode resultar de mudanças de estimativas relativas a: (a) valores residuais; (b) custos estimados de desmontagem, remoção ou restauração de itens do ativo imobilizado; (c) vidas úteis; e (d) métodos de depreciação.

## 11.7 REAVALIAÇÃO DO ATIVO IMOBILIZADO

A partir de 1º de janeiro de 2008, data de vigência da Lei nº 11.638/2007, vedou-se às entidades a possibilidade de fazer, de forma espontânea, registros contábeis de reavaliação de ativos, diante da extinção da conta "Reservas de Reavaliação". Vale ressaltar que a "Reserva de Reavaliação" não foi substituída pela conta de "Ajustes de Avaliação Patrimonial", que tem natureza e finalidade distintas. Esta se destina a escriturar, exclusivamente, os valores decorrentes de avaliação de instrumentos financeiros, além dos casos estabelecidos pela Comissão de Valores Mobiliários (CVM) com base na competência que lhe foi atribuída pela Lei nº 11.638/2007 e pela Lei nº 11.941/2009. Aquela se destinava a escriturar as contrapartidas de valores atribuídos a quaisquer elementos do ativo em virtude de novas avaliações com base em laudo.

Contudo, o Pronunciamento CPC 27 manteve a previsão contida no IAS 16, emitido pelo IASB, sobre a possibilidade de adoção, como método alternativo, da reavaliação. De acordo com a referida regulamentação, o item do ativo imobilizado cujo valor justo possa ser mensurado confiavelmente pode ser apresentado, se permitido por lei, pelo seu valor reavaliado, correspondente ao seu valor justo à data da reavaliação menos qualquer depreciação e perda por redução ao valor recuperável acumuladas subsequentes.

## 11.8 EXERCÍCIOS

1. Qual dos ativos a seguir não pode ser registrado como um ativo imobilizado?

a) Aquisição de um automóvel para uso da empresa.

b) Aquisição de mesas e cadeiras para as áreas da empresa.

c) Aquisição de terreno para futuras instalações.

d) Aquisição de sistemas de processamento de dados.

2. São requisitos para o reconhecimento de um ativo imobilizado:

I. O custo ser mensurável com confiabilidade.
II. Ser provável que benefícios econômicos futuros associados ao item fluirão para a entidade.
III. A entidade ser proprietária do bem, independentemente de este item ter probabilidade ou não de benefícios econômicos futuros associados.

Estão corretas as alternativas:
a) I e III.
b) I e II.
c) Apenas I.
d) Apenas II.

3. Marque a opção que apresenta a alternativa **incorreta** em relação ao ativo imobilizado:

a) Ativo imobilizado é o item tangível que corresponde aos direitos que tenham por objeto bens corpóreos destinados à manutenção das atividades da entidade.
b) Ativo imobilizado é o item tangível que é mantido para uso na produção ou fornecimento de mercadorias ou serviços.
c) Ativo imobilizado é o item intangível que corresponde aos direitos que tenham por objeto bens corpóreos destinados à manutenção das atividades da entidade.
d) Ativo imobilizado é o item tangível que se espera utilizar por mais de um período.

## 11.9 RESPOSTAS DOS EXERCÍCIOS

1. d
2. b
3. c

---

### APÊNDICE – DEFINIÇÃO DE TERMOS

**Vida útil**: período de tempo durante o qual a entidade espera utilizar o ativo ou número de unidades de produção ou de unidades semelhantes que a entidade espera obter pela utilização do ativo.

**Vida econômica**: expectativa em relação a todo fluxo esperado de benefícios econômicos a ser gerado ao longo da vida econômica do ativo, independentemente da utilidade esperada pela entidade.

**Valor residual**: valor estimado que a entidade obteria com a venda do ativo, após deduzir as despesas estimadas de venda, caso o ativo já tivesse a idade e a condição esperadas para o fim de sua vida útil.

---

## REFERÊNCIAS

BANCO CENTRAL DO BRASIL. COSIF: Padrão Contábil das Instituições Reguladas pelo Banco Central do Brasil. Disponível em: https://www3.bcb.gov.br/aplica/cosif. Acesso em: 15 maio 2023.

BRASIL. Lei nº 6.404, de 15 de dezembro de 1976. Dispõe sobre as Sociedades por Ações. *Diário Oficial da União*: Brasília, 17 dez. 1976. Disponível em: https://www.planalto.gov.br/ccivil_03/leis/l6404consol.htm#:~:text=LEI%20No%206.404%2C%20DE%2015%20DE%20DEZEMBRO%20DE%201976.&text=Disp%-C3%B5e%20sobre%20as%20Sociedades%20por%20A%C3%A7%C3%B5es.&text=Art.%201%C2%BA%20A%20companhia%20ou,das%20a%C3%A7%C3%B5es%20subscritas%20ou%20adquiridas. Acesso em: 28 jun. 2023.

BRASIL. Lei nº 11.638, de 28 de dezembro de 2007. Altera e revoga dispositivos da Lei nº 6.404, de 15 de dezembro de 1976, e da Lei nº 6.385, de 7 de dezembro de 1976, e estende às sociedades de grande porte disposições relativas à elaboração e divulgação de demonstrações financeiras.. *Diário Oficial da União*: Brasília, 28 dez. 2007. Disponível em: https://www.planalto.gov.br/ccivil_03/_ato2007-2010/2007/lei/l11638.htm#:~:text=Lei%20n%C2%BA%2011.638&text=LEI%20N%C2%BA%2011.638%2C%20DE%2028%20DE%20DEZEMBRO%20DE%202007.&text=Altera%20e%20revoga%20dispositivos%20da,e%20divulga%C3%A7%C3%A3o%20de%20demonstra%-C3%A7%C3%B5es%20financeiras. Acesso em: 28 jun. 2023.

COMITÊ DE PRONUNCIAMENTOS CONTÁBEIS. Pronunciamento Técnico CPC 23. Políticas Contábeis, Mudança de Estimativa e Retificação de Erro. Disponível em: https://s3.sa-east-1.amazonaws.com/static.cpc.aatb.com.br/Documentos/296_CPC_23_rev%2020.pdf. Acesso em: 28 jun. 2023.

COMITÊ DE PRONUNCIAMENTOS CONTÁBEIS. Pronunciamento Técnico CPC 27. Ativo Imobilizado. Disponível em: https://s3.sa-east-1.amazonaws.com/static.cpc.aatb.com.br/Documentos/316_CPC_27_rev%2019.pdf. Acesso em: 28 jun. 2023.

GELBCKE, E. R.; SANTOS, A.; IUDÍCIBUS, S.; MARTINS, E. *Manual de contabilidade societária* – FIPECAFI: aplicável a todas as sociedades – de acordo com as normas internacionais e do CPC. 3. ed. São Paulo: Atlas, 2020.

# 12

# ATIVO INTANGÍVEL

**Ivanice Teles Floret**
**Fabio Bassi de Oliveira**
**Giovanna do Nascimento Ferraz**

## 12.1 INTRODUÇÃO

As instituições supervisionadas pelo Banco Central do Brasil (BCB) devem seguir a Resolução nº 4.534, de 24 de novembro de 2016 (para instituições financeiras), e a Resolução BCB nº 7, de 12 de agosto de 2020 (para instituições de pagamento e administradoras de consórcio), para o tratamento contábil de ativo intangível, o qual é definido por ambas as normas como ativo não monetário, identificável, sem substância física, o qual pode ser adquirido ou desenvolvido pela instituição, com a finalidade de manutenção da entidade ou exercido com esse propósito. A definição apresentada pelo Regulador está em linha com o Pronunciamento Técnico CPC 04 (R1) – Ativo Intangível.

Por ativo não monetário considera-se o ativo que não seja representado por unidades de moeda mantidas em caixa e que não possa ser recebido em um número fixo ou determinado de unidades de moeda.

Já ativo identificável é o ativo que pode ser separado da instituição e vendido, transferido, licenciado, alugado ou trocado, individual ou juntamente com um contrato, ativo ou passivo relacionado, independentemente da intenção de uso pela instituição. Também pode ser considerado ativo identificável o que resulte de direitos contratuais ou outros direitos legais, independentemente de tais direitos serem transferíveis ou separáveis da instituição ou de outros direitos e obrigações.

O Pronunciamento Técnico CPC 04 (R1) – Ativo Intangível apresenta os seguintes exemplos de ativos intangíveis: *softwares*, patentes, direitos autorais, direitos sobre filmes cinematográficos, listas de clientes, direitos sobre hipotecas, licenças de pesca, quotas de importação, franquias, relacionamentos com clientes ou fornecedores, fidelidade de clientes, participação no mercado e direitos de comercialização.

Os ativos intangíveis podem ser desenvolvidos pela instituição, como no caso do desenvolvimento de *softwares*. Nesse sentido, considera-se ativo desenvolvido aquele que seja originado da aplicação dos resultados de pesquisa ou de outros conhecimentos em plano ou projeto que tenha o objetivo da produção de materiais, dispositivos, produtos, processos, sistemas ou serviços novos ou substancialmente aprimorados, antes do início da sua produção comercial ou do seu uso.

## 12.2 REGISTRO CONTÁBIL DE ATIVO INTANGÍVEL

Via de regra, os ativos intangíveis devem ser registrados pelo valor de custo, o qual é compreendido da seguinte forma:

Preço de aquisição ou o custo de desenvolvimento à vista

+ Eventuais impostos de importação e impostos não recuperáveis

+ Demais custos diretamente atribuíveis, necessários à preparação do ativo para a finalidade proposta.

Importante ressaltar que, se houver impostos recuperáveis, esses não farão parte do valor do custo do ativo intangível. Os custos diretamente atribuíveis são aqueles em que a instituição não incorreria se ela não adquirisse ou desenvolvesse o referido ativo intangível.

O Pronunciamento Técnico CPC 04 (R1) – Ativo Intangível apresenta os seguintes exemplos relativos aos custos diretamente atribuíveis:

- custos de benefícios aos empregados, incorridos diretamente para que o ativo fique em condições operacionais (de uso ou funcionamento);
- honorários profissionais diretamente relacionados para que o ativo fique em condições operacionais; e
- custos com testes para verificar se o ativo está funcionando adequadamente.

O mesmo pronunciamento também apresenta exemplos de gastos que não fazem parte do custo do ativo intangível e devem ser registrados como despesa:

- custos incorridos na introdução de novo produto ou serviço (incluindo propaganda e atividades promocionais);
- custos da transferência das atividades para novo local ou para nova categoria de clientes (incluindo custos de treinamento); e
- custos administrativos e outros custos indiretos.

Alguns ativos intangíveis podem necessitar de manutenção. Por essa razão, os gastos subsequentes ao seu registro contábil podem ser adicionados ao valor contábil do ativo, desde que esses gastos aumentem o prazo de vida útil econômica do ativo, bem como sua eficiência, sua produtividade ou sua capacidade de geração de benefícios econômicos futuros. Isso quer dizer que, se uma instituição adquiriu um ativo intangível no valor à vista de R$ 50.000,00 e, anos após o início de utilização desse intangível, incorreu em um gasto de R$ 30.000,00 para que o mesmo fosse atualizado, resultando no aumento de sua eficiência, esse valor, em vez de ser registrado como despesa, deve fazer parte do valor contábil do ativo intangível, que será de R$ 80.000,00, desconsiderando as amortizações.

Na situação em que a instituição adquirir um ativo intangível com pagamento a prazo, a diferença entre o preço à vista e o total dos pagamentos deve ser apropriada mensalmente, *pro rata temporis*, em uma conta de despesa, seguindo o regime de competência. Por exemplo: uma instituição adquiriu um *software* com pagamento em duas parcelas de R$ 45.000,00, totalizando R$ 90.000,00. O preço à vista é de R$ 80.000,00. Portanto, há uma diferença de R$ 10.000,00 entre o preço à vista e o total dos pagamentos.

A instituição deve contabilizar as duas parcelas de R$ 5.000,00 (totalizando R$ 10.000,00) nos respectivos meses pelo regime de competência. A contabilização seria efetuada da seguinte forma:

**Aquisição do *software***
Débito: Ativo intangível — R$ 80.000,00
Crédito: Valores a apropriar *pro rata temporis* — R$ 10.000,00
Crédito: Fornecedores — R$ 90.000,00

**1º mês de pagamento**
Pagamento
Débito: Fornecedores — R$ 45.000,00
Crédito: Caixa — R$ 45.000,00

**Apropriação da despesa de juros**
Débito: Despesa ativo intangível — R$ 5.000,00
Crédito: Valores a apropriar *pro rata temporis* — R$ 5.000,00

**2º mês de pagamento**
Pagamento
Débito: Fornecedores — R$ 45.000,00
Crédito: Caixa — R$ 45.000,00

**Apropriação da despesa de juros**
Débito: Despesa ativo intangível — R$ 5.000,00
Crédito: Valores a apropriar *pro rata temporis* — R$ 5.000,00

Para que um ativo intangível seja registrado no Balanço Patrimonial de uma instituição, é preciso atenção para os pontos apresentados nas Seções 12.2.1 e 12.2.2.

### 12.2.1 Ativos intangíveis desenvolvidos pelas instituições

Os ativos intangíveis desenvolvidos pelas instituições supervisionadas pelo BCB somente podem ser registrados quando do atendimento de todas as condições a seguir, as quais devem estar fundamentadas por documentação específica que as comprove, sendo necessária a manutenção desses documentos por, pelo menos, cinco anos, contados a partir do registro inicial do ativo correspondente:

1. viabilidade técnica para concluir o ativo de modo que ele seja disponibilizado para uso;
2. intenção de concluir o ativo e de usá-lo;
3. capacidade para usar o ativo;
4. existência de mercado para os produtos gerados pelo ativo;
5. utilidade do ativo;
6. disponibilidade de recursos técnicos, financeiros e outros recursos adequados para concluir o desenvolvimento do ativo e usá-lo; e
7. capacidade de mensurar com confiabilidade os gastos atribuíveis ao ativo durante seu desenvolvimento.

Cabe ressaltar que, assim como menciona o Pronunciamento Técnico CPC 04 (R1) – Ativo Intangível, as regras do BCB também proíbem o registro contábil de ativos intangíveis desenvolvidos pela própria instituição no que se refere a marcas, títulos de publicações e listas de clientes.

### 12.2.2 Ativos intangíveis recebidos em doação

Eventualmente, uma instituição pode receber um ativo intangível por doação. Isso pode acontecer, por exemplo, se a instituição estiver ligada a algum conglomerado. Antes de efetuar os registros contábeis, é importante que a instituição atente para as questões legais e regulamentares.

Os ativos intangíveis recebidos em doação devem ser registrados pelo seu valor justo, com contrapartida ao resultado do período. Se o ativo intangível for destinado à manutenção das atividades da instituição, a contrapartida do resultado deve se dar direto no ativo intangível. Em qualquer outra situação, a contrapartida do resultado deve ficar no ativo circulante.

## 12.3 AMORTIZAÇÃO DO ATIVO INTANGÍVEL

Por amortização, considera-se a alocação sistemática do valor amortizável de ativo intangível ao longo da sua vida útil, ou seja, periodicamente a contabilidade registra o consumo dos benefícios econômicos do ativo intangível realizado pela instituição.

Importante ressaltar que, por vida útil, considera-se o período de tempo durante o qual a instituição espera utilizar o ativo, levando em consideração alguns fatores, como a utilização prevista de um ativo pela instituição, a obsolescência técnica, tecnológica, comercial ou de outro tipo, e o nível dos gastos de manutenção requerido para obter os benefícios econômicos futuros do ativo. Alguns ativos intangíveis possuem vida útil definida, enquanto outros possuem vida útil indefinida.

Já valor amortizável é a diferença entre o custo de aquisição e o valor residual.

Valor residual é o valor estimado que a instituição obteria com a venda do ativo, depois de deduzir as despesas de venda, caso o ativo já tivesse as condições esperadas para o fim de sua vida útil. Via de regra, o valor residual do ativo intangível é zero, exceto quando há compromisso de terceiros para comprar o ativo ao final da sua vida útil, ou quando há mercado líquido para o ativo em que seja possível determinar o valor residual em relação a esse mercado, e quando seja provável que o mercado continuará a existir ao final da vida útil do ativo.

### 12.3.1 Amortização de ativo intangível com vida útil definida

A amortização do ativo intangível com vida útil definida deve corresponder ao valor amortizável dividido pela vida útil do ativo, calculada de forma linear, a partir do momento em que o ativo está disponível para uso, no local e nas condições necessários para que possa ser utilizado da maneira pretendida pela instituição. Enquanto não atendidas essas condições, o ativo intangível não pode ser amortizado.

A vida útil e o valor residual do ativo intangível devem ser sempre revisados, pelo menos ao final de cada exercício. Os ativos intangíveis com vida útil definida devem ser amortizados ao longo de sua vida, sendo que a amortização deve ser registrada, mensalmente, em conta específica de despesa operacional.

A amortização deve cessar assim que o ativo intangível é baixado ou na data em que a instituição decida descontinuar o uso do ativo em suas atividades.

### 12.3.2 Amortização de ativo intangível com vida útil indefinida

De acordo com as regras do BCB, um ativo intangível é caracterizado como de vida útil indefinida, quando não existir um limite de tempo previsível durante o qual o ativo deverá gerar fluxos de caixa líquidos positivos para a instituição. Anualmente, cabe à instituição verificar se a referida condição permanece inalterada.

Na situação em que houver mudança quanto à caracterização do ativo intangível como de vida útil indefinida, a instituição deverá registrar o evento como mudança de estimativa contábil.

Os ativos intangíveis caracterizados como de vida útil indefinida não são amortizáveis.

## 12.4 BAIXA DE ATIVO INTANGÍVEL

Os ativos intangíveis são baixados quando vendidos ou quando não forem esperados benefícios econômicos futuros com a sua utilização ou alienação. Eventualmente, pode haver ganho ou perda com a referida baixa. Nessa situação, a diferença entre o valor líquido da alienação e o valor contábil do ativo deve ser registrada no resultado, assim que o ativo for vendido.

Se a instituição vender o ativo intangível e a venda ocorrer a prazo, a diferença entre o preço à vista e o total dos recebimentos previstos deverá ser registrada, mensalmente, seguindo o regime de competência, na conta específica de receita.

Por decisão da instituição, o uso do ativo intangível nas atividades operacionais da entidade pode ser descontinuado. Nesse caso, o ativo deve ser baixado, ou, caso possa ser vendido, transferido para uma conta específica do ativo circulante, cujo registro deve ser o menor valor entre o valor contábil e o valor justo deduzido dos custos necessários para a venda.

## 12.5 EXERCÍCIOS

1. A Instituição Financeira Barreto adquiriu um *software* para uso nas suas atividades operacionais, incorrendo nos seguintes gastos:

   | | |
   |---|---|
   | Preço do *software* | R$ 100.000,00 |
   | Honorários do profissional responsável pela instalação do *software* | R$ 20.000,00 |
   | Custos administrativos | R$ 5.000,00 |
   | Testes para verificar se o *software* está funcionando adequadamente | R$ 4.800,00 |

   Marque a alternativa correta com o valor que deve ser considerado como custo do *software*:
   a) R$ 129.800,00.
   b) R$ 125.000,00.
   c) R$ 124.800,00.
   d) R$ 120.000,00.
   e) R$ 100.000,00.

2. Dentre as opções a seguir, marque a correta em relação às características da amortização de ativos intangíveis:

   I. Amortização de ativo intangível é definida como a alocação sistemática do valor amortizável de ativo intangível ao longo da sua vida útil.
   II. Os ativos intangíveis com vida útil definida devem ser amortizados ao longo de sua vida útil.
   III. A amortização dos ativos intangíveis com vida útil indefinida deve ser registrada, mensalmente, em conta específica de despesa operacional.

   a) Apenas as alternativas I e II estão corretas.
   b) Apenas as alternativas II e III estão corretas.
   c) Apenas as alternativas I e III estão corretas.
   d) Todas as alternativas estão corretas.
   e) Todas as alternativas estão erradas.

3. Entre as opções a seguir, marque a correta em relação ao valor do custo dos ativos intangíveis:

   I. Preço de aquisição ou o custo de desenvolvimento à vista compõe o custo dos ativos intangíveis.
   II. Impostos não recuperáveis fazem parte do custo dos ativos intangíveis.
   III. Honorários profissionais diretamente relacionados para que o ativo fique em condições operacionais devem fazer parte do custo do ativo.

   a) Apenas as alternativas I e II estão corretas.
   b) Apenas as alternativas II e III estão corretas.
   c) Apenas as alternativas I e III estão corretas.
   d) Todas as alternativas estão corretas.
   e) Todas as alternativas estão erradas.

4. De acordo com as regras do BCB, um ativo intangível desenvolvido pela instituição somente pode ser registrado quando do atendimento de todas as condições a seguir, **exceto** a alternativa:

   a) Viabilidade técnica para concluir o ativo de modo que ele seja disponibilizado para uso.
   b) Intenção de concluir o ativo e de vendê-lo.
   c) Capacidade para usar o ativo.
   d) Existência de mercado para os produtos gerados pelo ativo.
   e) Disponibilidade de recursos técnicos, financeiros e outros recursos adequados para concluir o desenvolvimento do ativo e usá-lo.

## 12.6 RESPOSTAS DOS EXERCÍCIOS

**1.** c

**Justificativa**: custos administrativos não fazem parte do custo do ativo e devem ser registrados como despesa.

**2.** a

**Justificativa:** os ativos intangíveis com vida útil indefinida não são amortizados.

**3.** d

**Justificativa:** preço de aquisição ou o custo de desenvolvimento à vista faz parte do custo dos ativos intangíveis. Apenas os impostos não recuperáveis não fazem parte do custo dos ativos intangíveis. Honorários profissionais diretamente relacionados para que o ativo fique em condições operacionais são exemplos de custos diretamente atribuíveis necessários à preparação do ativo para a finalidade proposta.

**4.** b

**Justificativa:** a intenção deve ser a de concluir o ativo e usá-lo.

# REFERÊNCIAS

BANCO CENTRAL DO BRASIL. Resolução BCB nº 7, de 12 de agosto de 2020. Dispõe sobre os critérios e os procedimentos para reconhecimento contábil e mensuração dos componentes do ativo intangível e veda o registro de ativo diferido pelas administradoras de consórcio e pelas instituições de pagamento. *Diário Oficial da União*: Brasília, 14 ago. 2020. Disponível em: https://www.bcb.gov.br/estabilidadefinanceira/exibenormativo?tipo=Resolu%C3%A7%C3%A3o%20BCB&numero=7. Acesso em: 28 jun. 2023.

CONSELHO MONETÁRIO NACIONAL. Resolução CMN nº 4.534, de 24 de dezembro de 2016. Dispõe sobre os critérios para reconhecimento contábil e mensuração dos componentes do ativo intangível e sobre o ativo diferido. *Diário Oficial da União*: Brasília, 28 dez. 2016. Disponível em: https://www.bcb.gov.br/estabilidadefinanceira/exibenormativo?tipo=RESOLU%C3%87%C3%83O&numero=4534. Acesso em: 28 jun. 2023.

COMITÊ DE PRONUNCIAMENTOS CONTÁBEIS. Pronunciamento Técnico CPC 4 (R1). Ativo Intangível. Disponível em: https://s3.sa-east-1.amazonaws.com/static.cpc.aatb.com.br/Documentos/187_CPC_04_R1_rev%2021.pdf. Acesso em: 28 jun. 2023.

# 13

# INVESTIMENTOS E MÉTODO DA EQUIVALÊNCIA PATRIMONIAL

**Julio Cesar Zanini**
**Ademir Luiz Bortolatto Junior**
**Giovanna do Nascimento Ferraz**

## 13.1 INTRODUÇÃO

Para diversificar riscos e maximizar retornos, seguindo as estratégias do seu modelo de negócios, as empresas costumam fazer investimentos em outras entidades. Nesse contexto e de acordo com a natureza do seu relacionamento, a entidade investida pode se tornar uma controlada, coligada, empreendimento controlado em conjunto ou outra modalidade de investimento da entidade investidora.

Esse cenário é demonstrado na Figura 13.1, na qual a controladora X investe na controlada A, na coligada B e na *joint venture* C.

## 13.2 CONTROLADA

De acordo com o Banco Central do Brasil (BCB), controlada é a entidade sobre a qual a instituição investidora tenha o controle, direta ou indiretamente. Em outras palavras, uma entidade controla outra quando possui poder sobre a investida e pode utilizar esse poder para afetar o valor dos seus retornos. De modo geral, o controle é obtido por meio da aquisição de ações com direito a voto, como no caso das ações ordinárias, as quais possibilitam que a investidora exerça a capacidade de dirigir as atividades relevantes da investida, como a gestão das estratégias de investimentos, nomeação e

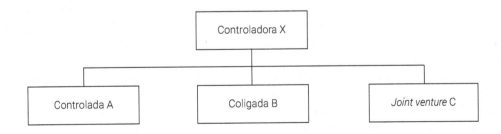

Figura 13.1  Exemplo de estrutura societária.

remuneração da maior parte do pessoal-chave da administração e determinação da estrutura de capital para obtenção de recursos.

De acordo com a Lei nº 6.404/1976 (conhecida como Lei das Sociedades Anônimas – S.A.), para ter controle, é preciso ter, de forma permanente, a maioria dos votos nas deliberações da assembleia geral da investida, ou seja, a legislação não determina uma quantidade mínima em termos de participação para que seja determinado o controle. No entanto, ainda que a investidora possua percentual menor de participação na investida, o poder também pode ser obtido por meio de acordo celebrado com outros acionistas, os quais transferem seus poderes ao acionista controlador.

## 13.3 COLIGADA

Chamamos de coligada a entidade sobre a qual um investidor tem influência significativa, ou, em outras palavras, é uma investida na qual o investidor tem o direito de participar das suas decisões relevantes, porém, sem controlá-la. De acordo com o CPC 18, quando a entidade investidora tem ao menos 20% do poder de voto da investida, presume-se que há influência significativa, a qual, geralmente, é evidenciada quando a investidora tem representação no conselho de administração ou na diretoria da investida, fornece informação técnica essencial, participa dos processos de elaboração de políticas, inclusive em decisões sobre dividendos e outras distribuições, e possibilita o intercâmbio de diretores ou gerentes.

## 13.4 *JOINT VENTURE*

Empreendimento controlado em conjunto, também conhecido como *joint venture* (JV), é um acordo conjunto por meio de duas ou mais entidades que detêm controle conjunto sobre os ativos líquidos de outra entidade, compartilhando também seus riscos e benefícios. É o que acontece quando uma construtora e uma instituição financeira, por exemplo, decidem se juntar para criar um empreendimento imobiliário, em uma situação em que uma das partes fica responsável pelas atividades de investimento, enquanto a outra fica responsável pelas atividades de financiamento; contudo, a JV funciona de acordo com as decisões de ambas. A nova entidade – JV – nasceu pela união de entidades distintas que, de forma estratégica, decidiram unir recursos e habilidades para atenderem aos seus interesses em comum, que muitas vezes estão relacionados com a expansão dos negócios.

## 13.5 REPORTE DO INVESTIMENTO EM CONTROLADAS

O Balanço Patrimonial da investidora deve refletir o investimento de acordo com o seu grau de influência e interesse. Nesse sentido, quando o investimento tiver características de controle, a investidora deverá, além de apresentar demonstrações contábeis individuais, apresentar demonstrações consolidadas, utilizando políticas contábeis uniformes para transações similares e outros eventos em circunstâncias similares. Essa obrigatoriedade pode ser desconsiderada na situação em que, por permissão legal, a controladora esteja dispensada de elaborar demonstrações consolidadas.

As demonstrações consolidadas são as demonstrações contábeis de um grupo econômico, em que os ativos, passivos, receitas, despesas e fluxos de caixa da controladora e de suas controladas são apresentados como se fossem uma única entidade. Isso mesmo: o grupo econômico é formado pela controladora e suas controladas individuais, diretas ou indiretas.

Imaginemos que a empresa A controla a empresa B. Ambas publicarão suas respectivas demonstrações individuais, sendo que, no balanço individual de A, o investimento na empresa B será reportado em uma única linha do ativo, referente a investimentos em participações societárias, pelo valor equivalente à participação de A no patrimônio líquido (PL) da empresa B. No resultado individual de A, o lucro ou prejuízo de B atribuído à sua controladora, normalmente em valor equivalente à participação desta nos resultados daquela, também será reportado em uma única linha, geralmente chamada de resultado de equivalência patrimonial (REP).

A empresa A também publicará outro conjunto de demonstrações financeiras, as DFs consolidadas, onde todos os ativos e passivos da controlada B serão consolidados integralmente com os seus ativos e passivos individuais, segregando as participações de acionistas não controladores, tanto no PL como na demonstração de resultados, após o resultado consolidado.

## 13.6 REPORTE DE INVESTIMENTOS EM COLIGADAS E *JOINT VENTURES*

Tanto nas demonstrações financeiras individuais como nas demonstrações financeiras consolidadas, os investimentos em entidades coligadas e JV são reportados de acordo com o Método da Equivalência Patrimonial (MEP), com o investimento sendo reportado em uma única linha do ativo, no balanço, e a participação nos resultados reportada em uma única linha do resultado, de forma análoga ao investimento em controladas, reportado nas demonstrações individuais. Dessa forma, pode-se afirmar que a diferença entre controladas e as coligadas/JV está justamente na forma de reportar o investimento nas demonstrações financeiras consolidadas.

O percentual de participação no investimento é atribuído com base no PL da investida. Ao realizar investimento em controlada, coligada e JV, a investidora deve, inicialmente, registrar o valor da aquisição pelo custo e, posteriormente, o seu valor contábil será aumentado ou diminuído pelo reconhecimento da participação nos lucros ou prejuízos do período, gerados pela investida após a aquisição. Esse é o método conhecido como MEP, o qual determina que as distribuições recebidas da investida sejam reduzidas do valor contábil do investimento.

## 13.7 EXEMPLO DE INVESTIMENTO EM ENTIDADE CONTROLADA

A empresa Alfa adquiriu 60% de participação da empresa Beta, cujo PL é de R$ 700.000,00. Essa participação conferiu a Alfa poder de decisão sobre Beta. Considerando que, no balanço individual, esse investimento é avaliado pelo MEP, o valor de participação de Alfa em Beta é de R$ 420.000,00 (R$ 700.000,00 × 60%). Tanto Alfa quanto Beta devem publicar seus balanços contábeis individuais, os quais estão dispostos nos Quadros 13.1 e 13.2.

Quadro 13.1  Balanço Patrimonial – Empresa Alfa – 31.12.X1

| ATIVO | | PASSIVO | |
|---|---|---|---|
| **CIRCULANTE** | | **CIRCULANTE** | |
| Banco | R$ 80.000,00 | | |
| **NÃO CIRCULANTE** | | **NÃO CIRCULANTE** | |
| Investimento (Beta) | R$ 420.000,00 | | |
| | | **PL** | |
| | | Capital Social | R$ 500.000,00 |
| **TOTAL ATIVO** | **R$ 500.000,00** | **TOTAL PASSIVO + PL** | **R$ 500.000,00** |

Quadro 13.2  Balanço Patrimonial – Empresa Beta – 31.12.X1

| ATIVO | | PASSIVO | |
|---|---|---|---|
| **CIRCULANTE** | | **CIRCULANTE** | |
| Banco | R$ 600.000,00 | Fornecedores | R$ 100.000,00 |
| Estoques | R$ 200.000,00 | | |
| **NÃO CIRCULANTE** | | **NÃO CIRCULANTE** | |
| | | **PL** | |
| | | Capital Social | R$ 700.000,00 |
| **TOTAL ATIVO** | **R$ 800.000,00** | **TOTAL PASSIVO + PL** | **R$ 800.000,00** |

Note que o balanço individual de Alfa não demonstra que sua controlada Beta possui estoques ou dívidas, pois a única informação sobre o investimento está na linha de investimentos.

No entanto, se Alfa também publica o balanço consolidado, ela deve consolidar integralmente todos os ativos e passivos de Beta, independentemente do seu percentual de participação, destacando o valor de R$ 280.000,00 (R$ 700.000,00 × 40%) referente à participação dos acionistas não controladores da empresa Beta, conforme Quadro 13.3.

## 13.8 EXEMPLO DE RESULTADO DE ENTIDADE CONTROLADA

No exercício após aquisição, Beta aufere lucro de R$ 100.000,00. Tendo em vista sua participação de 60%, Alfa aplica o MEP e atualiza o seu balanço individual, no qual o investimento passou a ser R$ 480.000,00 (R$800.000 × 60%), sendo que a diferença do valor de aquisição R$ 60.000,00 (R$ 480.000,00 − R$ 420.000,00) é considerada REP, conforme Quadros 13.4 e 13.5.

Quadro 13.3  Balanço Patrimonial Consolidado − Empresa Alfa − 31.12.X1

| ATIVO | | PASSIVO | |
|---|---|---|---|
| **CIRCULANTE** | | **CIRCULANTE** | |
| Banco | R$ 680.000,00 | Fornecedores | R$ 100.000,00 |
| Estoques | R$ 200.000,00 | | |
| **NÃO CIRCULANTE** | | **NÃO CIRCULANTE** | |
| | | **PL** | |
| | | Capital Social | R$ 500.000,00 |
| | | Participação Não Controladores | R$ 280.000,00 |
| **TOTAL ATIVO** | **R$ 880.000,00** | **TOTAL PASSIVO + PL** | **R$ 880.000,00** |

Quadro 13.4  Balanço Patrimonial − Empresa Alfa − 31.12.X2

| ATIVO | | PASSIVO | |
|---|---|---|---|
| **CIRCULANTE** | | **CIRCULANTE** | |
| Banco | R$ 80.000,00 | | |
| **NÃO CIRCULANTE** | | **NÃO CIRCULANTE** | |
| Investimento (Beta) | R$ 480.000,00 | | |
| | | **PL** | |
| | | Capital Social | R$ 500.000,00 |
| | | Reserva de Lucro | R$ 60.000,00 |
| **TOTAL ATIVO** | **R$ 560.000,00** | **TOTAL PASSIVO + PL** | **R$ 560.000,00** |

Quadro 13.5  Balanço Patrimonial – Empresa Beta – 31.12.X2

| ATIVO | | PASSIVO | |
|---|---|---|---|
| **CIRCULANTE** | | **CIRCULANTE** | |
| Banco | R$ 725.000,00 | Fornecedores | R$ 100.000,00 |
| Estoques | R$ 160.000,00 | | |
| Contas a Receber | R$ 15.000,00 | | |
| **NÃO CIRCULANTE** | | **NÃO CIRCULANTE** | |
| | | **PL** | |
| | | Capital Social | R$ 700.000,00 |
| | | Reserva de Lucro | R$ 100.000,00 |
| **TOTAL ATIVO** | **R$ 900.000,00** | **TOTAL PASSIVO + PL** | **R$ 900.000,00** |

No Balanço Patrimonial do Quadro 13.6, ilustramos o balanço consolidado de Alfa, já considerando o incremento de resultado da controlada Beta.

Quadro 13.6  Balanço Patrimonial Consolidado – Empresa Alfa – 31.12.X2

| ATIVO | | PASSIVO | |
|---|---|---|---|
| **CIRCULANTE** | | **CIRCULANTE** | |
| Banco | R$ 805.000,00 | Fornecedores | R$ 100.000,00 |
| Estoques | R$ 160.000,00 | | |
| Contas a Receber | R$ 15.000,00 | | |
| **NÃO CIRCULANTE** | | **NÃO CIRCULANTE** | |
| | | **PL** | |
| | | Capital Social | R$ 500.000,00 |
| | | Participação Não Controladores | R$ 320.000,00 |
| | | Reserva de Lucro | R$ 60.000,00 |
| **TOTAL ATIVO** | **R$ 980.000,00** | **TOTAL PASSIVO + PL** | **R$ 980.000,00** |

## 13.9 EXEMPLO DE DISTRIBUIÇÃO DE DIVIDENDOS POR ENTIDADE CONTROLADA

Supondo que a empresa Beta distribuiu 70% dos lucros para os sócios, por meio de dividendos, e que a empresa Alfa recebeu R$ 42.000,00 (R$ 70.000,00 × 60%), o valor de Alfa em Beta seria atualizado para R$ 438.000,00 (R$ 480.000,00 – R$ 42.000,00), equivalente à participação no PL de Beta após a distribuição (R$ 730.000,00 × 60%). Os balanços patrimoniais individuais de Alfa e Beta são apresentados nos Quadros 13.7 e 13.8.

Quadro 13.7    Balanço Patrimonial – Empresa Alfa – 31.12.X2

| ATIVO | | PASSIVO | |
|---|---|---|---|
| **CIRCULANTE** | | **CIRCULANTE** | |
| Banco | R$ 122.000,00 | | |
| **NÃO CIRCULANTE** | | **NÃO CIRCULANTE** | |
| Investimento (Beta) | R$ 438.000,00 | | |
| | | **PL** | |
| | | Capital Social | R$ 500.000,00 |
| | | Reserva de Lucro | R$ 60.000,00 |
| **TOTAL ATIVO** | **R$ 560.000,00** | **TOTAL PASSIVO + PL** | **R$ 560.000,00** |

Quadro 13.8    Balanço Patrimonial – Empresa Beta – 31.12.X2

| ATIVO | | PASSIVO | |
|---|---|---|---|
| **CIRCULANTE** | | **CIRCULANTE** | |
| Banco | R$ 655.000,00 | Fornecedores | R$ 100.000,00 |
| Estoques | R$ 160.000,00 | | |
| Contas a Receber | R$ 15.000,00 | | |
| **NÃO CIRCULANTE** | | **NÃO CIRCULANTE** | |
| | | **PL** | |
| | | Capital Social | R$ 700.000,00 |
| | | Reserva de Lucro | R$ 30.000,00 |
| **TOTAL ATIVO** | **R$ 830.000,00** | **TOTAL PASSIVO + PL** | **R$ 830.000,00** |

Note, no balanço individual de Alfa, que o caixa aumentou em R$ 42.000,00 com o recebimento dos dividendos, e que o investimento diminuiu no mesmo valor, uma vez que essa parte do investimento virou caixa. No balanço de Beta, é possível ver uma redução de R$ 70.000,00 no PL, equivalente ao valor de lucros acumulados que foi destinado à distribuição. Do caixa que havia, de R$ 725.000,00, restaram R$ 655.000,00, após o pagamento de R$ 70.000,00 (parte para o controlador e parte para os não controladores).

No Quadro 13.9, o balanço consolidado, após a distribuição de dividendos, mostra uma redução de R$ 28.000,00 no caixa e na participação de acionistas não controladores, referente a 40% dos lucros que foram distribuídos.

Quadro 13.9   Balanço Patrimonial Consolidado – Empresa Alfa – 31.12.X2

| ATIVO | | PASSIVO | |
|---|---|---|---|
| **CIRCULANTE** | | **CIRCULANTE** | |
| Banco | R$ 777.000,00 | Fornecedores | R$ 100.000,00 |
| Estoques | R$ 160.000,00 | | |
| Contas a Receber | R$ 15.000,00 | | |
| **NÃO CIRCULANTE** | | **NÃO CIRCULANTE** | |
| | | **PL** | |
| | | Capital Social | R$ 500.000,00 |
| | | Participação Não Controladores | R$ 292.000,00 |
| | | Reserva de Lucro | R$ 60.000,00 |
| **TOTAL ATIVO** | **R$ 952.000,00** | **TOTAL PASSIVO + PL** | **R$ 952.000,00** |

## 13.10 EXEMPLO DE INVESTIMENTO EM COLIGADA

Agora vamos considerar que a empresa Alfa tivesse adquirido 25% de participação da empresa Beta, não adquirindo controle, mas obtendo influência significativa. O PL de Beta era de R$ 700.000,00. Aplicando o MEP, o valor de participação de Alfa em Beta seria de R$ 175.000,00 (R$ 700.000,00 × 25%), e o Balanço Patrimonial individual das empresas seria apresentado conforme Quadros 13.10 e 13.11.

Quadro 13.10   Balanço Patrimonial – Empresa Alfa – 31.12.X1

| ATIVO | | PASSIVO | |
|---|---|---|---|
| **CIRCULANTE** | | **CIRCULANTE** | |
| Banco | R$ 325.000,00 | | |
| **NÃO CIRCULANTE** | | **NÃO CIRCULANTE** | |
| Investimento (Beta) | R$ 175.000,00 | | |
| | | **PL** | |
| | | Capital Social | R$ 500.000,00 |
| **TOTAL ATIVO** | **R$ 500.000,00** | **TOTAL PASSIVO + PL** | **R$ 500.000,00** |

Quadro 13.11   Balanço Patrimonial – Empresa Beta – 31.12.X1

| ATIVO | | PASSIVO | |
|---|---|---|---|
| **CIRCULANTE** | | **CIRCULANTE** | |
| Banco | R$ 600.000,00 | Fornecedores | R$ 100.000,00 |
| Estoques | R$ 200.000,00 | | |
| **NÃO CIRCULANTE** | | **NÃO CIRCULANTE** | |
| | | **PL** | |
| | | Capital Social | R$ 700.000,00 |
| **TOTAL ATIVO** | **R$ 800.000,00** | **TOTAL PASSIVO + PL** | **R$ 800.000,00** |

## 13.11 EXEMPLO DE RESULTADO DE ENTIDADE COLIGADA

No exercício após aquisição, Beta aufere lucro de R$ 100.000,00. Tendo em vista sua participação de 25%, Alfa aplica o MEP e atualiza o valor do investimento no seu Balanço Patrimonial, o qual passou a ser R$ 200.000,00, equivalente à sua participação no PL de Beta (R$ 800.000,00 × 25%). A diferença do valor de aquisição, R$ 25.000,00 (R$ 200.000,00 – R$ 175.000,00), é registrada na DRE como REP, e está reportada na linha de reservas de resultados, no balanço dos Quadros 13.12 e 13.13.

Quadro 13.12   Balanço Patrimonial – Empresa Alfa – 31.12.X2

| ATIVO | | PASSIVO | |
|---|---|---|---|
| **CIRCULANTE** | | **CIRCULANTE** | |
| Banco | R$ 325.000,00 | | |
| **NÃO CIRCULANTE** | | **NÃO CIRCULANTE** | |
| Investimento (Beta) | R$ 200.000,00 | | |
| | | **PL** | |
| | | Capital Social | R$ 500.000,00 |
| | | Reserva de Lucro | R$ 25.000,00 |
| **TOTAL ATIVO** | **R$ 525.000,00** | **TOTAL PASSIVO + PL** | **R$ 525.000,00** |

Quadro 13.13  Balanço Patrimonial – Empresa Beta – 31.12.X2

| ATIVO | | PASSIVO | |
|---|---|---|---|
| **CIRCULANTE** | | **CIRCULANTE** | |
| Banco | R$ 725.000,00 | Fornecedores | R$ 100.000,00 |
| Estoques | R$ 160.000,00 | | |
| Contas a Receber | R$ 15.000,00 | | |
| **NÃO CIRCULANTE** | | **NÃO CIRCULANTE** | |
| | | **PL** | |
| | | Capital Social | R$ 700.000,00 |
| | | Reserva de Lucro | R$ 100.000,00 |
| **TOTAL ATIVO** | R$ 900.000,00 | **TOTAL PASSIVO + PL** | R$ 900.000,00 |

## 13.12 EXEMPLO DE DISTRIBUIÇÃO DE DIVIDENDOS POR ENTIDADE COLIGADA

Considerando que Beta distribuiu 70% dos lucros em dividendos (R$ 100.000,00 × 70%), e que Alfa recebeu R$ 17.500,00 (R$ 70.000,00 × 25%), o valor do seu investimento em Beta seria atualizado para R$ 182.500,00 (R$ 200.000,00 – R$ 17.500,00), correspondente à sua participação no PL de Beta (R$ 730.000,00 × 25%). O Balanço Patrimonial de Alfa e Beta seria apresentado conforme Quadros 13.14 e 13.15.

Quadro 13.14  Balanço Patrimonial – Empresa Alfa – 31.12.X2

| ATIVO | | PASSIVO | |
|---|---|---|---|
| **CIRCULANTE** | | **CIRCULANTE** | |
| Banco | R$ 342.500,00 | | |
| **NÃO CIRCULANTE** | | **NÃO CIRCULANTE** | |
| Investimento (Beta) | R$ 182.500,00 | | |
| | | **PL** | |
| | | Capital Social | R$ 500.000,00 |
| | | Reserva de Lucro | R$ 25.000,00 |
| **TOTAL ATIVO** | R$ 525.000,00 | **TOTAL PASSIVO + PL** | R$ 525.000,00 |

Quadro 13.15  Balanço Patrimonial – Empresa Beta – 31.12.X2

| ATIVO | | PASSIVO | |
|---|---|---|---|
| **CIRCULANTE** | | **CIRCULANTE** | |
| Banco | R$ 655.000,00 | Fornecedores | R$ 100.000,00 |
| Estoques | R$ 160.000,00 | | |
| Contas a Receber | R$ 15.000,00 | | |
| **NÃO CIRCULANTE** | | **NÃO CIRCULANTE** | |
| | | **PL** | |
| | | Capital Social | R$ 700.000,00 |
| | | Reserva de Lucro | R$ 30.000,00 |
| **TOTAL ATIVO** | R$ 830.000,00 | **TOTAL PASSIVO + PL** | R$ 830.000,00 |

## 13.13 INVESTIMENTOS EM PARTICIPAÇÕES SOCIETÁRIAS SEM CONTROLE OU INFLUÊNCIA

Com intuito de diversificar riscos, as empresas fazem vários tipos de investimentos, inclusive em participações societárias sem controle ou influência significativa, descaracterizando qualquer relação específica que envolva investidora e investida. Isso acontece quando, por exemplo, uma entidade investe recursos em cotas de fundos de investimento ou em carteira de ações de outras empresas. Nessa situação, o principal objetivo da investidora é apenas de obter o retorno financeiro sobre os recursos aplicados (ganho de capital, dividendos, juros sobre o capital próprio etc.).

Os fundos de investimentos, assim como as ações, também são chamados de instrumentos patrimoniais, pois referem-se a contratos de participação residual nos ativos de uma entidade, após dedução de todos os seus passivos. Trata-se de instrumentos financeiros, uma vez que constituem contratos que dão origem a um ativo financeiro para uma entidade e a um passivo financeiro ou instrumento patrimonial para outra, conforme especifica o CPC 39. Por essa razão, as condições relativas à mensuração são estabelecidas pelo CPC 48.

Via de regra, nas empresas não financeiras, esses ativos são apresentados como aplicações financeiras e, nas instituições financeiras, junto com outros títulos e valores mobiliários. No entanto, mesmo sem ter o controle ou influência significativa, uma entidade pode apresentar esses ativos no grupo de "investimentos", no Ativo Não Circulante, quando possui uma estratégia de investimento de longo prazo e ter relação com o negócio da entidade, não somente para remunerar sobras de caixa.

As entidades que investem em fundos de investimentos e em ações sem terem controle ou influência significativa devem mensurar esses instrumentos financeiros ao valor justo, sendo que as variações no valor justo devem ter contrapartida no resultado do exercício, gerando receitas ou despesas. Usualmente, usamos a sigla VJPR ou apenas VJR para nos referir à categoria do Valor Justo por meio do Resultado.

## 13.14 MÉTODO DA EQUIVALÊNCIA PATRIMONIAL

Trata-se de um método de mensuração de investimentos em participações societárias, aplicado quando o relacionamento societário entre as empresas seja do tipo controladora/controlada (relação de controle), investidora/coligada (relação de influência significativa) ou investidora/JV (empreendimentos controlados em conjunto). Outros investimentos em participações societárias, sem controle, influência significativa ou controle compartilhado, em geral, não são avaliados pelo MEP.

Dessa forma, pode-se resumir a aplicabilidade do MEP às circunstâncias apresentadas no Quadro 13.16.

Quadro 13.16 Aplicação do MEP em DFs individuais e consolidadas

| Aplicabilidade | DFs Individuais | DFs Consolidadas |
|---|---|---|
| Investimento em controladas | X | – |
| Investimento em coligadas | X | X |
| Investimento em *joint ventures* | X | X |
| Investimento sem controle ou influência significativa | – | – |

Antes de descrever o método, torna-se necessário estabelecer os limites que balizam um relacionamento societário considerado apropriado para a aplicação da equivalência patrimonial.

Duas situações podem ocorrer com respeito à influência que um acionista individual exerce em uma assembleia de acionistas:

1. **Influência preponderante**: capacidade de um acionista para influir nas decisões da assembleia (políticas operacionais e financeiras) em decorrência da parcela de ações com direito a voto por ele possuídas. Presume-se que uma participação de 20% ou mais no capital votante confira ao seu possuidor esta condição de influir preponderantemente nas assembleias.
2. **Controle acionário**: o controle acionário caracteriza-se quando um acionista possui um número suficiente de ações com direito a voto que lhe permite controlar as decisões das assembleias de acionistas, determinando as políticas operacionais e financeiras da companhia. Geralmente (mas não necessariamente), essa condição resulta da posse pelo acionista controlador de mais de 50% das ações com direito a voto.

Como o nome indica, pelo MEP, o valor contábil do investimento (no balanço da companhia investidora) corresponde ao valor contábil do PL da empresa investida, na proporção equivalente à sua participação acionária. Se a companhia investidora tiver, por exemplo, uma participação acionária de 65% em determinada empresa, a avaliação de seu investimento será equivalente a 65% do valor contábil do PL da empresa investida.

Para que essa equivalência seja sempre mantida, após o registro do investimento ao seu respectivo custo na data de aquisição, a empresa investidora precisará transmitir, por meio de lançamentos, as variações do PL da empresa controlada (lucros ou prejuízos do período), para sua conta de investimentos. Com efeito, os recebimentos a título de dividendos pagos pela controlada à investidora são reduzidos do valor contábil do investimento.

## 13.15 RECONHECIMENTO INICIAL DE INVESTIMENTO EM PARTICIPAÇÃO SOCIETÁRIA

Partindo-se do pressuposto de que a empresa Alfa adquiriu 2.000 (duas mil) ações que, por sua vez, representam 60% (sessenta por cento) do PL da empresa Beta, ao valor total de R$ 420.000,00, perfazendo um custo unitário por ação de R$ 210,00. Tendo em vista a avaliação do investimento pelo MEP, a investidora Alfa registra contabilmente como investimento em Beta conforme a seguir:

**Aquisição do investimento realizado por Alfa em Beta**
D – Investimento (Ativo Não Circulante)
C – Caixa ou outra conta adequada (Ativo Circulante)
Valor = R$ 420.000,00

## 13.16 RESULTADO DE INVESTIMENTO AVALIADO PELO MÉTODO DA EQUIVALÊNCIA PATRIMONIAL

Considerando que, no exercício após aquisição, Beta aufere lucro de R$ 100.000,00 e, ainda, que a investidora Alfa detém 60% de participação na empresa Beta, com a aplicação do MEP, seu investimento deve ser atualizado para R$ 480.000,00. A diferença desses R$ 60.000,00 para o valor de aquisição de R$ 420.000,00 é equivalente à participação de 60% de Alfa no resultado de Beta (R$ 100.000,00 × 60%), a qual é considerada como REP na DRE, demonstrado conforme a seguir:

**Resultado de equivalência patrimonial**
D – Investimento (Ativo Não Circulante)
C – Resultado de equivalência patrimonial (DRE)
Valor = R$ 60.000,00

## 13.17 DIVIDENDOS PAGOS POR ENTIDADE AVALIADA PELO MÉTODO DA EQUIVALÊNCIA PATRIMONIAL

Admitindo ainda que Beta distribuiu 70% dos lucros para os sócios, por meio de dividendos, e que Alfa recebeu R$ 42.000,00 (R$ 100.000,00 × 70% × 60%), o investimento de Alfa em Beta seria atualizado para R$ 438.000,00 (R$ 480.000,00 – R$ 42.000,00), equivalente à participação no PL de Beta após a distribuição (R$ 730.000,00 × 60%). Os registros efetuados por Alfa são demonstrados a seguir:

**Recebimento dos dividendos distribuídos pela investida**

D – Caixa ou outra conta adequada (Ativo Circulante)

C – Investimento (Ativo Não Circulante)

Valor = R$ 42.000,00

## 13.18 RECONHECIMENTO DE ÁGIO NA AQUISIÇÃO DE PARTICIPAÇÕES SOCIETÁRIAS

Em algumas ocasiões, a investidora pode efetuar o pagamento por uma aquisição por valor acima (ou abaixo) do valor correspondente à sua participação na investida. Trata-se do ágio (ou deságio), o qual, conforme estabelecido pelo CPC 18, por ser constituído pela diferença entre o custo do investimento e a participação da investidora no valor justo líquido dos ativos e passivos identificáveis da investida, deve fazer parte do valor contábil do investimento. Tal diferença deve ser registrada em uma subconta do grupo de investimentos, conforme determina o Regulamento do Imposto de Renda – Decreto nº 9.580/2018 (desdobramento do custo de aquisição).

Retomando o exemplo anterior, se considerarmos que a empresa Alfa efetuou um pagamento de R$ 450.000,00 para obter uma participação de 60% do PL da empresa Beta, a diferença de R$ 30.000,00 (R$ 700.000,00 × 60% = R$ 420.000,00 – R$ 450.000,00) deveria ser registrada como parte do investimento realizado, a título de ágio, conforme demonstrado a seguir:

| | |
|---|---|
| D – Investimento (Ativo Não Circulante) | R$ 420.000,00 |
| D – Ágio na aquisição (Ativo Não Circulante) | R$ 30.000,00 |
| C – Caixa ou outra conta adequada (Ativo Circulante) | R$ 450.000,00 |

Importante: o ágio da aquisição de um investimento somente é reconhecido no ativo quando há expectativa de rentabilidade que o justifique, situação em que é chamado de *goodwill*. Dessa forma, é requerido que a investidora faça teste de *impairment* ao menos uma vez por ano nas unidades geradoras de caixa que possuam *goodwill* reconhecido, assim como no caso de ativos intangíveis com vida útil indefinida.

## 13.19 LUCRO NÃO REALIZADO EM TRANSAÇÕES COM ENTIDADES LIGADAS

Sempre que há transações comerciais envolvendo a investida e a investidora, pode ocorrer a figura do Lucro Não Realizado (LNR), referente a um resultado que ocorre em uma empresa individual, mas que para o grupo ainda não foi realizado. Por exemplo, quando a investida vende qualquer ativo com lucro (ou prejuízo) para a investidora, e esse ativo é mantido pela empresa, sem venda a terceiros: sob a visão de grupo econômico, esse lucro não foi realizado. Portanto, o resultado relativo à aquisição do ativo pela investidora deverá ser eliminado quando da atualização do MEP, até sua efetiva "realização".

Esse procedimento é destacado na Lei nº 6.404/1976, que estabelece, no item I do seu art. 248, que "no valor de patrimônio líquido não serão computados os resultados não realizados decorrentes de negócios com a companhia, ou com outras sociedades coligadas à companhia, ou por ela controladas". Nesse sentido, na situação em que os ativos transacionados entre investidora e investida permanecem no balanço de alguma empresa do grupo, o lucro nele contido não está "realizado".

## 13.20 DESCONTINUIDADE DO USO DO MÉTODO DA EQUIVALÊNCIA PATRIMONIAL

De acordo com o CPC 18, a entidade deve descontinuar o uso do MEP a partir da data em que o investimento deixar de se qualificar como coligada, controlada, ou como empreendimento controlado em conjunto.

## 13.21 EXERCÍCIOS

1. Na elaboração das demonstrações financeiras individuais, em qual tipo de investimento em participações societárias o MEP não pode ser aplicado pela investidora?

   a) Investimento em coligadas.
   b) Investimento em controladas.
   c) Investimento sem controle ou influência significativa.
   d) Investimento em JV.

2. Qual das formas a seguir não pode ser considerada como existência de influência significativa?

   a) Representação no conselho de administração ou na diretoria da investida.
   b) Participação nos processos de elaboração de políticas.

c) Fornecimento de informação técnica essencial.
d) Poder de participar nas decisões da investida, exceto sobre as políticas financeiras e operacionais.

3. Analise os seguintes conceitos: (I) coligada é a entidade sobre a qual a investidora exerce controle; (II) controlada é a entidade sobre a qual a investidora possui influência significativa; e (III) JV é um empreendimento controlado em conjunto. Estão **corretas** as afirmativas:

a) I e II.
b) somente a II.
c) II e III.
d) somente a III.

## 13.22 RESPOSTAS DOS EXERCÍCIOS

1. c
2. d
3. d

---

**APÊNDICE – DEFINIÇÃO DE TERMOS**

*Goodwill*: ágio pago por expectativa de rentabilidade futura.

*Impairment*: redução de ativos aos seus valores recuperáveis.

*Valor justo*: preço que seria recebido pela venda de um ativo ou que seria pago pela transferência de um passivo em uma transação não forçada entre participantes do mercado na data de mensuração.

---

## REFERÊNCIAS

BRASIL. Lei nº 6.404, de 15 de dezembro de 1976. Dispõe sobre as Sociedades por Ações. *Diário Oficial da União*: Brasília, 17 dez. 1976. Disponível em: https://www.planalto.gov.br/ccivil_03/leis/l6404consol.htm#:~:text=LEI%20No%206.404%2C%20DE%2015%20DE%20DEZEMBRO%20DE%201976.&text=Disp%C3%B5e%20sobre%20as%20Sociedades%20por%20A%C3%A7%C3%B5es.&text=Art.%201%C2%BA%20A%20companhia%20ou,das%20a%C3%A7%C3%B5es%20subscritas%20ou%20adquiridas. Acesso em: 28 jun. 2023.

BRASIL. Decreto nº 9.580, de 22 de novembro de 2018. Regulamenta a tributação, a fiscalização, a arrecadação e a administração do Imposto sobre a Renda e Proventos de Qualquer Natureza. *Diário Oficial da União*: Brasília, 23 nov. 2018. Disponível em: https://www.planalto.gov.br/ccivil_03/_ato2015-2018/2018/decreto/d9580.htm. Acesso em: 28 jun. 2023.

COMISSÃO DE VALORES MOBILIÁRIOS. Instrução CVM nº 247, de 27 de março de 1996. Dispõe sobre a avaliação de investimentos em sociedades coligadas e controladas e sobre os procedimentos para elaboração e divulgação das demonstrações contábeis consolidadas, para o pleno atendimento aos Princípios Fundamentais de Contabilidade, altera e consolida as Instruções CVM nº 01, de 27 de abril de 1978, nº 15, de 03 de novembro de 1980, nº 30, de 17 de janeiro de 1984, e o artigo 2º da Instrução CVM nº 170, de 03 de janeiro de 1992, e dá outras providências. Disponível em: https://conteudo.cvm.gov.br/export/sites/cvm/legislacao/instrucoes/anexos/200/inst247consolid.pdf. Acesso em: 28 jun. 2023.

COMITÊ DE PRONUNCIAMENTOS CONTÁBEIS. Pronunciamento Técnico CPC 18 (R2). Investimento em Coligada, em Controlada e em Empreendimento Controlado em Conjunto. Disponível em: https://s3.sa-east-1.amazonaws.com/static.cpc.aatb.com.br/Documentos/263_CPC_18_(R2)_rev%2013.pdf. Acesso em: 28 jun. 2023.

COMITÊ DE PRONUNCIAMENTOS CONTÁBEIS. Pronunciamento Técnico CPC 36 (R3). Demonstrações Consolidadas. Disponível em: https://s3.sa-east-1.amazonaws.com/static.cpc.aatb.com.br/Documentos/448_CPC_36_R3_rev%2008.pdf. Acesso em: 28 jun. 2023.

COMITÊ DE PRONUNCIAMENTOS CONTÁBEIS. Pronunciamento Técnico CPC 39. Instrumentos Financeiros: Apresentação. Disponível em: https://s3.sa-east-1.amazonaws.com/static.cpc.aatb.com.br/Documentos/410_CPC_39_rev%2013.pdf. Acesso em: 28 jun. 2023.

COMITÊ DE PRONUNCIAMENTOS CONTÁBEIS. Pronunciamento Técnico CPC 48. Instrumentos Financeiros. Disponível em: https://s3.sa-east-1.amazonaws.com/static.cpc.aatb.com.br/Documentos/530_CPC_48_rev_19.pdf. Acesso em: 28 jun. 2023.

GELBCKE, E. R.; SANTOS, A.; IUDÍCIBUS, S.; MARTINS, E. *Manual de contabilidade societária*: aplicável a todas as sociedades – de acordo com as normas internacionais e do CPC. 3. ed. São Paulo: Atlas, 2018.

# 14
# REDUÇÃO AO VALOR RECUPERÁVEL DE ATIVOS

Cristiane Tiemi Kussaba
Gisele Sterzeck (revisora)
Eric Barreto (revisor)

## 14.1 INTRODUÇÃO

Na primeira década deste século, nem os dicionários "inglês-português" estavam prontos para responder o que significava a palavra *impairment*. De lá para cá, aprendemos muito, tanto a classe contábil como os usuários de demonstrações financeiras, e até mesmo os dicionários. Hoje, os tradutores *on-line* mais bem colocados nos buscadores trazem como significados de *impairment* palavras como "prejuízo", "diminuição", "dano" e "enfraquecimento", muito melhor do que duas décadas antes, mas ainda insuficientes para nos dar o entendimento completo dessa palavrinha tão estranha.

A normatização brasileira, inteligentemente, traduziu a norma de *impairment* como "redução ao valor recuperável de ativos". Neste capítulo, vamos explicar o conceito, esmiuçar alguns parágrafos da norma e exemplificar, contudo, o importante é deixar claro que reduzir o ativo ao seu valor recuperável nada mais é do que aplicar de forma consistente a definição de ativo, que relaciona seu reconhecimento à existência de benefícios econômicos potenciais.

## 14.2 BASE NORMATIVA – CONSELHO MONETÁRIO NACIONAL E BANCO CENTRAL DO BRASIL

Os normativos que recepcionaram o Pronunciamento Técnico CPC 01 (R1) – Redução ao Valor Recuperável de Ativos, aprovado pelo Comitê de Pronunciamentos Contábeis (CPC) em 06 de agosto de 2010, são:

a) Resolução CMN nº 4.924, de 24 de junho de 2021: Dispõe sobre os princípios gerais para reconhecimento, mensuração, escrituração e evidenciação contábeis pelas instituições financeiras e demais instituições autorizadas a funcionar pelo Banco Central do Brasil (BCB). Essa Resolução entrou em vigor em 1º de janeiro de 2022.

b) Resolução BCB nº 120, de 27 de julho de 2021: Dispõe sobre os princípios gerais para reconhecimento, mensuração, escrituração e evidenciação contábeis pelas administradoras de consórcio e pelas instituições de pagamento autorizadas a funcionar pelo

BCB e sobre os procedimentos específicos para a aplicação desses princípios pelas instituições financeiras e demais instituições autorizadas a funcionar pelo BCB. Essa Resolução entrou em vigor em 1º de janeiro de 2022.

Adicionalmente, as menções a outros pronunciamentos devem ser interpretadas como referências a outros pronunciamentos do Comitê que tenham sido recepcionados pelo Conselho Monetário Nacional (CMN), bem como aos dispositivos do Padrão Contábil das Instituições Reguladas pelo Banco Central do Brasil (Cosif), que estabeleçam critérios contábeis correlatos aos pronunciamentos objeto das menções.

## 14.3 DEFINIÇÃO DE REDUÇÃO AO VALOR RECUPERÁVEL DE ATIVOS (*IMPAIRMENT*)

Vejamos, então, o que diz o Pronunciamento Técnico CPC 01 (R1) – Redução ao Valor Recuperável de Ativo.

Esta seção irá abordar a redução de ativos aos seus valores recuperáveis, o que também chamamos *impairment*. Inicialmente, será tratada a definição de ativo como um recurso econômico presente controlado pela entidade em resultado de eventos passados (CPC 00 (R2) Estrutura Conceitual para Relatório Financeiro – item 4.3).

Ao se falar sobre o teste de recuperabilidade de ativos (teste de *impairment*), será dada ênfase nos termos "recurso econômico" e "controlado":

- "Controle" vem do fato de que uma entidade tem o poder para usar ou vender um ativo, o que julgar como a melhor alternativa para o seu negócio. Também inclui a capacidade presente de direcionar o uso do recurso econômico e de obter os benefícios econômicos que possam fluir dele.
- "Recurso econômico" é um direito que tem o potencial de produzir benefícios econômicos (CPC 00 (R2)). Quando tratamos de geração de benefício econômico, geralmente nos referimos à geração de fluxo de caixa, seja por meio da geração de receitas ou da redução de custos e despesas.

De acordo com o CPC 01 (R1), periodicamente, a empresa deve avaliar se os ativos ainda geram os benefícios econômicos que eram esperados quando aqueles foram adquiridos ou construídos. Por exemplo, uma máquina adquirida, da qual se tinha a expectativa de produzir 100 unidades quando da sua aquisição, agora está produzindo 50 unidades – o benefício econômico que era esperado é diferente do que está sendo produzido atualmente.

Com o objetivo de realizar essa avaliação para atestar se houve ou não perda de benefício econômico, as empresas fazem o teste de recuperabilidade de ativos (ou teste de *impairment*), ou seja, a avaliação do grau de recuperabilidade dos ativos de uma entidade. O teste consiste na comparação entre o valor contábil do ativo e o seu valor recuperável (estimativa de quanto o ativo pode gerar de benefícios econômicos futuros por uso ou venda).

O objetivo do Pronunciamento Técnico CPC 01 – Redução ao Valor Recuperável de Ativos é definir procedimentos visando assegurar que os ativos não estejam registrados contabilmente por um valor superior àquele passível de ser recuperado no tempo, por uso nas operações da entidade ou em sua eventual venda.

Para fins deste teste, portanto, um ativo deve ter seu valor reduzido quando o valor contábil for maior que o seu valor recuperável.

## 14.4 MENSURAÇÃO DO VALOR RECUPERÁVEL

O valor recuperável é o maior entre uso e venda. Caso o valor em uso ou o valor justo líquido de despesa de venda seja maior que o valor contábil do ativo, não há desvalorização.

O valor em uso é, geralmente, uma projeção de fluxos de caixa futuros trazida a valor presente, relacionada ao uso do ativo em sua condição atual, ao longo do tempo. Para o período de projeção de fluxos de caixa futuros, recomenda-se adotar um período de cinco anos pela incerteza contida em períodos maiores que esse.

Já o valor justo líquido de despesa de venda é, geralmente, o valor que se conseguiria obter pela venda do ativo em uma transação não forçada, excluídas quaisquer despesas incrementais diretamente atribuíveis a esta venda ou baixa de um ativo ou uma Unidade Geradora de Caixa (UGC), líquidas das despesas financeiras e de impostos sobre o resultado gerado. Alguns exemplos de despesas de venda: despesas legais, tributos, despesas com a remoção do ativo e gastos diretos incrementais para deixar o ativo em condição de venda.

Vale lembrar que o valor justo líquido de despesa de venda pode ser mensurado ainda que não haja preço cotado em mercado ativo para ativo idêntico. Nos casos em que não seja possível estimar confiavelmente este valor, o valor em uso pode ser utilizado como o valor recuperável.

Em casos específicos, como é o de ativos mantidos para venda, como o seu valor em uso refletirá basicamente os ganhos que a empresa terá com a baixa, o valor justo líquido de despesa de venda pode ser considerado como o valor recuperável.

Sempre que o valor contábil (valor pelo qual o ativo está contabilizado líquido da depreciação) é maior que o valor recuperável, há *impairment* e é necessário ajustar o valor do ativo no balanço.

Para isso, devemos diminuir o valor do ativo até chegar ao seu valor recuperável e registrar esse valor negativamente no resultado como perda.

No caso de ativos reavaliados, o valor da redução do ativo deve reverter uma reavaliação anterior, constituindo um débito em reserva no patrimônio líquido. Caso essa reserva não seja suficiente, o excesso deverá ser registrado no resultado do período.

## 14.5 TAXA DE DESCONTO

Sempre que se trata de ajuste a valor presente, um ponto polêmico é a definição da taxa de desconto utilizada. Falando especificamente do teste de *impairment*, o objetivo central ao determinar a taxa de desconto é chegar em um valor que reflita o potencial benefício econômico de um ativo ou, em outras palavras, seu potencial de gerar fluxo de caixa.

Ademais, a taxa de desconto deve representar o retorno que um investidor exigiria se ele tivesse de escolher um investimento que gerasse fluxos de caixa de perfil de risco similar àquele que a entidade espera extrair do ativo. Aqui, trata-se do que os economistas chamam de custo de oportunidade.

Resumidamente, a taxa de desconto deve ser uma taxa antes dos impostos sobre a renda, que reflita as avaliações atuais de mercado do valor da moeda no tempo e os riscos específicos do ativo. Assim, comumente, a taxa de desconto é baseada na soma da taxa livre de risco com a taxa de risco que o mercado atribuiria a esse ativo.

No caso de uma taxa não diretamente disponível no mercado, a empresa deverá estimar a taxa de desconto considerando o valor temporal do dinheiro para os períodos até ao fim da vida útil do ativo e os riscos de os fluxos de caixa futuros diferirem em termos de valores e período das estimativas. Para isso, a entidade pode partir do custo médio ponderado de capital, que nada mais é do que uma ponderação do custo de capital próprio, muitas vezes obtida pela técnica do *Capital Asset Pricing Model* (CAPM) e do custo de capital de terceiros ($k_d$).

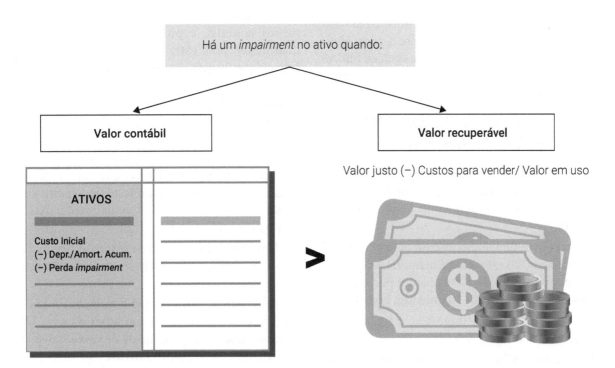

Figura 14.1   Condição em que deve ocorrer uma redução no valor do ativo.

Em termos matemáticos, seria algo como:

$WACC = Equity/(Equity + \text{Dívida}) \times CAPM + \text{Dívida}/(Equity + \text{Dívida}) \times kd \times (1 - \text{alíquota de impostos sobre a renda})$

O *CAPM* normalmente é calculado da seguinte forma:

$CAPM = rf + \beta \times (rm - rf)$

Sendo: *rf* = taxa livre de risco; *rm* = retorno de mercado; e *β* é uma variável que reflete o risco do ativo que está sendo avaliado. Quanto maior a variabilidade de retornos de um ativo, maior será seu risco, logo, o retorno exigido por um investidor também será maior.

## 14.6 PERIODICIDADE DO TESTE DE *IMPAIRMENT*

O teste de *impairment* deve ser realizado:

- sempre que houver uma evidência de perda;
- anualmente, quando se testa o *goodwill* (ágio pago por expectativa de rentabilidade futura em combinações de negócios: nos referimos aqui à parte do ágio que é registrada no ativo);
- no mínimo anualmente, a qualquer momento do ano desde que consistentemente no mesmo período:
  - ativos com vida útil indefinida; e
  - ativos que ainda não estejam disponíveis para uso, por haver maior incerteza quanto à capacidade do ativo de gerar benefícios econômicos futuros suficientes para recuperar o seu valor contábil.

## 14.7 EVIDÊNCIAS DE PERDA PARA TESTES DE *IMPAIRMENT*

Já mencionamos anteriormente que o teste de *impairment* deve ser realizado sempre que houver evidência de perda. Uma evidência de perda pode ser, por exemplo:

- um ativo com desempenho inferior ao esperado: tal como trouxemos o exemplo da máquina da qual era esperada a produção de 100 unidades por dia e ela atualmente produz apenas 50 unidades por dia;
- o valor das ações de uma empresa no mercado é menor que o valor contábil dela;
- mudanças no ambiente tecnológico, de mercado, econômico ou legal que tenham algum efeito adverso sobre a entidade: por exemplo, o lançamento de novos modelos de celulares que podem levar à obsolescência do atual;
- dano físico: um ativo sofreu severas modificações por conta de uma situação de enchente, por exemplo;
- evidência disponível em um relatório interno da entidade que indique um desempenho de um ativo inferior ao esperado por conta de gastos extraordinários para sua construção, por exemplo;
- aumento nas taxas de mercado e nas taxas de desconto do valor em uso: o valor em uso é um fluxo de caixa descontado e quando usamos, por exemplo, a técnica de fluxo de caixa descontado, normalmente usamos uma taxa de desconto que tem a ver com quanto ganharíamos em outros investimentos alternativos. Quando a taxa de mercado sobe, a taxa de desconto aumenta, quer dizer que o custo de oportunidade é maior, ou seja, ao se investir em outros ativos, ganhar-se-ia aquela taxa. Por isso que, quando a taxa de desconto é maior, exige-se um ganho maior no ativo.

Destacamos que todos esses exemplos e outros mais que podem ser citados são apenas evidências de perda, ou seja, não quer dizer que a empresa registrará necessariamente uma perda por *impairment*, mas que ela necessita realizar o teste de *impairment* quando se deparar com esses indicativos.

## 14.8 UNIDADE GERADORA DE CAIXA NOS TESTES DE *IMPAIRMENT*

Na realização dos testes de *impairment*, em casos menos comuns, é possível testar um ativo individualmente, pois este, de maneira individual, tem a capacidade de gerar caixa, tal como um prédio que foi adquirido com o objetivo de obter renda por meio de aluguéis pagos por lojistas.

Entretanto, geralmente um ativo sozinho não gera caixa. Vejamos o exemplo de uma indústria qualquer, que tem linhas de produção, máquinas, *softwares* e vários outros ativos: é difícil dizer quais ativos geram fluxo de caixa. Nessas situações, o teste de *impairment* é realizado não em um ativo individualmente, mas em um grupo de ativos ou UGC.

Uma UGC é considerada o menor grupo de ativos que geram caixa e que são independentes de outros fluxos de caixa.

A pergunta essencial que devemos responder para confirmar se vamos testar um ativo ou uma UGC é a seguinte: esse ativo gera fluxos de caixa independentes do fluxo de caixa de outros ativos?

Se a resposta for sim, testamos o ativo individualmente. Se não, devemos testar a UGC.

**Figura 14.2** Teste de *impairment* individual ou por UGC.

A definição de UGC tem ligação direta com a maneira como a entidade toma decisões, conectando-se, assim, com os seus relatórios internos. Se a entidade tem relatórios de orçamento, projeções por linha de produto, por tipo de negócio etc. quando a entidade realiza o teste de *impairment*, geralmente também utiliza essas definições que foram usadas gerencialmente.

Em uma empresa de bens de consumo, uma UGC pode ser cada linha de produto (produtos de limpeza, produtos de beleza, produtos de higiene etc.). Já em uma instituição financeira, foco deste livro, pode ser tipo ou segmento do negócio (banco, seguradora, fundo de investimento etc.), por exemplo.

## 14.9 REVERSÃO DA PERDA POR DESVALORIZAÇÃO (IMPAIRMENT)

Suponhamos que, em determinado ativo ou UGC, haja indícios de que a perda reconhecida anteriormente não mais exista ou tenha-se reduzido: por exemplo, em novo relatório interno produzido pela entidade, constata-se que o desempenho de determinado ativo está melhor que o esperado.

Nesse tipo de situação, deve-se realizar a reversão da perda por *impairment* no resultado do período até o máximo o valor da perda reconhecido anteriormente. Assim, ajustamos o valor do ativo no balanço e registramos no resultado uma receita por reversão de *impairment*, exceto para ativos reavaliados em que se tenha registro na reserva de reavaliação – neste caso, esta deverá ser recomposta.

Após a crise internacional de 2008, empresas com operações em outros países, como a Gerdau, reconheceram perdas por *impairment* nas suas operações de países como Estados Unidos e Espanha. Essas perdas refletiam a expectativa de redução nos resultados. Um ou dois anos após, no entanto, a economia americana se recuperou, mas a da Espanha não, o que fez com que essas companhias revertessem perdas reconhecidas nas UGCs americanas, mas não as nas UGCs espanholas.

É importante destacar que, de acordo com o Pronunciamento Técnico CPC 01 (R1) – Redução ao Valor Recuperável de Ativos, o ágio por expectativa de rentabilidade futura (*goodwill*) é o único ativo que não é passível de reversão de *impairment*.

## 14.10 EXERCÍCIO RESOLVIDO

Agora vamos testar nossos conhecimentos sobre o teste de *impairment*, aplicando em um exercício:

Suponha que uma empresa industrial adquiriu um terreno (ativo com vida útil indefinida) por R$ 100.

Ao estimar o preço pelo qual venderia um terreno similar, chegou ao valor de R$ 60 e, ao refazer as estimativas de fluxos de caixa futuros relacionados ao uso do terreno, chegou ao valor de R$ 50.

Em resumo, temos os seguintes dados:

Valor contábil: R$ 100

Valor em uso: R$ 50

Valor justo líquido de despesa de venda: R$ 60

Para realizarmos o teste de *impairment*, devemos calcular o valor recuperável, dado como o maior entre o valor em uso (R$ 50) e o valor justo líquido de despesa de venda (R$ 60) – logo, o valor recuperável apurado é de R$ 60.

Uma vez que o valor contábil (R$ 100) é maior que o valor recuperável (R$ 60), é necessário registrar uma perda por *impairment* de R$ 40 (valor contábil – valor recuperável = 100 – 60 = 40) nesse terreno adquirido por R$ 100.

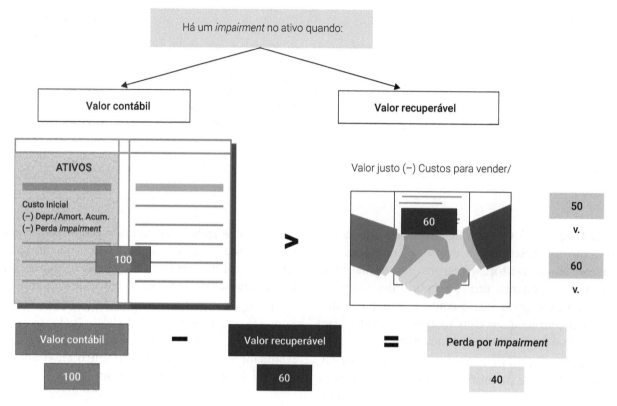

Figura 14.3    Situação exemplo em que deve ocorrer perda por *impairment*.

| ATIVO | PASSIVO |
|---|---|
| Caixa (100) | PL |
| IMOBILIZADO | Prejuízos (40) |
| Terreno 100 |  |
| (−) *Impairment* (40) |  |
| **TOTAL (40)** | **TOTAL (40)** |

| DRE |
|---|
| Perda por *Impairment* (40) |
| **Lucro Líquido (40)** |

Supondo que, após algum tempo, o valor recuperável do terreno passasse a ser R$ 70, teríamos que reconhecer a reversão parcial da perda reconhecida, conforme balanço e DRE a seguir.

| ATIVO | PASSIVO |
|---|---|
| Caixa (100) | PL |
| IMOBILIZADO | Prejuízos (30) |
| Terreno 100 |  |
| (−) *Impairment* (40) |  |
| (+) Reversão *Impairment* 10 |  |
| **TOTAL (30)** | **TOTAL (30)** |

| DRE |
|---|
| Perda por *Impairment* (40) |
| Reversão *Impairment* 10 |
| **Lucro líquido (30)** |

## 14.11 APLICAÇÃO DA REDUÇÃO AO VALOR RECUPERÁVEL DE ATIVOS EM INSTITUIÇÕES FINANCEIRAS

### i) Outros Valores e Bens

Atendendo à Circular 1273 (norma que instituiu o Plano Contábil das Instituições do Sistema Financeiro Nacional – Cosif), as instituições financeiras devem avaliar seus valores e bens, observando as seguintes necessidades:

a) semestralmente, para atender a perdas prováveis na realização, constitui-se, em contrapartida com a conta específica de despesa não operacional, a PROVISÃO PARA DESVALORIZAÇÃO DE OUTROS VALORES E BENS;

b) se a instituição financeira tiver conhecimento, no curso do semestre, de fatos relevantes que determinem perda no valor patrimonial dos bens, deve proceder ao imediato reconhecimento da respectiva perda, mediante constituição da provisão.

No reajuste do saldo da provisão utiliza-se, para os casos de insuficiência, a conta DESPESAS DE PROVISÕES NÃO OPERACIONAIS, e, nas hipóteses de excesso, estorna-se a provisão constituída a crédito desta conta, se no mesmo período, ou a crédito de REVERSÃO DE PROVISÕES NÃO OPERACIONAIS, se constituída em períodos anteriores.

A conta PROVISÃO PARA DESVALORIZAÇÃO DE OUTROS VALORES E BENS figura de forma subtrativa nos balancetes e balanços ao final do desdobramento Outros Valores e Bens.

### ii) Bens Não de Uso Próprio

De acordo com a Resolução CMN nº 4.747, de 29 de agosto de 2019, a qual começou a vigorar em 1º de janeiro de 2021, as instituições financeiras devem reavaliar o valor justo dos ativos não financeiros mantidos para venda, líquido de despesas de venda, sempre que houver evidências ou novos fatos que indiquem redução significativa nesse valor.

Essa avaliação deve ocorrer, no mínimo, anualmente para verificar se há evidências ou novos fatos que indiquem redução significativa no valor de seus ativos não financeiros mantidos para venda.

Uma vez que o valor justo apurado seja inferior ao valor do ativo, a instituição deve reconhecer a diferença como perda por redução ao valor recuperável do ativo.

### iii) Ativo Imobilizado

**Imobilizado de Arrendamento**

O Imobilizado de Arrendamento de uma instituição financeira é composto pelos bens de propriedade da instituição e que foram arrendados a terceiros.

Os bens objeto de contratos de arrendamento são registrados de forma segregada em "Bens Arrendados – Arrendamento Financeiro" ou "Bens Arrendados – Arrendamento Operacional", pelo seu custo de aquisição, composto dos seguintes valores:

Preço normal da operação de compra

(+) Custos de transporte, seguros, impostos e gastos para instalação necessários à colocação do bem em perfeitas condições de funcionamento

(–) Perdas decorrentes de redução ao valor recuperável de ativos.

### iv) Imobilizado de Uso

Atendendo à Circular nº 1.273, por ocasião dos balancetes e balanços, os imóveis de uso próprio e demais bens classificados no Imobilizado de Uso registram-se pelo custo, indicando-se, dedutivamente, o saldo das perdas decorrentes de redução ao valor recuperável de ativos e da respectiva depreciação acumulada.

O registro deve ser feito na conta a seguir:

REDUÇÃO AO VALOR RECUPERÁVEL DE ATIVO IMOBILIZADO DE USO

### v) Participações Societárias

De acordo com a Resolução CMN nº 4.817, de 29 de maio de 2020, a qual entrou em vigor em 1º de janeiro de 2022, as instituições financeiras devem avaliar se há evidências objetivas de redução do valor recuperável do valor contábil da participação societária, de acordo com regulamentação específica.

Uma eventual perda por redução ao valor recuperável deve ser alocada:

I – ao valor do ágio por expectativa de rentabilidade futura (*goodwill*); ou

II – ao valor contábil da participação societária da instituição na investida, se não houver saldo relativo a ágio por expectativa de rentabilidade futura (*goodwill*).

Ademais, é vedada a reversão das perdas uma vez que tenham sido alocadas ao valor do ágio por expectativa de rentabilidade futura (*goodwill*).

### vi) Propriedades para Investimento

De acordo com a Instrução Normativa BCB nº 220, uma vez que sejam evidenciadas perdas no valor recuperável de propriedades para investimento avaliadas ao custo, estas devem ser registradas no título a seguir:

REDUÇÃO AO VALOR RECUPERÁVEL DE PROPRIEDADES PARA INVESTIMENTO AVALIADAS AO CUSTO

### vii) Ativo Intangível

Uma vez constatada perda no valor de um ativo intangível no teste de redução ao valor recuperável, esta deve ser registrada na conta a seguir:

(–) REDUÇÃO AO VALOR RECUPERÁVEL DE ATIVOS INTANGÍVEIS

### viii) Ativos Não Monetários em Moeda Estrangeira

De maneira particular, em consonância com a Resolução BCB nº 4.817, de 29 de maio de 2020, a qual teve início de vigência em 1º de janeiro de 2022, na avaliação de desvalorização por redução no valor recuperável dos ativos não monetários em moeda estrangeira, quando exigida por regulamentação específica, a perda por redução a valor recuperável deve ser dada comparando-se os dois valores a seguir:

I – o valor contábil em moeda estrangeira convertido; e

II – o valor recuperável em moeda estrangeira convertido de acordo com a taxa de câmbio vigente na data da sua apuração.

Adicionalmente, os ajustes decorrentes da conversão em moeda estrangeira devem ser registrados:

I – em conta destacada do patrimônio líquido, pelo valor líquido dos efeitos tributários, no caso de itens não monetários cujos ganhos e perdas sejam reconhecidos no patrimônio líquido; e

II – em contrapartida ao resultado, nos demais casos.

Na hipótese em que a moeda de registro da investida no exterior seja diferente da sua moeda funcional, fica admitida a conversão em moeda estrangera com base nos saldos diários de cada subtítulo ou título contábil relativos às datas em que as transações foram realizadas, considerando a variação diária da taxa de câmbio.

### ix) Instrumentos Financeiros
#### Investimentos Mantidos para Venda

Importante destacar que para fins de atendimento à Resolução CMN nº 4.966, de 25 de novembro de 2021, que vigorará a partir de 1º de janeiro de 2025, os investimentos em coligadas, controladas e controladas em conjunto avaliados pelo método de equivalência patrimonial que a instituição decide realizar pela sua venda, estejam disponíveis para venda imediata e cuja alienação seja altamente provável deverão ser mensurados, a partir da data em que a instituição decidir vendê-los, pelo menor valor entre:

a) o valor contábil líquido do ativo, deduzidas as provisões para perdas por redução ao valor recuperável; e

b) o valor justo do ativo, avaliado conforme o disposto na regulamentação específica, líquido de despesas de vendas.

### x) Redução ao Valor Recuperável de Ativos nas contas de Despesa

Na contrapartida da redução das contas de ativo ao registramos a redução ao valor recuperável dele, a depender de sua natureza, devemos registrar em uma das duas alternativas a seguir:

i) Despesas Operacionais

(–) PERDAS POR REDUÇÃO AO VALOR RECUPERÁVEL DE ATIVOS DE USO

ii) Despesas Não Operacionais

REDUÇÃO AO VALOR RECUPERÁVEL

## 14.12 EXERCÍCIOS

1. Assinale a alternativa que corresponde às contas corretas em que deve ser debitada e creditada uma perda por redução ao valor recuperável de R$ 200.000,00 em um ativo intangível que uma instituição financeira utiliza em suas operações.

a) Débito: Perdas por Redução ao Valor Recuperável de Ativos de Uso

   Crédito: (–) Redução ao Valor Recuperável de Ativos Intangíveis

b) Débito: (–) Redução ao Valor Recuperável

   Crédito: (–) Redução ao Valor Recuperável de Ativos Intangíveis

c) Débito: Perdas por Redução ao Valor Recuperável de Ativos de Uso

   Crédito: (–) Redução ao Valor Recuperável de Ativo Imobilizado de Uso

d) Débito: Perdas por Redução ao Valor Recuperável de Ativos de Uso

   Crédito: (–) Redução ao Valor Recuperável de Propriedades para Investimento Avaliadas ao Custo

2. Não podemos afirmar sobre uma eventual perda por redução ao valor recuperável no valor contábil de uma participação societária:

a) A perda deve ser alocada ao *goodwill* ou ao valor contábil da participação societária da instituição na investida, se não houver saldo relativo a *goodwill*.
b) Uma vez que a perda tenha sido alocada ao valor do *goodwill*, é vedada sua reversão.
c) A referida perda deve necessariamente ser alocada ao valor do *goodwill*.
d) A referida perda só deve ser reconhecida contabilmente se houver evidências objetivas de redução do valor recuperável do valor contábil da participação societária.

3. Uma empresa detém um ativo cujo custo histórico é igual a R$ 600 e cuja depreciação acumulada equivale a R$ 100. A empresa apurou, para esse ativo, um valor líquido de venda de R$ 420 e um valor em uso de R$ 470. Com base nesses dados, considerando o que diz o CPC 01 (R1) – Redução ao Valor Recuperável de Ativos, é correto afirmar que a entidade deverá:

a) Registrar uma perda por *impairment* de R$ 80.
b) Registrar uma perda por *impairment* de R$ 30.
c) Manter o custo histórico ajustado pela depreciação.
d) Nenhuma das alternativas acima.

## 14.13 RESPOSTAS DOS EXERCÍCIOS

1. a

**Justificativa:** uma perda por redução ao valor recuperável de R$ 200.000,00 em um ativo intangível que uma instituição financeira utiliza em suas operações deve ser registrada a débito na conta de despesa (–) Perdas por Redução ao Valor Recuperável de Ativos de Uso, que tem como função: Destina-se ao registro dos encargos decorrentes de perda por desvalorização de ativo imobilizado de uso e ativo intangível identificada no teste de redução ao valor recuperável.

A crédito, deve ser registrada na conta do ativo (–) Redução ao Valor Recuperável de Ativos Intangíveis, que tem como função: Destina-se ao registro da perda por desvalorização de ativos intangíveis identificada no teste de redução ao valor recuperável.

Fonte: COSIF – Normas Básicas – Acesso em: https://www3.bcb.gov.br/aplica/cosif.

2. c

**Justificativa:** essa perda deve necessariamente ser alocada ao valor do *goodwill*. A alternativa apresentada na letra c está incorreta, pois de acordo com a Resolução BCB nº 4.817, uma eventual perda por redução ao valor recuperável deve ser alocada:

I – ao valor do ágio por expectativa de rentabilidade futura (*goodwill*); ou

II – ao valor contábil da participação societária da instituição na investida, se não houver saldo relativo a ágio por expectativa de rentabilidade futura (*goodwill*).

3. b

**Justificativa:** registrar uma perda por *impairment* de R$ 30. No teste de *impairment*, devemos apurar o valor contábil, sendo este composto por R$ 600 de custo histórico (–) depreciação acumulada de R$ 100, ou seja, R$ 500. Após isso, deve compará-lo com o valor recuperável, sendo este o maior entre o valor em uso e o valor líquido de venda do ativo, ou seja, R$ 470. Sendo assim, como o valor recuperável se mostra menor que o valor contábil, devemos registrar uma perda por *impairment* de R$ 30 (valor contábil menos o valor recuperável = R$ 500 – R$ 470 = R$ 30).

## REFERÊNCIAS

BANCO CENTRAL DO BRASIL. COSIF: Padrão Contábil das Instituições Reguladas pelo Banco Central do Brasil. Disponível em: https://www3.bcb.gov.br/aplica/cosif. Acesso em: 15 maio 2023.

COMITÊ DE PRONUNCIAMENTOS CONTÁBEIS. Pronunciamento Técnico CPC 00 (R2). Estrutura Conceitual para Relatório Financeiro. Disponível em: http://www.cpc.org.br/CPC/Documentos-Emitidos/Pronunciamentos/Pronunciamento?Id=80. Acesso em: 15 maio 2023.

COMITÊ DE PRONUNCIAMENTOS CONTÁBEIS. Pronunciamento Técnico CPC 01 (R1). Redução ao Valor Recuperável de Ativos. Disponível em: http://www.cpc.org.br/CPC/Documentos-Emitidos/Pronunciamentos/Pronunciamento?Id=2. Acesso em: 15 maio 2023.

GELBCKE, E. R.; SANTOS, A.; IUDÍCIBUS, S.; MARTINS, E. *Manual de contabilidade societária* – FIPECAFI: aplicável a todas as sociedades – de acordo com as normas internacionais e do CPC. 3. ed. São Paulo: Atlas, 2018.

# 15
# RECURSOS DE DEPÓSITOS, ACEITES CAMBIAIS, LETRAS, DEBÊNTURES, EMPRÉSTIMOS E REPASSES

Cristiane Tiemi Kussaba
Diana Lúcia de Almeida

## 15.1 INTRODUÇÃO

As instituições financeiras exercem importante papel de intermediação entre os poupadores (agentes econômicos superavitários) e os tomadores (agentes econômicos deficitários). De modo resumido, as instituições financeiras captam recursos junto aos poupadores com o objetivo de emprestá-los ou investi-los a taxas mais elevadas aos agentes econômicos deficitários (tomadores). Enquanto as transações feitas com os tomadores são representadas nas operações ativas, as captações de recursos junto aos poupadores são representadas nas operações passivas das instituições financeiras. A Figura 15.1 sintetiza o papel de intermediador exercido pelas instituições financeiras.

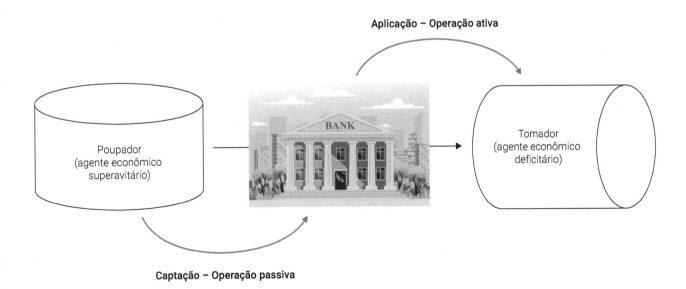

Figura 15.1   Papel de intermediação financeira exercido pelas instituições financeiras.

As principais formas de captação de recursos feitas pelas instituições financeiras podem ser assim classificadas em:

- captação por meio de depósitos;
- recursos de aceites e emissão de títulos;
- empréstimos e repasses.

O objetivo das próximas seções é esmiuçar cada uma das referidas formas de captação de recursos utilizadas pelas instituições financeiras.

## 15.2 DEPÓSITOS

A captação por meio de depósitos é a forma mais comum de as instituições financeiras captarem recursos para o exercício da sua atividade. Essas captações enquadram-se em cinco modalidades, as quais estão sintetizadas na Figura 15.2.

## 15.3 DEPÓSITOS À VISTA

Os depósitos à vista são recursos de livre movimentação mantidos por pessoa física ou jurídica. Trata-se de uma modalidade de captação de recursos sem remuneração aos clientes e, por esse motivo, são comumente denominados **captação a custo zero**.

A sua captação é típica e exclusiva de bancos múltiplos e comerciais, o que os configura como instituições financeiras monetárias, dada a sua capacidade de criação de moeda ao aumentar a quantidade de moeda em circulação por meio da captação de recursos, de um lado, e a realização de operações com os tomadores, do outro lado.

Importante ressaltar que, visando controlar o efeito da criação de moeda, foi elaborado o recolhimento compulsório, o qual requer que uma parcela, ou até mesmo a totalidade dos depósitos recebidos pelas instituições, sejam transferidos para a autoridade monetária – Banco Central do Brasil (BCB) –, evitando, assim, a sua circulação no mercado. As regras e percentuais de recolhimento dependem da política monetária vigente e são estabelecidas pela própria autoridade competente.

De acordo com o Cosif, consideram-se, também, como depósitos à vista os saldos das seguintes contas:

- depósitos vinculados;
- cheques marcados;
- cheques-salário;
- cheques de viagem;
- depósitos obrigatórios;
- depósitos para investimentos;
- depósitos especiais do Tesouro Nacional;
- saldos credores em contas de empréstimos e financiamentos;
- depósitos a prazo não liquidados no vencimento.

As principais rubricas contábeis, referentes aos depósitos à vista, segundo o Cosif, bem como as suas correspondentes funções, estão sintetizadas no Quadro 15.1.

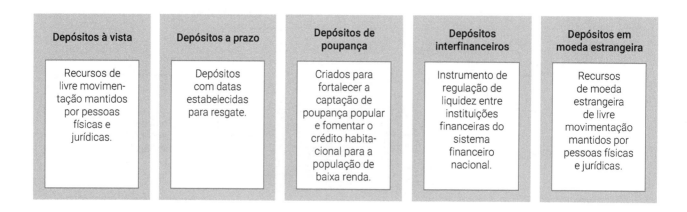

Figura 15.2   Modalidades de depósitos para a captação de recursos.

Quadro 15.1   Principais rubricas contábeis dos depósitos à vista

| Nome da conta | Função |
|---|---|
| Depósitos à vista de ligadas | Registra os depósitos de livre movimentação de titularidade de pessoas físicas ou jurídicas ligadas à instituição, assim entendidos os seus administradores e demais membros de órgãos estatutários, seus controladores e sociedades por estes controladas, direta ou indiretamente, e de coligadas sob controle comum |
| Depósitos de pessoas naturais | Registra os depósitos de livre movimentação, mantidos exclusivamente por pessoas naturais |
| Depósitos de pessoas jurídicas | Registra os depósitos de livre movimentação, mantidos por pessoas jurídicas, inclusive firmas individuais, condomínios, cartórios, clubes de serviços e entidades sem finalidade lucrativa, tais como instituições religiosas, de caridade, educativas, culturais, beneficentes e recreativas, bem como os depósitos titulados por cartórios oficializados e não oficializados e os depósitos de livre movimentação de administradores de consórcio e de fundos de investimento |
| Depósitos de instituições do sistema financeiro | Registra os depósitos de livre movimentação mantidos por instituições financeiras e demais instituições autorizadas a funcionar pelo BCB, por entidades subordinadas à Superintendência de Seguros Privados (SUSEP) e à Secretaria de Previdência Complementar (SPC) e pelas demais instituições que fazem parte do Sistema Financeiro Nacional (SFN) |
| Depósitos para aquisição de títulos federais | Registra os valores acolhidos em cheques e outros documentos liquidáveis pelo Serviço de Compensação de Cheques e Outros Papéis, exclusivamente do próprio titular emitente, para fins de aquisição de títulos públicos federais |
| Depósitos de governos | Registra os depósitos à vista mantidos por órgãos da administração direta e indireta que prestem serviços públicos ou exerçam atividades empresariais, com exceção dos depósitos de instituições financeiras e seguradoras |
| Cheques de viagem | Registra o valor dos cheques de viagem emitidos e não liquidados. É uma conta de balanceamento obrigatório por ocasião de balancetes e balanços |
| Cheques-salário | Registra os valores correspondentes aos cheques emitidos pela própria instituição, por solicitação de empresas clientes, para a utilização no pagamento de salários de seus empregados |
| Depósitos de domiciliados no exterior | Registra o valor dos depósitos à vista, em moeda nacional, no País, de pessoas naturais ou jurídicas domiciliadas ou com sede no exterior |
| Depósitos especiais do Tesouro Nacional | Registra os recursos provenientes do Tesouro Nacional, depositados nos termos de legislação específica |
| Depósitos obrigatórios | Registra o valor dos depósitos sujeitos à observância de condições legais ou regulamentares para sua movimentação |
| Depósitos obrigatórios de ligadas | Registra os depósitos obrigatórios, sujeitos à observância de condições legais ou regulamentares para sua movimentação, de titularidade de pessoas físicas ou jurídicas ligadas à instituição, assim entendidos os seus administradores e demais membros de órgãos estatutários, seus controladores e sociedades por estes controladas, direta ou indiretamente, e de coligadas sob controle comum |
| Depósitos para investimentos decorrentes de incentivos fiscais | Registra os depósitos destinados a investimentos decorrentes de incentivos fiscais |
| Depósitos vinculados | Registra: (i) as importâncias recebidas para um fim predeterminado ou especial; (ii) valor do produto da cobrança de duplicatas ou de outros títulos recebidos em garantia de operações, inclusive garantias prestadas em dinheiro; e (iii) o saldo dos depósitos a prazo não liquidados no vencimento |
| Saldos credores em contas de empréstimos e financiamentos | Registra, pelo valor global, os saldos credores que as contas de empréstimo, financiamento e de pagamento pós-pagas apresentarem |
| Contas encerradas | Registra o saldo de contas de depósitos à vista encerradas com base na regulamentação vigente, até a liquidação integral da obrigação, devendo a instituição manter controles internos individualizados por conta de depósitos que permitam identificar, a qualquer momento, o saldo e a movimentação |

Para ilustrarmos a contabilização de um depósito à vista, vamos assumir que um cliente poupador realize um depósito à vista de $ 10.000. No dia de efetivação desse depósito, o valor deve ser registrado como um passivo no banco, uma vez que a entrega do recurso para a instituição financeira criou para ela uma obrigação presente, a qual não consegue evitar devolver o recurso ao cliente, de acordo com sua demanda. Em contrapartida, a transação representa uma entrada de caixa na instituição. Assim, o banco faria o seguinte registro contábil:

| Lançamento contábil | Valor – em $ |
| --- | --- |
| Débito: Banco Central – Reservas livres em espécie (Ativo) | 10.000 |
| Crédito: Depósitos de pessoais naturais (Passivo) | 10.000 |

Alguns dias após o depósito, o mesmo poupador realizou uma transferência bancária para seu irmão, outro cliente do mesmo banco, no valor de $ 2.000. Portanto, houve uma movimentação interna entre clientes, usando o saldo disponível na conta-corrente do poupador. Nesse momento, os registros são os seguintes:

(i) Para registrar a saída da conta do cliente poupador:

| Lançamento contábil | Valor – em $ |
| --- | --- |
| Débito: Depósitos de pessoais naturais (Passivo) | 2.000 |
| Crédito: Credores diversos – País (Passivo) | 2.000 |

(ii) Para registrar a entrada na conta do irmão do cliente poupador:

| Lançamento contábil | Valor – em $ |
| --- | --- |
| Débito: Credores diversos – País (Passivo) | 10.000 |
| Crédito: Depósitos de pessoais naturais (Passivo) | 10.000 |

Embora tenha sido feita uma transferência interna entre contas do mesmo banco, logo, sem a necessidade de troca de reservas entres instituições financeiras, é preciso estratificar a movimentação financeira, uma vez que o recurso foi transferido entre contas-correntes dentro de uma mesma instituição.

Por fim, saldos devedores em contas de depósito à vista devem ser transferidos diariamente para a conta de Adiantamentos a Depositantes, no subgrupo de Operações de Crédito, devendo ser novamente levados a depósitos no dia útil imediato à transferência.

## 15.4 DEPÓSITOS A PRAZO

Diferentemente dos depósitos à vista, os depósitos a prazo caracterizam-se por serem captações feitas pelos bancos com datas previamente estabelecidas para seu resgate, sem livre movimentação pelo cliente.

As captações podem ser feitas com ou sem a emissão de certificados. São exemplos de depósito a prazo o Certificado de Depósito Bancário (CDB) e o Recibo de Depósito Bancário (RDB). A principal diferença entre as duas modalidades é que o CDB pode ser negociado a qualquer momento, dentro do prazo contratado, ao passo que o RDB não pode ser nem revendido, nem devolvido ao banco emitente antes do seu vencimento. Essa diferença entre os títulos criou incentivos para que o CDB se tornasse mais procurado pelos clientes.

Ambos os títulos mencionados geram uma obrigação de remuneração pelo banco sobre o valor do principal aplicado pelo cliente, a qual pode ser classificada como:

- **prefixada**: o valor a ser recebido no vencimento é conhecido no momento em que ocorre a aplicação;
- **pós-fixada**: a remuneração abrange a taxa de juros definida na aplicação e atrelamento a algum índice.

Assim como mencionado sobre os depósitos à vista, vale lembrar que sobre depósitos a prazo também há incidência de recolhimento compulsório.

As principais rubricas contábeis, referentes aos depósitos a prazo, segundo o Cosif, bem como as suas correspondentes funções, estão sintetizadas no Quadro 15.2.

Quadro 15.2  Principais rubricas contábeis dos depósitos a prazo

| Nome da conta | Função |
|---|---|
| Depósitos a prazo | Registra os depósitos sujeitos a condições definidas de prazo e de encargos, com ou sem emissão de CDB |
| Depósitos a prazo em moedas estrangeiras | Registra os depósitos em moedas estrangeiras efetuados, no País, em bancos autorizados a operar em câmbio, por instituições credenciadas a operar no Mercado de Câmbio, bem como por pessoas físicas e jurídicas residentes ou domiciliadas no exterior, sujeitos a condições definidas de prazo e rendimentos |
| Depósitos judiciais com remuneração | Registra os depósitos sujeitos a custódia judicial ou a prévia concordância de juízes ou tribunais para sua movimentação |

Para ilustrarmos a contabilização de um depósito a prazo, vamos assumir que um cliente poupador (agente financeiro) aplique parte de seus recursos já investidos no banco ARA na aquisição de um CDB de $ 10.000, com rendimento de 1% ao mês. Na efetivação desse depósito, ocorrida no primeiro dia do mês, esse valor deve ser registrado como um passivo no banco, uma vez que demonstra agora uma obrigação com o cliente. Ao mesmo tempo, essa transação também representa uma redução do depósito à vista, ou seja, contabilmente é realizada a troca de rubricas dessa transação, mas mantendo uma obrigação perante o cliente. Desse modo, o banco faria o seguinte registro contábil:

| Lançamento contábil | Valor – em $ |
|---|---|
| Débito: Depósitos de pessoas naturais (Passivo) | 10.000 |
| Crédito: Depósitos a prazo (Passivo) | 10.000 |

Adicionalmente, por ocasião da elaboração do balancete ou do balanço, os saldos de depósito a prazo devem ser ajustados em função do regime de competência, *pro rata die*, acrescentando a remuneração já incorrida. Portanto, considerando a incidência dos juros supramencionados, o banco deve reconhecer a remuneração de $ 100 ($ 10.000 × 1%), da seguinte forma:

| Lançamento contábil | Valor – em $ |
|---|---|
| Débito: Despesas de depósitos a prazo (Resultado) | 100 |
| Crédito: Depósitos a prazo (Passivo) | 100 |

Por fim, os depósitos a prazo que não tenham sido liquidados no vencimento devem ser transferidos imediatamente para a conta de Depósitos Vinculados, no subtítulo Outros.

## 15.5 DEPÓSITOS DE POUPANÇA

Essa forma de captação foi criada no final da década de 1960, com o objetivo de fortalecer a captação de poupança popular e fomentar o crédito habitacional para a população de baixa renda. Trata-se de um produto exclusivo de entidades de crédito imobiliário ou que possuam tal modalidade de crédito em suas carteiras.

Trata-se de uma forma simples e tradicional de investimento, com remuneração sobre o valor aplicado, na qual não há limite mínimo de investimento e que apresenta liquidez diária. Entretanto, caso o saque seja feito antes da data do aniversário da aplicação (considerada a data em que se efetivou o depósito), há perda da rentabilidade que seria obtida no período.

A sua remuneração é classificada como pós-fixada, uma vez que só se torna conhecida na data do seu aniversário de aplicação. De acordo com a legislação atualmente vigente, sobre os depósitos feitos até 03/05/2012, a remuneração se dá pela Taxa de Referência (TR) da data do aniversário acrescida da remuneração adicional de 0,5% ao mês. A partir de 04/05/2012, a remuneração passou a ser composta pela TR da data do aniversário acrescida de uma remuneração adicional de 0,5% (enquanto a meta da taxa Selic ao ano for superior a 8,5%) ou 70% da meta da taxa Selic ao ano, mensalizada, vigente na data de início do período de rendimento, enquanto a meta da taxa Selic for menor ou igual a 8,5%.

As instituições financeiras devem fazer o registro mensalmente dos encargos proporcionais ao tempo desde a data do depósito ou a data de aniversário da conta e a data do balanço. As despesas que a instituição financeira tem com os depósitos de poupança são despesas de captação e devem ser incorporadas nas contas de depósitos de poupança, aumentando, assim, a obrigação da instituição perante o cliente.

Assim como mencionado nos depósitos à vista e a prazo, vale lembrar que sobre depósitos de poupança também há incidência de recolhimento compulsório.

As principais rubricas contábeis, referentes aos Depósitos de poupança, segundo o Cosif, bem como as suas correspondentes funções, estão sintetizadas no Quadro 15.3.

**Quadro 15.3** Principais rubricas contábeis dos depósitos de poupança

| Nome da conta | Função |
| --- | --- |
| Depósitos de poupança livres – pessoas naturais | Registra os depósitos de poupança de livre movimentação mantidos exclusivamente por pessoas naturais |
| Depósitos de poupança livres – pessoas jurídicas | Registra os depósitos de poupança de livre movimentação mantidos exclusivamente por pessoas jurídicas |
| Depósitos de poupança de pessoas ligadas | Registra os depósitos de poupança de titularidade de pessoas naturais ou jurídicas ligadas à instituição, assim entendidos os seus administradores e demais membros de órgãos estatutários, seus controladores e sociedades por estes controladas, direta ou indiretamente, e de coligadas sob controle comum |
| Depósitos de poupança rural | Registra os depósitos de poupança rural |
| Outros depósitos de poupança | Registra outros depósitos de poupança para os quais não haja conta específica |
| Contas encerradas | Registra, até a liquidação integral da obrigação, o saldo de contas de depósitos de poupança encerradas, na forma da regulamentação vigente |

Para ilustrarmos a contabilização de um depósito de poupança, vamos assumir que um cliente poupador (agente financeiro) realize um depósito de $ 10.000 e que o rendimento seja de 0,5% ao mês. No dia de efetivação desse depósito, este valor deve ser registrado como um passivo no banco, uma vez que demonstra agora uma obrigação com o cliente. Ao mesmo tempo, essa transação também representa uma entrada de caixa para o banco. Assim, o banco faria o seguinte registro contábil:

| Lançamento contábil | Valor – em $ |
| --- | --- |
| Débito: Banco Central – Reservas livres em espécie (Ativo) | 10.000 |
| Crédito: Depósitos de poupança livres – pessoais naturais (Passivo) | 10.000 |

Adicionalmente, por ocasião da elaboração do balancete ou do balanço, os saldos de depósito de poupança devem ser ajustados em função do regime de competência, *pro rata die*, acrescentando a remuneração já incorrida. Portanto, considerando a incidência dos juros supramencionados, o banco deve reconhecer a remuneração de $ 50 ($ 10.000 × 0,5%), da seguinte forma:

| Lançamento contábil | Valor – em $ |
| --- | --- |
| Débito: Despesas de depósitos de poupança (Resultado) | 50 |
| Crédito: Depósitos de poupança livres – pessoais naturais (Passivo) | 50 |

## 15.6 DEPÓSITOS INTERFINANCEIROS

Criados em 1986 e também conhecidos como Certificados de Depósito Interfinanceiro (CDI), trata-se de títulos de curtíssimo prazo, os quais são considerados instrumentos de regulação de liquidez entre as instituições do SFN, uma vez que possibilitam a troca de reservas entre elas.

A razão da existência de tais operações é o fato de o BCB determinar que os bancos encerrem todos os dias com saldo positivo de caixa. Para ilustrar, imagine que determinada instituição registre maior volume de captações do que resgates (Banco A), ao passo que outras duas instituições registrem o inverso (Bancos B e C). Ao final do dia, o Banco A teria um saldo superavitário de caixa, ao passo que os Bancos B e C terminariam com saldos negativos de caixa. Nessa hipótese, uma saída para as duas instituições equalizarem suas posições de caixa seria realizar uma captação com a instituição superavitária, em troca de determinada remuneração pactuada entre as partes. A Figura 15.3 ilustra o exemplo mencionado.

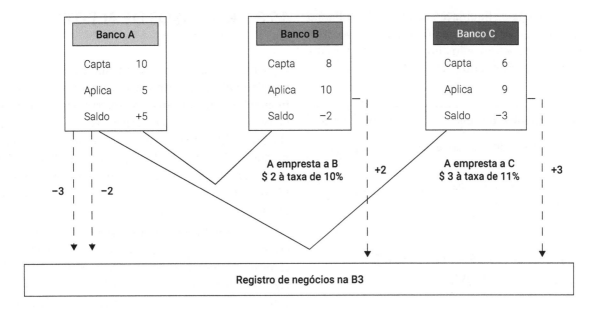

**Figura 15.3** Captação por meio de depósitos interfinanceiros.

Como ilustrado na Figura 15.3, para equalizarem as suas posições de tesouraria, sem terem que recorrer ao auxílio do BCB (por exemplo, redesconto ou assistência financeira), os Bancos B e C poderiam captar recursos com o Banco A, que tem um excedente de caixa suficiente para cobrir o déficit das duas instituições.

Uma vez negociada entre as partes envolvidas na transação, a operação é registrada em uma entidade de liquidação financeira (por exemplo, B3), que calcula a taxa de juros média de negociação entre as instituições. Essa taxa é divulgada diariamente e denominada "taxa DI". Por refletir os juros médios negociados entre os bancos, a taxa DI tornou-se uma referência para o restante do mercado financeiro, inclusive para determinar a remuneração de diversos investimentos de renda fixa.

Do ponto de vista contábil, a principal conta Cosif utilizada para o registro de depósitos entre instituições é a conta Depósitos Interfinanceiros, cuja função é registrar os recursos recebidos em depósito de outras instituições do mercado, na forma da regulamentação vigente e específica para as operações de depósitos interfinanceiros. Em contrapartida, a instituição cedente do recurso registra tal operação na conta Aplicações Interfinanceiras de Liquidez, como melhor explorado no Capítulo 6, "Operações Interfinanceiras de Liquidez".

Para ilustrar a contabilização de um depósito interfinanceiro, vamos assumir que o Banco ARA captou um depósito interfinanceiro do Banco ERA, no valor de $ 2.000.000, e que o rendimento pactuado seja de $ 4.000. No dia de efetivação desse depósito, tal valor deve ser registrado como um passivo no Banco ARA, uma vez que demonstra agora uma obrigação com a outra instituição. Ao mesmo tempo, essa transação também representa uma entrada de caixa para o banco. Assim, o Banco ARA faria o seguinte registro contábil:

| Lançamento contábil | Valor – em $ |
|---|---|
| Débito: Banco Central – Reservas livres em espécie (Ativo) | 2.000.000 |
| Crédito: Depósitos interfinanceiros (Passivo) | 2.000.000 |

Adicionalmente, o saldo de depósito interfinanceiro deve ser ajustado em função do regime de competência, *pro rata die*, acrescentando a remuneração já incorrida. Portanto, considerando a incidência dos juros supramencionados, o Banco ARA deve reconhecer a remuneração de $ 4.000 da seguinte forma:

| Lançamento contábil | Valor – em $ |
|---|---|
| Débito: Despesas de depósitos de interfinanceiros (Resultado) | 4.000 |
| Crédito: Depósitos interfinanceiros (Passivo) | 4.000 |

Por fim, na data da liquidação da operação, o Banco ARA deve reconhecer o pagamento do seu passivo, com a entrega de recursos para a instituição cedente. Os lançamentos a serem registrados são:

| Lançamento contábil | Valor – em $ |
|---|---|
| Débito: Depósitos interfinanceiros (Passivo) | 2.004.000 |
| Crédito: Banco Central – Reservas livres em espécie (Ativo) | 2.004.000 |

## 15.7 DEPÓSITOS EM MOEDAS ESTRANGEIRAS

Bancos com autorização para realizar operações no mercado de câmbio no País precisam de conta específica para registrar os depósitos em moeda estrangeira de livre movimentação realizados por pessoas físicas e jurídicas residentes ou domiciliadas no exterior e outras admitidas pela legislação e regulamentação em vigor.

A principal conta Cosif utilizada para o registro de depósitos em Moeda Estrangeira é a rubrica Depósitos em Moeda Estrangeira no País, cujo objetivo é registrar a movimentação de contas em moedas estrangeiras abertas no País, conforme legislação vigente. As despesas correspondentes a essa conta contábil devem ser registradas na conta Despesas de Depósitos a Prazo.

Por fim, os valores em moedas estrangeiras referentes a comissão de agentes, frete ou prêmio de seguro sobre exportação, cuja transferência ao beneficiário no exterior deva ocorrer posteriormente ao recebimento do valor em moeda estrangeira da exportação, são registrados a crédito na conta de Valores em moedas estrangeiras a pagar, em subconta adequada, em lançamento conjunto ao do registro do recebimento do valor em moeda estrangeira da exportação a que se vinculem referidos valores.

## 15.8 RECURSOS DE ACEITES CAMBIAIS

Com a regulamentação das sociedades de crédito, financiamento e investimento, também conhecidas como financeiras, inovaram-se os instrumentos de captação de recursos, por meio da utilização de letras de câmbio (LC) vendidas no mercado com o aceite da financeira mediante deságio (ANDREZO; LIMA, 2007). Segundo a B3, além das financeiras, podem ser aceitantes de uma LC os bancos múltiplos com carteira de crédito, financiamento e investimento.

As LC são títulos de captação criados com finalidade específica, qual seja, financiar bens de consumo e crédito pessoal. Sendo mais específico, as LC são títulos de crédito pelos quais o emitente (devedor) dá ao aceitante (uma instituição financeira) uma ordem de pagamento do valor devido ao investidor, conforme condições definidas no instrumento, no qual estarão previstos o rendimento e a data de vencimento.

Portanto, tais títulos caracterizam-se por envolver três partes:

1. **sacador/devedor**: emitente da ordem de pagamento;
2. **sacado/aceitante**: pessoa que pagará a letra;
3. **tomador/investidor**: beneficiário que resgatará a letra na data do vencimento.

O fato gerador de uma LC com aceite de instituição financeira é a formalização de um contrato de financiamento, em que o sacador é o seu emitente e devedor. A LC será utilizada pela instituição financeira aceitante como forma de captação de recursos financeiros para emprestar à pessoa física ou jurídica com quem firmou o contrato de financiamento. Importante ressaltar que o sacado tem a possibilidade de criar uma LC para si próprio, sendo ele, neste caso, também o sacador.

A Figura 15.4 sintetiza a relação entre as partes envolvidas por meio de uma operação com LC.

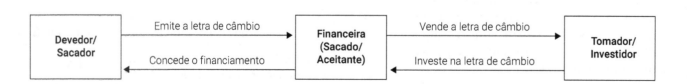

**Figura 15.4** Captação por meio da emissão de letra de câmbio.

Do ponto de vista de remuneração, ela pode ser prefixada (rendimento já conhecido no momento do investimento), pós-fixada (rendimento conhecido só no vencimento) ou híbrida (com dois indexadores, um fixo e outro variável).

Quanto ao tratamento contábil, os ágios obtidos e os deságios concedidos por ocasião da colocação de LC registram-se no próprio título representativo das obrigações e apropriam-se, mensalmente, *pro rata temporis*, de acordo com a fluência do prazo do respectivo título. Adicionalmente, cabe à instituição ter controles contábeis e extracontábeis que permitam a apuração da exata posição dos valores emitidos, colocados e em carteira e das despesas apropriadas em cada período mensal.

A principal conta Cosif utilizada para o registro de obrigações por aceites de títulos cambiais é a rubrica Obrigações por Aceites de Títulos Cambiais, cuja função é registrar as obrigações da instituição representadas por aceites de LC emitidas, colocadas e a colocar no mercado.

Para ilustrar a contabilização de uma obrigação por aceite de títulos cambiais, suponha que o Banco ARA registre um aceite de letra cambial emitida e colocada no mercado no valor de $ 10.000. No dia da efetivação da transação, esse valor deve ser registrado como um passivo no Banco ARA, uma vez que demonstra agora uma obrigação com o investidor. Ao mesmo tempo, essa transação também representa uma entrada de caixa para o banco. Sendo assim, o Banco ARA faria o seguinte registro contábil:

| Lançamento contábil | Valor – em $ |
| --- | --- |
| Débito: Banco Central – Reservas livres em espécie (Ativo) | 10.000 |
| Crédito: Obrigações por aceites de títulos cambiais (Passivo) | 10.000 |

Adicionalmente, o saldo da obrigação deve ser ajustado em função do regime de competência, *pro rata die*, acrescentando a remuneração já incorrida. Portanto, considerando a incidência de $ 500 de remuneração, o Banco ARA deve reconhecê-la da seguinte forma:

| Lançamento contábil | Valor – em $ |
| --- | --- |
| Débito: Despesas de aceites cambiais (Resultado) | 500 |
| Crédito: Obrigações por aceites de títulos cambiais (Passivo) | 500 |

Por fim, na data da liquidação da operação, supondo que o valor final devido seja de $ 10.500, o Banco ARA deve reconhecer o pagamento do seu passivo, com a entrega de recursos ao investidor. Os lançamentos a serem registrados são:

| Lançamento contábil | Valor – em $ |
| --- | --- |
| Débito: Obrigações por aceites de títulos cambiais (Passivo) | 10.500 |
| Crédito: Banco Central – Reservas livres em espécie (Ativo) | 10.500 |

## 15.9 RECURSOS DE LETRAS IMOBILIÁRIAS, HIPOTECÁRIAS, FINANCEIRAS E DO AGRONEGÓCIO

Assim como as LC, previamente discutidas, as letras imobiliárias (LI), hipotecárias, financeiras e do agronegócio são títulos de renda fixa, com ou sem lastro, a depender da modalidade, emitidos pelas instituições financeiras, com o objetivo de captação de recursos. A seguir, apresentaremos uma breve explicação sobre cada uma das modalidades, para facilitar o entendimento de cada operação e, consequentemente, o seu tratamento contábil.

As LI foram criadas pela Lei nº 4.380/1964 e consistem em títulos emitidos por instituições componentes do Sistema Financeiro da Habitação (SFH), tais como as Sociedades de Crédito Imobiliário e a Caixa Econômica Federal. Essas letras constituem-se em promessas de pagamento e os recursos por elas captados visam ao financiamento de imóveis para construtores e compradores. Segundo Assaf Neto (2021), as LI podem ser garantidas pelo governo federal, quando emitidas pela Caixa Econômica Federal, ou ainda ter preferência sobre os bens do ativo da sociedade emissora em relação a outros créditos contra a sociedade, no caso de terem sido emitidas por Sociedades de Crédito Imobiliário.

As letras hipotecárias (LH), por sua vez, foram criadas pela Lei nº 7.684/1988 e consistem em títulos lastreados em crédito imobiliários, os quais são emitidos por instituições financeiras que emprestam recursos do sistema habitacional. Isso significa que os emissores, portanto, podem ser bancos múltiplos com carteira de crédito imobiliário, companhias hipotecárias, associações de poupança e empréstimo e sociedades de crédito imobiliário.

Segundo Assaf Neto (2021), a prática atual estabelece que a principal fonte de captação de recursos para o financiamento habitacional é o depósito de poupança e que somente quando a sua captação for inferior ao montante de financiamento imobiliário cedido é que a emissão de LH será permitida. Logo, a emissão de LH configura-se em uma captação complementar daquela feita por meio dos depósitos de poupança.

A remuneração da LH pode ser prefixada ou pósfixada (por exemplo, atrelada ao IGP-M) e ela costuma ser maior do que aquela exigida pelo depósito de poupança, o que a torna mais onerosa para a instituição financeira.

Comparando-se as LI com as LH, é possível notar que a principal diferença entre elas é que as LI imobiliárias são garantidas por todos os ativos da sociedade ou, ainda, garantidas pelo governo federal, se emitidas pela Caixa Econômica Federal, ao passo que as LH são garantidas pelos ativos hipotecários dados como lastro.

Em 2004, a Lei nº 10.931 criou oficialmente as letras de crédito imobiliário (LCI), tornando-as um novo instrumento de captação de recursos para o financiamento imobiliário. Assim como as LH, as LCI consistem em títulos de renda fixa negociados por instituições financeiras com lastro no crédito imobiliário.

Segundo Fortuna (2011), as LCI podem ser emitidas na forma cartular ou escritural, nominativa e endossável, com a identificação dos créditos que lhes são caucionados. Diferentemente das LH, cujo lastro é uma hipoteca, as LCI podem ser garantidas tanto por uma hipoteca quanto por alienação fiduciária do imóvel. Ademais, elas podem ser garantidas por um ou mais créditos imobiliários, mas seu prazo não pode ser superior ao de seu lastro, assim como a soma do principal emitido não pode exceder os créditos imobiliários em poder da instituição emitente. Por fim, sua remuneração pode ser prefixada, pós-fixada ou híbrida (por exemplo, taxa pré + IPCA).

Em 2015, visando fomentar o mercado imobiliário no País, a Lei nº 13.097 criou a letra imobiliária garantida (LIG), a qual se baseia em modelo de funcionamento reconhecido no exterior de *covered bonds*. Trata-se de títulos de crédito nominativos, transferíveis e de livre negociação, os quais contam com uma carteira de ativos que lastreia e garante os títulos, visto que eles se tornam um patrimônio apartado da instituição emissora, dedicado exclusivamente à LIG.

Portanto, os investidores da LIG têm dupla garantia, representada pelos ativos da instituição emissora e, em caso de sua insolvência, pela carteira de ativos constituída para garanti-la. Essa característica pode ser considerada uma das principais diferenças entre a LIG e a LCI, visto que a última é garantida por uma carteira de ativos submetida ao regime fiduciário, ou seja, os ativos que integram a carteira de ativos constituem patrimônio de afetação, que não se confunde com o da instituição emitente.

Saindo um pouco do contexto imobiliário, temos as letras financeiras (LF), que foram criadas pela Lei nº 12.249/2010. Trata-se de títulos que podem ser emitidos por bancos múltiplos, bancos comerciais, bancos de desenvolvimento, bancos de investimento, sociedades de crédito, financiamento e investimento, caixas econômicas, companhias hipotecárias, sociedades de crédito imobiliário, cooperativas de crédito e pelo Banco Nacional de Desenvolvimento Econômico e Social (BNDES).

As LF possuem a finalidade de captação de longo prazo. Em contrapartida, oferecem ao investidor uma rentabilidade mais atrativa em virtude da indisponibilidade de resgate antecipado. Sua negociação pode ser feita de modo privado ou público (nesse caso, requer autorização da CVM). Quanto à remuneração, pode ser tanto prefixada quanto pós-fixada.

De acordo com a B3, há a possibilidade de emissão de LF com cláusula de subordinação, o que significa que os investidores têm seu direito de crédito condicionado ao pagamento de outras dívidas da instituição emitente em caso de falência ou inadimplência. Por oferecer o benefício contábil e prudencial de poder compor o patrimônio líquido da instituição, oferece uma remuneração ainda mais atrativa do que aquela que seria oferecida por uma LF sem cláusula de subordinação.

Por último, criada pela Lei nº 11.076/2004, a letra de crédito do agronegócio (LCA) é um título nominativo, cartular ou escritural, de livre negociação, emitido por instituições financeiras públicas ou privadas, lastreadas em direitos creditórios de financiamentos da cadeia do agronegócio. Sua remuneração pode ser baseada em taxas prefixadas ou pós-fixadas.

Uma característica da LCA é a vasta gama de direitos creditórios vinculados a produtores rurais, cooperativas e inclusive o financiamento de produção, comercialização, beneficiamento ou industrialização de produtos ou insumos agropecuários ou de máquinas e implementos utilizados nesse setor que podem ser utilizados como garantia, o que contribui para o desenvolvimento desse setor. A B3 lista exemplos de instrumentos que servem de lastro de uma LCA: Cédula de Produto Rural (CPR), notas promissórias rurais, Cédula Rural Hipotecária (CRH), Cédula Rural Pignoratícia Hipotecária (CRPH), a Cédula de Crédito Bancário (CCB) de origem do agronegócio, a Nota de Crédito à Exportação (NCE), a Cédula de Crédito à Exportação (CCE), o Certificado de Depósito Agropecuário (CDA), o *Warrant* Agropecuário (WA) e a Nota de Crédito Rural (NCR).

Quanto ao tratamento contábil das letras, os ágios obtidos e os deságios concedidos por ocasião da colocação de letras registram-se no próprio título representativo das obrigações e apropriam-se, mensalmente, *pro rata temporis*, de acordo com a fluência do prazo do respectivo título. Adicionalmente, cabe à instituição ter controles contábeis e extracontábeis que permitam a apuração da exata posição dos valores emitidos, colocados e em carteira e das despesas apropriadas em cada período mensal.

As principais rubricas contábeis, referentes às LI, hipotecárias, financeiras e do agronegócio, segundo o Cosif, bem como as suas correspondentes funções, estão sintetizados no Quadro 15.4.

Quadro 15.4  Principais rubricas contábeis de letras imobiliárias, hipotecárias, financeiras e do agronegócio

| Nome da conta | Função |
| --- | --- |
| Obrigações por Emissões de LI garantidas | Registra as obrigações representadas por LIG emitidas pela instituição |
| Obrigações por Emissão de LI | Registra as obrigações representadas por LI emitidas pela instituição, colocadas e a colocar no mercado |
| Obrigações por Emissão de LH | Registra as obrigações representadas por LH emitidas pela instituição |
| Obrigações por Emissão de LCI | Regista as obrigações representadas por letras de LCI emitidas pela instituição |
| Obrigações por Emissão de LCA | Registra as obrigações representadas por LCA emitidas pela instituição, segregadas nos subtítulos contábeis conforme a data de emissão para fins de apuração da base cálculo da contribuição ao Fundo Garantidor de Crédito (FGC) |
| Obrigações por Emissão de LF | Registra as obrigações representadas por LF emitidas pela instituição |

Para ilustrar a contabilização de uma obrigação envolvendo uma letra, suponha que o banco ARA registre uma obrigação por LH emitidas pela instituição, no valor de $ 10.000. No dia da efetivação da transação, esse valor deve ser registrado como um passivo no Banco ARA, uma vez que demonstra agora uma obrigação com o investidor. Ao mesmo tempo, essa transação também representa uma entrada de caixa para o banco. Assim, o Banco ARA faria o seguinte registro contábil:

| Lançamento contábil | Valor – em $ |
| --- | --- |
| Débito: Banco Central – Reservas livres em espécie (Ativo) | 10.000 |
| Crédito: Obrigações por emissões de LH (Passivo) | 10.000 |

Adicionalmente, o saldo da obrigação deve ser ajustado em função do regime de competência, *pro rata die*, acrescentando a remuneração já incorrida. Portanto, considerando a incidência de $ 600 de remuneração, o Banco ARA deve reconhecê-la da seguinte forma:

| Lançamento contábil | Valor – em $ |
| --- | --- |
| Débito: Despesas de LH (Resultado) | 600 |
| Crédito: Obrigações por emissões de LH (Passivo) | 600 |

Por fim, na data da liquidação da operação, supondo que o valor final devido seja de $ 10.600, o Banco ARA deve reconhecer o pagamento do seu passivo, com a entrega de recursos ao investidor. Os lançamentos a registrar são:

| Lançamento contábil | Valor – em $ |
| --- | --- |
| Débito: Obrigações por emissões de LH (Passivo) | 10.600 |
| Crédito: Banco Central – Reservas livres em espécie (Ativo) | 10.600 |

## 15.10 RECURSOS DE DEBÊNTURES

Debêntures são valores mobiliários expressos sob a forma de títulos de dívida de médio e longo prazos emitidos pelas sociedades por ações, as quais garantem ao seu titular um direito de crédito contra a companhia emitente. Mais especificamente, esse título concede ao investidor (debenturista) o direito de receber o capital investido acrescido de uma remuneração (prefixada, pós-fixada ou híbrida), de acordo com as condições previstas na escritura de emissão.

O objetivo da sua emissão é a obtenção de recursos para financiar projetos de investimento de médio e longo prazos ou para alongamento do perfil de endividamento da companhia. Sua emissão pode ser feita de modo privado ou por meio de oferta pública.

Importante ressaltar que as emissões de debêntures são normatizadas pela CVM. Enquanto as companhias abertas podem emitir tais títulos de forma privada ou pública, as companhias fechadas só podem emiti-las de forma privada. Ademais, sua emissão não é admitida para as instituições financeiras, sendo permitida apenas para as sociedades de arrendamento mercantil, as companhias hipotecárias, BNDES (em moeda nacional) e as administradoras de consórcio.

Quanto ao tratamento contábil das debêntures, os ágios obtidos e os deságios concedidos por ocasião da sua colocação são registrados no próprio título representativo das obrigações e apropriam-se, mensalmente, *pro rata temporis*, de acordo com a fluência do prazo do respectivo título. Adicionalmente, cabe à instituição ter controles contábeis e extracontábeis que evidenciem, obrigatoriamente, os montantes emitidos, os montantes colocados e as despesas apropriadas em cada período mensal.

A principal conta Cosif utilizada para o registro das obrigações por emissão de debêntures é a rubrica Obrigações por Emissão de Debêntures, cujo objetivo é registrar as obrigações representadas por debêntures emitidas pela instituição, colocadas e a colocar no mercado. As despesas correspondentes a essa conta contábil devem ser registradas na conta Despesas de Debêntures.

Para ilustrar a contabilização de uma obrigação envolvendo uma debênture, suponha que a sociedade de arrendamento mercantil Lease registre uma obrigação por debêntures emitidas pela entidade, no valor de $ 20.000. No dia da efetivação da transação, esse valor deve ser registrado como um passivo na Lease, uma vez que demonstra agora uma obrigação com o investidor. Ao mesmo tempo, essa transação também representa uma entrada de caixa para a entidade. Assim, a Lease faria o seguinte registro contábil:

| Lançamento contábil | Valor – em $ |
| --- | --- |
| Débito: Banco Central – Outras Reservas livres (Ativo) | 20.000 |
| Crédito: Obrigações por emissão de debêntures (Passivo) | 20.000 |

Adicionalmente, o saldo da obrigação deve ser ajustado em função do regime de competência, *pro rata die*, acrescentando a remuneração já incorrida. Portanto, considerando a incidência de $ 800 de remuneração, a Lease deve reconhecê-la da seguinte forma:

| Lançamento contábil | Valor – em $ |
| --- | --- |
| Débito: Despesas de Debêntures (Resultado) | 800 |
| Crédito: Obrigações por emissão de debêntures (Passivo) | 800 |

Por fim, na data da liquidação da operação, supondo que o valor final devido seja de $ 10.800, a Lease deve reconhecer o pagamento do seu passivo, com a entrega de recursos ao investidor. Os lançamentos a registrar são:

| Lançamento contábil | Valor – em $ |
| --- | --- |
| Débito: Obrigações por emissão de debêntures (Passivo) | 10.800 |
| Crédito: Banco Central – Outras Reservas livres (Ativo) | 10.800 |

## 15.11 CAPTAÇÃO POR EMISSÃO DE TÍTULOS E VALORES IMOBILIÁRIOS NO EXTERIOR

Trata-se de títulos e valores mobiliários de renda fixa emitidos pela instituição e colocados no mercado externo. Eles representam contratações de empréstimos de recursos pela entidade em troca da promessa de pagar aos investidores determinado fluxo de rendimento sobre o principal captado.

Esses títulos definem, na sua emissão, entre outros aspectos, as condições de negociação, os prazos de pagamento do principal e da remuneração, bem como a taxa de juros praticada, a qual pode ser fixa ou variável.

A negociação desses títulos pode ser feita de três formas:

1. **ao par**: significa que o preço de negociação é igual ao seu valor nominal e a taxa de mercado requerida pelo investidor é a própria taxa prometida pelo título;
2. **com deságio**: significa que o preço de mercado é inferior ao valor nominal do título, visando oferecer a rentabilidade desejada pelos investidores, visto que a taxa de juros de mercado é superior à taxa de juros prometida pelo título;
3. **com ágio**: significa que o título está valorizado em relação ao seu valor nominal e que promete pagar juros acima da taxa de retorno requerida pelo mercado.

No mercado financeiro internacional são negociados três tipos de títulos, que são: títulos com juros estabelecidos na emissão (*fixed rate*); títulos com taxas redefinidas periodicamente (*floating rate*); e os títulos conversíveis em ações (*equity related*). Segundo Assaf Neto (2021), quando os títulos são representativos de uma dívida de longo prazo (10 anos ou mais), denominam-se "*bonds*" (ou bônus), ao passo que se forem de prazo inferior a 10 anos, denominam-se "*notes*" (ou notas).

As remunerações previstas nos títulos, sejam elas fixas ou variáveis, podem ser pagas periodicamente, cujos pagamentos são referidos como cupons, ou, então, não serem pagas ao longo do prazo, sendo a remuneração definida pelo deságio com o qual o título foi negociado, também conhecidos como "*zero coupon bonds*".

A principal conta Cosif utilizada para o registro das obrigações por títulos e valores mobiliários no exterior é a rubrica Obrigações por Títulos e Valores Mobiliários no Exterior, cujo objetivo é registrar as obrigações representadas por títulos e valores mobiliários emitidos pela instituição e colocados no mercado externo. As despesas correspondentes a essa conta contábil devem ser registradas na conta Despesas de Títulos e Valores Mobiliários no Exterior.

Para ilustrar a contabilização de uma obrigação envolvendo a emissão de um título no exterior, suponha que o Banco ARA registre uma obrigação assumida em decorrência de uma captação em moeda estrangeira no valor de $ 30.000. No dia da efetivação da transação, esse valor deve ser registrado como um passivo no Banco ARA, uma vez que demonstra agora uma obrigação com o investidor estrangeiro. Ao mesmo tempo, essa transação também representa uma entrada de caixa para o banco. Assim, o Banco ARA faria o seguinte registro contábil:

| Lançamento contábil | Valor – em $ |
|---|---|
| Débito: Banco Central – Reservas livres em espécie (Ativo) | 30.000 |
| Crédito: Obrigações por Títulos e Valores Mobiliários no Exterior (Passivo) | 30.000 |

Adicionalmente, o saldo da obrigação deve ser ajustado em função do regime de competência, *pro rata die*, acrescentando a remuneração já incorrida, bem como da variação cambial do período. Portanto, considerando a incidência de juros de $ 300 e de uma variação cambial de $ 250 no período, o Banco ARA deve reconhecê-las da seguinte forma:

| Lançamento contábil | Valor – em $ |
|---|---|
| Débito: Despesas de Títulos e Valores Mobiliários no Exterior (Resultado) | 550 |
| Crédito: Obrigações por Títulos e Valores Mobiliários no Exterior (Passivo) | 550 |

## 15.12 CAPTAÇÃO POR CERTIFICADOS DE OPERAÇÕES ESTRUTURADAS

Os Certificados de Operações Estruturadas (COE) são títulos emitidos pelas instituições financeiras e regulados pela CVM que empacotam operações com derivativos e permitem, assim, oferecer uma remuneração que combina tanto a renda fixa quanto a renda variável.

De acordo com a B3, o título traz o diferencial de ser estruturado com base em cenários de ganhos e perdas selecionados de acordo com o perfil de cada investidor, sendo considerado uma versão brasileira das notas estruturadas amplamente negociadas na Europa e nos Estados Unidos. Ele pode ser indexado aos mais variados ativos (por exemplo, preço de ações e *commodities*), está sujeito a uma tributação única (tabela regressiva do IR) e é adequado ao perfil de risco do cliente (*suitability*).

Esse instrumento foi criado pela Lei nº 12.249/2010, a mesma que estabeleceu a regulamentação das LF. Entretanto, a sua regulamentação perante o Conselho Monetário Nacional (CMN) só ocorreu em 2013, pela Resolução CMN nº 4.263/2013.

De acordo com a regulação vigente, o COE deve ser emitido exclusivamente de forma estrutural, com registro em sistemas apropriados, e pode ser operado sob duas modalidades: capital protegido e capital em risco. A diferença entre os dois é que, enquanto o capital protegido garante o total do capital investido no vencimento do título, o capital em risco prevê a possibilidade de perda até o limite do montante investido. Isso significa que, no capital protegido, há possibilidades de ganhos, mas sem risco de perdas. Por outro lado, no capital em risco, há risco de perdas, porém sem a possibilidade de ficar negativo.

O título tem vencimento, valor mínimo de aporte, indexador e cenários de ganhos e perdas definidos para diferentes perfis de investidores. Sua emissão está limitada aos bancos múltiplos, comerciais e de investimento e às caixas econômicas. A distribuição pública é permitida, desde que respeitados os termos da CVM.

De acordo com o art. 15 da Resolução CMN nº 4.263/2013, as instituições emissoras podem adquirir certificados de sua própria emissão, desde que por meio de bolsas ou mercados organizados de balcão, para manutenção em tesouraria e venda posterior, até o limite de 40% do saldo de COE por elas emitidos.

Do ponto de vista contábil, a principal conta Cosif utilizada para o registro das captações por meio de COE é a rubrica Captação por Certificados de Operações Estruturadas, cujo objetivo é registrar o componente de captação de recursos por emissão de COE.

Ressalta-se que os derivativos embutidos devem ser segregados para fins de contabilização nas adequadas rubricas patrimoniais e avaliados pelo valor de mercado conforme regulamentação em vigor. Para tal finalidade, as rubricas Instrumentos Financeiros Derivativos e Instrumentos Financeiros Derivativos, bem como subtítulos contábeis específicos devem ser utilizadas para o registro dos efeitos gerados pelos derivativos embutidos.

Adicionalmente, as recompras de COE de emissão própria devem ser registradas em subtítulo contábil específico, observado o limite estabelecido na regulamentação em vigor. Ademais, subtítulos contábeis específicos devem ser utilizados para controlar, separadamente, as duas modalidades que podem ser utilizadas para a sua emissão. Por fim, as despesas correspondentes ao COE devem ser registradas na conta Despesas de Certificados de Operações Estruturadas.

## 15.13 RECURSOS DE EMPRÉSTIMOS E REPASSES

Trata-se de recursos captados junto a outras instituições, o que inclui instituições e órgãos oficiais nacionais ou internacionais.

Particularmente, as operações de repasse constituem-se em empréstimos ou financiamentos concedidos a mutuários com déficit de recursos para fins de investimentos de longo prazo, a partir de recursos captados pela instituição financeira cedente junto a outras instituições.

Em geral, as instituições originárias do recurso possuem interesse no desenvolvimento econômico do setor em que o mutuário atua e os repasses são concedidos mediante taxa de juros mais favorecidas do que aquelas que seriam comumente praticadas no mercado. Por exemplo, no Brasil, os principais executores de tais políticas de incentivos econômicos são o BNDES, os Bancos Regionais de Desenvolvimento, a Caixa Econômica Federal e o Banco do Brasil. Já no exterior, segundo Filgueiras (2013), as linhas de financiamento mais comuns são originárias do Banco Interamericano de Desenvolvimento (BID), do International Finance Corporation (IFC) e do Banco Internacional de Reconstrução e Desenvolvimento (BIRD).

A escrituração dessas operações depende da sua natureza e elas podem ser classificados nos seguintes desdobramentos:

- Empréstimos no País – Instituições Oficiais (por exemplo, BCB).
- Empréstimos no País – Outras Instituições.
- Empréstimos no Exterior.
- Repasses do País – Instituições Oficiais (por exemplo, BNDES).
- Repasses do Exterior (por exemplo, BID).

As operações de repasse são reguladas pelo BCB. O repasse do crédito obtido pode ser total ou parcial de uma entidade a outra e possui a característica de ter que ser pago às instituições originárias, no vencimento, independentemente do pagamento do mutuário. Daí o motivo de haver a cobrança de uma taxa de intermediação, haja vista a assunção de risco de crédito do mutuário.

Quanto ao tratamento contábil dos empréstimos e repasses, devem ser observados os títulos e subtítulos específicos e os encargos devem ser apropriados segundo o critério *pro rata die*, de acordo com o regime de competência. Para os recursos captados no exterior, as variações cambiais devem ser reconhecidas mensalmente. Os controles contábeis e extracontábeis devem evidenciar os valores brutos, valores líquidos, instituição credora e demais características das operações e despesas apropriadas em cada período mensal.

As principais rubricas contábeis, referentes aos empréstimos e repasses, segundo o Cosif, bem como as suas correspondentes funções, estão sintetizadas no Quadro 15.5.

**Quadro 15.5** Principais rubricas contábeis dos empréstimos e repasses

| Nome da conta | Função |
|---|---|
| Empréstimos no País – Instituições Oficiais | Registra os empréstimos obtidos no País, junto às instituições oficiais |
| Empréstimos no País – Outras Instituições | Registra os empréstimos obtidos no País, junto a outras instituições |
| Empréstimos no Exterior | Registra os empréstimos obtidos no exterior |
| Repasses do País – Instituições Oficiais | Registra os repasses obtidos no País, junto às instituições oficiais |
| Repasses do Exterior | Registra os repasses obtidos no exterior |

Para ilustrar a contabilização de uma obrigação envolvendo um empréstimo nacional, suponha que o banco ARA registre uma obrigação assumida em decorrência de assistência financeira contraída junto ao BCB, no valor de $ 10.000, com um encargo de 1% ao mês. No dia da efetivação da transação, esse valor deve ser registrado como um passivo no Banco ARA, uma vez que demonstra agora uma obrigação com BCB. Ao mesmo tempo, essa transação também representa uma entrada de caixa para o banco. Assim, o Banco ARA faria o seguinte registro contábil:

| Lançamento contábil | Valor – em $ |
|---|---|
| Débito: Banco Central – Reservas livres em espécie (Ativo) | 10.000 |
| Crédito: Banco Central – Assistência Financeira e Programas Especiais (Passivo) | 10.000 |

Adicionalmente, o saldo da obrigação deve ser ajustado em função do regime de competência, *pro rata die*, acrescentando a remuneração já incorrida. Portanto, considerando a incidência da remuneração supramencionada ($ 10.000 × 1% = $ 100), o Banco ARA deve reconhecê-la da seguinte forma:

| Lançamento contábil | Valor – em $ |
|---|---|
| Débito: Despesas de assistência financeira e de programas especiais – Banco Central (Resultado) | 100 |
| Crédito: Banco Central – Assistência Financeira e Programas Especiais (Passivo) | 100 |

Por fim, na data da liquidação da operação, supondo que o valor final devido seja de $ 10.100, o Banco ARA deve reconhecer o pagamento do seu passivo, com a entrega de recursos ao BCB. Os lançamentos a serem registrados são:

| Lançamento contábil | Valor – em $ |
|---|---|
| Débito: Banco Central – Assistência Financeira e Programas Especiais (Passivo) | 10.100 |
| Crédito: Banco Central – Reservas livres em espécie (Ativo) | 10.100 |

Adicionalmente, para ilustrar a contabilização de uma obrigação envolvendo um empréstimo no exterior, suponha que o Banco ARA registre uma obrigação assumida em decorrência de um empréstimo captado em moeda estrangeira junto a um banco europeu, no valor de $ 20.000. No dia da efetivação da transação, esse valor deve ser registrado como um passivo no Banco ARA, uma vez que demonstra agora uma obrigação com o banco estrangeiro. Ao mesmo tempo, essa transação também representa uma entrada de caixa para o banco. Assim, o Banco ARA faria o seguinte registro contábil:

| Lançamento contábil | Valor – em $ |
|---|---|
| Débito: Banco Central – Reservas livres em espécie (Ativo) | 20.000 |
| Crédito: Obrigações por empréstimos no exterior (Passivo) | 20.000 |

Adicionalmente, o saldo da obrigação deve ser ajustado em função do regime de competência, *pro rata die*, acrescentando a remuneração já incorrida, bem como a variação cambial do período. Portanto, considerando a incidência de juros de $ 200 e uma variação cambial de $ 150 no período, o Banco ARA deve reconhecê-las da seguinte forma:

| Lançamento contábil | Valor – em $ |
|---|---|
| Débito: Despesas de empréstimos no exterior (Resultado) | 350 |
| Crédito: Obrigações por empréstimos no exterior (Passivo) | 350 |

Por fim, na data da liquidação da operação, supondo que o valor final devido seja de $ 10.350, o Banco ARA deve reconhecer o pagamento do seu passivo, com a entrega de recursos ao banco europeu. Os lançamentos a registrar são:

| Lançamento contábil | Valor – em $ |
|---|---|
| Débito: Obrigações por empréstimos no exterior (Passivo) | 10.350 |
| Crédito: Banco Central – Reservas livres em espécie (Ativo) | 10.350 |

## 15.14 EXERCÍCIOS

1. O Banco XYZ captou um depósito interfinanceiro no valor de $ 5 milhões, junto ao Banco ABCD S/A, para liquidação em cinco dias e encargo de $ 15 mil. Efetue a contabilização do depósito.

2. No Banco XPTO, um de seus clientes aplicou parte de seus recursos mantidos em conta-corrente em uma nova aplicação de CDB. Por ocasião dessa transferência de recursos, qual o impacto contábil dessa transação para a instituição financeira?

a) Aumento e diminuição do ativo no mesmo montante.
b) Aumento e diminuição do passivo no mesmo montante.
c) Aumento do ativo e aumento do passivo no mesmo montante.
d) Aumento do passivo e diminuição do patrimônio líquido no mesmo montante.

3. Os valores captados junto a outras instituições, inclusive junto a instituições e órgãos oficiais, escrituram-se, segundo a natureza da operação, nos desdobramentos abaixo, **exceto**:

a) Empréstimos no País – Instituições Oficiais.
b) Empréstimos no Exterior.
c) Repasses do País – Instituições Oficiais.
d) Repasses Interfinanceiros.

4. Em 20/11/20X1, o Banco XPTO emitiu uma letra financeira por um prazo de 36 meses, sem cláusula de subordinação, a uma taxa prefixada de 13,5% ao ano. Para fins de elaboração do Balanço Patrimonial de 31/12/20X1, o valor contábil da referida letra deverá estar registrado:

a) Pelo valor de mercado do título.
b) Pelo valor presente.
c) Pelo valor do principal corrigido.
d) Pelo menor valor entre o custo amortizado e o valor de mercado.

5. Avalie as afirmações a seguir e assinale a alternativa **correta**:

I. Nas operações envolvendo empréstimos e repasses de recursos do exterior, a obrigação deve ser atualizada pelos juros incorridos no período, bem como o efeito da variação cambial.

II. As sociedades de arrendamento mercantil e os bancos múltiplos são exemplos de entidades que podem fazer captação de recursos por meio da emissão de debêntures.

III. Por ocasião dos balancetes/balanços, a instituição deve proceder ao registro dos encargos de depósitos de poupança, *pro rata temporis*, relativos ao período compreendido entre a data do depósito ou o "dia de aniversário" de cada conta e a data do balancete/balanço.

a) V, V, V.
b) F, F, F.
c) V, F, F.
d) V, F, V.

6. Avalie as afirmações a seguir e assinale a alternativa **correta**:

I. As LCI são títulos de renda fixa emitidos pelas instituições financeiras que oferecem dupla garantia, representada pelos ativos da instituição emissora e, em caso de sua insolvência, pela carteira de ativos constituída para garanti-la.

II. As LCA são títulos de renda fixa emitidos pelas instituições financeiras com lastro em direitos creditórios vinculados a empresas do setor do agronegócio, tais como empresas que fornecem insumos e maquinários para o setor.

III. As LF são títulos de renda fixa emitidos pelas instituições financeiras com a finalidade específica de captar recursos para financiar as empresas de pequeno e médio portes.

a) F, V, V.
b) F, V, F.
c) V, F, F.
d) V, F, V.

## 15.15 RESPOSTAS DOS EXERCÍCIOS

**1. Solução proposta:**

a. Na captação:

| Lançamento contábil | Valor – em $ |
| --- | --- |
| Débito: Banco Central – Reservas livres em espécie (Ativo) | 5.000.000 |
| Crédito: Depósitos interfinanceiros não ligados (Passivo) | 5.000.000 |

b. Contabilização dos encargos:

| Lançamento contábil | Valor – em $ |
| --- | --- |
| Débito: Despesas de depósitos de interfinanceiros (Resultado) | 15.000 |
| Crédito: Depósitos interfinanceiros não ligados (Passivo) | 15.000 |

c. Na liquidação:

| Lançamento contábil | Valor – em $ |
|---|---|
| Débito: Depósitos interfinanceiros não ligados (Passivo) | 5.015.000 |
| Crédito: Banco Central – Reservas livres em espécie (Ativo) | 5.015.000 |

2. b

**Justificativa**: Na transferência de recursos mencionada, a transação provoca o seguinte registro contábil:

Débito: Depósito à vista (Passivo)

Crédito: Depósito a prazo (Passivo)

Portanto, haveria uma troca entre contas de passivos.

3. d

**Justificativa**: Os valores captados junto a outras instituições, inclusive junto a instituições e órgãos oficiais, escrituram-se, segundo a natureza da operação, nos desdobramentos:

- Empréstimos no País – Instituições Oficiais.
- Empréstimos no País – Outras Instituições.
- Empréstimos no Exterior.
- Repasses do País – Instituições Oficiais.
- Repasses do Exterior.

4. c

**Justificativa**: A letra financeira deverá ser apresentada no Balanço Patrimonial pelo valor do principal corrigido pela remuneração incorrida até a data do balanço.

5. d

**Justificativa**: A emissão de debêntures não é admitida para as instituições financeiras, sendo permitida apenas para as sociedades de arrendamento mercantil, as companhias hipotecárias, BNDES (em moeda nacional) e as administradoras de consórcio.

6. b

**Justificativa**: Afirmação I é falsa, porque as LCI são títulos de renda fixa lastreados à carteira de crédito imobiliário da instituição apenas. As LI garantidas são os títulos que oferecem dupla garantia, quais sejam, ativos da instituição emissora e, em caso de sua insolvência, pela carteira de ativos constituída para garanti-la.

A afirmação III é falsa, pois as LF possuem a finalidade de captação de longo prazo, mas sem destinação específica.

## 15.16 RECOMENDAÇÃO DE LEITURA

Aos interessados no aprofundamento sobre o mercado financeiro e de algumas das operações mencionadas neste capítulo, recomendamos a leitura dos livros Mercado financeiro: aspectos conceituais e históricos e Mercado financeiro: produtos e serviços, indicados nas referências.

Boa leitura!

## REFERÊNCIAS

ANDREZO, A. F.; LIMA, I. S. *Mercado financeiro*: aspectos conceituais e históricos. 3. ed. São Paulo: Atlas, 2007.

ASSAF NETO, A. *Mercado financeiro*. 15. ed. São Paulo: Atlas, 2021.

B3 – BRASIL, BOLSA E BALCÃO. Renda fixa e valores mobiliários. *B3*. Disponível em: https://www.b3.com.br/pt_br/produtos-e-servicos/registro/renda-fixa-e-valores-mobiliarios. Acesso em: 17 maio 2023.

BANCO CENTRAL DO BRASIL. COSIF: Padrão Contábil das Instituições Reguladas pelo Banco Central do Brasil. Normas Básicas. Disponível em: https://www3.bcb.gov.br/aplica/cosif. Acesso em: 15 maio 2023.

COSIF Eletrônico – Portal de Contabilidade. Disponível em: https://www.cosif.com.br/default.asp. Acesso em: 17 maio 2023.

FILGUEIRAS, C. *Manual de contabilidade bancária*. 5. ed. São Paulo: Campus, 2013.

FORTUNA, E. *Mercado financeiro*: produtos e serviços. 18. ed. Rio de Janeiro: Qualitymark, 2011.

NIYAMA, J. K.; GOMES, A. L. O. *Contabilidade de instituições financeiras*. 4. ed. São Paulo: Atlas, 2012.

# 16

# PROVISÕES, PASSIVOS E CONTINGÊNCIAS

**Alexandre Gonzales**
**Eric Barreto (revisor)**

## 16.1 INTRODUÇÃO

Os conceitos e definições relacionados ao ativo foram abordados nos capítulos anteriores. Agora, entraremos nos conceitos e definições relacionados às obrigações, que são os passivos.

O Balanço Patrimonial é formado pelos seguintes elementos, nos moldes do Pronunciamento Técnico CPC 00 (R2):

| ATIVO | PASSIVO |
|---|---|
| Recurso econômico presente controlado pela entidade como resultado de eventos passados. Recurso econômico é um direito que tem o potencial de produzir benefícios econômicos. | Obrigação presente da entidade de transferir um recurso econômico como resultado de eventos passados. |
| | **PATRIMÔNIO LÍQUIDO** |
| | Participação residual nos ativos da entidade após a dedução de todos os seus passivos. |

Costumamos ver o Balanço Patrimonial dividido em dois lados:

1. o lado direito, que representa as origens de recursos; e
2. o lado esquerdo, que representa as aplicações de recursos.

Por sua vez, o lado direito, que representa as origens de recurso, é dividido em origens que estão atreladas a uma obrigação e origens que não estão atreladas a uma obrigação.

Assim os dois lados do balanço sempre "batem", ou seja, apresentam o mesmo total. Vejamos alguns exemplos:

- uma empresa compra mercadoria a prazo: ela passa a controlar essa mercadoria (seu estoque), e ao mesmo tempo deverá pagar o valor ao fornecedor (sua obrigação): aumento de ativo e passivo no mesmo valor;
- uma empresa compra um veículo para uso, paga metade à vista e metade a prazo. Vamos considerar que o valor do veículo seja de R$ 50.000,00. Seu ativo aumentou em R$ 25.000,00, uma vez que passou a controlar um veículo no valor de R$ 50.000,00, e para isso utilizou R$ 25.000,00 da sua disponibilidade. Os R$ 25.000,00 faltantes para completar a operação representam uma dívida de R$ 25.000,00 junto ao vendedor do veículo.

No momento, não é oportuno entrarmos em detalhes sobre patrimônio líquido e resultado, por serem objeto de outros capítulos.

## 16.2 PASSIVO CIRCULANTE E PASSIVO NÃO CIRCULANTE

Existe uma ordem para podermos entender melhor as obrigações de uma empresa. Se não fosse assim, ficaria muito difícil entender como aquelas obrigações se distribuem ao longo do tempo, o que é bem importante para avaliarmos a situação patrimonial de uma empresa.

Vamos imaginar dois amigos que conversam e descobrem que ambos têm R$ 100.000,00 a pagar referentes à compra de um imóvel. O endividamento dos dois é parecido? Quanto ao valor, sim. Mas é só isso que importa? E se o amigo número 1 disser que esses R$ 100.000,00 são representados por 10 parcelas mensais de R$ 10.000,00 e o amigo número 2 disser que sua dívida está composta por 200 parcelas mensais de R$ 500,00? A situação já fica bem diferente. E há outros fatores que também podem influenciar em uma análise da situação patrimonial desses dois amigos, como a renda de cada um.

Para que possamos separar as obrigações de uma empresa que vencem mais rápido das obrigações que vão demorar um pouco mais para serem pagas, o passivo é então dividido em circulante e não circulante.

O que separa as obrigações que figuram no passivo circulante das obrigações que figuram no passivo não circulante é um ponto no tempo: 12 meses da data de reporte. Obrigações que se espera serem liquidadas até 12 meses da data de reporte devem figurar no passivo circulante. Além desse período, no passivo não circulante.

Aqui, entramos em um ponto capaz de gerar certa polêmica: o art. 180 da Lei nº 6.404/1976 prevê que

> as obrigações da companhia, inclusive financiamentos para aquisição de direitos do ativo não circulante, serão classificadas no passivo circulante, quando se vencerem no exercício seguinte, e no passivo não circulante, se tiverem vencimento em prazo maior, observado o disposto no parágrafo único do art. 179 desta Lei.

Se interpretarmos de forma literal esse artigo, um Balanço Patrimonial do primeiro trimestre de uma empresa poderia apresentar em seu passivo circulante o período de 21 meses, afinal, é o período que falta para o término do exercício seguinte.

Conceitualmente, pode provocar uma variação indevida entre os dois grupos do passivo. Vejamos:

Uma empresa adquire um veículo a prazo, em 36 parcelas mensais, no final do primeiro trimestre do ano 1. Com base no exposto, qual **seria** (indevidamente) a divisão entre circulante e não circulante?

| | Passivo Circulante | Passivo Não Circulante |
|---|---|---|
| Final do 1º trimestre do ano 1 | 21 parcelas | 15 parcelas |
| Final do 2º trimestre do ano 1 | 18 parcelas | 15 parcelas |
| Final do 3º trimestre do ano 1 | 15 parcelas | 15 parcelas |
| Final do 4º trimestre do ano 1 | 12 parcelas | 15 parcelas |
| Final do 1º trimestre do ano 2 | 21 parcelas | 3 parcelas |
| Final do 2º trimestre do ano 2 | 18 parcelas | 3 parcelas |
| Final do 3º trimestre do ano 2 | 15 parcelas | 3 parcelas |
| Final do 4º trimestre do ano 2 | 12 parcelas | 3 parcelas |
| Final do 1º trimestre do ano 3 | 12 parcelas | 0 parcelas |
| Final do 2º trimestre do ano 3 | 9 parcelas | 0 parcelas |
| Final do 3º trimestre do ano 3 | 6 parcelas | 0 parcelas |
| Final do 4º trimestre do ano 3 | 3 parcelas | 0 parcelas |

Percebemos que o passivo circulante aumenta e diminui constantemente. Não em função de novas obrigações em curto prazo, mas, sim, pela interpretação literal de uma norma. Isso pode levar a decisões equivocadas.

Agora, seguindo o Comitê de Pronunciamentos Contábeis, que considera passivo circulante obrigações com vencimento em até 12 meses da data de reporte:

| | Passivo Circulante | Passivo Não Circulante |
|---|---|---|
| Final do 1º trimestre do ano 1 | 12 parcelas | 24 parcelas |
| Final do 2º trimestre do ano 1 | 12 parcelas | 21 parcelas |
| Final do 3º trimestre do ano 1 | 12 parcelas | 18 parcelas |
| Final do 4º trimestre do ano 1 | 12 parcelas | 15 parcelas |
| Final do 1º trimestre do ano 2 | 12 parcelas | 12 parcelas |
| Final do 2º trimestre do ano 2 | 12 parcelas | 9 parcelas |
| Final do 3º trimestre do ano 2 | 12 parcelas | 6 parcelas |
| Final do 4º trimestre do ano 2 | 12 parcelas | 3 parcelas |
| Final do 1º trimestre do ano 3 | 12 parcelas | 0 parcelas |
| Final do 2º trimestre do ano 3 | 9 parcelas | 0 parcelas |
| Final do 3º trimestre do ano 3 | 6 parcelas | 0 parcelas |
| Final do 4º trimestre do ano 3 | 3 parcelas | 0 parcelas |

Pode parecer que as duas normas são conflitantes, mas não são. Percebam que, ao final do 4º trimestre de cada ano, o número de parcelas no passivo circulante e no passivo não circulante é o mesmo nos dois cenários. O pronunciamento do Comitê de Pronunciamentos Contábeis detalhou um pouco mais a definição.

## 16.3 PROVISÕES E PASSIVOS CONTINGENTES

A expressão "provisão" vem sendo amplamente utilizada em nossa contabilidade, chegando até mesmo a significar, em um nível mais informal, uma espécie de sinônimo para classificar no passivo. Não é raro ouvirmos frases do tipo "você já provisionou a conta de luz?". No cotidiano, conseguimos entender o significado dessa pergunta, mas será que utilizar a expressão "provisão" dessa maneira seria algo coerente com a definição de provisão?

O Pronunciamento Técnico CPC 25 define provisão como um **passivo de prazo ou valor incertos**. Na pergunta apresentada no parágrafo anterior, parece não existir essa incerteza com relação a prazo e valor, uma vez que a própria conta de luz já está em mãos para que o lançamento contábil seja feito, com data de vencimento e valor certos.

Notamos, então, que, em um nível mais formal, como elaboração de um plano de contas, ou então apresentação das demonstrações contábeis, o ideal é que apenas os passivos com prazo ou valor incertos recebam o nome de provisão, uma vez que o próprio nome já é parte da informação fornecida ao usuário. Ao ler o termo "provisão", o usuário já é capaz de perceber que há alguma incerteza com relação ao valor apresentado.

Mas qualquer obrigação que apresente certo grau de incerteza com relação a prazo ou valor será classificada como provisão? A resposta é não.

Para que uma provisão seja apresentada em um Balanço Patrimonial, é necessário que exista uma obrigação presente derivada de evento passado, seja provável uma saída de recursos para liquidar a obrigação, e possa ser feita uma estimativa razoável do valor da obrigação.

Aqui deparamos com certa subjetividade, o que não é exatamente uma novidade na contabilidade, uma vez que tal subjetividade, se tratada de forma responsável, pode ter a capacidade de aumentar a qualidade da informação contábil.

Nos termos do Pronunciamento CPC 25, uma saída de recursos para satisfazer uma obrigação é considerada provável quando a probabilidade de ocorrer for maior do que a probabilidade de não ocorrer. Em outras palavras, se estamos diante de uma obrigação decorrente de evento passado, cujo valor possa ser estimado com segurança, mas é mais provável que não será paga, não classificaremos essa obrigação no passivo da empresa, uma vez que a obrigação não pode receber o nome de provisão. Ou, então, quando não for possível elaborar uma estimativa confiável da obrigação. O nome adequado em casos assim seria passivo contingente, e sua divulgação deve ser feita apenas em notas explicativas.

Porém, no caso de estarmos diante de obrigação com probabilidade remota de saída de recursos para liquidá-la, não deve ser reconhecido o valor no passivo da empresa, assim como não será evidenciado em notas explicativas.

Importante recordar que a expressão "provisão" também está presente nas Resoluções CMN nº 4.966/2021 e BCB nº 219/2022, ao se referir a perdas esperadas relacionadas ao risco de crédito, ocasião em que tal estimativa poderá ser apresentada no ativo, quando se referir às perdas de crédito de um ativo financeiro ou grupo de ativos, ou no passivo, quando se referir a perdas proporcionadas por garantias concedidas, limites ou compromissos de crédito. Esse é um assunto que será adequadamente tratado Capítulo 24, especificamente sobre instrumentos financeiros e Provisão para Perdas Esperadas do Risco de Crédito (PPERiC).

É possível que, no encerramento de determinado exercício, não seja requerida provisão relacionada a determinado evento, e no exercício seguinte a constituição da provisão seja requerida. Isso pode acontecer em casos como a mudança do tratamento de determinado assunto na esfera judicial.

Em resumo:

|  | Obrigação presente que provavelmente requer uma saída de recursos | Obrigação possível ou obrigação presente que pode requerer, mas provavelmente não irá requerer, uma saída de recursos | Obrigação possível ou obrigação presente cuja probabilidade de uma saída de recursos é remota |
|---|---|---|---|
| Reconhecimento de provisão | Sim | Não | Não |
| Divulgação em notas explicativas | Sim | Sim | Não |

**Fonte:** Elaborado pelo autor, com base no Pronunciamento Técnico CPC 25.

Uma provisão, por definição, é decorrente de eventos passados. Assim, não devemos confundir uma provisão para contingências, com uma reserva para contingências, por exemplo. A provisão necessariamente se refere a algum acontecimento passado, enquanto a reserva está no patrimônio líquido com a função de evitar que o recurso seja direcionado a outra destinação, com o objetivo de suprir necessidades futuras.

É comum depararmos com contas contábeis que recebem nomes como "Provisão para Férias" ou "Provisão para Décimo Terceiro Salário". Ocorre que os valores contidos nessas contas normalmente não apresentam o grau de incerteza que seria necessário para receberem o nome de provisão, embora por vezes seja necessário o uso de estimativas para apurá-los. Nos termos do Pronunciamento Técnico CPC 25,

> os passivos derivados de apropriações por competência (*accruals*) são passivos a pagar por bens ou serviços fornecidos ou recebidos, mas que não tenham sido pagos, faturados ou formalmente acordados com o fornecedor, incluindo valores devidos a empregados (por exemplo, valores relacionados com pagamento de férias). Embora algumas vezes seja necessário estimar o valor ou prazo desses passivos, a incerteza é geralmente muito menor do que nas provisões.

O valor reconhecido como provisão deve ser a estimativa que melhor reflita a obrigação na data do balanço. Em alguns casos, quando há grande população de itens, a provisão deve ser calculada levando-se em consideração a probabilidade de cada eventual desfecho. Esse método recebe o nome de "valor esperado".

### Exemplo

Uma empresa produz máquinas. Das vendas que realizou no exercício de 2021, acredita-se que 70% das máquinas vendidas não precisarão de reparos em garantia. Acredita-se que 20% das máquinas vendidas precisarão de pequenos reparos, e 10% de grandes reparos.

Caso todas as máquinas vendidas precisassem de pequenos reparos em garantia, o gasto seria de R$ 2.000.000,00, e se todas precisassem de grandes reparos em garantia o gasto seria de R$ 8.000.000,00. Qual o valor da provisão para garantia a ser registrada?

O valor da provisão seria de R$ 1.200.000,00. Em decorrência do regime de competência, esse valor deve refletir no resultado do período em que houve as respectivas vendas, pois, se não fosse assim, a receita pertenceria a um período enquanto a despesa pertenceria a outro. E isso faz também com que o passivo fique adequadamente apresentado, uma vez que já há uma estimativa da obrigação a ser satisfeita.

Em outros casos, pode ser possível identificar os riscos envolvidos de maneira mais individualizada, como pode ser o caso de ações judiciais. Vejamos o exemplo:

Uma empresa industrial regularmente enfrenta processos de naturezas trabalhista e tributária. Atualmente, está discutindo judicialmente os processos identificados a seguir e, ao lado de cada processo, está o parecer do seu departamento jurídico sobre as chances de ganhar ou perder o processo, assim como o valor atualizado a ser desembolsado em caso de perda.

| Natureza da garantia | % das máquinas vendidas que precisarão de reparos em garantia | Valor do gasto com garantia caso todas as máquinas precisassem de reparos em garantia | Valor da provisão |
|---|---|---|---|
| Sem necessidade de reparos | 70% | 0,00 | R$ 0,00 |
| Necessidade de pequenos reparos | 20% | R$ 2.000.000,00 | R$ 400.000,00 |
| Necessidade de grandes reparos | 10% | R$ 8.000.000,00 | R$ 800.000,00 |
|  |  |  | **R$ 1.200.000,00** |

| 1) | Tributário 1 | Perda possível | R$ 30.000,00 |
|---|---|---|---|
| 2) | Tributário 2 | Perda possível | R$ 40.000,00 |
| 3) | Tributário 3 | Perda provável | R$ 50.000,00 |
| 4) | Trabalhista 1 | Perda remota | R$ 20.000,00 |
| 5) | Trabalhista 2 | Perda remota | R$ 25.000,00 |
| 6) | Trabalhista 3 | Perda possível | R$ 120.000,00 |
| 7) | Trabalhista 4 | Perda provável | R$ 20.000,00 |
| 8) | Trabalhista 5 | Perda provável | R$ 180.000,00 |

Quais valores constariam no passivo como provisão? Seriam aqueles em que o desembolso seria provável, ou seja, que configurassem uma provável perda. Constariam como provisão no passivo, assim como em notas explicativas:

| | |
|---|---|
| Tributário 3 | R$ 50.000,00 |
| Trabalhista 4 | R$ 20.000,00 |
| Trabalhista 5 | R$ 180.000,00 |

Constariam apenas em notas explicativas os processos em que o desembolso fosse possível:

| | |
|---|---|
| Tributário 1 | R$ 30.000,00 |
| Tributário 2 | R$ 40.000,00 |
| Trabalhista 3 | R$ 120.000,00 |

Os demais processos, como teriam uma chance remota de desembolso, não constariam como provisão, e não constariam nas notas explicativas.

## 16.4 ATIVOS CONTINGENTES

Ativos contingentes normalmente surgem de eventos não planejados ou não esperados, que dão origem à possibilidade de entradas de recursos para a entidade. Um exemplo pode ser o caso de uma ação judicial proposta por uma empresa para recuperar determinado tributo supostamente recolhido a maior. Não se sabe o desfecho, com relação a valor e com relação a prazo, nesse caso.

Os ativos contingentes não devem ser reconhecidos nas demonstrações contábeis e somente serão evidenciados em notas explicativas quando a respectiva entrada dos recursos for provável. Importante notarmos que quando estamos classificando um passivo, se a saída de recursos for provável, classificaremos como provisão, o valor será registrado nas demonstrações contábeis e figurará nas notas explicativas. Há, portanto, uma diferença de tratamento.

Quando a entrada de recursos for classificada como possível, a informação não constará nas demonstrações contábeis e também nas notas explicativas, tratamento diferente daquele que é dado a passivos que apresentam saída possível de recursos, que constarão em notas explicativas.

Percebemos que o ativo será registrado quando a entrada de recursos for considerada praticamente certa. No Ofício-Circular CVM/SNC/SEP nº 1/2021, podemos verificar essa determinação sendo reforçada, quando, ao tratar de contabilização de créditos fiscais, afirma-se que devam ser registrados como ativos créditos fiscais que "sejam dotados de certeza e que não dependam de atos de terceiros para a entidade controlar os benefícios econômicos a serem por ele originados". Para isso, é necessária a presença de elementos que permitam o reconhecimento do direito, assim como a mensuração confiável do valor a ser compensado ou restituído.

## 16.5 GASTOS ESTIMADOS COM DESMONTAGEM DE ATIVOS

A contrapartida mais comum que encontramos em lançamentos que constituem ou aumentam provisões está no resultado. Mas nem sempre é assim. Podemos encontrar casos nos quais a contrapartida é realizada no ativo. Isso ocorre quando é feito o lançamento reconhecendo os gastos estimados com desmontagem de ativos.

| | A entrada de benefícios econômicos é praticamente certa | A entrada de benefícios econômicos é provável, mas não praticamente certa | A entrada não é provável |
|---|---|---|---|
| Reconhecimento do ativo | Sim, pois não é ativo contingente | Não | Não |
| Divulgação em notas explicativas | | Sim | Não |

Fonte: Elaborado pelo autor com base no Pronunciamento Técnico CPC 25.

O Pronunciamento Técnico CPC 27 – Ativo Imobilizado define que o custo de um item do ativo imobilizado compreende:

a) seu preço de aquisição, acrescido de impostos de importação e impostos não recuperáveis sobre a compra, depois de deduzidos os descontos comerciais e abatimentos;

b) quaisquer custos diretamente atribuíveis para colocar o ativo no local e condição necessários para o mesmo ser capaz de funcionar da forma pretendida pela administração;

c) a estimativa inicial dos custos de desmontagem e remoção do item e de restauração do local (sítio) no qual este está localizado. Tais custos representam a obrigação em que a entidade incorre quando o item é adquirido ou como consequência de usá-lo durante determinado período para finalidades diferentes da produção de estoque durante esse período.

Parte do custo do estoque pode ser formada pelos custos estimados de desmontagem e remoção, que somente representarão saída de caixa no futuro. Isso pode acontecer pela incorporação da depreciação do imobilizado no custo de produção.

Inclusive, ao longo da vida útil do bem, o valor da estimativa pode ser alterado, e para isso devem ser seguidas as prescrições contidas no Pronunciamento Técnico CPC 23 – Políticas Contábeis, Mudança de Estimativa e Retificação de Erro.

A depreciação da parcela do imobilizado relacionada aos gastos estimados de desmontagem não é dedutível quando transita pelo resultado. Pela legislação tributária somente será dedutível quando o gasto com a desmontagem se concretizar.

A Lei nº 12.973/2014 prevê sobre o assunto:

Art. 45. Os gastos de desmontagem e retirada de item de ativo imobilizado ou restauração do local em que está situado somente serão dedutíveis quando efetivamente incorridos. (Vigência)

§ 1º Caso constitua provisão para gastos de desmontagem e retirada de item de ativo imobilizado ou restauração do local em que está situado, a pessoa jurídica deverá proceder ao ajuste no lucro líquido para fins de apuração do lucro real, no período de apuração em que o imobilizado for realizado, inclusive por depreciação, amortização, exaustão, alienação ou baixa.

§ 2º Eventuais efeitos contabilizados no resultado, provenientes de ajustes na provisão de que trata o § 1º ou de atualização de seu valor, não serão computados na determinação do lucro real.

São necessários atenção e controles específicos, até mesmo porque provoca diferenças temporárias que resultam em reconhecimento de tributos diferidos sobre o lucro, como prevê o Pronunciamento Técnico CPC 32.

### Exemplo

Uma indústria produz cadeiras, e, para produzir 1.000 unidades, incorreu nos seguintes custos:

| | |
|---|---|
| Materiais diretos | R$ 40.000,00 |
| Materiais indiretos | R$ 4.000,00 |
| Salários e encargos | R$ 12.000,00 |
| Depreciação das máquinas | R$ 4.000,00 |
| Custos totais | R$ 60.000,00 |
| Custo unitário | R$ 60,00 |

Para fins didáticos, consideramos que não houve estoque inicial assim como estoque final no período. Todo o valor de custos do período foi contabilizado no estoque, sendo na sequência transferido para resultado. As cadeiras foram vendidas por R$ 100.000,00.

Vejamos como ficaria a apuração de resultado contábil e fiscal, caso 10% da depreciação das máquinas estivessem relacionados a gastos estimados de desmontagem, que corresponderiam a R$ 400,00. Como vimos, essa parte da depreciação não é dedutível no momento para fins fiscais:

Demonstração de Resultado do Exercício – simplificada para fins didáticos

| | |
|---|---|
| Receita de vendas | R$ 100.000,00 |
| (–) Custo dos produtos vendidos | R$ 60.000,00 (–) |
| (=) Lucro Bruto | R$ 40.000,00 |
| (–) Despesas | R$ 20.000,00 (–) |
| (=) Lucro antes dos tributos diretos | R$ 20.000,00 |
| (–) IRPJ e CSLL correntes | R$ 4.896,00 (–) |
| (+/–) IRPJ e CSLL diferidos | R$ 96,00 (+) |
| (=) Lucro líquido | R$ 15.200,00 |

Apuração do IRPJ e da CSLL, considerando que a depreciação dos gastos de desmontagem seja o único ajuste a ser feito:

Tributos correntes

| | |
|---|---|
| Lucro antes dos tributos diretos | R$ 20.000,00 |
| (+) Adições | |
| Parcela indedutível da depreciação | R$ 400,00 |
| Lucro tributável | R$ 20.400,00 |

Tributos correntes

| | |
|---|---|
| CSLL 9% | R$ 1.836,00 |
| IRPJ 15% | R$ 3.060,00 |
| | R$ 4.896,00 |

Tributos diferidos

| | |
|---|---|
| Diferença temporária – depreciação | R$ 400,00 |

Gera um ativo fiscal diferido, a ser registrado no realizável a longo prazo (ativo não circulante), pois será dedutível no futuro, nos termos da legislação tributária.

| | |
|---|---|
| CSLL 9% | R$ 36,00 |
| IRPJ 15% | R$ 60,00 |
| | R$ 96,00 |

## 16.6 PROVISÕES PARA DEVOLUÇÕES

A contabilidade é realizada com base no regime de competência. A contabilização das devoluções não é diferente. Se ocorre uma venda no final do ano de 2021, e a mercadoria é devolvida no início do ano de 2022, se não considerarmos o regime de competência, eventualmente o resultado pode ficar maior em um exercício e menor no futuro, sendo deslocado no tempo.

Sem observância do regime de competência

| Mês 1 | Mês 3 |
|---|---|
| Venda Receita aumenta resultado | |
| | Devolução da venda Dedução da receita reduz resultado |
| Resultado + | Resultado – |

Nem sempre é possível estimar adequadamente as devoluções que estão por acontecer. Mas se for possível, devemos colocar a receita e a devolução no mesmo período. Ficaria assim:

| Mês 1 | Mês 3 |
|---|---|
| Venda Receita aumenta resultado | |
| Devolução da venda Dedução da receita reduz resultado | |
| Resultado + e – | |

Mas se a devolução ainda não ocorreu efetivamente, como registramos essa estimativa?

### Exemplo

Uma empresa comercial apresenta um estoque inicial de R$ 1.000,00. Apresenta também R$ 1.000,00 em seu capital social. No mês 1, vende metade desse estoque por R$ 800,00. Possui condições de estimar com segurança e confiabilidade as devoluções que existirão em decorrência dessa venda e considera que haverá devoluções de 1% das vendas. Como ficariam o Balanço Patrimonial e a Demonstração de Resultado do Exercício ao final do período?

| Balanço Patrimonial | | | |
|---|---|---|---|
| **ATIVO** | | **PASSIVO** | |
| Disponibilidades (1) | 800,00 | Obrigação de restituição (4) | 8,00 |
| Estoques (2) | 500,00 | Total | 8,00 |
| Ativo de devolução (2) | 5,00 | **PATRIMÔNIO LÍQUIDO** | |
| | | Capital social | 1.000,00 |
| | | Reserva de lucros | 297,00 |
| | | Total | 1.297,00 |
| Total | 1.305,00 | Total | 1.305,00 |

| Demonstração de Resultado | |
|---|---:|
| Receita bruta (1) | 800,00 |
| (–) Ajuste da receita bruta (4) | –8,00 |
| (–) Custo das mercadorias vendidas (3) | –495,00 |
| (=) Lucro Bruto | 297,00 |
| **(=) Resultado líquido** | **297,00** |

Explicação dos lançamentos:

1 – Reconhecimento da receita, com lançamento em receita bruta na DRE, e acréscimo nas disponibilidades por ser venda à vista.

2 – Houve baixa de metade do estoque por venda, R$ 500,00. Porém, há a expectativa de que 1% desse estoque que saiu da empresa acabe retornando. Por isso, são registrados como custo da venda R$ 495,00 (99% do estoque baixado), e ativo de devolução R$ 5,00 (1% do estoque baixado) por representarem a estimativa de futura entrada de mercadorias devolvidas.

3 – Na demonstração de resultado, no lançamento 1, houve o registro de 100% da receita de vendas. Porém, pelo Pronunciamento Técnico CPC 47 – Receita de Contrato com Cliente, "a entidade deve reconhecer receitas para descrever a transferência de bens ou serviços prometidos a clientes no valor que reflita a contraprestação à qual a entidade espera ter direito em troca desses bens ou serviços". No nosso exemplo, a empresa espera ter direito, no final das contas, a R$ 792,00. Esse, então, é o motivo de registrarmos uma conta redutora na Demonstração de Resultado de 1% do valor das vendas, assim como uma obrigação de R$ 8,00 no passivo que reflete o valor estimado de devolução aos clientes, uma vez que a venda foi à vista.

Percebam que o resultado apurado corresponde à venda e ao custo de 99% da transação. O que se espera devolver ainda não está no resultado e, se a estimativa estiver correta, nunca estará. Isso porque haverá a devolução de venda no valor de R$ 8,00, a empresa pagará R$ 8,00 ao cliente pela devolução, e o valor do custo da devolução voltará ao estoque. E o caixa ficará com saldo de R$ 792,00, que é o valor a que a entidade "esperava ter direito" em troca dos bens vendidos.

Mas esse tratamento é permitido para fins fiscais? Não. Por isso que a Receita Federal do Brasil editou a Instrução Normativa nº 1.771, de 20 de dezembro de 2017, para dispor sobre o tratamento fiscal, que basicamente continua como antigamente, ou seja, a devolução somente pode ser dedutível para fins fiscais quando ocorrer efetivamente, e não no momento de constituição de estimativas. Detalhando:

No momento da venda:

| | Demonstração de Resultado Contabilidade Societária | Resultado para fins fiscais |
|---|---|---|
| Receita Bruta de vendas | R$ 800,00 | R$ 800,00 |
| (–) Ajuste de receita Bruta | (–) R$ 8,00 | – |
| (–) Custo das mercadorias vendidas | (–) R$ 495,00 | (–) 500,00 |
| **(=) Resultado** | **R$ 297,00** | **R$ 300,00** |

No momento da devolução:

| | Demonstração de Resultado Contabilidade Societária | Resultado para fins fiscais |
|---|---|---|
| Receita Bruta de vendas | – | – |
| (–) Devolução efetiva de vendas | – | (–) R$ 8,00 |
| (+) Custo das mercadorias devolvidas | – | (+) 5,00 |
| **(=) Resultado** | – | **(–) R$ 3,00** |

Antes desse tratamento, o deslocamento do resultado no tempo que ocorre nos critérios fiscais também ocorria na contabilidade.

Não podemos esquecer que novamente estamos aqui diante de diferenças temporárias entre resultados contábil e fiscal, e assim devemos tratar adequadamente os tributos diferidos sobre o lucro nos moldes do Pronunciamento Técnico CPC 32 – Tributos sobre o lucro. Considerando um cenário simplificado para fins didáticos, sem considerar as outras transações da empresa, e com aplicação de alíquota de 9% para CSLL e 15% para IRPJ, teríamos:

No momento da devolução:

|  | Período da venda | Período da devolução |
|---|---|---|
| (–) Tributos correntes | (–) R$ 72,00 (1) | (+) R$ 0,72 (3) |
| (+/–) Tributos diferidos | (+) 0,72 (2) | (–) R$ 0,72 (4) |
| (=) Despesa tributária | R$ 71,28 | (–) R$ 0,00 |

1 – CSLL: R$ 300,00 × 9% = R$ 27,00
   IRPJ: R$ 300,00 × 15% = R$ 45,00

2 – Tributo diferido reconhecendo um ativo que corresponde a um pagamento menor no futuro:
   CSLL: R$ 3,00 × 9% = R$ 0,27
   IRPJ: R$ 300,00 × 15% = R$ 0,45

3 – Uma economia nos tributos correntes devido ao reconhecimento da devolução (receita e respectivo custo) para fins fiscais. Cálculos similares aos do item 2.

4 – Baixa do ativo fiscal diferido por finalmente deixar de existir a diferença temporária que deu origem a ele. Cálculos similares aos do item 2.

## 16.7 NECESSIDADE DE FORMALIZAÇÃO PARA CONSTITUIÇÃO DE PROVISÃO

Passivos em geral possuem data de vencimento e valor definido, como empréstimos a pagar, fornecedores, tributos a recolher. Mas já vimos que provisões, por definição, são um pouco diferentes. Além de serem passivos com prazo ou valor incertos, pode acontecer também de estarem relacionadas a obrigações ainda não formalizadas pela empresa. Uma obrigação não formalizada surge quando uma empresa tenha indicado a outras partes que aceitará determinadas responsabilidades. Essa indicação pode se dar por uma declaração específica, ou, ainda, conforme estabelecido por práticas passadas ou então por políticas publicadas. É criada, então, uma expectativa válida de que as obrigações serão cumpridas.

Imaginemos uma empresa que provoque algum dano ambiental. A legislação é rígida, e a fiscalização é rigorosa no ambiente em que opera. No caso de conseguir mensurar com confiabilidade sua obrigação para o reparo necessário, deverá, então, reconhecer a provisão. Mas e se não houvesse legislação a respeito do dano que causou, e não houvesse previsão legal sobre as formas de reparação dos danos que causou, uma provisão deveria ser constituída? Nesse caso, se houver uma obrigação, ainda que não formalizada, sim. Pode acontecer, por exemplo, o caso de a empresa ter uma política sobre reparação de danos ambientais, e ter histórico de cumprimento dessa política.

Seria igualmente aplicável no caso de existência de política de reembolso de clientes insatisfeitos, ainda que sem previsão legal.

## 16.8 TRATAMENTO FISCAL

Um bom número de provisões impacta diretamente o resultado do exercício, reduzindo assim o lucro apresentado no período. Como regra geral, despesas relacionadas a provisões são indedutíveis para fins de apuração de Imposto de Renda da Pessoa Jurídica (IRPJ), e de Contribuição Social sobre o Lucro Líquido (CSLL).

O atual Regulamento do Imposto de Renda, Decreto nº 9.580/2018, prevê que somente serão dedutíveis provisões expressamente nele autorizadas. São exemplos de provisões dedutíveis:

a) provisões de natureza técnica das companhias de seguro e de capitalização, das entidades de previdência privada e das operadoras de planos de assistência à saúde, cuja constituição é exigida pela legislação especial a elas aplicável;

b) provisões para perdas de estoques de livros, no caso de pessoas jurídicas que exerçam as atividades de editor, distribuidor ou livreiro;

c) provisão para pagamento de remuneração correspondente a férias de seus empregados;

d) provisão para pagamento de remuneração correspondente ao décimo terceiro salário de seus empregados.

Esses casos relacionados estão previstos na subseção VIII do Regulamento do Imposto de Renda, que recebe o nome de "Provisões". Contabilmente, porém, como já foi visto anteriormente, a definição da expressão "provisão" é um pouco mais restrita.

As demais provisões não serão dedutíveis no momento da contabilização, o que não impede que o sejam eventualmente em um ponto no futuro, nos moldes do Regulamento do Imposto de Renda. Sendo esse o caso, não podemos esquecer que no caso de diferenças temporárias devemos registrar os tributos diferidos sobre o lucro, como prevê o Pronunciamento Técnico CPC 32 – Tributos sobre o Lucro.

## 16.9 EXERCÍCIOS

1. Uma provisão deve ser reconhecida no Balanço Patrimonial quando:

a) For provável um acontecimento no futuro que venha a provocar saída de caixa.
b) Existir uma obrigação presente, decorrente de evento passado, com provável saída de recursos para liquidá-la.
c) Surgir uma obrigação decorrente de uma compra de mercadorias já ocorrida, que exigirá saída de caixa para sua liquidação.
d) Existir a identificação de uma perda ocorrida no passado relacionada a um recurso que possua substância física.

2. Com relação a provisões apresentadas no Balanço Patrimonial, estão **corretas** as afirmações:

I. Provisão somente pode decorrer de evento passado.
II. Provisão é reconhecida quando a saída de recursos decorrente da obrigação for provável ou possível.
III. Provisão decorre de obrigações legais, enquanto obrigações ainda não formalizadas devem ser evidenciadas apenas em notas explicativas.
IV. Provisões são passivos a pagar por conta de bens ou serviços fornecidos ou recebidos e que tenham sido faturados ou formalmente acordados com o fornecedor.
V. Provisão apenas deve ser reconhecida caso seja possível fazer uma estimativa confiável do valor da obrigação.

a) II e III.
b) III e IV.
c) II e IV.
d) I e V.

3. Passivo contingente:

a) É registrado no Balanço Patrimonial e evidenciado em notas explicativas.
b) Não deve constar nas demonstrações contábeis e notas explicativas.
c) Deve ser apenas evidenciado em notas explicativas.
d) É registrado no Balanço Patrimonial, mas nem sempre deve impactar contas de resultado.

4. Uma empresa comercial costuma enfrentar processos judiciais com frequência. Atualmente, está discutindo judicialmente os processos identificados a seguir e, ao lado de cada processo, está o parecer do seu departamento jurídico sobre as chances de ganhar ou perder o processo, e o valor atualizado a ser desembolsado em caso de perda.

a) Tributário 1    Perda provável    R$ 50.000,00
b) Tributário 2    Perda possível    R$ 20.000,00
c) Tributário 3    Perda possível    R$ 70.000,00
d) Trabalhista 1   Perda remota      R$ 80.000,00
e) Trabalhista 2   Perda possível    R$  5.000,00
f) Trabalhista 3   Perda remota      R$ 100.000,00
g) Trabalhista 4   Perda provável    R$ 40.000,00
h) Trabalhista 5   Perda possível    R$ 200.000,00

Quais desses processos devem ser classificados no passivo com as respectivas evidenciações em notas explicativas, apenas em notas explicativas, e também os que não devem constar nas demonstrações contábeis de acordo com o Pronunciamento Técnico CPC 25?

5. Uma indústria de equipamentos de informática fornece garantia contra defeitos de fabricação por três anos a partir da data da venda dos equipamentos. O prazo é maior do que o estipulado por lei. Com base em dados históricos, é possível estimar com segurança os valores que poderão ser desembolsados para honrar essa garantia. Com base nesses dados históricos, as vendas de 20.000 equipamentos que geraram R$ 30 milhões em receita bruta em um determinado exercício, X1. Provavelmente, os gastos com garantia serão assim distribuídos no tempo:

X2:    R$ 100.000,00
X3:    R$ 150.000,00
X4:    R$ 250.000,00
Total: R$ 500.000,00

Os cálculos dessa estimativa seguiram o que está previsto no Pronunciamento Técnico CPC 25. Supondo que seja exatamente esse o valor gasto com a garantia com o passar do tempo, relacionado a essas vendas (diferenças provocariam ajustes contábeis), demonstre a distribuição da apropriação da despesa dessa garantia fornecida ao longo do tempo.

## 16.10 RESPOSTAS DOS EXERCÍCIOS

1. b
2. d
3. c
4. **Resposta:**

Provisões, registro no Balanço Patrimonial e evidenciação em notas explicativas: tributário 1, trabalhista 4, totalizando R$ 90.000,00.

Apenas evidenciação em notas explicativas: tributário 2, tributário 3, trabalhista 2, trabalhista 5.

Sem reconhecimento no Balanço Patrimonial e sem evidenciação em notas explicativas: trabalhista 1 e trabalhista 3.

5. **Resposta:**

A totalidade dos gastos estimados com cumprimento de garantia deve ser reconhecida no exercício em que a venda foi realizada, em obediência ao regime de competência, por se tratar de uma provisão, e ser possível mensurar com confiabilidade.

## REFERÊNCIAS

BRASIL. Lei nº 6.404, de 15 de dezembro de 1976. Dispõe sobre as Sociedades por Ações. *Diário Oficial da União*: Brasília, 17 dez. 1976. Disponível em: https://www.planalto.gov.br/ccivil_03/leis/l6404consol.htm#:~:text=LEI%20No%206.404%2C%20DE%2015%20DE%20DEZEMBRO%20DE%201976.&text=Disp%C3%B5e%20sobre%20as%20Sociedades%20por%20A%C3%A7%C3%B5es.&text=Art.%201%C2%BA%20A%20companhia%20ou,das%20a%C3%A7%C3%B5es%20subscritas%20ou%20adquiridas. Acesso em: 29 jun. 2023.

BRASIL. Lei nº 12.973, de 13 de maio de 2014. Altera a legislação tributária federal relativa ao Imposto sobre a Renda das Pessoas Jurídicas – IRPJ, à Contribuição Social sobre o Lucro Líquido – CSLL, à Contribuição para o PIS/Pasep e à Contribuição para o Financiamento da Seguridade Social – Cofins; revoga o Regime Tributário de Transição – RTT, instituído pela Lei nº 11.941, de 27 de maio de 2009; dispõe sobre a tributação da pessoa jurídica domiciliada no Brasil, com relação ao acréscimo patrimonial decorrente de participação em lucros auferidos no exterior por controladas e coligadas; altera o Decreto-Lei nº 1.598, de 26 de dezembro de 1977 e as Leis nºs 9.430, de 27 de dezembro de 1996, 9.249, de 26 de dezembro de 1995, 8.981, de 20 de janeiro de 1995, 4.506, de 30 de novembro de 1964, 7.689, de 15 de dezembro de 1988, 9.718, de 27 de novembro de 1998, 10.865, de 30 de abril de 2004, 10.637, de 30 de dezembro de 2002, 10.833, de 29 de dezembro de 2003, 12.865, de 9 de outubro de 2013, 9.532, de 10 de dezembro de 1997, 9.656, de 3 de junho de 1998, 9.826, de 23 de agosto de 1999, 10.485, de 3 de julho de 2002, 10.893, de 13 de julho de 2004, 11.312, de 27 de junho de 2006, 11.941, de 27 de maio de 2009, 12.249, de 11 de junho de 2010, 12.431, de 24 de junho de 2011, 12.716, de 21 de setembro de 2012, e 12.844, de 19 de julho de 2013; e dá outras providências. *Diário Oficial da União*: Brasília, 14 maio 2014. Disponível em: https://www.planalto.gov.br/ccivil_03/_ato2011-2014/2014/Lei/L12973.htm. Acesso em: 29 jun. 2023.

BRASIL. Decreto nº 9.580, de 22 de novembro de 2018. Regulamenta a tributação, a fiscalização, a arrecadação e a administração do Imposto sobre a Renda e Proventos de Qualquer Natureza. *Diário Oficial da União*: Brasília, 23 nov. 2018. Disponível em: https://www.planalto.gov.br/ccivil_03/_ato2015-2018/2018/decreto/d9580.htm. Acesso em: 29 jun. 2023.

COMISSÃO DE VALORES MOBILIÁRIOS. Ofício-Circular CVM/SNC/SEP nº 1 de 2021, de 20 de janeiro de 2021. Disponível em: http://conteudo.cvm.gov.br/legislacao/oficios-circulares/snc-sep/oc-snc-sep-0121.html. Acesso em: 17 maio 2023.

COMITÊ DE PRONUNCIAMENTOS CONTÁBEIS. Pronunciamento Técnico CPC 00 (R2). Estrutura Conceitual para Relatório Financeiro. Disponível em: http://static.cpc.aatb.com.br/Documentos/572_CPC_00%20(R2)%20Termo%20de%20Aprova%C3%A7%C3%A3o.pdf. Acesso em: 17 maio 2023.

COMITÊ DE PRONUNCIAMENTOS CONTÁBEIS. Pronunciamento Técnico CPC 23. Políticas Contábeis, Mudança de Estimativa e Retificação de Erro. Disponível em: http://www.cpc.org.br/CPC/Documentos-Emitidos/Pronunciamentos/Pronunciamento?Id=54. Acesso em: 17 maio 2023.

COMITÊ DE PRONUNCIAMENTOS CONTÁBEIS. Pronunciamento Técnico CPC 25. Provisões, Passivos Contingentes e Ativos Contingentes. Disponível em: http://www.cpc.org.br/CPC/Documentos-Emitidos/Pronunciamentos/Pronunciamento?Id=56. Acesso em: 17 maio 2023.

COMITÊ DE PRONUNCIAMENTOS CONTÁBEIS. Pronunciamento Técnico CPC 27. Ativo Imobilizado. Disponível em: http://www.cpc.org.br/CPC/Documentos-Emitidos/Pronunciamentos/Pronunciamento?Id=58. Acesso em: 17 maio 2023.

COMITÊ DE PRONUNCIAMENTOS CONTÁBEIS. Pronunciamento Técnico CPC 32. Tributos sobre o Lucro. Disponível em: http://static.cpc.aatb.com.br/Documentos/340_CPC_32_rev%2012.pdf . Acesso em: 17 maio 2023.

COMITÊ DE PRONUNCIAMENTOS CONTÁBEIS. Pronunciamento Técnico CPC 47. Receita de contrato com cliente. Disponível em: http://www.cpc.org.br/CPC/Documentos-Emitidos/Pronunciamentos/Pronunciamento?Id=105. Acesso em: 17 maio 2023.

GELBCKE, E. R.; SANTOS, A.; IUDÍCIBUS, S.; MARTINS, E. *Manual de contabilidade societária*: aplicável a todas as sociedades – de acordo com as normas internacionais e do CPC. 3. ed. São Paulo: Atlas, 2018.

SECRETARIA DA RECEITA FEDERAL. Instrução Normativa SRF nº 459, de 17 de outubro de 2004.

RECEITA FEDERAL DO BRASIL. Instrução Normativa RFB nº 1.700, de 14 de março de 2017.

RECEITA FEDERAL DO BRASIL. Instrução Normativa RFB nº 1.771, de 20 de dezembro de 2017.

# 17
# BENEFÍCIOS A EMPREGADOS

Ademir Luiz Bortolatto Junior
Giovanna do Nascimento Ferraz

## 17.1 INTRODUÇÃO

Neste capítulo, vamos tratar especificamente da contabilidade dos benefícios a empregados, diferenciando os benefícios de curto prazo, os de longo prazo e os pós-emprego.

Os benefícios de curto prazo geralmente são de tratamento mais simples, pois o benefício normalmente é entregue ao funcionário no mesmo período em que um serviço é prestado, assim, podemos associar rapidamente a despesa reconhecida com eventuais desembolsos e serviços prestados. A complexidade aumenta quando tratamos dos benefícios de longo prazo, muitas vezes pagos para aumentar a retenção de bons funcionários, e ainda mais quando tratamos dos benefícios pós-emprego, principalmente aqueles "planos de benefício definido", em que os empregadores assumem a responsabilidade de pagar, no futuro, um valor predefinido. A insuficiência de ativos para arcar com esses benefícios fatalmente fará a empresa patrocinadora registrar um passivo atuarial.

## 17.2 BASE NORMATIVA – CONSELHO MONETÁRIO NACIONAL E BANCO CENTRAL DO BRASIL

O Pronunciamento Técnico CPC 33 – Benefícios a Empregados, aprovado pelo Comitê de Pronunciamentos Contábeis (CPC) em 07 de dezembro de 2012, foi recepcionado pelo Conselho Monetário Nacional (CMN) e pelo Banco Central do Brasil (BCB) por meio dos normativos:

a) Resolução CMN nº 4.877, de 23 de dezembro de 2020: dispõe sobre os critérios gerais para mensuração e reconhecimento de obrigações sociais e trabalhistas pelas instituições autorizadas a funcionar pelo BCB, com entrada em vigor em 1º de janeiro de 2021.

b) Resolução BCB nº 59, de 23 de dezembro de 2020: dispõe sobre os critérios gerais para mensuração e reconhecimento de obrigações sociais e trabalhistas pelas administradoras de consórcio e pelas instituições de pagamento, com entrada em vigor em 1º de janeiro de 2021.

Importante ressaltar que os pronunciamentos técnicos citados no Pronunciamento Técnico CPC 33 – Benefícios a Empregados que não tenham sido recepcionados pelo CMN e pelo BCB não podem ser aplicados por instituições reguladas por tais autoridades reguladoras.

Do mesmo modo, as referências citadas que tenham sido recepcionadas pelas autoridades reguladoras devem ser acatadas.

## 17.3 INTRODUÇÃO AO PRONUNCIAMENTO TÉCNICO CPC 33 (R1) – BENEFÍCIOS A EMPREGADOS

A partir daqui, trataremos do conteúdo do Pronunciamento Técnico CPC 33 (R1) – Benefícios a Empregados, cujo objetivo é estabelecer a contabilização e a divulgação dos benefícios concedidos aos empregados.

Seguindo a lógica da norma, vamos começar com os conceitos iniciais, que serão utilizados ao longo de todo este capítulo, e, em seguida, trataremos de cada um dos tipos de benefícios a empregados e seus respectivos tratamentos contábeis.

A norma define benefícios a empregados como "todas as formas de compensação proporcionadas pela entidade em troca de serviços prestados pelos seus empregados ou pela rescisão do contrato de trabalho".

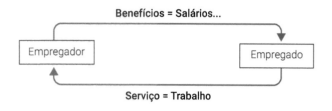

**Figura 17.1** Fluxo de troca entre empregador e empregado.

Os benefícios a empregados, segundo a norma, são segregados em quatro grupos de benefícios:

1. Benefícios curto prazo (17.3.1):

São os benefícios em que há a expectativa de liquidação em até 12 meses após a data de fechamento das demonstrações contábeis. Exemplos: salários, férias, participações nos lucros, licenças remuneradas, benefícios não monetários etc.

2. Benefícios pós-emprego (17.3.2):

São benefícios nos quais a entidade promete pagar aos empregados, os quais serão pagos após o período de emprego, e que sejam frutos de acordos, formais ou informais (com exceção dos benefícios rescisórios e benefícios de curto prazo a empregados), como benefícios de aposentadoria e outros (seguro de vida ou plano de saúde pós-emprego).

3. Outros benefícios de longo prazo (17.3.3):

Grupo residual de classificação, que é representado por todos os benefícios que não se enquadram nos demais grupos (curto prazo, pós-emprego e rescisórios), como benefícios por tempo de serviço, afastamentos remunerados de longo prazo (sabáticos ou por tempo de serviço) e benefícios por invalidez.

4. Benefícios rescisórios (17.3.4):

São benefícios pagos em função de rescisão de contrato de trabalho com o empregado, seja pela vontade da entidade de terminar o contrato antes da data normal de aposentadoria ou por vontade do empregado, tendo aceitado uma oferta de benefícios por tal rescisão.

É importante ressaltar que a norma abarca todos os benefícios, sejam os pagos aos empregados ou aos dependentes dos empregados. Quando a norma trata de empregados, a definição abarca diretores e outros administradores, prestadores de serviço em tempo integral, parcial, permanente, casual ou até temporário.

Além dos grupos citados, são considerados benefícios a empregados e, portanto, estão dentro do escopo da norma:

a) acordos ou planos formais entre a entidade e o empregado, grupo de empregados ou seus representantes;

b) acordos firmados por meio de dispositivos legais ou acordos setoriais, quando se exige da entidade contribuição para planos nacionais, estatais, setoriais ou outros; ou

c) obrigações construtivas (ou não formalizadas), as quais são originadas por práticas informais da entidade, sendo que a entidade não possui outra alternativa senão pagar o benefício.

**Importante**: dentre os benefícios já citados, o único que **não** está no escopo do Pronunciamento Técnico CPC 33 (R1) – Benefícios a Empregados é a remuneração baseada em ações, a qual é disciplinada pelo Pronunciamento Técnico CPC 10 (R1) – Pagamento Baseado em Ações, que foi adotado pelo CMN e pelo BCB, por meio da Resolução CMN nº 3.989, de 30 de junho de 2011, e da Resolução BCB nº 8, de 12 de agosto de 2020. Também não são tratadas nesse pronunciamento as demonstrações contábeis elaboradas pelos fundos de pensão, planos de benefícios ou assemelhados.

Vejamos, então, reconhecimento, mensuração e divulgação dos benefícios a empregados de cada um dos grupos abordados na introdução.

## 17.3.1 Benefícios de curto prazo

### 17.3.1.1 Licenças remuneradas de curto prazo

A norma classifica as licenças remuneradas de curto prazo em duas categorias:

1. Cumulativa: são licenças que podem ser estendidas ou utilizadas futuramente, se não utilizadas no período corrente. Essas licenças podem ser "com direito adquirido", ou seja, o empregado possui o direito de receber o valor da licença caso seja desligado, e "sem direito adquirido", quando o empregado não possui o direito de receber o valor da licença caso seja desligado. Independentemente do tipo de licença, por se tratar de uma obrigação presente, o seu reconhecimento deve ocorrer. No entanto, a mensuração da licença sem direito adquirido deve levar em consideração o risco de o empregado sair da empresa.

As ausências cumulativas devem ser reconhecidas à medida que o empregado adquire o direito a ter ausências remuneradas no futuro e mensuradas pelo valor em que se espera desembolsar caixa.

2. Não cumulativa: são licenças não estendidas para o próximo período se não forem utilizadas no período corrente; portanto, não dão ao empregado direito ao recebimento em dinheiro no caso do seu desligamento. Logo, as licenças não cumulativas devem ser reconhecidas no período em que ocorrem.

### 17.3.1.2 Planos de participação nos lucros e bônus

Esses planos seguem a regra geral de reconhecimento e mensuração se, apenas se: (i) houver uma obrigação legal ou construtiva de fazer os pagamentos decorrentes de eventos passados; e (ii) houver a possibilidade de efetuar uma estimativa confiável.

Quando os planos demandam do funcionário a permanência por determinado período para que tenha direito ao recebimento das participações nos lucros ou bônus, o reconhecimento deve ser feito à medida que o funcionário adquire o direito, ou seja, mês a mês, conforme cumpre a permanência mínima. Sua mensuração deve considerar o risco de desligamento dos funcionários sem que recebam tal benefício.

Segundo a norma, só é possível haver uma estimativa confiável quando:

i) existir, nos termos formais do plano de benefício, uma fórmula para determinar o seu valor;

ii) a determinação dos montantes a serem pagos ocorrerem antes da aprovação da emissão das demonstrações contábeis;

iii) houver evidências suficientes do montante da obrigação baseadas na prática passada da entidade.

Mesmo no caso de destinação do lucro, tais benefícios deverão ser reconhecidos como despesa do período, por se tratar da relação da entidade com os funcionários, e não como destinação do lucro (relação da entidade com sócios), seguindo a regra geral de contabilização.

O tratamento como benefícios de curto prazo se dá apenas se as obrigações forem liquidadas dentro de 12 meses após o período em que os empregados prestaram o serviço, caso contrário, tal benefício deverá ser tratado como benefício de longo prazo..

### 17.3.1.3 Regra geral de reconhecimento e mensuração

Como regra geral, a entidade deve reconhecer o montante não descontado dos benefícios de curto prazo que se espera serem pagos pelo serviço, à medida que o empregado presta seus serviços, como:

i) passivo, líquido de qualquer quantia já paga. O valor pago antecipadamente que exceder o valor do passivo deverá ser reconhecido como ativo (despesa antecipada), na medida em que se espera uma redução de caixa futura;

ii) despesa, exceto se outro pronunciamento técnico exigir ou permitir que tais despesas sejam reconhecidas como custo de um ativo (por exemplo, Pronunciamentos Técnicos CPC 04 – Intangível, CPC 16 – Estoques e CPC 27 – Ativo Imobilizado).

A regra geral para o tratamento contábil de benefícios de curto prazo é bem simples: um passivo e uma despesa devem ser reconhecidos pelos seus valores não descontados, à medida que o empregado presta seus serviços.

No entanto, alguns benefícios de curto prazo demandam um olhar mais atento. Portanto, vamos tratá-los daqui em diante.

> **Exemplo retirado do CPC 33 – Benefícios a Empregados sobre participação nos lucros e bônus**
>
> Um plano de participação nos lucros requer que a entidade pague uma parcela específica do lucro líquido do ano aos empregados que trabalharam todo o ano. Se nenhum dos empregados se desligar durante o ano, o total dos pagamentos de participação nos lucros será de 3% do lucro líquido. A entidade

> estima que a taxa de rotatividade de pessoal reduza os pagamentos para 2,5% do lucro líquido.
>
> A entidade deverá reconhecer um passivo e uma despesa de 2,5% do lucro líquido.

### 17.3.1.4 Divulgação dos benefícios de curto prazo

O Pronunciamento Técnico CPC 33 (R1) – Benefícios a Empregados não estabelece divulgação específica para esse tipo de benefício, mas faz referências a duas normas que estabelecem divulgações acerca de tais benefícios: CPC 05 – Divulgação sobre Partes Relacionadas, quando há benefícios concedidos aos administradores da entidade, recepcionado pelo CMN e pelo BCB e CPC 26 – Apresentação das Demonstrações Contábeis, que exige divulgação acerca de despesas com benefícios a empregados, ainda não recepcionado pelos órgãos reguladores.

## 17.3.2 Benefícios pós-emprego

Antes de discutirmos o tratamento contábil, vejamos como a norma classifica esses benefícios:

a) **Planos de contribuição definida**: nesses planos, a entidade patrocinadora (empregadora) paga contribuições fixas e, como principal característica, não retém os riscos associados ao benefício, ficando estes riscos com os beneficiários (empregados). Como consequência, o risco fica com os beneficiários, que podem receber mais ou menos recursos no futuro, conforme a gestão do fundo e da vida média dos beneficiários. A responsabilidade da empregadora, seja legal ou construtiva, é apenas arcar com a obrigação de contribuição no plano de benefício. Ou seja, a contribuição é definida e o benefício não. Os dois principais riscos dos planos pós-emprego relacionados ao pagamento do benefício são a capacidade do fundo de gerir os ativos e o risco atuarial (benefícios serem menores que os esperados).

b) **Planos de benefício definido**: são os planos que não se enquadram como planos de contribuição definida. Nesse caso, os riscos dos benefícios do plano ficam com a empregadora, pois os benefícios futuros são definidos e são responsabilidade da empregadora. Ou seja, durante o período de contribuição (em que se constitui o fundo para o pagamento futuro do benefício), a entidade deverá calcular o risco atuarial e, eventualmente, terá que efetuar mais aportes para cobrir os riscos atuariais e de gestão.

Em resumo, a principal diferença entre as duas modalidades de benefícios pós-emprego é quem assume o risco associado ao pagamento dos benefícios, se o empregador ou o empregado.

### 17.3.2.1 Plano de contribuição definida – reconhecimento e mensuração

O plano de contribuição definida segue a regra geral de reconhecimento de benefícios a empregados, ou seja, o reconhecimento da despesa e seu passivo associado é feito conforme o empregado presta serviços à empresa, pelo regime de competência. As contribuições excedentes (ou adiantadas) são reconhecidas como ativo e no momento do reconhecimento da próxima contribuição deverão ser abatidas do reconhecimento do passivo.

Em alguns casos, esses valores deverão compor os valores de alguns ativos, como os estoques. Ou seja, caso a remuneração do empregado se qualifique para reconhecimento de ativo, deve-se observar a prescrição do CPC específico para a sua contabilização.

Eventualmente, há um descasamento no reconhecimento do plano de contribuição definida, ou seja, os pagamentos (caixa) e o regime de competência não acontecem simultaneamente. Vejamos então como seria o tratamento contábil para tais casos.

a) quando a entidade (patrocinadora) promete pagamentos complementares no futuro, referentes ao período presente: a entidade deverá reconhecer a despesa integralmente, pelo regime de competência, reconhecendo um passivo de liquidação futura;

b) quando a entidade (patrocinadora) paga contribuições acima do necessário para cobrir obrigações do plano: deve-se reconhecer um ativo que, pelo regime de competência, será baixado à medida que as despesas associadas ao plano ocorrerem;

c) na implementação do plano de contribuição definida, a entidade assume o compromisso de pagar contribuições referentes a exercícios passados: nesse caso, o passivo é fruto de despesas que deveriam ter ocorrido em períodos passados, fazendo parte do resultado de períodos anteriores. A norma prescreve nesses casos o reconhecimento imediato e total destas contribuições, ainda que não sejam pagas imediatamente.

Para os casos de constituição de passivo cuja liquidação seja de longo prazo, no não circulante, é necessária a constituição de ajuste a valor presente.

## Exemplo

O Banco X concede aos seus funcionários uma remuneração na aposentadoria. A remuneração será paga por um fundo ao qual o Banco X contribui com 1% do valor bruto dos salários dos funcionários. A contribuição é paga ao fundo sempre em janeiro de cada ano, referente ao ano-calendário anterior. O valor bruto total de salários em 20X0 foi de $ 10 milhões. A remuneração que os empregados receberão a título de aposentadoria vai depender do número de funcionários trabalhando e o valor que o fundo terá aplicado na data da aposentadoria (o Banco X não possui nenhuma obrigação futura com o fundo, exceto as contribuições descritas anteriormente).

Esse é o caso de um Plano de Contribuição Definido, pois a principal característica do benefício é que o funcionário ficará com o risco de recebimento da aposentadoria no futuro. Ou seja, esse valor poderá variar em função da quantidade de funcionários inscritos no plano e da quantidade de dinheiro que o fundo terá para efetuar os pagamentos.

Em janeiro de 20X1, o Banco X deverá pagar ao fundo o valor de R$ 100.000, que corresponde a 1% do valor total bruto dos salários pagos em 20X0. A cada mês que passa em 20X0, o Banco X deverá reconhecer um passivo e uma despesa, referentes ao plano de contribuição definida para aquele mês:

D – Despesa com Plano de Contribuição Definida
  R$ 8.333,33
C – Plano de Contribuição Definida
  R$ 8.333,33

Para fins didáticos, foi reconhecido apenas 1/12 do total do valor a ser pago em janeiro, como se ao longo dos meses não houvesse variação salarial alguma. Naturalmente, o valor bruto de salário varia ao longo dos meses e, como consequência, o valor a ser reconhecido também varia. Portanto, mensalmente, o valor da despesa e o correspondente passivo variariam, conforme o valor da folha de pagamento.

No final de dezembro de 20X0, o Banco X reconhecerá a última parcela de plano de contribuição definida, idêntica ao último lançamento demonstrado. Em janeiro de 20X1, continuará reconhecendo a despesa do plano de benefício definido, referente ao mês de janeiro de 20X1, e efetuará o pagamento dos valores referentes ao período de 20X0. Como segue o lançamento:

D – Plano de Contribuição Definida   R$ 100.000
C – Caixa                            R$ 100.000

### 17.3.2.2 Plano de benefício definido – reconhecimento e mensuração

Geralmente, a entidade patrocinadora constitui um fundo de investimento separado para gestão dos recursos do plano de benefício definido, para que, no futuro, sejam pagos os benefícios aos empregados. Esse fundo pode ser responsabilidade total da entidade ou ainda pode receber aportes dos funcionários.

Quando pensamos nos riscos relacionados aos planos de benefício definido, a principal questão que emerge é: o quanto a entidade deve aplicar hoje para poder pagar os benefícios em um futuro que, geralmente, é distante, além de não ser possível ter certeza quanto ao período total pelo qual tais benefícios serão pagos (expectativa de vida dos beneficiários).

Nesse sentido, para que seja possível fazer uma estimativa confiável, é necessário estudo técnico realizado por atuário, que será responsável por mensurar as previsões de desembolsos futuros do plano (valores × expectativa de vida).

Como resultado, diretamente para a contabilidade, a entidade reconhecerá o passivo do plano de benefícios (valor presente do benefício que se espera pagar) e poderá ter perdas ou ganhos atuariais associadas ao plano, ou seja, a estimativa de pagamento do benefício já reconhecido aumentou ou diminuiu, de um período para o outro. A cada ano, é reconhecido o aumento do passivo em função do custo do serviço prestado pelo funcionário e a atualização do valor do passivo se dá pela passagem do tempo e pela variação das estimativas atuariais.

O desempenho do fundo constituído é outro fator de risco que deve ser levado em consideração pelos planos de benefício definido. O atuário calcula previamente quanto o ativo do plano deve render para que o fundo constituído consiga arcar com o passivo do plano, ou seja, o pagamento dos benefícios. Com base nessas estimativas, o fundo pode ter resultados superavitários ou deficitários, ou seja, positivos ou negativos em relação ao esperado para o seu desempenho (*superávit*: era esperado rendimento de 10% a.a., mas o fundo obteve rendimentos de 12% a.a.), gerando ativos ou passivos atuariais, os quais deverão ser reconhecidos.

Em resumo, para a contabilização de um plano de benefícios definido, a entidade deve levar em consideração os seguintes passos (nesta ordem):

a) estimativa do passivo do plano de benefício, com base em técnicas e premissas atuariais;

b) valor presente do passivo do plano de benefício estimado para o período corrente;

c) valor presente total do passivo do plano de benefício estimado (corrente mais períodos anteriores). A taxa utilizada para o desconto é a taxa da data do balanço e deve ser baseada nas taxas de retorno de mercados de dívidas de alta qualidade (debêntures emitidas com alta liquidez, por exemplo); não havendo mercado ativo para tais dívidas, podem ser utilizadas como referência taxas de títulos públicos compatíveis com os vencimentos dos vencimentos;

d) valor justo (de acordo com os critérios estabelecidos pelo CPC 46 – Valor Justo) dos ativos do plano de benefício e seus retornos;

e) determinação dos juros líquidos sobre o ativo e passivo do plano de benefício (os juros representam a variação do valor pela passagem do tempo);

f) total dos ganhos e perdas atuariais, decorrentes da diferença entre o que foi estimado nas premissas atuariais e o que ocorreu efetivamente, geralmente na mudança das taxas de mortalidade, rotatividade de empregados, alteração das taxas de desconto e estimativas futuras de pagamento;

g) as variações no custo do serviço passado decorrentes de introdução, cancelamento, encurtamento, ou alteração de um plano de benefícios;

h) ganho ou perda relativos à liquidação de um plano.

No resultado do exercício serão reconhecidos:

a) custo dos serviços correntes e passados;
b) efeito das liquidações do plano; e
c) custo dos juros líquidos;

Em outros resultados abrangentes, devem ser reconhecidas as remensurações do valor líquido do passivo ou ativo do plano, advindos de:

a) ganhos ou perdas atuariais (variação do passivo do plano);
b) retornos sobre os ativos do plano (excluindo-se a receita de juros);
c) mudanças provenientes da alteração do teto do ativo atuarial (o ativo atuarial deve ser reconhecido somente até o limite que se espera receber de benefícios econômicos futuros, devido a alguma limitação imposta pelas regras do plano; na alteração destas regras o limite pode ser alterado e o ativo pode ser remensurado).

## Exemplo de plano de benefício definido

O Banco X concede aos seus funcionários um bônus de aposentadoria, sob as seguintes condições: o valor do bônus depende de quantos anos o funcionário trabalhou até a data da aposentadoria: mais que 20 anos – 3 vezes o último salário, 10 a 19 anos – 2 vezes o último salário, menos que 10 anos – uma vez o último salário.

A idade de aposentadoria é de 65 anos. Com base nas informações do RH, o Banco X preparou as estatísticas relacionadas aos seus funcionários, em 31 de dezembro de 20X1, como segue na Tabela 17.1.

Tabela 17.1 Estatísticas dos funcionários

|  | Anos de serviço | Idade | Quantidade | Salário |
|---|---|---|---|---|
| Grupo 1 | 2 | 33 | 47 | 1.700 |
| Grupo 2 | 6 | 48 | 21 | 2.100 |
| Grupo 3 | 1 | 48 | 11 | 1.900 |
| Grupo 4 | 16 | 59 | 9 | 2.400 |
| Grupo 5 | 6 | 59 | 8 | 2.300 |
| Grupo 6 | 2 | 59 | 4 | 2.200 |
| Total |  |  | 100 |  |

O Banco X concede anualmente um reajuste salarial com base na taxa de inflação. Conforme as estatísticas nacionais, espera-se que a taxa de inflação dos períodos futuros seja: anos de 20X2 a 20X6: 2% a.a., depois de 20X6: 1,5% a.a. Conforme as estatísticas do RH, 1% dos funcionários saem da companhia a cada ano (turnover).

Em 31 de dezembro de 20X0, a taxa de desconto esperada para o vencimento médio da obrigação do benefício representava 5% e não mudou desde então, conforme estudos elaborados internamente pelo Banco X.

Para reconhecermos o passivo e a despesa do plano de benefícios, primeiro precisamos calcular o valor presente total do custo do benefício. Vamos aos passos para o cálculo:

a) Estimativa do custo total do plano (Tabela 17.2).

## Tabela 17.2 Estimativa do custo total do plano

| | Anos de serviço até a aposentadoria | | Turnover – Taxa de saída | | Salário na aposentadoria | Bônus de aposentadoria | |
|---|---|---|---|---|---|---|---|
| | Total | A partir de 20X1 | Probabilidade de estar na empresa com 65 | Empregados | | 1 empregado | Todo o grupo |
| Grupo 1 | 34 | 32 | 72% | 34 | 2.806 | 8.417 | 286.799 |
| Grupo 2 | 23 | 17 | 84% | 18 | 2.772 | 8.316 | 147.215 |
| Grupo 3 | 18 | 17 | 84% | 9 | 2.508 | 5.016 | 46.512 |
| Grupo 4 | 22 | 6 | 94% | 8 | 2.690 | 8.069 | 68.368 |
| Grupo 5 | 12 | 6 | 94% | 8 | 2.577 | 5.155 | 38.826 |
| Grupo 6 | 8 | 6 | 94% | 4 | 2.465 | 2.465 | 9.285 |
| Total | | | | 81 | | | 597.005 |

Vamos pegar o Grupo 6 como exemplo para os cálculos da tabela: conforme Tabela 17.1 (Estatísticas dos Funcionários), o Grupo 6 possui quatro funcionários de 59 anos de idade, ou seja, faltam apenas seis anos para que eles se aposentem (coluna 3 da Tabela 17.2) e eles terão trabalhado no Banco X por um total de 8 anos (coluna 2 da Tabela 17.2), tendo direito a receber apenas um salário de bônus de aposentadoria.

Com base na taxa de turnover (saída dos funcionários) dada pelo RH, a expectativa é que quatro (coluna 5) funcionários do Grupo 6 continuem trabalhando no Banco X na época do recebimento do bônus de aposentadoria.

O salário esperado desses funcionários, atualizado pelas taxas de inflação esperadas, é de R$ 2.465 (coluna 6, atualizados pela taxa esperada de inflação), logo, o bônus de aposentadoria esperado, por funcionário, para esse grupo é de R$ 2.465 (coluna 7) e, para todo o grupo, R$ 9.285 (coluna 8).

Para o Grupo 6, o valor do plano de benefício definido anual é o valor do custo total do plano (R$ 9.285) dividido pelo período que trabalharão até o recebimento do bônus de aposentadoria (8 anos ao todo), totalizando (valor arredondado): R$ 1.161 ao ano.

Deveríamos, então, reconhecer anualmente o valor de R$ 1.161, correto? Não! Os registros devem ser feitos pelos seus valores presentes e o passivo deve ser atualizado pela taxa de desconto anualmente, nesse exemplo, de 5% a.a. O registro do plano, pelo seu valor presente, no primeiro ano, seria como segue:

D – Despesa de plano de benefício definido R$ 825
C – Plano de benefício definido R$ 825

No segundo ano, deve ser registrada a atualização monetária do plano de benefícios definido (conforme enunciado, taxa de 5% a.a.):

D – Despesa de atualização monetária R$ 41
C – Plano de benefício definido R$ 41

Também deve ser reconhecida a segunda parcela da despesa do plano de benefício definido, também pelo seu valor presente:

D – Despesa de plano de benefício definido R$ 866
C – Plano de benefício definido R$ 866

Nos próximos anos, o valor do passivo deve ser atualizado pela taxa de desconto e a parcela da despesa do plano de benefício definido referente ao ano em questão deve ser reconhecida, até o período em que os funcionários poderão gozar do seu benefício.

Cabe ressaltar também que anualmente devem ser revisadas as estimativas do plano e, se necessário, devem ser ajustados os valores de despesas e do passivo já reconhecido.

Na prática, seriam apenas esses lançamentos? Não! Então, vamos ver como seriam os ajustes decorrentes de alterações em estimativas:

Vamos supor que, em 31 de dezembro de 20X0, o valor presente total da obrigação referente ao plano de benefício definido nas demonstrações contábeis do Banco X era de R$ 220.430. Durante o ano de 20X1, foram pagos R$ 12.000 a título de bônus de aposentadoria aos funcionários que se aposentaram em 20X1.

A fim de mensurar com mais confiabilidade o passivo de benefício definido, o Banco X contratou um atuário para determinar o valor presente da obrigação e da despesa de serviços referentes ao plano de benefício definido para o fechamento de 31 de dezembro de 20X1.

O atuário atualizou as premissas utilizadas para a estimativa do valor total da obrigação do plano de benefícios (taxa de *turnover*, inflação etc.) e estimou o valor presente da obrigação do plano em R$ 233.540 e o custo corrente do serviço, referente ao plano, em R$ 17.600, conforme a Tabela 17.3.

**Tabela 17.3** Estimativa do valor presente da obrigação

| Descrição | R$ |
|---|---|
| VP da obrigação no início do período | 220.430 |
| Custo corrente do serviço | 17.600 |
| Atualização (5% × 220.430) | 11.022 |
| Benefícios pagos | -12.000 |
| Ganho ou perda atuarial | -3.512 |
| VP da obrigação ao final do período | 233.540 |

Os ganhos ou perdas atuariais decorrem justamente das mudanças nas premissas utilizadas para o cálculo do valor total do plano. Conforme a norma estabelece, os ganhos e perdas atuariais do plano de benefício definido devem ser reconhecidos em outros resultados abrangentes, em conta separada de patrimônio líquido. Portanto, os lançamentos seriam como segue:

CUSTO CORRENTE DO SERVIÇO:
D – Despesa de plano de benefício
definido R$ 17.600
C – Plano de benefício definido R$ 17.600

ATUALIZAÇÃO MONETÁRIA DO PASSIVO:
D – Despesa de atualização monetária R$ 11.022
C – Plano de benefício definido R$ 11.022

PAGAMENTO DO BENEFÍCIO AOS EMPREGADOS:
D – Plano de benefício definido R$ 12.000
C – Caixa R$ 12.000

GANHO OU PERDA ATUARIAL DO PLANO DE BENEFÍCIO DEFINIDO:
D – Plano de benefício definido R$ 3.512
C – Remensuração do plano de benefício
definido (PL) R$ 3.512

## 17.3.3 Benefícios de longo prazo

Benefícios de longo prazo são os que se espera que sejam liquidados 12 meses após o período a que se referem as demonstrações contábeis. Exemplos: benefícios por tempo de serviço ou jubileu, participações nos lucros ou bônus, licença sabática ou por tempo de serviço, qualquer tipo de remuneração diferida e benefícios de invalidez de longo prazo.

Alguns dos exemplos citados são semelhantes aos planos de benefício definido, por se tratar de benefícios em que a entidade define os valores dos benefícios no futuro em acordo prévio. Portanto, conforme o Pronunciamento Técnico CPC 33 – Benefícios a Empregados, tais benefícios devem seguir as regras de reconhecimento e mensuração dos planos de benefícios definidos.

No entanto, o que diferencia os benefícios de longo prazo dos benefícios definidos é o fato de possuírem menor grau de incerteza e, como consequência, a norma estabelece que os valores referentes a esses benefícios devem ser reconhecidos no resultado ou, se permitido por outra norma, em conta de ativo.

O valor da contrapartida reconhecida no passivo será representado pelo valor presente total da obrigação do benefício definido no fim do período contábil, que compreende os custos dos serviços, juros líquidos sobre o passivo (ou ativo) do benefício e quaisquer outras remensurações dos ativos ou passivos associados aos benefícios, reduzindo do valor justo dos ativos do plano no fim do período, todos de acordo com os princípios estabelecidos pela norma para os planos de benefício definido.

Em suma, os benefícios de longo prazo seguem as mesmas regras de mensuração dos planos de benefício definido (pós-emprego), no entanto, seu reconhecimento é feito diretamente no resultado do exercício, enquanto nos planos de benefício definido alguns itens são reconhecidos em outros resultados abrangentes.

## 17.3.4 Benefícios rescisórios

Este benefício difere dos demais, pois o seu fato gerador é a rescisão do contrato de trabalho com o empregado e não a prestação de serviço. Logo, seu reconhecimento como passivo e a correspondente despesa só ocorre quando a empresa não puder mais cancelar a oferta do benefício rescisório ou, para os casos de reestruturação que envolva rescisão de contrato de trabalho, quando a entidade reconhecer os custos dessa reestruturação. De acordo com a norma, entende-se como impossibilidade do cancelamento da oferta quando o empregado concorda com a oferta de rescisão ou quando há alguma forma de restrição (seja legal, contratual, regulatória ou de outra forma) que impeça a entidade de cancelar a oferta.

Algumas vezes, a entidade está exposta a incertezas relacionadas a possíveis futuras ações trabalhistas, mesmo com adesão a um plano de demissão voluntária, então nesses casos a entidade deve observar o CPC 25 – Provisões, Passivos Contingentes e Ativos Contingentes.

Logo, o passivo e a despesa correspondente dos benefícios rescisórios devem ser reconhecidos apenas quando a entidade é impedida de cancelar a oferta de rescisão do contrato de trabalho e mensurada pelo valor com que se espera a saída de caixa.

Para exemplificar melhor a distinção dos benefícios rescisórios, vamos a um exemplo (adaptado do CPC 33 – Benefícios a Empregados).

Em virtude de um plano de reestruturação, a entidade planeja rescindir o contrato de trabalho de todos os funcionários de determinada unidade ao final de 12 meses. São, ao todo, 100 funcionários. No entanto, a entidade precisa de parte dos funcionários para cumprir contratos, por isso, anuncia um plano de demissão com os seguintes termos: Funcionários que permanecerem até o final dos 12 meses receberão da entidade o pagamento em dinheiro de R$ 40.000. Empregados que saírem antes do fechamento da unidade receberão R$ 15.000.

Nesse caso, existem dois benefícios: de curto prazo, em troca dos serviços dos funcionários, e os rescisórios, em função da rescisão do contrato de trabalho. O valor do benefício rescisório é de R$ 15.000 para todos os funcionários, independentemente se saírem depois ou antes dos 12 meses de trabalho. Portanto, a entidade deverá reconhecer o passivo no momento em que anunciar o plano de demissão ou quando reconhecer os custos da reestruturação, sendo mensurado pelo total de funcionários (100) vezes o valor da rescisão (R$ 15.000).

Para os funcionários que permanecerem até o final dos 12 meses, a entidade deverá reconhecer a parcela que lhes cabe como benefícios de curto prazo conforme eles prestam os serviços. O reconhecimento se dá mês a mês, ou seja, 1/12 avos do total a ser recebido, cada mês. O valor a ser reconhecido é resultado da diferença de quanto eles receberão no final do período (R$ 40.000) menos a parcela referente ao benefício rescisório (R$ 15.000), num total de R$ 25.000. Ou seja, serão reconhecidos, mês a mês, 1/12 do montante de R$ 25.000 para cada funcionário que decidiu cumprir os 12 meses de trabalho.

## 17.4 EXERCÍCIOS

1. Muitas entidades adotam como política a oferta de programas de benefício pós-emprego a seus empregados. Esses programas em geral se enquadram como planos de contribuição definida ou de benefício definido, conforme seus principais termos e condições. Cada um desses planos também apresenta riscos para ambas as partes envolvidas, empregador e empregados.

    No caso dos planos de contribuição definida, conforme o Pronunciamento CPC 33, os principais riscos do empregado são:

    a) Risco de mercado e risco legal.
    b) Risco de crédito de instituições financeiras e risco de solvência.
    c) Risco operacional e risco de crédito de instituições não financeiras.
    d) Risco atuarial e risco de investimentos.

2. As empresas proporcionam formas de compensação em troca de serviços prestados pelos seus empregados ou pela rescisão do contrato de trabalho, tratadas nas normas contábeis como benefícios a empregados. Esses benefícios podem ser de curto ou longo prazo ou ainda pós-emprego.

    De acordo com o Pronunciamento CPC 33 (R1) – Benefícios a Empregados, um exemplo de benefício de longo prazo aos empregados refere-se a:

    a) Assistência médica.
    b) Licença anual remunerada.
    c) Licença sabática ou benefícios por tempo de serviço.
    d) Participação nos lucros e resultados.

## 17.5 RESPOSTAS DOS EXERCÍCIOS

1. d

**Justificativa**: 2. "Nos planos de contribuição definida, a obrigação legal ou construtiva da entidade está limitada à quantia que ela aceita contribuir para o fundo. [...]. *Em consequência, o risco atuarial (risco de que os benefícios sejam inferiores ao esperado) e o risco de investimento (risco de que os ativos investidos venham a ser insuficientes para cobrir os benefícios esperados) recaem sobre o empregado.*"

2. c

# REFERÊNCIAS

BANCO CENTRAL DO BRASIL. COSIF: Padrão Contábil das Instituições Reguladas pelo Banco Central do Brasil. Disponível em: https://www3.bcb.gov.br/aplica/cosif. Acesso em: 17 maio 2023.

COMITÊ DE PRONUNCIAMENTOS CONTÁBEIS. Pronunciamento Técnico CPC 00 (R2). Estrutura Conceitual para Relatório Financeiro. Disponível em: http://www.cpc.org.br/CPC/Documentos-Emitidos/Pronunciamentos/Pronunciamento?Id=80. Acesso em: 17 maio 2023.

COMITÊ DE PRONUNCIAMENTOS CONTÁBEIS. Pronunciamento Técnico CPC 01 (R1). Redução ao Valor Recuperável de Ativos. Disponível em: http://www.cpc.org.br/CPC/Documentos-Emitidos/Pronunciamentos/Pronunciamento?Id=2. Acesso em: 17 maio 2023.

GELBCKE, E. R.; SANTOS, A.; IUDÍCIBUS, S.; MARTINS, E. *Manual de contabilidade societária:* aplicável a todas as sociedades – de acordo com as normas internacionais e do CPC. 3. ed. São Paulo: Atlas, 2018.

# 18

# PAGAMENTO BASEADO EM AÇÕES

Ademir Luiz Bortolatto Junior
Eric Barreto
Giovanna do Nascimento Ferraz

## 18.1 INTRODUÇÃO

O artigo de Jensen e Meckling (2008) define uma relação de agência como

> um contrato sob o qual uma ou mais pessoas (o(s) principal(is)) emprega uma outra pessoa (agente) para executar em seu nome um serviço que implique a delegação de algum poder de decisão ao agente. Se ambas as partes da relação forem maximizadoras de utilidade, há boas razões para acreditar que o agente nem sempre agirá de acordo com os interesses do principal.

Os pagamentos baseados em ações são dispositivos criados para alinhar os interesses de agentes (funcionários ou prestadores de serviços) com os interesses do principal (sócio de uma firma), de maneira que os agentes, ao maximizarem seus ganhos, também estarão maximizando os ganhos dos sócios da entidade, valorizando suas ações e, em consequência, os pagamentos baseados em ações.

## 18.2 BASE NORMATIVA – CONSELHO MONETÁRIO NACIONAL E BANCO CENTRAL DO BRASIL

O Pronunciamento Técnico CPC 10 – Pagamento Baseado em Ações, aprovado pelo Comitê de Pronunciamentos Contábeis (CPC) em 3 de dezembro de 2010, foi recepcionado pelo Conselho Monetário Nacional (CMN) e pelo Banco Central do Brasil (BCB) por meio dos normativos:

a) Resolução BCB nº 08, de 12 de agosto de 2020: que dispõe sobre os critérios e as condições para mensuração, reconhecimento e divulgação de transações com pagamento baseado em ações realizadas pelas instituições de pagamento e administradoras de consórcio.

b) Resolução CMN nº 3.989, de 30 de junho de 2011: que estabelece critérios e condições para mensuração, reconhecimento e divulgação de transações com pagamento baseado em ações realizadas por instituições financeiras e demais instituições autorizadas a funcionar pelo BCB.

Importante ressaltar que os pronunciamentos técnicos citados no Pronunciamento Técnico CPC 10 – Pagamento Baseado em Ações, que não tenham sido recepcionados pelo CMN e pelo BCB, não podem ser aplicados por instituições reguladas por tais autoridades reguladoras.

Do mesmo modo, as referências citadas que tenham sido recepcionadas pelas autoridades reguladoras devem ser acatadas. As menções ao reconhecimento de ações preferenciais como passivo e a outros critérios ou procedimentos contábeis não previstos em normas do CMN ou do BCB não autorizam as instituições a aplicar esses critérios ou procedimentos.

## 18.3 RECONHECIMENTO E MENSURAÇÃO DE TRANSAÇÃO COM PAGAMENTO BASEADO EM AÇÕES

O objetivo do IFRS 2/CPC 10 – Pagamento Baseado em Ações é estabelecer procedimentos para reconhecimento, mensuração e divulgação das transações com pagamento baseado em ações realizadas pela entidade nas suas demonstrações contábeis. A norma exige que os efeitos de tais transações estejam refletidos no resultado e no Balanço Patrimonial da entidade, incluindo despesas associadas com transações por meio das quais opções de ações são outorgadas a empregados.

De acordo com a norma, uma transação com pagamento baseado em ações é uma transação onde há um acordo entre a entidade, de receber bens ou serviços, e uma contraparte, a qual terá o direito de receber:

(i) dinheiro, baseado no valor dos seus instrumentos patrimoniais;

Nesse caso, a entidade reconhece um passivo à medida que recebe os produtos ou serviços, pelo valor justo da obrigação, que deverá ser revisto a cada demonstração contábil e na data da liquidação, sendo as variações deste valor justo reconhecidas no resultado do período. O lançamento contábil seria o seguinte:

D – Despesa ou Ativo (se qualificável)

C – Passivo – Transação com pagamento baseado em ações

(ii) instrumentos patrimoniais da entidade;

Nesse caso, a entidade reconhece um aumento no seu patrimônio líquido, o qual deve ser mensurado pelo valor justo dos bens ou serviços recebidos e não deverá sofrer ajustes posteriores à data da aquisição.

Quando não for possível mensurar o valor justo dos bens ou serviços recebidos, o reconhecimento deverá ser feito com base no valor justo dos instrumentos de capital concedidos.

D – Despesa ou Ativo (se qualificável)

C – Instrumentos Patrimoniais Outorgados – PL

(iii) a entidade ou o fornecedor podem escolher a forma de liquidação da transação (i ou ii).

Se a entidade reteve ou concedeu à contraparte o direito de escolher se uma transação será liquidada em dinheiro ou pela emissão de instrumentos de capital próprio; na realidade, a entidade concedeu um instrumento financeiro híbrido, que inclui um componente de dívida.

A entidade contabilizará esta transação como: (i) "liquidada em caixa" se, e na medida que, a entidade possuir uma obrigação presente de liquidar em caixa; e (ii) "liquidada em instrumentos de capital" se, e na medida que, a entidade não tiver uma obrigação presente a ser liquidada em caixa.

Estando o poder de decisão da forma de liquidação da transação nas mãos da entidade, ela deve determinar se existe ou não uma obrigação presente de liquidar a transação em caixa.

Se a entidade conferiu à contraparte o direito de escolha da forma de liquidação, a entidade terá outorgado um instrumento composto, que deverá ser registrado tanto no passivo quanto no patrimônio líquido, pelos seus valores justos.

Importante ressaltar que, em todos os casos, a transação com pagamento baseado em ações só é reconhecida à medida que a companhia recebe os produtos ou serviços prestados.

## 18.4 CONDIÇÕES DE AQUISIÇÃO DE DIREITOS (*VESTING CONDITIONS*)

Parte da remuneração dada aos empregados, quando falamos de transações com pagamento baseado em ações, pode ser atrelada a condições de aquisição de direitos (*vesting conditions*), ou seja, só há o direito ao recebimento da remuneração baseada em ações mediante o cumprimento de alguns requisitos. Basicamente, são três os tipos de condições para aquisição desses direitos:

1. **condição de serviço**: é a mais simples, pois é necessário apenas que o funcionário cumpra um tempo mínimo de serviço para que tenha o direito de recebimento da remuneração;

2. **condição de desempenho**: para que o funcionário receba a remuneração, é necessário que cumpra condições de desempenho, faturamento mínimo, redução de custos ou meta de lucro, por exemplo;

3. **condição de mercado**: para que o funcionário receba sua remuneração, é necessário que atinja objetivos associados ao mercado, como a ação atingir um preço-alvo em determinado período de tempo.

Essas condições são importantes para o reconhecimento da transação com pagamento baseado em ações, pois à medida que tais condições são cumpridas é que a transação deve ser reconhecida.

## 18.5 DIVULGAÇÃO DE TRANSAÇÕES COM PAGAMENTO BASEADO EM AÇÕES

A norma lista uma série de informações que a entidade deve divulgar (Itens 44-52). Tais informações devem permitir ao usuário das demonstrações financeiras compreender a natureza e extensão dos acordos das transações com pagamento baseado em ações. De maneira geral, devem ser prestadas informações acerca:

a) da natureza e extensão dos acordos de transação com pagamento baseado em ações durante o período;

b) do método utilizado para a mensuração de tais transações; e

c) do efeito no resultado de tais transações.

## 18.6 EXEMPLO PRÁTICO DE CONTABILIZAÇÃO

A entidade ABC conferiu aos seus 100 funcionários o direito de receber remuneração baseada em ações. Eles receberiam o valor correspondente a 100 ações cada, em dinheiro, se permanecessem na empresa pelo período de dois anos.

No primeiro ano, apenas 10 funcionários saíram da empresa e o valor justo das ações, no final do período, era de R$ 15,05.

No segundo ano, mais 17 funcionários saíram da empresa e o valor justo das ações, na data de exercício, era de R$ 15,35.

As contabilizações seriam feitas da seguinte maneira:

1º ano: O valor da despesa seria igual ao número de ações a que os funcionários teriam direito (90 × 100) multiplicado pelo valor das ações (R$ 15,05), dividido por 2 (*vesting condition*).

D – Despesa com pagamento
  baseado em ações       R$ 67.725

C – Passivo – Transação com
  pagamento baseado em ações   R$ 67.725

2º ano: O valor da despesa total seria igual ao número de ações que os funcionários teriam direito (73 × 100) multiplicado pelo valor das ações (R$ 15,35), logo, o valor a ser reconhecido seria apenas a diferença do total e a despesa já reconhecida no ano anterior:

D – Despesa com pagamento
  baseado em ações       R$ 44.330

C – Passivo – Transação com
  pagamento baseado em ações   R$ 44.330

## 18.7 EXERCÍCIOS

1. De acordo com o Comitê de Pronunciamentos Contábeis CPC 10 (R1) – Pagamento Baseado em Ações, a entidade deve reconhecer os produtos ou os serviços recebidos ou adquiridos em transação com pagamento baseado em ações quando obtiver:

a) Os produtos ou à medida que receber os serviços.

b) Recursos financeiros por meio de suas transações.

c) Recursos oriundos das transações com terceiros.

d) Caixa ou equivalentes de caixa.

2. De acordo com o CPC 10 (R1) – Pagamento Baseado em Ações, como uma entidade deve reconhecer uma mudança no valor justo de um passivo em relação a uma transação de pagamento baseada em ações liquidada em dinheiro?

a) Não deve reconhecer nas demonstrações contábeis, mas divulgar em notas explicativas.

b) Deve ter contrapartida reconhecida na demonstração das mutações do patrimônio líquido.

c) Deve ter contrapartida reconhecida em outros resultados abrangentes.

d) Deve ter contrapartida reconhecida no resultado.

3. Quais das seguintes afirmações sobre transação de pagamento baseado em ações com liquidação em caixa são verdadeiras ou falsas?

I. O valor justo do passivo deverá ser remensurado no final de cada período de reporte.

II. O valor justo do passivo deverá ser remensurado na data da liquidação.

|   | Afirmação I | Afirmação II |
|---|---|---|
| a) | Falsa | Falsa |
| b) | Falsa | Verdadeira |
| c) | Verdadeira | Falsa |
| d) | Verdadeira | Verdadeira |

## 18.8 RESPOSTAS DOS EXERCÍCIOS

1. a
2. d
3. d

# REFERÊNCIAS

BANCO CENTRAL DO BRASIL. COSIF: Padrão Contábil das Instituições Reguladas pelo Banco Central do Brasil. Disponível em: https://www3.bcb.gov.br/aplica/cosif. Acesso em: 17 maio 2023.

COMITÊ DE PRONUNCIAMENTOS CONTÁBEIS. Pronunciamento Técnico CPC 00 (R2). Estrutura Conceitual para Relatório Financeiro. Disponível em: http://www.cpc.org.br/CPC/Documentos-Emitidos/Pronunciamentos/Pronunciamento?Id=80. Acesso em: 17 maio 2023.

COMITÊ DE PRONUNCIAMENTOS CONTÁBEIS. Pronunciamento Técnico CPC 10 (R1). Pagamento Baseado em Ações. Disponível em: http://www.cpc.org.br/CPC/Documentos-Emitidos/Pronunciamentos/Pronunciamento?Id=41. Acesso em: 17 maio 2023.

GELBCKE, E. R.; SANTOS, A.; IUDÍCIBUS, S.; MARTINS, E. *Manual de contabilidade societária:* aplicável a todas as sociedades – de acordo com as normas internacionais e do CPC. 3. ed. São Paulo: Atlas, 2018.

JENSEN, M. C.; MECKLING, W. H. Rra-clássicos – teoria da firma: comportamento dos administradores, custos de agência e estrutura de propriedade. *Revista de Administração de Empresas da Escola de Administração de Empresas de São Paulo da Fundação Getulio Vargas* (ERA), abr.-jun. 2008. Disponível em: https://www.scielo.br/j/rae/a/vr3bbm6tBJStSmQZk4Y8y4m/?format=pdf&lang=pt. Acesso em: 17 maio 2023.

# 19

# RESULTADO POR AÇÃO

Ademir Luiz Bortolatto Junior
Giovanna do Nascimento Ferraz
Eric Barreto

## 19.1 INTRODUÇÃO

Como comparar o preço das ações de uma empresa com o seu lucro? A cotação se refere a uma unidade, uma única ação, enquanto o resultado apresentado na demonstração de resultado das empresas é um lucro (ou prejuízo) referente à atuação de toda a empresa.

Para facilitarmos essa comparabilidade, dividimos o resultado pela quantidade de ações da empresa, calculando o lucro por ação. Neste capítulo, mostramos como a normatização contábil normatiza o resultado por ação, que se apresentará como resultado por ação básico ou diluído.

## 19.2 BASE NORMATIVA – CONSELHO MONETÁRIO NACIONAL E BANCO CENTRAL DO BRASIL

O Pronunciamento Técnico CPC 41 – Resultado por Ação, aprovado pelo Comitê de Pronunciamentos Contábeis (CPC) em 07 de julho de 2010, foi recepcionado pelo Conselho Monetário Nacional (CMN) e pelo Banco Central do Brasil (BCB) por meio dos normativos:

a) Resolução BCB nº 2, de 12 de agosto de 2020: que consolida os critérios gerais para elaboração e divulgação de demonstrações financeiras individuais e consolidadas pelas administradoras de consórcio e pelas instituições de pagamento e os procedimentos para elaboração, divulgação e remessa de demonstrações financeiras que devem ser observados pelas instituições financeiras e demais instituições autorizadas a funcionar pelo BCB.

b) Resolução CMN nº 4.818, de 29 de maio de 2020: que consolida os critérios gerais para elaboração e divulgação de demonstrações financeiras individuais e consolidadas pelas instituições financeiras e demais instituições autorizadas a funcionar pelo BCB.

Importante ressaltar que os pronunciamentos técnicos citados no Pronunciamento Técnico CPC 41 – Resultado por Ação, que não tenham sido recepcionados pelo CMN e pelo BCB, não podem ser aplicados por instituições reguladas por tais autoridades reguladoras.

Do mesmo modo, as referências citadas que tenham sido recepcionadas pelas autoridades reguladoras devem ser acatadas. As menções ao reconhecimento de ações preferenciais como passivo e a outros critérios ou procedimentos contábeis não previstos em normas do CMN ou do BCB não autorizam as instituições a aplicar esses critérios ou procedimentos.

As instituições que não sejam registradas como companhia aberta ficam facultadas a aplicar o Pronunciamento Contábil CPC 41 – Resultado por Ação.

## 19.3 INTRODUÇÃO AO PRONUNCIAMENTO TÉCNICO CPC 41 – RESULTADO POR AÇÃO

O objetivo do Pronunciamento Técnico CPC 41 – Resultado por Ação é melhorar as comparações de desempenho de uma mesma companhia em períodos diferentes e entre diferentes companhias (sociedades por ações) no mesmo período. No entanto, cabe ressaltar que os dados de resultado por ação possuem suas limitações, dado que entidades diferentes possuem políticas contábeis diferentes, que podem ser usadas para determinar resultados.

Por se tratar de uma medida de comparação relacionada ao preço da ação, a norma é aplicável às demonstrações separadas, individuais e consolidadas de entidades que possuem ações ordinárias ou ações ordinárias potenciais publicamente negociadas em bolsa e companhias que estejam registradas, ou no processo de registro, na Comissão de Valores Mobiliários (CVM) ou em outro órgão regulador, com o propósito de distribuir ações ordinárias ou ações ordinárias potenciais em mercados organizados.

A definição do resultado por ação é o quanto a entidade obteve de lucro por cada ação, ou seja, a participação nos lucros de cada unidade de ação ordinária em circulação. Nesse sentido, o índice se desdobra em dois: 1 – resultado básico por ação: que leva em consideração o resultado do período atribuível aos acionistas detentores de ações ordinárias e o número de ações ordinárias em circulação, ou seja, relacionado ao que de fato aconteceu no período; e 2 – resultado diluído por ação: leva em consideração o resultado do período ajustado atribuível aos acionistas detentores de ações ordinárias e o número ajustado de ações ordinárias em circulação. Os ajustes são para demonstrar todo o efeito diluidor em potencial ao qual as ações ordinárias estariam expostas.

Os dois resultados devem ser apresentados pelas companhias.

## 19.4 RESULTADO BÁSICO POR AÇÃO

O objetivo do resultado básico por ação é mensurar a participação de cada ação da companhia no desempenho da entidade durante o período. A fórmula é a seguinte:

$$\text{Resultado básico por ação} = \frac{\text{lucro (prejuízo) atribuível aos detentores de ações ordinárias}}{\text{número médio ponderado de ações ordinárias totais em circulação (exceto as em tesouraria) durante o período}}$$

O lucro (prejuízo) atribuível aos detentores de ações ordinárias corresponde ao lucro ou prejuízo resultante das operações continuadas e ao lucro ou prejuízo atribuível à companhia (para demonstrações consolidadas, exclui-se a participação do acionista não controlador) e deve ser diminuído dos dividendos atribuíveis aos acionistas.

O número médio ponderado de ações ordinárias é o número de ações ordinárias ajustado por eventos que alteraram o número de ações ordinárias em circulação durante o período (critério de ponderação). São exemplos de eventos que alteram o número de ações em circulação (não limitados a): desdobramento de ações, emissão de novas ações, agrupamento de ações, emissão de capitalização, conversão de instrumentos de dívida.

Quadro 19.1 Exemplo de cálculo do número médio ponderado de ações ordinárias totais em circulação (retirado do pronunciamento técnico CPC 41 – Resultado por ação)

|  |  | Ações emitidas | Ações em tesouraria | Ações em poder dos acionistas |
| --- | --- | --- | --- | --- |
| 1º/01/X1 | Saldo no início do ano | 2.000 | 300 | 1.700 |
| 31/05/X1 | Emissão de novas ações em dinheiro | 800 | 0 | 2.500 |
| 1º/12/X1 | Compra de ações em tesouraria em caixa | 0 | 250 | 2.250 |
| 31/12/X1 | Saldo no final do ano | 2.800 | 550 | 2.250 |

O cálculo seria o seguinte:

Foram 1.700 ações em circulação nos primeiros cinco meses do ano (1.700 × 5/12); 2.500 ações circulando durante seis meses (2.500 × 6/12); e 2.250 ações circulando no último mês do ano (2.250 × 1/12). Portanto, a fórmula completa ficaria: (1.700 × 5/12) + (2.500 × 6/12) + (2.250 × 1/12) = 2.146 ações, que corresponde ao número médio ponderado de ações ordinárias totais em circulação.

## 19.5 RESULTADO DILUÍDO POR AÇÃO

O objetivo do resultado diluído por ação é consistente com o resultado básico por ação, mas busca refletir os efeitos de todos os potenciais instrumentos diluidores em circulação durante o período. A fórmula é praticamente a mesma, no entanto, o numerador e o denominador devem ser ajustados:

**Ajustes:**

$$\text{Resultado diluído por ação} = \frac{\text{lucro (prejuízo) atribuível aos detentores de ações ordinárias}}{\text{número médio ponderado de ações ordinárias totais em circulação (exceto as em tesouraria) durante o período}} + \frac{\text{juros, dividendos ou resultados reconhecidos relacionados às potenciais ações ordinárias}}{\text{número médio ponderado de ações potencialmente convertidas em ações ordinárias}}$$

Antes de falarmos dos ajustes, precisamos compreender o que são ações ordinárias potenciais diluidoras. Esse item é representado pelo instrumento financeiro ou outro contrato que dá ao seu titular o direito a ações ordinárias. São exemplos (não limitados a esses): debêntures conversíveis, opções de ações emitidas pela entidade, ações preferenciais conversíveis em ações ordinárias.

Para efeitos de ajuste, devem ser somados ao lucro ou prejuízo do período após os tributos: (a) quaisquer dividendos, juros ou outros itens que estejam relacionados com ações ordinárias potenciais diluidoras, que haviam sido deduzidas para o cálculo do resultado básico por ação; e (b) quaisquer outras alterações no resultado que decorressem da conversão das ações ordinárias potenciais diluidoras.

O número médio ponderado de ações ordinárias totais em circulação deve ser somado ao número médio ponderado de ações ordinárias que seriam emitidas na conversão de todas as ações ordinárias potenciais diluidoras. As ações ordinárias potenciais diluidoras devem ser consideradas como tendo sido convertida em ações ordinárias no início do período.

**Importante**: devem ser consideradas como ações potenciais diluidoras apenas os instrumentos cuja conversão em ações ordinárias possa diminuir o lucro por ação ou aumentar o prejuízo por ação advindos das operações continuadas.

Vamos ao exemplo (adaptado do CPC 41 – Resultado por ação):

Resultado: R$ 5.400

Ações ordinárias em poder dos acionistas: 1.000

Ações preferenciais conversíveis: 400, cada uma conversível em uma ação ordinária

Dividendos de ações preferenciais: R$ 1 por ação

Cálculo do lucro por ação:

LPA básico – R$ 5,00 calculado pelo lucro do exercício menos os dividendos das ações preferenciais, dividido pelo número de ações ordinárias em poder dos acionistas: (R$ 5.400 – R$ 400)/1.000

LPA diluído – R$ 3,86 calculado pelo lucro do exercício dividido pelo número de ações ordinárias em poder dos acionistas mais as ações ordinárias potenciais diluidoras que, nesse caso, são as ações preferenciais conversíveis: (R$ 5.400/(1.000 + 400)).

## 19.6 EXERCÍCIOS

1.  De acordo com o CPC 41, as seguintes afirmações são verdadeiras ou falsas?

I.  O resultado por ação não deve ser apresentado caso negativo (por exemplo, prejuízos no exercício social).

II. O resultado por ação calculado para as operações descontinuadas deve ser apresentado, se reportado.

|    | Afirmação I | Afirmação II |
|----|-------------|--------------|
| a) | Falsa       | Falsa        |
| b) | Falsa       | Verdadeira   |
| c) | Verdadeira  | Falsa        |
| d) | Verdadeira  | Verdadeira   |

2.  A Barretos S. A. está calculando o número médio de ações ordinárias para o exercício findo em 31/12/20X1. Durante o ano, foram emitidas novas

ações ordinárias (contrapartida em dinheiro) ao seu valor de mercado. Além disso, a empresa efetuou uma bonificação de 1:8.

Diante disso, quais das seguintes afirmações são verdadeiras?

I. Novas ações emitidas como resultado da bonificação devem ser consideradas proporcionalmente à sua data de emissão.

II. Novas ações emitidas por dinheiro pelo preço de mercado devem ser consideradas proporcionalmente à sua data de emissão.

|    | Afirmação I | Afirmação II |
|----|-------------|--------------|
| a) | Falsa       | Falsa        |
| b) | Falsa       | Verdadeira   |
| c) | Verdadeira  | Falsa        |
| d) | Verdadeira  | Verdadeira   |

## 19.7 RESPOSTAS DOS EXERCÍCIOS

1. b
2. b

## REFERÊNCIAS

BANCO CENTRAL DO BRASIL. COSIF: Padrão Contábil das Instituições Reguladas pelo Banco Central do Brasil. Disponível em: https://www3.bcb.gov.br/aplica/cosif. Acesso em: 17 maio 2023.

COMITÊ DE PRONUNCIAMENTOS CONTÁBEIS. Pronunciamento Técnico CPC 00 (R2). Estrutura Conceitual para Relatório Financeiro. Disponível em: http://www.cpc.org.br/CPC/Documentos-Emitidos/Pronunciamentos/Pronunciamento?Id=80. Acesso em: 17 maio 2023.

COMITÊ DE PRONUNCIAMENTOS CONTÁBEIS. Pronunciamento Técnico CPC 41. Resultado por ação. Disponível em: http://www.cpc.org.br/CPC/Documentos-Emitidos/Pronunciamentos/Pronunciamento?Id=72. Acesso em: 17 maio 2023.

GELBCKE, E. R.; SANTOS, A.; IUDÍCIBUS, S.; MARTINS, E. *Manual de contabilidade societária*: aplicável a todas as sociedades – de acordo com as normas internacionais e do CPC. 3. ed. São Paulo: Atlas, 2018.

# 20

# EVENTO SUBSEQUENTE

Fabio Bassi de Oliveira
Cristiane Tiemi Kussaba
Eric Barreto

## 20.1 INTRODUÇÃO

No âmbito da variedade de transações realizadas diariamente pelas entidades públicas e privadas, além da escrituração e documentação que respalda os atos e fatos administrativos praticados por essas instituições e que servem de base informacional para a elaboração e divulgação das demonstrações contábeis, devemos nos atentar para o período em que esses eventos administrativos ocorrem.

Como vimos no Capítulo 1, o exercício social compreende o ano a que se refere essa demonstração financeira e, no caso das instituições financeiras e demais instituições autorizadas a funcionar pelo Banco Central do Brasil (BCB), o art. 22 da Resolução CMN nº 4.924/2021 dispõe que "o exercício social tem duração de um ano com encerramento em 31 de dezembro, data que deve ser fixada no estatuto ou no contrato social da instituição".

Ocorre que, entre o encerramento do exercício e a data de autorização da emissão das demonstrações contábeis, podem existir eventos que, sob determinadas condições, demandarão ajustes a tais demonstrações.

Nesse sentido, o BCB determina que seja observada pelas instituições financeiras a aplicação do disposto no CPC 24 – Evento Subsequente. Essa exigência foi originalmente estabelecida pela Resolução CMN nº 3.973/2011 e, posteriormente, revogada e atualizada de modo a constar na Resolução CMN nº 4.818/2020 como consequência da revisão e consolidação, pelo BCB, de seus atos normativos exigidos por meio do Decreto nº 10.139/2019.

Assim, o objetivo do CPC 24 – Evento Subsequente é determinar:

a) quando a entidade deve ajustar suas demonstrações contábeis com respeito a eventos subsequentes ao período contábil a que se referem essas demonstrações; e

b) as informações que a entidade deve divulgar sobre a data em que é concedida a autorização para emissão das demonstrações contábeis e sobre os eventos subsequentes ao período contábil a que se referem essas demonstrações.

Também é abordado pelo CPC 24 o tratamento a ser dado para o caso de os eventos subsequentes ao período contábil a que se referem às demonstrações indicarem que o pressuposto da continuidade não é apropriado, ou seja, que a entidade que reporta não continuará em operação no futuro e que veremos mais adiante.

## 20.2 O QUE É UM EVENTO SUBSEQUENTE

O CPC 24 define um evento subsequente como o "evento, favorável ou desfavorável, que ocorre entre a data final do período a que se referem às demonstrações contábeis e a data na qual é autorizada a emissão dessas demonstrações".

Assim, o pronunciamento distingue dois tipos de eventos, que se diferem quanto à necessidade de ajustes às demonstrações contábeis, sintetizados no Quadro 20.1.

**Quadro 20.1** Tratamento contábil dos eventos subsequentes

| Demandam ajustes | Não demandam ajustes |
|---|---|
| Eventos que evidenciam condições que já existiam na data final do período a que se referem às demonstrações contábeis | Eventos que são indicadores de condições que surgiram subsequentemente ao período contábil a que se referem às demonstrações contábeis |

## 20.3 QUANDO O EVENTO É CONSIDERADO EVENTO SUBSEQUENTE

Vimos que entre o encerramento do exercício e a data de autorização da emissão das demonstrações contábeis podem existir eventos que, sob determinadas condições, demandarão ajustes a essas demonstrações, que são considerados eventos subsequentes. Porém, dependendo da estrutura organizacional da instituição, o fluxo e alçadas para autorização da emissão das demonstrações contábeis podem variar, inclusive em decorrência de exigências legais e estatutárias (CPC 24, item 4).

Para instituições cujas demonstrações contábeis devem ser submetidas à aprovação de seus acionistas após sua emissão, serão consideradas demonstrações contábeis autorizadas para emissão na própria data da emissão e não na data em que os acionistas aprovam as demonstrações (CPC 24, item 5).

Uma série de eventos pode estar relacionada ao fluxo e alçadas de aprovação das demonstrações contábeis, porém essas serão consideradas de fato aprovadas quando a emissão estiver autorizada, conforme apresentado na Figura 20.1.

Mas todos os eventos que acontecem entre a data do encerramento do exercício social e a data da autorização para emissão das demonstrações contábeis devem ser divulgados? A resposta é que depende. Nesse sentido, dependerá se a informação decorrente do evento for ou não material.

A Estrutura Conceitual define que uma informação é material se a sua omissão, distorção ou obscuridade puder influenciar a tomada de decisão que os principais usuários das demonstrações contábeis realizam. Assim, caberá à administração da entidade avaliar e decidir se o evento que ocorreu no período em questão produziu impacto material nas demonstrações contábeis a ponto de poder influenciar em decisões dos usuários dessas informações.

## 20.4 QUANDO O EVENTO SUBSEQUENTE DEMANDA AJUSTES

Quando eventos que ocorrem entre o término do exercício social, portanto, 31 de dezembro, e a data de autorização das demonstrações contábeis confirmarem uma condição que já existia no período a que se refere à demonstração contábil, esse evento demandará: (i) o ajuste contábil do valor correspondente; ou (ii) o seu reconhecimento contábil caso ainda não tenha sido realizado.

**Figura 20.1** Fluxo de divulgação das demonstrações contábeis e limitação dos eventos subsequentes.
**Fonte:** Elaborada pelos autores, adaptada de CPC 24, item 5.

Esse procedimento não se confunde com uma retificação de erro ou mudança de estimativa, uma vez que apenas corrobora uma situação ou evento preexistente, sem haver ainda constatação imediata de que esse evento afetaria a posição contábil da instituição. Vejamos o exemplo a seguir:

a) Ao final do exercício social (31/12/20X0), um banco detém um passivo trabalhista em processo judicial cuja contraparte demanda o pagamento de R$ 1 milhão. A equipe jurídica do banco considera que essa perda é provável, com desembolso de mesmo valor, e o banco provisiona o valor total com base no CPC 25 – Provisões, Passivos Contingentes e Ativos Contingentes. Após o encerramento do exercício social, em 20/01/20X1, e antes da autorização da emissão das demonstrações contábeis, o juiz designado para o processo divulga a sentença estabelecendo o pagamento de R$ 750 mil pela instituição. Nesse caso, a instituição deverá ajustar sua provisão para refletir a decisão judicial antes da autorização das demonstrações contábeis (conforme item 9(a) do CPC 24).

b) Uma instituição financeira encerra seu exercício social em 31/12/20X0 e apura o resultado de seus fundos de investimento em participações (FIPs) consolidados. Ocorre que, para um desses FIPs, o *valuation* das empresas foi obtido apenas em fevereiro de 20X1, indicando desvalorização significativa de suas participações. Nesse sentido, a nova informação requer que a entidade realize um ajuste do saldo de sua conta de investimentos (conforme item 9(b) do CPC 24).

O CPC 24 cita também outras situações que podem vir a requerer ajustes, como descoberta de fraudes, erros ou inconsistências ou, ainda, determinação do valor referente a pagamento de participação nos lucros após o período contábil a que se referem às demonstrações contábeis, caso a entidade já tivesse uma obrigação presente de realizar tais pagamentos em decorrência de eventos ocorridos antes do término do exercício.

## 20.5 QUANDO O EVENTO SUBSEQUENTE NÃO REQUER AJUSTES

Em algumas situações, eventos que ocorrem entre o término do exercício social e a data de autorização das demonstrações contábeis não demandam ajustes a serem realizados pela entidade que reporta tais demonstrações, pois podem ter ocorrido, ou podem representar indicativos da ocorrência de atos e fatos administrativos após o encerramento do exercício social.

Cabe ressaltar que, nessa circunstância, o item 11 do CPC 24 determina que a instituição não deve ajustar os valores reconhecidos em suas demonstrações contábeis, tampouco deve atualizar os valores divulgados para qualquer dos elementos patrimoniais na data do balanço, embora a divulgação adicional possa ser necessária. Vejamos o exemplo a seguir:

a) Uma instituição financeira detém em sua carteira de ativos debêntures de uma companhia do setor de mineração no valor total de R$ 200 milhões, classificada em modelo de negócios no qual a entidade visa tanto obter fluxos de caixa contratuais quando eventualmente negociar o papel em condições favoráveis de mercado. Em 31/12/20X0, o valor justo deste ativo era de R$ 230 milhões. Em 02/02/20X1, uma das barragens da mineradora – emissora das debêntures – rompe e causa danos materiais e ambientais de grandes proporções na região, cujas repercussões e consequências poderão afetar a capacidade de pagamento das obrigações da mineradora. Nesse caso, a instituição financeira credora deverá divulgar esse fato em nota explicativa de eventos subsequentes, uma vez que sua não divulgação poderá influen-

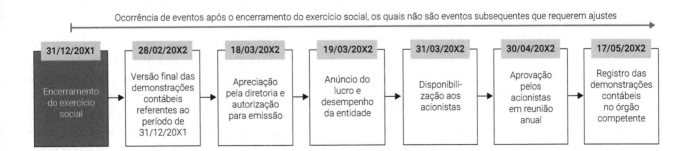

**Figura 20.2** Eventos após encerramento do exercício que não requerem ajustes.

ciar as decisões econômicas a serem tomadas pelos usuários com base nessas demonstrações.

Nessas situações, a entidade deverá divulgar a natureza do evento e a estimativa de efeito financeiro para cada categoria significativa de eventos subsequentes ao período contábil a que se referem as demonstrações contábeis que não originam ajustes. Caso não seja possível realizar uma estimativa dos efeitos financeiros decorrentes do evento, a instituição deverá divulgar uma declaração de que essa estimativa não pode ser realizada.

Outros exemplos mencionados na norma, no item 22, sobre eventos subsequentes ao período contábil a que se referem as demonstrações contábeis que não originam ajustes são:

a) combinação de negócios após o período contábil a que se referem às demonstrações contábeis (neste caso o CPC 15 – Combinação de Negócios exige divulgação específica) ou a venda de uma subsidiária importante;

b) anúncio de plano para descontinuar uma operação;

c) compras importantes de ativos, classificação de ativos como mantidos para venda de acordo com o Pronunciamento Técnico CPC 31 – Ativo Não Circulante Mantido para Venda e Operação Descontinuada, outras alienações de ativos ou desapropriações de ativos importantes pelo governo;

d) destruição por incêndio de instalação de produção importante após o período contábil a que se referem as demonstrações contábeis;

e) anúncio ou início da implementação de reestruturação importante (ver Pronunciamento Técnico CPC 25 – Provisões, Passivos Contingentes e Ativos Contingentes);

f) transações importantes, efetivas e potenciais, envolvendo ações ordinárias subsequentes ao período contábil a que se referem as demonstrações contábeis;

g) alterações extraordinariamente grandes nos preços dos ativos ou nas taxas de câmbio após o período contábil a que se referem as demonstrações contábeis;

h) alterações nas alíquotas de impostos ou na legislação tributária, promulgadas ou anunciadas após o período contábil a que se referem as demonstrações contábeis que tenham efeito significativo sobre os ativos e passivos fiscais correntes e diferidos (ver Pronunciamento Técnico CPC 32 – Tributos sobre o Lucro);

i) assunção de compromissos ou de contingência passiva significativa, por exemplo, por meio da concessão de garantias significativas;

j) início de litígio importante, proveniente exclusivamente de eventos que aconteceram após o período contábil a que se referem as demonstrações contábeis.

Apesar de não exigirem ajustes às demonstrações contábeis, os exemplos listados, quando materiais, deverão ser divulgados na respectiva nota explicativa sobre os eventos subsequentes.

## 20.6 DIVIDENDOS

Para as sociedades constituídas por ações e que realizam distribuição de dividendos, o período em que esses dividendos são declarados pode exigir tratamentos específicos segundo o CPC 24. Assim, em linha com o disposto na seção anterior, se a entidade declarar dividendos aos acionistas após o encerramento do período contábil a que se referem as demonstrações contábeis, mas antes da data de autorização das demonstrações, ela não deve reconhecer esses dividendos como passivo ao final daquele período.

Sendo esse o caso, a norma dispõe que a distribuição de dividendos deve ser divulgada nas notas explicativas em conformidade com o CPC 26 – Apresentação das Demonstrações Contábeis.

## 20.7 CONTINUIDADE

De acordo com a premissa de continuidade operacional, as empresas preparam demonstrações contábeis com base na presunção de que a entidade que reporta está em continuidade operacional, ou seja, permanecerá em operação no futuro previsível (Estrutura Conceitual para Relatório Financeiro, item 3.9).

Se, porventura, a premissa de continuidade operacional da entidade estiver em xeque, ou seja, caso a entidade entre em liquidação ou deixe de negociar, as demonstrações contábeis deverão ser elaboradas com base no CPC 26 – Apresentação das Demonstrações Contábeis.

Portanto, conforme disposto no item 14 do CPC 20, se a administração da entidade determinar, após o período contábil a que se referem às demonstrações contábeis, que irá liquidar a entidade ou que ela se tornará inoperante, deve ser observado o item 25 do CPC 26, que coloca que "quando as demonstrações contábeis não forem elaboradas no pressuposto da continuidade, esse fato deve ser divulgado, juntamente com as bases sobre as quais as demonstrações contábeis foram elaboradas e a razão pela qual não se pressupõe a continuidade da entidade".

## 20.8 DIVULGAÇÃO

Como vimos anteriormente, a data da autorização para emissão das demonstrações contábeis é uma informação relevante, pois permite que os usuários saibam quando foi autorizada a emissão das demonstrações contábeis, já que elas não refletem eventos posteriores a essa data – CPC 24, item 18.

Portanto, o pronunciamento define que nas notas explicativas das demonstrações contábeis a entidade deverá divulgar a data em que foi concedida a autorização para emissão das demonstrações contábeis e quem forneceu essa autorização, por exemplo, o Conselho de Administração, sócios ou outra instância. Dispõe ainda que, "se os sócios da entidade ou outros tiverem o poder de alterar as demonstrações contábeis após sua emissão, a entidade deve divulgar esse fato" (CPC 24, item 17).

Caso o evento subsequente ao período contábil seja material a ponto de influenciar as decisões dos usuários das demonstrações contábeis, mas não demande um ajuste, a entidade deverá divulgar em notas explicativas a natureza do evento e a estimativa de efeito financeiro sobre o evento. Se a estimativa não puder ser realizada, a entidade também deverá divulgar tal fato.

Em síntese, o tratamento contábil de eventos ocorridos após a data base do balanço é apresentado na Tabela 20.1.

## 20.9 EXERCÍCIOS

1. Suponha que uma entidade conclua, em 20/02/20X3, a sua minuta das demonstrações contábeis referentes ao período contábil encerrado em 31/12/20X2. Em 15/03/20X3, a diretoria revisa o conteúdo das demonstrações e aprova a sua emissão. A entidade anuncia, em 25/03/20X3, o seu lucro e outras informações financeiras selecionadas. As demonstrações contábeis são disponibilizadas aos acionistas e publicadas no site da entidade em 31/03/20X3. Após o encerramento do exercício social de 20X2, a entidade obteve:

I. A decisão judicial final no dia 31/01/20X3 sobre um processo fiscal em que a entidade foi condenada a pagar R$ 20 milhões em Imposto Sobre Serviços (ISS), relativos a períodos anteriores. A entidade não havia provisionado esse processo pois seus assessores jurídicos entendiam ser uma perda possível.

II. Aprovação e anúncio em 15/02/20X3 para reestruturação no seu principal segmento de atuação.

Considerando essas informações, responda:

a) Qual a data em que é considerada autorizada a emissão das demonstrações contábeis?

b) Qual dos eventos ocorridos após o encerramento do exercício social demanda ajustes nas demonstrações contábeis? Qual o procedimento a ser adotado pela entidade?

c) Qual dos eventos ocorridos após o encerramento do exercício social não demanda ajustes nas demonstrações contábeis? Qual o procedimento a ser adotado pela entidade?

2. Assinale a alternativa que representa um evento que deverá ser divulgado como evento subsequente:

a) Aumento de capital realizado pelos sócios controladores durante o exercício social a que se referem as demonstrações contábeis.

b) Queda de 50% no valor justo de títulos privados que ocorreram dentro do período contábil a que se referem as demonstrações contábeis.

Tabela 20.1 Síntese do tratamento contábil dos eventos ocorridos após fechamento do balanço

| Tipo do evento | Definição | Efeitos |
| --- | --- | --- |
| Eventos que originam ajustes | Eventos que evidenciem condições que já existiam na data final do período contábil a que se referem às demonstrações contábeis | Ajustar os montantes reconhecidos e mensurados nas demonstrações contábeis |
| Eventos que não originam ajustes | Eventos que são indicadores de condições que surgiram após o período contábil a que se referem às demonstrações contábeis | Divulgar a natureza do evento e a estimativa dos efeitos nas demonstrações contábeis, ou uma declaração de que tal estimativa não pode ser feita |

c) Cessão relevante de carteira de recebíveis realizada dentro do período a que se referem às demonstrações contábeis.

d) Processo fiscal aberto contra a entidade após o encerramento do exercício social, referente ao recolhimento de impostos feito incorretamente durante os cinco anos anteriores.

3. Dentre as afirmativas a seguir, julgue se são verdadeiras ou falsas e assinale a sequência correta:

I. Evento subsequente ao período a que se referem as demonstrações contábeis é o evento favorável à entidade, que ocorre entre a data final do período a que se referem as demonstrações contábeis e a data na qual é autorizada a emissão dessas demonstrações.

II. Se a entidade declarar dividendos aos detentores de ações após o período contábil a que se referem as demonstrações contábeis, a entidade não deve reconhecer esses dividendos como passivo ao final deste mesmo período.

III. A entidade não deve ajustar os valores reconhecidos em suas demonstrações contábeis para que reflitam os eventos subsequentes que evidenciem condições que já existiam na data final do período contábil a que se referem as demonstrações contábeis.

IV. A entidade não deve ajustar os valores reconhecidos em suas demonstrações contábeis por eventos subsequentes que são indicadores de condições que surgiram após o período contábil a que se referem as demonstrações.

a) F, F, F, F.
b) F, V, V, F.
c) V, V, F, V.
d) F, V, F, V.

## 20.10 RESPOSTAS DOS EXERCÍCIOS

1.

a) As demonstrações contábeis são autorizadas para emissão em 15/03/20X2 (data da autorização da diretoria para emissão).

b) A decisão judicial sobre o processo de ISS, pois evidencia uma situação preexistente na data final do período contábil a que se referem as demonstrações contábeis. A entidade, portanto, deverá ajustar as demonstrações contábeis por meio do reconhecimento da despesa com o processo.

c) A aprovação e divulgação do plano de reestruturação de sua atividade. Esse evento não requer ajustes nas demonstrações contábeis, mas deverá ser divulgado pela entidade em nota explicativa sobre eventos subsequentes.

2. d
3. d

## REFERÊNCIAS

COMITÊ DE PRONUNCIAMENTOS CONTÁBEIS. Pronunciamento Técnico CPC 00 (R2). Estrutura Conceitual para Relatório Financeiro. Disponível em: http://www.cpc.org.br/CPC/Documentos-Emitidos/Pronunciamentos/Pronunciamento?Id=80. Acesso em: 17 maio 2023.

COMITÊ DE PRONUNCIAMENTOS CONTÁBEIS. Pronunciamento Técnico CPC 24. Evento Subsequente. Disponível em: http://www.cpc.org.br/CPC/Documentos-Emitidos/Pronunciamentos/Pronunciamento?Id=55. Acesso em: 17 maio 2023.

# 21

# POLÍTICAS CONTÁBEIS, MUDANÇA DE ESTIMATIVA E RETIFICAÇÃO DE ERROS

Cristiane Tiemi Kussaba
Ivanice Teles Floret
Eric Barreto

## 21.1 INTRODUÇÃO

Políticas contábeis são regras e práticas adotadas por uma instituição no seu processo de elaboração de demonstrações financeiras. Uma mudança em política contábil pode fazer com que os relatórios financeiros, após a mudança, sejam menos comparáveis com períodos anteriores. Da mesma forma quando são ajustados parâmetros ou processos de estimativas ou quando erros são corridos.

Neste capítulo, falamos sobre como a normatização contábil trata cada um desses três casos para garantir a comparabilidade como uma qualidade fundamental da contabilidade.

## 21.2 BASE NORMATIVA – CONSELHO MONETÁRIO NACIONAL E BANCO CENTRAL DO BRASIL

Os normativos que recepcionaram o Pronunciamento Técnico CPC 23 – Políticas Contábeis, Mudança de Estimativa e Retificação de Erro, aprovado pelo Comitê de Pronunciamentos Contábeis (CPC) em 26 de junho de 2009, são:

a) Resolução CMN nº 4.924, de 24 de junho de 2021: dispõe sobre os princípios gerais para reconhecimento, mensuração, escrituração e evidenciação contábeis pelas instituições financeiras e demais instituições autorizadas a funcionar pelo Banco Central do Brasil (BCB). Essa resolução entrou em vigor em 1º de janeiro de 2022.

b) Resolução BCB nº 120, de 27 de julho de 2021: dispõe sobre os princípios gerais para reconhecimento, mensuração, escrituração e evidenciação contábeis pelas administradoras de consórcio e pelas instituições de pagamento autorizadas a funcionar pelo BCB e sobre os procedimentos específicos para a aplicação desses princípios pelas instituições financeiras e demais instituições autorizadas a funcionar pelo BCB. Essa resolução entrou em vigor em 1º de janeiro de 2022.

Vale destacar que os pronunciamentos técnicos citados nessas duas resoluções e recepcionados pelo Conselho Monetário Nacional (CMN) ou pelo BCB não podem ser aplicados enquanto não forem também recepcionados por ato normativo específico emanado dessas autoridades reguladoras.

Adicionalmente, as menções a outros pronunciamentos devem ser interpretadas como referências a outros pronunciamentos do Comitê que tenham sido recepcionados pelo CMN, bem como aos dispositivos do Padrão Contábil das Instituições Reguladas pelo

Banco Central do Brasil (Cosif), que estabeleçam critérios contábeis correlatos aos pronunciamentos objeto das menções.

## 21.3 PRONUNCIAMENTO TÉCNICO CPC 23 – POLÍTICAS CONTÁBEIS, MUDANÇA DE ESTIMATIVA E RETIFICAÇÃO DE ERRO: OBJETIVO DA NORMA

O objetivo do CPC 23 é definir critérios para a seleção, mudança e divulgação de políticas contábeis, mudanças nas estimativas contábeis e para retificação de erro.

## 21.4 PRONUNCIAMENTO TÉCNICO CPC 23 – POLÍTICAS CONTÁBEIS, MUDANÇA DE ESTIMATIVA E RETIFICAÇÃO DE ERRO: POLÍTICAS CONTÁBEIS

De acordo com o CPC 23, políticas contábeis são os princípios, as bases, as convenções, as regras e as práticas específicas aplicados pela entidade na elaboração e na apresentação de demonstrações contábeis.

São exemplos de políticas contábeis: a avaliação de um estoque pelo Primeiro que Entra é o Primeiro que Sai (PEPS), a escolha do método linear para depreciação de ativos imobilizados, entre outras políticas contábeis.

As políticas contábeis são estabelecidas pelos pronunciamentos, interpretações e orientações e, na ausência deles, que se apliquem especificamente a uma transação, outro evento ou condição, a administração exercerá seu julgamento no desenvolvimento e na aplicação de política contábil, que seja relevante e confiável.

Nessa condição, deve-se obedecer a essa priorização de fontes de informação para escolher e adotar políticas contábeis que serão utilizadas no exercício do julgamento exigido:

1. os requisitos e a orientação dos pronunciamentos, interpretações e orientações que tratem de assuntos semelhantes e relacionados;

2. as definições, os critérios de reconhecimento e os conceitos de mensuração para ativos, passivos, receitas e despesas contidos no Pronunciamento Conceitual Básico – Estrutura Conceitual para a Elaboração e Apresentação de Demonstrações Contábeis, emitido pelo CPC;

3. adicionalmente, podem também ser consideradas as mais recentes posições técnicas assumidas por outros órgãos normatizadores contábeis que utilizem uma estrutura conceitual semelhante à do CPC para desenvolver pronunciamentos contábeis, ou, ainda, alguma literatura contábil e práticas geralmente aceitas do segmento, obedecendo ao não conflito com as fontes destacadas nos tópicos anteriores.

## 21.5 PRONUNCIAMENTO TÉCNICO CPC 23 – POLÍTICAS CONTÁBEIS, MUDANÇA DE ESTIMATIVA E RETIFICAÇÃO DE ERRO: MUDANÇA NAS POLÍTICAS CONTÁBEIS

Para atender à necessidade de comparar as demonstrações contábeis da entidade ao longo do tempo, devem ser aplicadas as mesmas políticas contábeis em cada período e de um período para o outro, a menos que alguma mudança:

- seja exigida por pronunciamento, interpretação ou orientação; ou
- resulte em informação confiável e mais relevante nas demonstrações contábeis sobre os efeitos das transações, outros eventos ou condições acerca da posição patrimonial e financeira, do desempenho ou dos fluxos de caixa da entidade.

Ressalta-se que não constituem mudanças nas políticas contábeis:

- quando há a adoção de política contábil para transações, outros eventos ou condições que divirjam essencialmente daqueles que ocorriam anteriormente;
- quando há a adoção de nova política contábil para transações, outros eventos ou condições que não ocorriam anteriormente ou então eram imateriais.

## 21.6 PRONUNCIAMENTO TÉCNICO CPC 23 – POLÍTICAS CONTÁBEIS, MUDANÇA DE ESTIMATIVA E RETIFICAÇÃO DE ERRO: APLICAÇÃO RETROSPECTIVA DE POLÍTICA CONTÁBIL

Quando não incluídas disposições de transição específicas que se apliquem a alguma alteração de política contábil, ou quando for alterada uma política contábil voluntariamente, a alteração deverá ser aplicada retrospectivamente, ou seja, com a reapresentação das demonstrações contábeis como se as novas políticas viessem sendo aplicadas desde a data mais antiga apresentada, exceto se for impraticável determinar os efeitos específicos de um período ou o efeito cumulativo da alteração.

Quando se muda uma política contábil e essa mudança é aplicada de forma retrospectiva, deve-se fazer o ajuste considerando que a nova política contábil sempre seja vigente: ajusta-se o saldo de abertura de cada componente do patrimônio líquido afetado para o período anterior mais antigo apresentado e os demais valores comparativos divulgados para cada período anterior apresentado.

Na possibilidade de ser impraticável à entidade aplicar a nova política contábil retrospectivamente, porque não pode determinar o efeito cumulativo da aplicação da política a todos os períodos anteriores, a entidade deve aplicar a nova política prospectivamente desde o início do período mais antigo praticável.

Importante mencionar que isso é uma exceção. Como regra, quando há uma alteração de política contábil, os valores devem ser reapresentados. Somente deve-se fazer uso do ajuste prospectivo quando a reapresentação for impraticável.

## 21.7 PRONUNCIAMENTO TÉCNICO CPC 23 – POLÍTICAS CONTÁBEIS, MUDANÇA DE ESTIMATIVA E RETIFICAÇÃO DE ERRO: ESTIMATIVA CONTÁBIL

Por conta das incertezas inerentes às atividades de uma instituição, diversos itens nas demonstrações financeiras não podem, muitas vezes, ser mensurados com precisão, podendo apenas ser estimados.

A estimativa por si só envolve julgamentos que se baseiam na última informação disponível e confiável. Por exemplo, podem ser exigidas estimativas de:

- créditos de liquidação duvidosa;
- valor justo de ativos financeiros ou passivos financeiros;
- vida útil de ativos depreciáveis ou o padrão esperado de consumo dos futuros benefícios econômicos incorporados nesses ativos; e
- obrigações decorrentes de garantias.

Além disso, é de se esperar que uma estimativa pode necessitar de revisão se ocorrerem alterações nas circunstâncias em que a estimativa se baseou ou em consequência de novas informações ou de maior experiência.

## 21.8 PRONUNCIAMENTO TÉCNICO CPC 23 – POLÍTICAS CONTÁBEIS, MUDANÇA DE ESTIMATIVA E RETIFICAÇÃO DE ERRO: MUDANÇA NA ESTIMATIVA CONTÁBIL

Mudar uma estimativa contábil é fazer um ajuste dos saldos contábeis de um item das demonstrações financeiras que decorre da avaliação da situação atual e das obrigações e dos benefícios futuros esperados associados a ele.

Suponha que uma instituição financeira, por ocasião da elaboração de seus demonstrativos financeiros, entende que, pelas novas informações disponíveis, deve agora uma Perda Estimada com Créditos de Liquidação Duvidosa (PECLD) de 4% sobre R$ 100.000 de contas a receber de clientes, ante 2% que eram apurados anteriormente. A partir do momento em que houve a nova estimativa contábil, de forma prospectiva, a instituição deve apurar uma perda de 4%, ou seja, R$ 4.000,00.

Importante destacar que as alterações nas estimativas contábeis decorrem de nova informação ou inovações e, portanto, não são retificações de erros, tampouco se relacionam com períodos anteriores nem representam correção de erro.

A mudança na base de avaliação de um item é uma mudança na política contábil e não uma mudança na estimativa contábil.

Caso seja mais obscura a distinção entre uma mudança na política contábil e uma mudança na estimativa contábil, a mudança é tratada como mudança na estimativa contábil.

Se a mudança na estimativa contábil resultar em alterações em algum item da demonstração financeira, ela deve ser reconhecida pelo ajuste no correspondente item no período da alteração.

O reconhecimento prospectivo do efeito de mudança na estimativa contábil significa que a mudança é aplicada a transações, a outros eventos e a condições a partir da data da mudança na estimativa, com a sua inclusão no período da mudança (quando afetar apenas esse) ou também em períodos futuros (quando a mudança também os afetar).

## 21.9 PRONUNCIAMENTO TÉCNICO CPC 23 – POLÍTICAS CONTÁBEIS, MUDANÇA DE ESTIMATIVA E RETIFICAÇÃO DE ERRO: ERRO

As demonstrações contábeis necessitam estar em conformidade com pronunciamentos, interpretações e orientações. Esse requisito fundamental, no entanto, estará em risco uma vez que contenham erros materiais ou imateriais cometidos intencionalmente para alcançar determinada apresentação da posição patrimonial e financeira, do desempenho ou dos fluxos de caixa da entidade.

Erros de períodos anteriores são definidos como omissões e incorreções nas demonstrações contábeis da entidade de um ou mais períodos anteriores decorrentes da falta de uso, ou uso incorreto, de informação confiável que:

- estava disponível quando da autorização para divulgação das demonstrações contábeis desses períodos; e
- pudesse ter sido razoavelmente obtida e levada em consideração na elaboração e na apresentação dessas demonstrações contábeis.

Esses erros incluem, por exemplo, os efeitos de erros matemáticos, erros na aplicação de políticas contábeis, descuidos ou interpretações incorretas de fatos e fraudes.

## 21.10 PRONUNCIAMENTO TÉCNICO CPC 23 – POLÍTICAS CONTÁBEIS, MUDANÇA DE ESTIMATIVA E RETIFICAÇÃO DE ERRO: RETIFICAÇÃO DE ERRO

É importante que, uma vez descobertos erros em dado período, esses devem ser corrigidos antes da autorização para publicação das demonstrações contábeis.

A instituição deve corrigir os erros materiais de períodos anteriores retrospectivamente no primeiro conjunto de demonstrações contábeis cuja autorização para publicação ocorra após a descoberta desses erros, sendo que a retificação de erro de período anterior deve ser excluída dos resultados do período em que o erro é descoberto. A exceção ocorre quando for impraticável determinar os efeitos específicos do período ou o efeito cumulativo do erro.

Caso seja impraticável determinar os efeitos de erro em um período específico na informação comparativa para um ou mais períodos anteriores apresentados, a instituição deve retificar os saldos de abertura de ativos, passivos e patrimônio líquido para o período mais antigo para o qual seja praticável a reapresentação retrospectiva.

Caso seja impraticável determinar o efeito cumulativo no início do período corrente de erro em todos os períodos anteriores, a instituição deve retificar a informação comparativa para corrigir o erro prospectivamente a partir da data mais antiga praticável e ignorar a parcela da retificação cumulativa de ativos, passivos e patrimônio líquido relativa a períodos anteriores à data em que a retificação do erro foi praticável.

De toda forma, a retificação de erro de período anterior deve ser excluída dos resultados do período em que o erro é descoberto, a não ser quando efetivamente impossível.

Trata-se aqui de uma exceção: quando um erro ou fraude é descoberto, deve ser feita a reapresentação dos valores e, somente caso a reapresentação não seja possível, será feito ajuste prospectivo.

## 21.11 PRONUNCIAMENTO TÉCNICO CPC 23 – POLÍTICAS CONTÁBEIS, MUDANÇA DE ESTIMATIVA E RETIFICAÇÃO DE ERRO: DIVULGAÇÕES

De forma bem sintética, devem ser divulgados:

- a natureza da política contábil que sofrer mudança, as razões da mudança, os efeitos da mudança e outras informações pertinentes;
- a natureza e o montante de mudança na estimativa contábil que tenha efeito no período corrente ou se espera que tenha efeito em períodos subsequentes;
- a natureza do erro sendo retificado, o valor dessa retificação e outras informações também pertinentes;
- no caso de impossibilidade de mensuração de quaisquer desses efeitos, as razões que levam a essa situação devem também ser divulgadas.

A totalidade dos requisitos de divulgação pode ser consultada no CPC 23.

## 21.12 PRONUNCIAMENTO TÉCNICO CPC 23 – POLÍTICAS CONTÁBEIS, MUDANÇA DE DE ESTIMATIVA E RETIFICAÇÃO DE ERRO: RESUMO

Esquematizamos, no Quadro 21.1, um resumo demonstrando o tipo de aplicação que deve ser praticado a cada tipo de alteração.

**Quadro 21.1** Mudanças em políticas, estimativas e retificação de erros: resumo

| Tipo de alteração | Aplicação |
|---|---|
| Política Contábil | Retrospectiva (ajuste prospectivo quando a reapresentação não for possível) |
| Estimativa Contábil | Prospectiva |
| Retificação de Erro | Retrospectiva (ajuste retrospectivo ou prospectivo quando a reapresentação não for possível a partir da data mais antiga praticável) |

## 21.13 EXERCÍCIOS

1. O Banco XPTO adquiriu, em 31/12/2020, uma máquina por R$ 100.000,00, efetuando o pagamento à vista. Na data da aquisição, o banco estimou a vida útil do equipamento em 10 anos e o valor residual em R$ 10.000,00. Após um ano de uso, o banco reavaliou a vida útil da máquina e determinou que a vida útil remanescente era de 15 anos e o valor residual era de R$ 2.000,00. O valor contábil da máquina, em 31/12/2022, em reais, é igual a:

a) R$ 91.000,00.
b) R$ 85.066,67.
c) R$ 94.066,67.
d) R$ 85.066,67.

2. O Banco XPTO efetuou uma revisão dos cálculos de suas perdas com créditos de liquidação duvidosa ao final de determinado exercício com base em novas informações disponíveis e confiáveis. De acordo com as definições do CPC 23, essa revisão constitui uma:

a) Mudança de estimativa e deve ser aplicada prospectivamente.
b) Mudança de estimativa e deve ser aplicada retrospectivamente.
c) Mudança de prática contábil e deve ser aplicada prospectivamente.
d) Mudança de política contábil e deve ser aplicada retrospectivamente.
e) Retificação de erro e deve ser aplicada retrospectivamente.

3. Uma entidade apresentava o seguinte Balanço Patrimonial em 31/12/X0:

| Ativo Circulante | 30.000 | | |
|---|---|---|---|
| Caixa | 30.000 | | |
| Ativo não Circulante | 110.000 | | |
| Propriedade para Investimento | | Patrimônio Líquido | 140.000 |
| Terrenos | 40.000 | | |
| Imobilizado | | | |
| Máquina | 100.000 | | |
| Depreciação Acumulada | -30.000 | | |
| Ativo Total | 140.000 | PL Total | 140.000 |

Na data, a máquina era depreciada de acordo com o método linear.

No ano de X1, a entidade passou a reconhecer os terrenos a valor justo, que era de R$ 60.000. Ainda, a entidade passou a depreciar a máquina de acordo com o método dos benefícios gerados.

De acordo com o CPC 23 – Políticas Contábeis, Mudança de Estimativa e Retificação de Erro, assinale a opção que indica a classificação das mudanças do reconhecimento do terreno e do método de depreciação, respectivamente.

a) Estimativa/estimativa.
b) Erro/política contábil.
c) Política contábil/estimativa.
d) Estimativa/política contábil.
e) Política contábil/política contábil.

## 21.14 RESPOSTAS DOS EXERCÍCIOS

1. b

**Justificativa:** aqui temos uma mudança de estimativa contábil. A vida útil e o valor residual foram alterados.

Valor Depreciável = 100.000 − 10.000 = 90.000

Vida útil = 10 anos

Depreciação Anual = 90.000/10 = R$ 9.000

Tempo de uso até a reestimativa = 1 ano

Depreciação Acumulada = 1 × 9.000 = R$ 9.000

Valor Contábil após um ano = 91.000

Calculando a depreciação com a nova vida útil e o novo valor residual, mas usando o valor contábil atual de 91.000, temos que:

Valor Depreciável = 91.000 – 2.000 = 89.000

Vida útil = 15 anos

Depreciação Anual = 89.000/15 = R$ 5.933,33

Depreciação Acumulada até 31/12/2022 = 9.000 + 5.933,33 = R$ 14.933,33

Valor Contábil em 31/12/2022 = 100.000 – 14.933,33 = R$ 85.066,67

2. a

**Justificativa:** mudança de estimativa, com aplicação prospectiva. De acordo com o CPC 23, mudança na estimativa contábil é um ajuste nos saldos contábeis de ativo ou de passivo, ou nos montantes relativos ao consumo periódico de ativo, que decorre da avaliação da situação atual e das obrigações e dos benefícios futuros esperados associados aos ativos e passivos. A aplicação para mudança de estimativa é de natureza prospectiva. As alterações nas estimativas contábeis decorrem de nova informação ou inovações e, portanto, não são retificações de erros. Políticas contábeis também, por definição, são os princípios, as bases, as convenções, as regras e as práticas específicas aplicados pela entidade na elaboração e na apresentação de demonstrações contábeis. No caso apresentado, não houve mudança na política contábil adotada.

3. c

**Justificativa:** a questão era saber reconhecer o que é um erro, uma política contábil e uma estimativa contábil. Primeiramente, precisamos destacar que não houve erro nos dados apresentados. Logo, opção excluída.

Política contábil: são os princípios, as bases, as convenções, as regras e as práticas específicas aplicados pela entidade na elaboração e na apresentação de demonstrações contábeis. Exemplos: eu opto por avaliar meu estoque pelo PEPS. Reconheço meu imobilizado pelo valor justo.

Estimativa contábil: é um ajuste nos saldos contábeis de ativo ou de passivo, ou nos montantes relativos ao consumo periódico de ativo, que decorre da avaliação da situação atual e das obrigações e dos benefícios futuros esperados associados aos ativos e passivos. Exemplos: "Eu tinha uma provisão, mas percebo que o melhor a se classificar é um passivo contingente. Eu deprecio meus ativos pelo método linear, mas percebo que o mais saudável é utilizar o método dos benefícios gerados."

# REFERÊNCIAS

BANCO CENTRAL DO BRASIL. COSIF: Padrão Contábil das Instituições Reguladas pelo Banco Central do Brasil. Disponível em: https://www3.bcb.gov.br/aplica/cosif. Acesso em: 17 maio 2023.

BANCO CENTRAL DO BRASIL. Resolução BCB nº 120, de 27 de julho de 2021. Dispõe sobre os princípios gerais para reconhecimento, mensuração, escrituração e evidenciação contábeis pelas administradoras de consórcio e pelas instituições de pagamento autorizadas a funcionar pelo Banco Central do Brasil e sobre os procedimentos específicos para a aplicação desses princípios pelas instituições financeiras e demais instituições autorizadas a funcionar pelo Banco Central do Brasil. *Diário Oficial da União*: Brasília, 29 jul. 2021. Disponível em: https://www.bcb.gov.br/estabilidadefinanceira/exibenormativo?tipo=Resolu%C3%A7%C3%A3o%20BCB&numero=120. Acesso em: 17 maio 2023.

CONSELHO MONETÁRIO NACIONAL. Resolução CMN nº 4.924, de 24 de junho de 2021. Dispõe sobre os princípios gerais para reconhecimento, mensuração, escrituração e evidenciação contábeis pelas instituições financeiras e demais instituições autorizadas a funcionar pelo Banco Central do Brasil. *Diário Oficial da União*: Brasília, 28 jun. 2021. Disponível em: https://www.bcb.gov.br/estabilidadefinanceira/exibenormativo?tipo=Resolu%C3%A7%C3%A3o%20CMN&numero=4924. Acesso em: 17 maio 2023.

COMITÊ DE PRONUNCIAMENTOS CONTÁBEIS. Pronunciamento Técnico CPC 23. Políticas Contábeis, Mudança de Estimativa e Retificação de Erro. Disponível em: http://www.cpc.org.br/CPC/Documentos-Emitidos/Pronunciamentos/Pronunciamento?Id=54. Acesso em: 17 maio 2023.

GELBCKE, E. R.; SANTOS, A.; IUDÍCIBUS, S.; MARTINS, E. *Manual de contabilidade societária*: aplicável a todas as sociedades – de acordo com as normas internacionais e do CPC. 3. ed. São Paulo: Atlas, 2018.

# 22

# CONTAS DE COMPENSAÇÃO

Ivanice Teles Floret
Cristiane Tiemi Kussaba
Giovanna do Nascimento Ferraz

## 22.1 INTRODUÇÃO

Uma das grandes particularidades da contabilidade das instituições autorizadas pelo Banco Central do Brasil (BCB) são as contas de compensação.

Elas foram criadas como contas de controle, onde são registrados alguns detalhes que "não couberam" nas aberturas do balanço ou da DRE. De outra forma, as contas de compensação são úteis não apenas para o BCB observar determinadas aberturas de informações como também para conciliações, uma vez que a soma de saldos analíticos deve bater com o saldo de uma conta sintética.

## 22.2 O QUE SÃO E COMO USAR AS CONTAS DE COMPENSAÇÃO

Diferente do plano de contas padrão das empresas de outros segmentos, o plano de contas das instituições financeiras e demais instituições autorizadas pelo BCB exige que algumas informações sejam registradas em contas de controle chamadas contas de compensação, também conhecidas como contas "*off balance*", já que não fazem parte, oficialmente, do Balanço Patrimonial ou da DRE, como as contas ativo, passivo, PL, receitas e despesas.

Ao fazer determinado registro em uma conta patrimonial, como, por exemplo, uma aplicação em Títulos e Valores Mobiliários (TVM), independentemente de o título ser próprio da instituição ou de terceiros, as regras do BCB estabelecem que a instituição financeira "replique" o mesmo lançamento em contas de compensação. Aparentemente, o lançamento ficaria duplicado, não fosse o fato de que, como mencionado no primeiro parágrafo, essas contas não constarão no Balanço Patrimonial.

O registro em contas de compensação tem o propósito apenas de controle por parte do BCB. Via de regra, o regulador determina que o registro nessas contas seja realizado para quaisquer atos administrativos que possam se transformar em direito, ganho, obrigação, perda, risco ou ônus efetivos, decorrentes de acontecimentos futuros, previstos ou fortuitos.

As operações a termo, futuro e de opções, por conta de clientes, registram-se nas adequadas contas de compensação, pelos efetivos valores pactuados para a sua liquidação. Outra necessidade de registro em contas de compensação ocorre quando as instituições financeiras realizam operações em bolsa de valores. Nesse sentido, a bolsa exige um valor depositado, a título de margem de garantia. A seguir, um exemplo de registro em contas de compensação desses instrumentos financeiros.

> **Exemplo**
>
> O Banco M2M S.A. adquiriu contratos futuros de taxa de câmbio reais por dólar americano comercial para um período de 30 dias por determinado valor. A B3 – Bolsa de Valores Mobiliários do Brasil exige uma margem de garantia de 1% sobre o valor do *notional* no dia da aquisição daquele derivativo. Levando em consideração que a Bolsa padroniza o tamanho dos contratos, nesse caso é de 50, o valor no início da operação foi de R$ 10.000.000,00 (dez milhões de reais). Esse montante deve ser registrado em contas de compensação, conforme a seguir:
>
> **REGISTRO DO DERIVATIVO NA CONTA DE COMPENSAÇÃO**
>
> Débito: Contratos de
> ações e ativos financeiros   R$ 10.000.000,00
>
> Crédito: Ações e ativos
> financeiros contratados   R$ 10.000.000,00
>
> **REGISTRO DO DERIVATIVO CONTAS PATRIMONIAIS**
>
> Débito: Títulos dados em garantia
> em operações em bolsa   R$ 1.000.000,00
>
> Crédito: Títulos de renda fixa   R$1.000.000,00
>
> Valor: R$ 1.000.000,00 (1% referente à margem de garantia exigida pela B3).
>
> **Observação:** A aquisição de derivativo, geralmente, não implica qualquer investimento líquido inicial. Em eventuais circunstâncias, pode exigir investimento líquido inicial irrelevante.

Mesmo que as contas de compensação não façam parte do Balanço Patrimonial, é importante que as instituições financeiras e demais instituições regulamentadas pelo BCB efetuem a conciliação dos seus saldos, mês a mês, com vistas ao levantamento de balancetes e balanços. Tal cumprimento evita eventuais questionamentos por parte do regulador, que regularmente cruza o saldo daquelas contas com o saldo da respectiva conta patrimonial.

O BCB também estipula que as contas de compensação sejam utilizadas quando da concessão de créditos. Via de regra, o valor contábil do crédito liberado na conta do cliente deve ser o mesmo para registro nas adequadas contas de compensação, as quais são classificadas de acordo com os níveis de risco do devedor. A seguir, demonstraremos um exemplo de utilização de contas de compensação.

> **Exemplo**
>
> Na contratação de um empréstimo no valor de R$ 50.000,00, com juros mensais de R$ 5.000,00 ao mês, a provisão total para PECLD[1] (conhecida como PDD)[2] é de R$ 10.000,00, e o cliente possui nível de risco C.
>
> **LIBERAÇÃO DO CRÉDITO NA CONTA DO CLIENTE**
>
> Débito: Operação de crédito –
> Empréstimo   R$ 50.000,00
>
> Crédito: Caixa/Bancos   R$ 50.000,00
>
> **BAIXA DO REGISTRO EM CONTAS DECOMPENSAÇÃO**
>
> Débito: Classificação da
> carteira de créditos – Nível C   R$ 50.000,00
>
> Crédito: Carteira de crédito
> classificados   R$ 50.000,00
>
> **RENDAS A APROPRIAR**
>
> Débito: Operação de crédito –
> Empréstimo   R$ 15.000,00
>
> Crédito: Rendas a apropriar   R$ 15.000,00
>
> **PROVISÃO PARA PECLD**
>
> Débito: Despesa de PECLD   R$ 10.000,00
>
> Crédito: Provisões para
> operação de crédito –
> Empréstimo   R$ 10.000,00

O saldo da conta de compensação é atualizado de acordo com as parcelas pagas pelo cliente, até o momento do seu zeramento.

Garantias recebidas, como as cartas de crédito, conhecidas no mercado como "*letter of credits*" abertas no exterior a favor de exportadores no Brasil, também devem ser registradas em contas de compensação, uma vez que o evento não é objeto de registro contábil. Também

---

[1] Perda Esperada de Crédito de Liquidação Duvidosa.

[2] Provisão para Devedores Duvidosos.

devem ser registradas, em específicas contas de compensação, as garantias financeiras prestadas pela instituição, como aval, fiança e outras garantias.

A seguir, outros exemplos de eventos que devem ser registrados em contas de compensação:

a) ações preferenciais resgatáveis;
b) bens vinculados a operações com garantia de alienação fiduciária, apreendidos pela instituição para venda;
c) bens recebidos em custódia. O saldo deve ser zerado quando da venda ou devolução dos referidos bens;
d) títulos e documentos entregues a terceiros, para cobrança;
e) títulos e valores mobiliários recebidos como lastro em operações compromissadas com acordo de livre movimentação;
f) valores das margens, em moeda corrente, títulos, valores mobiliários, outros ativos e outras garantias, dadas por clientes em garantia de suas operações realizadas nos mercados a termo, futuro e de opções com ações, outros ativos financeiros e mercadorias;
g) valores relativos a ouro, outros ativos financeiros e bens, dados em garantia de operações por conta própria da instituição.

## 22.3 EXERCÍCIOS

1. Marque a opção correta em relação ao efeito no Balanço Patrimonial de uma instituição, quando há um registro em uma conta de compensação, como, em uma liberação de crédito referente a um empréstimo:

I. O Balanço Patrimonial apenas apresentará o registro da operação de crédito, pois as contas de compensação não aparecem no referido demonstrativo financeiro.
II. O Balanço Patrimonial não apresenta as contas de compensação.
III. O Balanço Patrimonial apresentará o valor da operação de crédito e o mesmo valor nas contas de compensação.

a) Apenas as alternativas I e II estão corretas.
b) Apenas as alternativas II e III estão corretas.
c) Apenas as alternativas I e III estão corretas.
d) Todas as alternativas estão corretas.
e) Todas as alternativas estão erradas.

2. Marque a opção correta em relação às características das contas de compensação.

I. As contas de compensação têm o propósito de controle por parte do BCB.
II. Os saldos das contas de compensação não precisam de conciliação mês a mês.
III. As garantias financeiras prestadas pela instituição, como aval e fiança, devem ser registradas em contas de compensação.

a) Apenas as alternativas I e II estão corretas.
b) Apenas as alternativas II e III estão corretas.
c) Apenas as alternativas I e III estão corretas.
d) Todas as alternativas estão corretas.
e) Todas as alternativas estão erradas.

3. As operações de derivativos devem ser registradas nas adequadas contas do sistema de compensação, pelos efetivos valores pactuados para a sua liquidação. Esses Cosifs devem ser conciliados, no mínimo, com que frequência?

a) A cada baixa ou cessão da operação.
b) A cada novo contrato.
c) Na ocasião do levantamento de balancetes e balanços.
d) Não concilia até o final da operação.

## 22.4 RESPOSTAS DOS EXERCÍCIOS

1. a

**Justificativa:** as contas de compensação não compõem o Balanço Patrimonial, logo, o referido demonstrativo apresentará o valor do empréstimo nas contas de operação de crédito.

2. c

**Justificativa:** como o objetivo das contas de compensação é de controle por parte do BCB, as instituições precisam garantir a conciliação entre as contas mensalmente.

3. c

## REFERÊNCIA

BANCO CENTRAL DO BRASIL. Manual Cosif. Disponível em: https://www3.bcb.gov.br/aplica/cosif. Acesso em: 17 maio 2023.

# 23

# OPERAÇÕES DE CRÉDITO, CARTÕES DE CRÉDITO E *CHARGEBACK*

Julio Cesar Zanini
Eric Barreto
Ivanice Teles

## 23.1 INTRODUÇÃO

Uma operação de crédito é um contrato realizado entre duas partes, no qual um consumidor, denominado tomador ou devedor (pessoa física ou pessoa jurídica), e um credor celebram uma transação em que o credor coloca à disposição do tomador um montante de recursos financeiros, que deverá ser devolvido em um prazo determinado, acrescido de um rendimento denominado juros.

O contrato de empréstimo tem por objetivo disciplinar a relação jurídica entre o devedor e o credor, seja uma instituição financeira ou não, servindo o presente instrumento para regular os direitos e obrigações submetidos a ambas as partes, inclusive ao que dispuserem a lei e os normativos emanados pelas autoridades competentes.

A partir do momento em que esse contrato é firmado, a operação de crédito torna-se efetiva, liberando-se o crédito por meio de um empréstimo, com a disponibilização de numerário ou a entrega da moeda. Além disso, essa liberação pode ter por objeto ainda a intermediação do crédito, quando é caracterizada pela concessão de um financiamento ou uma garantia.

As operações de crédito podem ser pré ou pós-fixadas. As prefixadas são aquelas em que os juros são fixados de forma antecipada, sem que haja modificação do seu valor durante o período de validade do contrato. Já as operações pós-fixadas são aquelas cujos juros são apurados em data futura, sobre o valor corrigido, de acordo com a variação de um índice, como a Selic (taxa referencial de juros no Brasil, definida pelo Banco Central), o CDI (taxa muito próxima à Selic, mas transacionada exclusivamente pelas instituições financeiras) ou o Índice Nacional de Preços do Consumidor Amplo (IPCA – taxa de inflação no país calculada pelo IBGE), por exemplo.

## 23.2 CLASSIFICAÇÃO DAS OPERAÇÕES DE CRÉDITO

De acordo com o Banco Central do Brasil (BCB), as operações de crédito podem ser classificadas conforme as seguintes modalidades:

- **Empréstimos**: são as operações de crédito em que o valor é concedido sem destinação específica ou vínculo à comprovação da aplicação dos recursos. Não tem valor fixo, e pode ser concedido de acordo com o pedido do cliente e sua possibilidade de pagamento. Exemplos: capital de giro, empréstimos pessoais (crédito pessoal, crédito pessoal com garantia, crédito rotativo, consignado, cartão de crédito, cheque especial, entre outros) e adiantamento a depositantes.

- **Títulos descontados**: são as operações de desconto de títulos, as quais também são conhecidas como antecipação de recebíveis. Consistem na cessão à instituição financeira de títulos a vencer, em troca do pagamento à vista. Exemplos: cheques (pré-datados), duplicatas, faturas de cartão de crédito, entre outros.
- **Financiamentos**: são as operações de crédito realizadas com destinação específica, vinculadas à comprovação da aplicação dos recursos. Exemplo: financiamentos de parques industriais, máquinas e equipamentos, bens de consumo duráveis, rurais e imobiliários.

## 23.2.1 Empréstimos

- **Capital de giro**: o empréstimo para capital de giro é uma linha de crédito concedida pelas instituições financeiras para financiar a operação do dia a dia das empresas.
- **Empréstimo pessoal**: o empréstimo pessoal, também chamado de crédito pessoal, é uma das modalidades mais simples e conhecidas do mercado. Ele é oferecido por instituições financeiras e suas regras, prazos e taxas de juros variam bastante. Em geral, o dinheiro emprestado não está vinculado à compra de qualquer produto, podendo ser usado da maneira que o tomador ou devedor desejar.
- **Empréstimo pessoal com garantia**: o empréstimo pessoal com garantia tem características semelhantes às do crédito pessoal. No entanto, ele exige a entrega de um bem como garantia de pagamento.
- **Empréstimo rotativo**: o empréstimo rotativo é conhecido de muitas pessoas que usam o cartão de crédito. Ele funciona como um financiamento da fatura e é contratado de forma automática quando o cliente não faz o pagamento total.
- **Empréstimo consignado**: tipo de empréstimo feito por funcionários de órgãos públicos, aposentados, pensionistas e colaboradores de empresas credenciadas, que consiste em descontar as parcelas do empréstimo diretamente na folha de pagamento do tomador ou devedor, sem necessidade de avalista.
- **Cheque especial**: é um tipo de empréstimo em que o banco disponibiliza ao cliente que detém conta-corrente, um crédito pré-aprovado com um limite de recursos estabelecido de acordo com o seu perfil. O cheque especial é acionado no momento em que o cliente não dispõe mais de recursos na sua conta-corrente.
- **Adiantamento a depositantes**: é um tipo de empréstimo em que o banco disponibiliza recursos quando o cliente não apresentar saldo em sua conta-corrente ou caso já tenha usado seu limite de cheque especial.

## 23.2.2 Títulos descontados

- **Cheques, duplicatas mercantis, faturas de cartão de crédito**: o desconto de títulos ou duplicatas é um adiantamento de recursos, feito pelo banco, sobre os valores dos respectivos títulos (duplicatas ou notas promissórias). Nesse tipo de operação, o cliente recebe antecipadamente o valor correspondente às suas vendas a prazo. Ao apresentar um título de vencimento futuro para desconto no presente, entretanto, o cliente não recebe seu valor total. Sobre esse valor, o banco deduz a chamada taxa de desconto, além de impostos (como o IOF) e encargos administrativos. Como se trata de uma operação bancária, a garantia pode ser realizada em cheques, boletos, duplicatas mercantis, recebíveis de cartão de crédito ou mesmo notas promissórias. Trata-se de uma modalidade de empréstimo exclusivo para pessoas jurídicas e muito utilizado por empresas de todos os tamanhos.

## 23.2.3 Financiamentos

- **Financiamento rural**: o crédito rural é uma linha de financiamento destinada a produtores rurais, associações e cooperativas cujas atividades envolvam a produção e/ou comercialização de produtos do setor agropecuário, como despesas de produção, benfeitorias, tratores, máquinas e implementos agrícolas, além da própria comercialização da produção.
- **Financiamento imobiliário**: o crédito imobiliário é uma linha de financiamento de longo prazo oferecida por instituições financeiras, bancos públicos ou privados, destinada à aquisição de imóveis (casa ou apartamento) novos ou usados, em construção ou um terreno, para fins habitacionais ou de comércio.
- **Financiamento de máquinas e equipamentos**: é uma linha de financiamento, por intermédio de instituições financeiras, para produção e aquisição de máquinas, equipamentos e bens de informática e automação, e bens industrializados a serem empregados no exercício da atividade econômica do cliente.

## 23.3 CONTABILIZAÇÃO DE OPERAÇÕES DE CRÉDITO PREFIXADAS

De acordo com o BCB, devem ser observados os seguintes critérios de avaliação e apropriação contábil para operações com taxas prefixadas:

a) as operações contabilizam-se pelo valor presente, registrando-se as rendas e os encargos a apropriar em subtítulo de uso interno do próprio título ou subtítulo contábil utilizado para registrar a operação;
b) apropriação mensal das rendas e os encargos, em razão da fluência de seus prazos;
c) utilização do conceito de *pro rata temporis*, considerando-se o número de dias corridos;
d) apropriação das rendas e dos encargos mensais mediante a utilização do método exponencial, admitindo-se a apropriação segundo o método linear naquelas contratadas com cláusula de juros simples.

## 23.4 CONTABILIZAÇÃO DE OPERAÇÕES DE CRÉDITO PÓS-FIXADAS

Para operações com taxas pós-fixadas, o BCB define os seguintes critérios de avaliação e apropriação contábil:

a) as operações contabilizam-se pelo valor do principal, cujas contas acolhem também os juros e os ajustes mensais decorrentes das variações da unidade de correção ou dos encargos contratados;
b) apropriação mensal das rendas e os encargos, em razão da fluência de seus prazos;
c) utilização do conceito de *pro rata temporis*, considerando-se o número de dias corridos;
d) apropriação das rendas e dos encargos mensais mediante a utilização do método exponencial, admitindo-se a apropriação segundo o método linear naquelas contratadas com cláusula de juros simples.

## 23.5 EXEMPLOS DE CONTABILIZAÇÃO

A seguir, são demonstrados os lançamentos a serem observados nas modalidades apresentadas nos dois itens anteriores (pré e pós-fixadas):

**Operação prefixada**

| Empréstimo em 01/03/X1 | R$ 10.000,00 |
|---|---|
| Juros da operação | R$ 201,00 |
| Vencimento 30/04/X1 | |
| Valor a ser pago no vencimento | R$ 10.201,00 |

1) pelo registro do empréstimo e dos juros da transação – em 01/03/X1:

D – Empréstimos
(Ativo Circulante)             R$ 10.201,00

C – Rendas a apropriar
(Ativo Circulante)             R$    201,00

C – Depósito à vista de pessoa
física ou jurídica
(Passivo Circulante)           R$ 10.000,00

2) pela apropriação da receita correspondente ao mês 03, considerando-se o método linear – em 31/03/X1:

D – Rendas a apropriar
(Ativo Circulante)             R$ 100,50

C – Rendas de empréstimos
(Receita)                      R$ 100,50

Observação: mesmo que o empréstimo seja liquidado apenas na data do vencimento (30/04/X1), os juros devem ser apropriados mensalmente, de acordo com a competência.

3) pela apropriação da receita correspondente ao mês 04, considerando-se o método linear – em 30/04/X1:

D – Rendas a apropriar
(Ativo Circulante)             R$ 100,50

C – Rendas de empréstimos
(Receita)                      R$ 100,50

4) pela liquidação do empréstimo, em 30/04/X1:

D – Depósito à vista de pessoa
física ou jurídica
(Passivo Circulante)           R$ 10.201,00

C – Empréstimos
(Ativo Circulante)             R$ 10.201,00

**Operação pós-fixada**

| Empréstimo em 01/03/X1 | R$ 10.000,00 |
|---|---|
| Juros da operação | 12% ao ano |
| Vencimento | 30/04/X1 |
| Índice de atualização | TR |

Observação: Considera-se uma variação da TR em 1%.

1) pelo registro do empréstimo – em 01/03/X1:

D – Empréstimos
   (Ativo Circulante)                R$ 10.000,00
C – Depósito à vista de pessoa
   física ou jurídica
   (Passivo Circulante)              R$ 10.000,00

2) pela apropriação da receita correspondente ao mês 03 – em 31/03/X1:

Saldo devedor atualizado:
10.000,00 × 1% (TR) = 10.100,00
Juros do empréstimo:
10.100,00 × 12% × 30/365 = 99,62

D – Empréstimos
   (Ativo Circulante)                R$ 199,62
C – Rendas de empréstimos
   (correção + juros) (Receita)      R$ 199,62

Observação: mesmo que o empréstimo seja liquidado apenas na data do vencimento (30/04/X1), os juros devem ser apropriados mensalmente, de acordo com a competência.

3) pela apropriação da receita correspondente ao mês 04 – em 30/04/X1:

Saldo devedor atualizado:
10.199,62 × 1% = 10.301,61
Juros do empréstimo:
10.301,61 × 12% × 30/365 = 101,60

D – Empréstimos
   (Ativo Circulante)                R$ 203,59
C – Rendas de empréstimos
   (correção + juros) (Receita)      R$ 203,59

4) pela liquidação do empréstimo, em 30/04/X1:

D – Depósito à vista de pessoa
   física ou jurídica
   (Passivo Circulante)              R$ 10.403,21
C – Empréstimos
   (Ativo Circulante)                R$ 10.403,21

## 23.6 LIBERAÇÃO DO CRÉDITO

Independentemente da natureza da entidade provedora dos recursos (credor), há necessidade de se definirem critérios para a liberação de uma operação de crédito. Normalmente, as entidades procuram ter um cadastro de clientes adequado à realidade dos seus negócios, o qual permite o desenvolvimento de uma análise do perfil de risco desses clientes, conforme exemplificam os itens que seguem.

### 23.6.1 Cadastro do cliente

O cadastro permite acesso a dados e hábitos dos clientes de maneira organizada, sendo importante para a criação das bases do relacionamento e também para sua fidelização. Além disso, é fundamental a manutenção desse cadastro, cuja atualização deve ocorrer periodicamente.

### 23.6.2 Análise de risco de crédito

A formação e a manutenção dos dados cadastrais permitem fazer uma análise do risco do cliente. Para que essa análise seja mais precisa, deve-se considerar não apenas os *status* financeiros passados do cliente, mas também sua situação financeira atual.

Dessa forma, é possível avaliar sua evolução ou recuo patrimonial em determinado período, permitindo o dimensionamento mais consistente das linhas de crédito/financiamento (limites). Além disso, a partir dessas informações, a entidade poderá também calcular o risco do cliente de não cumprir a sua obrigação em um contrato.

Portanto, antes de partir para a liberação do crédito, a entidade deve se valer de todas as informações disponíveis na definição de limites para o empréstimo/financiamento, inclusive considerando o valor máximo da compra e a quantidade de parcelas para a quitação da dívida. Com dados cadastrais sempre atualizados e uma análise de crédito criteriosa, a entidade poderá antecipar qualquer risco e garantir índices de inadimplência sustentáveis para o seu negócio.

### 23.6.3 Aprovação do crédito

Ao se aprovar uma transação, conforme valores solicitados ou permitidos, possíveis alterações na qualidade da carteira podem ocorrer, diante do nível de risco a que a entidade está disposta a se expor. Essa eventual deterioração do crédito é traduzida pelos índices de inadimplência.

## 23.6.4 Formalização do contrato

Depois de cumpridos todos os requisitos da análise de risco e definidos os termos do empréstimo/financiamento, formaliza-se a liberação do crédito ao cliente por meio de um contrato, o qual, conforme já mencionado, disciplina a relação jurídica entre o tomador ou devedor e o credor.

## 23.6.5 Parâmetros para a análise do crédito

Segundo Santos (2015), as informações necessárias para uma análise subjetiva da capacidade financeira dos tomadores de crédito são tradicionalmente conhecidas como C's do crédito: Caráter, Capacidade, Capital, Colateral e Condições gerais.

### 23.6.5.1 Caráter

O caráter está associado ao histórico do cliente (dentro e fora da instituição), e permite avaliar a probabilidade de a pessoa honrar com os pagamentos dos seus empréstimos. Para a análise desse critério, é indispensável que existam informações do cliente que evidenciem intencionalidade e pontualidade na amortização de empréstimos.

As fontes usuais de pesquisa incluem: relatórios gerenciais de acompanhamento de risco, que mostram os atrasos; banco de dados de empresas especializadas em informações, como Serasa, SPC etc.; referências bancárias e referências comerciais.

### 23.6.5.2 Capacidade (de pagamento)

Refere-se à habilidade dos clientes no gerenciamento e conversão de seus negócios e trabalho, em renda ou receita líquida disponível. Em outras palavras, as instituições financeiras analisam sua capacidade de honrar os compromissos assumidos.

### 23.6.5.3 Capital

Refere-se à aplicação de recursos em bens e direitos realizáveis ou imobilizações. Ou seja, as instituições financeiras analisam se as pessoas ou empresas possuem patrimônio para, no caso de perda de capacidade, honrar seus compromissos. Uma das fontes mais usuais para avaliação do capital das pessoas físicas é declaração do imposto de renda.

### 23.6.5.4 Colateral (Garantias)

Considera a possibilidade de vinculação de bens do devedor ao contrato de crédito, em casos de perda (parcial ou total) da fonte primária de pagamento. Embora as instituições financeiras reconheçam as limitações quanto à conversão de garantias em caixa, a vinculação de bens patrimoniais aos contratos de empréstimos constitui-se em prática comum no mercado bancário.

### 23.6.5.5 Condições gerais (coletivo)

Empresas que atuam junto com outras do mesmo setor, mas em etapas diferentes da cadeia de produção, podem se tornar fornecedoras nesse meio, e por isso têm um menor diferencial de risco. Nesses casos, as instituições financeiras têm alterado seus parâmetros de avaliação, reduzindo as exigências, simplificando processos e, consequentemente, os custos diretos e indiretos de acesso a crédito.

## 23.6.6 Procedimentos contábeis

A instituição financeira deve utilizar contas de compensação para controle, registro e acompanhamento de atos administrativos que possam transformar-se em direito, ganho, obrigação, perda, risco ou ônus efetivos, decorrentes de acontecimentos futuros, previstos ou fortuitos.

Nesse caso, e de acordo com o perfil de risco do cliente, a partir do momento em que a instituição financeira atribua um limite de crédito, o montante ainda não sacado deverá ser registrado na respectiva conta de compensação (conta de controle), de acordo com a modalidade do crédito que está sendo operada (cheque especial, cartão de crédito, crédito rotativo etc.).

Além disso, o Cosif determina também que a instituição financeira deve, ao registrar as transações em contas patrimoniais, utilizar um subgrupo específico para classificar as operações de acordo com a aplicação dada aos recursos, por tipo ou modalidade de operação.

Assim, o valor utilizado deverá ser baixado das referidas contas de compensação ao mesmo tempo que o respectivo registro em contas patrimoniais/subgrupo específico, no ativo circulante.

A liberação de um novo limite, bem como sua renovação total ou parcial/regeneração, ocorrerá de acordo com as condições contratuais firmadas entre o cliente e a instituição financeira, respaldadas pela respectiva gestão interna de riscos desta instituição.

A seguir, estão demonstrados os lançamentos contábeis a serem efetuados na liberação de uma operação de crédito com taxa de juros prefixada, e, após, um exemplo com taxa pós-fixada.

## Exemplo 1

Operação de crédito prefixada, na modalidade de financiamento de veículos, com os seguintes dados:

| Valor financiado | = R$ 25.000,00 |
|---|---|
| Prazo | = 24 meses |
| Taxa | = 0,80% a.m. |
| IOF (financiado) | = R$ 703,03 |
| Valor das parcelas | = R$ 1.181,33 |
| (*) para fins didáticos, os vencimentos das parcelas ocorrem sempre no último dia de cada mês. | |

| 1) Liberação do crédito – em 30/06/2019 | |
|---|---|
| Pelo registro do empréstimo e dos juros da transação | |
| D – Empréstimos (Ativo Circulante) | R$ 28.351,92 |
| C – Rendas a apropriar (Ativo Circulante) | R$ 2.648,89 |
| C – Depósito à vista de pessoa física/jurídica (Passivo Circulante) | R$ 25.000,00 |
| C – IOF a recolher (Passivo Circulante) R$ 703,03 | |

| 2) Apropriação da receita – em 31/07/2019 |
|---|
| D – Rendas a apropriar (Ativo Circulante) |
| C – Rendas de empréstimos (Receita) |
| Valor = R$ 205,62 |

| 3) Pagamento da 1ª parcela – em 31/07/2019 |
|---|
| Pela amortização do saldo devedor |
| D – Caixa ou assemelhada (Ativo Circulante) |
| C – Empréstimos (Ativo Circulante) |
| Valor = R$ 1.181,33 |

Observação: mesmo que o empréstimo seja liquidado apenas na data do vencimento (30/06/2021), os juros devem ser apropriados mensalmente, de acordo com a competência.

Este exemplo está baseado no Sistema Francês de Amortização (Tabela *Price*). As contabilizações subsequentes devem refletir a metodologia apresentada bem como os valores calculados pelo respectivo método.

## Exemplo 2

Operação de crédito pós-fixada, na modalidade de financiamento de veículos, com os seguintes dados:

| Valor financiado | = R$ 25.000,00 |
|---|---|
| Prazo | = 24 meses |
| Taxa | = 0,80% a.m. |
| IOF (financiado) | = R$ 703,03 |
| Índice de atualização TR (considera-se uma variação da TR em 1%) | |
| (*) para fins didáticos, os vencimentos das parcelas ocorrem sempre no último dia do mês. | |

| 1) Liberação do crédito – em 30/06/2019 | |
|---|---|
| Pelo registro do empréstimo | |
| D – Empréstimos (Ativo Circulante) | R$ 25.703,03 |
| C – Depósito à vista de pessoa física ou jurídica (Passivo Circulante) | R$ 25.000,00 |
| C – IOF a recolher (Passivo Circulante) | R$ 703,03 |

| 2) Apropriação da receita – em 31/07/2019 |
|---|
| D – Empréstimos (Ativo Circulante) |
| C – Rendas de empréstimos (atualização + juros) (Receita) |
| Valor = R$ 462,65 (atualização = 257,03; juros = 205,62) |

| 3) Pagamento da 1ª parcela – em 31/07/2019 |
|---|
| Pela amortização do saldo devedor |
| D – Caixa ou assemelhada (Ativo Circulante) |
| C – Empréstimos (Ativo Circulante) |
| Valor = R$ 1.533,61 (principal = 1.070,96; atualização = 257,03; juros = 205,62) |

Observação: mesmo que o empréstimo seja liquidado apenas na data do vencimento (30/06/2021), os juros devem ser apropriados mensalmente, de acordo com a competência.

Este exemplo está baseado no Sistema de Amortização Constante (SAC). As contabilizações subsequentes devem refletir a metodologia apresentada bem como os valores calculados pelo respectivo método.

## 23.7 CARTÕES DE CRÉDITO

Quem ainda não tem cartão de crédito, seja em plástico ou por meio de aplicativos? Sabia que, quando você utiliza o limite disponível, a transação se configura como operação de crédito da modalidade empréstimo?

O cartão de crédito é emitido tanto por instituição financeira, quanto por instituição de pagamento, e é possível utilizá-lo como instrumento de pagamento e de crédito pós-pago. O BCB é a entidade do Sistema Financeiro Nacional responsável por regulamentar os serviços de pagamento vinculados a cartões de crédito, inclusive as tarifas.

De acordo com o perfil de risco do cliente, as instituições responsáveis pela emissão do cartão concedem um crédito ao cliente, que, enquanto não é utilizado, fica registrado em contas de compensação. Por exemplo, se esse limite disponível para uso é de R$ 5.000,00, enquanto não é utilizado, será contabilizado conforme a seguir:

**Débito:**
VALORES DE CRÉDITOS CONTRATADOS A LIBERAR (COMPENSAÇÃO)

**Crédito:**
CRÉDITOS CONTRATADOS A LIBERAR (COMPENSAÇÃO)

A partir do momento em que o cliente utiliza o limite disponível, a instituição registra um valor a receber, no mesmo grupo de operações de crédito, classificada como empréstimo. A contrapartida segrega o valor a pagar aos envolvidos, como a Bandeira, o adquirente e o estabelecimento, líquido da receita na transação. Nesse sentido, vamos supor que o cliente utilizou R$ 1.000,000 em um restaurante e que a instituição terá uma receita de R$ 50,00, de modo que o valor a ser repassado será de R$ 950,00. Veja abaixo os registros da operação:

**Liberação da utilização do cartão em R$ 1.000,00**

**Débito:**
CRÉDITOS CONTRATADOS A LIBERAR (COMPENSAÇÃO)

**Crédito:**
VALORES DE CRÉDITOS CONTRATADOS A LIBERAR (COMPENSAÇÃO)

**Registro do valor a receber do cliente, repasse e receita**

**Débito:**
EMPRÉSTIMOS (ATIVO)

**Crédito:**
TRANSAÇÕES DE PAGAMENTO (valor do repasse – PASSIVO)
RENDAS DE EMPRÉSTIMOS (RECEITA)

A conta Cosif deverá refletir a natureza da operação, ou seja, se envolver saque, compra parcelada, pagamento de contas ou crédito rotativo, a entidade registrará o montante em uma conta específica do grupo de EMPRÉSTIMOS.

Seguindo o fluxo de prazos acordados, a instituição efetua a liquidação do montante a ser repassado e baixa o valor a receber quando o cliente efetua o pagamento da fatura. A contabilização é efetuada a seguir:

**Liquidação do repasse**

**Débito:**
TRANSAÇÕES DE PAGAMENTO (PASSIVO)

**Crédito:**
DISPONIBILIDADES (ATIVO)

**Recebimento do pagamento da fatura**

**Débito:**
DISPONIBILIDADES (ATIVO)

**Crédito:**
EMPRÉSTIMOS (ATIVO)

Por se tratar de uma operação de crédito, as transações relativas ao cartão de crédito também contam com uma provisão referente à perda estimada de crédito de liquidação duvidosa – também chamada de Provisão para Devedores Duvidosos (PDD) de acordo com a avaliação de risco do cliente. Veja como é efetuado o registro contábil:

**Débito:**
DESPESAS DE PROVISÕES OPERACIONAIS (DESPESA)

**Crédito:**
PROVISÕES PARA OPERAÇÕES DE CRÉDITO (REDUTORA DO ATIVO)

Geralmente, para ter acesso a cartão de crédito, o cliente efetua pagamentos relativos à anuidade, cujo montante se configura como receita para a instituição emissora do cartão. As contas de receita são segregadas de acordo com a modalidade do cartão.

## 23.8 CHARGEBACK

No mundo das transações de pagamento, especialmente, aquelas realizadas com cartões de crédito e cartões pré-pagos, é muito comum o uso do termo "*chargeback*", uma palavra de origem inglesa que, na prática, significa "estorno de uma transação de pagamento". Segundo a Bandeira Mastercard, trata-se de um "processo de resolução de disputas utilizado pelos participantes para determinar a parte responsável em uma disputa relacionada a uma transação".

Imagine que você analisou a última fatura do seu cartão de crédito e identificou uma transação de compra da qual não se recorda ou, por problemas com a contraparte da transação, você quer contestar a compra e solicitar o seu cancelamento. É nessa hora que entra o termo "*chargeback*".

Via de regra, o *chargeback* envolve pelo menos três entidades:

1. **Bandeira**: responsável pelas regras do arranjo de pagamento.
2. **Credenciadora ou adquirente** (*acquirer*): entidade contratada pelos recebedores de meios de pagamentos, que faz a intermediação e o processamento das transações realizadas com o cartão.
3. **Banco emissor**: entidade contratada pelos pagadores, e que controla os dados da transação realizada.

Então, quando você contata a operadora do seu cartão e pede o cancelamento de uma compra, normalmente o profissional do atendimento vai dar um prazo para análise da situação. Esse prazo é importante, pois o protocolo exige que a entidade abra um processo de "disputa" com a Bandeira, a qual irá avaliar todo o contexto da transação, até mesmo averiguar se não se trata de fraude. Esse prazo também é importante, pois, dependendo do andamento da análise, uma das partes irá assumir o prejuízo.

Após conclusão da análise, se a Bandeira entender que houve fraude ou acordo de cancelamento com o lojista, o valor da transação é devolvido ao cliente.

Na situação em que a transação é contestada pelo usuário do cartão de crédito, geralmente, nos registros contábeis do banco emissor do cartão, o valor questionado ficará em uma conta transitória até a conclusão da disputa:

D – Devedores Diversos

C – Valores a Receber Relativos a Transações de Pagamento

Se houver aprovação da Bandeira quanto à disputa, o valor da conta contábil a débito do banco emissor é zerado com o crédito que a própria Bandeira irá descontar.

Na situação em que a Bandeira entende que a cobrança do cliente é devida, ou seja, que sua reclamação não procede, o crédito que ele havia recebido é estornado, com um lançamento inverso ao que vimos anteriormente:

D – Valores a Receber Relativos a Transações de Pagamento

C – Devedores Diversos

Como dissemos, a disputa de uma contestação deve aguardar um prazo estabelecido. Se o banco emissor não cumprir o prazo com a Bandeira, ele assumirá o prejuízo, de modo que o registro da conta transitória será lançado para prejuízo:

D – Outras Despesas Operacionais

C – Devedores Diversos

Esse lançamento também é efetuado quando a contestação for aceita pelo banco emissor do cartão de crédito e for identificada fraude na operação com cartão.

## 23.9 NOVO TRATAMENTO CONTÁBIL

Via de regra, os empréstimos concedidos serão mensurados pelo custo amortizado, com reconhecimento de juros *pro rata temporis*; no entanto, a partir de 1º de janeiro de 2025 serão aplicadas novas regras contábeis, e haverá possibilidade de operações de crédito mensuradas contabilmente pelo valor justo pelo resultado, nas seguintes situações:

a) operações geridas dentro de modelo de negócios cujo objetivo seja gerar retorno somente pela venda do ativo financeiro;

b) operações cujos fluxos de caixa futuros contratualmente previstos não se constituam exclusivamente em pagamentos de principal e juros sobre o valor do principal, em datas especificadas; e

c) operações para as quais a instituição exerça a opção pelo valor justo, conforme descrito no Capítulo 26.

A provisão para perdas esperadas relacionadas ao risco de crédito (PPERiC) é tratada detalhadamente no Capítulo 28.

## 23.10 SISTEMA DE INFORMAÇÕES DE CRÉDITO

O Sistema de Informações de Crédito do Banco Central (SCR) é um instrumento de registro e consulta de informações sobre as operações de crédito, avais e fianças prestados e limites de crédito concedidos por instituições financeiras a pessoas físicas e jurídicas no país.

Foi criado pelo Conselho Monetário Nacional (CMN) e é administrado pelo BCB, a quem cumpre armazenar as informações encaminhadas e também disciplinar o processo de correção e atualização da base de dados pelas instituições financeiras participantes.

O SCR é alimentado mensalmente pelas instituições financeiras, mediante coleta de informações sobre as operações concedidas. Inicialmente, determinou-se que as instituições enviassem informações sobre o total das operações dos clientes com responsabilidade total igual ou superior a R$ 50.000,00 (cinquenta mil reais). Paulatinamente, esse valor foi sendo diminuído, inicialmente para o patamar de R$ 20.000,00 (vinte mil reais), depois para R$ 5.000,00 (cinco mil reais), para R$ 1.000,00 (mil reais) e, atualmente, são armazenadas no banco de dados do SCR as operações com responsabilidade total igual ou superior a R$ 200,00 (duzentos reais).

## 23.11 EXERCÍCIOS

1. Na contabilidade bancária, qual é a diferença de tratamento entre uma operação prefixada e uma pós-fixada?

a) Na operação prefixada, registramos todos os juros antecipadamente em contas de receita.

b) Na operação prefixada, registramos o valor total que será recebido na conta principal do empréstimo e somente o valor dos juros a serem reconhecidos no resultado ao longo do prazo da transação, em uma conta redutora de ativo, de rendas a apropriar.

c) Na operação pós-fixada, registramos o valor total que será recebido na conta principal do empréstimo e somente o valor dos juros a serem reconhecidos no resultado ao longo do prazo da transação, em uma conta redutora de ativo, de rendas a apropriar.

d) Na operação pós-fixada, os juros são registrados em contas de receita somente na ocasião do seu recebimento.

2. Contabilmente, qual é o impacto dos limites de crédito concedidos pelas instituições financeiras?

a) Não há impacto.

b) Os limites são registrados nas mesmas contas contábeis das operações de crédito já desembolsadas, no ativo.

c) Os limites são registrados em contas de compensação.

d) Os limites, assim como as fianças e outras garantias concedidas, são registrados no passivo da instituição.

3. Em que consiste o *chargeback*?

a) É quando uma transação é contestada pelo cliente, abre-se um processo de disputa e a transação é estornada.

b) O *chargeback* é um valor revertido para o cliente que compra algum tipo de serviço ou produto.

c) É quando um cliente é cobrado pela segunda vez pelo mesmo tipo de serviço.

d) É quando um cliente de instituição de pagamento ou instituição financeira não é cobrado por uma transação pelo fato de ter sido contemplado em alguma promoção.

## 23.12 RESPOSTAS DOS EXERCÍCIOS

1. b
2. c
3. a

## REFERÊNCIAS

BANCO CENTRAL DO BRASIL. COSIF: Padrão Contábil das Instituições Reguladas pelo Banco Central do Brasil. Disponível em: https://www3.bcb.gov.br/aplica/cosif. Acesso em: 17 maio 2023.

BANCO CENTRAL DO BRASIL. Circular nº 1.273, de 29 de novembro de 1987. *Diário Oficial da União*: Brasília, 29 dez. 1987. Disponível em: https://www.bcb.gov.br/pre/normativos/circ/1987/pdf/circ_1273_v1_o.pdf. Acesso em: 30 jun. 2023.

BANCO CENTRAL DO BRASIL. Circular nº 2.568, de 04 de maio de 1995. Altera a classificação de fatores de risco de operações ativas, bem como os procedimentos para contabilização de operações de cessão de crédito e de receitas e despesas a apropriar. *Diário Oficial da União*: Brasília, 04 maio 1995. Disponível em: https://www.bcb.gov.br/pre/normativos/circ/1995/pdf/circ_2568_v3_L.pdf. Acesso em: 30 jun. 2023.

BANCO CENTRAL DO BRASIL. Circular nº 2.899, de 01 de março de 2000. Altera, no COSIF, procedimentos para registro das operações de crédito e constituição de provisão para fazer face aos créditos de liquidação duvidosa. *Diário Oficial da União*: Brasília, 01 março 2000. Disponível em: https://www.bcb.gov.br/pre/normativos/c_circ/2000/pdf/c_circ_2899_v1_o.pdf. Acesso em: 30 jun. 2023.

BANCO CENTRAL DO BRASIL. Circular nº 3.020, de 22 de dezembro de 2000. Estabelece critério de apropriação contábil de receitas e despesas decorrentes de operações ativas e passivas. *Diário Oficial da União*: Brasília, 22 dezembro 2000. Disponível em: https://normativos.bcb.gov.br/Lists/Normativos/Attachments/47198/Circ_3020_v1_O.pdf. Acesso em: 30 jun. 2023.

CONSELHO MONETÁRIO NACIONAL. Resolução CMN nº 2.682, de 21 de dezembro de 1999. Dispõe sobre critérios de classificação das operações de crédito e regras para constituição de provisão para créditos de liquidação duvidosa. *Diário Oficial da União*: Brasília, 21 dezembro 1999. Disponível em: https://www.bcb.gov.br/pre/normativos/res/1999/pdf/res_2682_v2_L.pdf. Acesso em: 30 jun. 2023.

M2M SABER. Artigos da plataforma de conhecimento da M2M SABER. Disponíveis em: https://m2msaber.com.br/. Acesso em: 15 mar. 2023.

SANTOS, José Odálio. *Análise de crédito*. São Paulo: Atlas, 2015.

# 24

# CONTABILIDADE DE INSTRUMENTOS FINANCEIROS SEGUNDO AS RESOLUÇÕES CMN Nº 4.966 E BCB Nº 219

Carlos Quinteiro
Alexei De Bona
Eric Barreto

## 24.1 INTRODUÇÃO

A partir de 1º de janeiro de 2025, muita coisa muda na contabilidade das instituições autorizadas pelo Banco Central do Brasil (BCB). Isso porque as resoluções CMN nº 4.966/2021 e BCB nº 219/2022 alteram as regras de mensuração e classificação de instrumentos financeiros. Não será nenhum absurdo se afirmarmos que tudo o que é importante no balanço de um banco é instrumento financeiro, uma vez que os ativos imobilizado e intangível muitas vezes representam menos do que 1% do ativo total.

Além deste capítulo, em que falaremos sobre o escopo dessas normas e de termos e definições específicos desse conjunto normativo, os próximos capítulos, em que abordaremos classificação e mensuração de ativos e passivos financeiros, baixa de instrumentos financeiros, provisão para perdas esperadas relacionadas ao risco de crédito e contabilidade de *hedge*, também terão as resoluções CMN nº 4.966/2021 e BCB nº 219/2022 como base.

## 24.2 ESCOPO DA NORMA

O escopo de uma norma pode ser entendido como os limites das diretrizes, recomendações e obrigações contidas num normativo. No caso da Resolução CMN nº 4.966/2021, as diretrizes contábeis quanto aos conceitos e critérios contábeis aplicáveis aos instrumentos financeiros, contabilidade de *hedge* por instituições financeiras e demais autorizadas a funcionar pelo BCB.

O Presidente do BCB à época, Roberto Campos Neto, submeteu voto favorável à minuta da Resolução CMN nº 4.966/2021, por meio do voto 96/2021 do Conselho Monetário Nacional (CMN), em 10 de novembro de 2021, demonstrando a importância de normativo pelo que possa trazer maiores semelhanças do que discrepâncias em relação à IFRS 9 (CPC 48) – Instrumentos financeiros, haja vista a repetida afirmação por parte do egrégio normatizador de que não recepcionaria a norma internacional em sua plenitude, especificamente no que tange aos requisitos de *impairment* de instrumentos financeiros.

### 24.2.1 Histórico da elaboração da Resolução CMN nº 4.966/2021

A primeira resolução emitida pelo CMN com objetivo de aproximação entre as normas produzidas pelo *International Accounting Standards Board* (IASB) foi a Resolução CMN nº 3.786, de 24 de setembro de 2009, que institui a obrigatoriedade de apresentação, a partir de dezembro de 2010, de demonstrações financeiras consolidadas em conformidade com o padrão internacional para as instituições constituídas sob a forma de companhia aberta, que fossem obrigadas a constituir comitê de auditoria ou constituídas sob a forma de companhia fechada, mas fossem líderes de conglomerado integrado por instituição constituída sob a forma de companhia aberta.

Como mencionado e reafirmado no documento denominado "Exposição de Motivos" da Resolução CMN nº 4.966/2021, disponível no site do BCB (www.bcb.gov.br), a Resolução CMN nº 3.786/2009 não foi suficiente para reduzir o trabalho das instituições financeiras no que tange à elaboração de demonstrações financeiras consolidadas, pois, segundo o próprio regulador, essas instituições continuavam a apresentar outros dois conjuntos de demonstrações financeiras consolidadas, além daquela alinhada ao padrão internacional de contabilidade: uma com base no Padrão Contábil das Instituições Reguladas (Cosif) e outra no chamado Consolidado Prudencial, disciplinado pela Resolução CMN nº 4.280, de 31 de outubro de 2013, a qual foi substituída a partir de 1º de janeiro de 2022 pela Resolução CMN nº 4.950, de 30 de setembro de 2021. Já as instituições não enquadradas nas hipóteses previstas na Resolução CMN nº 3.786/2009 elaborariam somente esses dois últimos conjuntos de demonstrações financeiras.

A existência de até três conjuntos de demonstrações financeiras consolidadas para a mesma instituição dificulta o entendimento da posição patrimonial e financeira da instituição, além de ser extremamente custoso à instituição elaborar, preparar, auditar e publicar esse conjunto de documentos.

Assim, no intuito de reduzir o custo das instituições financeiras e demais instituições autorizadas pelo BCB, o CMN iniciou uma série de medidas tendo como a primeira delas a emissão da Resolução CMN nº 4.776, de 29 de janeiro de 2020, posteriormente consolidada pela Resolução CMN nº 4.818, de 29 de maio de 2020, o processo de racionalização das demonstrações financeiras de divulgação, mesmo assim causando dificuldade de interpretação dentro os preparadores e operadores contábeis.

Com a edição da Resolução CMN nº 4.818/2020, a partir de 1º de janeiro de 2022, as instituições registradas como companhia aberta ou que sejam líderes de conglomerado prudencial enquadrado no Segmento 1 (S1), no Segmento 2 (S2) ou no Segmento 3 (S3), passaram a ser obrigadas a divulgar um conjunto único de demonstrações consolidadas, elaboradas com base na aplicação integral do padrão contábil internacional IFRS. Dessa forma, as demonstrações consolidadas desse rol de instituições passaram a ser plenamente convergentes com os padrões do IASB, ou seja, um ganho muito grande não só aos preparadores de demonstrações financeiras, mas também ao mercado que utiliza os relatórios financeiros com as mais variadas formas de obter as informações necessárias.

Adicionalmente, como um mecanismo de transição das entidades para a efetiva adoção do IFRS como padrão contábil na mensuração e divulgação ao mercado de resultados dos seus negócios, a Resolução CMN nº 4.966/2021 estabeleceu a faculdade de as instituições elaborarem e divulgarem demonstrações financeiras consolidadas de acordo com as normas e instruções do BCB, permitindo que sejam apresentadas em conformidade com o Cosif até o exercício findo em 31 de dezembro de 2024, ou seja, até a entrada em vigor do novo ordenamento contábil aplicável a instrumentos financeiros, em convergência à IFRS 9.

Aprofundando a questão sobre a convergência à IFRS 9, o BCB, por meio de sua Diretoria Colegiada, instituiu em 2017 o projeto "Contabilidade de Instrumentos Financeiros – Convergência Internacional" e inseriu o tema na Agenda BC+, relativo ao pilar SFN Mais Eficiente, tendo em vista a relevância de aprimorar os critérios para avaliação contábil dos instrumentos financeiros para as instituições do Sistema Financeiro Nacional (SFN), pois esses representam parcela significativa dos ativos e passivos dessas instituições, dividido em quatro etapas:

1. classificação, reconhecimento, mensuração e baixa de instrumentos financeiros;
2. provisão para perdas associadas ao risco de crédito de instrumentos financeiros;
3. contabilidade de instrumentos destinados a *hedge*; e
4. apresentação e evidenciação de instrumentos financeiros.

Durante as fases 1 a 3 do projeto, foi realizado amplo diagnóstico e avaliação de potenciais impactos do alinhamento com o padrão adotado pelo IASB relativo aos procedimentos de classificação, reconhecimento, mensuração e provisionamento de instrumentos financeiros e de contabilidade de *hedge*, resultando em propostas de aprimoramento na regulação contábil vigente.

Outro ponto a ser frisado é que o BCB sempre se preocupou com a forma pela qual a IFRS 9 tratava do provisionamento das perdas pelas instituições financeiras. A maior preocupação da entidade, como órgão fiscalizador e balizador do sistema bancário, seria a dificuldade em supervisionar e monitorar e fiscalizar tais modelos por meio de sistemas computacionais.

Em virtude da complexidade do tema, assim como do volume de alterações na regulamentação vigente, o BCB decidiu submeter à consulta pública as propostas de aprimoramento regulatório como demonstrado a seguir:

I – Edital de Consulta Pública 54/2017, de 30 de agosto de 2017, que divulga propostas de atos normativos dispondo sobre os critérios para classificação, mensuração e reconhecimento de instrumentos financeiros;

II – Edital de Consulta Pública 60/2018, de 22 de fevereiro de 2018, que divulga propostas de atos normativos dispondo sobre critérios contábeis para constituição de provisão para perdas esperadas associadas ao risco de crédito; e

III – Edital de Consulta Pública 67/2018, de 05 de setembro de 2018, que divulga proposta de ato normativo dispondo sobre critérios contábeis para a designação e o registro das relações de proteção (contabilidade de *hedge*).

Segundo as propostas colocadas em consulta pública, a classificação, o reconhecimento e a mensuração de ativos financeiros passam a ter como fundamentos básicos o modelo de negócio adotado pela instituição na gestão dos instrumentos financeiros e as características dos fluxos de caixa contratuais do instrumento avaliado, em vez das características individuais de cada instrumento e da mera intenção de negociar.

Os passivos financeiros, por sua vez, são classificados, de forma geral, na categoria custo amortizado, com poucas exceções, como derivativos, garantias prestadas e compromissos de crédito, que serão classificados e mensurados segundo regras particulares. Vale recordar que, antes da Resolução CMN nº 4.966/2021 e da Resolução BCB nº 219/2022, boa parte dos passivos já era mensurada por *accrual*, um termo usual para o que hoje chamamos mais formalmente de custo amortizado.

Quanto à mensuração inicial, os ativos e passivos financeiros passam a ser avaliados pelo valor justo, acrescidos ou deduzidos dos custos de transação. Nos períodos subsequentes, os instrumentos serão objeto de reavaliação pelo valor justo ou pelo custo amortizado, de acordo com a sua classificação inicial, sendo as receitas e encargos apropriados, utilizando-se o método de juros efetivos.

No que se refere ao provisionamento, a proposta de resolução amplia o escopo dos instrumentos sujeitos à constituição de provisão para perdas esperadas associadas ao risco de crédito. Pela regulação atual, somente operações de crédito, instrumentos com características de crédito, arrendamento mercantil e garantias prestadas estão sujeitas à constituição desse tipo de provisão.

A resolução ora proposta, em consonância com a IFRS 9, será aplicável a todos os ativos financeiros, inclusive Títulos e Valores Mobiliários (TVM), além de exposições não reconhecidas em contas patrimoniais (*off-balance sheet*), como as já mencionadas garantias prestadas e os compromissos de crédito.

Para fins de apuração da provisão, os instrumentos financeiros devem ser alocados em estágios (*buckets*), de acordo com o risco de crédito. No reconhecimento inicial, os instrumentos são, em regra, alocados no denominado primeiro estágio, exceto os originados ou adquiridos com problema de recuperação de crédito (também chamados de *purchased originated credit impaired* – POCI).

Caso, após o reconhecimento inicial, ocorra o incremento significativo do risco de crédito, o instrumento deve ser realocado para estágio a seguir, ou seja, o segundo estágio. No terceiro estágio são alocados os instrumentos caracterizados como ativo com problema de recuperação de crédito.

Com base nessa alocação, deve ser apurada a perda esperada para fins de constituição de provisão. Para os instrumentos alocados no primeiro estágio, a perda esperada considera a probabilidade de inadimplemento no horizonte de 12 meses, enquanto para os instrumentos alocados no segundo estágio utiliza-se a probabilidade de inadimplemento durante todo o prazo da operação. Instrumentos alocados no terceiro estágio são considerados inadimplidos. É permitida a alocação em estágios, assim como a estimação das perdas esperadas, em bases coletivas para instrumentos que integram grupo homogêneo de risco (por exemplo, mesmo grupo ou que pertençam a carteira de clientes de forma similar), desde que o valor do instrumento e a exposição à contraparte não sejam significativos.

Desse modo, a provisão deve ser constituída com base na perda de crédito esperada, mensurada de acordo com a probabilidade de inadimplemento e a expectativa de recuperação do instrumento, avaliando-se as condições econômicas correntes e previsões razoáveis e justificáveis de eventuais alterações nas condições de mercado que afetem o risco de crédito do instrumento e o valor de eventuais garantias ou colaterais vinculados ao instrumento durante o seu prazo esperado.

Caso a instituição não possua mais expectativa de recuperação, o instrumento financeiro deve ser baixado definitivamente.

Sobre a designação e o reconhecimento contábil das relações de proteção (contabilidade de *hedge*), a proposta prevê aprimoramentos em relação à regulamentação vigente, principalmente com vistas a aproximar ainda mais o registro contábil do gerenciamento de risco das instituições financeiras, entre os quais destacam-se os seguintes aspectos:

a) atualização da definição de *hedge*, para fins contábeis, para *hedge* desse tipo de risco. Passa a ser permitida, ainda, a designação de uma combinação de instrumentos de *hedge* em sua totalidade ou uma proporção de seu valor;

b) permissão para designar como item objeto de *hedge*, além de um item na sua totalidade, um componente de risco específico ou um grupo de itens gerenciado em conjunto, inclusive uma posição líquida; e

c) extinção, para fins de comprovação da efetividade do *hedge*, do intervalo previsto na regulamentação vigente, de 80 a 125% de variação do instrumento de *hedge* em relação à variação no item objeto de *hedge*, que é substituído pela comprovação pela instituição da existência de relação econômica entre esses instrumentos; e

d) consolidação das regras contábeis para as categorias *hedge* de valor justo, *hedge* de fluxo de caixa e *hedge* de investimento líquido em operação no exterior.

Em relação aos critérios de baixa por venda ou transferência de ativos, o diagnóstico elaborado no âmbito do projeto "Contabilidade de Instrumentos Financeiros – Convergência Internacional" concluiu que a regulação da matéria, definida pela Resolução CMN nº 3.533, de 31 de janeiro de 2008, é convergente com a IFRS 9.

Após a emissão de consultas públicas, o BCB priorizou o tema concomitantemente com outros itens de melhoria do Sistema Financeiro Nacional (SFN), brindando a sociedade no final de 2021 com a Resolução CMN nº 4.966.

## 24.2.2 Objeto da Resolução CMN nº 4.966/2021 e da Resolução BCB nº 219/2022

A Resolução CMN nº 4.966/2021, por meio de seu art. 1º, estabelece os conceitos e os critérios contábeis a serem observados pelas instituições financeiras e demais instituições autorizadas a funcionar pelo BCB para os seguintes quesitos:

1) classificação, mensuração, reconhecimento e baixa de instrumentos financeiros;

2) constituição de provisão para perdas esperadas associadas ao risco de crédito dos seguintes instrumentos financeiros:

   2a) ativos financeiros;

   2b) garantias financeiras prestadas; e

   2c) compromissos de crédito e créditos a liberar que atendam a pelo menos uma das seguintes características:

   1. o compromisso não é cancelável incondicional e unilateralmente pela instituição;

   2. a instituição não tem capacidade de cancelar, bloquear ou suspender o contrato ou o desembolso dos recursos ou não executa o cancelamento, bloqueio ou suspensão na gestão cotidiana normal do instrumento financeiro; ou

   3. a instituição não tem capacidade de monitorar individualmente o instrumento financeiro ou a situação financeira da contraparte, de modo que permita o imediato cancelamento, bloqueio ou suspensão do compromisso ou do desembolso dos recursos, no caso de redução da capacidade financeira da contraparte;

   2d) designação e reconhecimento contábil de relações de proteção (contabilidade de *hedge*); e

   2e) evidenciação de informações sobre instrumentos financeiros.

Cabe destacar que, embora os itens gerais da Resolução CMN nº 4.966/2021 não sejam aplicáveis às administradoras de consórcio e às instituições de pagamento, em 30 de março de 2022 foi emitida a Resolução BCB nº 219/2022, que dispõe sobre os mesmos assuntos contábeis, no âmbito das administradoras de consórcio e das instituições de pagamento autorizadas a funcionar pelo BCB. Dessa forma, todos os conceitos trazidos pela Resolução CMN nº 4.966/2021 também serão úteis às administradoras de consórcio e às instituições de pagamento, desde que sejam aplicáveis ao tipo de negócio daquelas entidades.

Além disso, a Resolução CMN nº 4.966/2021 explica que os critérios contábeis e os critérios para evidenciação de informações não se aplicam aos seguintes itens patrimoniais:

I – valores a receber decorrentes de contratos de arrendamento mercantil; e

II – ativos provenientes de contratos da instituição com clientes.

Em complemento às Resoluções CMN nº 4.966 e BCB nº 219, a Resolução BCB nº 309 trouxe mais detalhes sobre quatro frentes:

1. definição de fluxos de caixa somente de principal e juros (SPPJ);

2. metodologia da taxa efetiva de juros;

3. cálculo da perda esperada;
4. divulgação de informações (evidenciação).

As três primeiras serão mais exploradas nos próximos capítulos.

## 24.3 EXERCÍCIOS

1. O que é correto afirmar em relação ao alinhamento do tratamento contábil de instrumentos financeiros do Cosif para com o IFRS?

a) A partir do início de vigência das Resoluções CMN nº 4.966/2021 e BCB nº 219/2022, haverá um alinhamento razoável entre essas normatizações.

b) O Cosif já pode ser considerado alinhado com o IFRS desde 2001, com a Circular 3068.

c) O Cosif nunca estará alinhado com o IFRS, pois trata-se de um padrão contábil para instituições financeiras enquanto o IFRS é exclusivo das empresas.

d) A partir do ano de 2022, com a publicação das Resoluções CMN nº 4.966/2021 e BCB nº 219/2022, haverá um alinhamento razoável entre essas normatizações.

2. Não faz parte do escopo das Resoluções CMN nº 4.966 e nº BCB 219:

a) Classificação, mensuração e reconhecimento e baixa de instrumentos financeiros.

b) Provisão para perdas esperadas associadas ao risco de crédito.

c) Contabilidade de *hedge*.

d) Apresentação de títulos de dívida ou patrimônio emitidos pela instituição.

## 24.4 RESPOSTAS DOS EXERCÍCIOS

1. a
2. d

## REFERÊNCIAS

BANCO CENTRAL DO BRASIL. Resolução nº 219, de 30 de março de 2022. Dispõe sobre os conceitos e os critérios contábeis aplicáveis a instrumentos financeiros, bem como para a designação e o reconhecimento das relações de proteção (contabilidade de *hedge*) pelas administradoras de consórcio e pelas instituições de pagamento autorizadas a funcionar pelo Banco Central do Brasil. *Diário Oficial da União*: Brasília, 1º abr. 2022. Disponível em: https://www.bcb.gov.br/estabilidadefinanceira/exibenormativo?tipo=Resolu%C3%A7%C3%A3o%20BCB&numero=219. Acesso em: 30 jun. 2023.

CONSELHO MONETÁRIO NACIONAL. Resolução nº 4.966, de 25 de novembro de 2021. Dispõe sobre os conceitos e os critérios contábeis aplicáveis a instrumentos financeiros, bem como para a designação e o reconhecimento das relações de proteção (contabilidade de *hedge*) pelas instituições financeiras e demais instituições autorizadas a funcionar pelo Banco Central do Brasil. *Diário Oficial da União*: Brasília, 29 nov. 2021. Disponível em: https://www.bcb.gov.br/estabilidadefinanceira/exibenormativo?tipo=Resolu%C3%A7%C3%A3o%20CMN&numero=4966. Acesso em: 30 jun. 2023.

# 25

# TERMOS E DEFINIÇÕES DAS RESOLUÇÕES CMN Nº 4.966 E BCB Nº 219

**Carlos Quinteiro**
**Alexei De Bona**
**Eric Barreto**

## 25.1 INTRODUÇÃO

Neste capítulo, resumimos e comentamos as principais definições presentes no novo conjunto de normas contábeis das instituições autorizadas pelo Banco Central do Brasil (BCB). Recorrer a esses termos será fundamental para a correta aplicação do Cosif.

O art. 2º da Resolução CMN nº 4.966/2021 e o art. 2º da Resolução BCB nº 219/2022 tratam das definições utilizadas pelo normativo. Nosso intuito é além de reproduzir as definições citadas pelo normativo, complementar e elucidar os termos empregados no intuito de disseminar alguns itens específicos e inerentes ao mercado bancário.

**Ativo financeiro**: é uma classe específica de ativos aos quais espera-se que gere renda por meio da passagem de tempo e uma taxa que incremente seu valor principal por meio dos riscos assumidos por tal ativo.

A Resolução CMN nº 4.966/2021 considera como ativo financeiro, para fins de regulação contábil de instrumentos financeiros, os seguintes itens:

a) dinheiro;
b) instrumento patrimonial de outra entidade;
c) direito contratual de:
   1. receber dinheiro ou outro ativo financeiro de outra entidade; ou
   2. trocar ativos financeiros ou passivos financeiros com outra entidade em condições potencialmente favoráveis à instituição detentora desse direito; ou
d) contrato a ser ou que possa ser liquidado com instrumento patrimonial da própria instituição que seja:
   1. instrumento financeiro não derivativo para o qual a instituição esteja ou possa estar obrigada a receber um número variável de instrumentos patrimoniais da própria instituição; ou
   2. instrumento financeiro derivativo que não seja liquidado pela troca de um valor fixo em dinheiro, ou outro ativo financeiro, por um número fixo de instrumentos patrimoniais da própria instituição.

**Ativo financeiro com problema de recuperação de crédito**: um ativo financeiro é caracterizado como ativo financeiro com problema de recuperação de crédito (ativo problemático) quando ocorrer:

I – atraso superior a 90 (noventa) dias no pagamento de principal ou de encargos; ou
II – indicativo de que a respectiva obrigação não será integralmente honrada nas condições pactuadas, sem que seja necessário recorrer a garantias ou a colaterais.

Além disso, cabe destacar que o ativo somente pode deixar de ser caracterizado como ativo financeiro com problema de recuperação de crédito no caso de:

I – inexistência de parcelas vencidas, inclusive encargos;

II – manutenção de pagamento tempestivo de principal e de encargos por período suficiente para demonstrar que houve melhora significativa na capacidade financeira da contraparte de honrar suas obrigações;

III – cumprimento das demais obrigações contratuais por período suficiente para demonstrar que houve melhora significativa na capacidade financeira da contraparte de honrar suas obrigações; e

IV – evidências de que a obrigação será integralmente honrada nas condições originalmente pactuadas ou modificadas, no caso de renegociação, sem que seja necessário recorrer a garantias ou a colaterais.

Por último, mas não menos importante, a instituição deve estabelecer critérios consistentes e passíveis de verificação, devidamente documentados, para a descaracterização do instrumento como ativo com problema de recuperação de crédito.

**Compromisso de crédito**: entende-se como uma forma de compromisso de conceder crédito sob termos e condições preestabelecidos entre duas partes interessadas que cumpram determinadas especificações.

**Compromisso firme**: contrato entre contrapartes que envolva compra ou venda fechada para a troca de quantidade determinada de recursos, a preço determinado, em uma data ou em datas futuras determinadas.

**Contabilidade de *hedge*:** antes de entender a expressão "contabilidade de *hegde*", faz-se necessário saber que o *hegde* nada mais é do que uma estratégia contábil cujo intuito é reduzir determinados riscos, nas demonstrações financeiras, da utilização de instrumentos financeiros para gerenciar exposições resultantes de riscos específicos que possam afetar o resultado ou os outros resultados abrangentes das instituições financeiras.

**Contraparte**: a ponta da operação considerada como tomadora de recursos (também conhecida como parte deficitária), além do beneficiário de garantia ou do emissor de título ou valor mobiliário adquirido.

**Contrato híbrido**: contrato que possua um componente principal não derivativo e pelo menos um derivativo embutido.

**Crédito a liberar**: compromisso de liberar crédito já contratado por meio de uma instituição financeira.

**Custo amortizado de ativo financeiro**: valor pelo qual o ativo financeiro foi reconhecido inicialmente, de acordo com as obrigações de passar no teste de SPPI, acrescido do valor das receitas geradas e deduzido do valor das despesas eventualmente incorridas, das parcelas recebidas e do saldo da provisão para perdas esperadas associadas ao risco de crédito.

**Custo amortizado de passivo financeiro**: valor pelo qual o passivo financeiro foi reconhecido inicialmente, acrescido do valor dos encargos incorridos e deduzido do valor das receitas eventualmente geradas e das parcelas pagas.

**Custos de transação**: os custos que, obrigatoriamente, sejam:

a) atribuíveis diretamente à aquisição, à originação ou à emissão do instrumento financeiro específico; e

b) incrementais, assim considerados os custos nos quais a instituição não incorreria caso não tivesse adquirido, originado ou emitido o instrumento financeiro;

**Derivativo**: instrumento financeiro que tenha obrigatoriamente as três seguintes características:

1. cujo valor varia em decorrência de mudanças em determinada taxa de juros, preço de outro instrumento financeiro, preço de mercadoria, taxa de câmbio, índice de bolsa de valores, índice de preço, índice ou classificação de crédito ou qualquer outra variável similar, desde que, no caso de variável não financeira, essa variável não seja específica de uma das partes do contrato;

2. que não requer investimento líquido inicial ou o investimento líquido inicial é pequeno em relação ao valor do contrato; e

3. cuja liquidação ocorrerá em data futura.

**Derivativo embutido**: tipo de derivativo que possua característica de componente de contrato híbrido cujo efeito consiste em determinar que parte dos fluxos de caixa do instrumento combinado varie de forma similar a instrumento financeiro derivativo individual.

**Garantia financeira prestada**: operação que requer que o prestador da garantia efetue pagamentos definidos contratualmente, a fim de reembolsar a instituição financeira ou o detentor de um instrumento de dívida, ou outro instrumento de natureza semelhante, por perda decorrente do descumprimento da obrigação pelo devedor na data prevista, a exemplo de prestação de aval, fiança, coobrigação, ou qualquer outra operação que represente garantia do cumprimento de obrigação financeira de terceiro.

**Instrumento financeiro**: título ou contrato que dá origem a um ativo financeiro para uma das partes e a um passivo financeiro ou instrumento patrimonial para a outra parte.

**Instrumento patrimonial**: título ou contrato que evidencie interesse residual nos ativos de uma entidade ou de um fundo de investimento após a dedução de todos os seus passivos.

**Juros**: contraprestação pelo valor do dinheiro no tempo, pelo risco de crédito associado ao saldo do principal em aberto durante período de tempo específico e por outros riscos e custos básicos do instrumento, bem como pela margem de lucro.

**Método de juros efetivos**: aplicação da taxa de juros efetiva ao valor contábil bruto do instrumento.

**Passivo financeiro**:

a) obrigação de:
   1. entregar dinheiro ou outro ativo financeiro para outra entidade; ou
   2. trocar ativos financeiros ou passivos financeiros com outra entidade em condições potencialmente desfavoráveis à própria instituição; ou

b) contrato a ser ou que possa ser liquidado com instrumento patrimonial da própria instituição que seja:
   1. instrumento financeiro não derivativo para o qual a instituição esteja ou possa estar obrigada a entregar um número variável de instrumentos patrimoniais da própria instituição; ou
   2. instrumento financeiro derivativo que não seja liquidado pela troca de um valor fixo em dinheiro, ou outro ativo financeiro, por um número fixo de instrumentos patrimoniais da própria instituição.

**POCI (*purchased originated credit impaired*)**: ativo já adquirido ou originado com problema de recuperação de crédito.

**Principal**: valor do instrumento financeiro na data de sua aquisição, originação ou emissão, levando em conta eventuais perdas.

**Renegociação**: acordo que implique alteração das condições originalmente pactuadas do instrumento ou a substituição do instrumento financeiro original por outro, com liquidação ou refinanciamento parcial ou integral da respectiva obrigação original.

**Reestruturação**: renegociação que implique concessões significativas à contraparte, em decorrência da deterioração relevante de sua qualidade creditícia, as quais não seriam concedidas caso não ocorresse tal deterioração.

**Taxa de juros efetiva (TJE)**: taxa que equaliza o valor presente de todos os recebimentos e pagamentos ao longo do prazo contratual do ativo ou do passivo financeiro ao seu valor contábil bruto.

**Transação prevista**: transação futura prevista que não é objeto de compromisso firme.

**Transferência de controle**: ato que torna o comprador ou o cessionário do ativo financeiro detentor, na prática, do direito de vender ou de transferir o ativo financeiro em sua totalidade, de forma autônoma e sem imposição de restrições adicionais em decorrência da operação original de venda ou de transferência.

**Valor contábil bruto de instrumento financeiro**: custo amortizado do instrumento financeiro antes do ajuste por provisão para perdas esperadas associadas ao risco de crédito, caso seja aplicável.

## REFERÊNCIAS

BANCO CENTRAL DO BRASIL. Resolução nº 219, de 30 de março de 2022. Dispõe sobre os conceitos e os critérios contábeis aplicáveis a instrumentos financeiros, bem como para a designação e o reconhecimento das relações de proteção (contabilidade de *hedge*) pelas administradoras de consórcio e pelas instituições de pagamento autorizadas a funcionar pelo Banco Central do Brasil. *Diário Oficial da União*: Brasília, 1º abr. 2022. Disponível em: https://www.bcb.gov.br/estabilidadefinanceira/exibenormativo?tipo=Resolu%C3%A7%C3%A3o%20BCB&numero=219. Acesso em: 30 jun. 2023.

CONSELHO MONETÁRIO NACIONAL. Resolução nº 4.966, de 25 de novembro de 2021. Dispõe sobre os conceitos e os critérios contábeis aplicáveis a instrumentos financeiros, bem como para a designação e o reconhecimento das relações de proteção (contabilidade de *hedge*) pelas instituições financeiras e demais instituições autorizadas a funcionar pelo Banco Central do Brasil. *Diário Oficial da União*: Brasília, 29 nov. 2021. Disponível em: https://www.bcb.gov.br/estabilidadefinanceira/exibenormativo?tipo=Resolu%C3%A7%C3%A3o%20CMN&numero=4966. Acesso em: 30 jun. 2023.

# 26

# CLASSIFICAÇÃO E MENSURAÇÃO DE ATIVOS E PASSIVOS FINANCEIROS

**Uverlan Rodrigues Primo**
**Eric Barreto**
**Jaime Massaharu Nakata (revisor)**

## 26.1 INTRODUÇÃO

Os instrumentos financeiros devem ser classificados, mensurados e reconhecidos pelas instituições financeiras em observância ao disposto na Resolução CMN nº 4.966/2021, que tem como base o Pronunciamento IFRS 9 *Financial Instruments*, emitido pelo IASB, cujo correspondente no Brasil é o Pronunciamento CPC 48, do Comitê de Pronunciamentos Contábeis (CPC). Destaque-se que a norma aplicável às instituições financeiras contém algumas adaptações em relação ao padrão internacional, principalmente no que se refere à classificação e mensuração de operações de crédito e de passivos.

Importante notar que a mencionada resolução entra em vigor em janeiro de 2025. Até essa data, a regulação do tema mantém-se disciplinada pela Circular nº 3.068/2001.

O disposto na Resolução CMN nº 4.966/2021 aplica-se aos ativos e passivos financeiros, que incluem títulos e valores mobiliários, derivativos, operações de crédito, outros créditos com ou sem características de crédito, depósitos à vista e a prazo etc. Contudo, as seguintes operações ficam fora do escopo da norma, devendo ser reconhecidas, mensuradas e evidenciadas conforme regulamentação específica:

a) investimentos em coligadas, controladas e controladas em conjunto;
b) benefícios a empregados;
c) pagamentos baseados em ações; e
d) passivos provenientes de contratos da instituição com clientes.

## 26.2 CLASSIFICAÇÃO DOS ATIVOS FINANCEIROS

Os ativos financeiros devem ser classificados com base nas características dos fluxos de caixa contratuais do instrumento e no modelo de negócios da instituição para a gestão de instrumentos financeiros.

Quanto aos fluxos de caixa contratuais, deve-se avaliar o tipo de remuneração gerada pelo instrumento, se corresponde somente ao pagamento de principal e de juros (SPPJ) sobre o valor do principal, como um empréstimo básico ou um título de renda fixa, ou se há outras formas de remuneração que não se caracterizem como juros, como dividendos e outros retornos baseados no lucro ou em outras métricas de desempenho da instituição, rendimentos baseados no valor de outros ativos etc.

Na avaliação do tipo de remuneração, a composição das parcelas de juros pode considerar elementos como o valor do dinheiro no tempo, que representa a remuneração somente pela passagem do tempo e demais riscos e custos, como risco de crédito da contraparte, os custos de geração e administração do instrumento, a margem de lucro da instituição e outros riscos relacionados ao instrumento.

Assim, a definição de um empréstimo básico comporta, além da remuneração da instituição pela aplicação no instrumento, na forma de juros, outras parcelas como a atualização monetária da dívida por determinado índice e a cobrança de uma tarifa para ressarcimento de custos de transação. Dessa forma, um instrumento que paga um índice de inflação, como INPC ou IGPM, mais determinada taxa de juros está abarcado pelo conceito de somente pagamento de principal e de juros.

O art. 2º, § 2º, da Resolução BCB nº 309 complementa esse conceito, esclarecendo que, ao determinar se um ativo é SPPJ:

I – deve ser considerada a moeda estrangeira, no caso de transação denominada ou que requeira liquidação em moeda diferente da moeda nacional; e

II – não devem ser consideradas as características dos fluxos de caixa contratuais que:

a) têm efeito nulo ou pouco significativo; ou

b) dependem de evento raro, anormal e improvável.

Ainda sobre a questão dos ativos em moeda estrangeira, o § 6º esclarece que ativos financeiros com cláusula de variação cambial são SPPJ se:

I – o ativo financeiro está vinculado a um passivo financeiro denominado em moeda estrangeira; e

II – os fluxos de caixa do passivo são SPPJ na moeda em que está denominado.

Existem ainda os ativos sem juros ou com taxas menores que as taxas de mercado, para os quais o art. 2º da Resolução BCB nº 309 entende que são consistentes com um acordo de empréstimo básico:

Os ativos sem juros (§ 4º)

=> Desde que não haja componente que gere volatilidade nos fluxos de caixa contratuais ou exposição a riscos inconsistentes.

As taxas de juros menores que as taxas de mercado (§ 5º)

=> Que representam uma estimativa adequada do elemento do valor do dinheiro no tempo, se:

I – estabelecem contraprestação amplamente consistente com a passagem do tempo; e

II – não introduzem volatilidade ou exposição a riscos inconsistentes.

O art. 3º da Resolução BCB nº 309, em referência a questões levantadas durante a aplicação do IFRS 9, e também durante as audiências do Banco Central do Brasil (BCB), reafirma que **taxas de juros alavancadas não são consistentes com um acordo de empréstimo básico**, enquanto o § 1º afirma que uma **taxa de juros alavancada é aquela que aumenta substancialmente a oscilação dos fluxos de caixa de um instrumento**. Um exemplo seria uma operação remunerada a 150% do CDI, pois o percentual aumenta em 50% as variações dessa exposição em taxa pós-fixada. Por outro lado, para operações de crédito e similares, o § 2º alivia esse entendimento, explicando que, se no momento da contratação a taxa alavancada não for significativamente superior à taxa de mercado, considera-se que os fluxos de caixa do ativo financeiro são SPPJ. Um exemplo aqui seria um empréstimo concedido à remuneração de 150% CDI, no momento em que um empréstimo prefixado equivale a algo pouco acima ou pouco abaixo de 150% CDI.

Em relação aos ativos com fluxos de caixa associados ao recebimento de outros ativos financeiros, a norma entende que, para considerarmos esse ativo SPPJ, não só os fluxos de caixa do ativo, mas também os fluxos de caixa do ativo subjacente devem ser SPPJ, e ainda o risco de crédito do ativo subjacente deve ser menor que o risco de crédito do ativo, conforme esquema da Figura 26.1.

Por último, para ativos pós-fixados ou mudanças em prazos ou fluxos de caixa previstos, devemos, no reconhecimento inicial, observar e projetar cenários, considerando modificação no elemento de valor do dinheiro no tempo e de variações nos prazos ou de eventos contingentes. Assim, comparamos esses cenários com e sem modificação e avaliamos se o efeito da mudança é significativo. Se o efeito for significativo, consideramos que o ativo não é SPPJ, conforme esquema da Figura 26.2.

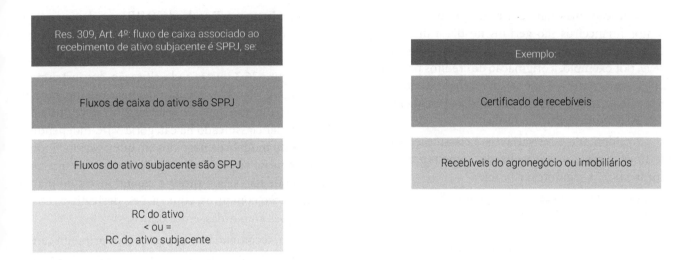

**Figura 26.1**  Fluxo de caixa associado ao recebimento de ativo subjacente.

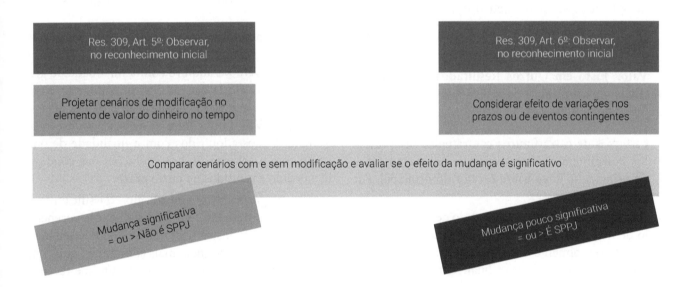

**Figura 26.2**  Ativos pós-fixados ou mudanças em prazos ou fluxos de caixa previstos.

Os modelos de negócios, por sua vez, definem a forma como os instrumentos financeiros são gerenciados pela instituição com vistas a atingir seus objetivos econômicos de curto, médio e longo prazo. Segundo a regulamentação do CMN, esses modelos de negócios, que devem ser aprovados pelo conselho de administração ou, na sua inexistência, pela diretoria da instituição, estabelecerão como determinados grupos de ativos financeiros são geridos em conjunto para atingir um objetivo específico, considerando todas as informações relevantes, como:

a) a forma como os resultados do modelo de negócio e os ativos financeiros que pertencem a esse modelo são avaliados e apresentados para a diretoria e para o conselho de administração, se existente;

b) os riscos que podem afetar o desempenho do modelo de negócio e como esses riscos são administrados; e

c) a base de remuneração dos gestores do negócio.

Além disso, os modelos devem ser definidos considerando a administração dos grupos de ativos para geração de fluxos de caixa e devem refletir as atividades planejadas e efetivamente praticadas para atingir seu objetivo.

Portanto, na avaliação do modelo de negócios, deve ser avaliado não apenas o planejamento das atividades da instituição, mas também a forma como os instrumentos financeiros são geridos no dia a dia. Ou seja, instrumentos geridos em um modelo de negócios que prevê, por exemplo, a originação de créditos para manutenção em carteira até que sejam recebidos todos os seus fluxos de caixa não podem ser vendidos frequentemente, pois descaracterizaria o modelo.

Considerando essas variáveis, a classificação dos ativos financeiros deve ser realizada, como regra geral, de acordo com os seguintes critérios:

**Custo amortizado**: instrumentos financeiros que atendam às seguintes condições:

a) os fluxos de caixa futuros contratualmente previstos constituem-se exclusivamente em pagamentos de principal e juros sobre o valor do principal, em datas especificadas; e

b) o ativo financeiro deve ser mantido dentro de modelo de negócios cujo objetivo seja manter ativos financeiros com o propósito de receber os respectivos fluxos de caixa contratuais.

**Valor Justo em Outros Resultados Abrangentes (VJORA)**: instrumentos financeiros que atendam às seguintes condições:

a) os fluxos de caixa futuros contratualmente previstos constituem-se exclusivamente em pagamentos de principal e juros sobre o valor do principal, em datas especificadas; e

b) o ativo financeiro deve ser mantido dentro de modelo de negócios cujo objetivo seja gerar retorno tanto pelo recebimento dos fluxos de caixa contratuais quanto pela venda do ativo financeiro.

**Valor Justo no Resultado (VJR)**: os demais ativos financeiros que não se enquadrem nas categorias anteriores.

A Figura 26.3 ilustra a classificação dos instrumentos em categorias. Para facilitar o entendimento, note-se que o instrumento que não retorna SPPJ deve obrigatoriamente ser classificado na categoria VJR, independentemente do modelo de negócios em que é gerido. Enquadram-se nessa situação os ativos que tenham qualquer retorno que não seja o próprio capital investido mais a remuneração com juros, como ações, derivativos, ativos com opções embutidas, entre outros.

Assim, recomenda-se que esta seja a primeira característica a ser analisada na classificação do instrumento. Se houver parcela de remuneração que não seja considerada principal ou juros, o instrumento é classificado diretamente na categoria VJR. Caso o instrumento retorne SPPJ, será avaliado o modelo de negócios no qual é gerido.

Se o modelo de negócios for de gerar retorno somente com a venda do instrumento, ou seja, ativos que a instituição gera ou adquire com a finalidade de gerar ganho com a valorização do instrumento, não com o fluxo de caixa gerado, a classificação também deve ser na categoria VJR. Enquadram-se nessa classificação, por exemplo, títulos adquiridos com a finalidade de obter ganho com a valorização por alterações nas condições de mercado e vendidos no curto prazo.

Na categoria custo amortizado, classificam-se as operações contratadas com a finalidade de receber os fluxos de caixa do instrumento durante todo o seu prazo. Esse é o modelo de negócio mais comum, no qual a instituição, por exemplo, investe em um título e recebe as

| Modelo de negócios | Receber fluxos de caixa | Receber fluxos e vender | Outros modelos |
|---|---|---|---|
| Fluxos de caixa contratuais | | | |
| Somente principal e juros (SPPJ) | Custo amortizado | Valor justo em outros resultados abrangentes | Valor justo no resultado |
| Outros tipos de fluxos de caixa | Valor justo no resultado | Valor justo no resultado | Valor justo no resultado |

**Figura 26.3** Classificação de ativos financeiros.

parcelas de juros e de principal contratadas até o final do prazo ou concede um financiamento e espera receber todas as parcelas pactuadas.

Na categoria VJORA, enquadram-se as situações intermediárias, em que a instituição contrata a operação com a finalidade de receber os fluxos de principal e de juros, mas leva também em consideração a possibilidade de realização de ganho pela venda do instrumento, buscando, assim, obter ganho com juros e também com a valorização do ativo.

Essa é certamente a classificação mais controversa, uma vez que a norma do CMN, assim como o IFRS 9, não contém uma definição objetiva sobre qual o período em que o instrumento pode ser mantido em carteira recebendo os fluxos de caixa, a fim de estabelecer uma diferença entre este modelo de negócios e o de gerar retorno somente com a venda do instrumento. Espera-se, portanto, que as próprias instituições definam essa barreira entre esses modelos de negócios em suas políticas internas.

## 26.3 OPERAÇÕES DE CRÉDITO

Segundo a regulação aplicável às instituições financeiras, diferentemente do que estabelece o padrão internacional, as regras gerais para classificação de instrumentos financeiros não se aplicam às operações de crédito e outras operações com característica de concessão de crédito. Esses instrumentos devem ser classificados, de uma forma geral, na categoria custo amortizado, exceto as seguintes, que devem ser classificadas como VJR:

a) operações geridas dentro de modelo de negócios cujo objetivo seja gerar retorno somente pela venda do ativo financeiro;

b) operações cujos fluxos de caixa futuros contratualmente previstos não se constituam exclusivamente em pagamentos de principal e juros sobre o valor do principal, em datas especificadas; e

c) operações para as quais a instituição exerça a opção pelo valor justo, conforme descrito na seção seguinte.

Assim, não será permitido classificar operações de crédito e outras operações com característica de concessão de crédito na categoria VJORA.

## 26.4 INSTRUMENTOS PATRIMONIAIS – OPÇÃO POR VALOR JUSTO EM OUTROS RESULTADOS ABRANGENTES

As instituições podem, no reconhecimento inicial, designar, de forma irrevogável, instrumentos patrimoniais para serem classificados na categoria VJORA. Contudo, os instrumentos classificados de acordo com essa regra seriam avaliados pelo valor justo e os ganhos e perdas decorrentes das variações no valor justo seriam registrados no patrimônio líquido, de forma permanente, sendo mantidos mesmo após a baixa do ativo, ou seja, em nenhum momento esses ganhos ou perdas têm efeito sobre o resultado.

## 26.5 OPÇÃO PELO VALOR JUSTO

A instituição pode optar por classificar como VJR determinados ativos que, diante do modelo de negócios, seriam classificados nas outras categorias, com a finalidade de eliminar ou reduzir significativamente inconsistência de mensuração ou de reconhecimento contábil que possa ocorrer em virtude da mensuração em bases diferentes de ativos ou passivos cuja avaliação conjunta faça parte de estratégia já existente no reconhecimento inicial ou do reconhecimento de ganhos e perdas nesses ativos. Ressalte-se que essa opção pode ser feita somente no reconhecimento inicial do ativo.

Essa opção permite à instituição a possibilidade de melhor administrar instrumentos financeiros que possuem algum tipo de vinculação ou relação de dependência e, por isso, são administrados de forma conjunta. A avaliação de ambos a valor justo permite a confrontação dos ganhos e perdas de ambos no resultado no mesmo período, evitando, assim, descasamentos provocados por diferença da forma de mensuração.

## 26.6 CLASSIFICAÇÃO DE PASSIVOS FINANCEIROS

Os passivos financeiros devem ser classificados, de uma forma geral, na categoria custo amortizado, exceto:

a) derivativos que sejam passivos, os quais devem ser classificados na categoria VJR;

b) passivos financeiros gerados em operações que envolvam empréstimo ou aluguel de ativos financeiros, os quais devem ser classificados na categoria VJR;

c) passivos financeiros gerados pela transferência de ativo financeiro, que devem ser mensurados e reconhecidos conforme as regras de baixa de instrumentos financeiros, tratados no Capítulo 27 deste livro;

d) compromissos de crédito, créditos a liberar garantias financeiras prestadas, que devem ser reconhecidos pelo valor da perda esperada, tratada no Capítulo 28 deste livro.

A Resolução CMN nº 4.966/2021 não permite a opção pelo valor justo para passivos financeiros. Essa é a principal diferença dessa norma aplicável às instituições financeiras do Brasil para o padrão internacional, no que se refere à classificação e mensuração de instrumentos financeiros.

Segundo o IFRS 9, os passivos financeiros são classificados também de acordo com os fluxos de caixa e os modelos de negócios da instituição, de forma semelhante à classificação dos ativos financeiros, sendo permitida, inclusive, a opção pelo valor justo.

A Exposição de Motivos da Resolução CMN nº 4.966/2021 justifica essa opção regulatória do CMN como sendo para evitar eventual melhoria no patrimônio líquido da instituição emissora em decorrência da piora no seu nível de risco de crédito. Ou seja, um instrumento emitido pela instituição pode sofrer uma desvalorização de mercado, em virtude do aumento do seu risco de crédito. Caso o passivo relativo a esse instrumento seja avaliado a valor justo, seu valor contábil seria reduzido, em contrapartida a uma receita, aumentando o patrimônio líquido da instituição. Contudo, no caso específico de uma instituição financeira, esse aumento patrimonial seria artificial, pois, contratualmente, a instituição permanece obrigada a honrar o valor de face do instrumento acrescido da remuneração, nas condições pactuadas, e não há, na prática, a opção de liquidar o passivo por um valor menor que o contratado, devido ao grande impacto que isso causaria na imagem da instituição perante o mercado.

## 26.7 CONTRATOS HÍBRIDOS

Os contratos híbridos são definidos como os contratos que possuam um componente principal não derivativo e pelo menos um derivativo embutido. Quando esse contrato tem como componente principal um ativo financeiro, deve ser classificado e mensurado como instrumento único, sempre na categoria VJR, independentemente do modelo de negócios em que é gerido, tendo em vista que o derivativo embutido não paga SPPJ.

Se o componente principal for passivo financeiro ou instrumento não financeiro, o componente principal e o derivativo embutido devem ser classificados em categorias, mensurados e reconhecidos separadamente, cada um de acordo com suas características, observado que, no caso de o componente principal ser um instrumento não financeiro, não se aplicam as regras previstas na Resolução CMN nº 4.966/2021, mas a regulamentação específica para mensuração, reconhecimento e evidenciação aplicável ao tipo de ativo ou passivo correspondente.

## 26.8 RECLASSIFICAÇÃO

A Resolução CMN nº 4.966/2021 permite a reclassificação somente de ativos financeiros, desde que haja alteração nos modelos de negócios da instituição. Nesse caso, os ativos devem ser reclassificados, de forma prospectiva, no primeiro dia do período subsequente de apuração de resultado contábil, quando devem ser promovidos os seguintes ajustes:

I – transferência da categoria custo amortizado para as demais categorias: a diferença entre o custo amortizado do instrumento e o valor justo na data da transferência deve ser reconhecida como:

a) receita ou despesa, no resultado do período, caso seja transferido para a categoria VJR; ou

b) componente destacado no patrimônio líquido, pelo valor líquido dos efeitos tributários, caso seja transferido para a categoria VJORA;

II – transferência de VJORA para VJR: os ganhos e perdas não realizados reconhecidos como componente destacado no patrimônio líquido devem ser reconhecidos no resultado do período;

III – transferência de VJORA para custo amortizado: os ganhos e perdas não realizados reconhecidos como componente destacado no patrimônio líquido devem ser eliminados do patrimônio líquido, em contrapartida ao valor do ativo, de modo que resulte na mensuração do ativo como se tivesse sido classificado como custo amortizado desde o reconhecimento inicial. Ou seja, a instituição deve mensurar novamente o ativo segundo as regras da categoria custo amortizado e reverter os ajustes a valor justo registrado no PL;

IV – transferência de VJR para as demais categorias: o valor justo do instrumento na data da reclassificação passa a ser o seu novo valor contábil bruto. A partir daí, o ativo deve ser mensurado e reconhecido de acordo com a nova categoria.

Note-se que, em virtude da alteração no modelo de negócios, os ativos financeiros adquiridos ou originados a partir da data dessa alteração deverão ser classificados de acordo com os novos modelos de negócios.

Ressalte-se que qualquer alteração nos modelos de negócios para a gestão de ativos financeiros deve ser aprovada pelo conselho de administração ou, na sua inexistência, pela diretoria da instituição.

## 26.9 RECONHECIMENTO E MENSURAÇÃO

### 26.9.1 Mensuração inicial

Os instrumentos financeiros são mensurados, inicialmente, pelo valor justo na data de sua aquisição, originação ou emissão.

A eventual diferença entre o valor justo e o valor da contraprestação dada ou recebida na aquisição, originação ou emissão do instrumento financeiro deve ser reconhecida no resultado do período para instrumentos financeiros mensurados no nível 1 da hierarquia de valor justo. Para os demais instrumentos financeiros, essa diferença deve ser diferida de acordo com a realização do ganho ou perda.

Porém, essa regra não se aplica aos recebíveis de contratos com clientes sem componente de financiamento significativo, que são reconhecidos pelo valor da transação. Assim, os contratos comerciais, em geral de prestação de serviços, em que haja um prazo curto para pagamento, são reconhecidos pelo valor contratual.

### 26.9.2 Reconhecimento inicial

Os ativos e passivos financeiros classificados na categoria VJR são reconhecidos inicialmente pelo seu valor justo, sem nenhum ajuste, mesmo que haja custos de transação.

Já os ativos financeiros classificados nas categorias custo amortizado e VJORA devem ter seu valor justo ajustado, no reconhecimento inicial, acrescentando-se os custos de transação incorridos atribuíveis individualmente à operação e deduzindo-se eventuais valores recebidos na aquisição ou na originação do instrumento.

No caso de passivo financeiro classificado como custo amortizado, do seu valor justo apurado inicialmente devem ser deduzidos os custos de transação atribuíveis individualmente à operação e acrescidos eventuais valores recebidos na emissão do instrumento.

Note-se que somente são considerados os custos de transação que sejam atribuíveis diretamente à aquisição, à originação ou à emissão do instrumento financeiro e que sejam incrementais, isto é, aqueles custos nos quais a instituição não incorreria caso não tivesse adquirido, originado ou emitido aquele instrumento financeiro específico. São exemplos desses custos as taxas, os emolumentos e os demais serviços pagos na formulação e no registro dos contratos, as comissões devidas a correspondentes, representantes comerciais, agentes, consultores, corretores e revendedores, os custos de avaliação e registro de garantias vinculadas a cada instrumento financeiro, os custos de processamento de documentos etc.

O art. 8º, § 1º, da Resolução BCB nº 309 lembra que os custos de transação, valores recebidos e pagamentos efetuados atribuíveis individualmente à operação incluem:

I – receitas recebidas pela instituição relacionadas à aquisição ou à originação do ativo financeiro;

II – taxas de avaliação da situação financeira e do risco de crédito da contraparte para cada instrumento específico;

III – custos de avaliação e registro de garantias vinculadas a cada instrumento financeiro;

IV – custos de processamento de documentos e fechamento da transação;

V – custos de originação pagos na emissão de ativos e passivos financeiros;

VI – custos de transação com taxas e comissões pagas a agentes, consultores, corretores e revendedores; e

VII – outros custos de transação atribuíveis individualmente à operação.

Os demais gastos, assim como custos incorridos na aquisição, originação ou emissão do instrumento que não possam ser individualizados, sem uso de rateio, devem ser reconhecidos como despesa do período em que ocorrerem.

Sobre o registro contábil no elenco de contas padronizado previsto no Padrão Contábil das Instituições Reguladas pelo Banco Central do Brasil (Cosif), ainda não foram divulgados os títulos contábeis para a escrituração dos instrumentos financeiros conforme essa regulação, visto que sua vigência está prevista para janeiro de 2025. Por esse motivo, ainda não é possível demonstrar aqui o esquema contábil, com a forma de contabilização em cada rubrica.

Contudo, espera-se que o BCB defina contas para o registro do valor contábil bruto, segregando os custos de transação e demais receitas e encargos incorporados ao ativo ou ao passivo financeiro, de forma a propiciar melhor controle desses valores.

### 26.9.3 Apropriação de receitas

As rendas com instrumentos financeiros são apropriadas mensalmente, por ocasião dos balancetes e balanços, apuradas pelo método dos juros efetivos, exceto para os instrumentos financeiros classificados na categoria VJR, cujas receitas e encargos, se existentes, são apropriados ao resultado de acordo com as taxas de juros e demais formas de remuneração e de encargos definidas em contrato.

A apropriação das receitas deve ser realizada *pro rata temporis*. Assim, uma operação contratada durante o mês tem a receita mensal apropriada de forma proporcional na data do balancete relativo ao mês em que a operação foi contratada e integral nos meses seguintes, até sua liquidação.

As receitas com dividendos e outras formas similares de remuneração de instrumentos patrimoniais devem ser reconhecidas no resultado do período em que a instituição obtiver o direito de recebê-los, mensurados conforme valor declarado pela entidade investida. Em geral, a instituição tem o direito a receber dividendos a partir do momento em que a investida declara o seu valor.

No caso dos instrumentos patrimoniais, para os quais a instituição faça a opção pela classificação na categoria VJORA, os dividendos e demais remunerações referentes ao ano de aquisição do instrumento e que representem recuperação do investimento inicial devem ser deduzidos do valor contábil do instrumento em contrapartida ao ativo representativo do direito a receber a respectiva remuneração.

### 26.9.4 Método dos juros efetivos

Para Galdi, Barreto e Flores (2018), o custo amortizado de ativo ou passivo financeiro é o montante pelo qual o ativo ou o passivo financeiro é mensurado em seu reconhecimento inicial, menos as amortizações de principal, mais ou menos juros acumulados calculados com base no método da taxa de juros efetiva menos qualquer redução (direta ou por meio de conta de provisão) por ajuste ao valor recuperável ou impossibilidade de recebimento.

Dessa forma, a apropriação de receitas e encargos de ativos e de passivos financeiros deve ser realizada utilizando-se o método dos juros efetivos, o que consiste na aplicação da taxa de juros efetiva ao valor contábil bruto do instrumento.

A taxa de juros efetiva da operação (TJEO) é a taxa que equaliza o valor presente de todos os recebimentos e pagamentos ao longo do prazo contratual do ativo ou do passivo financeiro ao seu valor contábil bruto.

De acordo com Galdi, Barreto e Flores (2018), uma entidade amortiza quaisquer taxas, prêmios pagos ou recebidos, custos de transação e descontos ao longo da vida esperada do instrumento financeiro. Entretanto, é usado um período menor, se esses custos de transação também se referirem a um período maior.

Assim, para a obtenção da taxa efetiva de um ativo ou passivo financeiro, deve ser levantado o valor de todos os fluxos de pagamentos e recebimentos previstos no contrato e, em seguida, apurada a taxa que equaliza esse fluxo ao valor contábil bruto reconhecido inicialmente, resultando na taxa efetiva de juros para o prazo total da operação. Em outros termos, a TJEO é uma taxa interna de retorno (TIR), que, conceitualmente, iguala o valor presente líquido de todos os fluxos de caixa de um contrato ou projeto a zero.

Nesse cálculo, devem ser consideradas todas as receitas geradas pelo instrumento, como tarifas e taxas, exceto aquelas caracterizadas como ressarcimento pela contraparte do exato valor de despesas relativas à operação custeadas pela instituição.

A título de exemplo, considere um empréstimo concedido pela instituição financeira, no valor de R$ 100.000,00, a ser pago em 12 prestações mensais, com taxa contratual de juros de 3% a.m., cujos fluxos financeiros da instituição durante o contrato são: pagamento de custos de transação, de R$ 500,00, e recebimentos de tarifas, no valor de R$ 1.200,00, e de prestações mensais de R$ 10.046,31. O valor contábil inicial será, portanto, de R$ 99.300,00 (valor do empréstimo + custos − tarifas). Processando-se esses dados em uma calculadora financeira ou em uma planilha eletrônica, tendo PV = (99.300,00); n = 12; PMT = 10.046,31, obtém-se uma taxa efetiva de juros de 3,12%, que será a base para a apropriação mensal das receitas do empréstimo.

O método dos juros efetivos, tal qual exemplificado no parágrafo anterior, é de difícil aplicação, uma vez que normalmente envolve uma série de sistemas diferentes, onde são processadas operações de crédito, operações de renda fixa e outros sistemas transacionais, além das tarifas e dos próprios custos de transação. Por conta dessas dificuldades, é bastante comum que as instituições utilizem um método diferenciado para distribuir os custos de transação ao longo da vida de um instrumento financeiro.

Esse método consiste em manter os custos de transação em uma subconta do instrumento financeiro, separados de outros valores do ativo ou passivo, e apropriar esses custos de transação de forma racional.

A apropriação linear dos custos de transação normalmente só é uma boa forma de amortizar custos de transação em operações que têm fluxos de caixa que pagam juros mensais e principal no final, pois essa configuração de fluxo de caixa produz juros praticamente uniformes ao longo do tempo. Uma operação que tenha pagamento de principal e juros somente no final vai acumulando juros, de forma que, ao longo do seu prazo, os juros vão ficando cada vez maiores, enquanto uma operação que tenha pagamentos de parcelas fixas, cujo saldo devedor tende a diminuir, gera juros cada vez menores, assim, a apropriação linear dos custos de transação estaria descasada com a apropriação de rendas ou despesas de juros. O que pretendemos destacar neste parágrafo é que esse diferimento de custos de transação deve ser feito de forma racional, respeitando a configuração de fluxos de caixa do instrumento financeiro. Uma dica que funciona bem é controlar separadamente os custos de transação e as rendas ou despesas a apropriar, e ao longo da vida da operação, apropriar custos de transação proporcionais às rendas ou despesas apropriadas dentro do mês, de forma que os meses com mais receitas ou despesas de juros também terão mais custos de transação, aproximando o resultado obtido com o da aplicação do método de juros efetivos puro.

O art. 10, § 1º da Resolução BCB 309, afirma que a metodologia diferenciada consiste na:

I – apropriação de receitas no resultado do período, *pro rata temporis*, considerando a taxa de juros contratual original; e

II – apropriação de receitas e despesas relativas aos custos de transação e demais valores recebidos na originação de forma linear ou proporcional às receitas contratuais, conforme as características do contrato.

A Tabela 26.1 ilustra, respectivamente, a apropriação linear e a apropriação proporcional às receitas contratuais.

O importante é aplicar o método de forma consistente para todas as operações de crédito e demais operações com característica de concessão de crédito.

Vale ressaltar que a previsão de custos de transação decorrentes de repactuação, renovação, renegociação ou reestruturação de operações não compõe a TJEO original do instrumento. No caso da reestruturação, eventuais valores recebidos devem ser deduzidos e valores pagos devem ser acrescidos ao valor contábil bruto do ativo financeiro reestruturado, e no caso de renegociação não caracterizada como reestruturação, o instrumento financeiro é baixado e um novo registrado, da mesma forma como seria com um instrumento financeiro novo.

### 26.9.5 Mensuração subsequente

Os instrumentos financeiros devem ser reavaliados, no mínimo, por ocasião dos balancetes e balanços, de acordo com a categoria em que forem classificados.

Conforme mencionado na Seção 26.9.4, que apresenta o método dos juros efetivos, os instrumentos classificados na categoria custo amortizado alteram-se somente pela apropriação mensal dos juros contratuais pelo método dos juros efetivos, sem qualquer impacto pela variação do seu valor justo.

Os demais ativos, classificados nas categorias VJR e VJORA, devem ser ajustados pelo seu valor justo na data dos balancetes e balanços, após a apropriação da receita, se existente.

Para esses ativos, o nome da categoria em que são classificados é bastante intuitivo sobre a forma de avaliação e reconhecimento. Os instrumentos classificados nas categorias VJR têm a variação a valor justo apropriada no resultado do período, como receita ou despesa,

Tabela 26.1 Exemplo de apropriação linear e proporcional

|  | Totais | Mês 1 | Mês 2 | Mês 3 | Mês 4 |
|---|---|---|---|---|---|
| Receitas contratuais | 4.641,00 | 1.000,00 | 1.100,00 | 1.210,00 | 1.331,00 |
| Custos de transação | 464,00 | 116,00 | 116,00 | 116,00 | 116,00 |

|  | Totais | Mês 1 | Mês 2 | Mês 3 | Mês 4 |
|---|---|---|---|---|---|
| Receitas contratuais | 4.641,00 | 1.000,00 | 1.100,00 | 1.210,00 | 1.331,00 |
| Custos de transação | 464,10 | 100,00 | 110,00 | 121,00 | 133,10 |
| Custos/Receitas | 10% |  |  |  |  |

enquanto os instrumentos classificados na categoria VJORA têm o ajuste a valor justo apropriado em conta destacada do patrimônio líquido, denominada outros resultados abrangentes.

No caso dos instrumentos classificados na categoria VJORA, os ganhos ou perdas não realizados registrados em conta destacada do patrimônio líquido devem ser transferidos para o resultado do período quando da baixa, total ou parcial, do instrumento, exceto os relativos a instrumentos patrimoniais para os quais a instituição tenha optado por classificar na categoria VJORA, cujos ganhos ou perdas devem ser mantidos no patrimônio líquido, sem efeito sobre o resultado do período, mesmo com a baixa, total ou parcial, do instrumento.

Note-se que, no caso de instrumentos financeiros avaliados pelo valor justo (VJR e VJORA), as receitas contratuais, quando existentes, devem ser apropriadas preliminarmente ao reconhecimento da variação no valor justo do instrumento. Assim, os ganhos ou perdas decorrentes do ajuste ao valor justo são apurados a partir do valor já acrescido da sua remuneração. A título de ilustração, tomemos como exemplo um título adquirido por R$ 100.000, sem custos de transação, com remuneração de 1% ao mês, classificado como VJR. Sabe-se ainda que após 30 dias o valor justo desse título era de R$ 100.700. Nessa data, deve-se, inicialmente, reconhecer a receita de juros no valor de R$ 1.000, elevando o valor contábil do título para R$ 101.000. Posteriormente, compara-se esse montante com o valor justo do instrumento, resultando em uma perda de R$ 300, que deverá ser reconhecida como despesa do período.

### 26.9.6 Definição do valor justo

O valor justo deve ser apurado de acordo com o disposto no Pronunciamento Técnico CPC 46 – Mensuração do Valor Justo, conforme determina a Resolução CMN nº 4.924/2021, tema tratado especificamente no Capítulo 4 deste livro.

## 26.10 EXERCÍCIOS

1. (Adaptado de CPC 48) Uma entidade tem um modelo de negócios com objetivo de originar empréstimos a clientes e vendê-los a um veículo de securitização, controlado pela entidade, o qual emite instrumentos a investidores. O veículo recebe os fluxos de caixa contratuais e os repassa a seus investidores. Qual é o seu modelo de negócios?

2. (Adaptado de CPC 48) Uma instituição mantém ativos financeiros para atender a uma eventual necessidade de liquidez em um cenário de estresse. Qual é o seu modelo de negócios?

3. Em qual categoria de instrumentos financeiros os ativos e passivos a seguir deveriam ser enquadrados?

a) Carteira de ações de empresas de consumo cíclico, que a entidade pretende negociar no curto prazo.

b) Investimento em títulos públicos que será mantido até o vencimento.

c) Aplicações em títulos que a entidade mantém para gestão de liquidez, auferindo resultados com a venda, mas também com os fluxos de caixa contratuais dos títulos.

d) Empréstimo tomado junto ao BNDES.

e) *Swaps* utilizados para *hedge* econômico, mas não designados para *hedge accounting*.

## 26.11 RESPOSTAS DOS EXERCÍCIOS

1. Na visão consolidada, o grupo originou empréstimos com o objetivo de mantê-los; contudo, na visão individual da entidade originadora, o objetivo é gerar caixa com a venda desses empréstimos ao veículo de securitização; assim, nas demonstrações financeiras separadas, ela não seria considerada como se estivesse gerenciando essa carteira para receber os fluxos de caixa contratuais.

2. Como a entidade não espera vender esses ativos em cenários normais, podemos considerar que o objetivo do seu modelo de negócios é manter os ativos financeiros para receber os fluxos de caixa contratuais. Por outro lado, se a entidade detém esses ativos para atender necessidades diárias de liquidez, o que a obriga a executar vendas frequentes, não podemos considerar que seu objetivo seja manter os ativos financeiros para receber fluxos de caixa contratuais. Da mesma forma, se a entidade é obrigada por seu regulador a vender rotineiramente ativos financeiros para demonstrar que os ativos são líquidos, e o valor dos ativos é significativo, não podemos considerar que seu objetivo seja manter os ativos financeiros para receber fluxos de caixa contratuais.

3.
a) VJR.
b) Custo amortizado.
c) VJORA.
d) Custo amortizado.
e) VJR.

## REFERÊNCIA

GALDI, F.; BARRETO, E.; FLORES, E. *Contabilidade de instrumentos financeiros*: IFRS 9 – CPC 48. São Paulo: Atlas, 2018.

# 27

# BAIXA DE INSTRUMENTOS FINANCEIROS

**Wesley Mendes Carvalho**
**Alexei De Bona**
**Eric Barreto**

## 27.1 INTRODUÇÃO

O termo **desreconhecimento**, utilizado na normatização do Comitê de Pronunciamentos Contábeis (CPC), **não foi replicado na norma do Banco Central do Brasil (BCB). Para o que alguns contadores de instituições estrangeiras também chamam** "*write-off*", o BCB foi simples e direto: baixa. É disso que tratamos neste capítulo.

Após uma transação com determinado instrumento financeiro, ele ainda corresponde à definição de ativo ou de passivo? Para os ativos financeiros, a nova normatização mantém os princípios da Resolução CMN nº 3.533/2008, já alinhada aos padrões internacionais de contabilidade. No caso dos passivos financeiros, a norma é pouco prescritiva, e ligeiramente diferente da internacional.

## 27.2 ATIVOS FINANCEIROS

De acordo com o art. 2º, inciso I, da Resolução CMN nº 4.966, considera-se ativo financeiro:

a) dinheiro;
b) instrumento patrimonial de outra entidade;
c) direito contratual de:
   - receber dinheiro ou outro ativo financeiro de outra entidade; ou
   - trocar ativos financeiros ou passivos financeiros com outra entidade em condições potencialmente favoráveis à instituição detentora desse direito; ou
d) contrato a ser ou que possa ser liquidado com instrumento patrimonial da própria instituição que seja:
   - instrumento financeiro não derivativo para o qual a instituição esteja ou possa estar obrigada a receber um número variável de instrumentos patrimoniais da própria instituição; ou
   - instrumento financeiro derivativo que não seja liquidado pela troca de um valor fixo em dinheiro, ou outro ativo financeiro, por um número fixo de instrumentos patrimoniais da própria instituição.

Quando se detém um ativo, são assumidos direitos, benefícios e controle sobre o ativo, sendo que os benefícios expõem também o ativo a riscos, pois são expectativas de benefícios econômicos futuros; logo, esse ativo pode não produzir todos os benefícios esperados, conforme apresentado na Figura 27.1.

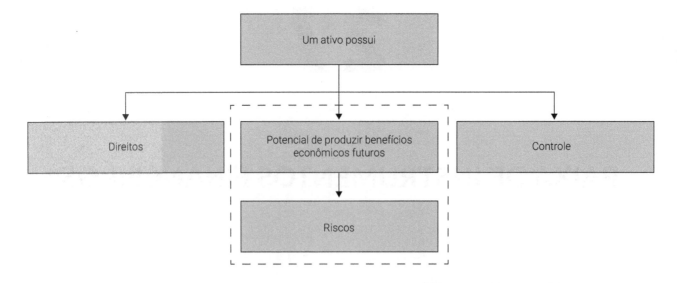

Figura 27.1 Características fundamentais de um ativo segundo a estrutura conceitual da contabilidade.

O potencial de produzir benefícios econômicos futuros é proveniente de o ativo ser um recurso econômico que possui condições de produzir benefícios econômicos. Para que esse potencial exista, não há necessidade de ser certo, ou mesmo provável. É necessário somente que o direito já exista e que, em pelo menos uma circunstância, produza para a entidade benefícios econômicos além daqueles disponíveis para todas as outras partes (*Conceptual Framework*/CPC 00 (R2), 2019).

Para as instituições financeiras, o benefício econômico de seus principais ativos é a produção de juros, que gera aumento no valor do direito a receber das operações.

Já os riscos são inerentes à existência desse mesmo ativo. A norma contábil não destaca nem especifica exatamente quais são os riscos existentes nos ativos, mas para as instituições financeiras o risco mais relevante em seus ativos é o risco de crédito e mercado.

Assim, as instituições devem baixar um ativo financeiro quando:

1. Os direitos contratuais ao fluxo de caixa do ativo financeiro expirarem.
2. O ativo financeiro for transferido e a transferência se qualificar para a baixa nos termos da Resolução CMN nº 4.966, sendo que o ativo financeiro é transferido quando:
   a. os direitos contratuais ao fluxo de caixa forem transferidos; ou
   b. os direitos contratuais ao fluxo de caixa forem retidos, mas a instituição assumir a obrigação contratual de pagar os fluxos de caixa a um ou mais recebedores, desde que observadas as seguintes condições:
      i. inexistência de obrigação da instituição pagar valores a eventuais recebedores, exceto se cobrar valores equivalentes ao do ativo original;
      ii. proibição, pelos termos do contrato de transferência, da instituição vender ou oferecer em garantia o ativo original, exceto como garantia a eventuais recebedores pela obrigação de lhes pagar fluxos de caixa; e
      iii. obrigação da instituição de remeter quaisquer fluxos de caixa que cobrar em nome de eventuais recebedores, sem atraso relevante e sem o direito de reinvestir esses fluxos de caixa, exceto investimentos em caixa ou equivalentes de caixa durante o curto período de liquidação, desde que eventuais juros auferidos sejam repassados aos recebedores.

Segundo o art. 26 da Resolução CMN nº 4.966, as instituições financeiras devem classificar a transferência de ativos financeiros para fins de avaliação de registro de baixa contábil, nas categorias apresentadas na Figura 27.2.

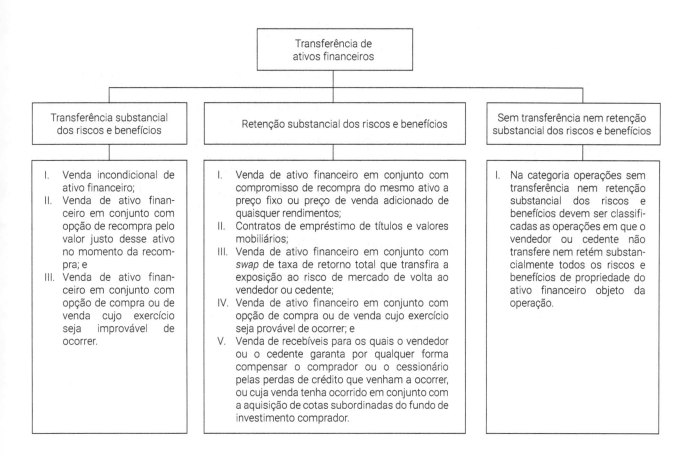

**Figura 27.2** Fluxo de cenários de transferência de ativos financeiros.

A avaliação quanto à transferência ou retenção dos riscos e benefícios de propriedade dos ativos financeiros é de responsabilidade da instituição e deve ser efetuada com base em critérios consistentes e passíveis de verificação, utilizando-se como metodologia, preferencialmente, a comparação à variação no valor presente dos fluxos de caixa esperado associado ao ativo financeiro descontado pela taxa de juros de mercado apropriada, observado que:

a. a instituição vendedora ou cedente transfere substancialmente todos os riscos e benefícios quando sua exposição à variação no valor presente do fluxo de caixa futuro esperado é reduzida significativamente; e

b. a instituição vendedora ou cedente retém substancialmente todos os riscos e benefícios quando sua exposição à variação no valor presente do fluxo de caixa futuro esperado não é alterada significativamente.

Portanto, em um estudo para avaliar se houve transferência dos riscos e benefícios do ativo, em uma instituição financeira, é importante considerar se a entidade cedente está exposta ao risco de crédito e aos juros determinados no contrato principal da operação objeto de estudo.

A avaliação exigida pela resolução não é necessária nos casos em que transferência ou retenção dos riscos e benefícios de propriedade do ativo financeiro seja evidente. A transferência ou retenção dos riscos e benefícios do ativo financeiro é evidente, por exemplo, quando:

a) uma instituição financeira vende uma carteira de operações de crédito sem coobrigação.[1]

Presume-se que os riscos e benefícios do ativo financeiro foram retidos pelo vendedor ou cedente quando o valor da garantia prestada, por qualquer forma, para

---

[1] A coobrigação é um dos tipos de retenção de risco que um cedente pode assumir, caracterizada pela responsabilidade de pagar ou de substituir o crédito cedido em caso de inadimplência do tomador ou outras situações previstas no contrato de cessão (Banco Central do Brasil, 2022).

compensação de perdas de crédito, for superior à perda esperada ou ainda quando o valor das cotas subordinadas de fundos de investimento adquiridas for superior à perda esperada.

### Exemplo
### Retenção de riscos e benefícios na cessão de crédito[2]

A entidade ABC cedeu operações de crédito para a Empresa XYZ de forma que ela retenha o risco de crédito, enquanto transfere o risco de pagamento antecipado/atrasado e o risco de taxa de juros.

Tanto o risco de crédito quanto o risco combinado de pagamento antecipado/atraso e taxa de juros são considerados significativos.

Neste exemplo, a entidade ABC não reteve nem transferiu substancialmente todos os riscos e benefícios. Portanto, é necessário um estudo para avaliar se retevê ou não o controle das operações de crédito, para determinar a baixa ou não dos ativos financeiros.

A avaliação definida da retenção dos riscos e benefícios do ativo financeiro não pode ser divergente entre as instituições referidas no art. 1º da Resolução CMN nº 4.966, que sejam contraparte em uma mesma operação. Portanto, o cenário ideal é haver alguma forma de comunicação entre as instituições financeiras da operação para que o tratamento contábil das transações seja estabelecido em conformidade.

Para o registro contábil da venda ou da transferência de ativos financeiros classificada na categoria operações **com transferência substancial dos riscos e benefícios**, devem ser observados os seguintes procedimentos:

I. Pela instituição vendedora ou cedente:
   a) o ativo financeiro objeto de venda ou de transferência deve ser baixado; e
   b) o resultado positivo ou negativo apurado na negociação deve ser apropriado ao resultado do período de forma segregada.

II. Pela instituição compradora ou cessionária, o ativo financeiro adquirido deve ser registrado de acordo com os arts. 12 e 13 da Resolução CMN nº 4.966, em conformidade com a natureza da operação original, mantidos controles analíticos extracontábeis sobre o valor original contratado da operação.

### Exemplo
### Cessão de crédito sem coobrigação[3]

Uma entidade vendeu sua carteira de recebíveis, que estava contabilizada pelo valor de R$ 230.000, e ainda havia uma redução de R$ 15.000 por conta de perdas incorridas.

Suponha que a carteira tenha um único vencimento três anos após a data da cessão realizada e tenha valor futuro de R$ 300.000.

A carteira foi vendida por R$ 225.000 e o comprador (cessionário) assumiu todos os riscos e benefícios dos ativos cedidos. Registre as contabilizações e apure o resultado da transação.

**Solução proposta**

| | |
|---|---|
| Débito – Caixa (Ativo) | 225.000 |
| Crédito – Ganho DRE | 225.000 |

Histórico: Reconhecimento da receita pela venda do ativo.

| | |
|---|---|
| Débito – Ganho (perda) DRE | 215.000 |
| Crédito – Recebíveis (Ativo) | 215.000 |

Histórico: Baixa pela venda do ativo.

Apuração do resultado:

225.000 – 215.000 = 10.000 de ganho da operação.

Há também a possibilidade do reconhecimento no resultado somente do ganho apurado na operação, ou seja, de 10.000, por meio dos registros da venda e da baixa do ativo em contrapartida a uma conta patrimonial transitória e posterior transferência para o resultado pelo montante líquido apurado, ou seja, 10.000.

Para o registro contábil da venda ou da transferência de ativos financeiros classificada na categoria operações **com retenção substancial dos riscos e benefícios**, devem ser observados os seguintes procedimentos:

I. Pela instituição vendedora ou cedente:
   a) o ativo financeiro objeto da venda ou da transferência deve permanecer, na sua totalidade, registrado no ativo;
   b) os valores recebidos na operação devem ser registrados no ativo tendo como contrapartida passivo referente à obrigação assumida; e
   c) as receitas e as despesas devem ser apropriadas de forma segregada ao resultado do período, pelo prazo remanescente da operação, no mínimo mensalmente.

---

[2] Adaptado de KPMG (2018).

[3] Exemplo de Galdi, Barreto e Flores (2018).

II. Pela instituição compradora ou cessionária:
   a) os valores pagos na operação devem ser registrados no ativo como direito a receber da instituição cedente; e
   b) as receitas devem ser apropriadas ao resultado do período, pelo prazo remanescente da operação, no mínimo mensalmente.

Para o registro contábil da venda ou da transferência de ativos financeiros classificada na categoria operações **sem transferência nem retenção substancial dos riscos e benefícios, com transferência de controle do ativo financeiro** objeto da negociação, devem ser:

I. Observados os procedimentos definidos no art. 28 da Resolução CMN nº 4.966.

II. Reconhecidos separadamente como ativo ou passivo quaisquer novos direitos ou obrigações advindos da venda ou da transferência.

Para o registro contábil da venda ou da transferência de ativos financeiros classificada na categoria operações **sem transferência nem retenção substancial dos riscos e benefícios, com retenção do controle do ativo financeiro** objeto da negociação, devem ser observados os seguintes procedimentos:

I. Pela instituição vendedora ou cedente:
   a) o ativo permanece registrado na proporção do seu envolvimento continuado, que é o valor pelo qual a instituição continua exposta às variações no valor do ativo transferido;
   b) o passivo referente à obrigação assumida na operação deve ser reconhecido;
   c) o resultado positivo ou negativo apurado na negociação, referente à parcela cujos riscos e benefícios foram transferidos, deve ser apropriado proporcionalmente ao resultado do período de forma segregada; e
   d) as receitas e despesas devem ser apropriadas de forma segregada ao resultado do período, pelo prazo remanescente da operação, no mínimo mensalmente.

II. Pela instituição compradora ou cessionária:
   a) os valores pagos na operação devem ser registrados no ativo:
      1. em conformidade com a natureza da operação original na proporção correspondente ao ativo financeiro para o qual o comprador ou cessionário adquire os riscos e benefícios; e
      2. como direito a receber da instituição cedente na proporção correspondente ao ativo financeiro para o qual o comprador ou cessionário não adquire os riscos e benefícios;
   b) as receitas devem ser apropriadas ao resultado do período, pelo prazo remanescente da operação, no mínimo mensalmente.

Quando o envolvimento continuado adquirir a forma de garantia, de qualquer natureza, esse valor deverá ser o menor entre o valor do próprio ativo financeiro e o valor garantido.

> **Exemplo**
> **Sem transferência nem retenção substancial dos riscos e benefícios, com retenção do controle do ativo financeiro**[4]
>
> Uma entidade vende um grupo de ativos com custo amortizado de R$ 100.000, com valor futuro de R$ 160.000 em dois anos, à taxa de 20% a.a., obtendo R$ 111.111. Uma parte desses ativos, correspondente a 10% do recebível, é garantida pela entidade, e o restante não tem nenhuma garantia. A partir do ativo de R$ 100.000, registre as movimentações requeridas para a transação de transferência, sabendo que houve retenção do controle pelo vendedor.
>
> **Solução proposta**
>
> VP = R$ 100.000; VF = R$ 160.000; TJE = 26,49% a.a.
> VP = R$ 111.111; VF = R$ 160.000; TJE = 20,00% a.a.
>
> A entidade baixa um ativo de R$ 90.000, mantendo um ativo de R$ 10.000 no momento da transferência. Ao mesmo tempo, recebe R$ 10.000 nesta data.
>
> A entidade continuará reconhecendo qualquer receita proveniente do ativo transferido na medida do seu envolvimento contínuo e reconhecerá qualquer despesa incorrida com o respectivo passivo, sem compensar as receitas de um com as despesas do outro, ou seja, o ativo continuará sendo corrigido à taxa de 26,49% a.a., enquanto o passivo será corrigido à taxa de 20,00% a.a., o que deve gerar um ganho de R$ 1.111 ao longo de dois anos, pois o valor futuro do ativo de R$ 10.000 e passivo de R$ 11.000 é de R$ 16.000, ou seja, o resultado a ser reconhecido até o vencimento é de R$ 6.000 e R$ 4.889, respectivamente.

Dessa forma, o fluxo macro de avaliação de baixa de ativos financeiros pode ser entendido conforme apresentado na Figura 27.3.

---

[4] Adaptado de Galdi, Barreto e Flores (2018).

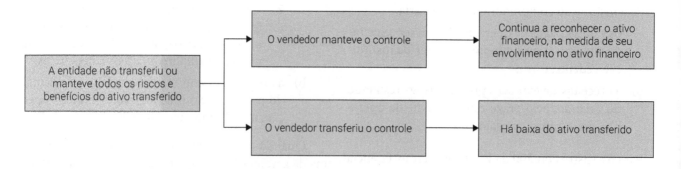

**Figura 27.3** Fluxo de decisão de baixa de ativos financeiros, quando os riscos e benefícios não são substancialmente retidos ou transferidos.

**Fonte:** Galdi, Barreto e Flores (2018, p. 79).

O ativo financeiro vendido ou transferido e o respectivo passivo gerado na operação, quando houver, bem como a receita e a despesa decorrentes, devem ser registrados de forma segregada, vedada a compensação de ativos e passivos, bem como de receitas e despesas.

A operação de venda ou de transferência de ativos financeiros, cuja cobrança permaneça sob a responsabilidade do vendedor ou cedente, deve ser registrada como cobrança simples por conta de terceiros, sendo que eventuais benefícios e obrigações decorrentes do contrato de cobrança devem ser registrados como ativos e passivos pelo valor justo.

Para o registro contábil dos ativos financeiros oferecidos em garantia de operações de venda ou de transferência, devem ser observados os seguintes procedimentos:

I. Pela instituição vendedora ou cedente:

a) reclassificar o ativo de forma separada de outros ativos financeiros de mesma natureza;

b) baixar o ativo financeiro, caso se torne inadimplente na operação para a qual ofereceu o ativo financeiro como garantia e não tenha mais o direito de exigir a sua devolução.

II. Pela instituição compradora ou cessionária:

a) reconhecer o passivo, pelo valor justo, referente à obrigação de devolver o ativo financeiro recebido como garantia à instituição vendedora ou cedente, caso o tenha vendido; e

b) reconhecer o ativo financeiro pelo valor justo ou baixar a obrigação, conforme o caso, se a instituição vendedora ou cedente se tornar inadimplente na operação para a qual ofereceu o ativo financeiro em garantia e não tenha mais o direito de exigir a sua devolução.

Exceto na situação em que a instituição vendedora ou cedente baixar o ativo financeiro, caso se torne inadimplente na operação para a qual ofereceu o ativo financeiro como garantia e não tenha mais o direito de exigir a sua devolução, a instituição vendedora ou cedente deve continuar reconhecendo o ativo financeiro oferecido em garantia e a instituição compradora ou cessionária não deve reconhecê-lo como seu ativo.

De acordo com o art. 35 da Resolução CMN nº 4.966, as disposições previstas nesta subseção:

I. aplicam-se também às operações de venda ou de transferência de parcela de ativo financeiro ou de grupo de ativos financeiros similares;

II. somente devem ser aplicadas à parcela de ativo financeiro se o objeto da venda ou transferência for parte especificamente identificada do fluxo de caixa do ativo financeiro ou proporção do fluxo de caixa do ativo financeiro; e

III. devem ser aplicadas sobre o ativo financeiro na sua totalidade, nos demais casos.

## 27.3 A RESOLUÇÃO CMN Nº 3.533/2008 E A CRISE FINANCEIRA MUNDIAL

A Resolução CMN nº 3.533/2008, publicada em janeiro de 2008, estabeleceu procedimentos para classificação, registro contábil e divulgação de operações de venda ou de transferência de ativos financeiros, já alinhados com a normatização contábil internacional, que seria posteriormente revisada, porém mantendo os mesmos princípios do pronunciamento anterior. Destarte, os conceitos sobre transferência ou retenção de riscos e benefícios e do controle para determinar a baixa ou não baixa de ativo financeiro já existiam na mencionada resolução e não representaram grande novidade para o mercado a partir da publicação das Resoluções CMN nº 4.966/2021 e BCB nº 219/2022. A norma entraria em vigor em 1º de janeiro de 2009.

Ocorre que a crise de 2008 foi um golpe quase fatal à competitividade de bancos pequenos e médios, alguns que tinham aberto capital na bolsa há pouco tempo e diversos que estavam mostrando aos grandes bancos como atuar em nichos específicos, com o crédito consignado e o crédito direto ao consumidor. Com receio do risco, aumentado pela crise, os depositantes fugiram para instituições mais fortes, o mercado interbancário passou a atuar com taxas mais altas e o mercado internacional era para poucos. Assim, as margens ficaram apertadas e as cessões de carteira de crédito tornaram-se alternativas para equacionar o problema de liquidez do momento.

### 27.3.1 Problema com a Resolução CMN nº 3.533/2008

Com a Resolução CMN nº 3.533/2008 em vigor, as cessões de crédito com retenção de riscos deixariam de ter seus resultados contabilizados no ato da transação. Em vez disso, eles seriam diferidos ao longo do prazo dos ativos cedidos. Para não agravar ainda mais a percepção de risco dos bancos pequenos e médios, a Resolução CMN nº 3.673/2008, em dezembro de 2008, adiou o início de vigência da norma para 2010, mantendo uma opção que permitia que as instituições optassem por antecipar a adoção dos procedimentos da norma. Em outubro de 2009, a Resolução CMN nº 3.809/2009 adiou o início de vigência mais uma vez, agora para janeiro de 2011, vedando a adoção antecipada da norma para transações ocorridas a partir da publicação da nova resolução. Por fim, em julho de 2010, finalmente, a Resolução CMN nº 3.895/2010 adiou, pela terceira e última vez, a adoção da norma, para 1º de janeiro de 2012, sem permitir sua adoção antecipada, como a primeira versão da resolução permitiu.

Assim, se uma instituição, no ano de 2008, tivesse optado por adotar antecipadamente esses procedimentos contábeis e, em 2012, ela ainda tivesse créditos mais antigos na sua carteira, ela teria:

a) créditos cedidos antes de 2008, registrados como venda de ativo simplesmente;

b) créditos cedidos entre 2008 e outubro de 2009, registrados de acordo com a Resolução CMN nº 3.533/2008;

c) créditos cedidos entre outubro de 2009 e dezembro de 2011, registrados como venda de ativo;

d) créditos cedidos a partir de 1º de janeiro de 2012, registrados de acordo com a Resolução CMN nº 3.533/2008.

## 27.4 PASSIVOS FINANCEIROS

Passivo financeiro é:

a) Uma obrigação de:

1. Entregar dinheiro ou outro ativo financeiro para outra entidade; ou

2. Trocar ativos financeiros ou passivos financeiros com outra entidade em condições potencialmente desfavoráveis à própria instituição.

b) Contrato a ser ou que possa ser liquidado com instrumento patrimonial da própria instituição que seja:

1. instrumento financeiro não derivativo para o qual a instituição esteja ou possa estar obrigada a entregar um número variável de instrumentos patrimoniais da própria instituição; ou

2. instrumento financeiro derivativo que não seja liquidado pela troca de um valor fixo em dinheiro, ou outro ativo financeiro, por número fixo de instrumentos patrimoniais da própria instituição.

Segundo o *Conceptual Framework*/CPC 00 (R2), de 2019, para que exista um passivo, três critérios devem ser satisfeitos, conforme Figura 27.4.

**Figura 27.4** Condições de existência de um passivo.

**Fonte:** Adaptada de CPC 00 (R2) – *Conceptual Framework*, 2019.

A obrigação é o dever ou responsabilidade que a entidade não tem a capacidade prática de evitar, de forma que a obrigação deve ter o potencial de exigir que a entidade transfira um recurso econômico para a outra parte (ou partes).

A obrigação presente existe como resultado de eventos passados somente se:

a) a entidade já tiver obtido benefícios econômicos ou tomado uma ação; e
b) como consequência, a entidade terá ou poderá ter que transferir um recurso econômico que de outro modo não teria que transferir.

Assim, as instituições devem baixar um passivo financeiro quando a obrigação especificada no contrato expirar, for liquidada, cancelada ou extinta.

Os passivos permanecem nas demonstrações financeiras até que haja "uma transação ou outro evento" que os retire das contas.

O que, porém, define um evento?

No caso mais simples, o evento consiste no pagamento, por um devedor, do valor devido ao credor. O devedor fica liberado, portanto, de qualquer obrigação adicional. Isso é o que se chama de extinção da dívida. No caso mais comum, a dívida é paga na data de vencimento. Em outros casos, a dívida é resgatada antecipadamente, ou seja, antes do vencimento. Dívida também pode ser perdoada inteiramente ou em parte pelo credor, segundo Hendriksen e Van Breda (1999).

De acordo com o IFRS 9/CPC 48, uma troca entre mutuário e um mutuante de instrumentos de dívida com termos substancialmente diferentes é contabilizada como extinção do passivo financeiro original e reconhecimento de novo passivo financeiro. Uma modificação substancial nos termos de um passivo financeiro existente ou de parte dele terá o mesmo tratamento. Segundo Galdi, Barreto e Flores (2018), os termos devem ser considerados substancialmente diferentes se o valor presente dos fluxos de caixa pela taxa de juros efetiva original, de acordo com os novos termos, incluindo custos de transação, for pelo menos 10% diferente do valor presente dos fluxos de caixa restantes do passivo original. Veja o seguinte exemplo:

### Exemplo – Baixa de passivo financeiro

Uma dívida com valor contábil de R$ 100.000, valor futuro de R$ 125.000 e vencimento em um ano foi renegociada à taxa de mercado de 10% a.a. Registre contabilmente os efeitos da renegociação.

VF Renegociado =
R$ 100.000 × (1 + 10%) = R$ 110.000

Novo VP pela TJE original =
R$ 110.000 / (1 + 25%) = R$ 88.000

Como o passivo renegociado é substancialmente diferente do original, o passivo original de R$ 100.000 deve ser liquidado. No lugar dele, deve ser registrado um novo passivo de R$ 100.000, com TJE de 10% e não mais de 25%.

Refaça o exemplo anterior considerando que a dívida foi renegociada à taxa de 20% e, para isso, a entidade pagou uma taxa de renegociação de R$ 3.000.

**Solução proposta**

VF Renegociado =
R$ 100.000 × (1 + 20%) = R$ 120.000

Novo VP pelo TJE original =
R$ 120.000 / (1 + 25%) = R$ 96.000

Como a renegociação não gera um passivo substancialmente diferente, o passivo de R$ 100.000 deve ser ajustado para o valor de R$ 96.000. Os custos de transação devem ser incorporados ao valor do passivo e amortizados ao longo da vida do contrato.

É importante ressaltar que é possível calcular também uma taxa de juros efetiva da dívida considerando o custo de transação de R$ 3.000, o que, para fins de resultado contábil, não deveria ser diferente da tratativa primeiramente apresentada no exercício.

A Resolução CMN nº 4.966/2021 e a Resolução BCB nº 219/2022 não mencionam a situação de baixa de passivos financeiros mencionada no IFRS 9/CPC 48, que considera se os termos do passivo modificado foram substancialmente alterados ou não (exemplo anterior). Dessa forma, **consideramos que o passivo deve ser baixado se a obrigação especificada no contrato expirar, for liquidada, cancelada ou extinta e também no caso de renegociação, quando as instituições devem**, de acordo com o art. 23 da Resolução CMN nº 4.966/2021 e o art. 23 da Resolução BCB nº 219/2022, **baixar o instrumento financeiro original e reconhecer o novo instrumento**.

## 27.5 EXERCÍCIOS

1. Responda quais dos ativos financeiros a seguir deveriam ser baixados, de acordo com a Resolução CMN nº 4.966/2021 e a Resolução BCB nº 219/2022:

   I. Venda de um ativo financeiro em transação na qual o vendedor não retém nenhum direito ou obrigação associada com o ativo vendido.

   II. Venda com compromisso de recompra (operação compromissada).

   III. Venda de recebíveis para um fundo, que deve assumir todos os riscos do ativo comprado. No entanto, a entidade vendedora continuará gerenciando os contatos com o devedor, inclusive os serviços de cobrança.

   a) Somente o item I.
   b) Somente os itens I e II.
   c) Somente os itens I e III.
   d) Somente os itens II e III.

2. Qual das transações a seguir provavelmente não gerará baixa do ativo financeiro?

   a) Cessão de crédito sem coobrigação.
   b) Cessão de crédito com coobrigação.
   c) Venda definitiva de títulos públicos.
   d) Venda de ativo financeiro com alta liquidez, em que há transferência total de riscos e benefícios, mas direito de recompra por parte do vendedor.

## 27.6 RESPOSTAS DOS EXERCÍCIOS

1. c
2. b

## REFERÊNCIAS

BANCO CENTRAL DO BRASIL. *Manual de Informações de Negociação de Operações: Documento 3040*. Disponível em: bcb.gov.br: https://www.bcb.gov.br/content/estabilidadefinanceira/Leiaute_de_documentos/scrdoc3040/SCR3040_Manual_de_Informacoes_de_Negociacao_de_Operacoes.pdf. Acesso em: 17 maio 2023.

CONCEPTUAL FRAMEWORK/CPC 00 (R2). (2019). *Estrutura conceitual para relatório financeiro*. Disponível em: http://www.cpc.org.br/CPC/Documentos-Emitidos/Pronunciamentos/Pronunciamento?Id=80. Acesso em: 17 maio 2023.

GALDI, F. C.; BARRETO, E.; FLORES, E. *Contabilidade de instrumentos financeiros IFRS 9 – CPC 48*: ativos financeiros, passivos financeiros, instrumentos patrimoniais, impairment, derivativos e hedge. São Paulo: Atlas, 2018.

KPMG. *Insights into IFRS*. 14. ed. 2018.

VAN BREDA, M. F.; HENDRIKSEN, E. S. *Toeria da Contabilidade*. São Paulo: Atlas, 1999.

# 28

# PROVISÃO PARA PERDAS ESPERADAS RELACIONADAS AO RISCO DE CRÉDITO

**Maria Camila Baigorri**
**Eric Barreto**
**Marlon Soares Fernandes (revisor)**
**Denis Eduardo Pereira (revisor)**
**Giovanna Ferraz (revisora)**

## 28.1 INTRODUÇÃO

As instituições financeiras atuam, principalmente, na atividade de intermediação financeira, que consiste no encontro dos agentes superavitários e deficitários. Para permitir o encontro desses agentes, elas assumem o risco de crédito da operação, uma vez que a assimetria de informação a respeito do tomador é um dos fatores que dificultam o encontro desses agentes diretamente no mercado.

Diante da relevância do risco de crédito nas operações das instituições financeiras, a provisão para perdas decorrentes desse risco assume papel fundamental na continuidade dessas instituições, pois funciona como uma reserva para absorver as perdas decorrentes de valores não recebidos pela entidade. Assim, ao constituir a provisão, parte do resultado é destinado para a constituição dessa reserva, que será utilizada no futuro caso a perda venha a se realizar.

Além do papel de reserva de valor para perdas decorrentes do risco de crédito, outro objetivo da provisão é garantir que os ativos não estejam registrados contabilmente por valor acima do seu valor recuperável. Caso isso aconteça, as informações financeiras não refletem adequadamente a expectativa de geração de resultados econômicos futuros, o que compromete a utilidade dessas informações para os seus usuários.

Apesar de o risco de crédito e, consequentemente, a provisão estarem presentes na maioria das entidades, nas instituições financeiras elas assumem um papel ainda mais importante. Considerando que as instituições financeiras possuem uma importância sistêmica e que crises bancárias tendem a se tornar crises financeiras, é essencial garantir que as instituições financeiras possuam nível adequado de provisão para fazer frente ao risco de suas operações, sob risco de comprometer não só a continuidade daquela instituição, mas também a estabilidade do sistema financeiro nacional.

Nesse sentido, considerando preocupações de cunho prudenciais, reguladores de diversas jurisdições estabelecem pisos mínimos de provisão, a fim de garantir que esta reserva de valor seja constituída em nível adequado. Esse é o caso, inclusive, do Banco Central do Brasil (BCB), o qual, conforme veremos mais à frente, estabelece, na Resolução CMN nº 2.682, pisos mínimos de provisão conforme a classificação da operação em diferentes níveis de risco.

Considerando a importância sistêmica das instituições financeiras, além de requisitos para constituição de provisão para fazer frente às perdas esperadas, os reguladores também exigem níveis de capital próprio, conhecido como capital regulamentar, para cobrir perdas não esperadas, assim consideradas as perdas de alto valor, mas baixa frequência e que costumam estar localizadas na cauda de distribuição de frequência das perdas associadas ao risco de crédito.

Para cobrir as perdas associadas ao risco de crédito de menor valor, mas cuja frequência é maior, as instituições devem constituir provisão. A apuração da provisão para redução ao valor recuperável dos ativos financeiros pode ser baseada no modelo de perdas incorridas ou de perdas esperadas.

Pelo modelo de perdas incorridas, a provisão somente deve ser reconhecida quando, na data da elaboração das demonstrações financeiras, houver um evento objetivo de perda que possa impactar o resultado da entidade. Como, no reconhecimento inicial da operação, a existência de um evento objetivo que impacte o risco de crédito já estará refletida na taxa de juros da operação, nesse modelo não há, na originação da operação, reconhecimento da provisão para perda.

Já pelo modelo de perda esperada, o que se busca estimar são as perdas futuras que podem ocorrer ao longo do contrato em função do risco de crédito da contraparte. Assim, o reconhecimento da provisão independe da existência de um evento objeto de perda e está baseado em expectativas. Em função disso, já no reconhecimento inicial da operação deve ser apropriada a provisão que reflita a perda que se espera ter ao longo do contrato.

A norma internacional vigente até 2014, o *International Accounting Standard* – IAS 39 emitida pelo *Internacional Accounting Standards Board* (IASB), era baseada no modelo de perda incorrida, de maneira que somente era reconhecida redução no valor recuperável do ativo se, e apenas se, houvesse evidência objetiva de perda no valor recuperável como resultado de um ou mais eventos que ocorreram após o reconhecimento inicial do ativo. A norma ainda reforçava que as perdas esperadas como resultado de acontecimentos futuros, independentemente do grau de probabilidade, não são reconhecidas. O mesmo modelo era utilizado nas normas emitidas pelo *Financial Accounting Standards Board* (FASB).

Esse modelo prevaleceu nas normas emitidas pelo IASB e pelo FASB durante anos, pois a sua utilização dificultava o gerenciamento de resultado via provisão. Como o reconhecimento da despesa de provisão deve estar baseado em um evento objetivo, a constituição e reversão de provisão não poderia ser utilizada como modo de gerenciar o resultado.

Por outro lado, o modelo de perda incorrida retarda o reconhecimento das perdas, uma vez que, por mais que a perda seja esperada, caso ela não esteja associada a um evento objetivo já conhecido, ela não pode ser reconhecida. Durante a crise de 2008, esse modelo sofreu diversas críticas por parte das autoridades internacionais, principalmente do *Financial Stability Board* (FSB), pois se mostrou insuficiente para absorver perdas, em função de reconhecer a provisão de modo tardio e reduzido: *too little, too late*.

A partir da recomendação do FSB, o FASB e o IASB se comprometeram a revisar as normas contábeis que tratavam do tema instrumentos financeiros, com foco, entre outras coisas, na revisão do modelo de reconhecimento de perdas. Desses esforços sugiram o IFRS 9, emitido pelo IAS, e a atualização feita pelo FASB ao documento *Financial Instruments – Credit Losses (Topic 326)*.

Ambos os padrões estão baseados no modelo de perdas esperadas, porém, enquanto o IFRS 9 prevê um modelo de perdas esperadas baseado em estágio, pelo qual, a depender do estágio no qual operação está classificada, a provisão é estimada considerando a PD *lifetime* ou a PD 12 meses, pelo modelo do FASB, conhecido por – *Current Expected Credit Loss* (CECL), a provisão deve ser apurada com base na perda esperada ao longo de toda a vida da operação.

Como vimos anteriormente, o modelo de perdas esperadas, por considerar estimativas para apuração da provisão, está sujeito a maior discricionariedade e, pode, portanto, ser utilizado como modo de gerenciamento de resultado. Contudo, considerando que as normas internacionais são cada vez mais principiológicas, não se pode utilizar esse argumento como justificativa para afastar a utilização do modelo de perdas esperadas. Caso contrário, toda mensuração com base no valor justo, por exemplo, deveria também ser questionada.

Nesse sentido, apesar dos desafios impostos pela utilização do modelo de perdas esperadas, esse modelo é o que apresenta para o usuário uma informação contábil mais útil, uma vez que reflete de maneira mais fidedigna a expectativa de geração de resultados econômicos futuros. Adicionalmente, o modelo de perda esperada é acompanhado de um maior volume de divulgação de informação, de modo que a transparência na utilização desses modelos torne-se uma disciplina de mercado.

Outra característica atribuída ao modelo de perda esperada é o seu caráter procíclico. Isso porque, com o aumento da deterioração econômica, aumentam as perdas esperadas e, portanto, o reconhecimento da provisão. Como o reconhecimento da provisão impacta o resultado das instituições e, consequentemente, seu capital regulamentar, elas perdem a capacidade de assumir o risco de novas operações ou, inclusive, de suportar o risco das operações já existentes. Nesse contexto, duas situações podem ocorrer: restrição do crédito e liquidação forçada de ativos. Como ambos acabam por reforçar o ciclo econômico, essa provisão é considerada procíclica.

Sobre esse ponto, importante destacar que o caráter procíclico da provisão ocorre por meio do capital regulamentar exigido das instituições financeiras. Nesse sentido, em vez de questionarmos o modelo de provisão com base em perdas esperadas, que refletem a informação mais útil para o usuário das demonstrações financeiras, há medidas que podem ser tomadas a fim de reduzir essa prociclicidade, como é o caso, por exemplo, do adicional de capital contracíclico, por meio do qual são exigidos níveis adicionais de capital em momentos de crescimento econômico, o qual poderá ser utilizado quando da reversão do ciclo, a fim de que não haja impacto na atividade das instituições financeiras.

Uma vez analisados os principais aspectos da provisão para redução ao valor recuperável dos ativos, passaremos a analisar como a regulamentação contábil aplicável às instituições financeiras e demais instituições autorizadas pelo BCB trata o tema. Cabe destacar que, em 2021, foi editada a Resolução CMN nº 4.966,[1] que incorpora ao arcabouço normativo local os principais aspectos do IFRS 9, com vigência a partir de janeiro de 2025. Como até lá permanece vigente a Resolução CMN nº 2.682/1999, começaremos nosso estudo com ela para depois analisarmos a Resolução CMN nº 4.966.

## 28.2 RESOLUÇÃO CMN Nº 2.682, DE 21 DE DEZEMBRO DE 1991

Pela Resolução CMN nº 2.682, as instituições financeiras e demais instituições autorizadas a funcionar pelo BCB devem, no reconhecimento inicial, constituir provisão para perdas prováveis para as operações de crédito, operações de arrendamento mercantil e demais operações com característica de concessão de crédito.

Assim, apesar de a norma internacional vigente até 2014 ser baseada nas perdas incorridas, as instituições financeiras no Brasil, desde 2000, apuram sua provisão com base no modelo de perdas esperadas. Importante destacar que essa foi uma importante ferramenta para absorver perdas durante as crises financeiras que ocorreram desde sua vigência.

Além desses ativos, desde 2016, com a edição da Resolução CMN nº 4.512/2016, também estão sujeitas à constituição de provisão para perdas esperadas as garantias financeiras prestadas, assim entendidas aquelas operações nas quais o prestador da garantia deve efetuar pagamentos definidos contratualmente, a fim de reembolsar o detentor de instrumento de dívida (ou outro instrumento de natureza semelhante) por perda decorrente do não pagamento da obrigação pelo devedor na data prevista.

Nesse caso, contudo, como as garantias prestadas não estão reconhecidas no ativo da instituição (e sim registradas em contas de compensação), a provisão deve ser reconhecida em contrapartida às adequadas contas de passivo da instituição, não como conta redutora do ativo, tal como ocorre com os ativos financeiros.

Alguns questionam se, de fato, a normatização vigente a partir do ano 2000 poderia ser considerada como baseada em perdas prováveis. O argumento a favor dessa afirmação encontra-se no art. 6º da Resolução CMN nº 2.682/1999 e no art. 3º da Resolução CMN nº 4.512/2016, que mencionam que a provisão para fazer face aos créditos de liquidação duvidosa deve ser constituída em montantes suficientes para fazer face a perdas prováveis.

Cumpre destacar que o modelo de perda esperada é aplicável às operações de crédito e demais operações com característica de concessão de crédito, inclusive operações de arrendamento mercantil, e às garantias financeiras prestadas. Contudo, em relação a outra classe de ativos financeiros, os títulos e valores mobiliários, a provisão para redução ao valor recuperável do ativo somente é permitida nos casos de evento objetivo de perda, como podemos depreender do art. 6º da Circular BCB nº 3.068/2001:

> Art. 6º As perdas de caráter permanente com títulos e valores mobiliários classificados nas **categorias títulos disponíveis para venda e títulos mantidos até o vencimento** devem ser reconhecidas imediatamente no resultado do período, observado que o valor ajustado em decorrência do reconhecimento das referidas perdas passa a constituir a nova base de custo.
>
> Parágrafo único. Admite-se a reversão das perdas mencionadas no caput desde que por motivo justificado subsequente ao que levou ao seu reconhecimento, limitada ao custo de aquisição, acrescida dos rendimentos auferidos. (Grifo nosso)

Assim, para os títulos e valores mobiliários mensurados pelo custo amortizado e aqueles mensurados pelo valor de mercado com ajuste no patrimônio líquido, referida norma determina que seja reconhecida provisão para redução ao valor desses ativos quando essa redução estiver relacionada a perdas permanentes. Cumpre destacar que a reversão dessa perda, tal como previsto no parágrafo único daquele artigo, não é incompatível com

---

[1] Além da Resolução CMN nº 4.966/2021, foi editada a Resolução BCB nº 219/2022, que aplica os critérios previstos na Resolução CMN nº 4.966 às administradoras de consórcio e instituições de pagamento.

o modelo de perda incorrida, uma vez que a indicação de que o valor não será recuperável pode não mais existir ou ter diminuído.

Portanto, a depender da classe de ativo financeiro, a regulamentação vigente aplicável às instituições financeiras utiliza modelos diferentes para apuração da perda por redução ao valor recuperável do ativo financeiro.

Em relação às garantias financeiras prestadas e aos títulos e valores mobiliários, a regulamentação não prevê critérios objetivos para sua apuração, cabendo à instituição financeira fazê-lo, com base em informações e critérios consistentes, passíveis de verificação.

Já para as operações de crédito, de arrendamento mercantil e demais operações com característica de concessão de crédito, apesar de ser responsabilidade da instituição pela constituição de provisão em montantes suficientes para fazer face a perdas prováveis na realização dos créditos, a Resolução CMN nº 2.682 prevê regras específicas para constituição dessa provisão, as quais passaremos a analisar agora.

Para fins da constituição da provisão de operações de crédito e demais operações com características de concessão de crédito, a instituição deve, no reconhecimento inicial, classificar as operações de AA – H, conforme o nível de risco da operação. Essa classificação deve, inclusive, ser objeto de escrituração em contas de compensação específicas.

A fim de definir o risco da operação, a instituição deve utilizar critérios consistentes e verificáveis, que considerem tanto características do tomador e dos seus garantidores, quanto características da própria operação.

Em relação ao tomador e seus garantidores, devem ser considerados, no mínimo, os seguintes aspectos: situação econômico-financeira; grau de endividamento; capacidade de geração de resultados; fluxo de caixa; administração e qualidade de controles; pontualidade e atrasos nos pagamentos; contingências; setor de atividade econômica; e limite de crédito.

Já em relação à operação, os aspectos mais relevantes a serem considerados são: a natureza e finalidade da transação; as características das garantias, particularmente quanto à suficiência e liquidez; e o valor.

A partir desses aspectos, é responsabilidade da instituição classificar as operações por nível de risco com base nos seus modelos internos de avaliação. No caso de operações cuja contraparte tenha uma exposição total inferior a R$ 50.000,00, a instituição pode classificar a operação com base somente no atraso no pagamento de principal e juros. Nesse caso, contudo, a classificação deve ser, no mínimo, no nível A. Conforme veremos a seguir, isso implica que a operação terá uma provisão de, no mínimo, 0,5% da operação.

Note que essa regra, mesmo que de modo tímido, prevê uma metodologia simplificada para apuração da provisão para aquelas operações que não são capazes de expor a instituição a um risco significativo. Da mesma forma, permite que instituições que realizem operações de crédito de baixo valor não precisem desenvolver modelos internos para classificação das operações por nível de risco.

Sobre a classificação das operações por nível de risco, um aspecto importante previsto na regulamentação é o chamado arrasto: a classificação da operação mais arriscada arrasta a classificação das demais. Isso significa que, caso um mesmo cliente tenha mais de uma operação junto à instituição, a classificação das suas operações deve considerar aquela de maior risco, tanto no reconhecimento inicial quanto no caso de reavaliação da classificação, conforme veremos a seguir. Assim, dentro da mesma instituição, as operações com um mesmo cliente devem possuir o mesmo nível de classificação. Excepcionalmente, admite-se classificação diversa para determinada operação desde que as características da operação, como a existência e o tipo de garantia, assim o justifiquem.

Com base na classificação das operações de AA – H, a Resolução CMN nº 2.682 estabelece pisos mínimos de provisão, apresentados na Tabela 28.1.

**Tabela 28.1** Percentuais mínimos de provisão da Resolução CMN nº 2.682

| Classificação | Provisão |
|---|---|
| A | 0,5% |
| B | 1% |
| C | 3% |
| D | 10% |
| E | 30% |
| F | 50% |
| G | 70% |
| H | 100% |

**Fonte:** Adaptada da Resolução CMN nº 2.682.

Para as operações classificadas no nível AA, não há a previsão de provisão mínima; sendo assim, as operações classificadas nesse nível de risco podem não ter provisão. Porém, cabe frisar que, independentemente dos pisos mínimos definidos na regulamentação, é responsabilidade da instituição a constituição de provisão em montantes suficientes para fazer face a perdas prováveis na realização dos créditos.

A provisão deve ser constituída sobre o valor contábil da operação, em contrapartida ao resultado do exercício. O valor contábil corresponde ao valor da operação na data de referência, computadas as receitas e encargos de qualquer natureza. Cumpre destacar que o valor contábil não corresponde necessariamente ao valor contratual, uma vez que a instituição deve cessar o reconhecimento das receitas das operações com mais de 60 dias de atraso no pagamento do principal e juros.

Em relação às operações de arrendamento mercantil, a base de apuração da provisão deve ser, no caso das operações de arrendamento mercantil do tipo financeiro, o valor presente das contraprestações dos contratos, utilizando-se a taxa interna de retorno de cada contrato, e, no caso das operações de arrendamento mercantil do tipo operacional, o valor das contraprestações a receber já vencidas.

Mensalmente, a classificação dessas operações deve ser revista em função do atraso no pagamento de parcela de principal ou de encargos para reclassificá-las conforme apresentado na Tabela 28.2.

**Tabela 28.2** Atrasos *versus* classificação de risco da Resolução CMN nº 2.682

| Atraso (dias) | Nível de Risco Mínimo |
|---|---|
| Entre 15 e 30 | B |
| Entre 31 e 60 | C |
| Entre 61 e 90 | D |
| Entre 91 e 120 | E |
| Entre 121 e 150 | F |
| Entre 151 e 180 | G |
| Superior a 180 | H |

**Fonte:** Adaptada da Resolução CMN nº 2.682.

Dessa forma, independentemente das características da operação ou do tomador, o atraso acaba tendo um efeito soberano na classificação da operação e, consequentemente, no volume de provisão. Note que isso só ocorre após o reconhecimento inicial, já que, no momento da obrigação da operação, a classificação do risco de crédito é feita com base no modelo interno da instituição segundo as características já mencionadas do tomador e da operação.

Além da reavaliação mensal em função do atraso, as instituições também devem reavaliar a classificação das operações a cada 12 meses. Caso a operação seja realizada com contraparte cujo total de operações seja superior a 5% do patrimônio líquido ajustado, a reavaliação deve ser a cada seis meses.

Perceba que, mesmo não havendo atraso no pagamento do principal e juros, a classificação da operação pode ser alterada, uma vez que as características do tomador (como sua capacidade de geração de resultados, por exemplo), bem como das garantias e dos garantidores, podem ter sido alteradas.

Dessa forma, a provisão pode ser reforçada, caso haja necessidade de constituir mais provisão, ou reduzida, caso a provisão constituída esteja a maior. No caso de excesso, a reversão da provisão é feita em contrapartida à própria conta de despesa, ou, caso já tenha ocorrido o encerramento das contas de resultado por ocasião dos balanços semestrais e anuais, a reversão é feita em contrapartida à adequada conta de receita.

Caso a operação seja classificada no nível H, seja em função do atraso ou das reavaliações mencionadas, a instituição não pode baixar a operação, mesmo considerando que o seu valor contábil líquido é zero. Conforme prevê a Resolução CMN nº 2.682, a operação só pode ser baixada após seis meses da classificação no nível H. Ademais, a operação baixada deve ser mantida registrada em contas de compensação pelo período de cinco anos ou até que esgotados todos os meios de cobrança.

Se houver renegociação, assim entendida a composição de dívida, a prorrogação, a novação, a concessão de nova operação para liquidação parcial ou integral de operação anterior ou qualquer outro tipo de acordo que implique na alteração nos prazos de vencimento ou nas condições de pagamento originalmente pactuadas, a operação deve ser classificada, no mínimo, no nível de risco em que ela estava antes da renegociação, somente sendo admitida a melhoria no risco da operação caso haja amortização significativa ou fato relevante que assim o justifique.

Cumpre destacar que qualquer ganho decorrente da renegociação somente pode ser reconhecido como receita quando houver efetivamente seu recebimento. Assim, busca-se evitar o reconhecimento de receitas cuja probabilidade de entrada de benefícios econômicas é baixa.

Caso a instituição receba ativo não financeiro em liquidação de instrumentos financeiros de difícil ou duvidosa solução, ela deve mensurá-lo conforme os critérios previstos na Resolução CMN nº 4.747, qual seja: menor valor entre o valor contábil bruto do respectivo instrumento e o valor justo do bem, líquido de despesas de vendas.

Perceba que, para fins de mensuração do ativo recebido, deve ser considerado o valor contábil do instrumento financeiro antes de deduzida a provisão, caso contrário, o bem estaria subavaliado no ativo da instituição, uma vez que o valor contábil líquido de provisão seria, na maioria das vezes, inferior ao valor justo do bem, podendo inclusive ser zero no caso de operações classificadas no nível H.

Se a instituição decidir destinar o bem recebido ao próprio uso, ela deve aplicar os critérios de mensuração subsequente conforme natureza do ativo recebido. Caso ela opte por vender o bem, ela deve classificá-lo, no circulante ou realizável a longo prazo, conforme a expectativa de venda do bem. Os bens classificados no ativo circulante que não forem vendidos no prazo de um ano devem ser reclassificados para o ativo realizável a longo prazo.

Os ativos não financeiros recebidos em liquidação de instrumentos financeiros de difícil ou duvidosa solução que não sejam destinados ao uso próprio não estão sujeitos à depreciação ou à amortização; contudo, a fim de evitar que eles não estejam registrados por valor acima do valor recuperável, a instituição deve, anualmente, avaliar se há evidências ou novos fatos que indiquem redução significativa no valor justo.

Caso o valor justo tenha se reduzido, a instituição deve reconhecer uma perda por redução ao valor recuperável, a qual pode ser posteriormente revertida, limitada à perda por redução ao valor recuperável acumulada reconhecida em períodos anteriores.

Note que o que a norma propõe é um teste de redução ao valor recuperável desses ativos; contudo, considerando que esses ativos não têm valor de uso (uma vez que a instituição optou por vendê-los em vez de usá-los), o seu valor recuperável é o valor justo, líquido de despesas de venda.

A Resolução CMN nº 2.682 determina ainda que sejam divulgadas em notas explicativas informações sobre a composição da carteira de crédito, especialmente:

I – distribuição das operações, segregadas por tipo de cliente e atividade econômica;

II – distribuição por faixa de vencimento;

III – montantes de operações renegociadas, lançados contra prejuízo e de operações recuperadas, no exercício.

Além dessa informação, a Resolução CMN nº 2.697 exige a divulgação sobre a composição da carteira de operações de crédito, distribuídas de AA – H, segregando-as em: crédito em curso normal; crédito com atraso inferior a 15 dias e vencidos com atraso igual ou superior a 15 dias.

## 28.3 RESOLUÇÃO CMN Nº 4.966, DE 25 DE NOVEMBRO DE 2021

Apesar de muitos entenderem que o modelo de provisão previsto na Resolução CMN nº 2.682/1999 já é baseado no conceito de perdas esperadas, com a emissão do IFRS 9 pelo IASB, o BCB iniciou os esforços para alinhar os critérios da sua regulamentação com aqueles existentes na nova norma internacional, a fim de reduzir as assimetrias entre esses dois padrões e aumentar o nível de convergência do Cosif ao padrão internacional.

Como resultado desse esforço, foram editadas a Resolução CMN nº 4.966/2021 e a Resolução BCB nº 219/2022, e cumpre destacar que, apesar de o modelo de apuração da provisão para perdas esperadas associadas ao risco de crédito (PPERiC) previsto nessas novas resoluções ter como base a normatização internacional, o padrão aplicável às instituições reguladas pelo BCB é, em alguns aspectos, mais objetivo que o padrão internacional. Como vimos anteriormente, essas medidas justificam-se dada a relevância da provisão para a continuidade das instituições financeiras, e consequentemente para a estabilidade do sistema financeiro.

### 28.3.1 Escopo

Pelas resoluções CMN e BCB, o escopo de ativos financeiros sujeitos à constituição de PPERiC aumentou significativamente. Enquanto pela regulamentação anterior, vigente até 31 de dezembro de 2024, estão sujeitas à provisão somente as operações de crédito, arrendamento mercantil e as garantias financeiras prestadas, pela nova normatização, além dessas operações, também estariam sujeitos à constituição de provisão para perdas esperadas de risco de crédito os demais ativos financeiros.

Assim, o escopo das operações sujeitas à provisão independe do tipo de instrumento, porém, depende da sua classificação nas categorias de instrumentos mensurados ao custo amortizado, ao valor justo no resultado e ao valor justo em outros resultados abrangentes, de modo que os seguintes instrumentos estarão sujeitos aos critérios de provisão:

I – ativos financeiros classificados na categoria valor justo no resultado, com exceção dos instrumentos financeiros patrimoniais, dos instrumentos financeiros derivativos e dos ativos financeiros classificados na categoria valor justo no resultado mensurado no nível 1 da hierarquia de valor justo;

II – ativos financeiros classificados na categoria valor justo em outros resultados abrangentes, exceto os instrumentos financeiros patrimoniais que a instituição opte por mensurar pelo valor justo em outros resultados abrangentes;

III – ativos financeiros classificados na categoria custo amortizado, sem exceção.

Cumpre destacar que o IFRS 9 exige que seja constituída provisão para perdas esperadas dos ativos financeiros classificados na categoria valor justo em outros resultados abrangentes e custo amortizado. Dessa forma, os ativos financeiros classificados na categoria valor justo no resultado não estão sujeitos à constituição de provisão, uma vez que o valor justo já reflete as perdas associadas ao risco de crédito. Além do mais, como para essa classe de ativos, tanto o ajuste a valor justo quanto a provisão são reconhecidos no resultado, o efeito no resultado é o mesmo.

Porém, a Resolução CMN nº 4.966 exige que seja constituída provisão para os ativos classificados na categoria valor justo no resultado (salvo as exceções mencionadas), pois **o volume de provisão constituído para esses ativos é importante para fins de acompanhamento prudencial**. Vale relembrar que, pelas regras de classificação dos instrumentos previstos na Resolução CMN nº 4.966, as operações de crédito e demais operações com característica de crédito podem ser classificadas na categoria custo amortizado ou valor justo no resultado. Caso não fosse exigida provisão para os ativos classificados na categoria valor justo no resultado, algumas operações de crédito não estariam provisionadas, o que poderia comprometer o monitoramento do risco de crédito das operações via Sistema de Informações de Crédito (SCR). Adicionalmente, considerando a baixa disponibilidade de mercado ativo para negociação dessas operações, o valor justo apurado, em algumas situações, pode não refletir adequadamente a perda de crédito esperada nesses instrumentos.

Além desses ativos financeiros, também estão sujeitos à constituição de PPERiC as garantias financeiras prestadas e os compromissos de crédito e crédito a liberar, desde que não possam ser incondicional e unilateralmente cancelados pela instituição, seja por características formais da operação ou ainda por falta de capacidade de fazê-lo na gestão cotidiana do instrumento financeiro.

Por fim, os valores a receber das operações de arrendamento mercantil, vencidos e a vencer, e os ativos provenientes de contratos da instituição com clientes também estão sujeitos à constituição de provisão para perdas esperadas conforme critérios definidos pelas novas resoluções (CMN nº 4.966/2021 e BCB nº 219/2022).

## 28.3.2 Metodologia simplificada ou metodologia completa

As Resoluções CMN nº 4.966/2021 e BCB nº 219/2022 apresentam duas abordagens de cálculo da PPERiC: a primeira, que chamaremos de metodologia completa ou de três estágios, e a metodologia simplificada.

A metodologia completa exige que os ativos sujeitos ao risco de crédito sejam classificados em três estágios, conforme será detalhado em outras seções deste capítulo, e o padrão para modelagem das perdas deve levar em conta como parâmetros mínimos a probabilidade de o ativo financeiro ficar com problemas de recuperação de crédito (probabilidade de *default* – PD); o percentual de perda incorrida, uma vez que o ativo fique com problemas de recuperação de crédito (LGD); e a exposição ao risco de *default* (EAD).

A utilização da metodologia completa pressupõe a estimação dos parâmetros de PD e LGD, tanto para fins de classificação das operações em estágios, quanto para mensuração da perda esperada. Apesar de a norma prever que o esforço para a estimação desses parâmetros deve ser proporcional ao porte da instituição, ela também prevê a metodologia simplificada, que reduz substancialmente as dificuldades operacionais decorrentes da estimação desses parâmetros.

A metodologia simplificada para apuração da provisão deve ser utilizada pelas instituições financeiras enquadradas nos segmentos S4 e S5, conforme definido e explicado no Capítulo 2 deste livro.

No caso das instituições enquadradas no S4 ou integrantes de conglomerado S4, elas podem, mediante autorização do BCB, utilizar a metodologia completa para apuração da provisão.

Para as instituições sujeitas à Resolução CMN nº 4.966, a metodologia completa é a regra, enquanto a metodologia simplificada é a exceção. No caso das instituições de pagamento e das administradoras de consórcio, cuja regulamentação está definida na Resolução BCB nº 219/2022, a regra é a metodologia simplificada, sendo, excepcionalmente, utilizada a metodologia completa.

No caso dessas instituições, a metodologia completa é obrigatória para as instituições de pagamento líderes de conglomerado enquadrado nos Segmentos 2 (S2) e 3 (S3), e para as administradoras de consórcio e para as instituições de pagamento integrantes de conglomerado prudencial que utilizem a metodologia completa: seja por estarem enquadradas no S1, S2 ou S3 ou por terem recebido autorização para utilização da metodologia completa.

Já no caso de instituições de pagamento líder de conglomerado do tipo S4, a metodologia completa é facultativa e somente pode ser utilizada mediante autorização do BCB, tal como ocorre com as demais instituições. O mesmo se aplica às instituições de pagamento líder de conglomerado prudencial não sujeito à segmentação cujo valor do ativo total seja superior a 0,1% do Produto Interno Bruto (PIB) do Brasil.

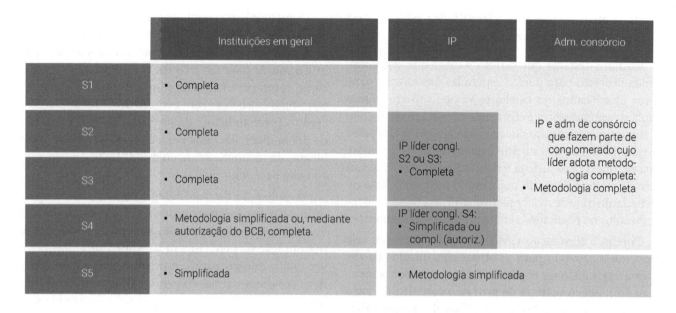

**Figura 28.1** Aplicação de abordagem completa ou simplificada de provisão.

**Quadro 28.1** Carteiras de crédito da Resolução BCB nº 309

| | |
|---|---|
| **Carteira 1 (C1)** | Créditos garantidos por alienação fiduciária de imóveis |
| | Créditos com garantia fidejussória da União, de governos centrais, de jurisdições estrangeiras e respectivos bancos centrais ou organismos multilaterais e entidades multilaterais de desenvolvimento |
| **Carteira 2 (C2)** | Créditos de arrendamento mercantil |
| | Créditos garantidos por hipoteca de primeiro grau de imóveis residenciais, por penhor de bens móveis ou imóveis ou por alienação fiduciária de bens moveis |
| | Créditos garantidos por depósitos à vista, a prazo ou de poupança |
| | Créditos decorrentes de ativos financeiros emitidos por ente público federal ou por instituições autorizadas a funcionar pelo BCB |
| | Créditos com garantia fidejussória de instituições autorizadas a funcionar pelo BCB |
| | Créditos com cobertura de seguro de crédito emitido por entidade que não seja parte relacionada da instituição |
| **Carteira 3 (C3)** | Créditos decorrentes de operações de desconto de direitos creditórios, inclusive recebíveis comerciais adquiridos e operações formalizadas como aquisição de recebíveis comerciais de pessoa não integrante do SFN e nas quais a mesma pessoa seja devedora solidária ou subsidiária dos recebíveis |
| | Créditos decorrentes de operações garantidas por cessão fiduciária, caução de direitos creditórios ou penhor de direitos creditórios |
| | Créditos com cobertura de seguro de crédito, garantia real ou garantia fidejussória não abrangidos anteriormente |
| **Carteira 4 (C4)** | Créditos para capital de giro, adiantamentos sobre contratos de câmbio, adiantamentos sobre cambiais entregues, debêntures e demais títulos emitidos por empresas privadas, sem garantias ou colaterais |
| | Operações de crédito rural sem garantias ou colaterais destinadas a investimentos |
| **Carteira 5 (C5)** | Operações de crédito pessoal, com ou sem consignação, crédito direto ao consumidor, crédito rural não abrangido anteriormente e crédito na modalidade rotativo sem garantias ou colaterais |
| | Créditos sem garantias ou colaterais não abrangidos anteriormente |
| | Créditos decorrentes de operações mercantis e outras operações com características de concessão de crédito, não abrangidos anteriormente |

**Fonte:** Elaborado pelos autores com base na norma do BCB.

**Quadro 28.2** Classificação de operações de crédito

| Ativos sem problema de recuperação de crédito | Entre 0 e 90 dias de atraso |
|---|---|
| Ativos com problema de recuperação de crédito | **Operações não inadimplidas**<br>Apesar de estarem com problema de recuperação de crédito, têm algo entre 0 e 90 dias de atraso<br>Podem ser problemáticas por "arrasto", por terem nascido problemáticas ou por alguma avaliação da operação, do cliente ou outras circunstâncias |
|  | **Operações inadimplidas**<br>Atraso > 90 dias |

Independentemente da abordagem adotada, a Resolução BCB nº 309 estabelece regras de provisionamento para os ativos financeiros, de acordo com o atraso no pagamento de principal e juros e com a classificação dos ativos financeiros nas carteiras apresentadas no Quadro 28.1.

A classificação dos ativos financeiros nas carteiras do Quadro 28.1 leva em consideração as características da operação, em especial suas garantias. Assim, caso haja alteração da carteira à qual o ativo pertence em função de alteração da garantia, a instituição deve ajustar a provisão de acordo com essa reclassificação.

Para os ativos financeiros com mais de uma garantia, a instituição deve considerar a carteira que corresponda ao menor valor de provisão, sem proporcionalidade.

Uma vez classificados em uma das carteiras, os ativos financeiros estarão sujeitos às regras de provisionamento definidas na norma. Para fins de aplicação dessas regras, a norma distinguiu os ativos com problema de recuperação de crédito por motivo de atraso no pagamento de principal e juros superior a 90 dias (inadimplidos) dos demais ativos com problema de recuperação de crédito (ver Quadro 28.2).

No caso da metodologia completa, a instituição deve constituir provisão para perda incorrida dos ativos inadimplidos a partir da aplicação dos percentuais apresentados na Tabela 28.3 sobre o valor contábil bruto do ativo financeiro.

Assim, o art. 11 da Resolução BCB nº 309 exige o reconhecimento de uma **perda incorrida**, de acordo com os percentuais apresentados na Tabela 28.3, relacionados às carteiras mencionadas neste capítulo.

Note que a provisão aumenta conforme o atraso vai aumentando até atingir 100%. Essa regra, contudo, não se aplica aos ativos financeiros cuja contraparte seja pessoa jurídica em processo falimentar, para os quais, a partir da data da decretação da falência, a provisão para perda incorrida deve ser de 100% do valor contábil bruto do ativo.[2]

### 28.3.3 Metodologia simplificada

Ao utilizar a metodologia simplificada, a instituição não necessita estimar a perda esperada com base na metodologia que considera os parâmetros de PD e da LGD, explicados com maiores detalhes nos próximos itens deste capítulo, tampouco necessita classificar as operações em estágios (uma vez que esta está baseada na variação da PD dos instrumentos). Dessa forma, tal metodologia representa uma simplificação relevante.

Pela metodologia simplificada, a mensuração da perda esperada deve considerar características da contraparte e características da operação e deve ser efetuada com base em critérios consistentes e passíveis de verificação, amparada por informações internas e externas.

No caso de contraparte pessoa jurídica, deve ser considerada a sua situação econômico-financeira; grau de endividamento; histórico de pagamentos; limites de crédito na instituição e no sistema financeiro; e adequação entre os fluxos de caixa do devedor e suas obrigações com instituições financeiras. Caso a contraparte seja pessoa natural, devem ser consideradas, no mínimo, as seguintes informações: renda; comprometimento da renda com obrigações contraídas com a instituição e com outras instituições financeiras e demais instituições autorizadas a funcionar pelo BCB; tempestividade no

---

[2] A perda incorrida apresentada na Tabela 28.3 segue o mesmo modelo previsto na Lei nº 14.467/2022, pela qual, as instituições financeiras poderão, a partir de 2025, deduzir na determinação do lucro real e da base de cálculo da Contribuição Social sobre o Lucro Líquido (CSLL), as perdas incorridas decorrentes de:

I – operações inadimplidas, independentemente da data da sua contratação; e

II – operações com pessoa jurídica em processo falimentar ou em recuperação judicial, a partir da data da decretação da falência ou da concessão da recuperação judicial.

**Tabela 28.3** Perda incorrida – Anexo I da Resolução BCB nº 309

| Número de meses de atraso contados a partir do mês do inadimplemento | Carteira C1 | C2 | C3 | C4 | C5 |
|---|---|---|---|---|---|
| Menor que um mês | 5,50% | 30,00% | 45,00% | 35,00% | 50,00% |
| Igual ou maior que 1 e menor que 2 meses | 10,00% | 33,40% | 48,70% | 39,50% | 53,40% |
| Igual ou maior que 2 e menor que 3 meses | 14,50% | 36,80% | 52,40% | 44,00% | 56,80% |
| Igual ou maior que 3 e menor que 4 meses | 19,00% | 40,20% | 56,10% | 48,50% | 60,20% |
| Igual ou maior que 4 e menor que 5 meses | 23,50% | 43,60% | 59,80% | 53,00% | 63,60% |
| Igual ou maior que 5 e menor que 6 meses | 28,00% | 47,00% | 63,50% | 57,50% | 67,00% |
| Igual ou maior que 6 e menor que 7 meses | 32,50% | 50,40% | 67,20% | 62,00% | 70,40% |
| Igual ou maior que 7 e menor que 8 meses | 37,00% | 53,80% | 70,90% | 66,50% | 73,80% |
| Igual ou maior que 8 e menor que 9 meses | 41,50% | 57,20% | 74,60% | 71,00% | 77,20% |
| Igual ou maior que 9 e menor que 10 meses | 46,00% | 60,60% | 78,30% | 75,50% | 80,60% |
| Igual ou maior que 10 e menor que 11 meses | 50,50% | 64,00% | 82,00% | 80,00% | 84,00% |
| Igual ou maior que 11 e menor que 12 meses | 55,00% | 67,40% | 85,70% | 84,50% | 87,40% |
| Igual ou maior que 12 e menor que 13 meses | 59,50% | 70,80% | 89,40% | 89,00% | 90,80% |
| Igual ou maior que 13 e menor que 14 meses | 64,00% | 74,20% | 93,10% | 93,50% | 94,20% |
| Igual ou maior que 14 e menor que 15 meses | 68,50% | 77,60% | 96,80% | 98,00% | 97,60% |
| Igual ou maior que 15 e menor que 16 meses | 73,00% | 81,00% | 100,00% | 100,00% | 100,00% |
| Igual ou maior que 16 e menor que 17 meses | 77,50% | 84,40% | 100,00% | 100,00% | 100,00% |
| Igual ou maior que 17 e menor que 18 meses | 82,00% | 87,80% | 100,00% | 100,00% | 100,00% |
| Igual ou maior que 18 e menor que 19 meses | 86,50% | 91,20% | 100,00% | 100,00% | 100,00% |
| Igual ou maior que 19 e menor que 20 meses | 91,00% | 94,60% | 100,00% | 100,00% | 100,00% |
| Igual ou maior que 20 e menor que 21 meses | 95,50% | 98,00% | 100,00% | 100,00% | 100,00% |
| Igual ou maior que 21 meses | 100,00% | 100,00% | 100,00% | 100,00% | 100,00% |

Fonte: Banco Central do Brasil.

pagamento de obrigações contraídas com a instituição e com outras instituições financeiras e demais instituições autorizadas a funcionar pelo BCB; e patrimônio.

Em relação ao instrumento financeiro, devem ser considerados a natureza e finalidade da operação, o valor contábil dos instrumentos e as características das garantias ou colaterais, quando existentes, tais como modalidade, liquidez e valor presente provável de realização.

A aplicação da abordagem simplificada geralmente resulta em uma matriz de provisões, algo que de fato simplifique o processo recorrente de provisionamento.

Segundo a Resolução BCB nº 309, as instituições que adotem a metodologia simplificada devem constituir, além da provisão para perda incorrida dos ativos inadimplidos calculados da mesma forma estabelecida na metodologia completa, adicional de provisão para todos os ativos financeiros, inclusive para aqueles sem problema de recuperação de crédito as operações de crédito ou com características de crédito problemáticas, deve ser constituída provisão, conforme a Tabela 28.4.

Nas operações problemáticas mencionadas acima, o adicional de provisão considera ainda o motivo da caracterização: por atraso no pagamento superior a noventa dias (inadimplido) ou por outro critério.

Assim, nas operações com problema de recuperação de crédito inadimplidas, além das perdas incorridas, devemos adicionar os seguintes valores à provisão de perdas esperadas:

a) **Carteira C1**: 4,5% (quatro inteiros e cinco décimos por cento).

b) **Carteira C2**: 3,4% (três inteiros e quatro décimos por cento).

c) **Carteira C3**: 3,7% (três inteiros e sete décimos por cento).

d) **Carteira C4**: 4,5% (quatro inteiros e cinco décimos por cento).

e) **Carteira C5**: 3,4% (três inteiros e quatro décimos por cento).

Para as operações problemáticas não inadimplidas, devemos calcular a perda esperada aplicando os seguintes percentuais:

f) **Carteira C1**: 10,0% (dez por cento).

g) **Carteira C2**: 33,4% (trinta e três inteiros e quatro décimos por cento).

h) **Carteira C3**: 48,7% (quarenta e oito inteiros e sete décimos por cento).

i) **Carteira C4**: 39,5% (trinta e nove inteiros e cinco décimos por cento).

j) **Carteira C5**: 53,4% (cinquenta e três inteiros e quatro décimos por cento).

Conforme Quadro 28.3, a Resolução BCB nº 309 estabelece três níveis de provisionamento para a abordagem simplificada, sendo que, para as operações inadimplidas, é preciso registrar perdas incorridas e adicional para perdas esperadas.

**Quadro 28.3** Níveis de provisionamento da Resolução BCB nº 309

**Operações normais**
ADICIONAL PERDAS ESPERADAS PARA OPERAÇÕES SEM PROBLEMA DE RECUPERAÇÃO DE CRÉDITO

**Operações com problema de recuperação de crédito não inadimplidas**
ADICIONAL PERDAS ESPERADAS PARA OPERAÇÕES COM PROBLEMA DE RECUPERAÇÃO DE CRÉDITO NÃO INADIMPLIDAS

**Operações com problema de recuperação de crédito inadimplidas (Atraso > 90 dias)**
PROVISÃO PARA PERDAS INCORRIDAS
ADICIONAL PERDAS ESPERADAS PARA OPERAÇÕES COM PROBLEMA DE RECUPERAÇÃO DE CRÉDITO INADIMPLIDAS

A perda incorrida deve ser calculada de acordo com a Tabela 28.3, que se refere ao art. 11 da Resolução BCB nº 309. O art. 13 dessa resolução refere-se a três adicionais de perdas esperadas.

Para os ativos financeiros com problema de recuperação de crédito inadimplidos, além das perdas incorridas, devemos adicionar os seguintes valores à provisão de perdas esperadas.

**Tabela 28.4** Adicionais de perda esperada para operações sem problema de recuperação de crédito

| Período de atraso | Carteira |  |  |  |  |
|---|---|---|---|---|---|
|  | C1 | C2 | C3 | C4 | C5 |
| De zero a 14 dias | 1,40% | 1,40% | 1,90% | 1,90% | 1,90% |
| De 15 a 30 dias | 3,50% | 3,50% | 3,50% | 3,50% | 7,50% |
| De 31 a 60 dias | 4,50% | 6% | 13% | 13% | 15% |
| De 61 a 90 dias | 5% | 17% | 32% | 32% | 38% |

**Fonte:** BCB.

Vamos aplicar um exemplo numérico a seguir, mas antes é importante lembrar que a norma destaca que as tabelas e os percentuais devem ser aplicados "sem prejuízo da responsabilidade da instituição pela constituição de provisão em montantes suficientes para fazer face à totalidade da perda esperada na realização dos créditos".

### Exemplo

Uma instituição trabalha apenas com crédito pessoal, e possui ativos com os seguintes valores contábeis brutos:

- R$ 100.000 em ativos com problemas de crédito com atraso entre 91 e 120 dias;
- R$ 50.000 em ativos com problemas de crédito com atraso entre 121 e 150 dias;
- R$ 30.000 em ativos com problemas de crédito e atraso entre 0 e 90 dias;
- R$ 1.000.000 em ativos sem atraso ou com atraso até 14 dias;
- R$ 500.000 em ativos com atraso entre 15 e 30 dias;
- R$ 40.000 em ativos com atraso entre 61 e 90 dias.

Calcular a Perda Incorrida (PI) e a Perda Esperada (PE)

| Exposição | 100.000 | 50.000 | 30.000 | 1.000.000 | 500.000 | 40.000 | TOTAL 1.720.000 |
|---|---|---|---|---|---|---|---|
| % PI | 50% | 53,40% | 0 | 0 | 0 | 0 | |
| PI | 50.000 | 26.700 | 0 | 0 | 0 | 0 | 76.700 |
| Adicional PE (%Ad) | 3,40% | 3,40% | 53,40% | 1,90% | 7,50% | 38% | |
| Adicional PE (Ad) | 3.400 | 1.700 | 16.020 | 19.000 | 37.500 | 15.200 | 92.820 |
| %PE = %Ad + %PI | 53,40% | 56,80% | 53,40% | 1,90% | 7,50% | 38,00% | |
| PE = Ad + PI | 53.400 | 28.400 | 16.020 | 19.000 | 37.500 | 15.200 | 169.520 |

Resposta:
PE = 169.520; PI = 76.700, sendo que PI está contido em PE.

## 28.3.4 Classificação em estágios – metodologia completa

Enquanto o modelo de perda esperada previsto na Resolução CMN nº 2.682 está baseado na classificação das operações por nível de risco (*rating*), o modelo da Resolução CMN nº 4.966 baseia-se na classificação da operação em três estágios.

No modelo de provisão baseado em estágios desenvolvido pelo IASB, a provisão reflete a perda econômica decorrente da deterioração na qualidade creditícia dos instrumentos financeiros desde o reconhecimento inicial. Apesar de, no reconhecimento inicial, o risco de crédito estar refletido na taxa de juros do instrumento, a precificação dos ativos, na maioria dos casos, não é ajustada para refletir mudanças nas perdas esperadas em períodos subsequentes; por isso, essas perdas são consideradas perdas econômicas.

Assim, os instrumentos são classificados em três estágios, que buscam refletir a deterioração do risco de crédito do instrumento financeiro desde o reconhecimento inicial até o evento de *default*. No primeiro estágio são classificados os instrumentos que não tiveram deterioração significativa do risco de crédito desde o reconhecimento inicial. Já os instrumentos que tiveram essa deterioração devem ser classificados no segundo estágio. No terceiro estágio estão classificados os ativos financeiros com problema de recuperação de crédito, assim considerados os ativos para os quais haja evidência objetiva de redução no seu valor recuperável.

Segundo a Resolução CMN nº 4.966, os instrumentos financeiros devem, no reconhecimento inicial, ser classificados em estágios com base na probabilidade de o instrumento se tornar um ativo com problema de recuperação de crédito (ativo problemático) durante todo o prazo esperado do instrumento (Quadro 28.4).

O ativo é caracterizado como ativo problemático quando houver indicativo de que a respectiva obrigação não será integralmente honrada nas condições pactuadas, sem que seja necessário recorrer a garantias ou a colaterais. São indicativos de que a obrigação não será integralmente honrada:

a) constatação de que a contraparte não tem mais capacidade financeira de honrar a obrigação nas condições pactuadas;

b) falência decretada, recuperação judicial ou extrajudicial ou atos similares pedidos em relação à contraparte;

c) medida judicial que limite, atrase ou impeça o cumprimento das obrigações nas condições pactuadas;

d) diminuição significativa da liquidez do ativo financeiro associado à obrigação, devido à redução da capacidade financeira da contraparte de honrar suas obrigações nas condições pactuadas;

e) descumprimento de cláusulas contratuais relevantes pela contraparte;

f) negociação de instrumentos financeiros de emissão da contraparte com desconto significativo que reflita perdas incorridas associadas ao risco de crédito; ou

g) reestruturação do ativo financeiro associado à obrigação.

Sobre este último, importante destacar que a norma diferencia reestruturação de renegociação. Enquanto a renegociação é o acordo que implica alterações nas condições originalmente pactuadas, ou ainda a substituição de um instrumento por outro, com liquidação ou refinanciamento parcial ou integral da obrigação original, a reestruturação é um tipo de renegociação na qual a instituição, em decorrência da deterioração relevante da qualidade creditícia da contraparte, faz concessões significativas à contraparte, as quais não seriam feitas se não ocorresse tal deterioração.

Além desses critérios, a norma prevê outro critério objetivo para marcação do ativo problemático: atraso superior a 90 dias no pagamento de principal ou de encargos. Importante destacar que, diferentemente do IFRS 9, na regulamentação aplicável às instituições financeiras esse critério não é refutável. Dessa forma, independentemente do tipo de instrumento financeiro, com 90 dias de atraso, a instituição deve marcá-lo como ativo problemático. Contudo, caso em prazo inferior haja evidência de que o ativo é problemático, a instituição deve considerar o prazo inferior.

**Para fins de classificação da operação em estágios, deve ser considerada a probabilidade de o instrumento se tornar problemático durante todo o prazo esperado do instrumento**. Note que, exceto quando a instituição não puder mensurar com confiabilidade o prazo esperado, ela não deve considerar o prazo contratual da operação, mas sim o seu prazo esperado, que, geralmente, é inferior ao prazo contratual. Somente nas seguintes situações o prazo esperado pode ser superior ao prazo contratual: compromisso de crédito não utilizado; ou instrumentos cujo prazo contratual seja significativamente inferior ao prazo esperado do instrumento e não represente com fidedignidade o prazo do instrumento.

A fim de evitar que a instituição estime a **PD** *lifetime* para fins de classificação em estágios e a PD 12 meses para fins de apuração da provisão (conforme veremos mais à frente), a norma admite a utilização da probabilidade de o instrumento financeiro se caracterizar como ativo financeiro com problema de recuperação de crédito nos próximos 12 (doze) meses.

Contudo, essa faculdade não pode ser utilizada caso a PD 12 meses não reflita adequadamente o risco de crédito da operação, o que ocorre quando:

I – o instrumento financeiro somente possui obrigações de pagamento significativas após os 12 meses seguintes à data da avaliação;

II – as alterações em fatores macroeconômicos relevantes ou em outros fatores relativos a risco de crédito não são adequadamente refletidas na probabilidade de o instrumento financeiro se caracterizar como ativo financeiro com problema de recuperação de crédito nos 12 (doze) meses seguintes à data da avaliação; ou

III – as alterações em fatores relacionados com o risco de crédito somente têm impacto ou têm efeito mais significativo sobre o risco de crédito do instrumento financeiro após 12 (doze) meses.

Para as garantias financeiras prestadas, deve ser considerada a probabilidade de desembolsos futuros pela instituição no caso de a contraparte garantida não honrar a obrigação de acordo com as disposições contratuais vigentes.

**Quadro 28.4** Estágios de risco de crédito

|  | 1º estágio | 2º estágio | 3º estágio |
|---|---|---|---|
| Art. 37 | No **reconhecimento inicial**, instrumentos não problemáticos; | Instrumentos cujo **RC tenha aumentado** significativamente em relação ao apurado na alocação original no primeiro estágio; | Instrumentos **com problemas de recuperação de crédito**. |
|  | Instrumentos cujo RC **não tenha aumentado significativamente** desde o reconhecimento inicial. | Instrumentos **que deixam de ser problemáticos**. |  |
| Art. 47 | Perda esperada considerando **PD 12** (LT, se prazo esperado < 12 meses) | Perda esperada considerando **PD LT**. | Perda esperada considerando que o **instrumento é um ativo com problema de recuperação de crédito**. |
|  | **Opcional: usar PD LT**, desde que aplicado a todos os instrumentos com características semelhantes, de modo consistente ao longo do tempo. |  |  |

Conforme prevê a Resolução CMN nº 4.966, no primeiro estágio devem ser classificados os instrumentos no reconhecimento inicial, exceto se forem originados ou adquiridos como um ativo com problema de recuperação de risco de crédito (ativo problemático). Caso haja aumento significativo do risco de crédito em relação ao risco de crédito inicial, o instrumento deve ser classificado no segundo estágio. Já no terceiro estágio são classificados os ativos problemáticos.

Para fins de avaliação do aumento significativo do risco de crédito, a instituição deve considerar todas as informações razoáveis e sustentáveis que possam afetar o risco de crédito do instrumento, considerando, no mínimo, os seguintes elementos:

I – mudanças significativas, correntes ou esperadas, em indicadores de risco de crédito da contraparte, internos e externos à instituição;

II – alterações adversas nas condições de negócios, financeiras ou econômicas, correntes ou esperadas, capazes de alterar significativamente a capacidade da contraparte de cumprir suas obrigações nas condições pactuadas;

III – reestruturação de outras obrigações da contraparte; e

IV – atraso no pagamento de principal ou de encargos.

A norma prevê ainda um critério objetivo para identificar o aumento significativo do risco de crédito: o atraso de 30 dias no pagamento de principal ou juros. Dessa forma, evita-se que a instituição retarde o reconhecimento do aumento significativo do risco de crédito, a fim de evitar o reconhecimento no resultado do efeito dessa reclassificação, qual seja, o volume de provisão.

Da mesma maneira como acontece com o ativo problemático, caso a instituição, antes dos 30 dias de atraso, identifique o aumento significativo do risco, ela deve reclassificar o instrumento para o segundo estágio. Aqui, contudo, o atraso de 30 dias pode ser refutável, desde que a instituição possa comprovar, com base em evidências consistentes e verificáveis, que o aumento significativo do risco de crédito ocorre em período superior. Esse período, contudo, não pode ser superior a 60 dias.

A operação deve permanecer classificada no segundo estágio até que haja alguma melhora significativa no risco de crédito da contraparte, de modo que o instrumento volte para o primeiro estágio. Entretanto, caso o ativo se torne um ativo problemático, ele deve ser classificado para o terceiro estágio.

Uma vez classificado no terceiro estágio, é possível que a operação retorne ao segundo ou primeiro estágio conforme o risco de crédito reduza significativamente.

Para que o ativo deixe de ser considerado como ativo problemático, deve haver evidências de que a obrigação será integralmente honrada nas condições originalmente pactuadas ou modificadas, no caso de renegociação, sem que seja necessário recorrer a garantias ou a colaterais. Para isso, algumas condições devem ser cumpridas. São elas: inexistência de parcelas vencidas (de principal ou encargos); e pagamento tempestivo e cumprimento das demais obrigações contratuais por período suficiente para demonstrar que houve melhora significativa na capacidade financeira da contraparte em honrar suas operações.

Apesar de a norma não prever critérios objetivos para a cura do ativo, como a definição de período de pagamento tempestivo, ela dá competência para que o BCB o faça por meio da edição de ato normativo próprio.

Ademais, há distinção em relação à cura das operações que "nasceram" no terceiro estágio e das demais. No caso de operações que não eram consideradas ativos problemáticos no reconhecimento inicial, mas que se tornaram ativo problemático, após a cura, elas podem ser classificadas para o segundo estágio, ou, caso o risco de crédito tenha reduzido para nível semelhante ao do reconhecimento inicial, para o primeiro estágio.

Já no caso de instrumentos que, no reconhecimento inicial, foram considerados como ativo problemático e, portanto, classificados no terceiro estágio, após a cura, o ativo deve ser classificado necessariamente no primeiro estágio e o risco de crédito no momento dessa reclassificação será considerado para fins de classificação das operações em estágios.

Isso porque a norma determina que, para fins de classificação em estágios, deve ser considerado o risco de crédito no reconhecimento inicial. Como, nesse caso, o risco no reconhecimento inicial é 100%, a operação que, no reconhecimento inicial, fosse classificada no terceiro estágio poderia ter uma melhora significativa e ser classificada para o primeiro estágio, porém de lá ela não poderia ir para o segundo estágio caso houvesse uma piora (se a PD do reconhecimento inicial é 100%, não pode haver piora). Assim, essa operação somente poderia ir do terceiro estágio para o primeiro, e do primeiro para o terceiro.

Dessa forma, a norma determina que, no caso de operações que nasceram como ativo problemático, a instituição não considerará, para fins de classificação da operação em estágios, o risco de crédito no reconhecimento inicial (uma vez que esse risco já é 100%), mas sim o risco de crédito do momento que a operação for classificada no primeiro estágio.

> **Exemplo**
>
> A Instituição X adquiriu uma operação de crédito que, no reconhecimento inicial, já tinha 90 dias de atraso no pagamento de principal e juros. Passados dois meses, o risco de crédito da instituição reduziu, sendo sua PD *lifetime* estimada em 60%. No reconhecimento inicial, a operação deve estar classificada no estágio 3. Com a melhora no risco de crédito, a operação deve ser reclassificada para o estágio 1. A PD de 60% deverá ser considerada, a partir daí, como a PD inicial para fins de avaliação do risco de crédito e, consequentemente, para fins de classificação em estágio.

A classificação das operações em estágio deve ser revista mensalmente, no caso de atraso no pagamento de principal e juros, ou quando o instrumento for renegociado, a fim de que seja avaliado se a renegociação é uma reestruturação e, portanto, indicativo de que a operação deve ser classificada para o terceiro estágio. Adicionalmente, essa classificação deve ser revista sempre que novos fatos indicarem alteração significativa da qualidade de crédito, inclusive os decorrentes de alteração nas condições de mercado ou no cenário econômico. Por fim, independentemente dessas situações, deve haver a reavaliação uma vez por ano ou, no caso de instrumentos cuja exposição total à contraparte seja superior a 5% do patrimônio líquido da instituição, a cada seis meses.

A revisão do estágio no qual a operação está classificada não é necessária no caso de instrumentos financeiros de baixo risco de crédito, assim considerados os instrumentos que, além de terem contraparte com capacidade comprovada de honrar suas obrigações nas condições pactuadas e que essa capacidade não seja influenciada significativamente por alterações adversas nas condições econômicas e do mercado, tenham uma PD insignificante.

Como vimos anteriormente, o modelo de perda esperada é baseado em maior discricionariedade da instituição, o que acaba tornando-o mais suscetível às práticas de gerenciamento de resultado. Nesse sentido, o *disclosure*, como uma ferramenta de disciplina de mercado, faz-se muito importante. Assim, a norma determina que as instituições evidenciem nas suas demonstrações financeiras, seja no Balanço Patrimonial ou, ainda, em notas explicativas, o valor contábil e o respectivo montante de provisão para perdas associadas ao risco de crédito constituída para os instrumentos financeiros alocados em cada estágio.

A informação da distribuição das operações pelos estágios é essencial para que os usuários possam avaliar a efetividade dos modelos de avaliação do risco de crédito das instituições. Um alto percentual de migração do primeiro para o segundo estágio pode indicar que o modelo de avaliação do risco de crédito da instituição não está refletindo adequadamente o risco de crédito daquela operação.

**Além da perda esperada, musa deste item do livro, é importante lembrar que, para operações com problema de recuperação de crédito inadimplidas, é preciso calcular a provisão para perdas incorridas,** conforme art. 11 da Resolução BCB nº 309. A perda incorrida é um componente da perda esperada.

### 28.3.5 Perda esperada

Já vimos que a constituição da provisão depende do estágio em que o ativo está classificado. Passaremos agora a avaliar como a perda esperada pode ser apurada.

A perda esperada, em percentual, é o produto da PD pela LGD:

$$PE = PD \times LGD$$

Pela Resolução CMN nº 4.966, cabe à instituição detentora do instrumento, com base em critérios consistentes e passíveis de verificação e amparada por informações internas e externas, calcular a perda esperada considerando a probabilidade de o instrumento ser caracterizado como ativo com problema de recuperação de crédito e a expectativa de recuperação do instrumento financeiro. Esses parâmetros devem ser estimados por meio de técnica de mensuração compatível com a natureza e a complexidade dos instrumentos financeiros, o porte, o perfil de risco e o modelo de negócio da instituição.

Para fins de estimação desses parâmetros, as instituições podem utilizar grupos homogêneos de risco, de modo que a estimativa desses parâmetros não precise ser feita para cada operação, mas sim coletivamente, considerando um conjunto de instrumentos financeiros com características semelhantes que permitam a avaliação e a quantificação do risco de crédito de maneira coletiva.

Somente podem ser agrupados os instrumentos financeiros cuja gestão seja feita de modo massificado pela instituição e que sejam considerados na política de crédito e nos procedimentos de gestão de crédito como operações de varejo. Assim, as operações significativas, seja pelo valor da operação ou pela exposição total à contraparte, não podem ser tratadas dentro de grupos homogêneos de risco.

Por fim, como a definição dos grupos homogêneos de risco é baseada em características semelhantes relacionadas ao risco de crédito, a alocação dos instrumentos nos grupos homogêneos de risco deve ser revista sempre que houver evidências de que as características do instrumento deixaram de se assemelhar às do grupo e, mensalmente, no caso de atraso no pagamento de principal ou encargos. Adicionalmente, independentemente da existência de evidências ou de atraso no pagamento, a alocação dos instrumentos nos grupos deve ser revista anualmente, a fim de garantir a homogeneidade do grupo.

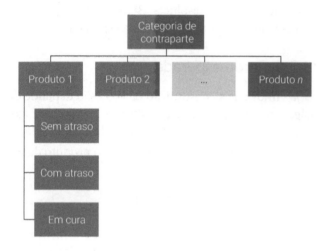

**Figura 28.2** Exemplo de grupos homogêneos de risco.

Além de os grupos serem homogêneos, a norma ainda determina duas características importantes na definição dos grupos: não deve haver concentração significativa em determinados grupos e deve haver, em cada grupo homogêneo de risco, quantidade suficiente de instrumentos que permita a adequada mensuração e validação dos parâmetros de risco do grupo.

Caso constatada a insuficiência de instrumentos em determinado grupo ou o aumento significativo da concentração de instrumentos em um mesmo grupo, a instituição deve revisar a definição dos seus grupos homogêneos de risco.

A probabilidade de o instrumento ser caracterizado como ativo com problema de recuperação de crédito é um parâmetro semelhante à PD, no qual o evento de inadimplência considerado é o ativo se tornar um ativo problemático. Esse parâmetro corresponde à expectativa de o risco de crédito da contraparte se deteriorar a ponto de se tornar um ativo problemático durante todo o prazo esperado do instrumento (PD *lifetime*) ou nos próximos 12 meses (PD 12 meses).

A PD é um parâmetro da contraparte e deve, portanto, ser consistente para todas as operações que tenham o mesmo tomador. Note que a PD não precisa ser, necessariamente, a mesma, uma vez que, para uma operação, pode ser calculada a PD individualmente, enquanto em outra pode ser utilizada a apuração da PD com base em grupos homogêneos.

A probabilidade de o instrumento ser caracterizado como ativo com problema de recuperação de crédito deve ser estimada considerando, no mínimo, o prazo esperado do instrumento financeiro e a situação econômica corrente e previsões razoáveis e justificáveis de eventuais alterações nas condições econômicas e de mercado que afetem o risco de crédito do instrumento, durante o seu prazo esperado, inclusive em virtude da existência de eventuais garantias ou colaterais vinculados ao instrumento.

Outro aspecto relevante é que, apesar de a PD ser um atributo da contraparte, e não da operação (como é o caso das garantias), a existência de garantias ou colaterais pode influenciá-la, uma vez que podem aumentar ou reduzir o incentivo econômico do credor para realizar os pagamentos contratualmente estabelecidos. Exemplo disso ocorreu na crise do *subprime*: com a redução dos preços das casas, e consequentemente do valor das garantias, os credores tiveram um incentivo para deixar de pagar suas hipotecas.

Além da PD, outro parâmetro necessário para estimar a perda esperada é a LGD, que corresponde ao percentual, em relação ao parâmetro EAD, da perda econômica decorrente do descumprimento. A LGD é calculada a partir da expectativa de recuperação do instrumento, que equivale ao percentual da exposição que será recuperado, considerando todos os fatores relevantes, incluindo, no mínimo:

a) os custos de recuperação do instrumento;

b) as taxas históricas de recuperação em instrumentos financeiros com características e risco de crédito similares;

c) a concessão de vantagens à contraparte;

d) as características de eventuais garantias ou colaterais, como modalidade, liquidez e valor presente provável de realização; e

e) a situação econômica corrente e as previsões razoáveis e justificáveis de eventuais alterações nas condições econômicas e de mercado que possam afetar o valor presente provável de realização de eventuais garantias ou colaterais vinculados ao instrumento.

Para estimar o valor presente provável de realização, a entidade deve descontar o valor justo das garantias, líquido dos custos para execução, venda e recebimento dessas garantias, pelo prazo estimado para sua execução, venda e recebimento, à taxa de juros efetiva do instrumento financeiro no reconhecimento inicial.

Assim, a LGD é calculada da seguinte forma:

LGD = 100% - % Expectativa de Recuperação do Instrumento

Os parâmetros da PD e da LGD atribuídos às operações devem ser revistos sempre que novos fatos indicarem alteração relevante no risco de crédito do instrumento ou no valor provável de realização de garantias ou colaterais e, no mínimo, a cada 12 meses, exceto para os instrumentos cuja exposição total da contraparte seja superior a 5% do patrimônio líquido da instituição, para os quais a revisão deve ser, no mínimo, semestral.

## 28.3.6 Provisão para perda esperada

A partir da estimação dos parâmetros PD e LGD, pode ser calculada a provisão para perda esperada, que corresponde à aplicação desses parâmetros ao valor da exposição da instituição (EAD).

O valor da EAD depende do ativo financeiro para o qual está sendo calculada a exposição. No caso de ativos financeiros, exceto operações de arrendamento mercantil, deve ser considerado o valor contábil bruto do ativo, que corresponde ao seu custo amortizado antes do ajuste da PPERiC.

Assim, a provisão é calculada sobre o valor pelo qual o ativo financeiro é reconhecido inicialmente, acrescidos os custos de transação atribuíveis individualmente à operação e deduzidos eventuais valores recebidos na origem do instrumento, deduzidas as parcelas recebidas e acrescido das receitas geradas pela taxa de juros efetiva. Note que o ajuste a valor justo (no caso dos ativos classificados na categoria valor justo no resultado e valor justo no resultado abrangente) não é considerado na base de cálculo da provisão. Por fim, cabe destacar que é vedado o reconhecimento de receita para os ativos financeiros com problema de recuperação de crédito (estágio 3), exceto quando do seu efetivo recebimento.

Já na apuração da provisão para operações de arrendamento mercantil, deve ser considerado o valor presente do montante total a receber nas operações de arrendamento mercantil, descontado conforme a taxa de juros implícita do contrato.

No caso de garantias financeiras prestadas, a instituição deve estimar os desembolsos futuros que espera realizar para reembolsar o detentor de um instrumento de dívida por perda decorrente do descumprimento da obrigação pelo devedor na data prevista. Em relação ao compromisso de crédito, deve ser considerado o valor presente da estimativa de utilização do crédito. No caso de créditos a liberar, como o compromisso de crédito já foi contratado, não há que se falar em estimativa, e sim no valor presente dos recursos já contratados.

Tanto para os compromissos de crédito quanto para os créditos a liberar, a EAD depende do estágio no qual a operação está classificada. Para os compromissos de crédito e os créditos a liberar alocados no primeiro estágio, o valor presente da estimativa de utilização de recursos de compromissos de crédito e o valor presente do crédito a liberar, respectivamente, devem considerar o período de 12 meses, enquanto os alocados no segundo e terceiro estágio devem considerar o prazo esperado do instrumento.

Cumpre destacar que, apesar de a instituição poder estimar os parâmetros PD e LGD por grupos homogêneos de risco, a provisão deve ser apurada e reconhecida operação por operação. Dessa forma, não há que se falar em provisões genéricas, assim considerada a provisão estimada sobre o valor de uma carteira, e não individualmente por operação.

Para fins de apuração da provisão, a PD utilizada, 12 meses ou *lifetime*, depende do estágio no qual a operação está classificada: para os ativos classificados no primeiro estágio, a PD utilizada é aquela de 12 meses, enquanto para os ativos classificados no segundo estágio a PD é a *lifetime*. Já para os ativos classificados no terceiro estágio, a PD é 100% (ou 1). Em relação à LGD, essa é independente do estágio no qual a operação está classificada.

Note que, para fins de avaliação do aumento significativo do risco de crédito e, consequentemente, classificação em estágio, a instituição deve utilizar a PD *lifetime* (exceto se optar pela PD 12 meses, conforme visto anteriormente); contudo, para fins de constituição de provisão, caso o instrumento esteja classificado no primeiro estágio, a PD utilizada é a de 12 meses.

Dessa forma, mesmo para as operações classificadas no estágio 1, a instituição deve monitorar esses dois parâmetros: PD *lifetime* e PD 12 meses. A fim de minimizar dificuldades operacionais, a norma prevê uma simplificação, qual seja, permitir que a provisão das operações classificadas no primeiro estágio possa ser calculada com base na PD *lifetime*.

Cumpre destacar que essa simplificação se assemelha àquela prevista no IFRS 9 para os recebíveis de arrendamento. No caso da Resolução CMN nº 4.966, não há restrição em relação aos ativos financeiros para os quais a instituição pode optar por essa simplificação, isso porque, do ponto de vista prudencial, a utilização da PD *lifetime* para os ativos financeiros classificados no primeiro estágio é melhor, uma vez que resulta em níveis maiores de provisionamento.

No caso dos ativos financeiros e das operações de arrendamento mercantil, os quais estão reconhecidos no ativo, a provisão é uma conta redutora, cujo papel é ajustar o valor contábil para que este reflita o valor que se espera recuperar com aquele ativo.

Já no caso das garantidas financeiras prestadas, compromissos de crédito e crédito a liberar, como esses instrumentos não estão reconhecidos no ativo, a provisão é reconhecida em contrapartida ao passivo. O mesmo se aplica aos valores a receber vincendos das operações de arrendamento mercantil do tipo operacional.

Como o valor da exposição é alterado mensalmente, a provisão deve ser revista, no mínimo, mensalmente. Adicionalmente, a revisão se faz necessária sempre que houver alteração no estágio no qual a operação está classificada ou se houver alteração em algum dos parâmetros utilizados para estimar a perda esperada, quais sejam, a PD e a LGD.

## 28.3.7 Baixa

Diferentemente da Resolução CMN nº 2.682, a Resolução CMN nº 4.966 não prevê critérios objetivos para baixa do ativo financeiro. Ela apenas determina que, caso não seja provável que a instituição recuperará o valor do ativo, ele deve ser baixado.

Essa baixa decorre de perdas associadas ao risco de crédito e não se confunde com a baixa dos ativos decorrente da expiração dos direitos contratuais do ativo ou de transferência que se qualificam para baixa.

Mesmo após a baixa, a instituição deve manter controles para identificação dos ativos financeiros baixados pelo prazo mínimo de cinco anos ou enquanto não forem esgotados todos os procedimentos para cobrança.

Caso haja renegociação do ativo já baixado, ou origem de novo instrumento para liquidação ou financiamento do ativo já baixado, ele deve ser alocado, na data da renegociação, no terceiro estágio com provisão de 100%. Dessa forma, além da PD de 100%, aplicável a todos os ativos classificados no terceiro estágio, implicitamente a norma determina que seja considerada uma LGD de 100%, de modo que a perda esperada seja de 100%.

Somente no caso de amortização significativa ou fatos novos relevantes que indiquem a melhora significativa na capacidade da contraparte honrar a obrigação, a constituição pode ser inferior a 100%, porém, ela deve permanecer classificada no terceiro estágio.

Por fim, a Resolução CMN nº 4.966 prevê que o BCB poderá estabelecer em regulamentação própria prazo para baixa de instrumentos financeiros, considerando períodos de atraso no pagamento de principal ou de encargos, a natureza e a finalidade do instrumento, bem como eventuais garantias ou colaterais.

## 28.4 EXERCÍCIOS

1. Com base na Resolução CMN nº 2.682/1999, classifique os itens a seguir em Verdadeiro (V) ou Falso (F):

    ( ) As instituições financeiras devem constituir provisão para as garantias financeiras prestadas conforme os critérios definidos na Resolução CMN nº 2.682.

    ( ) Uma operação de crédito cujo prazo remanescente é 240 meses que tenha 60 dias de atraso deve ser classificada no estágio D.

    ( ) Caso o ativo financeiro seja classificado no estágio H, ele deve ser imediatamente baixado, uma vez que o seu valor contábil líquido de provisão é zero.

    ( ) As operações de crédito classificadas na categoria de risco D não podem ter a provisão superior a 30%.

    ( ) O modelo de apuração de provisão vigente no Padrão Contábil aplicável às instituições reguladas pelo BCB (Cosif) é baseado em perdas incorridas.

2. Com base nas informações a seguir, determine a provisão constituída ao final de fevereiro, conforme os critérios previstos na Resolução CMN nº 2.682/1999.

    A Soluções S.A. solicitou, no início de janeiro de 2021, uma operação de crédito para o Banco ABC nas seguintes condições:

    Valor: R$ 200.000

    Taxa de Juros: 3% a.m.

    Prazo: 120 dias

    Forma de pagamento: 4 parcelas de R$ 56.275,44

    Classificação da operação por nível de risco (reconhecimento inicial): A

    Ao final de fevereiro, a operação estava com 60 dias de atraso.

3. Julgue os itens a seguir com base nas resoluções CMN nº 4.966/2021 e BCB nº 219/2022:

    ( ) Assim como no IFRS 9, os ativos financeiros classificados na categoria valor justo no resultado não estão sujeitos à provisão para perda esperada associada ao risco de crédito.

    ( ) No reconhecimento inicial, todas as operações devem ser classificadas no primeiro estágio.

    ( ) Para fins de classificação das operações em estágios, deve ser considerada a probabilidade de tornarem-se problemáticas nos próximos 12 meses.

( ) Os ativos financeiros considerados problemáticos no reconhecimento inicial devem, após a cura, ser classificados no estágio 1.

( ) 90 dias de atraso são um indicativo objetivo de que o ativo está com problema de recuperação de crédito; contudo, esse prazo pode ser refutável caso a entidade comprove que a contraparte tem capacidade de honrar suas obrigações nas condições originalmente pactuadas.

4. Julgue os itens a seguir com base nas resoluções CMN nº 4.966/2021 e BCB nº 219/2022:

( ) As instituições financeiras enquadradas no S5 não necessitam classificar as operações em estágios.

( ) Para fins de apuração da perda esperada associada a compromissos de crédito, a instituição deve considerar a estimativa de utilização do compromisso nos próximos 12 meses.

( ) A provisão para perda esperada pode ser estimada com base nos grupos homogêneos de risco.

( ) A renegociação é um indicativo de que a contraparte não conseguirá honrar suas obrigações.

( ) Operações consideradas como de risco de crédito baixo estão dispensadas da constituição de provisão para perda esperada associada ao risco de crédito.

5. Em janeiro de 2021, a instituição ABC concedeu uma operação de crédito a cliente cuja exposição total é 7% do PL da instituição com as seguintes condições:

Valor liberado: R$ 100.000;

Taxa de juros efetiva: 2,3% a.m.

Prazo: 3 anos

Forma de Pagamento: integralmente ao final do contrato.

Expectativa de recuperação estimada: 70%

No reconhecimento inicial, a PD *lifetime* estimada do seu cliente era de 10%, enquanto a PD 12 meses era de 1,5%.

Com base nessas informações, julgue os itens a seguir conforme os critérios previstos nas resoluções CMN nº 4.966/2021 e BCB nº 219/2022.

( ) Ao final do primeiro semestre, a operação deve estar classificada no segundo estágio.

( ) A perda, dado o descumprimento (LGD), é 30%.

( ) A provisão para perda esperada ao final do primeiro semestre é R$ 7.929,62.

( ) Como a operação é de baixo valor, a estimativa da PD pode ser feita de maneira coletiva, com base em grupos homogêneos de risco.

## 28.5 RESPOSTAS DOS EXERCÍCIOS

1.

F – A norma que determinou a provisão para garantias é a Resolução CMN nº 4.512

F – 60 dias de atraso devem ser classificados no estágio C.

F – No estágio H a baixa ocorre após seis meses da classificação nesse nível de risco.

F – A norma estabelece um mínimo de 10% para as operações no estágio D.

V – A partir de 2025, a Resolução 4966 vai acatar o método de perdas esperadas.

2.

1º mês: nível de risco A, provisão 0,5%. Como houve atraso não houve o pagamento.

| Caixa | | | Operação de Crédito | |
|---|---|---|---|---|
| 200.00  1 | | 1 | 200.000 | |
| | | 3 | 6.000 | |
| | | SF | 206.000 | |

| (−) Provisão de perdas | | | Desp. de provisão de perdas | | | Receitas de Juros | |
|---|---|---|---|---|---|---|---|
| 1.000  2 | | 2 | 1.000 | | | 6.000  3 | |

2º mês: 60 dias de atraso no pagamento, nível de risco C, provisão de 3%.

| Caixa |   |   | Operação de Crédito |   |
|---|---|---|---|---|
| 200.00 | 1 | 1 | 200.000 |   |
|   |   | 3 | 6.000 |   |
|   |   | SF | 206.000 |   |
|   |   | 4 | 6.180 |   |

| (–) Provisão de perdas |   |   | Desp. de provisão de perdas |   | Receitas de Juros |   |
|---|---|---|---|---|---|---|
|   | 1.000 | 2 | 2 | 1.000 | 6.000 | 3 |
|   | 6.180 | 5 | 5 | 6.180 | 6.180 | 4 |
|   | 7.180 |   |   |   |   |   |

A provisão ao final do mês de fevereiro é de 7.180.

3.

F – A norma não faz distinção do modelo de negócio para apuração da provisão de perdas.

F – Se a operação for identificada com problemas de recuperação de crédito no reconhecimento inicial, esta deve ser alocada no terceiro estágio.

V

V

V – A instituição deve estabelecer critérios consistentes e passíveis de verificação, devidamente documentados, para a descaracterização do instrumento como ativo com problema de recuperação de crédito.

4. V / V / V / F / F

5. F / V / F / V

# REFERÊNCIAS

CONSELHO MONETÁRIO NACIONAL. Resolução CMN nº 2.682, de 21 de dezembro de 1999. Dispõe sobre critérios de classificação das operações de crédito e regras para constituição de provisão para créditos de liquidação duvidosa. *Diário Oficial da União*: Brasília, 21 dez. 1999. Disponível em: https://www.bcb.gov.br/pre/normativos/res/1999/pdf/res_2682_v2_L.pdf. Acesso em: 30 jun. 2023.

CONSELHO MONETÁRIO NACIONAL. Resolução nº 4.966, de 25 de novembro de 2021. Dispõe sobre os conceitos e os critérios contábeis aplicáveis a instrumentos financeiros, bem como para a designação e o reconhecimento das relações de proteção (contabilidade de *hedge*) pelas instituições financeiras e demais instituições autorizadas a funcionar pelo Banco Central do Brasil. *Diário Oficial da União*: Brasília, 29 nov. 2021. Disponível em: https://www.bcb.gov.br/estabilidadefinanceira/exibenormativo?tipo=Resolu%C3%A7%C3%A3o%20CMN&numero=4966. Acesso em: 30 jun. 2023.

# 29

# CONTABILIDADE DE *HEDGE* (*HEDGE ACCOUNTING*)

Ênio Bonafé Mendonça de Souza
Wesley Mendes Carvalho (revisor)
Eric Barreto (revisor)

## 29.1 INTRODUÇÃO

### 29.1.1 O que é *hedge*

*Hedge* é a compensação (ou neutralização) dos efeitos (positivos ou negativos) da flutuação de uma variável que impacta o resultado operacional ou financeiro da empresa; ou, em outras palavras, é a proteção dos resultados da empresa, normalmente por meio da contratação de uma nova transação que proporcione essa proteção.

O banco, por exemplo, em função das condições de mercado, poderia ver uma boa oportunidade de fazer captação em moeda estrangeira (ME), mas não quer se expor a flutuações adversas nas cotações dessa moeda, então ele contrata um *swap* de moeda para trocar o indexador da dívida em ME para a sua moeda funcional. Outro exemplo seria quando o banco, por questões comerciais, origina empréstimos com taxa pós-fixada, mas preferiria tê-los em taxa prefixada; então ele vende contratos futuros de taxa de juros (DI FUT) na bolsa (B3) para compensar as variações nos juros.

Existem os chamados *hedges* naturais, que são compensações automáticas entre os resultados de ativos e passivos previamente existentes ou esperados, que não exigem nenhuma ação de gestão para garantir a proteção dos resultados. Por exemplo, quando o banco faz captações em ME para financiar operações de comércio exterior (*trade finance*), que também estão sujeitas à variação cambial (VC), espera-se que o impacto das variações cambiais no ativo e no passivo se compensem automaticamente, refletindo no resultado somente o *spread* da operação. No entanto, exceto nesses casos de *hedge* natural, normalmente o *hedge* implica alguma ação do banco para proteger-se de impactos negativos nos resultados, seja contratando algum derivativo, seja gerindo suas atividades operacionais de forma a não ter descasamentos que possam gerar riscos financeiros.

É claro que, para a instituição financeira saber se precisa contratar ou não algum derivativo, ou emprestar menos (ou mais) em ME, ela precisa ter alguma ferramenta (relatório) que mostre de forma objetiva sua exposição a cada um dos fatores de risco que afetam seus resultados (corrente e abrangente). Sabendo, por exemplo, que o montante atual de captações em ME é o mesmo do montante de operações ativas de *trade finance*, e que os prazos dessas operações estão razoavelmente casados, o banco poderia decidir não fazer *hedge* da exposição cambial. Por outro lado, esses passivos (captação) podem ter sido contratados a taxas de juros fixas, e o banco preferiria que eles fossem a taxas flutuantes, porque o seu modelo de negócios prevê que as operações ativas sejam contratadas dessa forma. Nesse caso, o banco poderia decidir fazer *hedge* somente das taxas de juros dessas captações, trocando taxas de juros prefixadas da captação por taxas de juros flutuantes por meio de um *swap* de taxas de juros na ME.

No caso mencionado de a instituição decidir trocar o indexador das operações ativas (empréstimos) de prefixado para pós-fixado, ela precisa saber exatamente quanto é sua exposição em taxa prefixada e qual é seu perfil de vencimentos (maturidade) para poder vender contratos futuros de DI em número certo e para os vencimentos adequados. Esse relatório de exposições é a base que a gestão de riscos usa para decidir quando e quanto fazer (ou não fazer) de operações de *hedge*.

## 29.1.2 Contabilidade de *hedge*

A Contabilidade de *hedge* é um conjunto de mecanismos contábeis que permite à instituição adequar suas demonstrações financeiras quando o efeito desejado das ações de *hedge* não se verifica na contabilidade. Em outras palavras, *hedge accounting* **(Hacc) tem como objetivo reduzir ou eliminar descasamentos contábeis, criados pelo próprio padrão contábil, quando aplicado isoladamente, sem considerar que existe uma relação de *hedge* entre um instrumento de proteção e um item protegido**. No caso de captações em ME, por exemplo, que são passivos normalmente mensurados ao custo amortizado, para que um *swap* tivesse o efeito contábil desejado (eliminar tanto a VC quanto os juros da dívida), seria necessário que a captação também fosse marcada a mercado (mensurada a valor justo), pois, como os derivativos são sempre mensurados a valor justo, a ponta ativa do *swap* estaria **financeiramente casada** com a dívida (mesma moeda, prazos, indexadores e taxas), enquanto **contabilmente haveria um descasamento**, já que a dívida estaria a custo amortizado e o *swap* a valor justo.

Atendendo a certas condições, a instituição poderá adequar seus registros contábeis para que os *hedges* reflitam na contabilidade o que se espera do ponto de vista econômico. No caso acima especificamente, a HAcc permitiria que o passivo (captação em ME) fosse marcado a mercado (valor justo), com o impacto das variações de taxas e moedas no futuro descontados a valor presente (VP) tanto no *swap* como na captação, neutralizando-se no resultado, ou ainda, se designado como *hedge* de fluxo de caixa, o *clean fair value* do derivativo (diferença entre o valor justo e o custo amortizado) seria lançado no PL, fazendo com que o custo amortizado da dívida fosse compensado pelo custo amortizado da ponta ativa do *swap*.

É importante dizer que a contabilidade de *hedge* não é obrigatória, mesmo nos casos em que a instituição tenha operações de *hedge* contratadas. Ela só vai lançar mão desse recurso se entender que precisa adequar sua contabilidade para que ela represente de forma mais fiel a realidade econômica do negócio e das ações da gestão de risco da instituição, em geral, para eliminar ou reduzir volatilidades no resultado, criadas pelo tal descasamento contábil que mencionamos.

Caso a instituição queira transformar um empréstimo prefixado em pós-fixado, será interessante utilizar o recurso da HAcc, equalizando a mensuração do ativo com a do derivativo.

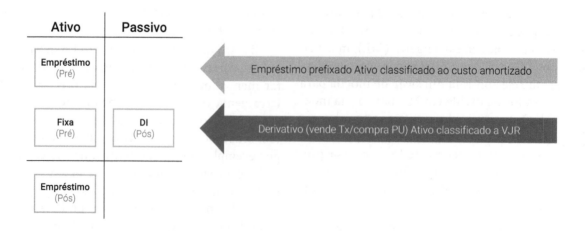

**Figura 29.1** Conversão de uma transação pós-fixada em prefixada.

A HAcc está prevista nas normas do *International Accounting Standards Board* (IASB) pelo IFRS 9, que no Brasil tem o pronunciamento CPC 48 como equivalente, e no âmbito das instituições autorizadas pelo Banco Central do Brasil (BCB), as Resoluções CMN nº 4.966/2021 e BCB nº 219/2022.

Neste capítulo, vamos tratar a HAcc do ponto de vista precípuo das instituições autorizadas pelo BCB. Quando houver alguma situação que seja divergente da abordagem específica das Resoluções CMN nº 4.966/2021 e nº BCB 219/2022, ou onde ela se omita, será mencionado no texto.

Para maior aprofundamento no tema (HAcc), recomenda-se a leitura de Barreto e Carvalho (2022).

## 29.2 RELAÇÃO DE PROTEÇÃO

A relação de proteção, ou *hedge*, é composta de duas partes básicas, o item objeto de *hedge* e o instrumento de *hedge*. O item objeto é o item que se quer proteger e o instrumento é o que se usa para fazer a proteção.

### 29.2.1 Objeto de *hedge*

A instituição pode designar como itens objeto de *hedge*, ou seja, a instituição pode proteger:

I – um ativo, como uma operação de crédito concedida ou uma aplicação em títulos de renda fixa;

II – um passivo, como um empréstimo tomado em ME ou um CDB emitido e indexado à taxa DI;

III – um compromisso firme ainda não reconhecido, como uma captação já contratada, cujo caixa ainda não ingressou na companhia;

IV – uma transação prevista que seja altamente provável, como uma captação prevista, porém, ainda não contratada; e

V – um investimento líquido em operação no exterior, exclusivamente para proteção de risco cambial.

Dentre essas possibilidades, a instituição pode escolher designar:

I – um item em sua totalidade;

II – um componente do item;

III – um grupo de itens gerenciados em conjunto, ou componente desse grupo, incluindo um grupo de itens que constituam uma posição líquida; e

IV – uma exposição agregada de itens não derivativos e derivativos.

Mais à frente, vamos abordar cada uma dessas possibilidades de forma mais detalhada.

### 29.2.2 Instrumento de *hedge*

Normalmente o instrumento de *hedge* será um derivativo, mas não necessariamente, podendo ser qualquer transação já registrada no balanço que seja reconhecida a valor justo no resultado (VJR).

Pela Resolução nº 4.966, podem ser designados como instrumento de *hedge*:[1]

I – instrumento financeiro derivativo, **exceto** derivativo embutido em contrato híbrido cujo componente principal seja ativo financeiro;

II – ativo financeiro não derivativo classificado na categoria valor justo no resultado; e

III – componente de variação cambial de passivo financeiro não derivativo ou de ativo financeiro não derivativo, **exceto** quando esse ativo for instrumento patrimonial de outra entidade classificado na categoria valor justo em outros resultados abrangentes, exclusivamente para proteção do risco cambial.

É permitida também a designação de uma combinação desses instrumentos, incluindo os casos em que os riscos decorrentes de alguns instrumentos de *hedge* compensem aqueles decorrentes de outros. Ou seja, mesmo que os diferentes instrumentos de *hedge* tenham vários componentes de risco, eles podem ser decompostos de forma que certos riscos específicos sejam utilizados como instrumento de *hedge* na relação de proteção. Por exemplo, uma operação de *swap* de duplo indexador, que recebe 12% prefixados e paga o maior entre dólar + cupom e percentual do DI e outra operação de *swap* que recebe percentual do DI e paga 10% prefixados resultando em um *swap* que recebe 2% prefixados e paga dólar + cupom.

O uso de derivativos que sejam embutidos em ativo financeiro (componente principal, ou contrato mãe, como é chamado) é proibido; isso porque, nesses casos, a norma orienta a que o derivativo não seja separado do contrato mãe[2] e, portanto, o valor justo do conjunto componente principal + derivativo será único, dificultando ou impedindo que se faça uma avaliação adequada da efetividade do *hedge*.

No caso de derivativos embutidos em passivo financeiro ou instrumento não financeiro (contrato híbrido), a Resolução CMN nº 4.966 exige que o derivativo

---

[1] Resolução nº 4.966, art. 52.
[2] Art. 11.

embutido e o componente principal (contrato mãe) sejam sempre separados.[3]

Somente no caso de proteção de risco cambial pode-se segregar e usar como instrumento de *hedge* especificamente o componente de VC de qualquer instrumento, podendo estar reconhecido a valor justo ou a custo amortizado, sendo o risco cambial separável e identificável de forma confiável. Isso porque o resultado da VC em qualquer instrumento financeiro é reconhecido imediata e diretamente no resultado,[4] não importando se o instrumento está a custo amortizado ou a valor justo.

No caso de instrumentos patrimoniais (ações e correlatos) a valor justo em outros resultados abrangentes (VJORA), a utilização da VC para fins de *hedge* fica limitada, pois nesse caso a VC das ações precisa ser reconhecida em ORA,[5] impedindo que se utilize esse resultado para fins de *hedge* fora do patrimônio líquido.

Um recurso importante permitido pela normatização é que pode ser designado como HAcc um instrumento em sua totalidade ou uma proporção do valor total do instrumento. Uma proporção do valor total do instrumento refere-se a um percentual do *notional* e do resultado do instrumento. Por exemplo, podemos utilizar apenas 70% do resultado de um *swap* como instrumento de *hedge*, os outros 30% serão reconhecidos como resultado do exercício.

Contudo, a designação do instrumento de *hedge* deve ser efetuada considerando as variações de valor justo relativas a todo o seu prazo contratual, ou seja, não se pode designar somente uma parte do prazo do instrumento de *hedge*.

Opções lançadas não se qualificam como instrumento de *hedge*, exceto quando são designadas como compensação para opções compradas, incluindo aquelas que estiverem embutidas em outro instrumento financeiro. Isso é devido ao fato de que, geralmente, uma opção lançada é um instrumento de venda de proteção e não de aquisição de proteção, sendo, portanto, difícil a sua utilização para compensar resultados negativos de itens objeto de *hedge*. As exceções elegíveis para contabilidade de *hedge* são os casos em que o valor do prêmio recebido no lançamento da opção é usado para compensar o prêmio pago de outras opções compradas. O *zero cost collar* é um exemplo, mas existem outras possibilidades de uso dos prêmios de opções na montagem de produtos exóticos na gestão de riscos: os *swaps* com cláusula de arrependimento, os *range forward* e *forward extra*, por exemplo. Existem muitos Certificado de Operações Estruturadas (COE) que incluem na sua montagem opções de compra (*call*) ou de venda (*put*), e podem ser protegidos com opções lançadas. O emissor desse tipo de instrumento faz o seu *hedge* replicando estática ou dinamicamente os instrumentos embutidos no COE e, para isso, precisa eventualmente lançar opções. O objetivo da norma não é impedir que operações legítimas de *hedge* sejam reconhecidas na contabilidade, mas, sim, impedir que operações puramente especulativas sejam tratadas de forma oportunista na contabilidade.

### 29.2.3 Contraparte externa

Para fins da contabilidade de *hedge*, são elegíveis à designação como instrumento de *hedge* somente contratos com contraparte externa à instituição que reporta. Não poderão, portanto, receber tratamento de HAcc as operações que forem contratadas com contraparte do mesmo grupo econômico.

O contrato com contraparte externa significa que os riscos serão realmente transferidos do consolidado; de outra forma, nas eliminações de consolidação os riscos seriam transferidos para outra empresa do mesmo grupo. A exceção são as transações não eliminadas nas demonstrações contábeis consolidadas de entidade de investimento; essas, eventualmente, terminam gerando exposições em moedas diferentes da moeda funcional, e podem ser protegidas e tratadas sob a HAcc.

## 29.3 CLASSIFICAÇÃO DAS OPERAÇÕES DE *HEDGE*

As operações de *hedge* são classificadas em uma das categorias a seguir:

I – *hedge* de valor justo: relação que visa proteger a instituição dos efeitos das alterações no valor justo de ativo, de passivo, de compromisso firme ainda não reconhecido como ativo ou passivo, ou de componente de quaisquer desses itens, que seja atribuível a risco específico e que possa afetar o resultado;

II – *hedge* de fluxo de caixa: relação que visa proteger a instituição dos efeitos da variabilidade nos fluxos de caixa que seja atribuível a risco específico associado à totalidade ou a componente de ativo, de passivo ou de transação prevista altamente provável; ou

III – *hedge* de investimento líquido no exterior: relação que visa proteger a instituição, no todo ou em

---

[3] Art. 11, inciso II.
[4] Art. 21; IAS 21, NBC TG 02, Resolução CMN nº 4.524/2016.
[5] Art. 21, parágrafo único.

parte, dos riscos decorrentes da exposição à VC de investimento líquido no exterior, cuja moeda funcional seja diferente da moeda nacional.

Especificamente para o *hedge* do risco de VC, é admitido classificar um compromisso firme (que ainda não esteja reconhecido como ativo ou passivo), na categoria *hedge* de fluxo de caixa. Ou seja, os compromissos firmes podem ter seu valor justo protegido, por meio de *hedge* de valor justo, e a VC de seus pagamentos mediante o *hedge* de fluxo de caixa.

## 29.4 COMPONENTES DE RISCO

Um dos desafios de quem trabalha com gestão de riscos, principalmente usando derivativos financeiros, é reconciliá-la com as informações contábeis, dado que a contabilidade tem padrões que muitas vezes são diferentes da forma como as empresas gerenciam riscos. Na gestão de riscos, principalmente em bancos, onde o volume e a diversidade de instrumentos financeiros são grandes, é fundamental isolar os impactos de cada fator de risco para que se possa fazer a avaliação e a mitigação de forma adequada.

Aproximando o tratamento contábil do tratamento gerencial (ou extracontábil) destinado à gestão de riscos, a normatização da HAcc permite que se decomponham os instrumentos financeiros em seus componentes (fatores de risco) e que se faça *hedge* de todos ou de alguns desses componentes.

Por exemplo, sabemos que um termo de moeda tem pelo menos diversos fatores de risco importantes, como a taxa de câmbio à vista (*spot*), a taxa de juros em moeda local (Pré) e a taxa de juros na ME (cupom). Cada um desses fatores contribui individualmente para o risco global da instituição de forma diferente e o tratamento a ser dado a eles também pode ser distinto; a instituição pode querer fazer *hedge* (ou usar como instrumento de *hedge*) somente da exposição cambial e ficar exposta ao risco das taxas de juros. Ou pode querer mitigar somente o efeito dos juros na moeda local daquele derivativo, deixando de fora a taxa de câmbio e o juro na ME como *hedge* natural no contexto do balanço. Enfim, a decomposição e o tratamento de cada fator de risco formam parte usual do gerenciamento de riscos e exigem essa decomposição.

A norma prevê que, no caso da designação de componente do item protegido, podem ser designados como itens objeto de *hedge*:

I – uma variação nos fluxos de caixa ou no valor justo de item atribuível a risco ou a riscos específicos (fator de risco), desde que o componente de risco seja separadamente identificável e mensurável de forma confiável;

II – um ou mais fluxos de caixa selecionados; ou

III – uma proporção ou uma parte específica do valor nominal (*notional* ou valor de referência) do item ou do grupo de itens.

No caso de *hedge* de fluxo de caixa, uma posição líquida (*net*) somente é elegível como item objeto de *hedge* se o risco protegido for de VC e a designação do *hedge* especificar a natureza, o montante e os períodos específicos em que essas exposições afetam o resultado. Para fins da contabilidade de *hedge*, considera-se posição líquida aquela resultante de um grupo de itens cujas posições de risco se compensem.

### 29.4.1 *Swap* de taxas de juros

O derivativo exemplificado a seguir é conhecido internacionalmente como *Overnight Index Swap* (OIS) e trata-se um *swap* que troca um fluxo de pagamentos prefixado por um fluxo de pagamentos flutuante, e a taxa de juros flutuante (*index*) é capitalizada diariamente durante o período de apropriação (*accrual*) do *swap*. Esse é o tipo de *swap* mais comum no Brasil, em que as taxas flutuantes (normalmente CDI ou Selic) são apropriadas após cada dia transcorrido ao longo do prazo da transação. No mercado internacional, todavia, esse não é o *swap* de juros mais comum,[6] embora seu uso tenha crescido substancialmente após a crise internacional de 2008,[7] principalmente entre instituições financeiras.

O valor base, ou valor referencial (*notional*), é de R$ 100.000; são feitos pagamentos (*resets*) a cada final de mês (datas especificadas); a taxa do *swap* (*par rate*) é de 10,3445% a.a. (contínua); e a taxa pós-fixada é a curva *spot benchmark* de mercado (pode ser Libor, Selic, DI etc.). Nesse exemplo, assumimos que o ativo do *swap* seja sua ponta prefixada e o passivo a ponta pós-fixada. Sob essas condições, na data inicial (01/06/12) o fluxo de caixa previsto é o apresentado na Figura 29.2.

---

[6] O *swap* mais comum (*plain vanila*) é aquele em que o próximo pagamento a ser feito na ponta pós-fixada é calculado pela taxa de juros (normalmente a Libor) vigente no início do período de apropriação para o período seguinte, que normalmente é de seis ou três meses (DAS, 2006, p. 2743; NEFTCI, 2008, p. 404).

[7] Corb (2012, p. 27).

| Data | Dias Corridos | | Tx. spot (ETTJ) 01/06/12 | Ponta Pré | Ponta Pós | Diferencial 01/06/12 | VP (Pré) Ativo | VP (Pós) Passivo | VP (Dif) |
|---|---|---|---|---|---|---|---|---|---|
| 01/06/2012 | | | 9,00% | | | | 100.000,00 | 100.000,00 | (0,00) |
| 30/06/2012 | 29 | 29 | 9,50% | 825,28 | 757,65 | 67,63 | 819,07 | 751,95 | 67,12 |
| 31/07/2012 | 31 | 60 | 9,80% | 882,45 | 859,84 | 22,61 | 868,34 | 846,10 | 22,25 |
| 31/08/2012 | 31 | 91 | 10,00% | 882,45 | 886,09 | (3,65) | 860,72 | 864,28 | (3,56) |
| 30/09/2012 | 30 | 121 | 10,20% | 853,86 | 892,18 | (38,32) | 825,47 | 862,51 | (37,04) |
| 31/10/2012 | 31 | 152 | 10,30% | 882,45 | 912,08 | (29,63) | 845,40 | 873,78 | (28,39) |
| 30/11/2012 | 30 | 182 | 10,35% | 100.853,86 | 100.875,32 | (21,46) | 95.781,00 | 95.801,37 | (20,38) |

*As colunas VP (Pré) Ativo e VP (Pós) Passivo formam Contas de Compensação.*

**Figura 29.2** Apreçamento e decomposição contábil inicial do *swap*.

As três últimas colunas mostram o VP do fluxo de caixa esperado do *swap*, da ponta ativa, da ponta passiva e do diferencial das duas, por meio do que é feito o apreçamento dele, ou seja, a taxa do *swap* é aquela que faz o somatório do VP do diferencial do fluxo de caixa previsto ser igual a zero. Os VP de todos os recebimentos e pagamentos previstos são, respectivamente, o ativo e o passivo do *swap*, nesse caso, R$ 100.000,00 cada um, resultando no valor inicial zero para o *swap* (VP(Dif)). No exemplo, o *swap* foi feito "ao par", a taxas de mercado.[8]

Ao longo da vida do *swap*, a Estrutura a Termo das Taxas de Juros (ETTJ), ou seja, a curva referencial de juros se altera em função das condições do mercado, levando a alterações no valor justo da transação, conforme mostrado na Figura 29.3.

Em 30/06/12, será reconhecido um resultado corrente (DRE) de R$ 870,46 = R$ 187,64 + R$ 682,82, reflexo de R$ 187,64 em Disponibilidades (recebimento de diferencial do *swap*), e R$ 682,82 em Valor Justo de *Swaps*, reflexo de um novo valor justo das parcelas vincendas da transação.

Em 31/07/12, o mesmo procedimento é repetido, com parte do resultado reconhecida contra Disponibilidades R$ 264,79 e parte reconhecida contra novo valor justo da transação [(R$ 537,61) − R$ 682,82 = (R$1.220,44)].

É importante notar que a decomposição em contas de compensação, em ativo prefixado e passivo pós-fixado permite segregar o valor (exposição) que gera risco de flutuação no valor justo (taxa de juros prefixada) e

| Data | Dias corridos | | Tx. spot (ETTJ) 30/06/12 | Ponta pré | Ponta pós | Diferencial 30/06/12 | VP (Pré) ativo | VP (Pós) passivo | VP (Dif) |
|---|---|---|---|---|---|---|---|---|---|
| 01/06/2012 | | | | | | | | | |
| 30/06/2012 | 29 | | 7,00% | 825,28 | 637,64 | 187,64 (DRE) | 100.682,82 | 100.000,00 | 682,82 (DRE) |
| 31/07/2012 | 31 | 31 | 7,50% | | | | 876,84 | 634,96 | 241,88 |
| 31/08/2012 | 31 | 62 | 8,00% | *Contas de compensação* | | | 870,54 | 714,75 | 155,79 |
| 30/09/2012 | 30 | 92 | 8,35% | | | | 836,08 | 732,95 | 103,12 |
| 31/10/2012 | 31 | 123 | 8,60% | | | *Projetados com nova ETTJ* | 857,24 | 773,83 | 83,41 |
| 30/11/2012 | 30 | 153 | 8,70% | | | | 97.242,13 | 97.143,51 | 98,62 |

**Figura 29.3** Remensuração e Decomposição subsequente do *swap*.

---

[8] Esse tipo de transação normalmente é realizado entre instituições financeiras de porte semelhante numa mesma jurisdição, ou seja, que não têm vantagens comparativas substanciais uma em relação à outra.

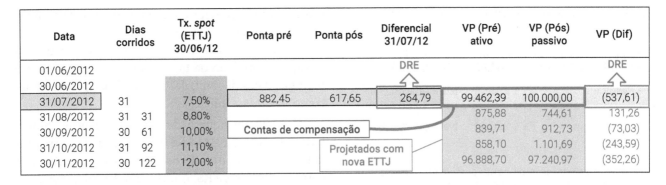

Figura 29.4  Nova remensuração e nova decomposição subsequente do *swap*.

risco de fluxo de caixa (taxa de juros pós-fixada), que será útil posteriormente no mapeamento em fatores de risco. O reconhecimento em contas patrimoniais sem a decomposição, simplesmente pela diferença entre ativo e passivo, não permite que seja feita a correta avaliação do risco do instrumento.

### 1.1.1. Reconhecimento contábil em **contas patrimoniais**:

**1.1.1.1. Reconhecimento Inicial (em 01/06/12):**
Zero,[9] nenhum ativo ou passivo é registrado em contas patrimoniais.[10]

**1.1.1.2. Mensuração Subsequente (em 30/06/12):**

| | | | |
|---|---|---|---|
| D – Disponibilidades | R$ | 187,64 | (diferencial realizado em *swaps*) |
| C – Resultado | R$ | 187,64 | (resultado realizado na transação) |
| D – Ativo – VJ de *swaps* | R$ | 682,82 | (recálculo do valor justo) |
| C – Resultado | R$ | 682,82 | (ganho na transação) |

**1.1.1.3. Mensuração Subsequente (em 31/07/12):**

| | | | |
|---|---|---|---|
| D – Disponibilidades | R$ | 264,79 | (diferencial realizado em *swaps*) |
| C – Resultado | R$ | 264,79 | (resultado realizado na transação) |
| D – Resultado | R$ | 1.220,43 | (perda na transação) |

---

[9] Assume-se aqui que a operação foi fechada em 01/06/12 e após isso não houve novas alterações de mercado, ou seja, não houve ganhos ou perdas no primeiro dia da operação.

[10] Novamente, na contabilidade das instituições financeiras brasileiras (Cosif), há o registro dos valores de referência (*notional*) nas contas de compensação.

| | | | |
|---|---|---|---|
| C – Ativo – revers. de VJ de *swaps* | R$ | 682,82 | (recálculo do valor justo) |
| C – Passivo – novo de VJ de *swaps* | R$ | 537,61 | (recálculo do valor justo) |

### 1.1.2. Reconhecimento em **contas de compensação**:

**1.1.2.1. Reconhecimento Inicial (em 01/06/12):**

| | | | |
|---|---|---|---|
| D – Comp-Ativo | R$ | 100.000,00 | (valor da ponta ativa em *t0*) |
| C – Comp-Passivo | R$ | 100.000,00 | (valor da ponta passiva em *t0*) |

**1.1.2.2. Mensuração Subsequente (em 30/06/12):**

- No Ativo ⇨ variação da ponta ativa entre *t0* e *t1* = R$ 100.682,82 – R$ 100.000,00 = (R$ 682,82).

| | | | |
|---|---|---|---|
| D – Resultado | R$ | 682,82 | (contrapartida da variação do Ativo) |
| C – Comp-Ativo | R$ | 682,82 | (variação do Ativo) |

- No Passivo ⇨ variação da ponta passiva entre *t0* e *t1* = R$ 100.000,00 – R$ 100.000,00 = R$ 0.

| | | | |
|---|---|---|---|
| D – Comp-Passivo | R$ | 0 | (variação do Passivo) |
| C – Resultado | R$ | 0 | (contrapartida da variação do Passivo) |

O resultado líquido de ambos os lançamentos na DRE é de R$ 682,82 – R$ 0 = R$ 682,82. Esse resultado refere-se à parte "em ser" do *swap*, ou seja, às parcelas vincendas. A parte realizada do resultado (diferencial das pontas) é lançada diretamente como caixa e resultado:

| | | | |
|---|---|---|---|
| D – Disponibilidades | R$ | 187,64 | (diferencial realizado em *swaps*) |
| C – Resultado | R$ | 187,64 | (resultado realizado na transação) |

### 1.1.2.3. Reconhecimento Subsequente (em 31/07/12):

- No Ativo ⇨ variação da ponta ativa entre *t0* e *t1*
  = R$ 99.462,39 – R$ 100.682,82 = (R$ 1.220,44)

| D – Resultado | R$ 1.220,44 | (contrapartida da variação do Ativo) |
| C – Comp-Ativo | R$ 1.220,44 | (variação do Ativo) |

- No Passivo ⇨ variação da ponta passiva entre *t0* e *t1*
  = R$ 100.000,00 – R$ 100.000,00 = R$ 0.

| D – Resultado | R$ 0 | (contrapartida da variação do Passivo) |
| C – Comp-Passivo | R$ 0 | (variação do Passivo) |

Não é de se estranhar que o valor da conta de compensação passiva não se altere ao longo do tempo, pois ele é indexado à taxa *overnight*, do que decorre que seu VP é sempre o mesmo, não obstante o fato de estar produzindo fluxo de caixa ao longo do tempo. É o chamado "numerário" na literatura de apreçamento.[11] O numerário é a referência do apreçamento, ou seja, os demais valores sempre se referirão a uma conta que acumula a taxa de correção do numerário, que no caso aqui é a taxa *overnight* acumulada ao longo da vida do instrumento. O valor acumulado da taxa pós-fixada é pago ou recebido nas datas de *reset*, daí a ponta Pós aparece sempre como o *notional* inicial.

O resultado líquido de ambos os lançamentos na DRE é de (R$1.220,44) + R$ 0 = (R$ 1.220,44). Esse resultado leva o valor justo do *swap* de um ativo de R$ 682,82 para um passivo de R$ 537,61 e, novamente, refere-se às parcelas vincendas do *swap*. A parte realizada do resultado é lançada da mesma forma em caixa e resultado:

| D – Disponibilidades | R$ 264,79 | (diferencial realizado em *swaps*) |
| C – Resultado | R$ 264,79 | (resultado realizado na transação) |

No caso de fechamento de balanço em data em que não há realização de resultados (pagamento ou recebimento de diferencial), todo o resultado é lançado contra ajuste de valor justo de *swaps*.

Usando os razonetes:

**Ativo – valor justo de derivativos**

| | | | |
|---|---|---|---|
| (1) | 682,82 | | |
| | | 682,82 | (4) |

**Passivo – valor justo de derivativos**

| | | | |
|---|---|---|---|
| | | 537,61 | (5) |
| | | 537,61 | |

**Disponibilidades – ajustes periódicos de *swaps***

| | | |
|---|---|---|
| (2) | 187,64 | |
| (6) | 264,79 | |
| | 452,43 | |

**Resultado – variação do valor justo de derivativos**

| | | | |
|---|---|---|---|
| | | 682,82 | (1) |
| | | 187,64 | (2) |
| | | 870,46 | (3) |
| (4) | 682,82 | | |
| (5) | 537,61 | | |
| | | 264,79 | (6) |
| (7) | 955,64 | | |
| (8) | 85,18 | | |

---

[11] Ver Baxter *et al.* (1996, p. 189).

**Contas patrimoniais e resultado:**

| Ativo – valor justo de derivativos | | | |
|---|---|---|---|
| (1) | 100.000,00 | | |
| | 100.000,00 | | |
| (2) | 682,82 | | |
| | 100.682,82 | | |
| | | 1.220,44 | (6) |
| | 99.462,39 | | |

| Passivo – valor justo de derivativos | | | |
|---|---|---|---|
| | | 100.000,00 | (1) |
| | | 100.000,00 | |
| | | 0,00 | (3) |
| | | 100.000,00 | |
| | | 0,00 | (7) |
| | | 100.000,00 | |

| Conciliação com resultado e caixa Disponibilidades – ajustes periódicos de *swaps* | | |
|---|---|---|
| | | |
| (4) | 187,64 | |
| | | |
| (8) | 264,79 | |
| | 452,43 | |

| Resultado – variação do valor justo de derivativos | | | |
|---|---|---|---|
| (3) | 0,00 | 682,82 | (2) |
| | | 187,64 | (4) |
| | | 870,46 | (5) |
| (6) | 1.220,44 | | |
| (7) | 0,00 | | |
| | | 264,79 | (8) |
| (9) | 955,64 | | |
| (8) | 85,18 | | |

(1) Pelo valor justo da transação em $t_1$

(2) Pela liquidação do diferencial de curvas em $t_1$

(3) **Resultado em $t_1$**

(4) Reversão do VJ anterior em $t_2$

(5) Novo valor justo da transação em $t_2$

(6) Pela liquidação do diferencial de curvas em $t_2$

(7) **Resultado em $t_2$**

(8) **Resultado acumulado em $t_1$ e $t_2$**

**Contas de compensação:**

| Ativo – valor justo de derivativos | | | |
|---|---|---|---|
| (1) | 100.000,00 | | |
| | 100.000,00 | | |
| (2) | 682,82 | | |
| | 100.682,82 | | |
| | | 1.220,44 | (6) |
| | 99.462,39 | | |

| | Passivo – valor justo de derivativos | |
|---|---|---|
| | 100.000,00 | (1) |
| | 100.000,00 | |
| | 0,00 | (3) |
| | 100.000,00 | |
| | 0,00 | (7) |
| | 100.000,00 | |

| Conciliação com resultado e caixa Disponibilidades – ajustes periódicos de *swaps* | | |
|---|---|---|
| (4) | 187,64 | |
| (8) | 264,79 | |
| | 452,43 | |

| | Resultado – variação do valor justo de derivativos | | |
|---|---|---|---|
| (3) | 0,00 | 682,82 | (2) |
| | | 187,64 | (4) |
| | | 870,46 | (5) |
| (6) | 1.220,44 | | |
| (7) | 0,00 | | |
| | | 264,79 | (8) |
| (9) | 955,64 | | |
| (8) | 85,18 | | |

(1) valor do ativo em $t_0$

(1) valor do passivo em $t_0$

(2) variação do ativo em $t_1$

(3) variação do passivo em $t_1$

(4) pela liquidação do diferencial de curvas em $t_1$

(5) **resultado em $t_2$**

(6) variação do ativo em $t_2$

(7) variação do Passivo em $t_2$

(8) pela liquidação do diferencial de curvas em $t_2$

(9) **resultado em $t_1$ e $t_2$**

(10) **resultado acumulado em $t_1$ e $t_2$**

## 29.5 CONTABILIZAÇÃO DO HEDGE

### 29.5.1 Hedge de valor justo

A partir da data da designação, o *hedge* de valor justo deve ser reconhecido da seguinte forma:

I – o ganho ou a perda no instrumento de *hedge* deve ser reconhecido no resultado; e

II – o ganho ou a perda no item objeto de *hedge* deve ajustar o seu valor contábil em contrapartida ao resultado.

Caso o item objeto de *hedge* seja um compromisso firme ainda não reconhecido como ativo ou passivo, o ganho ou a perda nesse item deve ser registrado em contas patrimoniais, em contrapartida ao resultado. Quando o compromisso firme objeto de proteção for reconhecido como ativo ou passivo, o ganho ou a perda deve compor o seu custo de aquisição, emissão ou originação.

Caso o item objeto de *hedge* seja um instrumento patrimonial de outra entidade designado no reconhecimento inicial na categoria VJORA, o ganho ou a perda no instrumento de *hedge* e no item objeto de *hedge* deve ser registrado em outros resultados abrangentes, registro que deve ser mantido mesmo em caso de descontinuidade da relação de proteção.

Em caso de descontinuidade da relação de proteção de valor justo cujo item objeto de proteção seja instrumento financeiro mensurado ao custo amortizado, o ganho ou a perda deve ser amortizado no resultado da seguinte forma:

I – proporcionalmente, de acordo com o prazo remanescente do item objeto de *hedge*, utilizando a taxa de juros efetiva, que deve ser recalculada na data em que começar a amortização; ou

II – integralmente, quando da baixa do item objeto de *hedge*.

### 29.5.2 Hedge de fluxo de caixa

As operações de *hedge* de fluxo de caixa devem ser reconhecidas, a partir da data da designação, da seguinte forma:

I – a parcela de ganho ou de perda no instrumento de *hedge* correspondente à proteção efetiva deve ser reconhecida em contrapartida à conta destacada no patrimônio líquido pelo valor líquido dos efeitos tributários; e

II – o eventual ganho ou perda remanescente no instrumento de *hedge*, correspondente à inefetividade da proteção, deve ser reconhecido em contrapartida à adequada conta de receita ou despesa, no resultado do período.

O valor contábil do item objeto de *hedge* não deve ser alterado em decorrência da contabilidade de *hedge*.

Considera-se parcela de proteção efetiva o menor valor, em termos absolutos, entre:

I – o ganho ou a perda acumulados no instrumento de *hedge* desde a designação da relação de proteção; e

II – a variação acumulada no valor justo do item objeto de *hedge*.

A variação acumulada no valor justo do item objeto é determinada pelo VP da alteração acumulada nos fluxos de caixa futuros esperados protegidos, desde a designação da relação de proteção.

O valor acumulado na conta destacada do patrimônio líquido referente às operações de *hedge* de fluxo de caixa deve:

I – ser reclassificado para o resultado nos mesmos períodos nos quais os fluxos de caixa futuros esperados do item objeto de *hedge* afetem o resultado;

II – ajustar o reconhecimento contábil inicial de ativo não financeiro ou passivo não financeiro resultante de transação prevista altamente provável; e

III – ser registrado em contas patrimoniais, caso uma transação prevista altamente provável se torne compromisso firme ainda não reconhecido como ativo ou passivo, ao qual se aplicam os critérios para contabilização de *hedge* de valor justo.

O valor acumulado na conta destacada do patrimônio líquido referente às operações de *hedge* de fluxo de caixa deve ser reconhecido imediatamente no resultado do período, caso represente perda cuja recuperação total ou parcial não seja esperada.

Em caso de descontinuidade do *hedge* de fluxo de caixa, o valor acumulado em conta destacada do patrimônio líquido deve:

I – permanecer registrado no patrimônio líquido, caso ainda se espere que ocorram os fluxos de caixa futuros protegidos, devendo ser reclassificado para o resultado quando de suas efetivas ocorrências, exceto quando não seja esperada a recuperação total ou parcial da perda; e

II – ser imediatamente reclassificado para o resultado, caso não se espere mais a ocorrência dos fluxos de caixa futuros protegidos.

### 29.5.3 *Hedge* de investimento líquido no exterior

As operações de *hedge* de investimento líquido no exterior devem ser reconhecidas, a partir da data da designação, da seguinte forma:

I – a parcela de ganho ou de perda no instrumento de *hedge* correspondente à proteção efetiva deve ser reconhecida em contrapartida à conta destacada no patrimônio líquido pelo valor líquido dos efeitos tributários; e

II – o eventual ganho ou perda remanescente no instrumento de *hedge*, correspondente à inefetividade da proteção, deve ser reconhecido em contrapartida à adequada conta de receita ou despesa, no resultado do período.

O valor acumulado reconhecido em conta destacada do patrimônio líquido deve ser reclassificado para o resultado, na proporção correspondente, quando da alienação total ou parcial da operação no exterior.

O conceito de parcela de proteção efetiva é o mesmo aplicado aos *hedges* de fluxo de caixa, ou seja, o menor valor em termos absolutos entre o ganho ou a perda acumulados no instrumento de *hedge* e a variação acumulada no valor justo do item objeto de *hedge*.

## 29.6 CRITÉRIOS DE QUALIFICAÇÃO PARA CONTABILIDADE DE *HEDGE*

Como dissemos, a contabilidade de *hedge* não é obrigatória, e nem todas as relações de proteção (*hedges*) serão admitidas para serem tratadas da forma diferenciada que a norma prevê. Para que a contabilidade aceite tratar de forma diferenciada as relações de proteção candidatas, é necessário que três condições sejam atendidas; as relações de proteção deverão ser:

1. constituídas apenas por instrumentos de *hedge* e itens objetos de *hedge* previstos e autorizados na norma de HAcc;
2. designadas e documentadas formalmente desde o início da relação de proteção; e
3. efetivas.

## 29.7 EFETIVIDADE DE *HEDGE*

Por mais que haja operações contratadas sob a denominação *hedge*, a contabilidade não aceita que o tratamento especial de contabilidade de *hedge* seja aplicado a relações que não se mostrem efetivas.

E, para a contabilidade, consideram-se efetivas as relações de proteção que observem, cumulativamente, os seguintes requisitos:

I – a relação econômica entre o item objeto de *hedge* e o instrumento de *hedge* é passível de comprovação, factual ou teórica;

II – o efeito do risco de crédito **não** é predominante nas variações de valor do *hedge*; e

III – o índice de *hedge* atende ao nível de proteção definido na estratégia de gerenciamento de riscos da instituição.

O índice de *hedge* é medido pela relação entre a quantidade do instrumento de *hedge* e a quantidade do item protegido, em termos de sua ponderação relativa. Por exemplo, um índice de *hedge* de 0,70 significa que o *national* (ou valor de referência) do instrumento de *hedge* é 70% do *national* (ou valor de referência) do item objeto de *hedge*.

Tudo começa na estratégia de gerenciamento de riscos da instituição. Qualquer *hedge* a que se queira dar o tratamento contábil adequado deve estar alinhado e previsto na gestão de riscos da instituição. Não se pode pretender dar tratamento de *hedge* na contabilidade se a relação de proteção não estiver de acordo com a sua estratégia. A contabilidade deve buscar refletir de forma verdadeira e justa a realidade econômica do negócio.

### 29.7.1 Requisitos de efetividade

Para análise dos requisitos de efetividade, é permitida apenas a realização de avaliação qualitativa, quando os termos críticos do instrumento de *hedge* e do item objeto de *hedge* são idênticos ou estão estreitamente alinhados. Por termos críticos entendem-se:

a) valor nominal;
b) data inicial e vencimento;
c) moeda;
d) condições de remuneração;
e) taxas;
f) risco subjacente (fator primitivo de risco).

### 29.7.2 Outras formas de avaliar a efetividade

a) **Dólar *offset***: conforme Barreto e Carvalho (2022), o dólar *offset* ou *ratio analysis* é um método que consiste em comparar a variação no valor justo do instrumento de *hedge* com a variação no valor justo do item protegido. Divide-se a variação no valor justo do instrumento pela variação no valor justo do item protegido e verifica-se se a razão calculada se enquadra na faixa de efetividade definida. Uma das vantagens desse método é a simplicidade.

b) **Regressão**: pode-se tomar uma série histórica das variáveis específicas do instrumento de *hedge* e do item objeto de *hedge* e mostrar que existe uma relação econométrica estável entre eles, o que permitiria confiar na relação de proteção montada.

c) **Simulação de Monte Carlo**: pode-se fazer uma simulação prospectiva com os componentes de risco do instrumento de *hedge* e do item protegido, de forma a mostrar que há uma relação de proteção esperada mesmo em situações de variações estocásticas ainda não observadas historicamente.

### 29.7.3 Equilíbrio do índice de *hedge*

Nos casos em que o objetivo de gerenciamento de risco continue o mesmo, mas o *hedge* deixe de atender ao requisito de efetividade relativamente ao índice de *hedge*, a instituição poderá reequilibrar a relação de proteção, ajustando as quantidades designadas do item objeto ou do instrumento de *hedge*, de forma a manter um índice de *hedge* que cumpra os requisitos de efetividade.

## 29.8 DOCUMENTAÇÃO FORMAL DO *HEDGE*

A documentação prevista na formalização do *hedge* deve conter:

I – o objetivo e a estratégia de gestão de risco da instituição para a contabilidade de *hedge*;

II – a identificação do instrumento de *hedge*, do item objeto de *hedge* e da natureza do risco que está sendo protegido;

III – a análise prospectiva do atendimento aos requisitos de efetividade de *hedge* e das fontes de inefetividade de *hedge*; e

IV – o valor do índice de *hedge* e o método utilizado para sua determinação.

A substituição ou a renovação do instrumento de *hedge*, se estiver em consonância com o objetivo de gerenciamento de risco previamente documentado, não implica desqualificação da relação de proteção.

## 29.9 DESCONTINUIDADE DA CONTABILIDADE DE *HEDGE*

A instituição deve descontinuar a contabilidade de *hedge*, de forma prospectiva, somente quando a relação de proteção deixar de atender aos critérios de qualificação previstos, sendo vedada a descontinuação voluntária. Essa descontinuação da contabilidade de *hedge* pode ser total ou parcial.

## 29.10 *HEDGE* DE VALOR JUSTO DA EXPOSIÇÃO À TAXA DE JUROS DE CARTEIRA DE ATIVOS OU DE PASSIVOS FINANCEIROS

Entre os arts. 61 e 64 da Resolução CMN nº 4.966/2021, a norma faculta às instituições financeiras o reconhecimento de *hedge* de valor justo da exposição à taxa de juros de carteira de ativos ou de passivos financeiros.

Aqui, aplica-se a propriedade geral de *hedge* de grupo de ativos ou passivos, protegendo a componente taxa de juros no grupo de contratos da carteira bancária, montando estruturas reconhecidas pela contabilidade como relações de proteção (HAcc).

Nesse caso específico, a norma prevê designar como item objeto de *hedge* parte da carteira de ativos financeiros ou de passivos financeiros que partilham o risco de taxa de juros que está sendo protegido. Ou seja, a carteira que será designada como item objeto de *hedge* pode ser composta apenas por ativos financeiros, apenas por passivos financeiros ou por ativos e passivos financeiros.

A norma permite a designação de item objeto de *hedge* em termos de valor monetário, em vez de ativos ou passivos individuais. Não é dito se esse valor monetário deve ser considerado a VP ou a valor nominal, no entanto, na prática é mais comum que o valor nominal seja designado.

Podem ser designados como instrumento de *hedge* de valor justo de exposição à taxa de juros somente instrumentos financeiros derivativos, na sua totalidade ou uma proporção do seu valor. O instrumento de *hedge* pode ser derivativo único ou uma carteira de derivativos, que contenham exposição ao risco de taxa de juros.

Aqui valem as mesmas orientações já elencadas sobre uso de derivativos como instrumento de *hedge*, ou seja, a designação deve ser efetuada para todo o seu prazo contratual, e derivativo embutido em contrato com componente principal que seja ativo financeiro **não** se qualifica para ser instrumento de *hedge*.

Esse *hedge* de taxa de juros tem seu registro da mesma forma que demais *hedges* de valor justo, ou seja, o ganho ou a perda no instrumento de *hedge* deve ser reconhecido no resultado, e o ganho ou a perda no item objeto de *hedge* deve ajustar o seu valor contábil em contrapartida ao resultado.

O detalhe aqui é que o ganho ou a perda no objeto de *hedge* deve ser registrado em rubrica destacada do ativo ou do passivo, conforme o caso, com o saldo dessas rubricas sendo baixado na proporção em que os ativos ou passivos financeiros forem desreconhecidos, e deve ser apresentado, para fins de divulgação, junto dos ativos ou passivos financeiros correspondentes.

Importante destacar que, exclusivamente para esse tipo de *hedge*, é permitida a revogação voluntária da relação de proteção, o que não é permitido nas demais relações de proteção. Mas a norma ainda pede que a instituição descontinue a contabilidade de *hedge*, de forma prospectiva, quando a relação de proteção deixar de atender aos critérios de qualificação.

## 29.11 INCLUSÃO DOS AJUSTES DE *HEDGE* NO CAPITAL DA INSTITUIÇÃO

O racional econômico de incluir ou excluir os resultados não realizados de *hedge* de fluxo de caixa no capital principal disponível na instituição é o seguinte: como em qualquer transação de proteção, os resultados do instrumento de *hedge* serão compensados pelos resultados do item objeto de *hedge* em algum momento. No caso de *hedge* de valor justo, a compensação entre os resultados do item objeto e do instrumento de *hedge* é feita imediatamente no resultado. No caso de *hedge* de fluxo de caixa, é diferente; faz-se este tipo de *hedge* quando o item objeto ainda não está produzindo os fluxos de resultados esperados, ou por estarem fora do balanço (caso de transações altamente prováveis e de alguns compromissos firmes), ou por ser pós-fixado (atualização de indexadores ou taxas flutuantes).

Para fins de cálculo do capital principal (do PR), como **regra**, incluem-se os resultados ainda não realizados (ajustes de avaliação patrimonial) registrados em conta específica do patrimônio líquido, porque espera-se que eles sejam em algum momento realizados e aumentem ou diminuam o capital disponível (alínea *c*, inciso I do art. 4º da Resolução CMN nº 4.955/2021). O valor marcado a mercado, mesmo ainda não realizado, é a melhor expectativa corrente do que seja o valor final daquela transação; então incluem-se os ajustes positivos e negativos no cômputo do capital principal. Porém, a alínea *g* do inciso I e § 2º do art. 4º da Resolução CMN nº 4.955/2021 orienta a desprezar (não devem ser considerados) os ajustes decorrentes de *hedge* de fluxo de caixa; isso é porque espera-se que esses ajustes sejam em algum momento futuro compensados pelo item objeto de *hedge*, então não faz sentido computá-los como capital disponível; é a **exceção** à inclusão dos resultados ainda não realizados.

Porém, o § 2º do *caput* orienta que sejam desprezados (não devem ser considerados) os valores relativos aos ajustes ao valor de mercado dos derivativos utilizados para *hedge* de fluxo de caixa de itens protegidos que não tenham seus ajustes de marcação a mercado registrados contabilmente. É a **exceção da exceção**, ou seja, esses ajustes devem ser incluídos no cômputo do capital principal. Isso se justifica pelo fato de que não haverá os ajustes no item protegido que compensem os ajustes do instrumento de *hedge* e, portanto, faz sentido incluir esses ajustes no cálculo do capital, dado que não serão compensados em nenhum momento. Esse seria o caso, por exemplo, de compromissos firmes ou transações altamente prováveis, que entrarão no balanço diretamente pelos valores atualizados, sem sofrer ajustes de marcação a mercado.

Mas vamos pensar sobre um tipo específico de *hedge* de fluxo de caixa, em que o item protegido também não é marcado a mercado (está a custo amortizado), mas é indexado a índice de preço (IPCA, por exemplo) e o *hedge* contábil é desse componente de risco (DAP, por exemplo). Nesse caso específico, o item protegido irá, sim, produzir efeitos no resultado por meio da atualização do indexador ao longo da vida da transação. Sendo assim, seguindo o racional econômico, o saldo de ajustes de avaliação patrimonial do *hedge* de fluxo da caixa, que está registrado em conta específica do patrimônio líquido, deve ser excluído do cômputo do capital principal, pois seus resultados são, sim, compensados pelas atualizações do índice de preços; é a **exceção da exceção da exceção**. Na realidade, talvez nem seja necessária a contabilidade de *hedge* nesse caso; o DAP (instrumento de *hedge*) compensa as atualizações do IPCA do item protegido diretamente no resultado corrente.

## 29.12 EXERCÍCIOS

1. O que é *hedge accounting*?
a) Uma forma de proteção de ativos, passivos ou fluxos de caixa.
b) Um conjunto de mecanismos que permite à instituição reduzir ou eliminar descasamentos contábeis oriundos de estruturas de *hedge*.
c) A única forma permitida pelo BCB para contabilizar operações de *hedge*.
d) É o uso de derivativos com finalidade de proteção.

2. Qual a categoria de *hedge* recomendada quando fazemos um *hedge* de taxa de uma carteira de ativos prefixada?

a) *Hedge* de valor justo.
b) *Hedge* de fluxo de caixa.
c) *Hedge* de investimento líquido no exterior.
d) *Hedge* dinâmico.

## 29.13 RESPOSTAS DOS EXERCÍCIOS

1. b
2. a

## REFERÊNCIAS

ARCOVERDE, G. L. Uma nota sobre o procedimento de mapeamento em vértices nos modelos de cálculo do VaR de instrumentos de renda fixa. *Resenha BM&F*, nº 141, 2001.

BARRETO, E.; CARVALHO, W. *Contabilidade de derivativos e hedge accounting*. São Paulo: Atlas, 2022.

BAXTER, M.; RENNIE, A. *Financial calculus*: an introdution to derivative pricing. New York, Melbourne : Cambridge University Press, 1996.

CHRISTOFFERSEN, P. F. *Elements of financial risk management*. 2. ed. Oxford: Elsevier, 2012.

DAS, S. *Derivative products and pricing*: swaps/financial derivatives library. 3rd ed. revised. Singapore: John Wiley & Sons, 2006. p. 4700.

DOWD, K. *Measuring market risk*. 2. ed. Chichester: John Wiley & Sons, 2005.

HAUG, E. G. *The complete guide to option pricing formulas*. 2. ed. New York: McGraw-Hill, 2007.

HULL, J. C. *Options, futures and other derivative securities*. New Jersey: Prentice Hall, 1993.

IASB – International Accounting Standards Board. 2003. IAS 2 – "Inventories". London: IASCF, 2003.

IASB 2008. IAS 21 – "The Effects of Changes in Foreign Exchange Rates". London : IASCF, 2008.

IASB 2014. IAS 41 – "Agriculture". London: IFRSF, 2014.

JAMSHIDIAN, F.; ZHU, Y. *Scenario simulation*: theory and methodology – finance and Stochastics. 1997. v. 1, p. 43-67.

JARROW, R. A.; TURNBULL, S. M. *Derivative securities*. Cincinnati-OH: International Thomson Publishing, 1996.

JORION, P. Value at risk: a nova fonte de referência para a gestão do risco financeiro. Tradução: Thierry Barbe. 2. ed. São Paulo: BM&F, 2003.

MENDONÇA DE SOUZA, E. B. 2015. *Mensuração e evidenciação contábil do risco financeiro de derivativos*. 2015. Tese (Doutoramento em Contabilidade) – FEA–Universidade de São Paulo, 2015.

MORGAN GUARANTY TRUST COMPANY. RiskMetrics Technical Document. 1996.

NEFTCI, S. N. *Principles of financial engineering*. 2. ed. Burlington, San Diego, London: Elsevier-Academic Press, 2008.

RISKMETRICS GROUP. *Return to riskmetrics*: the evolution of a standard. Apr. 2001.

SILVA, M. E. VAR de Instrumentos de renda fixa: um comentário. *Resenha BM&F*, março de 2001, v. 143, p. 45-49.

STEFANICA, D. *A primer for the mathematics of financial engineering*. New York: FE Press, 2011.

# 30

# COMBINAÇÃO DE NEGÓCIOS

Ademir Luiz Bortolatto Junior
Alexandre Gonzales
Gisele Sterzeck
Eric Barreto

## 30.1 INTRODUÇÃO

Neste capítulo, trataremos sobre combinação de negócios. Antes de abordarmos o tema especificamente, gostaríamos de ressaltar que o Conselho Monetário Nacional (CMN) tem adotado diversas medidas para reduzir assimetria em relação aos padrões internacionais de contabilidade (IFRS). As normas que tratam do assunto são diretrizes que estão em convergência com as normas internacionais, no entanto, existem algumas diferenças. Nesse sentido, vamos utilizar como base o Pronunciamento Técnico CPC 15 – Combinação de negócios e, quando houver diferenças entre as Normas do CMN e do IFRS, faremos um destaque com comentários.

Com o objetivo de entendermos o escopo da norma, vamos começar com a definição de combinação de negócios: uma operação ou outro evento por meio do qual um adquirente obtém o controle de um ou mais negócios, independentemente da forma jurídica da operação.

O que define uma combinação de negócios é a obtenção do controle de um ou mais negócios, e gostaríamos de chamar a atenção para o termo "negócio", que, segundo a norma, é o conjunto integrado de atividades e ativos capaz de ser conduzido e gerenciado para gerar retorno, na forma de dividendos, redução de custos ou outros benefícios econômicos, diretamente a seus investidores ou outros proprietários. Portanto, uma combinação de negócios não é necessariamente a aquisição de uma empresa em si, podendo ser alguma divisão de uma companhia ou um conjunto líquido de ativos que constitua negócio.

Outro ponto relevante é que a obtenção de controle não necessariamente vai ocorrer pela compra de capital votante. Ela pode ocorrer também por meio de acordo entre acionistas ou qualquer outra forma pela qual a entidade possa obter o controle sobre a investida. Portanto, toda obtenção de controle de um negócio, independentemente do modo que isto ocorreu, está dentro do escopo do IFRS 3 / CPC 15 – Combinação de Negócios.

Além disso, na visão do IFRS/CPC, entidade é o grupo econômico, portanto, obtenção de controle entre entidades sob controle comum estão fora do escopo do CPC 15 – Combinação de Negócios. Ou seja, numa reorganização societária dentro de um mesmo grupo econômico, haverá apenas a transferência de ativos, não sendo possível a reavaliação de ativos e passivos a valor justo e o reconhecimento e mensuração do *goodwill*.

Uma vez que já sabemos qual o escopo da norma, vamos agora entender como é a contabilização de uma combinação de negócios.

## 30.2 BASE NORMATIVA – CONSELHO MONETÁRIO NACIONAL E BANCO CENTRAL DO BRASIL

As principais normas contábeis que tratam do tema "combinação de negócios" no âmbito das instituições autorizadas pelo Banco Central do Brasil (BCB) são as seguintes:

a) Resolução CMN nº 4.817, de 29 de maio de 2020: Dispõe sobre os critérios para mensuração e reconhecimento contábeis de investimentos em coligadas, controladas e controladas em conjunto mantidos por instituições financeiras e demais instituições autorizadas a funcionar pelo BCB.

b) Resolução BCB nº 33, de 29 de outubro de 2020: Dispõe sobre os critérios para mensuração e reconhecimento contábeis de investimentos em coligadas, controladas e controladas em conjunto mantidos pelas administradoras de consórcio e pelas instituições de pagamento e os procedimentos para a divulgação em notas explicativas de informações relacionadas a esses investimentos pelas instituições autorizadas a funcionar pelo BCB.

## 30.3 MÉTODO DE AQUISIÇÃO

Uma vez identificada uma combinação de negócios, o CPC 15 – Combinação de Negócios prescreve a utilização do Método de Aquisição. O objetivo do método é estabelecer as regras para reconhecimento, mensuração e as contabilizações em uma combinação de negócios.

O método de aquisição consiste em cinco passos, que serão tratados a seguir:

1. identificar o adquirente;
2. determinar a data de aquisição;
3. reconhecer e mensurar os ativos identificáveis e passivos assumidos;
4. reconhecer e mensurar a participação do acionista não controlador na adquirida; e
5. reconhecer e mensurar o ágio (*goodwill*).

### 30.3.1 Identificar o adquirente

Este passo, num primeiro momento, parece ser bastante simples: afinal, o adquirente é quem está comprando. Normalmente, essa afirmação é bem simples de ser observada, ou seja, quem transfere caixa ou outros ativos e assume os passivos é o adquirente, quem está comprando de fato. No entanto, a identificação do adquirente pode não ser tão objetiva. Isso geralmente ocorre em uma combinação de negócios efetivada fundamentalmente pela troca de participações societárias.

Para entendermos melhor, vejamos um exemplo de aquisição efetuada pela troca de participações societárias:

a) A Cia A possui 200 ações com direito a voto da Cia B. Com o intuito de adquirir a Cia B, ela emitirá 50 ações para pagar aos sócios da Cia B.

Nesse caso, fica óbvio quem é o adquirente: Cia A. Pois, mesmo com a emissão de 50 ações, é ela quem irá controlar a Cia B, não o contrário.

Vejamos o segundo exemplo:

b) A Cia A possui 100 ações com direito a voto. Com o intuito de adquirir a Cia B, ela emitirá 150 ações para pagar aos sócios da Cia B.

Nesse caso, o adquirente legal é a Cia A. No entanto, a adquirente contábil, ou seja, quem está adquirindo o controle, é a Cia B. Portanto, quem contabilizará a combinação de negócios é a Cia B. Esse é um exemplo de aquisição reversa.

Operações desse tipo não são raras. Elas podem acontecer em casos em que uma companhia fechada possui a intenção de participar do mercado de capitais, mas, no lugar de entrar com o processo de abertura de capital, a entidade fechada estabelece um acordo com a companhia aberta para que esta adquira parte do seu capital e, em troca, os proprietários da companhia fechada recebem significativa participação de capital na entidade aberta, tornando-se seus novos controladores.

Logo, quem adquire o controle, para fins de contabilidade, é o adquirente, ainda que seja diferente do adquirente legal. Então, uma vez identificado o adquirente, devemos seguir para o segundo passo.

### 30.3.2 Determinar a data de aquisição

No segundo passo, o adquirente deve identificar a data de aquisição, que nada mais é que a data em que ele obtém o controle da adquirida. Esse passo é importante, pois, dependendo da data, impactará no cálculo do *goodwill* em função do resultado pré-aquisição e valores justos de algumas contraprestações.

Importante ressaltar aqui que nem sempre a data do fechamento do negócio – momento em que há a transferência da contraprestação pelo controle, aquisição dos ativos e assunção dos passivos da adquirida – é essencialmente a data de aquisição, pois o controle pode ser obtido antes ou depois da data de fechamento do negócio. Por exemplo, o contrato escrito da aquisição pode estabelecer que o controle seja transferido antes ou após a transferência das contraprestações, tornando a data de fechamento do negócio diferente da data de aquisição. Nesse passo, o adquirente deve observar todos os fatos e circunstâncias que possam justificar a definição da data de aquisição, ou seja, a transferência do controle.

Em se tratando da aplicação do método de aquisição, especificamente para os dois primeiros passos, podemos perceber que o conceito chave é o controle, definido pelo CPC 36 – Demonstrações Consolidadas. Na determinação do adquirente: é quem obtém o controle, ainda que não seja o adquirente legal. E a data de aquisição é definida pela data de obtenção do controle pelo adquirente.

### 30.3.3 Reconhecer e mensurar os ativos identificáveis e passivos assumidos

O terceiro passo consiste no reconhecimento dos ativos identificáveis, passivos assumidos e participação dos acionistas não controladores na adquirida, separadamente do ágio pela expectativa de rentabilidade futura (*goodwill*).

Como regra para o reconhecimento, os ativos identificáveis e os passivos assumidos devem:

a) atender aos conceitos de ativo e passivo do CPC 00 – Estrutura Conceitual para Relatório Financeiro; e

b) fazer parte do que foi acordado na combinação de negócios, ou seja, na operação de aquisição de controle.

É importante ressaltar que a data de aquisição é fundamental nesse passo, pois é nesta data que se deve observar se os ativos e passivos atendem aos conceitos do CPC 00. Os ativos e passivos fruto de operações separadas, que não sejam a operação de combinação de negócios, devem ser reconhecidos de acordo com os pronunciamentos aplicáveis.

A norma chama os ativos de "identificáveis" e os passivos de "assumidos", ou seja, não são chamados somente de ativos e passivos, logo, há uma distinção de um ativo fora do escopo de uma combinação de negócios. Para ser identificável, o ativo deve:

a) ser separável, ou seja, que possa ser separável da entidade, vendido ou transferido, individualmente ou em conjunto com outros ativos, independentemente da intenção que a entidade possui para o ativo;

b) surgir de um contrato ou direito legal, o que garante a assunção de riscos e benefícios a ele associados.

Quando a norma cita passivos assumidos, ela trata da assunção do passivo, independentemente das incertezas quanto ao prazo e valores a ele associados. Portanto, a norma trata de todos os passivos assumidos na combinação de negócios.

A consequência prática da aplicação desses conceitos é o reconhecimento de ativos e passivos que, no curso normal dos negócios, não seriam reconhecidos. Ou seja, todo ativo identificável e todo passivo assumido, que atendam aos critérios da norma, devem ser reconhecidos nas demonstrações contábeis. A documentação que suporta o reconhecimento e mensuração desses ativos e passivos é o laudo de *purchase price allocation* (PPA), elaborado por uma empresa independente especializada em avaliação de ativos.

Vejamos alguns exemplos de aplicação dos conceitos:

a) **passivos contingentes**: a entidade deve reconhecer todas as obrigações que atendam à definição de passivo, independentemente de ser contingente ou não. A classificação como possível, provável ou remota, trazida pelo CPC 25 – Provisões, Passivos e Ativos Contingentes, não é aplicável no caso de uma combinação de negócios;

b) **gastos futuros**: gastos que a entidade espera ter no futuro, mas que não está obrigada a incorrer, não devem ser reconhecidos como passivo na aplicação do método de aquisição, pois não tratam de obrigações presentes que surgiram de um evento passado. Esses gastos são reconhecidos apenas no momento subsequente. São exemplos desses gastos: descontinuação de algum negócio, reestruturação ou desligamento de funcionários;

c) **custos diretamente relacionados à aquisição** (custos de transação): devem ser reconhecidos como despesa do período em que ocorrerem;

d) **ativos intangíveis identificáveis**: ainda que não tenham sido reconhecidos anteriormente nas demonstrações financeiras da adquirida, esses ativos são reconhecidos no método de aquisição. Exemplos: marcas, patentes, direitos, que não eram antes reconhecidos por terem sido gerados internamente.

Uma vez reconhecidos os ativos e os passivos, a entidade deve classificá-los da forma necessária para aplicar outros pronunciamentos subsequentemente, exceto contrato de seguro e arrendamento (quando a adquirida é o arrendador). A norma prescreve a mensuração a valor justo no reconhecimento inicial dos ativos e passivos advindos de uma combinação de negócios. Quanto à classificação, devem-se levar em conta: termos contratuais, condições econômicas, políticas contábeis ou operacionais etc.

Porém, estas regras não são aplicáveis a todos os ativos e passivos. Existem algumas exceções:

1) Passivo contingente

Segundo o CPC 15 – Combinação de Negócios (item 23), não se aplicam as exigências do CPC 25 – Provisões, Passivos Contingentes e Ativos Contingentes na determinação dos ativos contingentes, que devem ser reconhecidos na data de aquisição.

A norma de combinação de negócios estabelece que "o adquirente deve reconhecer, na data da aquisição, um passivo contingente assumido em combinação de negócios somente se ele for uma obrigação presente que surge de eventos passados e o seu valor justo puder ser mensurado com confiabilidade", enquanto o CPC 25 estabelece que passivos contingentes não devem ser reconhecidos quando não for provável que recursos saiam da entidade para a sua liquidação.

Portanto, em uma combinação de negócios, devem ser reconhecidos os passivos contingentes, na data de aquisição, ainda que a probabilidade de ocorrência da saída de caixa para liquidação deste passivo seja menor que 50%, de forma contrária ao que propõe o CPC 25. Esses passivos devem ser reconhecidos pelo seu valor justo, considerando a probabilidade da sua ocorrência.

O sentido desse tratamento diferenciado está na lógica da aquisição do negócio: devem-se levar em consideração no preço da aquisição todos os passivos que potencialmente seriam assumidos.

2) Tributos sobre o lucro

Segundo a norma, o adquirente deve aplicar o Pronunciamento Técnico CPC 32 – Tributos sobre o Lucro no reconhecimento dos efeitos tributários por diferenças temporárias e prejuízos passíveis de compensação com lucros adquiridos em função:

a) dos ativos adquiridos e passivos assumidos;
b) na adquirida: dos tributos diferidos já existentes na data de aquisição ou em função da combinação de negócios.

3) Benefício a empregados

Segundo a norma, o adquirente deve aplicar o Pronunciamento Técnico CPC 33 – Benefícios a Empregados, no reconhecimento e mensuração de passivos (ou ativo, se houver) oriundos de contratos de benefícios a empregados da adquirida.

4) Ativo de indenização

Normalmente, em combinações de negócios, a parte vendedora pode assumir uma obrigação contratual de indenização com a parte compradora, por conta de alguma incerteza associada à aquisição. Por exemplo, indenização por perdas que fiquem acima de um determinado valor, por um passivo contingente específico ou por resultados abaixo do esperado.

Nesses casos, a adquirente deve reconhecer um ativo de indenização juntamente com o ativo ou passivo objeto da indenização, sendo ambos mensurados nas mesmas bases e sujeitos à avaliação separada de valores incobráveis.

Portanto, na data de aquisição, os ativos de indenização devem ser reconhecidos e mensurados com base nas premissas utilizadas para mensurar o item objeto de indenização e estão sujeitos à avaliação quanto às perdas potenciais por valores incobráveis e às limitações relativas ao montante de indenização, presentes no contrato.

5) Arrendamento em que a adquirida é o arrendatário

O adquirente deve reconhecer o passivo de arrendamento e o ativo de direito de uso decorrentes de contratos de arrendamentos identificados, nos quais a adquirida é o arrendatário, de acordo com o Pronunciamento Técnico CPC 06 – Arrendamentos.

A mensuração do passivo de arrendamento e do ativo de direito de uso devem ser feitos pelo valor presente do saldo devedor remanescente do arrendamento, como se o contrato fosse um novo contrato na data de aquisição.

O adquirente tem o direito de não reconhecer contratos dentro do escopo do Pronunciamento Técnico CPC 06 – Arrendamentos:

a) que possuam prazo menor que 12 meses, a contar da data de aquisição; e
b) cujo ativo subjacente seja de baixo valor, conforme descrito no CPC 06.

6) Direito readquirido

Eventualmente, em uma combinação de negócios, o adquirente pode readquirir direitos de uso sobre ativos da adquirente, reconhecidos ou não, que anteriormente haviam sido vendidos para a adquirida.

Esses ativos devem ser reconhecidos como ativo intangível e mensurados pelos seus valores justos com base no prazo contratual remanescente, independentemente do seu potencial de renovação que os participantes do mercado poderiam considerar nesta avaliação. Se os termos do contrato forem favoráveis ou desfavoráveis em relação às condições correntes de mercado, deve ser reconhecida pelo adquirente, separadamente da combinação de negócios, a perda ou ganho que ocorreria pela liquidação deste direito.

7) Pagamento baseado em ações

Na data de aquisição, deve ser aplicado o método previsto no Pronunciamento Técnico CPC 10 – Pagamento Baseado em Ações para os passivos ou instrumentos de patrimônio relacionados a:

a) plano de pagamento baseado em ações da adquirida; ou

b) plano de pagamento baseado em ações da adquirente decorrentes da substituição dos planos com pagamento baseado em ações da adquirida.

8) Ativo mantido para venda

Os ativos não circulantes classificados como mantidos para venda da adquirida, na data de aquisição, devem ser mensurados pelo seu valor justo menos as despesas de venda, conforme os itens 15 a 18 do Pronunciamento Técnico CPC 31 – Ativo Não Circulante Mantido para Venda e Operação Descontinuada.

Uma vez reconhecidos os ativos identificáveis e os passivos assumidos, a entidade deve reconhecer e mensurar a participação do acionista não controlador. O CPC 15 (R1) – Combinação de Negócios permite ao adquirente escolher entre duas opções: 1 – método do valor justo; ou 2 – participação proporcional nos ativos líquidos.

Para ilustrar os dois métodos, vamos ao exemplo de como seria a mensuração da participação do acionista não controlador:

A Cia B possui 100.000 ações emitidas. A Cia A adquiriu 80% das ações da Cia B, por R$ 5,00, cada, tornando-se a controladora. O valor de mercado da ação, na época desta aquisição, era de R$ 4,00, cada. A Cia B possuía ativos líquidos no valor de R$ 350.000.

Logo, o valor da participação do acionista não controlador será:

a) pelo método do valor justo: R$ 80.000 (20.000 ações × R$ 4,00 cada);

b) participação proporcional nos ativos líquidos: R$ 70.000 (20% de R$ 350.000).

a) **Reconhecer e mensurar o *goodwill* ou deságio (compra vantajosa)**

O passo final do método de aquisição é o reconhecimento do *goodwill* ou deságio. O cálculo se dá pela fórmula apresentada na Figura 30.1.

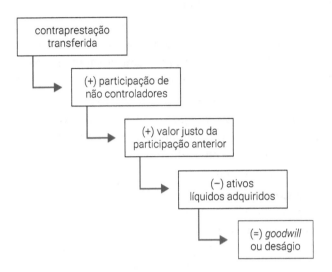

**Figura 30.1** Esquema de cálculo do *goodwill*.

Sendo:

a) **contraprestação transferida**: mensurada ao valor justo, devendo considerar os ativos transferidos pelo adquirente (dinheiro ou outros ativos), passivos incorridos pelo adquirente (casos em que há captação de recursos) e instrumentos patrimoniais emitidos pelo adquirente;

b) **participação de não controladores (PANC)**: conforme mensurado anteriormente pela entidade;

c) **valor justo de participação anterior**: valor justo da participação que o adquirente já possuía na adquirida antes da combinação de negócios.

Se o resultado for maior que 0, deve ser reconhecido como *goodwill* no Balanço Patrimonial. Se o resultado for menor que 0, deve ser reconhecido o deságio em conta de resultado, no período em que ocorrer.

Vejamos, com base nos dados último exemplo, como seria o cálculo do *goodwill*:

|  | PANC – Valor Justo | PANC – Part. Proporcional |
|---|---|---|
| 1 – Contraprestação transferida | 400.000 | 400.000 |
| 2 – PANC | 80.000 | 70.000 |
| 3 – Participação Anterior | Não havia | Não havia |
| 4 – Ativos líquidos | 350.000 | 350.000 |
| = *Goodwill* (1 + 2 + 3 – 4) | 130.000 | 120.000 |

Perceba que a única diferença nos dois cálculos é a mensuração da participação do acionista não controlador. Quando se opta pela mensuração da PANC pelo valor justo, atribui-se um pedaço do *goodwill* a ele; em contrapartida, na mensuração da PANC pela participação proporcional, o *goodwill* reconhecido representa apenas a parcela do adquirente.

Caso o resultado fosse negativo, significaria que a contraprestação paga foi menor que o valor dos ativos líquidos, logo, teria sido uma compra vantajosa. Nesse caso, o valor apurado seria reconhecido como ganho por compra vantajosa.

O tratamento subsequente do *goodwill* deve estar de acordo com o Pronunciamento Técnico CPC 04 – Intangível, que consiste em realizar o teste de *impairment*, no mínimo, anualmente.

**Aspectos específicos do BCB**: de acordo com a Resolução CMN nº 4.817/2020, o *goodwill* da investida deve ser amortizado de acordo com o prazo definido no estudo técnico para a realização dos benefícios econômicos que fundamentaram seu reconhecimento, ou baixado por alienação ou perda. A parcela de *goodwill* que não tenha fundamento econômico em benefícios futuros deverá ser reconhecida imediatamente como despesa do período em despesas não operacionais.

Caso seja apurado deságio, o BCB estabelece que deverá ser realizada nova avaliação por outra empresa independente especializada em ativos. Sendo apurado novamente deságio, tal item deve ser reconhecido como receita não operacional, pelo menor valor entre os laudos apurados.

b) **Combinação de negócios em estágios**

Em alguns casos, a aquisição do controle de uma entidade ocorre após a entidade já ter investimentos prévios na sua nova subsidiária. Por exemplo, a entidade A, em 01/01/X0, adquire 10% do capital votante da entidade B. Em 01/06/X0, a entidade A adquire mais 41% do capital votante da entidade B. Isto é o que o Pronunciamento Técnico CPC 15 – Combinação de Negócios chama de combinação de negócios realizada em estágios, que é quando "o adquirente pode obter o controle de uma adquirida na qual ele mantinha uma participação de capital imediatamente antes da data da aquisição".

Nesses casos, o Pronunciamento Técnico CPC 15 – Combinação de Negócios estabelece que "o adquirente deve mensurar novamente sua participação anterior na adquirida pelo valor justo na data da aquisição e deve reconhecer no resultado do período o ganho ou a perda resultante, se houver, ou em outros resultantes abrangentes, conforme apropriado".

Para entendermos melhor o impacto desse tipo de tratamento contábil em uma operação de combinação de negócios, vejamos um exemplo prático:

Vamos supor que a Cia A detinha 20% do capital da Cia B em 01/01/X0. Nessa mesma data, adquiriu mais 50% do capital votante da Cia B, por R$ 550.000,00. A Cia B possuía, nessa data, 500.000 ações emitidas e seu patrimônio líquido valia R$ 1.000.000,00. O valor justo das ações de B, nesta data, era de R$ 2,10 cada.

Antes da aquisição, a Cia A deveria reconhecer o investimento na Cia B pela equivalência patrimonial, portanto, o valor do investimento na data da aquisição era de R$ 200.000.

Conforme vimos, o Pronunciamento Técnico CPC 15 – Combinação de Negócios afirma que o investimento inicial deveria ser mensurado pelo valor justo e a sua variação reconhecida no resultado da investidora. Portanto, a Cia A possuía 20% do capital votante da Cia B, ou seja, 100.000 ações, cujo valor de mercado na data da aquisição era de R$ 2,10 por ação, logo, o valor justo do investimento era de R$ 210.000,00. A variação do valor justo do investimento deve ser reconhecida como segue:

D – Investimentos em Cia B          R$ 10.000,00
C – Receita variação do VJ em Cia B   R$ 10.000,00

Dessa forma, o valor do *goodwill* será impactado. Vejamos o cálculo, considerando que não houve diferença no valor justo dos itens do Balanço Patrimonial, ou seja, o valor justo dos ativos líquidos corresponde ao valor contábil do patrimônio líquido:

| Valor da Contraprestação Paga | |
|---|---|
| Investimento preexistente | R$ 210.000,00 |
| Nova aquisição | R$ 550.000,00 |
| Participação do Acionista Não Controlador (valor justo) | R$ 315.000,00 |
| (=) Valor atribuído ao negócio | R$ 1.075.000,00 |
| (–) Valor justo dos ativos líquidos | R$ 1.000.000,00 |
| (=) Goodwill | R$ 75.000,00 |

**Aspectos específicos do BCB**: de acordo com a Resolução CMN nº 4.817/2020, o ganho ou a perda decorrente da reavaliação da parcela de participação anterior deve ser registrado no resultado do período ou no patrimônio líquido, de acordo com o critério de reconhecimento e mensuração aplicável à parcela já detida.

c) **Exemplos práticos**

1) Cálculo do *goodwill*

Cia ABC adquiriu 90% das ações de DEF em 30/06/X4. Nessa aquisição, Cia ABC incorreu nas seguintes transações:

a) Pagamento em dinheiro para os antigos sócios de DEF, no valor de R$ 150.000. ABC pegou emprestado o valor todo do Banco Super, a uma taxa de 7% a.a., e ABC pagou uma taxa de R$ 500 pelo empréstimo.

b) Constituição de um passivo para pagamento em dinheiro, para os antigos sócios da Cia DEF, no valor de R$ 130.000, em dois anos. O custo de capital de ABC é 7%.

c) Emitiu 21.000 ações próprias, no valor de R$ 1 por ação. O preço de mercado das ações de ABC era de R$ 1,10 por ação.

d) Pagamento em dinheiro dependendo do lucro líquido de DEF dentro do primeiro ano de aquisição:
- se o lucro exceder R$ 100.000, ABC pagará R$ 10.000;
- se o lucro for entre R$ 75.000 e R$ 100.000, ABC pagará R$ 7.500;
- se o lucro não atingir R$ 75.000, ABC não pagará nada.

Baseado nas informações gerenciais de DEF, o lucro líquido será de R$ 96.000 com 80% de probabilidade e de R$ 102.000 com 20% de probabilidade. Baseado nos negócios correntes de DEF, a probabilidade de os lucros serem menores que R$ 75.000 é remota.

Calcule o valor justo do pagamento transferido e o *goodwill* na data de aquisição.

**Nota:** ABC mensura a participação do acionista não controlador pelo método proporcional. O valor justo dos ativos líquidos de DEF, na data de aquisição, era de R$ 260.000.

Cálculo do valor justo da contraprestação

| Pagamento em Caixa (1) | | 150.000 |
|---|---|---|
| **Pagamento em caixa diferido (2)** | | |
| Valor: | 130.000 | |
| Taxa de desconto: | 7% | |
| Fator de desconto 7% em 2 anos: | 0,873[1] | |
| Valor justo do pagamento diferido: | | 113.547 |
| **Ações próprias emitidas (3)** | | |
| Número de ações: | 21.000 | |
| Valor de mercado por ação: | 1,1 | |
| VJ das ações próprias emitidas: | | 23.100 |
| **Contraprestação Contingente (4)** | | |
| Resultado médio ponderado: | 8.000 | |
| Taxa de desconto: | 7% | |
| Fator de desconto 7% em 1 ano: | 0,934[2] | |
| VJ da contraprestação contingente: | | 7.476 |
| **VJ da contraprestação transferida:** | | 294.123 |

Notas:

(1) – devem ser desconsiderados os custos do empréstimo (juros + tarifa);

(2) e (3) – valor justo é igual ao valor presente nestes itens;

(4) – **Resultado ponderado das probabilidades:** 80% de R$ 7.500 e 20% de R$ 10.000.

---

[1] $\dfrac{1}{(1+0{,}07)^2} = 0{,}873$

[2] $\dfrac{1}{(1+0{,}07)^1} = 0{,}934$

Cálculo do *goodwill*:

A fórmula de cálculo do *goodwill* é representada pela seguinte equação: contraprestação transferida + PANC + valor justo de participação anterior – ativos líquidos adquiridos. Logo:

| | | |
|---|---|---|
| VJ da contraprestação: | | 294.123 |
| Soma PANC: | | |
| Ativos líquidos da Cia DEF: | 250.000 | |
| PANC proporcional: | 10% | |
| PANC proporcional: | | 25.000 |
| VJ de participação anterior | | 0 |
| Menos ativos líquidos de DEF: | | –250.000 |
| *Goodwill* adquirido: | | 69.123 |

Portanto, nesse exemplo, o valor do *goodwill* a ser reconhecido na consolidação será de R$ 69.123.

2) Cálculo do *goodwill* + Consolidação em combinação de negócios

Cia ABC adquiriu 100% das ações de Cia DEF em 30 de junho de X4. Os antigos acionistas de Cia DEF concordaram em aceitar 16 ações ordinárias da Cia ABC para cada 20 ações ordinárias de Cia DEF, ou o pagamento em caixa de R$ 110.000 (valor justo).

Cia ABC decidiu emitir novas ações no lugar de pagar em caixa.

A seguir, as demonstrações contábeis da Cia ABC e da Cia DEF, sem os efeitos da aquisição:

| Balanço Patrimonial em 30/06/X4 | ABC | DEF |
|---|---|---|
| **Ativos** | | |
| *Ativos Circulantes* | | |
| Caixa e Equivalentes | 45.000 | 10.000 |
| Recebíveis | | |
| Cia DEF | 8.000 | |
| Outros Recebíveis | 45.000 | 10.000 |
| Estoques | 85.000 | 28.000 |
| | 183.000 | 48.000 |
| *Ativos não Circulantes* | | |
| Imposto Diferido | 4.000 | |
| Investimento em DEF (90.000 $1 por ação) | | 0 |
| *Goodwill* adquirido em uma combinação de negócios | | |
| Imobilizado | 120.000 | 90.000 |
| | 124.000 | 90.000 |
| **TOTAL ATIVO** | **307.000** | **138.000** |

| PASSIVO E PATRIMÔNIO LÍQUIDO | | |
|---|---|---|
| **Passivo** | | |
| *Passivo Circulante* | | |
| Empréstimos | –10.000 | –15.000 |
| *Passivos não Circulantes* | | |
| Obrigações | | |
| Cia ABC | | –8.000 |
| Outros | –35.000 | –12.000 |
| Imposto Diferido | | –2.000 |
| | **–45.000** | **–37.000** |
| **Patrimônio Líquido** | | |
| *PL atribuído aos acionistas* | | |
| 272.000 ações (1 $ cada) | –200.000 | |
| 90.000 ações (1 $ cada) | | –90.000 |
| Prêmio na emissão de ações | | |
| Reserva de Lucros – pré-aquisição | –62.000 | –11.000 |
| *Participação de Acionista Não Controlador* | | |
| | **–262.000** | **–101.000** |
| **TOTAL PASSIVO E PATRIMÔNIO LÍQUIDO** | **–307.000** | **–138.000** |

Dois passos devem ser tomados nesse caso: 1 – reconhecimento da combinação de negócios (aquisição da Cia DEF) nas demonstrações contábeis da adquirente (Cia ABC); e 2 – consolidação das demonstrações contábeis.

a) Reconhecimento da aquisição da Cia DEF nas demonstrações contábeis individuais da Cia ABC.

Primeiro passo é identificar quantas ações foram emitidas pela Cia ABC. Para cada 20 ações de DEF, a Cia ABC emitiu 16 ações. Logo, 90.000/20 × 16 = 72.000 ações. Como cada ação de ABC possui o valor nominal de R$ 1, logo o capital social será aumentado em R$ 72.000 e a diferença para o valor justo da aquisição, R$ 110.000, deverá ser reconhecido como prêmio na emissão de ação, no valor de R$ 38.000.

Logo, temos os seguintes lançamentos nas demonstrações contábeis da Cia ABC:

| | |
|---|---|
| D – Investimentos em DEF | R$ 110.000 |
| C – Ações | R$ 72.000 |
| C – Prêmio na emissão de ações | R$ 38.000 |

| Balanço Patrimonial em 30/06/X4 | ABC | DEF | Compra de DEF Ajuste em ABC | ABC ajustado |
|---|---|---|---|---|
| **Ativos** | | | | |
| *Ativos Circulantes* | | | | |
| Caixa e Equivalentes | 45.000 | 10.000 | | 45.000 |
| Recebíveis | | | | 0 |
| Cia DEF | 8.000 | | | 8.000 |
| Outros Recebíveis | 45.000 | 10.000 | | 45.000 |
| Estoques | 85.000 | 28.000 | | 85.000 |
| | 183.000 | 48.000 | | 183.000 |
| *Ativos não Circulantes* | | | | 0 |
| Imposto Diferido | 4.000 | | | 4.000 |
| Investimento em DEF (90.000 $ 1 por ação) | | 0 | 110.000 | 110.000 |
| *Goodwill* adquirido em uma combinação de negócios | | | | 0 |
| Imobilizado | 120.000 | 90.000 | | 120.000 |
| | 124.000 | 90.000 | | 234.000 |
| **TOTAL ATIVO** | **307.000** | **138.000** | | **417.000** |
| | | | | 0 |
| **PASSIVO E PATRIMÔNIO LÍQUIDO** | | | | 0 |
| *Passivo* | | | | 0 |
| *Passivo Circulante* | | | | 0 |
| Empréstimos | -10.000 | -15.000 | | -10.000 |
| *Passivos não Circulantes* | | | | 0 |
| Obrigações | | | | 0 |
| Cia ABC | | -8.000 | | 0 |
| Outros | -35.000 | -12.000 | | -35.000 |
| Imposto Diferido | | -2.000 | | 0 |
| | -45.000 | -37.000 | | -45.000 |
| *Patrimônio Líquido* | | | | 0 |
| *PL atribuído aos acionistas* | | | | 0 |
| 272.000 ações (1 $ cada) | -200.000 | | -72.000 | -272.000 |
| 90.000 ações (1 $ cada) | | -90.000 | | 0 |
| Prêmio na emissão de ações | | | -38.000 | -38.000 |
| Reserva de Lucros – pré-aquisição | -62.000 | -11.000 | | -62.000 |
| *Participação de Acionista Não Controlador* | | | | 0 |
| | -262.000 | -101.000 | | -372.000 |
| **TOTAL PASSIVO E PATRIMÔNIO LÍQUIDO** | **-307.000** | **-138.000** | | **-417.000** |

b) Consolidação das Demonstrações contábeis do grupo ABC em 30 de junho de X4 e reconhecimento do *goodwill*.

O processo de consolidação, neste caso, contará com o reconhecimento do *goodwill*, portanto, os passos a serem seguidos são:

1) soma de todas as linhas semelhantes do balanço: exemplificado na sexta coluna da tabela a seguir;

2) eliminação da conta de investimento da investidora, das contas de patrimônio líquido pré-investimento da investida e o reconhecimento do *goodwill*: na sétima coluna da tabela a seguir. Nesse passo, é calculado o *goodwill*: contraprestação transferida (R$ 110.000) + PANC (neste caso não há) + valor justo de participação anterior (neste caso não há) – ativos líquidos adquiridos (R$ 101.000), que corresponde ao valor do patrimônio líquido), resultando em um *goodwill* de R$ 9.000; e

3) eliminar as transações intragrupo: na oitava coluna da tabela a seguir, sendo apenas as contas a receber da Cia ABC e o contas a pagar da Cia DEF.

Cabe ressaltar que, para simplificação deste exemplo, o valor de mercado dos ativos líquidos corresponde ao valor contábil destes ativos, portanto o valor do patrimônio líquido foi considerado como o valor dos ativos líquidos adquiridos.

O passo a passo da consolidação e reconhecimento do *goodwill* expresso em valores conforme tabela a seguir.

| Balanço Patrimonial em 30/06/X4 | ABC | DEF | Compra de DEF Ajuste em ABC | Compra de DEF ABC ajustado | Soma Passo 1 | Eliminar investimento + PL + goodwill Passo 2 | Intra-grupo Passo 3 | Consolidado |
|---|---|---|---|---|---|---|---|---|
| **Ativos** | | | | | | | | |
| *Ativos Circulantes* | | | | | | | | |
| Caixa e Equivalentes | 45.000 | 10.000 | | 45.000 | 55.000 | | | 55.000 |
| Recebíveis | | | | 0 | 0 | | | 0 |
| Cia DEF | 8.000 | | | 8.000 | 8.000 | | -8.000 | 0 |
| Outros Recebíveis | 45.000 | 10.000 | | 45.000 | 55.000 | | | 55.000 |
| Estoques | 85.000 | 28.000 | | 85.000 | 113.000 | | | 113.000 |
| | **183.000** | **48.000** | | **183.000** | 231.000 | | | **223.000** |
| *Ativos não Circulantes* | | | | 0 | 0 | | | 0 |
| Imposto Diferido | 4.000 | | | 4.000 | 4.000 | | | 4.000 |
| Investimento em DEF (90.000 $1 por ação) | | 0 | 110.000 | 110.000 | 110.000 | -110.000 | | 0 |
| Goodwill adquirido em uma combinação de negócios | | | | 0 | 0 | 9.000 | | 9.000 |
| Imobilizado | 120.000 | 90.000 | | 120.000 | 210.000 | | | 210.000 |
| | **124.000** | **90.000** | | 234.000 | 324.000 | | | **223.000** |
| **TOTAL ATIVO** | **307.000** | **138.000** | | **417.000** | **555.000** | | | **446.000** |
| | | | | 0 | 0 | | | 0 |
| **PASSIVO E PATRIMÔNIO LÍQUIDO** | | | | 0 | 0 | | | 0 |
| *Passivo* | | | | 0 | 0 | | | 0 |
| *Passivo Circulante* | | | | 0 | 0 | | | 0 |
| Empréstimos | -10.000 | -15.000 | | -10.000 | -25.000 | | | -25.000 |
| *Passivos não Circulantes* | | | | 0 | 0 | | | 0 |
| Obrigações | | | | 0 | 0 | | | 0 |
| Cia ABC | | -8.000 | | 0 | -8.000 | | 8.000 | 0 |
| Outros | -35.000 | -12.000 | | -35.000 | -47.000 | | | -47.000 |
| Imposto Diferido | | -2.000 | | 0 | -2.000 | | | -2.000 |
| | **-45.000** | **-37.000** | | **-45.000** | -82.000 | | | **-74.000** |
| *Patrimônio Líquido* | | | | 0 | 0 | | | 0 |
| *PL atribuído aos acionistas* | | | | 0 | 0 | | | 0 |
| 272.000 ações (1 $ cada) | -200.000 | | -72.000 | -272.000 | -272.000 | | | -272.000 |
| 90.000 ações (1 $ cada) | | -90.000 | | 0 | -90.000 | 90.000 | | 0 |
| Prêmio na emissão de ações | | | -38.000 | -38.000 | -38.000 | | | -38.000 |
| Reserva de Lucros – pré-aquisição | -62.000 | -11.000 | | -62.000 | -73.000 | 11.000 | | -62.000 |
| *Participação de Acionista Não Controlador* | | | | 0 | 0 | | | 0 |
| | **-262.000** | **-101.000** | | **-372.000** | -473.000 | | | **-372.000** |
| **TOTAL PASSIVO E PATRIMÔNIO LÍQUIDO** | **-307.000** | **-138.000** | | **-417.000** | **-555.000** | | | **-446.000** |

## 30.4 EXERCÍCIOS

1.  A Companhia Alfa S.A. adquiriu 100% de participação da Companhia Gama S.A. A contraprestação transferida em troca dessa participação foi de R$ 1.300.000,00, em dinheiro. Os ativos identificáveis adquiridos e os passivos assumidos por Alfa constavam no Balanço Patrimonial apresentado por Gama, e foram assim mensurados para fins de fechamento do negócio:

i.  Ativos Identificáveis Adquiridos (Ativo Circulante + Ativo Não Circulante) R$ 970.000,00; e
ii. Passivos Assumidos (Passivo Circulante + Passivo Não Circulante) R$ 300.000,00.

Sabe-se que Alfa mensurou os ativos identificáveis adquiridos e os passivos assumidos de Gama pelos respectivos valores justos da data da aquisição e não foram encontradas divergências em relação aos seus valores contábeis. Admitindo que, antes da aquisição, as duas entidades não tinham qualquer tipo de participação/relação uma com a outra e considerando somente as informações apresentadas, além das disposições da CPC 15 – Combinação de Negócios, na data da aquisição, a Companhia Alfa S.A. deveria reconhecer:

a) R$ 630.000,00 de *goodwill*.
b) R$ 630.000,00 de mais-valia.
c) R$ 630.000,00 de menos-valia.
d) R$ 630.000,00 de compra vantajosa.

2.  De acordo com o Comitê de Pronunciamentos Contábeis CPC 15 – Combinação de Negócios, em cada combinação de negócios, o adquirente deve mensurar, na data da aquisição, os componentes da PANC na adquirida que representem nessa data efetivamente instrumentos patrimoniais e confiram a seus detentores uma participação proporcional nos ativos líquidos da adquirida em caso de sua liquidação, por um dos seguintes critérios:

a) Pelo custo histórico ou pela participação proporcional atual conferida pelos instrumentos patrimoniais nos montantes reconhecidos dos ativos líquidos identificáveis da adquirida.
b) Pelo valor de mercado ou pelo custo histórico.
c) Pelo valor justo ou pela participação proporcional atual conferida pelos instrumentos patrimoniais nos montantes reconhecidos dos ativos líquidos identificáveis da adquirida.
d) Pelo custo histórico ou pela participação proporcional atual conferida pelos instrumentos patrimoniais nos montantes reconhecidos dos ativos líquidos identificáveis da adquirida.

3.  A Cia X é controladora da Cia Y, possuindo 100% do capital da Cia Y. Em determinada data, a Cia X resolveu incorporar a Cia Y, e foi realizado o levantamento da composição patrimonial das duas Companhias imediatamente antes da incorporação, conforme apresentado na seguinte tabela:

|  | Cia X | Cia Y |
|---|---|---|
| Disponibilidades | R$ 300.000,00 | R$ 100.000,00 |
| Estoques | R$ 1.300.000,00 | R$ 300.000,00 |
| Ativo Imobilizado | R$ 4.500.000,00 | R$ 850.000,00 |
| Investimento de X em Y | R$ 1.000.000,00 | R$ 0,00 |
| Passivo Circulante | R$ 1.050.000,00 | R$ 250.000,00 |
| Capital Social | R$ 3.950.000,00 | R$ 1.000.000,00 |
| Reserva de Lucros | R$ 2.100.000,00 | R$ 0,00 |

Após a efetivação da incorporação, considerando somente essas informações apresentadas, é **correto** afirmar:

a) O Ativo Total da Cia X passou a ser de R$ 8.350.000,00.
b) O Capital Social da Cia X continuou sendo de R$ 3.950.000,00.
c) O novo Patrimônio Líquido da Cia X passou a ser de R$ 7.050.000,00.
d) O Ativo Circulante da Cia X passou a ser de R$ 7.350.000,00.
e) O Passivo Circulante da Cia X passou a ser de R$ 250.000,00.

## 30.5 RESPOSTAS DOS EXERCÍCIOS

1. a
2. d
3. b

---

### APÊNDICE – DEFINIÇÃO DE TERMOS

*Goodwill*: ágio pago por expectativa de rentabilidade futura.

# REFERÊNCIAS

BANCO CENTRAL DO BRASIL. COSIF: Padrão Contábil das Instituições Reguladas pelo Banco Central do Brasil. Disponível em: https://www3.bcb.gov.br/aplica/cosif. Acesso em: 17 maio 2023.

COMITÊ DE PRONUNCIAMENTOS CONTÁBEIS. CPC 00 (R2) – Estrutura Conceitual para Relatório Financeiro. Brasília, 01 nov. 2019. Disponível em: http://www.cpc.org.br/CPC/Documentos-Emitidos/Pronunciamentos/Pronunciamento?Id=80. Acesso em: 17 maio 2023.

COMITÊ DE PRONUNCIAMENTOS CONTÁBEIS. CPC 15 (R1) – Combinação de Negócios. Brasília, 03 jun. 2011. Disponível em: http://www.cpc.org.br/CPC/Documentos-Emitidos/Pronunciamentos/Pronunciamento?Id=46. Acesso em: 17 maio 2023.

GELBCKE, E. R.; SANTOS, A.; IUDÍCIBUS, S.; MARTINS, E. *Manual de contabilidade societária:* aplicável a todas as sociedades – de acordo com as normas internacionais e do CPC. 3. ed. São Paulo: Atlas, 2018.

# 31

# CARACTERÍSTICAS ESPECÍFICAS DOS CONSÓRCIOS

**Fabio Bassi de Oliveira**
**Ivanice Teles Floret**

## 31.1 INTRODUÇÃO

Este capítulo apresentará o arcabouço regulatório das administradoras de consórcio, incluindo os principais registros contábeis e as exigências de divulgação

## 31.2 NORMAS CONTÁBEIS APLICÁVEIS ÀS ADMINISTRADORAS DE CONSÓRCIO

A regulação das administradoras de consórcio é de competência do Banco Central do Brasil (BCB), conforme determina o art. 6º da Lei nº 11.795, de 08 de outubro de 2008. De acordo com a referida lei, a autarquia é responsável por normatizar, coordenar, supervisionar, fiscalizar e controlar as atividades de consórcios.

Adicionalmente, dentre as atribuições elencadas, o BCB é responsável por editar as normas que disciplinam as operações de consórcio, inclusive no que se refere à supervisão prudencial, contabilização e aplicação financeira dos recursos dos grupos de consórcio.

Em decorrência do Decreto nº 10.139, de 28 de novembro de 2019, o BCB também reavaliou os normativos que tratam dos procedimentos contábeis a serem observados pelas administradoras de consórcio na escrituração dos grupos de consórcio, os quais constavam na Circular nº 3.259/2004, revogada pela Resolução BCB nº 156, de 19 de outubro de 2021, e na Carta-Circular nº 3.147, de 29 de setembro de 2004.

Portanto, as principais normas que disciplinam as atividades e procedimentos contábeis das administradoras de consórcios são: Resolução BCB nº 2, de 12 de agosto de 2020, Resolução BCB nº 66, de 26 de janeiro de 2021, e Resolução BCB nº 156, de 19 de outubro de 2021, Circular nº 2.381/1993 e Carta-Circular nº 3.147, de 29 de setembro de 2004.

## 31.3 ELABORAÇÃO E PUBLICAÇÃO DE DOCUMENTOS CONTÁBEIS

Quanto à elaboração e remessa dos documentos contábeis, as administradoras de consórcios devem observar o art. 2º da Resolução BCB nº 146, de 28 de setembro de 2021, que estabelece o envio dos seguintes documentos:

I – **Balancete** Patrimonial Analítico, com periodicidade mensal.

II – **Balanço** Patrimonial Analítico, com periodicidade semestral, para as datas-base de 30 de junho e 31 de dezembro.

Quanto à divulgação de demonstrações, as administradoras de consórcio, exceto associações e entidades civis sem fins lucrativos autorizadas a administrar consórcio, devem elaborar e divulgar as seguintes demonstrações financeiras anuais, relativas ao exercício social, e semestrais, relativas aos semestres findos em 30 de junho e 31 de dezembro:

a) Balanço Patrimonial.
b) Demonstração do Resultado.
c) Demonstração do Resultado Abrangente.
d) Demonstração dos Fluxos de Caixa.
e) Demonstração das Mutações do Patrimônio Líquido.

As demonstrações financeiras devem ser divulgadas na Central de Demonstrações Financeiras do Sistema Financeiro Nacional (CDFSN), no *site* oficial do BCB na internet.

Adicionalmente, devem ser elaborados e divulgados, por grupo de consórcio e consolidado, os seguintes documentos:

I – Demonstração dos Recursos de Consórcio, com periodicidade trimestral, para as datas-base de 31 de março, 30 de junho, 30 de setembro e 31 de dezembro.

II – Demonstração das Variações nas Disponibilidades de Grupos, com periodicidade trimestral, para as datas-base de 31 de março, 30 de junho, 30 de setembro e 31 de dezembro.

A Demonstração das Variações das Disponibilidades de Grupos é o documento contábil que representa as disponibilidades dos grupos no início do período contábil, as movimentações que ocorreram no período (tais como recursos coletados via contribuições e taxas de administração, bem como os recursos que foram utilizados) e as disponibilidades ao fim do período contábil.

## 31.4 CARACTERÍSTICAS CONTÁBEIS ESPECÍFICAS DOS CONSÓRCIOS

Conforme apresenta o art. 2º da Lei nº 11.975/2008, o consórcio é definido como "a reunião de pessoas naturais e jurídicas em grupo, com prazo de duração e número de cotas previamente determinados, promovida por administradora de consórcio, com a finalidade de propiciar a seus integrantes, de forma isonômica, a aquisição de bens ou serviços, por meio de autofinanciamento". Em outras palavras, o consórcio pode ser entendido como um tipo de compra coletiva, no qual o preço dos bens é diluído ao longo de um prazo previamente estabelecido. Para que essa máquina possa funcionar, as administradoras cobram uma taxa de administração, como veremos adiante.

Importante destacar que a administradora de consórcio possui seus próprios recursos, que não devem se misturar com os recursos dos grupos de consórcio, que deverão ser controlados e contabilizados separadamente (§ 3º e § 4º, art. 3º, Lei nº 11.975/2008). Portanto, uma administradora pode, simultaneamente, controlar e gerenciar múltiplos grupos de consórcio, conforme sintetizado na Figura 31.1.

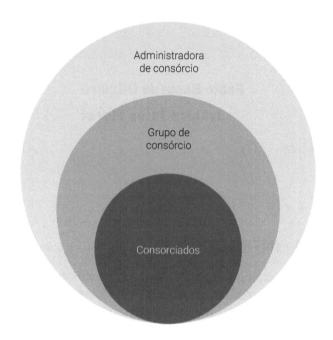

**Figura 31.1** Partes de um consórcio.

Conforme vimos em capítulos anteriores, o BCB estabelece, no Cosif,[1] as contas contábeis que cada tipo de instituição pode utilizar, sendo definidas de acordo com seu atributo, que no caso das administradoras de consórcios devem utilizar as contas com atributo "H" e, para os grupos de consórcio, as contas que possuam atributo "P".

A Resolução BCB nº 156, de 19 de outubro de 2021, estabelece os critérios e os procedimentos contábeis a serem observados pelas administradoras de consórcio autorizadas a funcionar pelo BCB na escrituração dos grupos de consórcio.

Ressalta-se que a escrituração dos grupos de consórcio deve ser realizada **para cada grupo** e deve ser

---

[1] Plano Contábil das Instituições do Sistema Financeiro Nacional.

apartada da escrituração da administradora de consórcio, sendo que esta deverá manter controles analíticos que permitam:

I – a identificação, por grupo de consórcio, do saldo diário dos depósitos de livre movimentação mantidos em estabelecimentos bancários; e

II – a conciliação periódica das aplicações financeiras efetuadas em nome do grupo de consórcio, inclusive quanto aos rendimentos e prazos de aplicação.

Para as administradoras de consórcio, a conciliação é obrigatória também no levantamento do balancete mensal e, adicionalmente, por ocasião da realização da assembleia do grupo.

De acordo com a Circular nº 2.381/1993, assim como as demais instituições autorizadas a funcionar pelo BCB, as administradoras de consórcios devem adotar o regime de competência mensal na apropriação de rendas, inclusive mora, receitas, ganhos, lucros, despesas, perdas e prejuízos, correção monetária patrimonial, reavaliação de imóveis de uso próprio, imposto de renda e avaliação de investimentos pelo método da equivalência patrimonial, independentemente da apuração do resultado.

Especificamente sobre o registro contábil, as administradoras de consórcio devem controlar e contabilizar os grupos de consórcio dentre as categorias com respectivos tratamentos sintetizados no Quadro 31.1.

Com relação aos valores relativos aos recursos recebidos não procurados pelos consorciados, cabe ressaltar que não se aplica aos recursos que foram constituídos antes da vigência da Lei nº 11.795, de 08 de outubro de 2008 (cuja entrada em vigor foi em 05 de fevereiro de 2009), os quais devem permanecer registrados no ativo e no passivo da administradora.

Ainda, os referidos valores dos recursos não procurados dos grupos de consórcios devem ser divulgados em notas explicativas, nas demonstrações financeiras das respectivas administradoras.

Quanto à taxa de administração dos grupos de consórcio, essa deve ser escriturada na administradora apenas quando do seu efetivo recebimento, em contrapartida à adequada conta de receita.

As condições contratuais de um consórcio podem estabelecer o reajuste do valor do bem ou do serviço prestado pela administradora. Nesses casos, as contas patrimoniais e de compensação que tenham por base o valor do bem ou do serviço devem ser ajustadas sempre que o preço do bem, conjunto de bens, serviço ou conjunto de serviços referenciado no contrato for(em) alterado(s), conforme determina o art. 5º da Resolução BCB nº 156, de 19 de outubro de 2021.

A contabilidade das administradoras de consórcio possui algumas particularidades. No Quadro 31.2 são apresentadas as principais práticas contábeis específicas às administradoras que podem figurar nas principais rubricas patrimoniais utilizadas por tais entidades.

**Quadro 31.1** Procedimentos contábeis relativos a grupos de consórcio

| Grupos em formação | Grupos formados | Grupos encerrados |
|---|---|---|
| No Balanço Patrimonial da Administradora, os recursos dos consorciados (parcelas e lances) recebidos dos consorciados devem ser registrados em contas de compensação. | Baixar os recursos (parcelas e lances) recebidos dos consorciados das contas de compensação e lançar no demonstrativo do grupo formado. | Baixar do passivo os recursos dos grupos acumulados da data da constituição do grupo até a data do encerramento, por ocasião do seu rateio. |
| No Balanço Patrimonial dos Grupos de Consórcio, os recursos (parcelas e lances) recebidos dos consorciados devem ser registrados em contas patrimoniais. | Registrar, na adequada conta do passivo dos grupos, os recursos dos grupos acumulados da data da constituição do grupo até a data do encerramento. | Registrar, nas adequadas contas de compensação da administradora: (i) os valores relativos a recursos não procurados; e (ii) os valores pendentes de recebimento dos consorciados inadimplentes, até que se esgotem todos os meios de cobrança. |

Quadro 31.2 Principais práticas contábeis específicas às administradoras

| Nomenclatura | Descrição |
| --- | --- |
| Aplicações financeiras realizadas com os recursos dos grupos | Recursos disponíveis dos grupos e que ainda não foram utilizados para aquisição dos bens. Devem ser mantidos em conta vinculada para aplicação diária em operações autorizadas pelo BCB, com base na Circular nº 3.432/2009. |
| Bens retomados ou apreendidos | Bens (móveis ou imóveis) decorrentes da retomada ou apreensão dos clientes inadimplentes. |
| Direitos junto a consorciados contemplados – Normais | Valores devidos a título de fundo comum e de fundo de reserva, valores a receber de consorciados contemplados, desde a data em que foram contemplados até o fim do grupo, incluindo direitos em atraso e em cobrança judicial. |
| Valor dos bens ou serviços a contemplar | Compreende o valor dos bens ou serviços a serem contemplados até o final do grupo, calculado com base no preço do bem vigente no período. |
| Obrigações com consorciados | São reconhecidos os valores correspondentes a:<br>a) grupos em formação: valores recebidos antes da constituição do grupo;<br>b) recebimentos não identificados: valores sem procedência identificada;<br>c) contribuições de consorciados não contemplados: valores pagos por consorciados que ainda não foram contemplados para aquisição do bem. |
| Valores a repassar | Representam valores recebidos e ainda não repassados a terceiros, tais como taxa de administração, prêmios de seguros, multas e juros moratórios, custas judiciais, despesas de registro de contratos de garantia, multa rescisória e outros recursos. |
| Obrigações por contemplações a entregar | Compreende os créditos a repassar aos consorciados, pelas contemplações nas assembleias. |
| Obrigações com a administradora | Créditos a pagar para a administradora. |
| Recursos a devolver a consorciados | Valor dos recursos coletados a serem devolvidos a consorciados por ocasião do rateio decorrente do encerramento do grupo, excessos de amortização ou desistências e exclusões. |
| Recursos do grupo | Recursos do grupo a serem rateados aos consorciados ativos quando do encerramento do grupo. |
| Previsão mensal de recursos a receber de consorciados (compensação) | Valor das contribuições a receber dos consorciados ativos no mês seguinte ao balancete, correspondentes ao fundo comum e ao fundo de reserva. |
| Contribuições devidas ao grupo e obrigações de grupo por contribuições (compensação) | Destina-se ao registro do valor total das contribuições devidas pelos consorciados ativos até o final do grupo, a título de fundo comum e de fundo de reserva. |

## 31.5 EXEMPLOS DE CONTABILIZAÇÃO DAS PRINCIPAIS TRANSAÇÕES

A taxa de administração dos grupos de consórcio, principal fonte de receita das administradoras deve ser escriturada apenas quando efetivamente recebida, em contrapartida à adequada conta de receita:

D – Caixa/Disponibilidades
C – Rendas de Taxas de Administração de Consórcios

Os valores correspondentes aos bens ou serviços a serem contemplados até o final do grupo, calculados com base no preço do bem vigente no período, devem ser registrados nas seguintes contas de compensação:

D – Valor dos Bens ou Serviços a Contemplar
C – Bens ou Serviços a Contemplar – Valor

Os valores pagos por consorciados que ainda não foram contemplados para aquisição do bem devem ser registrados em rubrica do passivo:

D – Caixa/Disponibilidades
C – Obrigações com Consorciados

## 31.6 EXERCÍCIOS

1. A taxa de administração é a taxa cobrada pela administradora de consórcios, como remuneração, pela administração dos recursos do grupo. Com relação à taxa de administração, é correto afirmar:

a) Deve ser reconhecida pelo regime de competência.
b) Deve ser reconhecida pelo regime de caixa.
c) Deve ser segregada entre grupos em formação e grupos formados.
d) Deve ser contabilizada dentro do grupo de consórcio a que se refere.

2. Avalie as afirmações a seguir e julgue se são verdadeiras (V) ou falsas (F). Em seguida, assinale a alternativa correta.

I. Os valores de recursos não procurados por clientes (consorciados) dos grupos de consórcios devem ser divulgados em notas explicativas, nas demonstrações financeiras das respectivas administradoras.

II. Para os grupos em formação, os recursos (parcelas e lances) recebidos dos consorciados devem ser registrados em contas de compensação nos grupos de consórcio.

III. Quando houver formação de um grupo, a administradora de consórcios deve baixar das contas de compensação os recursos (parcelas e lances) recebidos dos consorciados e lançar no demonstrativo do grupo formado.

IV. A escrituração dos grupos de consórcio deve ser realizada por grupo, e pode ser agrupada com a escrituração da administradora de consórcio.

a) V, V, V, F.
b) F, F, V, F.
c) V, F, V, F.
d) F, V, F, V.

3. Dentre as afirmações a seguir, assinale a alternativa **incorreta**:

a) As administradoras de consórcios devem divulgar, com periodicidade trimestral, o Balanço Patrimonial Analítico.
b) Sempre que o preço do bem referenciado no contrato for alterado, as contas patrimoniais e de compensação que tenham por base o valor do bem ou do serviço devem ser ajustadas.
c) Para grupos encerrados, a administradora deve baixar do passivo os recursos dos grupos acumulados desde a data da constituição do grupo até a data do encerramento, por ocasião do seu rateio.
d) Para os grupos encerrados, a administradora deve manter registrados em contas de compensação os valores pendentes de recebimento dos consorciados inadimplentes, até que se esgotem todos os meios de cobrança.

## 31.7 RESPOSTAS DOS EXERCÍCIOS

1. b

**Justificativa:** a taxa de administração dos grupos de consórcio, principal fonte de receita das administradoras, deve ser escriturada apenas quando efetivamente recebida.

2. c

**Justificativa:** a afirmação II é falsa, pois no Balanço Patrimonial dos Grupos de Consórcio os recursos (parcelas e lances) recebidos dos consorciados devem ser registrados em contas patrimoniais.

A afirmação IV é falsa, pois a escrituração dos grupos de consórcio deve ser realizada para cada grupo, e deve ser apartada da escrituração da administradora de consórcio.

3. a

**Justificativa:** as administradoras de consórcios devem divulgar o Balancete Patrimonial Analítico, com periodicidade mensal e o Balanço Patrimonial Analítico, com periodicidade semestral, para as datas-base de 30 de junho e 31 de dezembro.

# REFERÊNCIAS

BANCO CENTRAL DO BRASIL. Carta-Circular nº 3.147, de 29 de setembro de 2004. Altera e consolida procedimentos contábeis aplicáveis aos grupos de consórcio e atualiza função de títulos contábeis de uso das administradoras de consórcio. Disponível em: https://www.bcb.gov.br/pre/normativos/c_circ/2004/pdf/c_circ_3147_v2_l.pdf. Acesso em: 30 jun. 2023.

BANCO CENTRAL DO BRASIL. Circular nº 2.381, de 18 de novembro de 1993. Estabelece a obrigatoriedade da elaboração, publicação e remessa pelas administradoras de consórcio de demonstrações financeiras ao Banco Central, esclarece critérios de avaliação e apropriação contábil e consolida normas de contabilidade. Disponível em: https://www.bcb.gov.br/pre/normativos/circ/1993/pdf/circ_2381_v8_L.pdf. Acesso em: 30 jun. 2023.

BANCO CENTRAL DO BRASIL. Circular nº 3.432, de 03 de fevereiro de 2009. Dispõe sobre a constituição e o funcionamento de grupos de consórcio. Disponível em: https://www.bcb.gov.br/pre/normativos/circ/2009/pdf/circ_3432_v3_L.pdf. Acesso em: 30 jun. 2023.

BANCO CENTRAL DO BRASIL. Resolução BCB nº 146, de 28 de setembro de 2021. Dispõe sobre os critérios gerais para elaboração e remessa de documentos contábeis ao Banco Central do Brasil pelas administradoras de consórcio e instituições de pagamento autorizadas a funcionar pelo Banco Central do Brasil e sobre os procedimentos específicos a serem observados pelas instituições financeiras e demais instituições autorizadas a funcionar pelo Banco Central do Brasil na elaboração e remessa de documentos contábeis ao Banco Central do Brasil. *Diário Oficial da União*. Disponível em: https://www.bcb.gov.br/estabilidadefinanceira/exibenormativo?tipo=Resolu%C3%A7%C3%A3o%20BCB&numero=146. Acesso em: 30 jun. 2023.

BANCO CENTRAL DO BRASIL. Resolução BCB nº 156, de 19 de outubro de 2021. Dispõe sobre os critérios e os procedimentos contábeis a serem observados pelas administradoras de consórcio autorizadas a funcionar pelo Banco Central do Brasil na escrituração dos grupos de consórcio. *Diário Oficial da União*. Disponível em: https://www.bcb.gov.br/estabilidadefinanceira/exibenormativo?tipo=Resolu%C3%A7%C3%A3o%20BCB&numero=156. Acesso em: 30 jun. 2023.

BANCO CENTRAL DO BRASIL. Resolução BCB nº 2, de 12 de agosto de 2020. Consolida os critérios gerais para elaboração e divulgação de demonstrações financeiras individuais e consolidadas pelas administradoras de consórcio e pelas instituições de pagamento e os procedimentos para elaboração, divulgação e remessa de demonstrações financeiras que devem ser observados pelas instituições financeiras e demais instituições autorizadas a funcionar pelo Banco Central do Brasil. *Diário Oficial da União*. Disponível em: https://www.bcb.gov.br/estabilidadefinanceira/exibenormativo?tipo=Resolu%C3%A7%C3%A3o%20BCB&numero=2. Acesso em: 30 jun. 2023.

BANCO CENTRAL DO BRASIL. Resolução BCB nº 66, de 26 de janeiro de 2021. Dispõe sobre os critérios gerais para o registro contábil do patrimônio líquido das administradoras de consórcio e das instituições de pagamento e sobre os procedimentos a serem observados pelas instituições autorizadas a funcionar pelo Banco Central do Brasil no registro contábil de aumento e de redução do capital social. *Diário Oficial da União*. Disponível em: https://www.bcb.gov.br/estabilidadefinanceira/exibenormativo?tipo=Resolu%C3%A7%C3%A3o%20BCB&numero=66. Acesso em: 30 jun. 2023.

BRASIL. Decreto nº 10.139, de 28 de novembro de 2019. Dispõe sobre a revisão e a consolidação dos atos normativos inferiores a decreto. *Diário Oficial da União*. Disponível em: https://legislacao.presidencia.gov.br/atos/?tipo=DEC&numero=10139&ano=2019&ato=551ATRq1keZpWT76b. Acesso em: 30 jun. 2023.

BRASIL. Lei nº 11.795, de 08 de outubro de 2008. Dispõe sobre o Sistema de Consórcio. *Diário Oficial da União*. Disponível em: https://www.planalto.gov.br/ccivil_03/_ato2007-2010/2008/lei/l11795.htm. Acesso em: 30 jun. 2023.

# 32

# INSTITUIÇÕES DE PAGAMENTO

**Marlon Soares Fernandes**
**Maria Camila Baigorri (revisora)**
**Eric Barreto (revisor)**

## 32.1 INTRODUÇÃO

O sistema financeiro brasileiro, em especial no que tange aos serviços de pagamento, vem passando por uma revolução nas últimas décadas. A velocidade de crescimento dos arranjos de pagamentos, juntamente com o advento de novas modalidades de pagamentos, fez com que o assunto ganhasse destaque junto aos reguladores. Por consequência, foi sancionada a Lei nº 12.865, de 09 de outubro de 2013, que passou a ser um marco regulatório no Brasil, tratando assuntos como: arranjos de pagamentos, instituidores de arranjos e instituições de pagamento (IPs).

As mudanças no ambiente regulatório ocorreram com o intuito de incentivar a inovação, competição, modernização e mitigar os riscos para os usuários finais e para o sistema como um todo. Alguns dados comprovam a assertividade do novo marco, principalmente no que tange à digitalização dos pagamentos no Brasil. Segundo o Banco Central do Brasil (BCB) (2020), o percentual de acesso ao sistema financeiro por meio do celular e telefone saiu de 5% em 2013 para 57% em 2020; em contrapartida, o acesso via agência e postos de atendimento reduziu de 19% para 4% nesse mesmo período.

Por ser um assunto em destaque e novo, o capítulo abordará no começo alguns conceitos importantes como: a definição de IP, quais são os serviços de pagamentos que podem e não podem ser ofertados por IPs, quais os princípios destas mesmas e quais são as modalidades de IP que existem atualmente.

Na sequência, o capítulo passa um pouco pela definição de cada modalidade de IP com um enfoque muito grande nas linhas de negócio destas. Aproveita-se aqui para fazer um elo do negócio com o contábil, por meio da exposição de exemplos contábeis dos principais produtos operados por cada modalidade de IP.

Vale reforçar que todos os conceitos apresentados estão fundamentados por leis federais e normativos do BCB, conforme diretrizes estabelecidas pelo Conselho Monetário Nacional (CMN), vigentes até o momento da publicação desta obra. Ainda, ao longo do capítulo, algumas normas que estarão vigentes em exercícios subsequentes; também são destacados os principais impactos.

## 32.2 BASE NORMATIVA

A Lei nº 12.865, de 09 de outubro de 2013, é a base normativa para diversos conceitos básicos que aqui são apresentados. Mesmo as IPs **não sendo consideradas instituições financeiras, esta mesma lei confere ao BCB, conforme diretrizes estabelecidas CMN, o papel de supervisionar as** IPs.

Um destaque importante de ser mencionado aqui é com relação às normas contábeis. A Circular nº 3.833, de 17 de maio de 2017, do BCB, estabelece que as IPs devem observar os critérios, procedimentos e regras contábeis estabelecidos no Plano Contábil das Instituições do Sistema Financeiro (Cosif). Com isso, várias normas que não foram especificamente emitidas para IPs acabam tendo que ser acatadas. Dito isso, recomenda-se que o estudante ou profissional sempre atente ao Cosif e todas as quebras de contas contábeis aplicáveis às IPs, que são as contas com atributo Y identificado. No Cosif, podemos localizar um breve descritivo da função dessas contas contábeis, além de textos adicionais agrupados por tema no tópico de "normas básicas".

Para maior aprofundamento sobre o mercado de pagamento, aconselha-se também a leitura completa dos normativos a seguir, dos quais muitos também foram considerados para os conceitos apresentados neste capítulo:

a) Circular nº 3.681, de 04 de novembro de 2013: dispõe sobre o gerenciamento de riscos, os requerimentos mínimos de patrimônio, a governança de IPs, a preservação do valor e da liquidez dos saldos em conta de pagamento, e dá outras providências.

b) Circular nº 3.833, de 17 de maio de 2017: dispõe sobre critérios, procedimentos e regras contábeis aplicáveis às IPs.

c) Resolução BCB nº 25, de 22 de outubro de 2020: altera a Circular nº 3.681, de 04 de novembro de 2013, que dispõe sobre o gerenciamento de riscos, os requerimentos mínimos de patrimônio, a governança de IPs, a preservação do valor e da liquidez dos saldos em conta de pagamento, e dá outras providências.

d) Resolução BCB nº 80, de 25 de março 2021: disciplina a constituição e funcionamento das IPs, estabelece os parâmetros para ingressar com pedidos de autorização de funcionamento por parte dessas instituições e dispõe sobre a prestação de serviços de pagamento por outras instituições autorizadas a funcionar pelo BCB.

e) Resolução BCB nº 81, de 25 de março de 2021: disciplina os processos de autorização relacionados ao funcionamento das IPs e à prestação de serviços de pagamento por parte de outras instituições autorizadas a funcionar pelo BCB.

f) Resolução BCB nº 96, de 16 de maio de 2021: dispõe sobre a abertura, a manutenção e o encerramento de contas de pagamento.

g) Resolução BCB nº 130, de 20 de agosto de 2021: dispõe sobre a prestação de serviços de auditoria independente para as administradoras de consórcio e IPs autorizadas a funcionar pelo BCB e estabelece os procedimentos específicos para elaboração dos relatórios resultados do trabalho de auditoria independente realizado nas instituições financeiras e demais instituições autorizadas a funcionar pelo BCB.

h) Resolução BCB nº 146, de 28 de setembro de 2021: dispõe sobre os critérios gerais para elaboração e remessa de documentos contábeis ao BCB pelas administradoras de consórcio e IPs autorizadas a funcionar pelo BCB e sobre os procedimentos específicos a serem observados pelas instituições financeiras e demais instituições autorizadas a funcionar pelo BCB na elaboração e remessa de documentos contábeis ao BCB.

i) Resolução BCB nº 150, de 06 de outubro de 2021: consolida normas sobre os arranjos de pagamento, aprova o regulamento que disciplina a prestação de serviço de pagamento no âmbito dos arranjos de pagamento integrantes do Sistema de Pagamento Brasileiro (SPB), estabelece critérios segundo os quais os arranjos de pagamento não integrarão o SPB e dá outras providências.

j) Resolução BCB nº 155, de 14 de outubro de 2021: dispõe sobre princípios e procedimentos a serem adotados no relacionamento com clientes e usuários de produtos e de serviços pelas administradoras de consórcio e pelas IPs autorizadas a funcionar pelo BCB.

k) Resolução BCB nº 197, de 11 de março de 2022: classifica o conglomerado prudencial integrado por ao menos uma instituição que realize serviço de pagamento e estabelece a segmentação para os conglomerados prudenciais classificados como Tipo 3 para fins de aplicação proporcional da regulação prudencial.

l) Resolução BCB nº 199, de 11 de março de 2022: dispõe sobre a metodologia para apuração do Patrimônio de Referência (PR) para conglomerado prudencial classificado como Tipo 3.

m) Resolução BCB nº 200, de 11 de março de 2022: dispõe sobre os requerimentos mínimos de PR, de Nível 1 e de Capital Principal e sobre o Adicional de Capital Principal de conglomerado prudencial classificado como Tipo 3.

n) Resolução BCB nº 202, de 11 de março de 2022: estabelece o cálculo da parcela de ativos ponderados pelo risco (RWA) relativa ao cálculo de capital requerido para os riscos associados a serviços de pagamento (RWAsp) estabelecida nas Resoluções BCB nº 200 e nº 201, ambas de março de 2022.

o) Resolução BCB nº 219, de 30 de março de 2022: dispõe sobre os conceitos e critérios contábeis aplicáveis a instrumentos financeiros, bem como para a designação e reconhecimento das relações de proteção (contabilidade de *hedge*) pelas administradoras de consórcio e pelas IPs autorizadas a funcionar pelo BCB.

## 32.3 CONCEITOS REGULATÓRIOS IMPORTANTES

### 32.3.1 Instituição de pagamento

A IP é uma pessoa jurídica regulada e supervisionada pelo BCB, conforme diretrizes estabelecidas pelo CMN, que pode oferecer e viabilizar serviços de pagamentos, os quais são detalhados pela Lei nº 12.865/2013. Essa lei também definiu o BCB como responsável por regular e supervisionar as IPs.

Visando à promoção da competição, as IPs surgem como alternativas às instituições financeiras e cooperativas de crédito para prestação de serviços de pagamentos, dado que estas também podem ofertar tais serviços. Por meio de uma IP, os seus usuários têm a opção de realizar pagamentos, por exemplo, mediante cartão pré-pago (via função débito), pós-pago (cartão de crédito) ou mesmo por celular (por meio de um aplicativo digital). Os recursos financeiros depositados em uma IP por seus usuários são tratados, perante a norma, como moeda eletrônica.

E, mesmo não compondo o Sistema Financeiro Nacional (SFN), as IPs garantem aos seus clientes a integração com as demais instituições que são parte deste por meio de um dos princípios delas, que é a interoperabilidade, conceito que será abordado na próxima seção. E como não é parte do SFN, uma IP não é considerada uma instituição financeira (IF), sendo, portanto, vedada de conceder empréstimos e financiamento a seus clientes. Por isso, dependendo do negócio de uma IP, esta dependerá de uma IF para financiamento das dívidas de seus clientes.

Além disso, para a confiabilidade e segurança do sistema nacional, as IPs devem dispor de gerenciamento de riscos, requerimentos mínimos de patrimônio e governança que são detalhados em normativos emitidos pelo BCB.

As IPs podem operar em uma ou mais modalidades, sendo estas definidas pela Resolução BCB nº 80, de março de 2021. O Quadro 32.1 apresenta um resumo das principais atividades de cada uma das modalidades previstas na norma.

Quanto à autorização junto ao BCB, todas as instituições que queiram operar como emissor de moeda eletrônica ou iniciador de transação de pagamento devem solicitar autorização prévia. Existe apenas uma exceção prevista na norma, que é para os emissores de moeda eletrônica que já atuavam anteriormente a 1º de março de 2021 e ainda não estavam autorizados até aquela data-base. Foram estabelecidas regras graduais, com base em volumetria de depósitos, para pedido da autorização, sendo que março de 2023 será o limite para essa exceção e, após essa data, todos os emissores de moeda eletrônica já existentes deverão ter os seus pedidos de autorização protocolados.

Já as instituições que queiram operar como emissores de instrumento pós-pago ou credenciador devem solicitar autorização ao BCB após uma movimentação financeira, de transações de pagamentos, superior a R$ 500.000.000,00 (quinhentos milhões de reais) em alguma dessas duas modalidades.

Caso uma IP já previamente autorizada pelo BCB queira operar em uma nova modalidade, esta não precisará entrar com um novo pedido. Basta informar com 90 dias de antecedência ao regulador sobre a sua intenção de iniciar uma nova modalidade de prestação de serviço de pagamento.

Mais adiante, este capítulo entrará nos detalhes das principais operações de cada uma das modalidades de IPs.

### 32.3.2 Arranjo de pagamento

O arranjo de pagamento é um grande conjunto de regras e processos que disciplina determinado serviço de pagamento que envolve pagadores e recebedores. O arranjo de pagamento permite que os seus usuários se conectem e que tenham a possibilidade de realizar, por meio das mais diversas formas, transferências financeiras que somente seriam realizadas presencialmente com troca de dinheiro em espécie.

Os arranjos de pagamento podem ser fechados ou abertos. Diz-se que o arranjo de pagamento é fechado

**Quadro 32.1** Principais atividades das modalidades de pagamento previstas na Resolução BCB nº 80

| Emissor de moeda eletrônica | Emissor de Instrumento pós-pago | Credenciador | Iniciador de transação de pagamento |
|---|---|---|---|
| IP que gerencia conta de pagamento ao usuário final, do tipo, pré-paga, disponibiliza transação de pagamento, converte recursos em moeda física ou escritural | IP que gerencia conta de pagamento pós-paga (cartão de crédito) e disponibiliza transação de pagamento com base nessa conta | IP que, sem gerenciar conta de pagamento, habilita recebedores para aceitação de instrumento de pagamento e participa do processo de liquidação das transações como credor perante o emissor | IP que presta serviço de iniciação de transação de pagamento |

quando as atividades de prestação de serviço de pagamento são executadas por uma única instituição que pode ser o próprio instituidor ou parte do mesmo grupo econômico de controle. Já o arranjo de pagamento aberto é aquele em que a prestação de serviço de pagamento é realizada por qualquer instituição que atenda aos critérios de participação estabelecidos no regulamento do arranjo.

Outro ponto a ser destacado quanto aos arranjos de pagamento é que não necessariamente todos são supervisionados pelo BCB. Seguem alguns exemplos desses arranjos não regulamentados:

a) cartões *private label*, que são aceitos apenas na rede de lojas do mesmo grupo empresarial;
b) exclusivos para pagamento de serviços públicos (água, luz, transporte etc.);
c) baseados em moedas virtuais como os programas de milhagem; e
d) programas de benefícios como vale-alimentação, vale-refeição e vale-transporte.

## 32.3.3 Instituidor de arranjo

No arranjo de pagamento, existe a figura de um instituidor de arranjo, que é responsável por definir, detalhar e formalizar as regras de adesão que deverão ser seguidas pelas partes deste arranjo. Exemplos de regras que são definidas: prazos de liquidação; condições para entrada de participantes; procedimentos de segurança (prevenção de fraudes e vazamentos de dados por exemplo); entre outras regras.

Um dos principais exemplos de arranjo de pagamento é o constituído pelas bandeiras de cartão de crédito e débito, que conectam emissores, credenciadores e os usuários dessas partes ao arranjo. Temos também outro importante instituidor no sistema brasileiro, que é o BCB, hoje responsável, por exemplo, pela constituição de regras para TED, DOC, boleto e pix.

Na Figura 32.1, temos um esquema de um arranjo de pagamento de instrumento pós-pago (cartão de crédito) instituído por uma bandeira.

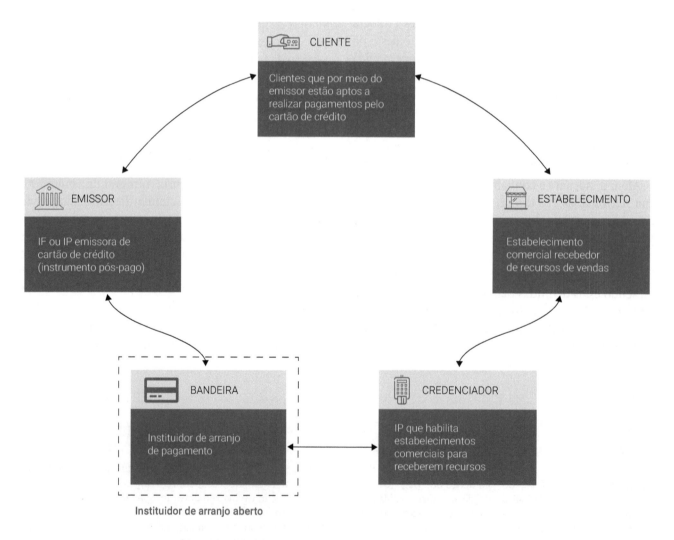

**Figura 32.1** Arranjo de pagamento de instrumento pós-pago.

No esquema da Figura 32.1, o cliente é o portador de um cartão de crédito emitido pelo "banco emissor". Aqui, vale salientar que o termo "banco emissor" **já é utilizado** previamente às IPs, mas que é aplicável tanto para IF como para IP emissora de instrumento pós-pago. Nesse exemplo, tanto o banco emissor como o credenciador devem aderir contratualmente ao arranjo instituído pela bandeira. O estabelecimento comercial possui vínculo comercial com o credenciador. Dadas todas as relações contratuais estabelecidas nesse arranjo, ele possibilita a liquidação de transações de pagamento, sem dinheiro físico, entre os clientes do emissor e os estabelecimentos vinculados ao credenciador.

### 32.3.4 Interoperabilidade de arranjos de pagamento

Outro termo que a legislação traz é a interoperabilidade. Segundo a Lei nº 12.865/2013, a interoperabilidade é um dos princípios a serem observados pelas IPs, pois é a interoperabilidade quem permite que os recursos se movam entre os diferentes arranjos de pagamento, por meio, principalmente, da liquidação centralizada em uma conta-corrente ou de pagamento. Isso proporciona mais oportunidades de serviços de pagamento e uma experiência mais transparente para os usuários finais desses arranjos.

Na Figura 32.2, é possível ver um exemplo de interoperabilidade de arranjos. Um cliente de uma IP, o qual possui saldo em conta de pagamento e um cartão pré-pago com a função débito habilitada e vinculada nessa mesma conta, efetua uma compra em um estabelecimento comercial utilizando o seu cartão pré-pago. Ao realizar essa compra, o que está ocorrendo por trás da transação é uma interoperabilidade de recursos entre um arranjo fechado e instituído por uma IP para um arranjo aberto que é gerenciado por uma bandeira de cartão.

### 32.3.5 Instrumento de pagamento e moeda eletrônica

Antes de partir para uma análise de cada uma das modalidades de IP e suas respectivas operações e detalhes da contabilização, é importante passar por mais dois conceitos que a Lei nº 12.865/2013 traz, que é o instrumento de pagamento e a moeda eletrônica.

O instrumento de pagamento, segundo a norma, é o dispositivo utilizado pelo usuário final para comprar produtos/serviços ou para transferir recursos. As emissoras de moeda eletrônica podem ofertar instrumentos de pagamento como cartões de vale-refeição e cartões pré-pagos em moeda nacional (que possuem a função débito em seu serviço). Já instituições emissoras de pagamento pós-pago ofertam como instrumento de pagamento o cartão de crédito. Mas IPs podem ofertar também outros instrumentos de pagamento como boleto e telefone celular.

Já a moeda eletrônica são recursos em reais armazenados em dispositivo ou sistema eletrônico, e custodiados em uma IP emissora de moeda eletrônica, que

**Figura 32.2** Interoperabilidade de arranjos de pagamento.

estão disponíveis para o usuário final efetuar uma transação de pagamento. Reforçamos que esses recursos em moeda eletrônica podem ser convertidos em outras formas de moeda por meio da interoperabilidade de arranjos de pagamento, porém essa conversão só deve ser efetuada mediante uma transação de pagamento iniciada por este próprio usuário.

## 32.4 AS MODALIDADES DE INSTITUIÇÃO DE PAGAMENTO: NEGÓCIO E CONTABILIZAÇÃO

### 32.4.1 Instituição de pagamento emissora de moeda eletrônica

Uma IP classificada na categoria de emissora de moeda eletrônica gerencia uma conta de pagamento, de natureza pré-paga, ofertando serviços de pagamento e transferências de recursos.

Para que ocorra a interoperabilidade de recursos, com a conversão de moeda escritural ou física para moeda eletrônica, é necessário que a IP que opere nesta modalidade esteja conectada ao SPB por meio do Sistema de Transferências de Reservas (STR), que é onde ocorrem todas as obrigações financeiras no Brasil.

As IPs emissoras de moeda eletrônica têm duas formas de se conectarem ao STR. Como primeira opção, elas podem conectar-se por meio da parceria com um banco liquidante (que, conforme esclarecido neste capítulo, pode ser uma IF ou mesmo uma IP). A segunda opção, que é facultativa, é entrar com um pedido de uma Conta de Liquidação própria junto ao BCB, que, após a conclusão desse processo, concederá à IP um código de banco para que esta possa receber e enviar recursos próprios e de clientes.

A Conta de Liquidação é uma opção para as demais instituições autorizadas a funcionar pelo BCB que não possam ser titulares de conta Reservas Bancárias, cenário no qual as IPs se encaixam.

Uma vez os recursos disponíveis dentro dos livros da IP emissora de moeda eletrônica, pode-se dizer que esses recursos estão no âmbito de um arranjo fechado instituído por essa IP. Tal instituição, como instituidora de um arranjo fechado, está responsável pela gestão das contas de pagamento e pela emissão e credenciamento dos instrumentos de pagamento.

Esse arranjo fechado permite também transações de transferências internas entre os usuários da própria instituição, conhecidas como *book transfers*. Ou, ainda, aceita entradas e saídas de recursos por meio da interoperabilidade com outros arranjos, como uma saída ou entrada de recurso via débito que passa pelo arranjo aberto da bandeira de cartão, via TED, que é um arranjo instituído pelo BCB, ou ainda mesmo via pix, que também é um arranjo também do BCB.

Outro ponto importante, que tem impacto para as emissoras de moeda eletrônica, é com relação à destinação dos recursos de moeda eletrônica. As IPs que operam nessa modalidade devem alocar 100% (cem por cento) dos recursos dos clientes, acrescidos dos saldos de moeda eletrônica em trânsito entre contas de pagamento da mesma instituição, em espécie no BCB ou em títulos públicos federais custodiados em conta específica no Sistema Especial de Liquidação e de Custódia (Selic).

No caso de alocação dos recursos em títulos públicos, existem três pontos que a instituição deve observar, a fim de evitar riscos para o usuário final:

a) os títulos devem ser denominados em reais e ser adquiridos no mercado secundário;

b) ter prazo máximo a decorrer de 540 dias até o vencimento; e

c) **não estar referenciados em moeda estrangeira.**

A segregação dos recursos é importante, dada a natureza desses recursos perante a Lei nº 12.862/2013. Esses recursos de clientes em moeda eletrônica, uma vez que não são assegurados pelo Fundo Garantidor Nacional (FGC), devem ser tratados como patrimônio separado da IP, não podendo ser confundido com o patrimônio desta. Isso traz, para os clientes que deixam a sua poupança nessas entidades, o conforto de que o seu dinheiro não será objeto de arresto ou sequestro, busca ou apreensão ou qualquer outro ato de constrição judicial sancionado contra estas.

Mais uma possibilidade que a norma traz é com relação ao rendimento dos títulos públicos federais depositados nessa conta Selic de moeda eletrônica. A norma permite, de forma facultativa, que a IP emissora de moeda eletrônica repasse todo ou parte do rendimento do título público para o usuário final da conta de pagamento. Isso traz mais uma possibilidade de estratégia de negócio para estas IPs, que podem usar o rendimento como uma forma de aquisição e retenção de clientes.

Os emissores de moeda eletrônica podem auferir receitas de serviços ofertados aos seus correntistas, tais como recarga de celular, tarifas de acolhimento de boletos etc. Ou, mesmo, usar a conta como canal de distribuição para outros produtos da IP, caso essa opere em outras modalidades, ou mesmo de outras empresas parte do grupo econômico.

## Exemplo contábil – emissão de moeda eletrônica

A IP X opera como emissora de moeda eletrônica oferecendo os serviços de conta de pagamento e cartão pré-pago com função débito habilitada. Um dos seus clientes efetua uma TED de R$ 1.000, de sua outra conta-corrente no Banco Y, para a sua conta de pagamento na IP X no dia 01/03/2022. Considerando também que:

- a IP X aloca, segundo o normativo, todos os depósitos de clientes em títulos públicos do governo federal, que possuem uma rentabilidade de 12% a.a. para a IP;
- a aquisição do título público é feita via recursos de conta de liquidação;
- a IP X repassa, de forma facultativa como estratégia de retenção dos clientes, 100% da rentabilidade dos títulos públicos para o seu cliente;
- o cliente permaneceu com o recurso depositado na sua conta de pagamento durante o mês de 03/2022, portanto no dia 31/03/2022 o depósito estava em aberto;
- o **título público tinha valor de mercado de R$ 1.100,00 no fim do pregão do dia 31/03/2022**;
- para simplificação do exercício, não são considerados os efeitos tributários; e
- a IP X, como estratégia de negócio, **não cobra nenhuma tarifa bancária sobre a sua conta digital**.

Com base nesses dados, e considerando o plano contábil do BCB vigente (Cosif), segue resumo das contabilizações que a IP X deverá realizar em sua razão contábil no mês de 03/2022:

PELO RECEBIMENTO DA TED – D0
D – BCB – outras reservas livres            R$ 1.000,00
C – Conta de pagamento pré-paga –
      livre movimentação                    R$ 1.000,00

AQUISIÇÃO DE TÍTULO PÚBLICO PELA IP – D0
D – Títulos Vinculados a saldos de
      conta pré-paga                        R$ 1.000,00
C – BCB – outras reservas livres            R$ 1.000,00

ACCRUAL DOS JUROS SOBRE O DEPÓSITO DO CLIENTE – D + 30
D – Outras despesas administrativas         R$  9,50
C – Conta de pagamento pré-paga –
      livre movimentação                    R$  9,50

Aqui, para contabilização da despesa de juros, foi considerado o Cosif de outras despesas administrativas por não existir um grupo específico no Cosif para reconhecimento dos juros pagos ao cliente via conta de pagamento pré-paga que esteja habilitado para as IPs.

Considerando uma taxa anual composta de 12% a.a., foi feito o seguinte cálculo para chegar na rentabilidade de um mês: $(1 + 0{,}12)^{(1/12)} - 1$

RENTABILIDADE DO TÍTULO PÚBLICO FEDERAL – D + 30
D – Títulos Vinculados a saldos
      de conta pré-paga                     R$  9,50
C – Rendas de títulos de renda fixa         R$  9,50

O cálculo aqui aplicado é o mesmo do repasse ao cliente.

MARCAÇÃO A MERCADO DO TÍTULO PÚBLICO – D + 30
D – Títulos Vinculados a saldos
      de conta pré-paga                     R$ 90,50
C – TVM – Ajuste positivo ao valor
      de mercado – negociação               R$ 90,50

Obs.: Aqui estamos considerando os títulos como negociação e marcando a mercado. Isso dado: a grande circulação desses títulos na carteira; a existência de uma estratégia de rolagem ativa e constante para cumprimento da legislação (vencimento máximo exigido de 540 dias até o vencimento); e mesmo flutuação do saldo que exige mais compras e janelas de oportunidade para rolagem de toda carteira.

### 32.4.2 Instituição de pagamento emissora de instrumento pós-pago

A IP emissora de instrumento pós-pago é aquela que gerencia conta de pagamento pós-paga, e disponibiliza transação de pagamento com base nessa conta. Um exemplo é a IP emissora de cartão de crédito, em que a instituição permite o pagamento da fatura do instrumento para liquidação de dívidas previamente assumidas (compras no crédito).

Um ponto importante a destacar aqui é que todas as compras à vista e parceladas sem juros estão no balanço da IP, pois não existe a cobrança de juros. Como as IPs são vedadas de conceder crédito ou financiamento, caso não ocorra o pagamento da fatura do cartão de crédito e seja exigido um financiamento desta fatura, via rotativo ou parcelamento de fatura, a IP tem que recorrer a uma IF para bancarização da dívida. É prática de mercado as IPs emissoras de cartão de crédito possuírem uma cláusula mandato em seus contratos, que as permite contratar um empréstimo, via uma IF, em nome de seus usuários finais para liquidação da fatura. Nesse momento, tem-se a emissão de um instrumento de crédito, que é a Cédula de Crédito Bancário (CCB), no qual a IF passa a deter a dívida do cliente.

Nessas estruturas de bancarização, as IPs podem recorrer a IFs do mercado, pagando-lhes um *fee* pela originalização desses créditos. Ou, ainda, acaba sendo um caminho natural que essas instituições abram uma financeira no grupo, que pode ser utilizada entre esses fins também para servir de base para captação (via emissão de depósitos a prazo) e mesmo para servir como instrumento de oferta, para os clientes das IPs, de outras modalidades de crédito, além do financiamento de cartão de crédito.

Quanto ao plano de negócio, a maioria das IPs, como estratégia de inclusão financeira e atração de novos clientes, costuma distribuir cartões de crédito sem nenhum custo de manutenção. Mas elas podem optar pela cobrança de tarifas em casos de cartões de crédito com diferenciais como planos de milhas, vantagens adicionais, como salas VIP de aeroporto e/ou serviços adicionais que possam oferecer e que gerem custos adicionais. Uma vez que os cartões com mais vantagens exigem, em contrapartida, um *fee* maior para as bandeiras, torna-se necessário um ressarcimento desses custos por meio do repasse aos usuários.

Quanto à receita, as IPs emissoras de instrumento pós-pago auferem um percentual sobre cada transação, que é a taxa de intercâmbio, a qual é um dos componentes do custo final que os lojistas têm ao oferecer a função crédito aos seus clientes. Essa taxa do cartão é conhecida como MDR, sigla em inglês que significa *merchant discount rate*. O MDR também **é composto pelo** *fee* da bandeira e pelo MDR *net* do credenciador. A taxa de intercâmbio costuma variar, baseada no manual da bandeira instituidora de arranjo, de acordo com o estabelecimento e canal de compra (se é física ou virtual, por exemplo).

Outro ponto que vale adicionar aqui é que, embora o cartão de crédito à vista não seja necessariamente um empréstimo contratado, ele carrega um risco de crédito embutido. Diante disso, as IPs autorizadas e as emissoras desse instrumento de pagamento pós-pago devem atentar à Resolução BCB nº 2.682, portanto constituir PCLD sobre os valores a receber de transação de pagamento, assim como reportar essas operações na central de risco de crédito.

---

### Exemplo contábil – Instrumento de pagamento pós-pago (cartão de crédito)

Considere que a IP Y, no **mês de fevereiro de 2022, conceda um cartão de crédito para um de seus clientes. No ato da concessão**, é dado um limite de crédito de R$ 1.000,00, que pode ser cancelado unilateralmente pela IP Y.

Após o desbloqueio do cartão, este cliente utiliza-o para efetuar, no dia 01/03/2022, uma compra, à vista, de R$ 100,00 em um supermercado.

Algumas informações adicionais para o contábil:

- neste exemplo, é considerada uma taxa de intercâmbio de 1,5% sobre a transação;
- o repasse para a bandeira, para liquidação do credenciador, é feito em D + 27, portanto dentro do mês de competência de 03/2022;
- o exemplo considera que a IP Y possui conta própria de liquidação no BCB;
- a fatura do cliente é fechada apenas no mês subsequente, não havendo pagamento dentro do próprio mês;
- pede-se, conforme a Resolução nº 2.682 do BCB, efetuar as contabilizações da PCLD;
- para simplificação do exercício, não são considerados os efeitos tributários.

Segue um resumo das principais contabilizações do produto, que estão fundamentadas no plano contábil das instituições supervisionados pelo BCB (Cosif):

NO MOMENTO DA AUTORIZAÇÃO DA TRANSAÇÃO DE R$ 100,00 – D0

D – Outros créditos – Valores a receber
　de transações de Pagamento　　R$　100,00
C – Relações Interfinanceiras –
　Transações de pagamento　　　R$　100,00

RECONHECIMENTO DA RECEITA DE INTERCÂMBIO – D0

D – Relações Interfinanceiras –
　Transações de pagamento　　　R$　　1,50
C – Rendas por serviços de pagamento　R$　　1,50

Aqui é considerado 1,5% sobre o valor da transação, que é de R$ 100,00.

REPASSE PARA BANDEIRA INSTITUIDORA DO ARRANJO – D + 27

D – Relações Interfinanceiras –
    Transações de pagamento            R$    98,50
C – BCB – outras reservas livres        R$    98,50

O valor repassado à bandeira já é descontado da receita de tarifa de intercâmbio da IP.

**CONSTITUIÇÃO DA PCLD SOBRE O SALDO FINAL DO MÊS DE COMPETÊNCIA – D + 31**
D – (–) Provisões para Outros Créditos   R$    0,50
C – (–) Provisão para valores a receber
    relativos a transações de pgto.      R$    0,50

Considerando que o cliente está em dia (zero dias de atraso) e, seguindo a Resolução BCB nº 2.682, o cliente foi classificado no risco A. Portanto, aplicou-se 0,5% de provisão sobre o saldo da dívida, que é de R$ 100,00.

**REGISTRO EM CONTA DE COMPENSAÇÃO DA CLASSIFICAÇÃO DE RISCO DE CRÉDITO – D + 31:**
D – Outros créditos nível A              R$   100,00
C – Carteira de créditos classificados   R$   100,00

Dado o registro de PCLD, é necessário o lançamento adicional de compensação. É por meio desse lançamento de compensação (*off-balance*) que o BCB consegue identificar a quebra da carteira da IP pelo seu nível de risco de crédito. Além de ser um mecanismo de confrontação com os saldos reportados nos documentos regulatórios da Central de Risco de Crédito.

### 32.4.3 Instituição de pagamento credenciadora

O credenciador é a IP que, sem gerenciar uma conta de pagamento, habilita estabelecimentos para aceitação de instrumentos de pagamentos nas funções de crédito, débito ou pré-pago no processo de venda de mercadorias e serviços.

As IPs credenciadoras precisam, para habilitar estabelecimentos comerciais a diferentes instrumentos de pagamentos, estar ligadas a um ou mais instituidor de arranjo (bandeira) via um relacionamento contratual. Elas também podem habilitar subcredenciadores, que podem ser uma alternativa de ponte entre os lojistas e as credenciadoras.

Essas IPs fornecem rede de captura e terminais eletrônicos para os lojistas, que servem de comunicação entre o lojista e as bandeiras e os emissores de instrumentos de pagamentos, estes últimos sendo responsáveis pela análise de crédito do cliente portador do cartão e aprovação das compras dentro do arranjo.

As credenciadoras de cartão possuem três principais fontes de receitas:

a) a primeira fonte de receita vem do net do MDR cobrado em cada transação de pagamento efetuada dentro do arranjo de pagamento do instituidor. O MDR é um percentual descontado do comerciante pelo uso da tecnologia dos adquirentes, mas esse valor é dividido por toda a cadeia do arranjo, conforme detalhado anteriormente;

b) a segunda fonte de receita para estas IPs é auferida por meio do aluguel ou venda de "maquininhas" para os lojistas credenciados. Essa fonte vem se reduzindo conforme a competição aumenta; e

c) a terceira fonte, que costuma representar um percentual relevante de suas receitas, mas que também vem sendo corroído pela alta competição, é com a operação de antecipação de recebíveis. Nessas operações as IPs que costumam pagar os seus lojistas em D + 30 antecipa esse fluxo mediante uma taxa de desconto, representando, assim, uma receita financeira.

As credenciadoras são também responsáveis pelo registro dos recebíveis originados das transações de pagamentos, de seus lojistas credenciados, nas câmaras registradoras de recebíveis para fins de negociação e antecipação. É necessário esse registro para viabilização da operação de antecipação de recebíveis, o que garante o lastro de todas as transações no mercado.

---

**Exemplo contábil – credenciamento de instrumento de pagamento pós-pago dentro de um arranjo de pagamento instituído por uma bandeira**

A IP Z, operando na modalidade de credenciadora, habilita lojistas para aceitarem recebimento de pagamento via instrumentos pós-pago (cartão de crédito). Para isso, a IP Z faz parte, por meio de um contrato, do arranjo de uma bandeira do mercado.

No dia 01/03/2022, um lojista fechou um contrato de credenciamento com a IP Z, pagando R$ 80,00 à vista pela aquisição de uma maquininha de cartão. Nesse mesmo dia, esse lojista efetuou a sua primeira venda por meio da maquinha no valor de R$ 1.000,00. Descontada a tarifa de intercâmbio do emissor e o *fee* da bandeira, sobram R$ 970,00 a serem recebidos pela credenciadora, antes do desconto da receita de MDR *net* da IP Z e antes do repasse final ao lojista.

Nesse mesmo dia, 01/03/2022, o lojista opta por antecipar o fluxo dessa venda para recebimento na hora. A taxa de desconto aplicada pela IP Z, para antecipação de uma compra de cartão de crédito efetuada na modalidade à vista, e para recebimento na hora, é de 5% sobre o valor a repassar para o lojista líquido de todo MDR da operação.

Seguem algumas informações adicionais necessárias para a demonstração do contábil da operação:

- o MDR *net* devido à credenciadora é de 1,5% sobre os R$ 1.000,00;
- o pagamento dos lojistas é efetuado pela IP Z em D + 30;
- a IP Z recebe os recursos do emissor do cartão, que são liquidados de forma centralizada pela bandeira, em D + 27;
- no exemplo, a venda da maquinha não está condicionada à permanência do estabelecimento no contrato por um certo período;
- para simplificação do exercício, não são considerados os efeitos tributários; e
- os recursos são recebidos e liquidados por meio da conta de liquidação própria que a IP Z possui.

Seguem os lançamentos contábeis efetuados no livro razão da IP Z, que são baseados nas normas vigentes do plano contábil do BCB (Cosif):

VENDA DA MAQUININHA DE CARTÃO – D0:
D – BCB – outras reservas livres     R$     80,00
C – Outras rendas operacionais     R$     80,00

O reconhecimento é no momento D0 devido à ausência de carência de contrato.

RECONHECIMENTO DA VENDA EFETUADA PELO LOJISTA – D0:
D – Transações de pagamento     R$     970,00
C – Obrigações por transações
    de pagamento     R$     970,00

Valor descontado da tarifa de intercâmbio do emissor e do *fee* da bandeira.

RECONHECIMENTO DA RECEITA DE MDR *NET* DA IP – D0:
D – Obrigações por transações de
    pagamento     R$     15,00
C – Rendas de serviços de pagamento     R$     15,00

O valor é representado por 1,5% sobre os R$ 1.000,00 de compra.

ANTECIPAÇÃO DO RECEBÍVEL – D0:
D – Obrigações por transações de
    pagamento     R$     907,25
C – BCB – outras reservas livres     R$     907,25

São descontados 5% sobre os R$ 955,00 que o lojista teria para receber descontado todo o MDR (tarifa de intercâmbio, *fee* da bandeira e *net* do MDR pertencente à credenciadora).

D – Obrigações por transações de
    pagamento     R$     47,75
C – Rendas por antecipação de obr.
    de transações de pgto.     R$     47,75

Reconhecimento do ganho com a taxa de desconto da antecipação do recebível

RECEBIMENTO DE VALORES DE TRANSAÇÃO DE PAGAMENTO DE EMISSORES VIA ARRANJO DE PAGAMENTO – D + 27:
D – BCB – outras reservas livres     R$     970,00
C – Transações de pagamento     R$     970,00

## 32.4.4 Iniciador de transação de pagamento

A IP que opera na modalidade iniciador de transação de pagamento, uma modalidade adicionada posteriormente pelo regulador, é a que inicia a transação de pagamento ordenada pelo seu usuário, porém sem gerenciar uma conta de pagamento e sem deter em nenhum momento os fundos da transação.

Então, essas instituições passam a ser mais um agente do mercado de pagamentos, conectando usuários às instituições em que estes possuem uma conta transacional (seja corrente ou de pagamento), com o intuito de oferecer melhor experiência na realização de pagamentos e transferências digitais.

Com o *open banking* e o pix, essa modalidade abre diversas oportunidades para inovação e melhorias na experiência dos usuários finais. Por exemplo, atualmente, para efetuar pagamentos via pix, é necessário que o usuário acesse seu banco para finalizar o pagamento. Com o iniciador de transação de pagamento será possível efetivar pagamentos, via pix, de uma única plataforma *on-line*, reforçando que por mais que essa IP esteja iniciando o pagamento, os recursos passam apenas pela conta pagadora e conta recebedora.

As IPs operando nesse modelo podem obter ganhos financeiros cobrando por esses serviços junto a varejistas, por exemplo, ou, ainda, implementando estratégias de *cashback* (termo em inglês que significa literalmente "dinheiro de volta") para os seus clientes e mesmo de programas de recompensas dentro de sua plataforma. E pode ser uma modalidade adicional para alavancar a gama de serviços ofertados para os seus clientes, caso a IP opere em outras modalidades.

Dada a simplicidade da operação, sob a ótica contábil, este capítulo não focará nos aspectos contábeis dessa modalidade, focando nos demais exemplos.

## 32.5 RECEPÇÃO DO IFRS 9 PELO BCB – RESOLUÇÃO BCB Nº 219, DE MARÇO DE 2022

Vale destacar que este capítulo não tem a pretensão de passar por todas as linhas de balanço de uma IP, até porque diversos assuntos já são abordados em outros capítulos desta obra.

Mas uma norma específica vale reforçar aqui, dada a importância dela para todas as instituições supervisionadas pelo BCB, que é a adoção das normas internacionais que dispõem sobre os conceitos e critérios contábeis aplicáveis a instrumentos financeiros, bem como a designação e o reconhecimento da contabilidade de *hedge*. A norma internacional em questão é a IFRS 9, com o correspondente CPC 48 aqui no Brasil. É necessário cuidado aqui, porque a adoção dos padrões internacionais pelo BCB não foi realizada na íntegra e há fatores que serão absorvidos com algumas diferenças.

Para as IFs, a Resolução CMN nº 4.966, de novembro de 2021, traz essas mudanças que estarão em vigência em 2025. Apenas por meio da Resolução BCB nº 219, de março de 2022, é que essas normas passam a ser extensíveis também às IPs, com mesmo início de vigência que as instituições financeiras.

Assim como para as IFs, as IPs deverão enfrentar dois grandes desafios com a implementação da norma:

1. a determinação da base de mensuração apropriada para ativos irá requerer mais julgamento, e ainda alguns ativos que eram mensurados a custo amortizado poderão passar a ser mensurados ao valor justo, mesmo que a observação dos preços não seja fácil; e

2. a mensuração da redução no valor recuperável (*impairment*) dos ativos financeiros muda de um modelo de perda incorrida para um modelo de perda esperada, aumentando a complexidade do cálculo das provisões para perdas de crédito (nesse caso, a provisão para perda na carteira de cartão de crédito de uma IP pode ser um bom exemplo de complexidade).

Recomenda-se a leitura da Resolução BCB nº 219, de março de 2022, juntamente com o Pronunciamento Técnico CPC 48 – Instrumentos Financeiros, para maior aprofundamento do tema.

## 32.6 EXERCÍCIOS

1. Com relação às modalidades de IP, é **incorreto** afirmar que:

a) As regras de autorização para as modalidades de credenciamento e emissor de instrumento pós-pago são as mesmas.

b) O emissor de moeda eletrônica é capaz de converter recursos de moeda eletrônica em moeda escritural e/ou física por meio da interoperabilidade de arranjos.

c) O iniciador de transação de pagamento deve submeter pedido de autorização ao BCB assim que ultrapassar um volume de R$ 500.000.000,00 (quinhentos milhões de reais) em transações processadas.

d) Uma IP já autorizada pelo BCB não precisa submeter um novo pedido de autorização para operação para operar uma nova modalidade.

e) Toda nova IP emissora de moeda eletrônica deve submeter pedido de autorização prévio ao BCB antes de operar, não valendo nenhuma regra de volumetria, com exceção das que já operavam, que devem observar a volumetria por um período.

2. Um cliente da IP X, IP emissora de moeda eletrônica que fornece também um cartão pré-pago, efetua no dia 01/04/2022 uma transferência pix de outra conta-corrente que ele possui no Banco Z para sua conta de pagamento nesta IP. O valor da transferência é de R$ 1.000,00.

No dia 30 de abril de 2022, esse mesmo cliente efetua uma compra via função débito, usando o seu cartão pré-pago da IP X, no valor de R$ 1.000,00. E, portanto, zerando o seu saldo em conta de pagamento.

Informações adicionais a serem consideradas para resolução:

- a tarifa de intercâmbio é de 1% por transação;
- a liquidação do débito junto ao credenciador é realizada em D + 1;

- a IP X aplica os recursos de clientes em títulos do governo que rendem 12% a.a.;
- a instituição está no sistema de pagamento instantâneo (SPI) via conta de própria titularidade;
- o título público é vendido pelo valor de mercado de R$ 1.050,00 no dia 30/04;
- a IP X decide não repassar a remuneração para os seus clientes; e
- não considerar os efeitos tributários nas contabilizações e cálculos.

Pede-se demonstrar os lançamentos contábeis da operação, utilizando as regras do Cosif, no livro razão da IP X.

3. Um cliente da IP Y, emissora de instrumento de pagamento pós-pago, liberou um cartão de crédito para o cliente com o limite de R$ 2.000,00 e, no dia 01/04/2022, esse cliente efetuou uma compra, com esse cartão, de uma televisão pelo valor de R$ 1.000,00. Essa compra foi parcelada em cinco vezes.

Seguem alguns dados adicionais para o exercício:
- a tarifa de intercâmbio da IP Y para essa transação foi de 1,8%;
- a próxima fatura do cliente vence no dia 05/05/2022;
- a liquidação junto ao credenciador, por meio do arranjo da bandeira, ocorre em D + 27;
- o limite do cliente é cancelável unilateralmente; e
- não considerar os efeitos tributários nas contabilizações e cálculos.

Dado isso, demonstre as contabilizações na IP Y baseando-se no Cosif.

4. A IP Z, uma IP credenciadora, apresentou os seguintes movimentos operacionais no mês de 04/2022:
- Ela capturou R$ 550.000.000,00 (quinhentos e cinquenta milhões de reais) em transações de compras de seus estabelecimentos comerciais, sendo que, desse valor, ela recebe net do intercâmbio do emissor e do fee da bandeira R$ 533.5000.000,00 (quinhentos e trinta e três milhões e quinhentos mil reais).
- O net de MDR cabível para ela é 1,5% sobre o valor capturado.
- Ao longo do mês, ela recebeu dos emissores o total de R$ 400.000.000,00 (quatrocentos milhões de reais).
- O repasse do mês para os estabelecimentos foi de R$ 380.000.000,00 (trezentos e oitenta milhões de reais).
- Foram faturados em abril R$ 30.000.000,00 (trinta milhões de reais) de venda de maquininhas, todas à vista.

Considere também as seguintes informações para realização do exercício:
- para simplificação do exercício, não são considerados os efeitos tributários; e
- os recursos são recebidos e liquidados por meio da conta de liquidação própria que a IP Z possui.

Pede-se demonstrar os lançamentos contábeis mencionados, considerando o plano contábil das instituições autorizadas pelo BCB (Cosif).

## 32.7 RESPOSTAS DOS EXERCÍCIOS

1. c

**Justificativa:** dado que todos os iniciadores de transação de pagamento devem se submeter à autorização do BCB previamente ao início de suas operações. Todas as demais alternativas estão corretas.

2.
Pela transferência do pix – 01/04/2022:

| | |
|---|---|
| D – BCB – outras reservas livres | R$ 1.000,00 |
| C – Conta de pagamento pré-paga – livre movimentação | R$ 1.000,00 |

Aquisição de título público pela IP – 01/04/2022:

| | |
|---|---|
| D – Títulos vinculados a saldos de conta pré-paga | R$ 1.000,00 |
| C – BCB – outras reservas livres | R$ 1.000,00 |

Rentabilidade do título público federal – 30/04/2022:

| | |
|---|---|
| D – Títulos vinculados a saldos de conta pré-paga | R$ 9,50 |
| C – Rendas de títulos de renda fixa | R$ 9,50 |

Considerando uma taxa anual composta de 12% a.a., foi feito o seguinte cálculo para chegar à rentabilidade de um mês: $(1 + 0{,}12)^{(1/12)} - 1$.

Compra no débito – 30/04/2022:

| | |
|---|---|
| D – Conta de pagamento pré-paga – livre movimentação | R$ 1.000,00 |
| C – Relações interfinanceiras – Transações de pagamento | R$ 1.000,00 |

Reconhecimento do ITR do débito – 30/04/2022:

| | |
|---|---|
| D – Relações Interfinanceiras – Transações de pagamento | R$ 10,00 |
| C – Rendas por serviços de pagamento | R$ 10,00 |

Venda do título público – 30/04/2022:

D – BCB – outras reservas livres  R$ 1.050,00
C – Títulos vinculados a saldos de
conta pré-paga  R$ 1.050,00

Ganho na venda – 30/04/2022:

D – Títulos vinculados a saldos de
conta pré-paga  R$ 40,50
C – Lucros com títulos de Renda Fixa  R$ 40,50

Reforçamos que a liquidação junto ao credenciador, por meio do arranjo da bandeira, ocorre no próximo dia útil. Portanto, o valor fica em aberto no dia 30/04/202.

3.
Registro da compra – 01/04/2022:

D – Outros créditos – Valores a
receber de transações de pgto.  R$ 1.000,00
C – Relações interfinanceiras –
Transações de pgto.  R$ 1.000,00

Reconhecimento da receita de intercâmbio – 01/04/2022:

D – Relações interfinanceiras –
Transações de pagamento  R$ 3,60
C – Rendas por serviços de pagamento  R$ 3,60

Nesse momento, é reconhecido 1/5 avos da receita, dado que são cinco parcelas. Os valores são reconhecidos conforme ocorrem os repasses para os credenciadores por meio do arranjo da bandeira.

Repasse para bandeira instituidora do arranjo – liquidação do credenciador – 28/04/2022:

D – Relações interfinanceiras –
Transações de pagamento  R$ 196,40
C – BCB – outras reservas livres  R$ 196,40

O valor repassado à bandeira já é descontado da receita de tarifa de intercâmbio da IP. E nesse momento é repassada a primeira parcela das cinco.

Constituição da PCLD sobre o saldo final do mês de competência – 30/04/2022:

D – (–) Provisões para Outros Créditos  R$ 5,00
C – (–) Provisão para valores a receber
relativos a transações de pgto.  R$ 5,00

Considerando que o cliente está em dia (zero dia de atraso), e seguindo a Resolução BCB nº 2.682, o cliente foi classificado no risco A. Portanto, aplicou-se 0,5% de provisão sobre o saldo da dívida, que é de R$ 1.000,00.

Registro em conta de compensação da classificação de risco de crédito – 30/04/2022:

D – Outros créditos nível A  R$ 1.000,00
C – Carteira de créditos classificados  R$ 1.000,00

Dado o registro de PCLD, é necessário o lançamento adicional de compensação. É por meio desse lançamento de compensação (*off-balance*) que o BCB consegue identificar a quebra da carteira da IP pelo seu nível de risco de crédito. Esse é também um mecanismo de confrontação com os saldos reportados nos documentos regulatórios da Central de Risco de Crédito.

4. A IP Z, uma IP credenciadora, apresentou os seguintes movimentos operacionais no mês de 04/2022:

– Ela capturou R$ 550.000.000,00 (quinhentos e cinquenta milhões de reais) em transações de compras de seus estabelecimentos comerciais. Sendo que desse calor, ela recebe *net* do intercâmbio do emissor e do *fee* da bandeira R$ 533.500.000,00 (quinhentos e trinta e três milhões e quinhentos mil reais).

– O *net* de MDR cabível para ela é 1,5% sobre o valor capturado.

– Ao longo do mês, ela recebeu dos emissores o total de R$ 400.000.000,00 (quatrocentos milhões de reais).

– O repasse do mês para os estabelecimentos foi de R$ 380.000.000,00 (trezentos e oitenta milhões de reais).

– Foram faturados em abril R$ 30.000.000,00 (trinta milhões de reais) de vendas de maquininhas, todas à vista.

Considere também as seguintes informações para realização do exercício:

- para simplificação do exercício, não são considerados os efeitos tributários; e
- os recursos são recebidos e liquidados por meio da conta de liquidação própria que a IP Z possui.

Pede-se demonstrar os lançamentos contábeis mencionados, considerando o plano contábil das instituições autorizadas pelo BCB (Cosif).

Reconhecimento das transações capturadas no mês:

D – Transações de pagamento  R$ 533.500.000,00
C – Obrigações por transações
de pagamento  R$ 533.500.000,00

Valor descontado da tarifa de intercâmbio do emissor e do *fee* da bandeira.

Reconhecimento da receita de MDR *net* da IP:

D – Obrigações por transações
de pagamento                    R$        825.000,00
C – Rendas de serviços
de pagamento                    R$        825.000,00

O valor é representado por 1,5% sobre os R$ 1.000,00 de compra.

Repasses para os estabelecimentos (clientes da credenciadora):

D – Obrigações por transações
de pagamento                    R$ 380.000.000,00
C – BCB – outras reservas livres R$ 380.000.000,00

Receita de venda de maquininhas:

D – BCB – outras reservas livres R$  30.000.000,00
C – Outras rendas operacionais  R$  30.000.000,00

Foi considerado o débito em disponibilidade, por se tratar de vendas à vista.

# REFERÊNCIAS

BANCO CENTRAL DO BRASIL. Estatísticas de Meios de Pagamento. Disponível em: https://www.bcb.gov.br/estatisticas/spbadendos. Acesso em: 21 mar. 2022.

BANCO CENTRAL DO BRASIL. COSIF: Padrão Contábil das Instituições Reguladas pelo Banco Central do Brasil. Disponível em: https://www3.bcb.gov.br/aplica/cosif. Acesso em: 25 mar. 2022.

BANCO CENTRAL DO BRASIL. Circular nº 3.681. Dispõe sobre o gerenciamento de riscos, os requerimentos mínimos de patrimônio, a governança de instituições de pagamento, a preservação do valor e da liquidez dos saldos em contas de pagamento, e dá outras providências, de 04/11/2013. Disponível em: https://www.bcb.gov.br/estabilidadefinanceira/exibenormativo?tipo=Circular&numero=3681. Acesso em: 25 mar. 2022.

BANCO CENTRAL DO BRASIL. Circular nº 3.833. Dispõe sobre critérios, procedimentos e regras contábeis aplicáveis às instituições de pagamento, de 17/05/2017. Disponível em: https://barww.bcb.gov.br/estabilidadefinanceira/exibenormativo?tipo=Circular&numero=3833. Acesso em: 25 mar. 2022.

BANCO CENTRAL DO BRASIL. Resolução BCB nº 25. Altera a Circular nº 3.681, de 4 de novembro de 2013, que dispõe sobre o gerenciamento de riscos, os requerimentos mínimos de patrimônio, a governança de instituições de pagamento, a preservação do valor e da liquidez dos saldos em contas de pagamento, e dá outras providências, de 22/10/2020. Disponível em: https://www.bcb.gov.br/estabilidadefinanceira/exibenormativo?tipo=Resolu%C3%A7%C3%A3o%20BCB&numero=25>. Acesso em: 02 abr. 2022.

BANCO CENTRAL DO BRASIL. Resolução BCB nº 80. Disciplina a constituição e o funcionamento das instituições de pagamento, estabelece os parâmetros para ingressar com pedidos de autorização de funcionamento por parte dessas instituições e dispõe sobre a prestação de serviços de pagamento por outras instituições autorizadas a funcionar pelo Banco Central do Brasil, de 22/03/2021. Disponível em: https://www.bcb.gov.br/estabilidadefinanceira/exibenormativo?tipo=Resolu%C3%A7%C3%A3o%20BCB&numero=80. Acesso em: 28 mar. 2022.

BANCO CENTRAL DO BRASIL. Resolução BCB nº 81. Disciplina os processos de autorização relacionados ao funcionamento das instituições de pagamento e à prestação de serviços de pagamento por parte de outras instituições autorizadas a funcionar pelo Banco Central do Brasil, de 25/03/2021. Disponível em: https://www.bcb.gov.br/estabilidadefinanceira/exibenormativo?tipo=Resolu%C3%A7%C3%A3o%20BCB&numero=81. Acesso em: 02 abr. 2022.

BANCO CENTRAL DO BRASIL. Resolução BCB nº 150. Consolida normas sobre os arranjos de pagamento, aprova o regulamento que disciplina a prestação de serviço de pagamento no âmbito dos arranjos de pagamento integrantes do Sistema de Pagamentos Brasileiro (SPB), estabelece os critérios segundo os quais os arranjos de pagamento não integrarão o SPB e dá outras providências, de 06/10/2021. Disponível em: https://www.bcb.gov.br/estabilidadefinanceira/exibenormativo?tipo=Resolu%C3%A7%C3%A3o%20BCB&numero=150. Acesso em: 03 abr. 2022.

BANCO CENTRAL DO BRASIL. Resolução BCB nº 197. Classifica o conglomerado prudencial integrado por ao menos uma instituição que realize serviço de pagamento e estabelece a segmentação para os conglomerados prudenciais classificados como Tipo 3 para fins de aplicação proporcional da regulação prudencial, de 11/03/2022. Disponível em: https://www.bcb.gov.br/estabilidadefinanceira/

exibenormativo?tipo=Resolu%C3%A7%C3%A3o%20BCB&numero=197. Acesso em: 03 abr. 2022.

BANCO CENTRAL DO BRASIL. Resolução BCB nº 198. Dispõe sobre o requerimento mínimo de Patrimônio de Referência de Instituição de Pagamento (PRIP) de conglomerado do Tipo 2, nos termos da Resolução BCB nº 197, de 11 de março de 2022, e de instituição de pagamento não integrante de conglomerado prudencial, e sobre a metodologia de apuração desses requerimentos e a respectiva estrutura de gerenciamento contínuo de riscos, de 11/03/2022. Disponível em: https://www.bcb.gov.br/estabilidadefinanceira/exibenormativo?tipo=Resolu%C3%A7%C3%A3o%20BCB&numero=198. Acesso em: 03 abr. 2022.

BANCO CENTRAL DO BRASIL. Resolução BCB nº 199. Dispõe sobre a metodologia para apuração do Patrimônio de Referência (PR) para conglomerado prudencial classificado como Tipo 3, de 11/03/2022. Disponível em: https://www.bcb.gov.br/estabilidadefinanceira/exibenormativo?tipo=Resolu%C3%A7%C3%A3o%20BCB&numero=199. Acesso em: 03 abr. 2022.

BANCO CENTRAL DO BRASIL. Resolução BCB nº 200. Dispõe sobre os requerimentos mínimos de Patrimônio de Referência (PR), de Nível I e de Capital Principal e sobre o Adicional de Capital Principal de conglomerado prudencial classificado como Tipo 3, de 11/03/2022. Disponível em: https://www.bcb.gov.br/estabilidadefinanceira/exibenormativo?tipo=Resolu%C3%A7%C3%A3o%20BCB&numero=200. Acesso em: 03 abr. 2022.

BANCO CENTRAL DO BRASIL. Resolução BCB nº 201. Dispõe sobre a metodologia facultativa simplificada para apuração do requerimento mínimo de Patrimônio de Referência Simplificado (PRS5) para os conglomerados prudenciais classificados como do Tipo 3, sobre os requisitos para opção por essa metodologia e sobre a estrutura simplificada de gerenciamento contínuo de riscos, de 11/03/2022. Disponível em: https://www.bcb.gov.br/estabilidadefinanceira/exibenormativo?tipo=Resolu%C3%A7%C3%A3o%20BCB&numero=201. Acesso em: 03 abr. 2022.

BANCO CENTRAL DO BRASIL. Resolução BCB nº 202. Estabelece o cálculo da parcela dos ativos ponderados pelo risco (RWA) relativa ao cálculo do capital requerido para os riscos associados a serviços de pagamento (RWASP) estabelecida nas Resoluções BCB nº 200 e nº 201, ambas de 11 de março de 2022, de 11/03/2022. Disponível em: https://www.bcb.gov.br/estabilidadefinanceira/exibenormativo?tipo=Resolu%C3%A7%C3%A3o%20BCB&numero=202. Acesso em: 03 abr. 2022.

BANCO CENTRAL DO BRASIL. Resolução BCB nº 219. Dispõe sobre os conceitos e os critérios contábeis aplicáveis a instrumentos financeiros, bem como para a designação e o reconhecimento das relações de proteção (contabilidade de *hedge*) pelas administradoras de consórcio e pelas instituições de pagamento autorizadas a funcionar pelo Banco Central do Brasil, de 30/03/2022. Disponível em: https://www.bcb.gov.br/estabilidadefinanceira/exibenormativo?tipo=Resolu%C3%A7%C3%A3o%20BCB&numero=219. Acesso em: 02 abr. 2022.

BRASIL. Lei nº 12.865, 09/10/2013. Disponível em: http://www.planalto.gov.br/ccivil_03/_ato2011-2014/2013/lei/l12865.htm. Acesso em: 20 mar. 2022.

# 33
# SOCIEDADES DE CRÉDITO DIRETO E SOCIEDADES DE EMPRÉSTIMOS ENTRE PESSOAS

**Marlon Soares Fernandes**
**Ivanice Teles Floret (revisora)**
**Eric Barreto (revisor)**

## 33.1 INTRODUÇÃO

Há um tempo as empresas têm se utilizado da tecnologia como meio para criar, inovar e distribuir produtos de forma competitiva e tempestiva, visando atender melhor às necessidades de seus consumidores. Essa mesma transformação vem ocorrendo com o mercado financeiro, em especial na última década, graças à entrada de novos competidores. Esses novos entrantes, que são as *fintechs* (termo que surgiu da união das palavras *financial* e *technology*), têm criado novos modelos de negócio, de interagir com o cliente, de analisar o crédito e outras inovações no setor bancário por meio do uso intensivo da tecnologia.

Segundo o Banco Central do Brasil (BCB), esses novos modelos de negócio passam pelo uso de plataformas *on-line*, inteligência artificial, *big data*, protocolos de comunicação e armazenamento de dados, e pelo atendimento aos clientes via canais eletrônicos, sem a presença física.

Acompanhando esse movimento do setor, em 26 de abril de 2018, por meio da Resolução nº 4.656 emitida pelo Conselho Monetário Nacional (CMN), o BCB regulamentou duas novas modalidades de *fintechs* de crédito: as Sociedades de Crédito Direto (SCD) e as Sociedades de Empréstimo entre Pessoas (SEP). Essas novas instituições passam a ser submetidas à autorização do BCB e a fazer parte do Sistema de Informações de Crédito (SCR).

As novas entidades reguladas, com regras mais flexíveis e menos custosas do ponto de vista de custo de observância, é uma sinalização do BCB em prol da concorrência, da expansão de novos produtos e serviços e do estímulo à inovação por meio do uso intensivo de novas tecnologias. Iniciativas como essas têm o potencial de democratizar o crédito e trazer impactos muito positivos para a economia do Brasil.

## 33.2 BASE NORMATIVA

No dia 30 de agosto de 2017, o BCB lançava ao mercado o edital de consulta pública 55/2017, o qual divulgava a minuta da resolução que dispor ia sobre as novas modalidades de sociedades de crédito (SCD e SEP). A proposta era discutir com o mercado a criação de novas instituições especializadas em operações de empréstimo por plataformas eletrônicas, além de serviços de um rol limitado, como análise de crédito e atuação como preposto do corretor de seguros na distribuição de seguro relacionado com as operações de empréstimo.

O regulador visava, com essa nova proposta, dar maior segurança jurídica para um setor em franca expansão, além de, em linha com a agenda positiva do

BCB, elevar a concorrência no mercado e ampliar o acesso ao crédito no país.

Com base nas discussões levantadas no edital de consulta pública, tendo em vista os questionamentos diretos e mediante intensas discussões com as associações de classes, o BCB emitiu a Resolução CMN nº 4.656, de 26 de abril de 2018. Essa resolução dispõe também, além das novas sociedades de crédito, sobre os requisitos e procedimentos para autorização de funcionamento, assuntos societários e cancelamento de autorização dessas entidades.

Em termos do arcabouço regulatório contábil, tanto as SEP quanto as SCD devem estar alinhadas ao padrão Cosif, conforme especifica a Resolução BCB nº 92, de 06 de maio de 2021.

Via de regra, as SCD são instituições que concedem crédito e carregam o risco. Por essa razão, seguem as contabilizações padrões de uma financeira. Já no caso das SEP, por não carregarem o risco de crédito e prestarem serviço, existem grupos nas contas Cosif específicos para as suas contabilizações, as quais ocorrem em contas de compensação.

## 33.3 CONCEITOS REGULATÓRIOS

A Resolução CMN nº 4.656, de 26 de abril de 2018, traz algumas definições importantes acerca das novas sociedades de crédito, cuja funcionalidade está demonstrada na Figura 33.1.

## 33.4 SOCIEDADES DE CRÉDITO DIRETO

As SCD são instituições financeiras autorizadas a conceder crédito, financiamento e adquirir direitos creditórios, e isso tudo, exclusivamente, via plataformas eletrônicas.

Além dos produtos de crédito mencionados, as SCD podem oferecer os seguintes serviços:

- análise de crédito para terceiros;
- cobrança de crédito de terceiros;
- atuação como representante de seguros relacionados à garantia dos empréstimos (Redação adicionada pela Resolução CMN nº 4.792, de 26 de março de 2020);
- emissão de moeda eletrônica (Redação adicionada pela Resolução CMN nº 4.792, de 26 de março de 2020); e
- emissão de instrumento pós-pago (Redação adicionada pela Resolução CMN nº 4.792, de 26 de março de 2020).

A grande diferença da licença de uma SCD, se comparada principalmente com a tradicional Sociedade de Crédito, Financiamento e Investimento (SCFI), dá-se pelo fato de que é vedado à SCD captar recursos do público, exceto via emissão de ação própria, e o segundo ponto está relacionado à vedação de participação dessas entidades no capital de instituições financeiras.

As únicas formas de financiamento permitidas para as SCD são realização de venda ou cessão de crédito

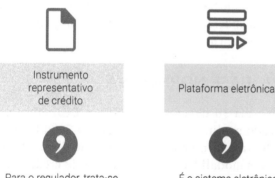

**Figura 33.1** Conceitos regulatórios da Resolução CMN nº 4.656.

para instituições financeiras, fundos distribuídos para investidores qualificados, ou, ainda, para companhias securitizadoras que distribuam esses ativos para investidores qualificados.

O resumo ilustrado na Figura 33.2 demonstra o modelo de negócio de uma SCD que atua emprestando e financiando clientes.

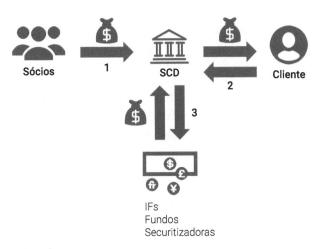

1. Aporte de capital
2. Contratação e liquidação do empréstimo (auferimento de receita financeira)
3. Cessão de créditos para financiamento

**Figura 33.2** Modelo de negócio de uma Sociedade de Crédito Direto.

### 33.4.1 Contabilização das Sociedades de Crédito Direto

O tratamento contábil das operações das SCD não se diferencia muito de uma instituição financeira que conceda crédito. Assim como aquelas instituições financeiras, uma SCD deve seguir o plano contábil das instituições financeiras (Cosif) e, consequentemente, todas as regras aplicáveis ao seu grupo de conta, sendo que o atributo de conta aplicável às SCD no Cosif é o atributo J.

> **Exemplo contábil – concessão de um empréstimo pessoal**
>
> A SCD X oferece o produto de crédito pessoal para seus clientes. Um deles efetivou a contratação de um empréstimo em sua plataforma eletrônica (o aplicativo da *fintech*). A contratação deu-se no dia 01/07/2022, com primeiro vencimento em 01/08/2022.
>
> Seguem as condições do contrato:
>
> Valor contratado: R$ 1.000,00
>
> Parcelas: 12
>
> IOF: 0,0082% a.d. + 0,38% (adicional)
>
> Obs.: alíquota vigente em 2022, sendo que o cálculo é feito por parcela e por valor amortizado de principal em cada uma destas.
>
> Juros: 4,65% a.m.
>
> PMT: R$ 110,61
>
> Obs.: Considere que a SCD X oferece uma conta de pagamento tanto para liberação como para cobrança dos empréstimos concedidos por esta; os cálculos financeiros são feitos por Tabela *Price*, e o IOF é liquidado pelo cliente no ato da contratação (não financiado).
>
> Uma boa forma de começar o exercício é observando a Tabela 33.1 com os fluxos da operação, assim como os cálculos do imposto.

**Tabela 33.1** Cálculo do IOF

| Data | Dias corridos | Saldo | Juros | Amortização | IOF |
|---|---|---|---|---|---|
| 01/07/2022 | | 1.000,00 | | | |
| 01/08/2022 | 31 | 935,89 | 46,50 | 64,11 | 0,41 |
| 01/09/2022 | 62 | 868,80 | 43,52 | 67,09 | 0,60 |
| 01/10/2022 | 92 | 798,59 | 40,40 | 70,21 | 0,80 |
| 01/11/2022 | 123 | 725,12 | 37,13 | 73,47 | 1,02 |
| 01/12/2022 | 153 | 648,22 | 33,72 | 76,89 | 1,26 |
| 01/01/2023 | 184 | 567,76 | 30,14 | 80,47 | 1,52 |
| 01/02/2023 | 215 | 483,55 | 26,40 | 84,21 | 1,80 |
| 01/03/2023 | 243 | 395,42 | 22,49 | 88,12 | 2,09 |
| 01/04/2023 | 274 | 303,20 | 18,39 | 92,22 | 2,42 |
| 01/05/2023 | 304 | 206,69 | 14,10 | 96,51 | 2,77 |
| 01/06/2023 | 335 | 105,69 | 9,61 | 101,00 | 3,16 |
| 01/07/2023 | 365 | 0,00 | 4,91 | 105,69 | 3,57 |
| **TOTAL** | | | **327,31** | **1.000,00** | **21,41** |

Com base nos dados da Tabela 33.1, e considerando o plano Cosif, segue um resumo dos lançamentos contábeis da competência 07/2022:

1) Pela liberação do empréstimo
   D – Crédito Pessoal (Ativo)
   C – Conta de Pagamento Pré-Paga (Passivo)
   Valor: R$ 1.000,00

   Cobrança do IOF do cliente
   D – Conta de Pagamento Pré-Paga (Passivo)
   C – Fiscais e Previdenciárias – Outros (Passivo)
   Valor: R$ 21,41

2) Liquidação do IOF no próximo decêndio
   D – Fiscais e Previdenciárias – Outros (Passivo)
   C – Depósitos Bancários (Ativo)
   Valor: R$ 21,41

3) Reconhecimento da receita de juros do mês
   D – Crédito Pessoal (Ativo)
   C – Rendas – outros empréstimos (Resultado)
   Valor: R$ 46,50

4) Provisões para operações de crédito
   D – (–) Provisões para operações de crédito (Resultado)
   C – (–) Provisões para empréstimos e direitos creditórios descontados (redutora do Ativo)
   Valor: R$ 5,23

Considerou-se aqui um saldo devedor de R$ 1.046,50. Quanto à faixa de risco, a operação foi classificada no nível A e, consequentemente, foi aplicado 0,5% de provisão sobre o saldo devedor (conforme art. 5º da Resolução CMN nº 2.682, que menciona que operações inferiores a R$ 50.000,00 devem ser classificadas no mínimo como nível A).

5) Classificação da carteira
   D – Operações de crédito nível A (compensação)
   C – Carteira de créditos classificados (compensação)
   Valor: R$ 1.046,50

## 33.5 SOCIEDADES DE EMPRÉSTIMO ENTRE PESSOAS

A SEP **é uma instituição financeira, também conhecida como** *peer-to-peer lending*, que realiza operações de empréstimos e de financiamento entre pessoas e cujas operações precisam acontecer exclusivamente por meio de plataforma eletrônica. Note, aqui, que a aquisição de direitos creditórios não faz parte do objeto das SEPs, como faz parte das operações permitidas para uma SCD.

Assim como a SCD, uma SEP pode incluir em seus objetos as seguintes atividades econômicas:

- análise de crédito para terceiros;
- cobrança de crédito de terceiros;
- atuação como representante de seguro relacionado à garantia dos empréstimos (Redação adicionada pela Resolução CMN nº 4.792, de 26 de março de 2020);
- emissão de moeda eletrônica (Redação adicionada pela Resolução CMN nº 4.792, de 26 de março de 2020); e
- emissão de instrumento pós-pago (Redação adicionada pela Resolução CMN nº 4.792, de 26 de março de 2020).

Ao contrário das SCD, as SEP podem realizar a captação de recursos de terceiros. Para tanto, os recursos captados devem ser exclusivamente vinculados às operações de crédito concedidas por essa instituição. Nessa operação, a SEP pode cobrar tarifas dos seus devedores; portanto, essa instituição não aufere resultado financeiro de juros, mas, sim, uma receita de prestação de serviço por intermediação financeira.

A Figura 33.3 apresenta um resumo das partes envolvidas na operação de uma SEP, tal como o fluxo do negócio.

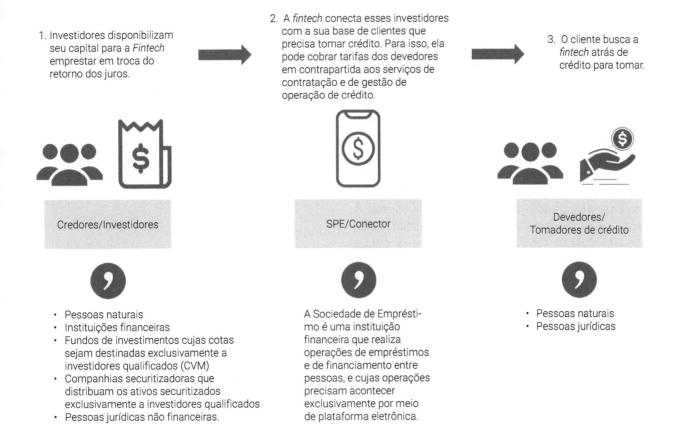

**Figura 33.3** Partes envolvidas e fluxo de negócio de uma Sociedade de Empréstimo entre Pessoas.

O BCB instituiu algumas vedações para as SEP. São elas:

- realizar operações de crédito e financiamento mediante capital próprio;
- participar de capital de instituições financeiras;
- coobrigar-se ou prestar qualquer tipo de garantia nas operações de empréstimo e financiamento, exceto no caso de aquisição, direta ou indiretamente, por parte da SEP e empresas controladas ou coligadas, de cotas subordinadas de fundos de investimentos em direitos creditórios (FIDC) que invistam exclusivamente em direitos creditórios derivados das operações realizadas pela própria SEP, desde que essa aquisição represente, no máximo, 5% do patrimônio do fundo e não configure assunção ou retenção substancial de riscos e benefícios, nos termos da regulação em vigor;
- remunerar ou utilizar em seus benefícios os recursos relativos às operações de empréstimo e financiamento;
- transferir recursos aos devedores antes de sua disponibilização pelos credores;
- transferir recursos dos credores e devedores em conta da sua titularidade não vinculados às operações de empréstimos e financiamentos; e
- vincular o adimplemento da operação de crédito a esforço de terceiros ou do devedor, na qualidade de empreendedor.

Cabe ressaltar que, atualmente, existe um limite de exposição por devedor que as SEP devem observar. Essas instituições não podem ter operações que ultrapassem o limite máximo de R$ 15.000,00 (quinze mil reais).

## 33.5.1 Contabilização das Sociedades de Empréstimo entre Pessoas

A SEP, assim também como a SCD, deve realizar as suas contabilizações consubstanciadas no Cosif. Essas também devem se atentar às contas contábeis que possuem o atributo J.

A SEP tem uma particularidade no seu modelo de negócio, que é o fato de não carregar o risco de crédito, e sim apenas conectar investidores abertos a dispor de seus capitais, em troca de um retorno financeiro, para os clientes da *fintech*. Com isso, o contábil é um pouco diferente de uma financeira tradicional, uma vez que todo controle da exposição é feito exclusivamente por meio de contas de compensação.

Além disso, essas entidades não apresentam receitas de juros em seu balanço, apenas receitas de prestação de serviço, as quais são representadas pelas tarifas que podem ser cobradas da sua base de devedores. A cobrança dessa tarifa pode-se dar pela contratação do crédito e/ou pela gestão da carteira, sendo esta última cobrada normalmente a cada parcela liquidada (mensalmente).

### Exemplo contábil – intermediação de uma operação de crédito via plataforma eletrônica

Uma SEP atua na intermediação de crédito para pessoas jurídicas. Um de seus clientes fez a solicitação de um empréstimo de R$ 10.000,00, no dia 30/06/X1, e o pedido foi aprovado pelo motor de crédito da instituição. No dia 01/07/X1, a operação foi submetida a uma rodada de captação junto a investidores, e acatada por dois indivíduos, que investiram, R$ 5.000,00 cada.

Essas foram as condições do empréstimo tomado pelo cliente:

Valor contratado: R$ 10.000,00

Parcelas: 12

IOF: 0,0082% a.d. + 0,38% (adicional)

Obs.: alíquota vigente em 07/20X1, sendo que o cálculo é feito por parcela e por valor amortizado de principal em cada uma destas.

Juros: 4,65% a.m.

PMT: R$ 1.106,09

Amortização: Tabela *Price*

Primeira parcela: 01/08/20X1

Tarifa de contratação: 9% sobre o valor financiado

Obs.: No exemplo, é considerado que o IOF não é financiado junto com o principal e que a SEP se utiliza de um banco liquidante para realizar as operações, ou seja, não possui conta de liquidação própria junto ao Sistema de Pagamento Brasileiro (SPB).

Na Tabela 33.2 é apresentado o fluxo de liquidação da operação, a ser calculado via Tabela *Price*.

Tabela 33.2 Fluxo de liquidação calculado pela Tabela *Price*

| Data | Dias corridos | Saldo | Juros | Amortização | IOF |
|---|---|---|---|---|---|
| 01/07/20X1 | | 10.000,00 | | | |
| 01/08/20X1 | 31 | 9.358,91 | 465,00 | 641,09 | 4,07 |
| 01/09/20X1 | 62 | 8.688,00 | 435,19 | 670,90 | 5,96 |
| 01/10/20X1 | 92 | 7.985,90 | 403,99 | 702,10 | 7,96 |
| 01/11/20X1 | 123 | 7.251,16 | 371,34 | 734,75 | 10,20 |
| 01/12/20X1 | 153 | 6.482,24 | 337,18 | 768,91 | 12,57 |
| 01/01/20X2 | 184 | 5.677,57 | 301,42 | 804,67 | 15,20 |
| 01/02/20X2 | 215 | 4.835,49 | 264,01 | 842,09 | 18,05 |
| 01/03/20X2 | 243 | 3.954,25 | 224,85 | 881,24 | 20,91 |
| 01/04/20X2 | 274 | 3.032,03 | 183,87 | 922,22 | 24,22 |
| 01/05/20X2 | 304 | 2.066,92 | 140,99 | 965,10 | 27,73 |
| 01/06/20X2 | 335 | 1.056,94 | 96,11 | 1.009,98 | 31,58 |
| 01/07/20X2 | 365 | – | 49,15 | 1.056,94 | 35,65 |
| TOTAL | | | 3.273,11 | 10.000,00 | 214,10 |

Dado isso, seguem as contabilizações para a data base 31/07/20X1:

1) Pelo recebimento dos recursos dos credores (investidores)
   D – Depósitos Bancários (Ativo)
   C – Obrigações por empréstimos e financiamentos entre pessoas – Recursos disponibilizados pelos credores (Passivo)
   Valor: R$ 10.000,00

2) Pelo repasse dos recursos ao devedor
   D – Obrigações por empréstimos e financiamentos entre pessoas – Recursos disponibilizados pelos credores (Passivo)
   C – Depósitos Bancários (Ativo)
   Valor: 10.0000

3) Cobrança do IOF
   D – Depósitos Bancários (Ativo)
   C – Fiscais e Previdenciárias – Outros (Passivo)
   Valor: R$ 214,10

4) Reconhecimento da receita de prestação de serviço
   D – Obrigações por empréstimos e financiamentos entre pessoas – Recursos disponibilizados pelos credores (Passivo)
   C – Rendas de intermediação de empréstimos e financiamento entre pessoas (Resultado)
   Valor: R$ 900,00

5) Recolhimento do IOF no próximo decêndio
   D – Fiscais e Previdenciárias – Outros (Passivo)
   C – Depósitos Bancários (Ativo)
   Valor: R$ 214,10

6) Registro da exposição em conta de compensação
   D – Operações SEP – Operações em atraso (compensação)
   C – Empréstimos e Financiamentos (compensação)
   Valor: R$ 10.465,00

A composição do valor é dada pela soma de R$ 10.000,00 (valor financiado) + R$ 465,00 (*accrual* de juros referente ao mês 07/2022).

## 33.6 EXERCÍCIOS

### 33.6.1 Conceitos sobre Sociedades de Crédito Direto

1. Com relação ao modelo de negócio das SCD, é **incorreto** afirmar que:

a) As SCD podem captar recursos públicos via emissão de ações.

b) As SCD têm apenas o direito de conceder empréstimos, financiamentos e adquirir direitos creditórios.

c) **É permitido o financiamento de suas atividades apenas** por meio da cessão de crédito e direitos creditórios para outras instituições financeiras, para fundos distribuídos para investidores qualificados e para securitizadoras que distribuíam esses ativos também para investidores qualificados.

d) **É permitido às SCD a atuação como distribuidora de seguros relacionados à garantia de empréstimos e financiamentos.**

e) As SCD podem oferecer o serviço de conta de pagamento, mediante emissão de moeda eletrônica.

### 33.6.2 Conceitos sobre Sociedades de Empréstimo entre Pessoas

2. Dada a norma vigente aplicável às SEP, assinale a questão **incorreta**:

a) Uma SEP pode captar recursos de terceiros, desde que esses recursos sejam direcionados para as suas operações de empréstimo e financiamento.

b) Todas as operações de empréstimo contratadas via uma SEP devem ser contratadas exclusivamente por meio de uma plataforma eletrônica.

c) Fazem parte do objeto de uma SEP: a realização de operações de empréstimo, de financiamento e de aquisição de direitos creditórios exclusivamente por meio de plataforma eletrônica.

d) É vedada a uma SEP a disponibilização de recursos para os seus devedores antes do recebimento dos recursos dos credores/investidores.

e) É permitida às SEPs a cobrança de tarifas pelo serviço de intermediação prestado.

### 33.6.3 Sociedades de Crédito Direto e Sociedades de Empréstimo entre Pessoas

3. A SCD XYZ, no dia 01/08/2022, liberou uma operação de crédito para um de seus clientes, no montante de R$ 5.000,00 (cinco mil reais). A liberação

deu-se por meio de capital próprio da SCD, e a liquidação foi feita via TED para uma conta do cliente em outra instituição financeira.

Com base nos dados da operação a seguir, pede-se para realizar os lançamentos contábeis do mês 08/X1:

Valor liberado: R$ 5.000

Parcelas: 12

IOF: 0,0082% a.d. + 0,38% (adicional)

Obs.: alíquota vigente em 08/2022, sendo que o cálculo é feito por parcela e por valor amortizado de principal em cada uma destas.

Taxa de juros: 4,00% a.m.

Parcelas: R$ 532,76

Obs.: Considere que o IOF não é financiado.

4. Um cliente da SEP Z solicitou, no dia 30/07/2022, um financiamento de R$ 8.000,00 (oito mil reais) via aplicativo, para liquidação em 12 parcelas. O cliente passou pelo motor de crédito e foi pré-aprovada a operação. Na sequência, a SEP fez uma captação junto a dois investidores, cada um dispôs de R$ 4.000,00 (quatro mil reais). Os recursos foram recebidos dos investidores no dia 01/08/2022 e repassados no mesmo dia para o cliente da financeira.

Seguem as condições do contrato:

Valor liberado: R$ 8.000

IOF: 0,0082% a.d. + 0,38% (adicional)

Obs.: alíquota vigente em 08/2022, sendo que o cálculo é feito por parcela e por valor amortizado de principal em cada uma destas.

Taxa de Juros: 3,5% a.m.

Parcelas: R$ 827,87

Além disso, se é cobrada uma tarifa do devedor no momento da liberação do empréstimo. Essa taxa é de 9%, sendo aplicada sobre o saldo financiado.

Considere também que o IOF não é financiado.

Pede-se para realizar os movimentos contábeis do mês de 08/2022.

## 33.7 RESPOSTAS DOS EXERCÍCIOS

1 – Conceitos sobre Sociedades de Crédito Direto. b

**Justificativa:** as SCD têm apenas o direito de conceder empréstimos, financiamentos e adquirir direitos creditórios.

As SCD também podem realizar análise de crédito para terceiros, cobrança de crédito de terceiros e atuar como representante de seguros.

2 – Conceitos sobre Sociedades de Empréstimo entre pessoas. c

**Justificativa:** fazem parte do objeto de uma SEP: a realização de operações de empréstimo, de financiamento e de aquisição de direitos creditórios exclusivamente por meio de plataforma eletrônica.

Esse é o objeto de uma SCD.

Exercício 3 – Sociedades de Crédito Direto e Sociedades de Empréstimo entre Pessoas

Resposta:

Dadas as condições do contrato, tem-se o seguinte fluxo de liquidação, cálculo via Tabela *Price*:

| Data | Dias corridos | Saldo | Juros | Principal Amort. | IOF |
|---|---|---|---|---|---|
| 01/08/2022 | | 5.000,00 | | | |
| 01/09/2022 | 31 | 4.667,24 | 200,00 | 332,76 | 2,11 |
| 01/10/2022 | 61 | 4.321,17 | 186,69 | 346,07 | 3,05 |
| 01/11/2022 | 92 | 3.961,25 | 172,85 | 359,91 | 4,08 |
| 01/12/2022 | 122 | 3.586,94 | 158,45 | 374,31 | 5,17 |
| 01/01/2023 | 153 | 3.197,66 | 143,48 | 389,28 | 6,36 |
| 01/02/2023 | 184 | 2.792,81 | 127,91 | 404,85 | 7,65 |
| 01/03/2023 | 212 | 2.371,76 | 111,71 | 421,05 | 8,92 |
| 01/04/2023 | 243 | 1.933,87 | 94,87 | 437,89 | 10,39 |
| 01/05/2023 | 273 | 1.478,46 | 77,35 | 455,41 | 11,93 |
| 01/06/2023 | 304 | 1.004,84 | 59,14 | 473,62 | 13,61 |
| 01/07/2023 | 334 | 512,27 | 40,19 | 492,57 | 15,36 |
| 01/08/2023 | 365 | (0,00) | 20,49 | 512,27 | 17,28 |
| TOTAL | | | 1.393,13 | 5.000,00 | 105,90 |

a) Seguem os lançamentos para a data base 08/2022:

I.  Pela liberação do empréstimo – 01/08/2022
    D – Crédito Pessoal
    C – Conta de Pagamento Pré-Paga
    Valor: R$ 5.000,00

II. Cobrança do IOF
    D – Depósitos Bancários
    C – Fiscais e Previdenciárias – Outros
    Valor: R$ 105,90

III. Liquidação do IOF no próximo decêndio
    D – Fiscais e Previdenciárias – Outros
    C – Depósitos Bancários
    Valor: R$ 105,90

IV. Reconhecimento da receita de juros do mês
    D – Crédito Pessoal
    C – Rendas – outros empréstimos
    Valor: R$ 200,00

V.  Provisões para operações de crédito
    D – (–) Provisões para operações de crédito
    C – (–) Provisões para empréstimos e direitos creditórios descontados
    Valor: R$ 26,00

Considerou-se aqui um saldo devedor de R$ 5.200,00. Quanto à faixa de risco, a operação foi classificada no nível A e consequentemente foi aplicado 0,5% de provisão sobre o saldo devedor (conforme art. 5º da Resolução CMN nº 2.682, que menciona que operações inferiores a R$ 50.000,00 devem ser classificadas no mínimo como nível A).

VI. Classificação da carteira
    D – Operações de crédito nível A
    C – Carteira de créditos classificados
    Valor: R$ 5.200,00

Exercício 4 – Resposta:

Segue o fluxo de liquidação da operação:

Seguem as contabilizações solicitadas:

I.  Pelo recebimento dos recursos dos credores (investidores)
    D – Depósitos Bancários
    C – Obrigações por empréstimos e financiamentos entre pessoas – Recursos disponibilizados pelos credores
    Valor: R$ 8.000,00

II. Pelo repasse dos recursos ao devedor
    D – Obrigações por empréstimos e financiamentos entre pessoas – Recursos disponibilizados pelos credores
    C – Depósitos Bancários
    Valor: R$ 7.280,00
    Obs.: Valor *net* dos 9% de tarifa cobrada.

| Data | Dias corridos | Saldo | Juros | Principal Amort. | IOF |
|---|---|---|---|---|---|
| 01/08/2022 |  | 8.000,00 |  |  |  |
| 01/09/2022 | 31 | 7.452,13 | 280,00 | 547,87 | 3,47 |
| 01/10/2022 | 61 | 6.885,08 | 260,82 | 567,05 | 4,99 |
| 01/11/2022 | 92 | 6.298,19 | 240,98 | 586,89 | 6,66 |
| 01/12/2022 | 122 | 5.690,75 | 220,44 | 607,44 | 8,39 |
| 01/01/2023 | 153 | 5.062,06 | 199,18 | 628,70 | 10,28 |
| 01/02/2023 | 184 | 4.411,36 | 177,17 | 650,70 | 12,29 |
| 01/03/2023 | 212 | 3.737,88 | 154,40 | 673,47 | 14,27 |
| 01/04/2023 | 243 | 3.040,84 | 130,83 | 697,05 | 16,54 |
| 01/05/2023 | 273 | 2.319,40 | 106,43 | 721,44 | 18,89 |
| 01/06/2023 | 304 | 1.572,70 | 81,18 | 746,69 | 21,45 |
| 01/07/2023 | 334 | 799,88 | 55,04 | 772,83 | 24,10 |
| 01/08/2023 | 365 | (0,00) | 28,00 | 799,88 | 26,98 |
| TOTAL |  |  | 1.934,46 | 8.000,00 | 168,31 |

III. Cobrança do IOF

D – Depósitos Bancários

C – Fiscais e Previdenciárias – Outros

Valor: R$ 168,31

IV. Reconhecimento da receita de prestação de serviço

D – Obrigações por empréstimos e financiamentos entre pessoas – Recursos disponibilizados pelos credores

C – Rendas de intermediação de empréstimos e financiamento entre pessoas

Valor: R$ 720,00

V. Recolhimento do IOF no próximo decêndio

D – Fiscais e Previdenciárias – Outros

C – Depósitos Bancários

Valor: R$ 168,31

VI. Registro da exposição em conta de compensação

D – Operações SEP – Operações em atraso

C – Empréstimos e Financiamentos

Valor: R$ 8.280,00

A composição do valor é dada pela soma de R$ 8.000,00 (valor financiado) + R$ 280,00 (juros referente à competência de 08/2022).

## REFERÊNCIAS

BANCO CENTRAL DO BRASIL. Fintechs de crédito e bancos digitais. Disponível em: https://www.bcb.gov.br/conteudo/relatorioinflacao/EstudosEspeciais/EE089_Fintechs_de_credito_e_bancos_digitais.pdf. Acesso em: 01 jul. 2022.

BANCO CENTRAL DO BRASIL. Cosif – Normas Básicas. Disponível em: https://www3.bcb.gov.br/aplica/cosif. Acesso em: 05 jul. 2022.

BANCO CENTRAL DO BRASIL. Resolução BCB nº 92, de 06 de maio de 2021. Dispõe sobre a utilização do Padrão Contábil das Instituições Reguladas pelo Banco Central do Brasil (Cosif) pelas administradoras de consórcio e instituições de pagamento e sobre a estrutura do elenco de contas do Cosif a ser observado pelas instituições financeiras e demais instituições autorizadas a funcionar pelo Banco Central do Brasil. *Diário Oficial da União*. Disponível em: https://www.bcb.gov.br/estabilidadefinanceira/exibenormativo?tipo=Resolu%C3%A7%C3%A3o%20BCB&numero=92. Acesso em: 17 jul. 2022.

BANCO CENTRAL DO BRASIL. Resolução CMN nº 2.682, de 21 de dezembro de 1999. Dispõe sobre critérios de classificação das operações de crédito e regras para constituição de provisão para créditos de liquidação duvidosa. *Diário Oficial da União*. Disponível em: https://normativos.bcb.gov.br/Lists/Normativos/Attachments/44961/Res_2682_v2_L.pdf. Acesso em: 15 jul. 2022.

BANCO CENTRAL DO BRASIL. Resolução CMN nº 4.656, de 26 de abril de 2018. Dispõe sobre a sociedade de crédito direto e a sociedade de empréstimo entre pessoas, disciplina a realização de operações de empréstimo e de financiamento entre pessoas por meio de plataforma eletrônica e estabelece os requisitos e os procedimentos para autorização para funcionamento, transferência de controle societário, reorganização societária e cancelamento da autorização dessas instituições. *Diário Oficial da União*. Disponível em: https://normativos.bcb.gov.br/Lists/Normativos/Attachments/50579/Res_4656_v4_L.pdf. Acesso em: 10 jul. 2022.

BANCO CENTRAL DO BRASIL. Resolução CMN nº 4.792, de 26 de março de 2020. Altera a Resolução nº 4.656, de 26 de abril de 2018, que dispõe sobre a sociedade de crédito direto e a sociedade de empréstimo entre pessoas, disciplina a realização de operações de empréstimo e de financiamento entre pessoas por meio de plataforma eletrônica e estabelece os requisitos e os procedimentos para autorização para funcionamento, transferência de controle societário, reorganização societária e cancelamento da autorização dessas instituições. *Diário Oficial da União*. Disponível em: https://normativos.bcb.gov.br/Lists/Normativos/Attachments/50959/Res_4792_v1_O.pdf. Acesso em: 11 jul. 2022.

# 34

# COOPERATIVAS DE CRÉDITO

**Claudio Filgueiras Pacheco Moreira**
**Carlos Quinteiro (revisor)**

## 34.1 COOPERATIVAS DE CRÉDITO – ORIGEM, PRINCÍPIOS E DESENVOLVIMENTO

As organizações cooperativas sugiram na época da Revolução Industrial, na Inglaterra, na cidade de Rochdale-Manchester, em 1844, como modo de permitir que seus associados tivessem serviços e crédito com custos mais acessíveis, visto que os trabalhadores da época enfrentavam o crescimento do desemprego e a pressão pelo achatamento dos salários.

A cooperativa pioneira chamava-se Sociedade dos Probos Pioneiros de Rochdale, cujo foco era o bem-estar social dos seus membros, criação de riqueza e partilha entre os cooperados em função da sua contribuição para a geração do resultado.

No Brasil, esse modo de associação veio junto com os imigrantes europeus que se estabeleceram em especial no sul do país. Apesar de ainda ser mais representativa naquela região, expandiu-se por todas as unidades da Federação.

A primeira cooperativa do Brasil, a Sicredi Pioneira, foi fundada em Nova Petrópolis, no Rio Grande do Sul, em 1902, e continua em atividade até a data de redação deste capítulo.

O cooperativismo rege-se por sete princípios: 1 – adesão voluntária e livre; 2 – gestão democrática; 3 – participação econômica dos membros; 4 – autonomia e independência; 5 – educação, formação e informação; 6 – intercooperação; e 7 – interesse pela comunidade. Resultado da aplicação desses princípios, os cooperados sentem-se mais próximos das instituições que, por sua vez, esmeram-se em gerar resultados positivos, chamados de sobras, além de evitar qualquer tipo de perda.

Há diversos tipos de cooperativas como as de crédito, as agropecuárias e as de serviços, mas o foco do capítulo será as cooperativas de crédito, que são instituições financeiras autorizadas a funcionar pelo Banco Central do Brasil (BCB), constituídas sob o modo de sociedade de pessoas, natureza jurídica e civil próprias, sem fins lucrativos e sujeitas à regulamentação do Conselho Monetário Nacional (CMN), supervisão do BCB, bem como aos regimes especiais previstos em lei específica.

As cooperativas de crédito, entidades reguladas e supervisionadas pelo BCB, são instituições que têm por objetivo propiciar crédito e prestar serviços financeiros exclusivamente aos seus associados. Seus cooperados são simultaneamente proprietários e usuários dos serviços prestados, muitas vezes idênticos aos prestados por bancos e financeiras, como depósito e movimentação de recursos, aplicações financeiras e operações de crédito, além de poderem participar da sua gestão.

Em função dos princípios cooperativos e da sua organização como sociedade de pessoas, as cooperativas não visam ao lucro, e todos os cooperados, independentemente do percentual de participação no capital social, têm o mesmo tipo de voto, pois os direitos e deveres são iguais.

Dada sua organização societária, as cooperativas devem apurar regularmente seu resultado, distribuindo os excedentes ou rateando as perdas, com base nas operações realizadas ou mantidas durante o exercício por seus associados, conforme fórmula de cálculo estabelecida pela Assembleia Geral (art. 8º da Lei Complementar nº 130, de 17 de abril de 2009). No cooperativismo, independentemente da distribuição das sobras, ainda é possível remunerar anualmente as cotas-parte do capital, porém limitadas ao valor da taxa referencial do Sistema Especial de Liquidação e Custódia (Selic) (art. 7º da Lei Complementar nº 130/2009).

Dessa forma, as sobras (ganhos) normalmente retornam para a comunidade local e os cooperados, na medida de sua contribuição para a obtenção delas. De forma análoga às sobras, as perdas também deverão ser rateadas entre os cooperados.

O Sistema Nacional de Crédito Cooperativo (SNCC), regulado pela Lei Complementar nº 130/2009, tem aumentado sua participação no Sistema Financeiro Nacional (SFN) a cada ano, pois sua taxa de crescimento tem suplantado a do SFN nos últimos anos.

O BCB publica regularmente um relatório chamado Panorama do Sistema Nacional de Crédito Cooperativo, que apresenta uma série de informações sobre o SNCC, dentre elas o número de cooperados, os ativos, as carteiras de crédito, as captações e os resultados.

O relatório de 2020, destacado na Tabela 34.1, apresenta a evolução do Ativo total, Carteira de crédito e Depósitos do SNCC em relação ao SFN. O gráfico da Figura 34.1 representa o total de ativos do SNCC, que atingiram o valor de R$ 371,8 bilhões em dezembro de 2020, com crescimento anual de 35,8%, enquanto no SFN (exceto SNCC) a elevação foi de 21,5%.

**Tabela 34.1** Ativo total, carteira de crédito e depósitos do Sistema Nacional de Crédito Cooperativo em relação ao Sistema Financeiro Nacional

|  | 2016 | 2017 | 2018 | 2019 | 2020 |
|---|---|---|---|---|---|
| Ativos totais | 2,5% | 2,9% | 3,1% | 3,4% | 3,8% |
| Carteira de Crédito | 2,7% | 3,2% | 3,7% | 4,4% | 5,1% |
| Depósitos | 5,1% | 5,4% | 5,6% | 6,0% | 6,3% |

**Fonte:** Panorama do Sistema Nacional de Crédito Cooperativo (2020, p. 22).

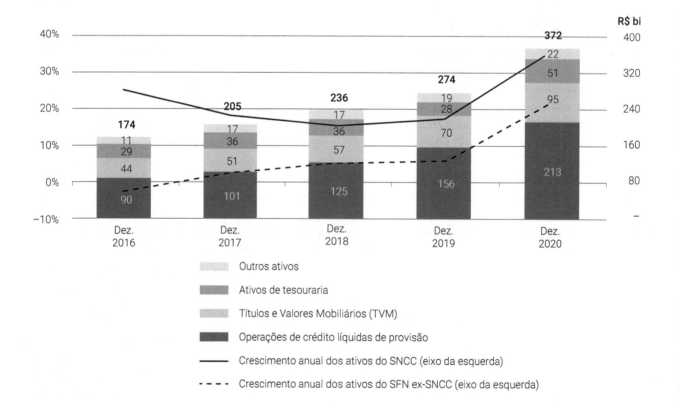

**Figura 34.1** Ativos no Sistema Nacional de Crédito Cooperativo.

**Fonte:** Panorama do Sistema Nacional de Crédito Cooperativo (2020, p. 29).

## 34.2 ATOS COOPERATIVOS

A Lei nº 5.764/1971, em seu art. 79, definiu como atos cooperativos aqueles que são "praticados entre as cooperativas e seus associados, entre estes e aquelas e pelas cooperativas entre si quando associados, para a consecução dos objetivos sociais".

Ainda complementa, em seu parágrafo único, que essas operações realizadas entre cooperativas e associados e entre cooperativas não são consideradas operações de mercado nem contratos de compra e venda de produtos ou mercadorias.

Em função da natureza das cooperativas de crédito, que são sociedade de pessoas e operam em prol dos seus cooperados, ainda há discussões relacionadas com o aspecto tributário dessas operações (incidência de Imposto sobre Operações Financeiras – IOF e Contribuição para o Financiamento da Seguridade Social – Cofins), haja vista que a lei não estabelece o referido tratamento para todas as situações.

Para fins de tributação do Imposto sobre a Renda Pessoa Jurídica (IRPJ) e Contribuição Social Sobre o Lucro Líquido (CSLL), conforme disposto no art. 111 da Lei nº 5.764/1971 e no art. 39 da Lei nº 10.865/2004, as cooperativas são isentas do IRPJ e CSLL sobre as operações que se enquadram como Ato Cooperativo.

Dessa forma, as cooperativas devem contabilizar separadamente as operações decorrentes de atos não cooperativos, que serão tributadas, das relacionadas com os atos cooperativos, isentas.

Com a finalidade de exemplificar o que poderiam ser os atos cooperativos e os não cooperativos, reforço que os atos cooperativos devem sempre envolver o cooperado e estar diretamente relacionados com o objetivo social da cooperativa. Considera-se ato cooperativo em cooperativas de crédito a prestação de serviços financeiros a seus associados e os respectivos empréstimos. Por outro lado, as aplicações financeiras tanto das cooperativas no mercado financeiro como de seus cooperados não são consideradas atos cooperativos e, portanto, sujeitas à cobrança de imposto.

Em função da competição que as cooperativas de crédito têm travado com instituições financeiras, em especial com os bancos, costuma-se escutar reclamações em relação à isenção tributária que as cooperativas têm em relação aos atos cooperativos.

## 34.3 CLASSIFICAÇÃO DAS COOPERATIVAS DE CRÉDITO

As cooperativas de crédito, com relação a sua estrutura de constituição e os tipos de associados, classificam-se em:

a) **cooperativas singulares**: constituídas por pessoas físicas e jurídicas com no mínimo 20 membros;

b) **cooperativas centrais ou federações de cooperativas**: formadas por, no mínimo, três cooperativas singulares de crédito; e

c) **confederação de cooperativas centrais**: formadas por, no mínimo, três cooperativas centrais ou federações de cooperativas.

Essa classificação foi estabelecida no Capítulo III da Lei nº 5.764/1971 e ainda continua guiando a constituição e organização dos sistemas cooperativos, inclusive do cooperativismo de crédito, cuja regulamentação infralegal é feita pelo CMN.

As cooperativas de crédito, conforme as operações que são autorizadas a fazer, classificam-se em plena, clássica e de capital e empréstimo, conforme estabelecido na Resolução CMN nº 4.434, de 05 de agosto de 2015, em seus capítulos III e IV (arts. 15 a 18).

A mencionada resolução, além de estabelecer a classificação das cooperativas, definiu as operações que cada tipo de cooperativa pode fazer e vinculou a admissão e área de atuação ao seu estatuto social, aprovado pela assembleia geral.

As cooperativas de capital e empréstimo, em termos de complexidade de suas operações e estrutura operacional, são as mais simples, pois não precisam de autorização para captação de recursos dos seus cooperados, apenas obter empréstimos e repasses de instituições autorizadas a funcionar pelo BCB, receber recursos de fundos oficiais, conceder empréstimos e prestar garantias somente aos seus associados e aplicar recursos no mercado financeiro, desde que não assumam exposição a riscos elevada, como ouro, moeda estrangeira e *commodities*.

As restrições operacionais impostas às cooperativas que optarem por ser de capital e empréstimo impedem sua alavancagem e vinculam suas operações basicamente aos recursos próprios e aos captados diretamente de instituições autorizadas pelo BCB.

Seguindo a lógica de maior complexidade e estrutura de operações, as cooperativas clássicas, além das operações autorizadas para as cooperativas de capital e empréstimo, elas podem captar, exclusivamente de seus associados, recursos e depósitos sem emissão de certificado. No entanto, há uma ressalva prevista na própria Lei Complementar nº 130/2009, em seu art. 2º, que é a captação de recursos dos Municípios, seus órgãos ou entidades e das empresas por eles controladas.

Para as cooperativas clássicas, justamente por terem a capacidade de captar recursos de seus associados, existe a possibilidade de alavancagem, porém limitada, além da restrição em suas aplicações no mercado financeiro, que é a não exposição a riscos elevada, como ouro, moeda estrangeira e *commodities*.

Para as cooperativas plenas, exigem-se estruturas operacionais mais complexas e controles internos bem mais acurados e robustos, pois a elas é permitida, além da captação de recursos e depósitos de seus associados, a captação de recursos dos Municípios, seus órgãos ou entidades e das empresas por eles controladas, bem como em suas aplicações no mercado financeiro, assumir exposição a riscos elevada, como ouro, moeda estrangeira e *commodities*.

## 34.4 CAPITAL MÍNIMO, PATRIMÔNIO LÍQUIDO MÍNIMO E REGIMES PRUDENCIAIS

A Resolução CMN nº 4.434/2015, em seu Capítulo V, estabeleceu a integralização inicial de capital e respectivo Patrimônio Líquido (PL) para as cooperativas de capital e empréstimo, clássicas, plenas, além das cooperativas centrais e confederações de crédito.

A Tabela 34.2 apresenta os valores dos limites mínimos de capital a ser integralizado exclusivamente em moeda corrente e o PL mínimo a ser atingido até o quinto ano da data de autorização para funcionamento, sendo que pelo menos 50% até o terceiro ano.

A respeito dos limites mínimos de PL das cooperativas de crédito, sempre que houver a participação em outras instituições financeiras, deve-se deduzir do respectivo PL, na proporção de sua participação, o valor do PL mínimo exigido para funcionamento da instituição da qual participe.

Também se aplicam às cooperativas de crédito os requerimentos mínimos de Patrimônio de Referência (PR) e de Capital Principal estabelecidos pelo CMN e pelo BCB.

No entanto, as cooperativas de crédito podem optar pela apuração do montante dos ativos ponderados pelo risco de forma simplificada na forma prevista na Resolução CMN nº 4.958, de 21 de outubro de 2021, e pela metodologia simplificada de apuração do requerimento mínimo de Patrimônio de Referência Simplificado conforme a Resolução CMN nº 4.606, de 19 de outubro de 2017.

## 34.5 BANCOS COOPERATIVOS, FUNDO GARANTIDOR E CAPTAÇÃO DE POUPANÇA

Com o intuito de possibilitar aos clientes das cooperativas de crédito o acesso a produtos e serviços financeiros à época disponíveis apenas para os bancos, a Resolução CMN nº 2.788, de 30 de novembro de 2000,

Tabela 34.2  Capital mínimo e Patrimônio Líquido mínimo

|  | Capital mínimo | PL mínimo (até 3 anos) | PL mínimo (até 5 anos) |
|---|---|---|---|
| Cooperativa central de crédito e confederação de centrais | R$ 200.000,00 | R$ 500.000,00 | R$ 1.000.000,00 |
| Cooperativa de crédito de capital e empréstimo | R$ 10.000,00 | R$ 50.000,00 | R$ 100.000,00 |
| Cooperativa de crédito clássica filiada à cooperativa central | R$ 10.000,00 | R$ 150.000,00 | R$ 300.000,00 |
| Cooperativa de crédito clássica não filiada à cooperativa central | R$ 20.000,00 | R$ 250.000,00 | R$ 500.000,00 |
| Cooperativa de crédito plena filiada à cooperativa central | R$ 2.500.000,00 | R$ 12.500.000,00 | R$ 25.000.000,00 |
| Cooperativa de crédito plena não filiada à cooperativa central | R$ 5.000.000,00 | R$ 25.000.000,00 | R$ 50.000.000,00 |

Fonte: Resolução CMN nº 4.434/2015, art. 19.

autorizou a constituição e o funcionamento de bancos comerciais e bancos múltiplos sob controle acionário de cooperativas centrais de crédito.

Os bancos, cujo controle acionário é exercido por cooperativas de crédito, são comumente chamados de bancos cooperativos e seguem as mesmas regras dos demais bancos. No SFN existem dois: o Banco Sicredi, que integra o Sistema de Crédito Cooperativo (Sicredi), e o Banco Sicoob, que integra o Sistema de Cooperativas de Crédito do Brasil (Sicoob).

Semelhantemente ao que existe no sistema bancário, o sistema cooperativista de crédito conta com a proteção de um fundo garantidor de depósitos e de liquidez, o Fundo Garantidor do Cooperativismo de Crédito (FGCoop), cujo estatuto e regulamento mais recente foi aprovado pela Resolução CMN nº 4.933, de 29 de julho de 2021.

Conforme estabelecido no art. 1º do anexo I à Resolução CMN nº 4.933/2021, o FGCoop é uma associação civil sem fins lucrativos, com personalidade jurídica de direito privado, abrangência nacional e regido por estatuto aprovado pelo CMN, bem como pelas disposições legais e regulamentares que a ele se aplicam.

O FGCoop, conforme disposto no art. 4º do anexo I à Resolução CMN nº 4.933/2021, possui as seguintes finalidades:

I – proteger depositantes e investidores das instituições associadas, cujo limite atual é de R$ 250.000,00;

II – contribuir para a manutenção da estabilidade do SNCC; e

III – contribuir para prevenção de crise sistêmica no segmento cooperativista.

De modo a permitir que o FGCoop tenha condições de cumprir com as suas finalidades, em especial a garantia dos depositantes e a prevenção de crises sistêmicas, faz-se necessário que possua capital compatível com as necessidades das instituições associadas e tenha acesso às informações sobre a exposição a riscos do sistema cooperativo.

Diante do exposto, o CMN estabeleceu uma contribuição mensal ordinária das instituições associadas ao FGCoop de 0,0125% do montante dos saldos das contas onde estão registrados os instrumentos financeiros objeto da garantia, como, por exemplo, os depósitos à vista, depósitos a prazo e depósitos de poupança (art. 2º, incisos I a IX, do Anexo II à Resolução CMN nº 4.933/2021).

Quanto ao item sobre a exposição a riscos, o CMN considerou que o FGCoop, em relação aos efeitos da Lei Complementar nº 105, de 10 de janeiro de 2001, será considerado instituição financeira e poderá ter acesso ao Sistema de Informações de Créditos (SCR), independentemente da obtenção de autorização específica do cliente (art. 2º Resolução CMN nº 4.933/2021).

A captação de poupança no âmbito do Sistema Brasileiro de Poupança e Empréstimo (SBPE) pelas cooperativas de crédito (Resolução CMN nº 4.763, de 27 de novembro de 2019), bem como a captação de poupança rural (Manual de Crédito Rural – MCR, capítulo 6, seção 4 – MCR 6-4), representaram dois passos importantes na diversificação das formas de captação por parte das cooperativas de crédito.

Com relação à captação, quando as cooperativas entrarem com o pedido de captação de depósitos de poupança, deverão indicar o percentual do saldo total que será considerado como depósitos no âmbito do SBPE, caso também estejam autorizadas a captar depósitos de poupança rural.

Tanto a captação de depósitos de poupança no âmbito do SBPE como a captação de poupança rural (MCR) requerem que a cooperativa de crédito interessada atenda aos seguintes requisitos:

I – PL Ajustado Combinado superior a R$ 900.000.000,00 para as cooperativas que integrem sistema cooperativo organizado em três níveis.

II – PL Ajustado Combinado superior a R$ 600.000.000,00 para as cooperativas que integrem sistema cooperativo organizado em dois níveis.

III – Patrimônio Líquido Ajustado superior a R$ 300.000.000,00 para as cooperativas que não integrem sistema cooperativo, desde que estejam classificadas na categoria plena.

Com relação ao cumprimento do direcionamento da poupança, tanto no SBPE, que é de 65% sobre a média dos saldos, como na poupança rural, que é de 59% sobre a média do Valor Sujeito a Recolhimento (VSR), bem como o controle dos recolhimentos compulsórios, que para ambas as modalidades é de 20% do VSR, a responsabilidade recairá sobre:

I – o banco cooperativo em sistemas de três níveis no qual a confederação não seja de crédito;

II – a confederação de crédito em sistemas de três níveis;

III – a cooperativa central de crédito em sistemas de dois níveis; e

IV – a própria cooperativa de crédito quando não pertencer a sistemas cooperativos.

## 34.6 REPASSES INTERFINANCEIROS E RECURSOS TRANSFERIDOS PARA BANCOS COOPERATIVOS, CONFEDERAÇÕES OU COOPERATIVAS CENTRAIS

Os repasses interfinanceiros entre as cooperativas de crédito têm sido bastante utilizados para redistribuir os recursos para a aplicação no crédito rural entre as instituições que pertencem ao mesmo sistema cooperativo, evitando que sejam utilizadas as aplicações em Depósitos Interfinanceiros Rurais (DIR) que, além do custo operacional, não se destinam a esse tipo de realocação de recursos entre instituições do mesmo sistema.

Junto com a autorização para que as cooperativas de crédito pudessem captar depósitos de poupança, tornou-se necessário estabelecer regras operacionais e contábeis para as instituições que pertencem ao mesmo sistema cooperativo, visto que a captação ocorreria nas inúmeras cooperativas singulares do sistema, mas todo o controle do fluxo de recursos, direcionamento e aplicação seria centralizado nos bancos cooperativos, confederações de crédito ou cooperativas centrais.

Assim, as contas ativas de recursos transferidos para bancos cooperativos, confederações de crédito e cooperativas centrais, que já abrigavam a centralização financeira de recursos dos sistemas cooperativos, passaram a abrigar em subcontas específicas os recursos captados pelas cooperativas singulares como depósitos de poupança do SBPE ou de poupança rural e transferidos conforme regulamentação.

De modo análogo, os bancos cooperativos, confederações de crédito e cooperativas centrais, que já registravam em contas passivas de recursos recebidos de cooperativas filiadas os recursos recebidos de suas cooperativas filiadas na centralização financeira, passaram a registrar em subcontas específicas recursos transferidos pelas cooperativas filiadas oriundos da captação de depósitos de poupança do SBPE ou de poupança rural

## 34.7 PATRIMÔNIO LÍQUIDO: QUOTAS DE CAPITAL, FUNDO DE RESERVA, FUNDO DE ASSISTÊNCIA TÉCNICA, EDUCACIONAL E SOCIAL E SOBRAS OU PERDAS ACUMULADAS

A Resolução CMN nº 4.872, de 27 de novembro de 2020, no seu Capítulo III, trata especificamente sobre o PL das cooperativas de crédito, que possui algumas peculiaridades: capital social representado pelas quotas de capital; reserva legal, onde se registra o fundo de reserva previsto no art. 28 da Lei nº 5.764/1971, e as sobras ou perdas acumuladas.

O PL das cooperativas de crédito é composto, principalmente, pelo capital social, representado pelas quotas de capital dos associados e pelas reservas constituídas com base nas retenções de resultados previstas na regulamentação específica.

Como a maior parte do PL das cooperativas de crédito é composta pelas quotas de capital, volumes elevados de pedidos de restituição dessas quotas poderiam implicar eventuais desenquadramentos nos limites mínimos de capital exigidos e nas exigências prudenciais relacionadas com nível de exposição a riscos a que as cooperativas de crédito estão sujeitas.

O legislador, atento ao assunto apresentado, inseriu na Lei Complementar nº 130/2009, em seu art. 10 a seguinte previsão: "a restituição de quotas de capital depende, inclusive, da observância dos limites de patrimônio exigíveis na forma da regulamentação vigente, sendo a devolução parcial condicionada, ainda, à autorização específica do conselho de administração ou, na sua ausência, da diretoria".

A Resolução CMN nº 4.434/2015, no parágrafo único do art. 22, determinou que o estatuto social deveria estabelecer as regras para resgates de quotas de capital por iniciativa do associado com vistas a garantir o cumprimento das exigências regulamentares relacionadas com a estabilidade do capital da cooperativa, o enquadramento ao capital e PL requeridos, bem como as exigências prudenciais.

Independentemente dessa discussão, ainda existe a Interpretação Técnica ICPC 14, que trata de Cotas de Cooperados em Entidades Cooperativas em função do que preconiza o Pronunciamento Técnico CPC 39 – Instrumentos Financeiros com relação à classificação de instrumentos financeiros como passivos financeiros ou PL, pois as quotas de capital das cooperativas apresentam a opção de resgate.

A ICPC 14 tem como objetivo "auxiliar na compreensão de como os princípios do Pronunciamento Técnico CPC 39 devem ser aplicados às cotas de cooperados e instrumentos similares que possuem determinadas características e as circunstâncias em que essas características afetam a classificação como passivo ou patrimônio líquido".

A interpretação técnica perpassou por pontos importantes como o direito incondicional de recusar o resgate e a existência de regras que vinculassem os resgates de quotas de capital, de modo que não provocassem instabilidade no capital e mantivessem níveis de liquidez e enquadramento necessários à manutenção da continuidade da entidade cooperativa.

O entendimento dessa interpretação é considerado importante, apesar de a Resolução CMN nº 4.872/2020, mencionada antes, ter definido que as quotas de capital integrarão o capital social das cooperativas de crédito. As demais cooperativas não estão sob a regulação do CMN e do BCB.

As cooperativas de crédito, conforme deliberações da assembleia geral e regulamentação vigente, registrarão nas contas de reservas a apropriação das sobras do período. Na conta de reserva legal serão registrados os valores correspondentes ao fundo de reserva, que será de pelo menos 10% das sobras líquidas do exercício (art. 28 da Lei nº 5.764/1971), onde um dos objetivos é compensar perdas.

O próprio art. 28 da Lei nº 5.764/1971 também previu que pelo menos 5% das sobras líquidas do exercício deverão ser destinadas ao Fundo de Assistência Técnica, Educacional e Social (FATES), cujo objetivo é prestar assistência técnica, educacional e social aos associados e seus familiares, além dos empregados da cooperativa (quando previsto no estatuto), com o intuito de consolidar a cultura e os objetivos do cooperativismo. O FATES, como representa uma obrigação com finalidade específica, deverá ser registrado no passivo na cooperativa de crédito.

Há previsão legal para que a assembleia geral também faça outras destinações de sobras para fundos que tenham finalidade, regra de constituição, forma e prazo de aplicação devidamente definidos e controlados pela instituição. Semelhantemente ao FATES, como são obrigações com finalidade e prazo de uso, também serão registrados no passivo na cooperativa de crédito.

As cooperativas de crédito deverão apurar o resultado líquido de cada exercício, registrando-o em sobras ou perdas acumuladas, bem como destiná-lo conforme deliberação da assembleia geral, mas sempre calcada na regulamentação vigente.

Dentre as principais disposições contidas na Resolução CMN nº 4.872/2020 relacionadas com a apuração do resultado nas cooperativas de crédito, destacam-se:

a) quando o saldo for credor (sobras), será destinado para o fundo de reserva, o FATES, a compensação de perdas de exercícios anteriores e a distribuição entre os cooperados;

b) quando o saldo for devedor (perdas), será mantido na conta de sobras ou perdas acumuladas e absorvido com a utilização do saldo existente no fundo de reserva;

c) quando as reservas forem insuficientes para absorver as perdas, elas serão ser rateadas entre os cooperados.

## 34.8 APURAÇÃO DE RESULTADO – DISTRIBUIÇÃO DE SOBRAS OU RATEIO DE PREJUÍZOS

As cooperativas de crédito, na apuração regular de resultados, deverão distribuir as sobras ou ratear os prejuízos, com base nas operações realizadas ou mantidas durante o exercício por seus associados. A assembleia geral, conforme previsto no art. 8º da Lei Complementar nº 130/2009, deverá estabelecer a fórmula para o cálculo.

Quando ocorrerem prejuízos no exercício, conforme previsto no art. 89 de Lei nº 5.764/1971, serão cobertos com os recursos do fundo de reserva, mas se não forem suficientes, serão rateados entre os associados na forma descrita no parágrafo anterior. O exercício dessa faculdade somente poderá ocorrer se a cooperativa permanecer enquadrada nos limites de patrimônio exigidos, porém deverá manter o controle da parcela correspondente a cada associado no saldo das perdas rateadas.

## 34.9 BALANCETE COMBINADO DO SISTEMA COOPERATIVO

As cooperativas, por serem organizações que operam basicamente com seus proprietários, independentemente de estarem organizadas em um ou mais níveis, não possibilitam que seja definido algum tipo de controle comum ou bloco de controle. No entanto, ao se organizarem na forma de sistemas cooperativos, compostos por cooperativas singulares, cooperativas centrais, confederações de cooperativas e/ou bancos cooperativos, entende-se que seja razoável mensurar e apresentar de uma forma estruturada números e indicadores desses sistemas.

Na estrutura conceitual da contabilidade existem as demonstrações consolidadas e as demonstrações combinadas, conforme os princípios estabelecidos pelo Pronunciamento Técnico CPC 36 e Pronunciamento Técnico CPC 44. As demonstrações consolidadas caracterizam-se por serem demonstrações elaboradas pela entidade controladora quando exerce o controle sobre uma ou mais entidades. Por outro lado, nas demonstrações combinadas, apesar de terem o objetivo de apresentar as informações contábeis do conjunto de entidades como se fossem apenas uma, cada entidade ainda continua a elaborar suas demonstrações contábeis individualizadas.

Diante do exposto, considera-se que a forma de agregação de informações contábeis que melhor caracteriza o conjunto de negócios e operações dos sistemas cooperativos deveria ser a demonstração combinada, pois as cooperativas singulares compõem o capital das cooperativas centrais, que, por sua vez, compõem o capital das confederações e/ou bancos cooperativos, apesar de algumas formas de organização permitirem que as cooperativas singulares também participem dos bancos cooperativos.

O balancete combinado do sistema cooperativo, que foi instituído pela Resolução CMN nº 4.151, de 30 de outubro de 2012, é uma demonstração trimestral elaborada pelos bancos cooperativos, confederações de crédito e cooperativas centrais de crédito.

A elaboração do balancete combinado, com base na regulamentação do CMN, deverá observar os seguintes aspectos, conforme a entidade responsável pela sua elaboração:

a) **banco cooperativo**: incluir o patrimônio das cooperativas centrais de crédito e cooperativas singulares de crédito integrantes do respectivo sistema;

b) **confederação de crédito**: incluir o patrimônio das cooperativas centrais de crédito e cooperativas singulares de crédito integrantes do respectivo sistema; e

c) **cooperativa central de crédito**: incluir o patrimônio das cooperativas singulares de crédito filiadas.

Com base no art. 4º de Resolução CMN nº 4.151/2012, integrarão o sistema cooperativo as seguintes instituições:

> cooperativas singulares de crédito, cooperativas centrais de crédito, confederações de crédito e bancos cooperativos, bem como por outras instituições financeiras ou entidades autorizadas a funcionar pelo Banco Central do Brasil, exceto administradoras de consórcio, vinculadas direta ou indiretamente a essas instituições, mediante participação societária ou por controle operacional efetivo, caracterizado pela administração ou gerência comum, ou pela atuação no mercado sob a mesma marca ou nome comercial.

Quanto ao balanço combinado do sistema cooperativo, que deverá ser elaborado com base nas informações contábeis do balancete combinado do sistema cooperativo, o § 1º do art. 5º da Resolução CMN nº 4.151/2012 estabeleceu que deverá ser auditado por auditor independente registrado na Comissão de Valores Mobiliários (CVM) ou por Entidade de Auditoria Cooperativa (EAC), cuja opinião deverá abordar a adequação dos valores apresentados e da posição econômico-financeira do sistema cooperativo, bem como a observância dos procedimentos de eliminação previstos, em especial na Circular nº 3.669/2013.

A Circular nº 3.669/2013, nos seus arts. 7º e 8º, estabelece as linhas a serem seguidas com relação à eliminação de saldos duplicados entre instituições, mais especificamente em relação aos seguintes pontos:

a) contas de ativos de uma instituição e respectivos passivos da outra;

b) resultados não realizados no ativo de uma instituição e respectivo resultado do exercício ou PL da outra;

c) investimento de uma instituição e respectivo PL da outra, bem como as distribuições de resultados declaradas por ambas;

d) provisão para perdas em investimentos e correspondente valor nos investimentos realizados pela investida; e

e) eventuais participações recíprocas.

Também deve ser apresentada a parcela correspondente a ágio ou deságio que porventura não tenha sido absorvida na combinação das demonstrações contábeis, lançando-se em contas específicas do ativo, no ativo intangível ou como resultado de exercícios futuros, conforme se enquadre nas situações previstas no art. 8º da Circular nº 3.669/2013.

Há também a reclassificação do resultado líquido do período das parcelas correspondentes a encargos de impostos provenientes dos resultados não realizados referentes aos negócios efetuados entre as entidades que compõem o balancete combinado do sistema cooperativo, lançando-se para as seguintes contas de impostos diferidos:

a) ativo ou passivo circulante, no caso de sobras ou perdas das cooperativas com previsão de realização no curso do exercício; ou

b) ativo ou passivo realizável a longo prazo no caso de sobras ou perdas das cooperativas com previsão de realização após o término do exercício seguinte.

## 34.10 AUDITORIA COOPERATIVA

O conceito de auditoria cooperativa surgiu na Alemanha, por volta de 1880, quando o sistema cooperativista de crédito sofreu a primeira crise sistêmica. Destaca-se, no rol das lições aprendidas, a constatação de que avaliar as demonstrações financeiras era insuficiente, havia necessidade de ir além e avaliar a qualidade da gestão, dos controles internos e dos recursos humanos, bem como a capacidade tecnológica dos sistemas cooperativos.

A auditoria cooperativa no Brasil, conforme disposto no art. 4º da Resolução CMN nº 4.887, de 28 de janeiro de 2021, deve abranger os seguintes aspectos:

I – desempenho operacional e situação econômico-financeira;

II – aderência das políticas institucionais;

III – estrutura dos recursos humanos; e

IV – *compliance* com leis e regulamentos, em especial limites operacionais e requerimentos de capital; governança e controles internos; gestão de riscos; prevenção da lavagem de dinheiro; e crédito rural.

As cooperativas singulares de crédito, cooperativas centrais de crédito e confederações de centrais devem ser auditadas por EAC no mínimo anualmente, que deverá ser constituída de duas formas, conforme previsto na Resolução CMN nº 4.887/2021:

1) entidade cooperativa de terceiro nível, destinada exclusivamente à prestação de serviços de auditoria, integrada por cooperativas centrais de crédito, confederações de centrais ou pela combinação de ambas; ou

2) empresa de auditoria independente registrada na CVM.

Cabe ao BCB credenciar as EAC que poderão realizar as atividades de auditoria cooperativa, bem como cancelar o respectivo credenciamento quando for constatada a insuficiência na qualidade do serviço prestado ou a entidade descumprir requisitos necessários para o seu credenciamento.

## 34.11 EXERCÍCIOS

1. A Lei nº 5.764/1971, em seu art. 79, definiu como atos cooperativos os que são "praticados entre as cooperativas e seus associados, entre estes e aquelas e pelas cooperativas entre si quando associados, para a consecução dos objetivos sociais".

   Em função da natureza das cooperativas, dos princípios cooperativistas e da intrínseca relação do ato cooperativo com o objetivo social da cooperativa, o legislador concedeu-lhes isenção tributária nos atos cooperativos.

   Assinale a opção que contém apenas tributos em que as cooperativas gozam da prerrogativa de isenção tributária atribuída ao ato cooperativo.
   a) IOF e Cofins.
   b) IRPJ e IOF.
   c) CSLL e IRPJ.
   d) IRPF e Cofins.

2. Além da classificação prevista na Lei nº 5.764/1971 (lei do cooperativismo), a Resolução CMN nº 4.434/2015 classificou as cooperativas de crédito em plena, clássica e de capital e empréstimo em função da complexidade das operações que são autorizadas a realizar e da estrutura operacional requerida.

   Assinale a alternativa em que a classificação da cooperativa (norma do CMN) corresponde ao tipo de operações que está autorizada a realizar.
   a) Cooperativa de crédito de capital e empréstimo: captação de recursos dos seus cooperados.
   b) Cooperativa de crédito plena: aplicação em *hedge* de *commodities* para atender seus cooperados (exportadores de soja).
   c) Cooperativa de crédito clássica: aplicação em *hedge* de *commodities* para atender seus cooperados (exportadores de soja).
   d) Cooperativa de crédito clássica: captação de recursos do município onde está sua sede, desde que esteja prevista no estatuto social a admissão como cooperado.

3. O PL das cooperativas de crédito é composto, principalmente, pelo capital social, representado pelas quotas de capital dos associados e pelas reservas constituídas com base nas retenções de resultados previstas na regulamentação específica.

   Também existe previsão legal, Lei nº 5.764/1971, para que a assembleia geral também faça outras destinações de sobras para fundos que tenham finalidade, regra de constituição, forma e prazo de aplicação devidamente definidos e controlados pela instituição

   Assinale a alternativa em que a destinação de sobras líquidas apuradas está corretamente associada à sua respectiva contabilização e ao percentual mínimo fixado pela legislação.
   a) FATES: 5% das sobras líquidas, registrados na conta FATES do PL.
   b) Fundo de reserva: 5% das sobras líquidas, registrados na conta reserva legal do PL.
   c) Fundo de reserva: 10% das sobras líquidas, registrados na conta reserva legal do PL.
   d) FATES: 10% das sobras líquidas, registrados na conta FATES do passivo.

4. Com base na estrutura organizacional, na segurança aos depositantes e nas formas de captação de recursos, apresente pelo menos três argumentos que poderiam explicar o crescimento consistente, nos últimos cinco anos, do ativo total, carteira de crédito e depósitos do SNCC em patamares superiores ao do SFN, conforme evidenciado na tabela a seguir.

Tabela ativo total, carteira de crédito e depósitos do SNCC em relação ao SFN

|  | 2016 | 2017 | 2018 | 2019 | 2020 |
|---|---|---|---|---|---|
| Ativos totais | 2,5% | 2,9% | 3,1% | 3,4% | 3,8% |
| Carteira de Crédito | 2,7% | 3,2% | 3,7% | 4,4% | 5,1% |
| Depósitos | 5,1% | 5,4% | 5,6% | 6,0% | 6,3% |

Fonte: Panorama do Sistema Nacional de Crédito Cooperativo – 2020, p. 22.

5. Há duas formas de agregação de informações contábeis, as demonstrações consolidadas e as demonstrações combinadas, conforme os princípios estabelecidos pelo Pronunciamento Técnico CPC 36 e Pronunciamento Técnico CPC 44, respectivamente.

Comente a seguinte afirmativa: "A forma de agregação de informações contábeis que melhor caracteriza o conjunto de negócios e operações dos sistemas cooperativos é demonstração combinada".

## 34.12 RESPOSTAS DOS EXERCÍCIOS

1. c
2. b
3. c

4. A estrutura organizacional das cooperativas de crédito como sociedade de pessoas cujo objetivo é propiciar crédito e prestar serviços financeiros exclusivamente aos seus associados faz com que seus cooperados, simultaneamente, sejam proprietários e usuários dos serviços prestados. Atualmente, os produtos e serviços prestados pelas cooperativas de crédito pouco diferem dos prestados pelos bancos.

Esse duplo papel em um cenário em que as cooperativas de crédito têm ofertado taxas de juros mais atrativas (captação, aplicação e crédito) e ainda distribuído resultados regularmente está **fomentando o crescimento dos associados a cada ano**.

A criação de fundo garantidor para as cooperativas de crédito e seus respectivos sistemas (FGCoop), com o papel de proteger os depositantes no mesmo montante do SFN, R$ 250.000,00, e prevenir crises sistêmicas no segmento cooperativista, trouxe mais segurança para todos os cooperados, **encorajando-os a aumentar sua participação, bem como incentivando novas filiações**.

Por fim, a perspectiva de melhores taxas, participação nos resultados e garantia dos depósitos, associadas a **novas possibilidades de captação garantidas**, como os depósitos de poupança do SBPE ou rural, tem o condão de explicar a manutenção do crescimento dos ativos, carteira de crédito e depósitos do SNCC em patamares superiores aos do SFN.

5. Conforme tivemos oportunidade de estudar, a estrutura de formação do capital e patrimônio dos sistemas cooperativos de crédito é bem distinta das sociedades empresariais tradicionais, onde existem os detentores do capital majoritário, normalmente nas *holdings*, que formam as diversas estruturas dos grupos empresariais, cujas decisões costumam emanar dos grupos de controle.

A estrutura empresarial tradicional, normalmente *top-down*, difere bastante da estrutura dos sistemas cooperativos, pois é na base, cooperativas singulares de crédito, que está o capital do sistema. As cooperativas de crédito centrais, formadas a partir dos recursos alocados pelas cooperativas singulares, são as detentoras do capital dos bancos cooperativos e/ou confederações de crédito. Pode-se dizer que é uma estrutura *bottom-up* no que diz respeito à formação do capital do sistema.

Como não existe um grupo de controle específico, mas dirigentes eleitos nas cooperativas de crédito singulares, cooperativas de crédito centrais, confederações e bancos cooperativos que compõem os respectivos conselhos de administração, pode-se afirmar que a demonstração combinada é a que melhor expressa a situação financeira dos sistemas cooperativos de dois e três níveis.

## 34.13 RECOMENDAÇÃO DE LEITURA

Panorama do Sistema Nacional de Crédito Cooperativo – 2020. Disponível em: https://www.bcb.gov.br/content/estabilidadefinanceira/coopcredpanorama/PANORAMA%20SNCC%202020.pdf. Acesso em: 17 maio 2023.

Benefícios Econômicos do Cooperativismo de Crédito na Economia Brasileira. Relatório técnico elaborado pelo Sicredi em parceria com a Fundação Instituto de Pesquisas Econômicas – Fipe, dezembro de 2019. Disponível em: https://www.sicredi.com.br/media/sicredi-beneficios-do-cooperativismo-de-credito.pdf. Acesso em: 17 maio 2023.

# REFERÊNCIAS

BANCO CENTRAL DO BRASIL. Panorama do Sistema Nacional de Crédito Cooperativo – 2020. Disponível em: https://www.bcb.gov.br/content/estabilidadefinanceira/coopcredpanorama/PANORAMA%20SNCC%202020.pdf. Acesso em: 17 maio 2023.

BANCO CENTRAL DO BRASIL. Resolução CMN nº 4.151: Cria o Balancete Combinado do Sistema Cooperativo e estabelece condições para sua elaboração e remessa ao Banco Central do Brasil, de 30 de outubro de 2012. *Diário Oficial da União*. Disponível em: https://www.bcb.gov.br/estabilidadefinanceira/buscanormas. Acesso em: 17 maio 2023.

BANCO CENTRAL DO BRASIL. Resolução CMN nº 4.434: Dispõe sobre a constituição, a autorização para funcionamento, o funcionamento, as alterações estatutárias e o cancelamento de autorização para funcionamento das cooperativas de crédito e dá outras providências, de 05 de agosto de 2015. *Diário Oficial da União*. Disponível em: https://www.bcb.gov.br/estabilidadefinanceira/buscanormas. Acesso em: 17 maio 2023.

BANCO CENTRAL DO BRASIL. Resolução CMN nº 4.606: Dispõe sobre a metodologia facultativa simplificada para apuração do requerimento mínimo de Patrimônio de Referência Simplificado ($PR_{S5}$), os requisitos para opção por essa metodologia e os requisitos adicionais para a estrutura simplificada de gerenciamento contínuo de riscos, de 19 de outubro de 2017. *Diário Oficial da União*. Disponível em: https://www.bcb.gov.br/estabilidadefinanceira/buscanormas. Acesso em: 17 maio 2023.

BANCO CENTRAL DO BRASIL. Resolução CMN nº 4.763: Dispõe sobre a autorização para captação de depósitos de poupança no âmbito do Sistema Brasileiro de Poupança e Empréstimo (SBPE) pelas cooperativas de crédito e altera normas sobre as instituições integrantes do SBPE, sobre o cumprimento da exigibilidade de aplicação dos recursos captados em depósitos de poupança e sobre as instituições autorizadas a emitir Letra Imobiliária Garantida, de 27 de novembro de 2019. *Diário Oficial da União*. Disponível em: https://www.bcb.gov.br/estabilidadefinanceira/buscanormas. Acesso em: 17 maio 2023.

BANCO CENTRAL DO BRASIL. Resolução CMN nº 4.872: Dispõe sobre os critérios gerais para o registro contábil do patrimônio líquido das instituições autorizadas a funcionar pelo Banco Central do Brasil, de 27 de novembro de 2020. *Diário Oficial da União*. Disponível em: https://www.bcb.gov.br/estabilidadefinanceira/buscanormas. Acesso em: 17 maio 2023.

BANCO CENTRAL DO BRASIL. Resolução CMN nº 4.887: Dispõe sobre auditoria cooperativa das cooperativas de crédito, de 28 de janeiro de 2021. *Diário Oficial da União*. Disponível em: https://www.bcb.gov.br/estabilidadefinanceira/buscanormas. Acesso em: 17 maio 2023.

BRASIL. Lei Complementar nº 130: Dispõe sobre o Sistema Nacional de Crédito Cooperativo e revoga dispositivos das Leis nº 4.595, de 31 de dezembro de 1964, e 5.764, de 16 de dezembro de 1971, de 17 de abril de 2009. *Diário Oficial da União*. Brasília: Senado Federal, 2009.

BRASIL. Lei nº 5.764: Define a Política Nacional de Cooperativismo, institui o regime jurídico das sociedades cooperativas, e dá outras providências, de 16 de dezembro de 1971. *Diário Oficial da União*. Brasília: Senado Federal, 1971.

COMITÊ DE PRONUNCIAMENTOS CONTÁBEIS. Interpretação Técnica ICPC 14: Cotas de Cooperados em Entidades Cooperativas e Instrumentos Similares, de 05 de novembro de 2010. Disponível em: http://www.cpc.org.br/CPC/Documentos-Emitidos/Interpretacoes/Interpretacao?Id=23. Acesso em: 17 maio 2023.

COMITÊ DE PRONUNCIAMENTOS CONTÁBEIS. Pronunciamento Contábil CPC 36: Demonstrações Consolidadas, de 07 de dezembro de 2012. Disponível em: http://www.cpc.org.br/CPC/Documentos-Emitidos/Pronunciamentos/Pronunciamento?Id=67. Acesso em: 17 maio 2023.

COMITÊ DE PRONUNCIAMENTOS CONTÁBEIS. Pronunciamento Contábil CPC 39: Instrumentos Financeiros: apresentação, de 02 de outubro de 2009. Disponível em: http://www.cpc.org.br/cpc/documentos-emitidos/pronunciamentos/pronunciamento?id=70. Acesso em: 17 maio 2023.

COMITÊ DE PRONUNCIAMENTOS CONTÁBEIS. Pronunciamento Contábil CPC 44: Demonstrações Combinadas, de 02 de dezembro de 2011. Disponível em: http://www.cpc.org.br/CPC/Documentos-Emitidos/Pronunciamentos/Pronunciamento?Id=76. Acesso em: 17 maio 2023.

MEINEN, Ênio. *Cooperativismo financeiro*: virtudes e oportunidades. Ensaios sobre a perenidade do empreendimento cooperativo. Brasília: Confebrás, 2016.

MOREIRA, Claudio Filgueiras Pacheco. *Manual de contabilidade bancária*. 5. ed. Rio de Janeiro: Elsevier, 2013.

SERVIÇO NACIONAL DE APRENDIZAGEM DO COOPERATIVISMO. *Cooperativismo de crédito*: boas práticas no Brasil e no mundo. Brasília: Farol, 2016.

# 35

# CRÉDITO RURAL

**Claudio Filgueiras Pacheco Moreira**
**Carlos Quinteiro (revisor)**

## 35.1 AGRONEGÓCIO BRASILEIRO: DE IMPORTADOR A GRANDE PRODUTOR E EXPORTADOR DE ALIMENTOS

### 35.1.1 Introdução

A evolução da agricultura e pecuária brasileira a partir da década de 1970 foi muito grande comparada aos períodos anteriores, pois o Brasil partiu da condição de um país importador de alimentos, cuja agricultura fazia pouco uso de tecnologia e, por conseguinte, tinha baixa produtividade, para um dos maiores produtores e exportadores de alimentos do mundo, com largo emprego de tecnologia.

Os sucessivos aumentos, tanto na produção como na produtividade agropecuária, permitiram que o Brasil ocupasse posição de destaque no agronegócio mundial, transformando-se em um dos principais *players* desse mercado.

A contextualização do quanto era rudimentar a agricultura brasileira pode ser exemplificada na reportagem do jornal *O Estado de S. Paulo*, de 24 de abril de 1968, cujo texto inicial era "O Brasil terá de multiplicar por dez sua atual produção de alimentos, ou será forçado a parar o surto de industrialização por falta de divisas para pagar o crescente volume de importação de alimentos".

Além de instituir políticas direcionadas para o aumento da produção e da produtividade agrícolas, houve investimentos públicos em pesquisa e desenvolvimento, extensão rural e fomento do crédito rural, pois a Lei nº 4.829, de 05 de novembro de 1965, permitiu direcionar recursos do Sistema Financeiro Nacional (SFN) para financiar atividades agrícolas e pecuárias.

O resultado dessa política focada em pesquisa e desenvolvimento tecnológico está refletido na produção de grãos entre 1975 e 2017, pois saiu de 38 milhões de toneladas, cresceu mais de seis vezes e atingiu 236 milhões, enquanto a área plantada não chegou a dobrar, crescimento de 63%, conforme representado no gráfico da Figura 35.1.

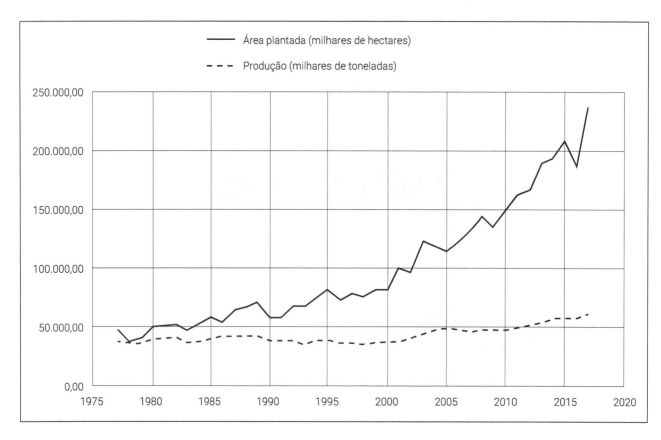

**Figura 35.1** Área plantada e produção.
**Fonte:** Embrapa (2018, p. 18).

### 35.1.2 Relevância do agronegócio no PIB brasileiro

Considerando que o Brasil é um dos maiores produtores agrícolas do mundo e que parte significativa de suas exportações é proveniente do agronegócio, espera-se que o setor contribua de forma relevante para a economia do país.

O Centro de Estudos Avançados em Economia Aplicada (Cepea), da Escola Superior de Agricultura Luiz de Queiroz (Esalq), da Universidade de São Paulo (USP), em parceria com a Confederação Nacional da Agricultura (CNA), publica regularmente os dados estatísticos do agronegócio brasileiro. Na série histórica sobre a evolução da representatividade da cadeia do agronegócio em relação ao Produto Interno Bruto (PIB), que inclui insumos, agropecuária, indústria e serviços relacionados diretamente com o setor, o Cepea/Esalq/USP concluiu que essa soma ultrapassou um quinto da economia brasileira.[1]

---

[1] Planilha-PIB-Cepea-2020. Disponível em: https://www.cepea.esalq.usp.br/br/pib-do-agronegocio-brasileiro.aspx. Acesso em: 17 maio 2023.

## 35.2 CRÉDITO RURAL

### 35.2.1 Crédito rural: origem, finalidades e objetivos

Os fundamentos para que o crédito rural permitisse o desenvolvimento do agronegócio, elevando o Brasil à posição de importante produtor e exportador, foram instituídos pela Lei nº 4.829, de 05 de novembro de 1965, que criou o Sistema Nacional de Crédito Rural (SNCR) e atribuiu ao Conselho Monetário Nacional (CMN) a responsabilidade de regulamentar o crédito rural.

O art. 2º da Lei nº 4.829/1965 definiu como crédito rural os recursos financeiros provenientes de instituições financeiras autorizadas a funcionar pelo Banco Central do Brasil (BCB) destinados a produtores rurais ou a cooperativas agropecuárias cuja aplicação deverá ser exclusivamente nas finalidades de custeio, investimento, comercialização e industrialização.

Como objetivos, conforme descrito no art. 3º da Lei nº 4.829/1965, destacam-se: (i) o estímulo ao crescimento organizado dos investimentos rurais, inclusive para armazenamento, beneficiamento e industrialização dos produtos agropecuários; (ii) o custeio oportuno e adequado da produção; (iii) a comercialização de produtos agropecuários; (iv) o fortalecimento econômico dos produtores rurais, notadamente pequenos e médios; e (v) o incentivo à utilização de técnicas que visem ao aumento da produtividade.

Não obstante a regulamentação do crédito rural pela Lei nº 4.829/1965, a política agrícola também foi objeto de regulamentação específica, Lei nº 8.171, de 17 de janeiro de 1991, permitindo que os incentivos governamentais ao desenvolvimento do agronegócio fossem objeto de discussão e elaboração por diferentes áreas do governo: Ministério da Agricultura, Pecuária e Abastecimento (MAPA), Ministério de Economia (ME) (política econômica, tesouro nacional e orçamento) e BCB, além da contribuição de diversas entidades da sociedade civil envolvidas na cadeia do agronegócio.

Tomando-se por base o art. 3º da Lei nº 8.171/1991, podemos mencionar que estão entre os objetivos da política agrícola os seguintes temas:

a) incrementar a produção e da produtividade agrícolas e zelar pela regularidade do abastecimento interno, especialmente alimentar;
b) planejar as ações e investimentos do Estado, levando-se em conta uma perspectiva de médio e longo prazos, de modo a reduzir as incertezas do setor;
c) proteger o meio ambiente, garantir seu uso racional e estimular a recuperação dos recursos naturais; e
d) promover a descentralização da execução dos serviços públicos de apoio ao setor rural, visando à complementaridade de ações com estados e municípios.

## 35.2.2 Regulamentação do crédito rural

As normas sobre o crédito rural aprovadas pelo CMN e a regulamentação sob a responsabilidade do BCB estão consolidadas no Manual de Crédito Rural (MCR),[2] que serve como um guia para as instituições financeiras e os beneficiários do crédito rural.

O Capítulo 1, Seção 2 do MCR (MCR 1-2), que trata dos beneficiários do crédito rural, definiu, dentre outros, os produtores rurais e as cooperativas agropecuárias como beneficiários do crédito rural. No entanto, há vedação para a concessão ou renovação de operação de crédito rural para pessoas físicas e jurídicas inscritas no Cadastro de Empregadores que mantiveram trabalhadores em condições análogas à de escravo.

As finalidades do crédito rural, conforme citadas anteriormente, estão definidas e regulamentadas no Capítulo 3 do MCR, que trata das operações, destacando-se a formalização (MCR 3-1), a contabilização e controle (MCR 3-6) e as definições:

a) **crédito de custeio (MCR 3-2)**: destina-se a cobrir despesas normais dos ciclos produtivos, da compra de insumos à fase de colheita, ou da exploração pecuária;
b) **crédito de investimento (MCR 3-3)**: destina-se a aplicações em bens ou serviços cujo benefício se estenda por vários períodos da produção agropecuária, como a aquisição de tratores, equipamentos de irrigação ou a recuperação de pastagens;
c) **crédito de comercialização (MCR 3-4)**: destina-se a viabilizar ao produtor rural ou às cooperativas agropecuárias os recursos necessários à comercialização de seus produtos no mercado;
d) **crédito de industrialização (MCR 3-5)**: destina-se à industrialização de produtos agropecuários, quando efetuada por cooperativas agropecuárias ou pelo produtor na sua propriedade rural.

O crédito rural, em função das suas peculiaridades e de incentivos fiscais e tributários que determinadas operações dispõem, deve ser registrado em contas contábeis específicas destinadas a abrigar as diferentes modalidades de financiamento das atividades agrícolas e pecuárias, bem como ser registrado previamente à liberação dos recursos no Sistema de Operações do Crédito Rural e do Proagro (Sicor), cujas regras gerais estão dispostas no MCR 3-6.

A cada ano agrícola, período de 1º de julho de cada ano a 30 de junho do ano seguinte (MCR 2-1-22), as instituições financeiras autorizadas a operar em crédito rural destinam volume expressivo de recursos para financiar o agronegócio, sendo que parte relevante é de aplicação obrigatória, conforme a regulamentação que apresentaremos nos próximos parágrafos.

As principais fontes de recursos utilizadas para financiar o crédito rural são os depósitos à vista, os depósitos de poupança rural, as Letras de Crédito do Agronegócio (LCA), as fontes fiscais, em especial o Banco Nacional de Desenvolvimento Econômico e Social (BNDES) e os Fundos Constitucionais, e os recursos próprios das instituições financeiras. No ano agrícola 2020-2021 (1º/7/2020 a 30/6/2021), as três primeiras fontes representaram 72,4% dos R$ 248,3 bilhões aplicados no crédito rural, conforme o Boletim Derop de junho de 2021.[3]

---

[2] Documento disponível em: https://www3.bcb.gov.br/mcr. Acesso em: 17 maio 2023.

[3] Documento disponível em: https://www.bcb.gov.br/content/publicacoes/boletimderop/Boletim%20Derop%20Junho-2021.pdf. Acesso em: 17 maio 2023.

Há um capítulo específico no MCR, o Capítulo 6, que trata dos recursos para o crédito rural, onde destacamos os de aplicação vinculada, chamados de controlados, cujas condições e teto para as taxas de juros cobradas são normalmente fixados pelo CMN (MCR 6-1) e os decorrentes de direcionamento de recursos, cuja aplicação é obrigatória, como: (i) depósitos à vista (MCR 6-2 – Obrigatórios), cujo direcionamento é de 25%, normalmente aplicados em operações de custeio, cujo ciclo é mais curto; (ii) depósitos de poupança rural (MCR 6-4 – Poupança rural), cujo direcionamento é de 59%, normalmente aplicados em operações de investimento, cujo ciclo é mais longo; e (iii) Letras de Crédito do Agronegócio (MCR 6-7 – LCA), cujo direcionamento é de 35%.

Com relação aos recursos direcionados dos depósitos à vista, há o que se chama de subexigibibilidade, que é uma segmentação interna no volume de recursos obrigatórios (MCR 6-2), cuja aplicação tem como um dos objetivos financiar operações de custeio de produtores familiares e médios produtores. Dessa forma, as instituições financeiras devem aplicar no mínimo 25% desses recursos em operações de crédito rural com agricultores do Programa Nacional de Fortalecimento da Agricultura Familiar (MCR 10 – Pronaf) e 35% com agricultores do Programa Nacional de Apoio ao Médio Produtor Rural (MCR 8 – Pronamp). Os demais 40% não possuem vinculação específica, podendo ser aplicados com as demais categorias de produtores rurais (pequenos, médios e grandes produtores). A Tabela 35.1 é um resumo das fontes de recursos para o crédito rural, destacando os controlados e não controlados e respectivas fontes de recursos.

Tabela 35.1  Crédito Rural – Fontes de Recursos e Direcionamentos

| Tipo | Fonte | Recursos — Direcionamento/Descrição |
|---|---|---|
| Controlados | Recursos Obrigatórios (MCR 6-2) | 25% do Valor Sujeito do Recolhimento (VSR) dos Recursos à Vista |
| | Poupança Rural (MCR 6-4) | 59% do VSR dos depósitos de poupança rural |
| | Fundos Constitucionais | Recursos provenientes do FNO, FNE e FCO[4] vinculados a programas específicos dos fundos |
| | BNDES (MCR 11) | Programas com recursos do BNDES e FINAME[5] |
| | Funcafé (MCR 9) | Recursos provenientes do Fundo de Defesa da Economia Cafeeira (Funcafé) |
| | Outras fontes | Recursos livres com equalização do Tesouro Nacional (TN) |
| Não controlados | LCA (MCR 6-7) | 35% dos recursos captados |
| | Poupança Rural (MCR 6-4) | Recursos contratados com taxas livremente pactuadas, sem equalização do TN |
| | Recursos Livres (MCR 6-3) | Recursos livres das instituições financeiras contratados com taxas livremente pactuadas |
| | Outras fontes | Recursos do BNDES com taxas livremente pactuadas |

**Fonte:** Manual de Crédito Rural (MCR), Capítulo 6, Recursos.

---

[4]  Fundos Constitucionais de Financiamento das Regiões Norte, Nordeste e Centro-Oeste, respectivamente.

[5]  Agência Especial de Financiamento Industrial.

Cabe ao BCB supervisionar o cumprimento das exigibilidades e das subexigibilidades dos direcionamentos dos recursos obrigatórios, da poupança rural e das LCA, que devem ser aplicados em crédito rural conforme os percentuais mencionados, que são fixados pelo CMN. As instituições financeiras que não conseguirem aplicar o mínimo requerido ficam sujeitas ao pagamento do custo financeiro, que é a compensação financeira paga pela instituição financeira ao BCB pela não aplicação dos recursos.

O art. 21 da Lei nº 4.829/1965 estabeleceu que o BCB será o responsável por regulamentar e cobrar o custo financeiro das instituições que apresentarem deficiência na aplicação em crédito rural dos recursos direcionados. A fórmula de cálculo, o prazo para recolhimento e a operacionalização da cobrança estão descritos no MCR 6-5 – Cálculo e Cobrança de Custo Financeiro por Deficiência no Cumprimento das Exigibilidades.

Além do acompanhamento individualizado do cumprimento por parte de cada instituição financeira, o BCB divulga mensalmente, no Boletim Derop,[6] gráficos consolidados detalhando as diferentes exigibilidades e seu respectivo cumprimento.

Com o intuito de maior transparência para a sociedade sobre o cumprimento dos direcionamentos fixados pelo CMN com base na política agrícola (Lei nº 8.171/1991), o BCB divulga anualmente, no Boletim Derop de junho, que apresenta o acumulado do ano agrícola, o resultado consolidado do cumprimento dos direcionamentos. No ano agrícola 2020/2021, a deficiência total foi de R$ 492,6 milhões em um total aplicado de R$ 248,3 bilhões, que representou o pagamento de R$ 26,3 milhões de custo financeiro.[7]

## 35.2.3 Depósitos interfinanceiros vinculados ao crédito rural

Sabendo-se que as exigibilidades para o ano agrícola 2021-2022 (1º/7/2021 a 30/6/2022) oscilam em torno de R$ 250,6 bilhões,[8] conforme o Boletim Derop de janeiro de 2022,[9] que nem todos que são obrigados a aplicar possuem carteira de crédito rural e que algumas instituições que operam em crédito rural não têm como clientes categorias de produtores rurais que devem ser atendidos com recursos direcionados, surge a clássica pergunta: como estabelecer um bom fluxo de recursos no mercado para que sejam distribuídos adequadamente entre os que conseguiriam aplicá-lo?

A possibilidade de utilização de Depósitos Interfinanceiros Vinculados ao Crédito Rural (DIR) para cumprimento das exigibilidades/subexigibilidades decorrentes dos direcionamentos dos recursos obrigatórios (MCR 6-2), da poupança rural (MCR 6-4) e da LCA (MCR 6-7) apresentou-se como um bom instrumento para deslocar, entre as instituições financeiras, o cumprimento das exigibilidades/subexigibilidades, bem como para adequar o *funding* aos objetivos estratégicos tanto da política agrícola nacional como de cada instituição no segmento do agronegócio.

Conforme disposto no MCR 6-6-2, classificam-se os DIR conforme a finalidade a que se destinam:

a) **DIR-Geral**: utilizado para cumprimento da exigibilidade geral dos recursos obrigatórios.

b) **DIR-Pronamp**: utilizado para cumprimento da subexigibilidade Pronamp no âmbito dos recursos obrigatórios.

c) **DIR-Pronaf**: utilizado para cumprimento da subexigibilidade Pronaf no âmbito dos recursos obrigatórios.

d) **DIR-Poup**: utilizado para cumprimento da subexigibilidade de aplicação em crédito rural no âmbito dos recursos da poupança rural.[10]

e) **DIR-LCA-CR**: utilizado para cumprimento do Subdirecionamento de aplicação em crédito rural no âmbito dos recursos da LCA.

f) **DIR-LCA-Livre**: utilizado para cumprimento da faculdade de aplicação de até 70% do direcionamento da LCA em títulos de agronegócio, como a Cédula de Produto Rural (CPR), conforme disposto no MCR 6-7-7-"b".

Com o intuito de dar mais estabilidade ao fluxo de transferências de exigibilidades/subexigibilidades e a

---

[6] Documento disponível em: https://www.bcb.gov.br/publicacoes/boletimderop. Acesso em: 17 maio 2023.

[7] Boletim Derop de junho de 2021, disponível em: https://www.bcb.gov.br/content/publicacoes/boletimderop/Boletim%20Derop%20Junho-2021.pdf. Acesso em: 17 maio 2023.

[8] A exigibilidade é definida com base do volume médio dos depósitos à vista e de poupança rural do ano agrícola anterior com o intuito de permitir o planejamento por parte das instituições financeiras, diferente do volume de LCA, no qual, por ser título de emissão da própria instituição, há como ajustar os dois fluxos: emissão e aplicação.

[9] Documento disponível em: https://www.bcb.gov.br/content/publicacoes/boletimderop/Boletim%20Derop%20Janeiro-2022.pdf. Acesso em: 17 maio 2023.

[10] Existe a faculdade de aplicar até 5% dos recursos da exigibilidade da poupança rural na aquisição de Cédulas de Produto Rural (CPR) emitidas por produtores rurais ou suas cooperativas de produção (MCR 6-4-11).

administração do regular cumprimento da obrigação de aplicar recursos no crédito rural, fixou-se o prazo mínimo de cada DIR, independentemente da modalidade, em 120 dias (MCR 6-6-5).

Ainda com foco na gestão do cumprimento da obrigação de aplicar recursos no crédito rural, as instituições financeiras, confederações de crédito e cooperativas centrais de crédito aplicadoras de DIR devem prestar contas mensalmente ao BCB enviando o Demonstrativo das Exigibilidades e das Aplicações de Crédito Rural, além de observarem a proibição de negociar o DIR no mercado secundário (MCR 6-6-6).

### 35.2.4 Equalização de taxas de juros

A Lei nº 8.427, de 27 de maio de 1992, no seu art. 1º, permite que o TN equalize taxas de juros das operações de crédito rural. Até 2020, apenas operações de crédito rural concedidas por bancos públicos, bancos cooperativos e confederações de crédito podiam receber recursos do TN sob a forma de equalização.[11]

Recentemente, a Lei nº 13.986, de 07 de abril de 2020, alterou a Lei nº 8.427/1992 e permitiu que todas as instituições autorizadas a operar em crédito rural pudessem participar da disputa por recursos de equalização do TN.

O primeiro passo na qualificação das instituições financeiras que poderão receber os recursos da equalização é o envio de ofício da Secretaria de Política Agrícola (SPA) do MAPA para as instituições financeiras informando o prazo limite para envio das propostas de equalização e respectivas fontes de recursos.

Recebidas as demandas das instituições por recursos, a SPA/MAPA, a Secretaria de Política Econômica (SPE) e a Secretaria do Tesouro Nacional (STN), ambas ME e o BCB elaboram a distribuição dos recursos, que é registrada em documento próprio com base em vários critérios, onde destacamos: menores custos ao TN; histórico de operações de crédito rural; e capacidade operacional para conceder crédito rural no volume de operações informado na proposta de equalização enviada.

Finda essa distribuição, a STN encarrega-se de cumprir os trâmites necessários para que seja publicada a portaria do ME que distribui os recursos para o ano agrícola. No ano agrícola 2021/2022 (1º de julho de 2021 a 30/6/2022), a Portaria ME nº 7.867, de 1º de julho de 2021,[12] publicou a primeira distribuição de recursos para a equalização de taxa de juros. Conforme a concessão de crédito avança ao longo do ano agrícola, pode ser necessário algum tipo de ajuste em função da incapacidade de alguma instituição para aplicar integralmente os recursos disponibilizados ou devido a ajustes na política agrícola vigente.

### 35.2.5 Taxas de Juros do Crédito Rural e Taxas de Juros Rurais dos Fundos Constitucionais de Financiamento

Normalmente, o CMN fixa o teto da taxa de juros e o volume máximo de recursos para as operações de crédito rural contratadas com recursos controlados.

As Taxas de Juros do Crédito Rural (TCR), cuja metodologia de cálculo está descrita no MCR 2-4, aplicam-se às operações de crédito rural contratadas com recursos controlados, exceto àquelas que utilizam os recursos dos Fundos Constitucionais de Financiamento.

Há dois tipos de TCR, as prefixadas (TCR$^{pré}$), normalmente disponíveis para operações de curto prazo, como as de custeio, e as pós-fixadas (TCR$^{pós}$), normalmente disponíveis para operações de longo prazo, como as de investimento, à exceção das operações contratadas com recursos da poupança rural.

No entanto, nas linhas de crédito rural com recursos controlados em que houver possibilidade de contratação com a TCR$^{pré}$ ou a TCR$^{pós}$, cabe ao tomador, no ato da contratação, optar pela taxa a ser utilizada.

As Taxas de Juros Rurais dos Fundos Constitucionais de Financiamento (TRFC), cuja metodologia de cálculo está descrita no MCR 2-4-A, aplicam-se às operações de crédito rural contratadas com recursos dos Fundos Constitucionais de Financiamento.

As TRFC, segundo o MCR 2-4-A-3, aplicam-se às operações de crédito rural realizadas com recursos dos Fundos Constitucionais de Financiamento do Norte (FNO), do Nordeste (FNE) e do Centro-Oeste (FCO), exceto as do Pronaf.

De modo semelhante à TCR, há dois tipos de TRFC, as prefixadas (TRFC$^{pré}$), normalmente disponíveis para operações de curto prazo, como as de custeio, e as pós-fixadas (TRFC$^{pós}$), normalmente disponíveis para operações de longo prazo, como as de investimento.

No entanto, nas linhas de crédito rural em que houver possibilidade de contratação com a TRFC$^{pré}$ ou a

---

[11] Recursos provenientes do TN, cujo objetivo é cobrir a diferença entre o teto das taxas de juros fixadas pelo CMN e o custo de captação de recursos, acrescido dos custos administrativos e tributários a que estão sujeitas as instituições financeiras que operam em crédito rural.

[12] Disponível em: https://www.in.gov.br/web/dou/-/portaria-me-n-7.867-de-1-de-julho-de-2021-329470104#:~:text=Autoriza%20o%20pagamento%20de%20equaliza%C3%A7%C3%A3o,vista%20o%20disposto%20no%20art.

TRFC$^{pós}$, cabe ao tomador, no ato da contratação, optar pela taxa a ser utilizada.

Há um capítulo específico do MCR, o Capítulo 7 – Encargos Financeiros e Limites de Crédito, composto por oito seções, que são compostas por tabelas onde há descrição resumida de cada programa e sua respectiva taxa, bem como tabelas com os limites para cada modalidade de crédito.

## 35.2.6 Fatores de ponderação

Diante do fato de que o CMN vedou operações de crédito rural contratadas com recursos obrigatórios de receberem equalização de taxa de juros do TN (MCR 6-1-4), criou-se uma compensação para operações contratadas no âmbito do Pronaf.

Conforme previsto no MCR 6-2-12, para o cumprimento da subexigibilidade Pronaf, aplicam-se sobre o saldo médio diário das operações de custeio ao amparo do Pronaf os seguintes fatores de ponderação:

a) 1,57 (um inteiro e cinquenta e sete centésimos) para os financiamentos contratados com taxa efetiva de juros prefixada de até 5% a.a. (cinco por cento ao ano); e

b) 1,38 (um inteiro e trinta e oito centésimos) para os financiamentos contratados com taxa efetiva de juros prefixada de até 6% a.a. (seis por cento ao ano).

## 35.2.7 Monitoramento e fiscalização do crédito rural

Conforme apresentado anteriormente, cabe ao CMN disciplinar o crédito rural e ao BCB supervisionar o cumprimento das deliberações do CMN por parte das instituições financeiras (arts. 4º e 5º da Lei nº 4.829/1965).

Há também outro comando no art. 10 da Lei nº 4.829/1965, que atribui à instituição responsável pelo financiamento fiscalizar a operação, verificar a idoneidade do beneficiário de crédito, bem como exigir orçamento de aplicação, plano ou projeto.

Diante das inúmeras exigências, pode-se imaginar o quão complicada deveria ser a concessão do crédito rural há algum tempo, em especial quando a tecnologia de geolocalização, imagens e sensoriamento remoto era embrionária.

Pode-se afirmar que o custo de observância era elevado, obrigando os operadores do crédito rural a constituir estruturas com profissionais especializados, capacidade de visitar as propriedades rurais, avaliar os orçamentos, planos ou projetos e ainda ser tempestivos na liberação dos recursos, visto que cada tipo de cultura tem seu respectivo ciclo de plantio, com pouca margem de ajuste, sob o risco de perdas severas a ponto de inviabilizar o pagamento do crédito.

Contudo, a evolução da geolocalização e das imagens fornecidas por satélites permitiram que o processo de concessão, fiscalização por parte das instituições financeiras e a supervisão do BCB evoluíssem significativamente nos últimos anos.

O primeiro passo foi a exigência de informar no registro da operação no Sicor as coordenadas geodésicas do empreendimento a ser financiado, permitindo que fosse efetuada verificação automática de eventual duplicidade de crédito rural na mesma área e no mesmo período (MCR 2-1-2).

Assim que o ciclo de registro das coordenadas geodésicas se completou, pois no início eram as maiores áreas e os maiores valores e depois foi-se ajustando a exigência até completar todas as operações de crédito rural, pôde-se trabalhar na mudança de paradigma do processo de fiscalização das operações, tornando-o bem mais eficiente, tempestivo e com custos de observância menores para todos os envolvidos no processo.

O mencionado modelo exige da instituição financeira, como parte do processo de fiscalização, o constante monitoramento das operações de crédito rural, adequando seus procedimentos à efetividade do modelo para o tipo de empreendimento financiado, além de aplicar critérios e métodos consistentes, verificáveis e passíveis de avaliação pelo BCB (MCR 2-7-1).

A seção que trata do monitoramento e fiscalização também estabeleceu regras principiológicas envolvendo os modelos desenvolvidos por cada entidade que opera no crédito rural, cuja finalidade deve atender às seguintes orientações (MCR 2-7-2):

a) avaliar o empreendimento no que tange a adequação, garantias e compatibilidade com o crédito solicitado;

b) identificar indícios de irregularidades e prevenir possíveis desvios de finalidade tanto na contratação como na condução dos empreendimentos financiados, cruzando constantemente informações e gerando alertas de risco e/ou irregularidades; e

c) recomendar aperfeiçoamentos nos processos internos para contratação do crédito rural e nos modelos de fiscalização.

O resultado das constantes evoluções tecnológicas e da simplificação do processo de fiscalização, tornando-o mais efetivo, permitiu que o crédito rural ficasse mais fluido e tempestivo, aumentando a competição entre os participantes do mercado, além de ter viabilizado a entrada de novas instituições financeiras e empresas de tecnologia, em especial as que fornecem e processam imagens.

### 35.2.8 Títulos de crédito do agronegócio: modernização e maior captação de recursos

O crescimento constante e vigoroso do setor agropecuário brasileiro está diretamente relacionado ao volume de recursos alocado ao crédito rural e ao desenvolvimento tecnológico empregado nas atividades.

Como o volume de recursos do TN e o direcionamento dos recursos dos depósitos à vista e de poupança rural, principais fontes de financiamento do crédito rural, não têm condições de crescer indefinidamente, há necessidade de utilizarmos outras fontes de captação de recursos, em especial os títulos de crédito do agronegócio, pois conseguem captar recursos no mercado de capitais.

Recentemente, a Lei nº 13.986, de 07 de abril de 2020, modernizou a CPR, regulada pela Lei nº 8.929, de 22 de agosto de 1994, um dos principais títulos utilizados pelos produtores rurais para se financiarem junto às instituições financeiras ou em outros mercados, a exemplo da Operação de Barter.[13] Os principais avanços foram a possibilidade de emissão da CPR escritural, título não materializado emitido de forma eletrônica com assinatura eletrônica; a emissão de título vinculado à variação cambial; e a obrigatoriedade de registro ou depósito em entidade autorizada pelo BCB (art. 12 de Lei nº 8.929/1994), conforme cronograma estabelecido pelo CMN, bem como a dispensa de registro em cartório quando não houver garantia real envolvida.

Os gráficos da Figura 35.2 apresentam o resultado do avanço da regulação tanto no volume de emissão como no substancial aumento do estoque de CPR (aumento de 5,2 vezes no espaço de um ano), demonstrando que a captação de recursos com a emissão de CPR cada vez mais se consolida como uma das principais fontes de recursos para o crédito rural, dentro e fora do SNCR.

Com relação aos títulos do agronegócio criados pela Lei nº 11.076, de 30 de dezembro de 2004, o Certificado de Depósito Agropecuário (CDA), o Warrant Agropecuário (WA), o Certificado de Direitos Creditórios do Agronegócio (CDCA), a LCA e o Certificado de Recebíveis do Agronegócio (CRA), que pertencem a uma geração de títulos mais modernos, eles também tiveram ajustes semelhantes aos da CPR, de modo a tornar sua emissão mais fluida e adequada ao funcionamento dos mercados financeiro e de capitais.

Tratando-se da LCA, que é de emissão exclusiva de instituições financeiras, houve um ajuste que permitiu o cumprimento do direcionamento dos recursos captados (35%) por intermédio da aquisição de terceiros

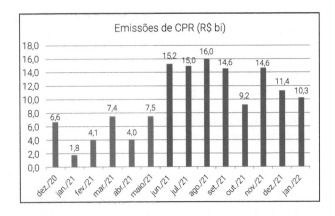
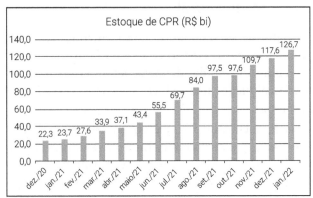

**Figura 35.2** Emissões e estoque de CPR.

**Fonte:** Boletim Derop de janeiro de 2022. Disponível em: https://www.bcb.gov.br/content/publicacoes/boletim derop/Boletim%20Derop%20Janeiro-2022.pdf. Acesso em: 17 maio 2023.

---

[13] Trata-se de uma modalidade de negócio visando a obtenção de crédito para o produtor rural por intermédio da troca de parte de sua produção por insumos, usualmente consolidada com o uso de CPR. Fazem parte dessa operação (Barter) o produtor rural (entrega de produtos agrícolas), a distribuidora de insumos agrícolas e a *trading* ou indústria que adquire os produtos.

dos demais títulos (CPR, CDCA, CRA, CDA e WA), desde que emitidos pelo produtor rural ou resultante de negócios onde o produtor rural seja parte direta, conforme o tipo de papel.

Os gráficos da Figura 35.3 apresentam o resultado do avanço da regulação tanto no volume de emissão como no aumento do estoque de LCA, que já figurava entre as três principais fontes de recursos para o crédito rural, juntamente com o depósito à vista e a poupança rural.

## 35.2.9 Plano Safra

Tomando-se por base as diretrizes da política agrícola nacional e a vasta regulamentação do crédito rural consolidada no MCR, fazem-se necessárias constantes revisões nos programas, fontes de recursos, incentivos e tipos de operações, pois o segmento do agronegócio é dinâmico e rapidamente se ajusta a novas tecnologias e modelos de produção.

Há um grupo multidisciplinar do governo, SPA do MAPA, SPE e STN do ME e Derop[14] do BCB, que constantemente se reúne para discutir eventuais ajustes no crédito rural ao longo do ano agrícola. Anualmente, com base nas respostas da consulta que a SPE/MAPA faz aos participantes do setor agropecuário, inicia-se uma rodada de discussões no grupo sobre fontes de recursos e eventuais ajustes nas regras do crédito rural para o próximo ano agrícola, que chamamos de Plano Safra.

A Tabela 35.2 resume por tipo e fontes de recursos os R$ 248,3 bilhões aplicados no crédito rural no ano agrícola 2020/2021, encerrado em 30/6/2021.

**Tabela 35.2** Crédito rural – volumes aplicados por tipo e fonte de recursos

| Tipo | Fonte | Valor aplicado (R$ bi) |
|---|---|---|
| Controlados | Recursos Obrigatórios (MCR 6-2) | 60,0 |
| | Poupança Rural (MCR 6-4) | 44,9 |
| | Fundos Constitucionais | 22,1 |
| | BNDES (MCR 11) | 18,1 |
| | Funcafé (MCR 9) | 3,5 |
| | Outras fontes | 2,4 |
| | Total | 151,0 |
| Não controlados | LCA (MCR 6-7) | 31,0 |
| | Poupança Rural (MCR 6-4) | 44,1 |
| | Recursos Livres (MCR 6-3) | 20,5 |
| | Outras fontes | 1,7 |
| | Total | 97,3 |
| Total geral | | 248,3 |

**Fonte:** Boletim Derop de junho de 2021. Disponível em: https://www.bcb.gov.br/content/publicacoes/boletimderop/Boletim%20Derop%20Junho-2021.pdf. Acesso em: 17 maio 2023.

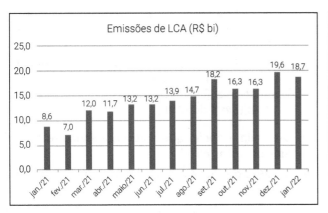

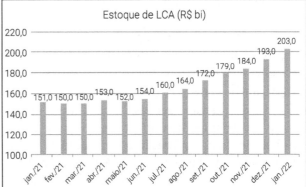

**Figura 35.3** Emissões e estoque de LCA.

**Fonte:** Boletim Derop de janeiro de 2022, disponível em: https://www.bcb.gov.br/content/publicacoes/boletimderop/Boletim%20Derop%20Janeiro-2022.pdf. Acesso em: 17 maio 2023.

---

[14] Departamento de Regulação, Supervisão e Controle das Operações de Crédito Rural e do Proagro.

Há outro tipo de acompanhamento, também publicado no Boletim Derop, considerado fundamental para avaliação da política agrícola, que é a participação da agricultura familiar no volume de recursos aplicados no crédito rural. A Tabela 35.3 apresenta a participação nos R$ 248,3 bilhões do ano agrícola 2020/2021.

Tabela 35.3  Agricultura empresarial e familiar – volume de recursos

| Recursos controlados e não controlados | Empresarial | R$ 215,1 bilhões |
|---|---|---|
| | Familiar | R$ 33,2 bilhões |
| | Total geral | R$ 248,3 bilhões |

**Fonte:** Boletim Derop de junho de 2021. Disponível em: https://www.bcb.gov.br/content/publicacoes/boletimderop/Boletim%20Derop%20Junho-2021.pdf. Acesso em: 17 maio 2023.

## 35.2.10 Contabilização e controle das operações de crédito rural

As operações de crédito rural exigem registros específicos na contabilidade das instituições financeiras por vários motivos, dos quais destacamos: evidenciar os incentivos fiscais e tributários; acompanhar o cumprimento das exigibilidades; monitorar e fiscalizar a aplicação dos recursos; e possibilitar eventual correção de desvios por parte das instituições financeiras aplicadoras de recursos.

O crédito rural concedido deve ser escriturado em contas contábeis específicas destinadas a abrigar as diferentes modalidades de financiamento das atividades agrícolas e pecuárias, além de, previamente à liberação, ser registrado no Sicor, que efetua cerca de 1.300 verificações antes de efetivar o requerido.

Destacam-se entre as críticas a verificação de sobreposição das coordenadas geodésicas com outras operações ativas, o volume de recursos em relação à área e capacidade de plantio/utilização, a verificação da inscrição no Cadastro Ambiental Rural (CAR) e o cruzamento com os inscritos na lista de trabalho em condições análogas à escravidão.

O registro no Sicor, disciplinado no MCR 3-6 e demais instruções normativas, independentemente de ser o principal instrumento no processo de supervisão do crédito rural pelo BCB, permite divulgar à sociedade e aos demais entre formuladores da política agrícola dados granulares do crédito rural no país e avaliar a efetividade das políticas de crédito rural, de seguro agrícola e de garantia da atividade agropecuária.

Em condições normais, as aplicações de recursos direcionados para o crédito rural, quando se configurarem em operações de crédito tradicionais, serão lançadas em contas ativas específicas, destinadas a abrigar as diferentes modalidades de financiamento das atividades agrícolas e pecuárias; caso contrário, quando se efetivarem por intermédio de títulos do agronegócio, serão lançadas nas rubricas específicas destinadas aos respectivos títulos de crédito.

Com relação às transferências de exigibilidades efetivadas por intermédio dos DIR, elas devem ser lançadas nas respectivas contas ativas e passivas, conforme o caso, destinadas ao registro dos direitos e obrigações decorrentes desse tipo de operação.

Quanto aos registros dos financiamentos rurais, o MCR 3-6-8 veda qualquer tipo de registro de desconto de duplicatas mercantis, mesmo que a atividade predominante do beneficiário seja a agropecuária.

A operação de financiamento rural que for objeto de desclassificação, independentemente de seguir o rito previsto no MCR 2-8, deverá, quando perder as características de crédito rural, ser excluída do título contábil em que foi registrada (MCR 3-6-10).

Independentemente dos registros contábeis, o acompanhamento das exigibilidades do crédito rural é feito pelo Sistema de Exigibilidades do Crédito Rural (Sisex), cujo tutorial encontra-se disponível na página do BCB na internet.[15]

## 35.3 EXERCÍCIOS

1. O art. 2º da Lei nº 4.829/1965 definiu como crédito rural os recursos financeiros provenientes de instituições financeiras autorizadas a funcionar pelo BCB destinados a produtores rurais ou a cooperativas agropecuárias cuja aplicação deverá ser exclusivamente nas finalidades previstas na lei e descritas no Capítulo 3 do MCR.

   Assinale a opção que apresenta somente finalidades previstas na lei.

   a) Crédito de Custeio e Crédito para Aquisição de Insumos.
   b) Crédito de Industrialização e Crédito de Investimento.
   c) Crédito de Beneficiamento e Crédito de Comercialização.
   d) Crédito de Comercialização e Crédito de Financiamento.

---

[15] Disponível em: https://www.bcb.gov.br/content/estabilidadefinanceira/sisex/Tutorial_Sisex.pdf. Acesso em: 17 maio 2023.

2. O financiamento do crédito rural é operacionalizado por diversas fontes de recursos, onde destacamos os chamados recursos controlados, cuja aplicação é vinculada a determinadas condições e teto de taxas de juros definidos pelo CMN, conforme descrito no MCR 6-1.

Ressaltamos que também existem recursos em que o CMN define percentuais de direcionamento para financiar o crédito rural, cuja aplicação é obrigatória.

Assinale a alternativa em que as fontes de recursos para financiar o crédito rural citadas são, ao mesmo tempo, recursos controlados e com direcionamento definido pelo CMN, cuja aplicação é obrigatória.

a) Recursos obrigatórios e BNDES.
b) Poupança rural e LCA.
c) Recursos obrigatórios e poupança rural.
d) Fundos constitucionais e recursos obrigatórios.

3. Recentemente, a Lei nº 13.986, de 07 de abril de 2020, modernizou a CPR, regulada pela Lei nº 8.929, de 22 de agosto de 1994, um dos principais títulos utilizados pelos produtores rurais para se financiarem junto às instituições financeiras ou em outros mercados.

Também foram objeto de modernização pela Lei nº 13.986/2020 outros títulos do agronegócio criados pela Lei nº 11.076, de 30 de dezembro de 2004.

Assinale a alternativa que contenha apenas títulos do agronegócio criados pela Lei nº 11.076/2004 e modernizados recentemente.

a) WA e LCA.
b) CDCA e Cédula de Crédito Rural (CCR).
c) DR e CRA.
d) CDA e CCB.

4. A Lei nº 8.427, de 27 de maio de 1992, no seu art. 1º, permite que o TN equalize taxas de juros das operações de crédito rural. Até 2020, apenas operações de crédito rural concedidas por bancos públicos, bancos cooperativos e confederações de crédito podiam receber recursos do TN sob a forma de equalização.

Recentemente, a Lei nº 13.986, de 07 de abril de 2020, alterou a Lei nº 8.427/1992 e permitiu que todas as instituições autorizadas a operar em crédito rural pudessem participar da disputa por recursos de equalização do TN.

Explique o que é equalização de taxa de juros e a forma como são alocados os recursos do TN para a equalização.

5. Sabe-se que as exigibilidades para o ano agrícola 2021-2022 (1º/7/2021 a 30/6/2022) serão em torno de R$ 250,6 bilhões e que nem todos que são obrigados a aplicar possuem carteira de crédito rural ou, dos que operam em crédito rural, nem todos têm como clientes categorias de produtores rurais que devem ser atendidos com recursos direcionados.

Diante da afirmativa, explique o que são os DIR e como eles podem ser utilizados no cumprimento dos direcionamentos de recursos para o crédito rural.

## 35.4 RESPOSTAS DOS EXERCÍCIOS

1. b
2. c
3. a

4. A equalização de taxas de juros são os recursos provenientes do TN cujo objetivo é cobrir a diferença entre o teto das taxas de juros fixadas pelo CMN e o custo de captação de recursos, acrescido dos custos administrativos e tributários a que estão sujeitas as instituições financeiras que operam em crédito rural.

O processo de qualificação para as instituições que requisitaram recursos de equalização ocorre com base em vários critérios, em especial os menores custos para o TN; o histórico de operações de crédito rural; e capacidade operacional para conceder crédito rural no volume de operações informado na proposta de equalização enviada.

A alocação de recursos ocorre por intermédio de portaria do ME que distribui os recursos para as instituições financeiras equalizarem as taxas de juros das operações concedidas no ano agrícola.

5. Os DIR são os instrumentos utilizados pelas instituições financeiras para transferir para outras instituições as exigibilidades/subexigibilidades decorrentes dos direcionamentos dos recursos obrigatórios (MCR 6-2), da poupança rural (MCR 6-4) e da LCA (MCR 6-7).

Desde a sua criação, os DIR apresentaram-se como um bom instrumento para deslocar entre as instituições financeiras o cumprimento das exigibilidades/subexigibilidades, bem como para adequar o *funding* aos objetivos estratégicos de cada instituição no segmento do agronegócio, além de conferir efetividade aos objetivos de alocação de recursos para o crédito rural previstos na política agrícola nacional.

## 35.5 RECOMENDAÇÃO DE LEITURA

Visão 2030: o futuro da agricultura brasileira. Embrapa, 2018. Disponível em: https://www.embrapa.br/

visao/o-futuro-da-agricultura-brasileira. Acesso em: 17 maio 2023.

PIB do Agronegócio Brasileiro. Trabalho de pesquisa desenvolvido pelo Centro de Estudos Avançados em Economia Aplicada (Cepea), da Escola Superior de Agricultura Luiz de Queiroz (Esalq), da Universidade de São Paulo (USP), em parceria com a Confederação Nacional da Agricultura (CNA). Disponível em: https://www.cepea.esalq.usp.br/br/pib-do-agronegocio-brasileiro.aspx. Acesso em: 17 maio 2023.

## REFERÊNCIAS

BANCO CENTRAL DO BRASIL. Boletim Derop de janeiro de 2022. Disponível em: https://www.bcb.gov.br/content/publicacoes/boletimderop/Boletim%20Derop%20Janeiro-2022.pdf. Acesso em: 17 maio 2023.

BANCO CENTRAL DO BRASIL. Boletim Derop de junho de 2021. Disponível em: https://www.bcb.gov.br/content/publicacoes/boletimderop/Boletim%20Derop%20Junho-2021.pdf. Acesso em: 17 maio 2023.

BANCO CENTRAL DO BRASIL. Manual de Crédito Rural – MCR. Disponível em: https://www3.bcb.gov.br/mcr. Acesso em: 17 maio 2023.

BRASIL. Lei nº 4.829: Institucionaliza o crédito rural, de 05 de novembro de 1965. *Diário Oficial da União*. Brasília: Senado Federal, 1965.

BRASIL. Lei nº 8.427: Dispõe sobre a concessão de subvenção econômica nas operações de crédito rural, de 27 de maio de 1992. *Diário Oficial da União*. Brasília: Senado Federal, 1992.

BRASIL. Lei nº 8.929: Institui a Cédula de Produto Rural, e dá outras providências, de 22 de agosto de 1994. *Diário Oficial da União*. Brasília: Senado Federal, 1994.

BRASIL. Lei nº 11.076: Dispõe sobre o Certificado de Depósito Agropecuário (CDA), o Warrant Agropecuário (WA), o Certificado de Direitos Creditórios do Agronegócio (CDCA), a Letra de Crédito do Agronegócio (LCA) e o Certificado de Recebíveis do Agronegócio (CRA), dá nova redação a dispositivos das Leis nºs 9.973, de 29 de maio de 2000, que dispõe sobre o sistema de armazenagem dos produtos agropecuários, 8.427, de 27 de maio de 1992, que dispõe sobre a concessão de subvenção econômica nas operações de crédito rural, 8.929, de 22 de agosto de 1994, que institui a Cédula de Produto Rural (CPR), 9.514, de 20 de novembro de 1997, que dispõe sobre o Sistema de Financiamento Imobiliário e institui a alienação fiduciária de coisa imóvel, e altera a Taxa de Fiscalização de que trata a Lei nº 7.940, de 20 de dezembro de 1989, e dá outras providências, de 30 de dezembro de 2004. *Diário Oficial da União*. Brasília: Senado Federal, 2004.

FREITAS, Antônio Carlos de Oliveira. *Título de crédito eletrônico e agronegócio*. São Paulo: Singular, 2020.

UNIVERSIDADE DO ESTADO DE SÃO PAULO. PIB do Agronegócio Brasileiro. Centro de Estudos Avançados em Economia Aplicada, Escola Superior de Agricultura Luiz de Queiroz; Confederação Nacional da Agricultura (CNA). Piracicaba, 2022. Disponível em: https://www.cepea.esalq.usp.br/br/pib-do-agronegocio-brasileiro.aspx. Acesso em: 17 maio 2023.

WEDEKIN, Ivan. *Política agrícola no Brasil*: o agronegócio na perspectiva global. São Paulo: WDK Agronegócio, 2019.

# 36

# DEMONSTRAÇÕES CONTÁBEIS

Carlos Quinteiro
Fabio Bassi de Oliveira (revisor)
Alexei De Bona (revisor)

## 36.1 INTRODUÇÃO

As demonstrações contábeis são comumente chamadas de demonstrações financeiras. Entendem-se como expressões sinônimas no que concernem ao conjunto de peças contábeis utilizadas por diversos usuários a fim de obter entendimento da saúde financeira de empresas, entidades sem fins lucrativos, bancos, entidades de consórcios e instituições de pagamentos. Desse modo, pode-se afirmar que **não há diferença entre os termos demonstrações contábeis e demonstrações financeiras**.

A fim de utilizar expressão similar ao regulador das instituições financeiras, o Banco Central do Brasil (BCB), este capítulo utilizará a expressão "Demonstrações Contábeis" em suas explanações.

O pronunciamento IAS 1 – Apresentação das Demonstrações Contábeis (*Presentation of Financial Statements*), cujo equivalente brasileiro é o CPC 26 (R1) – Apresentação das Demonstrações Contábeis, define o referido termo como sendo o conjunto de relatórios "cujo propósito reside no atendimento das necessidades informacionais de usuários externos que não se encontram em condições de requerer relatórios especificamente planejados para atender às suas necessidades peculiares". Em seu objetivo, é explicado que a função do pronunciamento é a definição "da base para a apresentação das demonstrações contábeis, com o intuito de assegurar a comparabilidade de períodos distintos tanto das demonstrações contábeis de exercícios anteriores da mesma entidade quanto com as demonstrações contábeis de outras entidades".

O Conselho Monetário Nacional (CMN), em conjunto com o BCB, no processo de convergência de seus padrões contábeis aos padrões internacionais e como resultado do esforço de consolidação de normativos, emitiu, em 29 de maio de 2020, a Resolução CMN nº 4.818/2020, que trata dos critérios a serem observados na elaboração de demonstrações financeiras individuais e consolidadas pelas instituições financeiras e demais autorizadas a funcionar pelo BCB.

Por sua vez, a Resolução BCB nº 2/2020, de 12 agosto de 2020, tem conteúdo similar à Resolução CMN nº 4.818/2020, porém é destinada às administradoras de consórcio e instituições de pagamento. Todavia, a Resolução BCB nº 2/2020 também trata dos procedimentos a serem observados pelas instituições financeiras e demais instituições autorizadas a funcionar pelo BCB no que diz respeito à maneira de apresentação e às rubricas mínimas que devem constar nas demonstrações contábeis destas instituições.

Em maio de 2020, a Diretoria de Regulação do BCB explicou, no voto de aprovação da Resolução CMN nº 4.818/2020, que em uma revisão de atos normativos da instituição, foram encontrados mais de 2.600 documentos vigentes editados tanto pelo BCB como pelo CMN. Dada a quantidade de documentos, foi identificada a necessidade de consolidação dos critérios gerais para elaboração e divulgação das demonstrações contábeis individuais e consolidadas das instituições reguladas pelo BCB.

Importante mencionar que, mesmo sem aprovar a IAS 1, o BCB faz alusão ao normativo quando disserta que os critérios previstos na Resolução CMN nº 4.818/2020 estão alinhados com os padrões de contabilidade, seja especificamente com a IAS 1, seja também com a IAS 34 – *Interim Financial Reporting* e o IFRS 10 – *Consolidated Financial Statements*. Ressalta-se que essas duas normas não foram recepcionadas pelo BCB, pela opção da referida autarquia de incorporar elementos normativos presentes nas referidas normas internacionais, em vez de adotá-las por completo, como observado em outros casos.

Por último, o objetivo específico da Resolução CMN nº 4.818/2020, conforme descrito em seu art. 1º, é consolidar os critérios gerais para elaboração e divulgação de demonstrações contábeis individuais e consolidadas pelas instituições financeiras e demais instituições autorizadas a funcionar pelo BCB.

## 36.2 DEMONSTRAÇÕES CONSOLIDADAS

Segundo a IAS 36 – Demonstrações Consolidadas, são as demonstrações contábeis de grupo econômico, em que os ativos, passivos, patrimônio líquido, receitas, despesas e fluxos de caixa da controladora e de suas controladas são apresentados como se fossem uma única entidade econômica. Em outras palavras, é visualizar as demonstrações contábeis de uma única entidade em conjunto com todos os itens patrimoniais e de resultados em conjunto com suas controladas.

As demonstrações contábeis obrigatórias a serem elaboradas pelas instituições abarcadas pela Resolução CMN nº 4.818/2020 são as seguintes:

I – Balanço Patrimonial (BP).

II – Demonstração do Resultado do Exercício (DRE).

III – Demonstração do Resultado Abrangente (DRA).

IV – Demonstração dos Fluxos de Caixa (DFC).

V – Demonstração das Mutações do Patrimônio Líquido (DMPL).

A normativa determina também a obrigatoriedade de acompanhamento das demonstrações contábeis as notas explicativas (NE) que esmiúcem o conteúdo de cada peça contábil no que for relevante para a compreensão do conjunto das demonstrações, além de detalhamento das políticas contábeis, entre outros temas, como a divulgação explícita e sem reserva de que as referidas demonstrações estão em conformidade com a regulamentação emanada do CMN e do BCB, eventos subsequentes etc.

A obrigatoriedade da elaboração das Demonstrações Contábeis aplica-se aos exercícios sociais e semestrais, relativas aos semestres findos em 30 de junho e 31 de dezembro de cada ano.

Seguem alguns detalhes referentes à elaboração e divulgação das demonstrações contábeis pelas instituições financeiras:

- as instituições com patrimônio líquido inferior a R$ 2.000.000,00 (dois milhões de reais), na database de 31 de dezembro do exercício imediatamente anterior, estão dispensadas da elaboração e divulgação da DFC, desde que sejam instituições constituídas do seguinte modo: (i) companhia de capital fechado; (ii) cooperativas de crédito singulares; ou (iii) sociedades de crédito ao microempreendedor e à empresa de pequeno porte;

- as demonstrações contábeis semestrais relativas aos semestres findos em 30 de junho podem ser acompanhadas de NE selecionadas, ou seja, com conteúdo menor, conforme determinação do BCB;

- a instituição que tenha dependências em outros países deve divulgar as demonstrações contábeis contendo a posição consolidada das operações realizadas no país e no exterior, com suas NE completas;

- na elaboração e divulgação das demonstrações contábeis e respectivas NE, as instituições devem também observar os pronunciamentos técnicos do CPC apresentados no Quadro 36.1.

Quadro 36.1 Pronunciamentos técnicos do Comitê de Pronunciamentos Contábeis

| Pronunciamento | Detalhamento |
| --- | --- |
| CPC 03 (R2) | Demonstração dos Fluxos de Caixa |
| CPC 05 (R1) | Divulgação sobre Partes Relacionadas |
| CPC 24 | Evento Subsequente |
| CPC 41 | Resultado por ação |

Ressalta-se, para fins de consolidação, o entendimento da IFRS 10 (CPC 36), que versa sobre a necessidade de controle para que uma instituição controle outra.

Dessa maneira, entende-se como controle a situação em que a instituição investidora está exposta a, ou tem direitos sobre, retornos variáveis decorrentes de seu envolvimento com a entidade investida e tem a capacidade de afetar esses retornos por meio de seu poder sobre a investida. Já o controle conjunto é a situação em que há o compartilhamento, contratualmente convencionado, do controle de uma entidade, no qual as decisões sobre as atividades que afetam significativamente os retornos do negócio exigem o consentimento unânime das partes controladoras (conforme incisos I e II, § 3º do art. 4º da Resolução CMN nº 4.818/2020).

Conforme detalhado no Capítulo 2 deste livro, o CMN, por meio da Resolução CMN nº 4.553/2017, segmenta as instituições financeiras para fins de aplicação proporcional da regulação prudencial, considerando o porte e a atividade internacional das instituições que compõem cada segmento do modo apresentado no Quadro 3.2.

**Quadro 36.2** Segmentação das instituições

| Segmento | Composição |
| --- | --- |
| S1 | O S1 é composto pelos bancos múltiplos, bancos comerciais, bancos de investimento, bancos de câmbio e caixas econômicas que tenham porte igual ou superior a 10% (dez por cento) do Produto Interno Bruto (PIB); ou exerçam atividade internacional relevante, independentemente do porte da instituição. |
| S2 | Pelos bancos múltiplos, bancos comerciais, bancos de investimento, bancos de câmbio e caixas econômicas, de porte inferior a 10% (dez por cento) e igual ou superior a 1% (um por cento) do PIB e pelas demais instituições de porte igual ou superior a 1% (um por cento) do PIB. |
| S3 | O S3 é composto pelas instituições de porte inferior a 1% (um por cento) e igual ou superior a 0,1% (um décimo por cento) do PIB. |
| S4 | O S4 é composto pelas instituições de porte inferior a 0,1% (um décimo por cento) do PIB. |
| S5 | Pelas instituições de porte inferior a 0,1% (um décimo por cento) do PIB que utilizem metodologia facultativa simplificada para apuração dos requerimentos mínimos de Patrimônio de Referência (PR), de Nível I e de Capital Principal, exceto bancos múltiplos, bancos comerciais, bancos de investimento, bancos de câmbio e caixas econômicas. |

A Resolução CMN nº 4.818/2020 estabelece que as instituições que sejam líderes de conglomerado prudencial enquadrado no Segmento 1 (S1), no Segmento 2 (S2) ou no Segmento 3 (S3), conforme regulamentação específica, devem elaborar demonstrações contábeis anuais consolidadas adotando o padrão contábil internacional de acordo com o *International Accounting Standards Board* (IASB), ou seja, a IFRS 10, especialmente.

## 36.3 DEMONSTRAÇÕES CONTÁBEIS INTERMEDIÁRIAS

Para o BCB, as demonstrações contábeis intermediárias são aquelas demonstrações relativas a períodos menores que seis meses.

Por sua vez, a IAS 34 define como demonstração contábil intermediária aquela que contém períodos intermediários de divulgação, ou seja, que não compreende o ano completo de exercícios de período intermediário.

Tanto o BCB como a IAS 34 permitem que as instituições financeiras (seja voluntariamente ou por força de disposições legais, estatutárias ou contratuais) elaborem e divulguem suas demonstrações contábeis intermediárias da seguinte forma:

- de acordo com as disposições aplicáveis às demonstrações contábeis semestrais e anuais; ou
- de maneira condensada, incluindo NE selecionadas de acordo com os procedimentos definidos pelo BCB, na Resolução BCB nº 2/2020.

O regulador estabelece que, na elaboração das demonstrações financeiras intermediárias, as instituições devem aplicar os mesmos critérios, procedimentos, práticas e políticas contábeis utilizados nas demonstrações semestrais e anuais.

## 36.4 APRESENTAÇÃO DAS DEMONSTRAÇÕES CONTÁBEIS

Assim como a IAS 1, o BCB destaca a necessidade de que as entidades reguladas devam, no processo de elaboração e divulgação das suas demonstrações contábeis (individuais ou consolidadas), levar em conta a representação apropriada da posição financeira e patrimonial, o desempenho e os fluxos de caixa da instituição, de acordo com as definições e critérios contábeis de reconhecimento para ativos, passivos, receitas e despesas previstos na regulamentação específica.

Vale mencionar que o CMN e o BCB recepcionaram a Estrutura Conceitual para Relatório Financeiro (CPC

00 – R2), tradução do original do IASB, o denominado *Conceptual Framework*, por meio das seguintes normas:

a) Resolução CMN nº 4.924, de 24 de junho de 2021, que dispõe sobre os princípios gerais para reconhecimento, mensuração, escrituração e evidenciação contábeis pelas instituições financeiras e demais instituições autorizadas a funcionar pelo BCB.

b) Resolução BCB nº 120, de 27 de julho de 2021, que, por sua vez, dispõe sobre os princípios gerais para reconhecimento, mensuração, escrituração e evidenciação contábeis pelas administradoras de consórcio e pelas instituições de pagamento autorizadas a funcionar pelo BCB e sobre os procedimentos específicos para a aplicação desses princípios pelas instituições financeiras e demais instituições autorizadas a funcionar pelo BCB.

Dessa forma, as instituições devem, quando do processo de elaboração e divulgação de suas demonstrações contábeis:

- pressupor a continuidade das suas atividades no futuro previsível, a menos que a administração tenha intenção de liquidar a instituição ou cessar seus negócios, ou ainda não possua alternativa realista senão a sua descontinuação, dados cenários internos ou externos;
- apresentar separadamente cada classe relevante de itens similares, evidenciando de modo segregado os itens de natureza ou função diferente, exceto se não forem relevantes;
- observar que ativos e passivos, receitas e despesas devem ser reconhecidos segundo o regime de competência e não podem ser compensados, exceto se exigido ou permitido por norma específica emanada do CMN ou do BCB;
- divulgar informações comparativas em relação ao período anterior para todos os valores apresentados nas demonstrações contábeis do período corrente, assim como para as informações narrativas e descritivas que vierem a ser apresentadas, se for relevante para a compreensão do conjunto das demonstrações;
- manter consistência na apresentação e classificação dos diversos itens nas demonstrações financeiras de um período para outro, exceto se houver determinação distinta em norma emanada do CMN ou do BCB, ou se uma mudança na apresentação ou classificação representar informação confiável e mais relevante para o usuário; e
- apresentar informações adicionais às requeridas na regulamentação específica se os requisitos ali estabelecidos forem insuficientes para permitir a compreensão do impacto de determinadas transações, eventos e condições sobre a posição financeira e patrimonial e o desempenho da instituição.

As informações financeiras, inclusive as relativas a políticas contábeis, devem ser apresentadas de maneira que proporcionem informação relevante, confiável, comparável e compreensível. Quanto a esse tópico, cabe sinalizar a importância de cada instituição ter um órgão de deliberação e aprovação de suas políticas contábeis.

Por último, como já destacado e não menos importante, a Resolução CMN nº 4.818/2020 informa que as instituições mencionadas devem declarar em suas NE, de maneira explícita e sem reserva, que as demonstrações contábeis elaboradas – sejam individuais, consolidadas, anuais ou intermediárias – têm suas peças contábeis em conformidade com toda a regulamentação emanada pelo CMN e pelo BCB.

## 36.5 DIVULGAÇÃO DAS DEMONSTRAÇÕES CONTÁBEIS

É sabido que as empresas abertas, ou seja, aquelas que negociam suas ações e outros títulos em Bolsa (B3), devem publicar periodicamente suas demonstrações contábeis acrescidas de NE e outras informações.

A Resolução CMN nº 4.818/2020 explica que, além de observadas as demais disposições legais e regulamentares em vigor, as demonstrações contábeis de que trata esta resolução devem ser divulgadas na Central de Demonstrações Financeiras do Sistema Financeiro Nacional (SFN), no endereço eletrônico oficial do BCB na internet.

Ademais, as instituições que divulgarem suas demonstrações contábeis deverão também apresentar:

- relatório de auditoria independente;
- relatório da administração.

Além disso, as demonstrações contábeis deverão ser assinadas pelos administradores e pelo diretor responsável pela contabilidade da instituição e por contador legalmente habilitado pelo Conselho Regional de Contabilidade (CRC).

Quanto à documentação, as instituições financeiras devem manter à disposição do BCB, por no mínimo cinco anos, as informações, os dados, os mapas de consolidação, os documentos, as interpelações, as verificações e os questionamentos necessários à adequada avaliação das operações ativas e passivas e dos riscos assumidos pelas entidades consolidadas, independentemente de sua natureza ou atividade operacional.

A Resolução CMN nº 4.818/2020 passou a vigorar em 1º de janeiro de 2021 e revogou os seguintes documentos emanados pelo BCB:

I – a Resolução nº 3.973, de 26 de maio de 2011;

II – a Resolução nº 4.636, de 22 de fevereiro de 2018;

III – a Resolução nº 4.740, de 29 de agosto de 2019;

IV – os arts. 1º a 13 da Resolução nº 4.720, de 30 de maio de 2019; e

V – os arts. 1º a 9º da Resolução nº 4.776, de 29 de janeiro de 2020.

## 36.6 CONGLOMERADO PRUDENCIAL

A norma que define as regras referentes aos critérios contábeis aplicados às instituições financeiras e demais autorizadas a funcionar na elaboração do conglomerado prudencial é a Resolução CMN nº 4950, de 30 de setembro de 2021. Essa norma revogou a Resolução nº 4.280, de 31 de outubro de 2013.

O BCB, por meio da Resolução nº 197, classifica os conglomerados da seguinte forma:

- **Tipo 1**: conglomerado prudencial liderado por instituição financeira;
- **Tipo 2**: conglomerado prudencial liderado por instituição de pagamento e não integrado por instituição financeira ou por outra instituição autorizada a funcionar pelo BCB; e
- **Tipo 3**: conglomerado prudencial liderado por instituição de pagamento e integrado por instituição financeira ou outra instituição autorizada a funcionar pelo BCB.

Não são aplicadas as Resoluções CMN nº 4.818/2020 e nº 4.950/2021 tanto em relação às cooperativas de créditos como também às instituições de pagamento e administradoras de consórcios, que possuem normativos específicos emanados do BCB, uma vez que estas são reguladas diretamente pela referida autarquia, em vez do CMN.

O conglomerado prudencial é definido pelo BCB como um grupo integrado pelas entidades a seguir:

I – instituição financeira que detenha o controle sobre uma ou mais entidades citadas no inciso II; e

II – entidades controladas, direta ou indiretamente, no país ou no exterior, pela instituição mencionada no inciso I, que sejam:

a) instituições financeiras;

b) demais instituições;

c) instituições de pagamento não autorizadas a funcionar pelo BCB;

d) entidades que realizem aquisição de operações de crédito, inclusive imobiliário, ou de direitos creditórios, a exemplo de sociedades de fomento mercantil, sociedades securitizadoras e sociedades de objeto exclusivo;

e) outras pessoas jurídicas que tenham por objeto social exclusivo a participação societária nas entidades mencionadas nas alíneas "a" a "d"; e

f) fundos de investimento;

Diferentemente das orientações para existência de controle da IFRS 10, a Resolução CMN nº 4.950/2021 define que, para haver o controle, faz-se necessário caracterizar:

I – No caso de fundos de investimento, nas situações em que a instituição investidora:

a) está exposta a, ou tem direito sobre, retornos variáveis decorrentes de seu envolvimento com o fundo investido e tem a capacidade de afetar esses retornos por meio de seu poder sobre o respectivo fundo; ou

b) assume ou retém substancialmente, sob qualquer forma, riscos e benefícios.

II – No caso das demais entidades mencionadas, nas situações em que a instituição investidora:

a) está exposta a, ou tem direito sobre, retornos variáveis decorrentes de seu envolvimento com a investida e tem a capacidade de afetar esses retornos por meio de seu poder sobre a investida;

b) detém, de modo direto ou indireto, isoladamente ou em conjunto com outros sócios, inclusive em função da existência de acordos de votos, direitos de sócio que assegurem preponderância nas deliberações sociais ou poder de eleger ou destituir a maioria dos administradores; ou

c) controla a entidade investida pela administração ou gerência comum ou pela atuação no mercado sob a mesma marca ou nome comercial.

As instituições líderes de conglomerado prudencial devem elaborar e remeter ao BCB os documentos contábeis consolidados do conglomerado prudencial, utilizando:

I – as demonstrações contábeis das entidades controladas relativas à mesma data-base das demonstrações da instituição controladora, no estágio imediatamente anterior ao da distribuição dos resultados;

II – os critérios, procedimentos e políticas contábeis consubstanciados no Padrão Contábil das Instituições Reguladas pelo BCB (denominado Cosif); e

III – técnicas apropriadas que possibilitem apurar as informações contábeis de duas ou mais entidades, conforme procedimentos de consolidação de demonstrações financeiras definidos pelo BCB.

Adicionalmente, a instituição líder do conglomerado prudencial integrado por entidades controladas no exterior, preliminarmente à consolidação, deve, observados os procedimentos contábeis estabelecidos em regulamentação específica:

a) designar a moeda funcional de cada entidade controlada no exterior;

b) converter as transações em moeda estrangeira para a moeda funcional designada da controlada; e

c) converter as demonstrações financeiras da controlada no exterior da moeda funcional para a moeda nacional, caso a moeda funcional da controlada seja diferente da moeda nacional.

Como a elaboração e o envio das demonstrações contábeis são obrigatórios apenas para o BCB, o regulador faculta à instituição líder de conglomerado prudencial divulgar as Demonstrações Contábeis do Conglomerado Prudencial, desde que seguidas as recomendações da Resolução CMN nº 4.818/2020.

## 36.7 CONTEÚDO MÍNIMO DAS DEMONSTRAÇÕES CONTÁBEIS

### 36.7.1 Balanço Patrimonial

Por meio da Resolução BCB nº 2/2020, o BCB normatiza que as instituições financeiras e demais instituições por este autorizadas devem apresentar, no BP, os saldos de todos os grupamentos contábeis relevantes para a compreensão de sua situação patrimonial, contendo, no mínimo, as seguintes informações:

I – No ativo:

a) disponibilidades;

b) instrumentos financeiros;

c) operações de arrendamento mercantil;

d) provisões para perdas esperadas associadas ao risco de crédito;

e) ativos fiscais correntes e diferidos;

f) investimentos em participações em coligadas e controladas;

g) imobilizado de uso;

h) intangível;

i) depreciações e amortizações; e

j) provisões para redução ao valor recuperável de ativos.

II – No passivo e patrimônio líquido:

a) depósitos e demais instrumentos financeiros;

b) provisões;

c) obrigações fiscais correntes e diferidas;

d) capital social;

e) reservas de capital;

f) reservas de lucros;

g) outros resultados abrangentes;

h) lucros ou prejuízos acumulados; e

i) ações em tesouraria.

O ativo deve ser apresentado no BP segregado em:

I – Circulante, composto por:

a) recursos considerados caixa ou equivalente a caixa, conforme regulamentação específica, exceto se o seu uso se encontre vedado durante pelo menos 12 meses após a data do balanço;

b) ativos realizáveis até 12 meses após a data do balanço;

c) instrumentos mantidos dentro de modelo de negócios que prevê a negociação do ativo, independentemente do seu prazo de vencimento, em até 12 meses contados da data do balanço; ou

d) aplicações de recursos no pagamento antecipado de despesa decorrente de obrigação a ser cumprida por terceiros no curso dos 12 meses seguintes à data do balanço.

II – Não circulante, composto pelos ativos não classificados no circulante, subdivididos em:

a) realizável a longo prazo;

b) investimentos;

c) imobilizado; e

d) intangível.

O art. 22 da Resolução BCB nº 2/2020 explica que devem ser divulgadas, no BP, na DMPL ou em NE, as seguintes informações sobre o capital social e as reservas:

I – a quantidade de ações autorizadas, de ações subscritas e integralizadas e de ações subscritas, mas não integralizadas;

II – o valor nominal por ação, informando também quando houver ausência de valor;

III – a conciliação entre as quantidades de ações em circulação no início e no fim do período;

IV – os direitos, as preferências e as restrições associados a cada classe de ações, incluindo restrições na distribuição de dividendos e no reembolso de capital;

V – as ações ou quotas da instituição mantidas por ela própria, por controladas ou por coligadas;

VI – as ações destinadas à emissão para honrar opções e contratos de venda de ações, incluindo os prazos e respectivos valores; e

VII – a descrição da natureza e da finalidade de cada reserva.

Todavia, há de se mencionar um item importante da Resolução, que é o art. 23, no qual é uma opcionalidade da instituição a apresentação dos grupos ativo e do passivo no BP baseada somente na liquidez e na exigibilidade, caso a instituição julgue que esse modo de apresentação proporcionará informação mais relevante e confiável para o usuário.

Contudo, o regulador exige que caso seja exercida a opção de apresentação sem distinção entre curto e longo prazos, a instituição deve evidenciar em NE o montante esperado a ser realizado ou liquidado em até 12 meses e em prazo superior para cada item apresentado no ativo e no passivo.

### 36.7.2 Demonstração do Resultado do Exercício

Seguem as rubricas mínimas exigidas pela Resolução BCB nº 2/2020:

I – principais receitas e despesas de intermediação financeira;

II – resultado de intermediação financeira;

III – outras receitas operacionais;

IV – principais despesas operacionais;

V – despesas de provisões, segregadas as classes mais relevantes;

VI – resultado operacional;

VII – principais itens de outras receitas e despesas;

VIII – resultado antes dos tributos e participações;

IX – tributos e participações sobre o lucro;

X – resultado líquido; e

XI – resultado líquido por ação.

### 36.7.3 Demonstração do Resultado Abrangente

Seguem as rubricas mínimas exigidas pela Resolução BCB nº 2/2020:

I – resultado líquido do período; e

II – outros resultados abrangentes do período, segregados em:
a) itens que poderão ser reclassificados para o resultado; e
b) itens que não poderão ser reclassificados para o resultado.

### 36.7.4 Demonstração das Mutações do Patrimônio Líquido

As instituições financeiras e demais instituições devem apresentar, na DMPL, as alterações ocorridas nas contas do patrimônio líquido durante o período, evidenciando, no mínimo:

I – o resultado abrangente do período;

II – os efeitos de eventuais aplicações retrospectivas de políticas contábeis ou de reapresentações retrospectivas de itens patrimoniais, reconhecidos de acordo com a regulamentação em vigor, para cada componente do patrimônio líquido;

III – a conciliação do saldo no início e no final do período para cada componente do patrimônio líquido, demonstrando separadamente as modificações decorrentes:
a) do lucro líquido;
b) de cada item dos outros resultados abrangentes; e
c) de transações com proprietários, segregando as integralizações e as distribuições realizadas; e

IV – o valor da remuneração do capital reconhecido como distribuição aos proprietários durante o período, segregados os montantes relativos a dividendos e a juros sobre capital próprio.

### 36.7.5 Informações gerais

As instituições devem informar, de modo destacado, as seguintes informações em cada demonstração financeira e nas NE:

I – o nome da instituição, bem como qualquer alteração que possa ter ocorrido nessa denominação desde o término do período anterior;

II – o escopo das demonstrações financeiras, informando se estas se referem à instituição individual ou ao consolidado de um grupo de instituições;

III – a data de encerramento do período ou o período ao qual se referem as demonstrações financeiras e as respectivas NE; e

IV – o nível de arredondamento de valores monetários utilizados na apresentação das demonstrações contábeis.

Adicionalmente, a nomenclatura das contas utilizadas e sua ordem de apresentação ou agregação nas demonstrações contábeis podem ser modificadas de acordo com a natureza das atividades da instituição, desde que a nova estrutura de contas forneça informação mais relevante para a compreensão da sua situação patrimonial e financeira, do seu desempenho econômico.

### 36.7.6 Notas Explicativas

As NE, assim como referendado pelo IASB, pelo CPC e demais órgãos definidores de padrões contábeis, devem conter todas as informações necessárias ao completo entendimento da sua posição e evolução patrimonial, da sua situação financeira, do seu desempenho e dos seus fluxos de caixa.

Além disso, devem conter um conjunto de dados, que incluem:

- as informações sobre a base de preparação das demonstrações contábeis e as políticas contábeis específicas aplicadas às transações e aos eventos significativos;
- as informações não inseridas nas próprias demonstrações contábeis consideradas necessárias para uma apresentação adequada da sua situação patrimonial e financeira, do seu desempenho e dos seus fluxos de caixa, inclusive as adicionais às requeridas na regulamentação em vigor;
- os julgamentos realizados no processo de aplicação das políticas contábeis que provocarem efeitos significativos sobre os valores reconhecidos nas demonstrações financeiras, exceto os decorrentes de estimativas;
- os resultados recorrentes e não recorrentes de modo segregado;
- a descrição da natureza e dos efeitos de eventuais alterações nas políticas contábeis e métodos de cálculo utilizados na elaboração das demonstrações ou, se não houver alterações, declaração de que essas políticas e métodos são os mesmos utilizados nas demonstrações contábeis anuais mais recentes;
- as explicações necessárias para a compreensão de operações intermediárias sazonais ou cíclicas, se houver;
- a natureza e os valores de itens não usuais em função de sua natureza, tamanho ou incidência que afetaram os ativos, os passivos, o patrimônio líquido, o resultado líquido ou os fluxos de caixa;
- a natureza e os valores das alterações nas estimativas de valores divulgados em período intermediário anterior do ano corrente, em período intermediário final do exercício social corrente ou em períodos anuais anteriores;
- as emissões, recompras e resgates de títulos de dívida e de títulos patrimoniais;
- a remuneração do capital paga separadamente por ações ordinárias e por outros tipos e classes de ações;
- os eventos subsequentes ao fim do período intermediário que não tenham sido refletidos nas demonstrações contábeis do período intermediário;
- os efeitos de mudanças na estrutura da instituição durante o período intermediário, incluindo incorporação, fusão, cisão, obtenção ou perda de controle de controladas e investimentos de longo prazo, reestruturações e operações descontinuadas; e
- as informações definidas na regulamentação em vigor sobre o valor justo dos instrumentos financeiros (Resolução CMN nº 4.966/2021).

Adicionalmente, fica facultada a apresentação, nas NE selecionadas, de informações que não tenham sofrido alteração significativa em relação às que foram evidenciadas nas NE das demonstrações financeiras anuais mais recentes.

## 36.8 DEMONSTRAÇÕES CONTÁBEIS INTERMEDIÁRIAS

As instituições financeiras podem, em períodos inferiores a um ano, elaborar e divulgar as demonstrações contábeis intermediárias do seguinte modo:

I – a DRE e a DRA com base no saldo acumulado do exercício social corrente; e

II – as demais demonstrações com base no saldo do exercício social corrente.

## 36.9 DIVULGAÇÃO (*DISCLOSURE*)

A divulgação ou *disclosure* das demonstrações contábeis pode ser entendida como terceiro tripé do processo contábil, ou seja, após as fases de reconhecimento e mensuração, far-se-á necessária a evidenciação dos elementos das demonstrações contábeis.

O BCB, por meio da Resolução BCB nº 2/2020, exige que as instituições financeiras divulguem suas demonstrações contábeis de maneira comparativa com, no mínimo, o período anterior, com os seguintes detalhes:

I – o BP ao final do período corrente deve ser comparado com o BP do final do exercício social imediatamente anterior;

II – as demais demonstrações devem ser comparadas com as relativas aos mesmos períodos do exercício social anterior para as quais foram apresentadas. O BCB permite que as demonstrações contábeis relativas aos períodos findos em 31 de dezembro sejam comparadas com as demonstrações relativas ao exercício social anterior;

III – as NE necessárias para o correto entendimento devem ser apresentadas de maneira comparativa, quando relevante para a compreensão do conjunto das demonstrações do período;

IV – para as linhas de negócios relevantemente sazonais, devem ser divulgadas todas as informações necessárias para a compreensão dos efeitos da sazonalidade sobre a situação patrimonial e financeira, o desempenho e os fluxos de caixa da instituição;

V – as instituições financeiras devem reclassificar os valores apresentados para fins comparativos quando a apresentação ou a classificação de itens nas demonstrações contábeis forem alteradas, devendo evidenciar nas NE:

I – a natureza da reclassificação;

II – o valor de cada item ou classe de itens que foi reclassificado; e

III – o motivo da reclassificação.

Os prazos para divulgação das demonstrações contábeis são os seguintes:

I – até 60 dias da data-base, para as demonstrações contábeis relativas aos períodos findos em 30 de junho;

II – até 90 dias da data-base, para as demonstrações contábeis relativas aos períodos findos em 31 de dezembro; e

III – até 45 dias da data-base, para as demais demonstrações contábeis.

Para detalhes sobre a remessa das demonstrações contábeis ao BCB, dever-se-á consultar a Resolução BCB nº 2/2020 especificamente no que versam os arts. 45 e 46 da referida norma.

Por último, destaca-se que a Resolução BCB nº 2/2020 revogou os seguintes documentos:

I – a Circular nº 3.578, de 16 de fevereiro de 2012;

II – a Circular nº 3.901, de 22 de maio de 2018;

III – os arts. 1º a 14 da Circular nº 3.950, de 25 de junho de 2019;

IV – a Circular nº 3.959, de 4 de setembro de 2019; e

V – a Circular nº 3.964, de 25 de setembro de 2019.

A referida resolução entrou em vigor em 1º de janeiro de 2021.

## 36.10 ENVIO DAS DEMONSTRAÇÕES CONTÁBEIS À CENTRAL DE DEMONSTRAÇÕES FINANCEIRAS DO SISTEMA FINANCEIRO NACIONAL (CDSFN)

A Instrução Normativa BCB nº 236, de 17 de fevereiro de 2022, alterou e consolidou os procedimentos para a remessa das demonstrações contábeis de que trata a Resolução BCB nº 2/2020.

## 36.11 EXERCÍCIOS

1. Informe se é verdadeiro (V) ou falso (F) o que se afirma sobre a apresentação das demonstrações contábeis.

( ) As demonstrações contábeis devem ser elaboradas no pressuposto da continuidade.

( ) O ativo deve ser classificado como circulante quando se espera que seja realizado após 12 meses da data do balanço.

( ) As alterações no patrimônio líquido da entidade entre duas datas de balanço devem refletir o aumento ou a redução nos seus ativos líquidos durante o período.

( ) As entidades devem divulgar informações que permitam aos usuários das demonstrações contábeis avaliarem seus objetivos, políticas e processos de gestão de capital.

( ) A entidade deve apresentar na DRA, ou nas NE, o montante de dividendos reconhecidos como distribuição aos proprietários durante o período e o respectivo montante por ação.

A sequência correta é:

a) V, F, V, V, F.
b) V, V, F, V, F.
c) V, F, F, V, F.
d) F, V, F, F, V.
e) F, F, V, F, V.

2. A DRE mede o desempenho durante um período específico (ROSS et al., 2005, p. 25).

A partir da definição contábil do lucro, é correto afirmar que:
a) Baseia-se na soma das despesas e dos custos da organização.
b) É medido pela diferença entre ativos circulantes e ativos permanentes.
c) É a soma das receitas com o patrimônio líquido.
d) É calculado pela diferença entre as receitas e as despesas.
e) É calculado pela diferença entre as receitas e o patrimônio líquido.

3. Uma empresa comercial está separando seus ativos e passivos circulantes e não circulantes para elaborar o BP. O contador, ao verificar os requisitos do CPC 26 (R1) – Apresentação das Demonstrações Contábeis, observou que:
a) Os ativos e passivos devem ser apresentados por ordem crescente de liquidez, do menos líquido para o mais líquido.
b) O passivo deve ser classificado como circulante quando for caixa ou equivalente de caixa.
c) Os impostos diferidos não devem ser classificados como circulantes.
d) O ativo deve ser classificado como circulante quando for adiantamento de clientes.
e) O passivo deve ser classificado como circulante quando for uma despesa antecipada.

## 36.12 RESPOSTAS DOS EXERCÍCIOS

1. a
2. d
3. c

## REFERÊNCIAS

BANCO CENTRAL DO BRASIL. Resolução BCB nº 2, de 12 de agosto de 2020. Consolida os critérios gerais para elaboração e divulgação de demonstrações financeiras individuais e consolidadas pelas administradoras de consórcio e pelas instituições de pagamento e os procedimentos para elaboração, divulgação e remessa de demonstrações financeiras que devem ser observados pelas instituições financeiras e demais instituições autorizadas a funcionar pelo Banco Central do Brasil. *Diário Oficial da União*. Disponível em: https://www.bcb.gov.br/estabilidadefinanceira/exibenormativo?tipo=Resolu%C3%A7%C3%A3o%20BCB&numero=2. Acesso em: 30 jun. 2023.

CONSELHO MONETÁRIO NACIONAL. Resolução CMN nº 4.818, de 29 de maio de 2020. Consolida os critérios gerais para elaboração e divulgação de demonstrações financeiras individuais e consolidadas pelas instituições financeiras e demais instituições autorizadas a funcionar pelo Banco Central do Brasil. *Diário Oficial da União*. Disponível em: https://www.bcb.gov.br/estabilidadefinanceira/exibenormativo?tipo=Resolu%C3%A7%C3%A3o&numero=4818. Acesso em: 30 jun. 2023.

IAS 1 – Apresentação das Demonstrações Contábeis (*Presentation of Financial Statements*). COMITÊ DE PRONUNCIAMENTOS CONTÁBEIS. CPC 26 (R1) – Apresentação das Demonstrações Contábeis. Disponível em: http://www.cpc.org.br/CPC/Documentos-Emitidos/Pronunciamentos/Pronunciamento?Id=80. Acesso em: 17 maio 2023.

ROSS, S. A.; WESTERFIELD, R. W.; JORDAN, B. D.; LAMB, R. *Fundamentos de administração financeira*. Porto Alegre: AMGH, 2005.

# 37

# DEMONSTRAÇÃO DOS FLUXOS DE CAIXA

Uverlan Rodrigues Primo
Maria Camila Baigorri (revisora)

## 37.1 INTRODUÇÃO

A Demonstração dos Fluxos de Caixa (DFC) tem o propósito de propiciar informação sobre os recebimentos e pagamentos de uma empresa durante determinado período, auxiliando os usuários da informação contábil, principalmente investidores e credores, a avaliar a capacidade de uma empresa gerar fluxo futuro de caixa positivo suficiente para saldar suas obrigações e pagar dividendos. Para as instituições financeiras, a DFC é particularmente importante, uma vez que o caixa é o principal veículo propulsor da atividade de intermediação financeira, principal atividade dessas entidades.

A divulgação da DFC é obrigatória para as instituições financeiras e demais instituições autorizadas a funcionar pelo Banco Central do Brasil (BCB), por força do disposto no art. 2º da Resolução CMN nº 4.818/2020, exceto para as instituições constituídas como companhia de capital fechado, cooperativas de crédito singulares e sociedades de crédito ao microempreendedor e à empresa de pequeno porte, desde que tenham patrimônio líquido inferior a R$ 2 milhões.

De acordo com essa resolução, na elaboração da DFC, as instituições devem observar o Pronunciamento Técnico CPC 03 (R2) – Demonstração dos Fluxos de Caixa, aprovado pelo Comitê de Pronunciamentos Contábeis (CPC) em 3 de setembro de 2010.

## 37.2 CAIXA E EQUIVALENTES A CAIXA

O conceito de caixa, como definido pelo CPC 03 (R2), é ampliado, visando compreender também os equivalentes a caixa, uma vez que se deve considerar que as empresas, em condições de normalidade, aplicam suas sobras de caixa em investimentos a curto prazo. Para esse fim, consideram-se equivalentes de caixa os investimentos de curto prazo de alta liquidez, que são prontamente conversíveis em valores conhecidos de caixa e que estão sujeitos a um insignificante risco de mudança de valor em razão de alterações nas taxas de juros.

De um modo geral, somente investimentos com vencimento original de três meses ou menos são compreendidos por essa definição. São exemplos de itens considerados equivalentes a caixa títulos públicos e privados de baixo risco, os *commercial papers* (títulos emitidos por companhias privadas com prazo de até 90 dias), aplicações financeiras de renda fixa de curto prazo e aplicações em depósitos interfinanceiros. Aquisições e vendas desses investimentos com efeito caixa são geralmente parte das atividades de gerenciamento de caixa da instituição, em vez de atividades operacionais, de investimentos e de financiamentos e, portanto, o detalhamento dessas transações não deve fazer parte da DFC.

## 37.3 ESTRUTURA DA DEMONSTRAÇÃO DOS FLUXOS DE CAIXA

Visando melhorar o entendimento de como a empresa gera e consome caixa, na DFC os fluxos de caixa são classificados por grupos de atividades, em três categorias: operacionais, de investimentos e de financiamentos. Ao utilizar essa classificação, permite-se que se possa avaliar o efeito de cada atividade da empresa sobre o montante de caixa e equivalentes a caixa.

A ideia subjacente a essa classificação vem da teoria de finanças, segundo a qual uma empresa obtém dinheiro para financiar os seus investimentos de duas fontes: as suas próprias operações e os financiamentos de credores e investidores.

Ao final, é apresentada uma demonstração da alteração no saldo de caixa no período compreendido pela DFC, que consiste no saldo de caixa atual deduzido do saldo anterior, o que resulta na movimentação de caixa e equivalentes a caixa do período.

## 37.4 FLUXO DE CAIXA DAS ATIVIDADES OPERACIONAIS

As atividades operacionais são as principais atividades geradoras de receita da empresa e suas informações são de fundamental relevância na DFC, provavelmente, a principal informação gerada por essa demonstração. É por meio do fluxo de caixa das atividades operacionais que os usuários podem identificar como foi o desempenho das operações da empresa durante o período, se geraram ou consumiram caixa, podendo medir a capacidade de a empresa saldar suas obrigações e realizar novos investimentos no futuro.

Para tanto, o fluxo de caixa das atividades operacionais deve ser mensurado de modo que represente o montante de caixa, efetivamente gerado ou consumido pelas operações da empresa. O fluxo de caixa decorrente das atividades operacionais deriva basicamente das operações de:

a) recebimentos de caixa pela venda de mercadorias e pela prestação de serviços;

b) recebimentos de caixa por dividendos pela participação do patrimônio em outras empresas;

c) recebimentos de caixa decorrentes de juros sobre empréstimos concedidos e sobre aplicações financeiras em outras entidades;

d) recebimentos de caixa decorrentes de *royalties*, honorários, comissões e outras receitas;

e) pagamentos de caixa a fornecedores de mercadorias e serviços;

f) pagamentos de caixa por tributos (Federal, Estadual e Municipal); e

g) pagamentos de caixa a empregados etc.

Em uma situação ideal, a empresa deve gerar caixa em suas atividades operacionais em montante suficiente para saldar as obrigações contraídas nas atividades de financiamento e, ainda, fazer novos investimentos.

## 37.5 FLUXO DE CAIXA DAS ATIVIDADES DE INVESTIMENTO

O fluxo de caixa referente às atividades de investimento representa transações de compra ou venda de ativos permanentes, que serão utilizados pela empresa na produção de bens ou serviços e investimentos financeiros não incluídos nos equivalentes a caixa.

A divulgação segregada dos fluxos de caixa decorrentes das atividades de investimentos é importante, visto que esses fluxos revelam a abrangência dos dispêndios feitos com recursos destinados a gerar futuras receitas e fluxos de caixa.

Como exemplo de fluxos de caixas decorrentes das atividades de investimentos tem-se:

a) pagamentos pela aquisição de ativos imobilizados, intangíveis e outros ativos de longo prazo;

b) desembolsos para investimentos em instrumentos financeiros, como ações e títulos;

c) pagamentos por aquisição de participações em outras empresas e fundos;

d) recebimentos pela venda de ativos imobilizado, intangíveis e outros ativos de longo prazo;

e) recebimentos provenientes da venda e desembolsos decorrentes de aquisições de ações ou instrumentos de dívidas de outras empresas e interesses em *joint ventures*;

f) adiantamento de caixa e empréstimo feitos a terceiros e seus respectivos recebimentos e ou amortização, com exceção daqueles feitos por uma instituição financeira; e

g) desembolsos e recebimentos por contratos de derivativos.

Por meio dos fluxos de caixa de investimentos, pode-se verificar onde e de que maneira a empresa realizou seus investimentos, seja na própria empresa, na aquisição de outras empresas ou no mercado financeiro. Portanto, essa categoria mostra-se relevante na composição e na análise da DFC.

## 37.6 FLUXO DE CAIXA DAS ATIVIDADES DE FINANCIAMENTO

Os fluxos de caixa das atividades de financiamento estão relacionados com as mudanças no tamanho e na composição do capital próprio e no passivo exigível da empresa, ou seja, entradas e saídas de caixa pela emissão e pagamento de instrumentos de dívida e aporte de investidores e outras formas de captação da entidade. Além disso, a remuneração ao capital próprio em forma de distribuição de lucros (dividendos e juros de capital próprio) será também apresentada nesse grupo.

A divulgação separada dos fluxos de caixa decorrentes das atividades financeiras é importante em face da sua utilidade na predição das exigências impostas a futuros fluxos de caixa pelos fornecedores de capital a empresa.

Como exemplo de fluxo de caixa decorrente desse tipo de atividade tem-se:

a) recebimentos provenientes da emissão de ações ou outros instrumentos de capital;
b) pagamentos a investidores para adquirir ou resgatar ações da própria empresa;
c) recebimentos decorrentes da emissão de debêntures e outros títulos, obtenção de empréstimos e outras modalidades de captação de recursos a curto e a longo prazos;
d) amortização de empréstimos, resgate de títulos a pagar e liquidação de outras captações de recursos da entidade; e
e) pagamentos pela redução do passivo relativo a operações de arrendamento mercantil, na condição de arrendatário.

No grupo das atividades de financiamento, evidencia-se informação sobre onde a empresa capta seus recursos, se dos acionistas e cotistas, ou de credores por empréstimos ou de outras fontes, além de informações relacionadas à política de dividendos.

## 37.7 DEMONSTRAÇÃO DOS FLUXOS DE CAIXA DE BANCOS

Para as instituições bancárias, a DFC é particularmente importante, uma vez que o dinheiro constitui o principal produto dessas instituições e, consequentemente, o seu estoque é o caixa. Assim, mais que para as demais empresas, o caixa é o propulsor de suas operações, o que torna o conhecimento sobre a capacidade de geração de caixa informação crucial para os diversos usuários da contabilidade dessas instituições.

Contudo, o modelo de DFC concebido para todos os tipos de empresas necessita de adaptações às especificidades das instituições bancárias, notadamente quanto à classificação dos fluxos de caixa nos grupos de atividades operacionais, de investimento e de financiamento.

A intermediação financeira, principal atividade exercida pelas instituições bancárias, atribui a essas entidades características peculiares que as diferem das demais instituições não financeiras. Assim, na DFC, as atividades de financiamento e de investimento (captação e aplicação de recursos) das instituições bancárias confundem-se com suas atividades operacionais, o que requer uma classificação diferenciada para essas operações para se evitarem distorções nos valores apresentados na demonstração.

A título de exemplo, a concessão de um empréstimo por uma empresa não financeira é uma atividade de investimento, enquanto para um banco ou outra instituição financeira é uma atividade operacional, típica de sua atividade principal. O mesmo ocorre com captações no mercado por meio da emissão de títulos de dívida.

Assim, o formato do modelo de DFC dividido em três grupos de atividades, consolidado na literatura e nas normas contábeis, requer adaptações para aplicação às instituições financeiras, a fim de diferenciar a classificação de alguns itens que são exclusivos dessas instituições ou cujo tratamento contábil é distinto em relação às empresas não financeiras.

O pronunciamento CPC 03 (R2), de modo geral, não prevê regras específicas para elaboração da DFC por instituições financeiras. Há, porém, alguns dispositivos que sugerem tratamentos específicos para determinadas transações típicas de instituições financeiras, além de um exemplo de modelo de DFC para instituições financeiras.

É o caso do item 15, que sugere que as antecipações de caixa e os empréstimos feitos por instituições financeiras sejam classificados como atividades operacionais, uma vez que se referem à principal atividade geradora de receita dessas entidades.

Cabe notar, contudo, que somente os fluxos de rendas e encargos são considerados operacionais. As saídas e ingressos de caixa relativos ao recurso aplicado ou captado devem ser considerados, respectivamente, atividade de investimento ou de financiamento.

Esse entendimento é corroborado pelos itens 12 e 34A do CPC 03 (R2), a seguir transcritos:

> 12. Uma única transação pode incluir fluxos de caixa classificados em mais de uma atividade.

Por exemplo, quando o desembolso de caixa para pagamento de empréstimo inclui tanto os juros como o principal, a parte dos juros pode ser classificada como atividade operacional, mas a parte do principal deve ser classificada como atividade de financiamento.

(...)

34A. Este Pronunciamento encoraja fortemente as entidades a classificarem os juros, recebidos ou pagos, e os dividendos e juros sobre o capital próprio recebidos como fluxos de caixa das atividades operacionais, e os dividendos e juros sobre o capital próprio pagos como fluxos de caixa das atividades de financiamento. Alternativa diferente deve ser seguida de nota evidenciando esse fato.

Desse modo, ao conceder um empréstimo, a instituição deve classificar a saída de caixa como uma atividade de investimento, ao passo que o recebimento dos juros e de outros modos de remuneração por esse empréstimo, como tarifas e taxas, é classificado como operacional.

Somente assim o fluxo de caixa das atividades operacionais refletirá o resultado da instituição em termos de caixa, confrontando as receitas efetivamente recebidas com as despesas pagas, conforme prevê o parágrafo 14 do CPC 03 (R2) a seguir transcrito. Esse procedimento faz com que o lucro e o fluxo de caixa das operações se igualem ao se considerar toda a vida da instituição ou de um empreendimento:

14. Os fluxos de caixa advindos das atividades operacionais são basicamente derivados das principais atividades geradoras de receita da entidade. Portanto, eles geralmente resultam de transações e de outros eventos que entram na apuração do lucro líquido ou prejuízo.

Por outro lado, aplicações de curto prazo em instrumentos financeiros como títulos, depósitos interbancários, operações compromissadas, entre outros, que não se caracterizem como equivalentes a caixa e que são frequentemente negociados, devem ser classificadas nas atividades operacionais, visto que compõem a atividade principal e mais rotineira da instituição, assemelhando-se aos estoques de uma empresa comercial.

As demais movimentações de caixa relacionadas às aplicações de intermediação financeira, como aquisição de títulos e ações, concessão de empréstimos e operações de arrendamento mercantil, na condição de arrendadora, são classificadas nas atividades de investimento. O mesmo ocorre com os investimentos em ativos imobilizado e intangível e em participações societárias.

Nas atividades de financiamento, por sua vez, são classificados os ingressos e saídas de caixa decorrentes de captações de recursos com instrumentos de intermediação financeira, como depósitos à vista e a prazo e emissão de títulos e outros instrumentos de dívida, assim como as captações provenientes de acionistas.

A esse respeito, cabe destacar que no modelo ilustrativo apresentado como anexo ao pronunciamento CPC 03 (R2), os depósitos e certificados de depósitos são classificados nas atividades operacionais e os juros e dividendos recebidos são classificados nas atividades de investimento, o que é incoerente com a lógica estabelecida nos dispositivos do próprio pronunciamento, sobretudo os itens 12, 14 e 34, já transcritos nesta seção, que preveem que nas atividades operacionais devem ser classificadas somente as rendas e os encargos, não o capital aplicado ou captado, que são classificados, respectivamente, nas atividades de investimento e de financiamento.

Outro ponto a destacar na DFC de instituições financeiras é que, em face dos elevados montantes de recebimentos e pagamentos diariamente transacionados, principalmente pelos bancos, o CPC 03 (R2) permite que os fluxos de caixa decorrentes das seguintes atividades sejam reportados em base líquida (recebimentos deduzidos dos pagamentos), evitando a apresentação na demonstração de volumes muito elevados de transações:

a) recebimentos e pagamentos em dinheiro pelo aceite e resgate de depósitos a prazo fixo;

b) a colocação ou retirada de depósitos de outras instituições financeiras; e

c) adiantamentos em dinheiro e empréstimos feitos a clientes, bem como a liquidação e amortização desses adiantamentos e empréstimos.

### Exemplo de DFC para instituição financeira

A partir dos principais conceitos envolvidos e do arcabouço normativo vigente (CPC 03 - R2), apresentamos no Quadro 37.1 exemplo de DFC, elaborado pelo método direto, adequado às especificidades dos bancos, de acordo com a classificação contábil atualmente prevista no elenco de contas do Cosif.

Quadro 37.1 DFC de um banco (método direto)

| Fluxo de caixa das atividades operacionais |
|---|
| (+) Juros e demais rendas recebidas |
| (+) Receitas recebidas em operações de arrendamento mercantil |
| (+) Recebimentos por instrumentos financeiros derivativos |
| (+) Recebimentos por operações de câmbio |
| (−) Juros pagos |
| (−) Pagamentos por instrumentos financeiros derivativos |
| (−) Pagamentos por operações de câmbio |
| (=) Fluxo de caixa da intermediação financeira |
| (+) Comissões recebidas |
| (+) Recebimentos por prestação de serviços e outras receitas |
| (+) Dividendos e juros sobre o capital próprio recebidos |
| (−) Pagamentos a empregados e fornecedores |
| (−) Pagamentos por outras despesas operacionais |
| (−) Imposto e contribuições pagos |
| (=) Fluxo de caixa das atividades operacionais |

| Fluxo de caixa das atividades de investimento |
|---|
| (+/−) Aplicações/recebimentos líquidos em operações interfinanceiras de liquidez |
| (+/−) Aplicações/recebimentos líquidos em títulos e valores mobiliários |
| (+/−) Aplicações/recebimentos líquidos em relações interfinanceiras |
| (+/−) Aplicações/recebimentos líquidos em relações interdependências |
| (+/−) Aplicações/recebimentos líquidos em operações de crédito |
| (+/−) Aplicações/recebimentos líquidos em operações de arrendamento mercantil |
| (+/−) Aplicações/recebimentos líquidos em outros créditos |
| (+/−) Aplicações/recebimentos líquidos em outros valores e bens |
| (=) Fluxo de caixa da intermediação financeira |
| (+/−) Aquisição/alienação de bens não de uso próprio |
| (+/−) Aquisição/alienação de ativo imobilizado |
| (+/−) Aquisição/alienação de ativo intangível |
| (+/−) Aquisição/alienação de participações societárias |
| (+/−) Aquisição/alienação de outros investimentos |
| (=) Fluxo de caixa das atividades de investimento |

| Fluxo de caixa das atividades de financiamento |
|---|
| (+/−) Captações/pagamentos de depósitos |
| (+/−) Captações/pagamentos por operações no mercado aberto |
| (+/−) Captações/pagamentos por emissão de títulos |
| (+/−) Captação/pagamentos por empréstimos e repasses |
| (=) Fluxo de caixa da intermediação financeira |
| (+) Ágio na subscrição de ações |
| (−) Dividendos e juros sobre o capital próprio pagos |
| (−) Aquisições de ações próprias |
| (+/−) Aumento ou redução de capital |
| (=) Fluxo de caixa das atividades de financiamento |

| |
|---|
| Caixa e equivalentes a caixa no começo do período |
| Caixa e equivalentes a caixa no fim do período |
| Aumento líquido no caixa e equivalentes a caixa |

## 37.8 DEMONSTRAÇÃO DOS FLUXOS DE CAIXA – MÉTODOS DE ELABORAÇÃO

Na preparação da DFC, o caixa proveniente das atividades operacionais poderá ser apresentado por dois métodos distintos: o método direto ou método indireto. As atividades de investimento e de financiamento são igualmente apresentadas nos dois métodos.

### 37.8.1 Método direto

O fluxo de caixa apresentado pelo método direto evidencia os recebimentos e pagamentos relativos às atividades operacionais, pelos seus valores brutos, em determinado período.

Assim, pelo método direto, como demonstrado no Quadro 37.2, são evidenciados os montantes totais de entradas e saídas de caixa e equivalentes a caixa decorrentes de receitas e despesas do período. Na prática, é como se a Demonstração do Resultado fosse reconstruída, considerando-se como receitas somente os valores efetivamente recebidos e como despesas apenas o que foi desembolsado no período. A diferença entre os pagamentos e recebimentos resulta no caixa gerado (ou consumido, se negativo) pelas atividades operacionais no período.

**Quadro 37.2** Fluxo de caixa das atividades operacionais – método direto

| |
|---|
| (+) Recebimentos |
|   • de juros |
|   • de dividendos |
|   • de taxas e tarifas por prestação de serviços |
|   • outros |
| (–) Pagamentos |
|   • de juros |
|   • a empregados |
|   • de impostos |
|   • a fornecedores de materiais e serviços |
|   • outros |
| (=) Caixa Gerado (ou consumido) pelas Operações |

Ainda segundo o CPC 03 (R2), as empresas que divulgarem as DFC pelo método direto estão obrigadas a apresentar uma conciliação entre o lucro líquido e o fluxo de caixa líquido das atividades operacionais, o que, na prática, como será visto próxima seção, é semelhante a uma nova demonstração pelo método indireto.

### 37.8.2 Método indireto

O método indireto faz a ligação entre o lucro líquido apurado na DRE e o caixa gerado pelas operações da instituição. Por isso, é também conhecido como método da reconciliação, pois o fluxo de caixa das operações é elaborado a partir do lucro líquido do período, ajustado pelos eventos e transações que afetaram o resultado sem efeito sobre o caixa, como provisões, depreciações, ajustes a valor justo de ativos e passivos etc.

Em seguida, por diferença de saldos do Balanço Patrimonial, são adicionados os volumes de receitas reconhecidas e não recebidas e de despesas incorridas e não pagas no período, obtendo-se o fluxo de caixa das operações, conforme demonstrado no Quadro 37.3.

A lógica desse método prevê que, se o saldo de um ativo correspondente a uma receita a receber aumenta, significa que o volume de receitas recebidas foi menor que o caixa gerado no período. Portanto, o lucro está maior que o seu efeito sobre o caixa e precisa ser ajustado negativamente para que se converta em fluxo de caixa. Por outro lado, se o saldo de uma conta de despesa a pagar aumenta, parte das despesas do período não foi paga, então o lucro está menor que o caixa e precisa ser ajustado positivamente, para que seja convertido em fluxo de caixa.

**Quadro 37.3** Fluxo de caixa das atividades operacionais – método indireto

| |
|---|
| Lucro Líquido |
| (+/–) Ajustes para converter o lucro líquido para regime de caixa |
|   (+/–) Ajustes a valor de mercado de ativos e passivos |
|   (+) Provisões |
|   (+) Depreciações e amortizações |
|   (+/–) Ajustes de variação cambial |
|   (+/–) Resultado de equivalência patrimonial de investimentos em controladas e coligadas |
| (+/–) Variações nas contas do ativo circulante que afetam a receita ou a despesa |
|   (+/–) Aumento/redução nas contas de juros a receber |
|   (+/–) Aumento/redução nas contas de arrendamentos a receber |
|   (+/–) Aumento/redução em derivativos e demais instrumentos financeiros de curto prazo |
| (+/–) Variações nas contas de exigível de curto prazo que afetam a receita ou a despesa |
|   (+/–) Aumento/redução nas contas de encargos a pagar |
|   (+/–) Aumento/redução em despesas a pagar |
|   (+/–) Aumento/redução em impostos e contribuições a pagar |
| (+/–) Lucro ou prejuízo na venda de ativos |
| (=) Caixa gerado (ou consumido) pelas atividades operacionais |

## 37.8.3 Método direto × método indireto

A utilização do método direto na apresentação da DFC torna mais claro para o usuário como ocorreram as principais transações da empresa com relação à entrada e saída de caixa, sendo, assim, o método de melhor base informativa quanto ao planejamento financeiro da empresa.

Desse modo, a apresentação da DFC pelo método direto permite ao usuário maior compreensão das principais transações geradoras e consumidoras de caixa da empresa durante o período. Por isso, tanto o *International Accounting Standards Board* (IASB) quanto importantes reguladores contábeis locais, como o *Financial Accounting Standards Board* (FASB), dos Estados Unidos, incentivam as empresas a adotarem o método direto, uma vez que é de mais fácil compreensão e fornece informações que podem ser mais úteis para a estimativa dos fluxos de caixa futuros.

Apesar disso, diversos estudos mostram que a maioria das empresas apresenta a DFC pelo método indireto, principalmente por ser mais simples e exigir menos controles para sua elaboração.

No caso das instituições financeiras que atuam no Brasil, em pesquisa feita às demonstrações financeiras de divulgação obrigatória por essas instituições, relativas ao exercício de 2020, disponíveis na Central de Demonstrações Financeiras do Sistema Financeiro Nacional (CDSFN) (https://www.bcb.gov.br/estabilidadefinanceira/cdsfn), constatamos que os 51 bancos de maior porte, que compõem os segmentos S1, S2 e S3, divulgaram a DFC pelo método indireto.

As principais razões para esse fato são, provavelmente, os custos para a elaboração da demonstração, que são inferiores no método indireto comparativamente ao método direto, devido à facilidade de automação, visto que a DFC pode ser preparada a partir de dados já presentes no Balanço Patrimonial. Além disso, a apresentação da DFC pelo método exime a empresa de fazer a conciliação do lucro líquido com o fluxo de caixa das operações, separadamente, em notas explicativas, exigida pelo CPC 03 (R2).

## 37.9 EXERCÍCIOS

1. Uma sociedade empresária apresentou os seguintes dados extraídos do Balancete de Verificação em 31/12/2021:

| | |
|---|---|
| Aumento do saldo de estoques de mercadorias | R$ 5.000,00 |
| Aquisição de imóveis | R$ 8.000,00 |
| Aumento do saldo de capital social por integralização em espécie | R$ 10.000,00 |
| Aumento do saldo de fornecedores | R$ 4.000,00 |
| Concessão de empréstimos a sócios | R$ 3.000,00 |
| Despesas com depreciação do período | R$ 1.500,00 |
| Lucro líquido do exercício | R$ 3.500,00 |
| Pagamento de empréstimos a pagar | R$ 2.500,00 |
| Redução do saldo de duplicatas a receber | R$ 3.500,00 |
| Redução do saldo de salários a pagar | R$ 1.000,00 |
| Venda de veículos | R$ 6.000,00 |

Considerando exclusivamente as informações apresentadas, o Fluxo de Caixa das Atividades Operacionais e o Resultado da Variação de Caixa evidenciarão, respectivamente:

a) R$ 1.500,00 e R$ 4.000,00.
b) (R$ 5.000,00) e R$ 5.000,00.
c) R$ 6.500,00 e R$ 9.000,00.
d) R$ 7.500,00 e R$ 1.500,00.

2. De acordo com o CPC 03 – Demonstração dos Fluxos de Caixa (DFC), preencha os parênteses de acordo com os itens numerados, associando as atividades com a sua respectiva afirmação.

(1) Atividades operacionais.
(2) Atividades de investimento.
(3) Atividades de financiamento.

( ) É um indicador-chave da extensão pela qual as operações da entidade têm gerado suficientes fluxos de caixa para amortizar empréstimos, manter a capacidade operacional da entidade, pagar dividendos e juros sobre o capital próprio e fazer novos investimentos sem recorrer a fontes externas de financiamento.

( ) É importante em função de tais fluxos de caixa representarem a extensão em que os dispêndios de recursos são feitos pela entidade com a finalidade de gerar lucros e fluxos de caixa no futuro.

( ) É importante por ser útil na predição de exigências de fluxos futuros de caixa por parte de fornecedores de capital à entidade.

A sequência numérica correta de preenchimento dos parênteses, de cima para baixo, é

a) 1 – 2 – 3.
b) 1 – 3 – 2.
c) 2 – 1 – 3.
d) 2 – 3 – 1.
e) 3 – 2 – 1.

3. De acordo com o Pronunciamento Técnico CPC 03 (R2) – Demonstração dos Fluxos de Caixa, os fluxos de caixa agregados advindos da obtenção e da perda de controle de controladas devem ser apresentados separadamente e classificados, respectivamente, nas atividades:

a) Operacional e operacional.
b) De investimento e de investimento.
c) De investimento e de financiamento.
d) De financiamento e de investimento.
e) De financiamento e de financiamento.

## 37.10 RESPOSTAS DOS EXERCÍCIOS

1. c

**Justificativa:** FCOP. (método indireto)

LL ajustado = 5.000

Aumento no estoque (–) 5.000

Aumento de fornecedores (+) 4.000

Redução de duplicatas a receber (+) 3.500

Redução de salários a pagar (–) 1.000

= 6.500

FCINV

Aquisição de imóvel (–) 8.000

Venda de veículo (+) 6.000

= (2.000)

FCFINANC

Aumento de CS (+) 10.000

Conceder empréstimos a sócios (–) 3.000

Pagar empréstimos (–) 2.500

= 4.500

VARIAÇÃO DO FCX = 6.500 + 4.500 – 2.000 = 9.000

2. a
3. b

## REFERÊNCIAS

BANCO CENTRAL DO BRASIL. COSIF: Padrão Contábil das Instituições Reguladas pelo Banco Central do Brasil. Disponível em: https://www3.bcb.gov.br/aplica/cosif. Acesso em: 17 maio 2023.

COMITÊ DE PRONUNCIAMENTOS CONTÁBEIS. CPC 00 (R2) – Estrutura Conceitual para Relatório Financeiro. Brasília, 01 de novembro de 2019. Disponível em: http://www.cpc.org.br/CPC/Documentos-Emitidos/Pronunciamentos/Pronunciamento?Id=80. Acesso em: 17 maio 2023.

COMITÊ DE PRONUNCIAMENTOS CONTÁBEIS. CPC 03 (R2) – Demonstração dos Fluxos de Caixa. Brasília, 03 de setembro de 2010. Disponível em: http://www.cpc.org.br/CPC/Documentos-Emitidos/Pronunciamentos/Pronunciamento?Id=34. Acesso em: 17 maio 2023.

CONSELHO MONETÁRIO NACIONAL. Resolução CMN nº 4.818/2020. Consolida os critérios gerais para elaboração e divulgação de demonstrações financeiras individuais e consolidadas pelas instituições financeiras e demais instituições autorizadas a funcionar pelo Banco Central do Brasil. 2 de junho de 2020. Disponível em: https://www.bcb.gov.br/estabilidadefinanceira/exibenormativo?tipo=Resolu%C3%A7%C3%A3o&numero=4818. Acesso em: 17 maio 2023.

# 38

# GESTÃO DE CAPITAL

Julio Cesar Zanini
Claudio Filgueiras Pacheco
Moreira (revisor)
Giovanna do Nascimento
Ferraz (revisora)

## 38.1 INTRODUÇÃO

A história bancária foi marcada por movimentos, mudanças e adaptações às novas realidades, como a internacionalização dos produtos e serviços bancários, a globalização das instituições financeiras e o crescimento dos mercados financeiros. Durante esse processo, foram registradas várias anomalias, a partir de instabilidades econômicas dos sistemas monetários nacionais e internacionais, gerando questionamentos sobre a necessidade do fortalecimento do sistema monetário internacional e a estabilidade das instituições financeiras dos países.

Como resposta às turbulências nos mercados, o *Bank for International Settlements* (BIS) criou o Comitê de Supervisão Bancária da Basileia (*Basel Committee on Banking Supervision* – BCBS), composto por 45 autoridades monetárias e supervisoras de 28 jurisdições, que divulgou o Acordo da Basileia, inserindo princípios de supervisão bancária (*Basel Core Principles*) e um sistema para mensuração e padronização dos requerimentos mínimos de capital, objetivando dar mais segurança e preservação à solidez do sistema bancário mundial.

Além disso, as recomendações desse comitê visam harmonizar as regulações prudenciais adotadas pelos seus membros, cujo objetivo é melhorar a competição entre os bancos internacionalmente ativos, diante da crescente relevância da internacionalização dos mercados financeiros. O Banco Central do Brasil (BCB), como membro do Comitê da Basileia desde 2009, busca assegurar que a convergência da regulação financeira brasileira para as recomendações do Comitê de Basileia considere as condições estruturais da economia brasileira.

## 38.2 BASILEIA I E II

O Acordo de Basileia I (1988) estabeleceu recomendações para as exigências mínimas de capital para instituições financeiras internacionalmente ativas para fins de mitigação do risco de crédito. Em 1996, essas recomendações foram aprimoradas com a incorporação de requerimentos para a cobertura dos riscos de mercado no capital mínimo exigido das instituições financeiras.

As recomendações conhecidas como Basileia II (2004), revisão do primeiro Acordo, agregaram princípios para uma avaliação mais precisa dos riscos incorridos por instituições financeiras internacionalmente ativas. Direcionado aos grandes bancos, o documento detalha os três pilares para a regulação prudencial:

**Pilar 1**: critérios para o cálculo dos requerimentos mínimos de capital (riscos de crédito, mercado e operacional).

**Pilar 2**: princípios de supervisão para a revisão de processos internos de avaliação da adequação de capital, de forma a incentivar a aplicação, pelos próprios supervisionados, de melhores práticas de gerenciamento de riscos por meio do seu monitoramento e mitigação;

**Pilar 3**: incentivo à disciplina de mercado por meio de requerimentos de divulgação ampla de informações relacionadas aos riscos assumidos pelas instituições.

Em 2006, com o avanço das discussões sobre requerimentos de risco de mercado para a carteira de negociação (*trading book*) das instituições financeiras, as recomendações foram compiladas de forma a permitir única referência às recomendações do comitê. O arcabouço de Basileia II representou importante melhoria para avaliação de riscos, tornando os requisitos prudenciais mais sensíveis ao risco, bem como considerando aspectos associados às crescentes inovações financeiras.

## 38.3 BASILEIA III

O arcabouço das recomendações conhecidas como "Basileia III" é a resposta à crise financeira internacional de 2007/2008. Divulgado pelo Comitê de Basileia a partir de 2010, as novas recomendações têm como objetivo o fortalecimento da capacidade de as instituições financeiras absorverem choques provenientes do próprio sistema financeiro ou dos demais setores da economia, reduzindo o risco de propagação de crises financeiras para a economia real, bem como eventual efeito dominó no sistema financeiro em virtude de seu agravamento.

## 38.4 REGULAMENTAÇÃO PRUDENCIAL – OS TRÊS PILARES DE BASILEIA II

- Pilar 1 – Exigência de capital mínimo

O primeiro Pilar do Acordo da Basileia II trata da exigência/requerimento de capital mínimo. Esse Pilar apresenta abordagens para três diferentes tipos de risco: risco de crédito, risco de mercado e risco operacional.

1. **Risco de crédito**: o acordo de Basileia II apresenta como forma de mensuração do risco de crédito o Método Padronizado, já abordado no Acordo de 1988, e, além desse, duas novas alternativas para mensuração de risco de crédito baseadas em classificações internas de risco (*Internal Ratings Based* – IRB). A abordagem do método padronizado é uma revisão da metodologia proposta no Acordo de 1988. Dentro do IRB, os bancos podem optar por um estágio mais básico (*Foundation*) ou por um mais avançado (*Advanced*). No primeiro, os bancos utilizam estimativas internas para probabilidade de inadimplência associada à categoria do tomador, e os supervisores fornecerão os outros insumos componentes de risco. Já no segundo, os bancos têm a permissão para desenvolver um processo de alocação de capital interno considerando estimativas internas para componentes de risco.

2. **Risco de mercado**: o Comitê de Supervisão Bancária trata de risco de mercado como as posições de ativos financeiros e instrumentos financeiros derivativos e operações de proteção (*hedge*) de outros ativos. Pela definição constante nesse Acordo, esse risco representa a possibilidade de uma instituição sofrer perdas em posições dentro e fora do balanço devido às oscilações nos preços de mercado. Os métodos de medição do risco de mercado poderão ser o chamado método básico ou alternativamente um modelo da própria instituição (interno), desde que devidamente aprovado e seu uso autorizado pela entidade supervisora.

3. **Risco operacional**: já no que diz respeito ao risco operacional, a exigência de capital mínimo para esse tipo de risco não era tratada no primeiro acordo. A partir de Basileia II, passa a existir a recomendação de manutenção de capital para possíveis perdas operacionais. Esse capital pode ser calculado de três formas, conforme o primeiro Pilar de Basileia II: (i) método básico; (ii) método padronizado; (iii) método avançado. O método básico (*basic indicator approach*) obtém o capital a ser alocado para risco operacional por meio da aplicação de um fator sobre uma média da receita bruta dos últimos três anos da instituição financeira. Essa é a forma de cálculo mais simplificada, visto que se baseia meramente em padrões contábeis. O método padronizado (*standardized approach*) também é baseado na receita bruta dos últimos três anos, porém este método utiliza diferentes índices multiplicadores para as distintas linhas de negócio. Já o método avançado (*advanced measurement approach*) compreende a adoção de métodos de mensuração, incluindo critérios quantitativos e qualitativos.

Portanto, de acordo com a regulamentação prudencial, o Pilar 1 reflete os critérios para o cálculo dos requerimentos mínimos de capital (PR, Nível I e Capital Principal) a partir do risco de crédito (ativos ponderados pelo risco – RWACPAD e RWACIRB);

risco de mercado (ativos ponderados pelo risco – RWAMPAD e RWAMINT) e risco operacional (ativos ponderados pelo risco relativas ao risco operacional – RWAOPAD).

Além disso, o Adicional de Capital Principal (*buffers* de conservação e contracíclico) e Instituições sistemicamente importantes (D-SIBs e G-SIBs) assim como a Razão de Alavancagem (RA) (*Leverage Ratio*) também são considerados pela regulamentação como integrantes do Pilar 1.

- Pilar 2 – Supervisão Bancária

O segundo Pilar, "Revisão no Processo de Supervisão", ressalta a importância da manutenção de um eficiente gerenciamento de risco por parte dos bancos. O objetivo desse Pilar é assegurar que as instituições bancárias mantenham processos internos sólidos a fim de avaliar a adequação do seu capital, com base em uma avaliação completa dos seus riscos.

O acordo apresenta princípios essenciais de revisão de supervisão, citados a seguir:

Princípio 1: os bancos devem ter processos para avaliar sua adequação de capital em relação ao seu perfil de risco e estratégia para manter seus níveis de capital.

Princípio 2: os supervisores devem revisar e avaliar as avaliações internas e estratégias dos bancos com relação à adequação de capital, bem como suas habilidades para monitorar e assegurar sua conformidade com os índices de capital regulatório.

Princípio 3: os supervisores devem esperar que os bancos operem acima do índice de capital mínimo e devem ter a habilidade de exigir destes a manutenção de um capital acima do mínimo.

Princípio 4: os supervisores devem procurar interagir num estágio inicial para prevenir que o capital caia abaixo dos níveis requeridos como mínimos, a fim de suportar as características de risco de um banco específico, e devem requerer ações rápidas de reforço se o capital não for mantido ou restabelecido.

O Comitê de Supervisão Bancária busca, por meio desse Pilar, que os bancos não mantenham apenas os níveis mínimos de capital para suportar o risco em seu negócio, mas também desenvolvam e utilizem melhores técnicas de administração e monitoração do risco.

Adicionalmente, os princípios de supervisão aqui definidos determinam que o Pilar 2 contemple riscos não cobertos no Pilar 1, tais como cobertura do risco de variação das taxas de juros em instrumentos classificados na carteira bancária (IRRBB) e o processo Interno de Avaliação da Adequação de Capital (Icaap).

- Pilar 3 – Disciplina de Mercado

O terceiro Pilar do acordo tem o intuito de complementar as abordagens de requerimento de capital e do processo de revisão da supervisão. O Pilar está baseado no desenvolvimento de regras que estimulem maior disciplina do mercado por meio do aumento da transparência das instituições financeiras. Dessa forma, os agentes de mercado, tais como acionistas e clientes, teriam informações suficientes para viabilizar uma avaliação da gestão dos riscos efetuados pelos bancos e seus níveis de adequação de capital.

Segundo o BCBS, a disciplina de mercado teria o papel de reforçar a regulação de capital e outros esforços fiscalizadores na promoção de segurança e solidez dos bancos e sistemas financeiros, proporcionando aos participantes do mercado perfeitas condições de análise do risco mediante divulgações de informações dos bancos. O Pilar está baseado em aumentar a transparência e impelir melhor administração dos riscos pelos bancos.

O Comitê de Supervisão Bancária acredita que estas divulgações têm particular relevância para proteção do programa, onde a confiança nas metodologias internas permite aos bancos mais discrição na avaliação de requerimento de capital. A princípio, por meio das divulgações propostas, o mercado teria informações consistentes e compreensíveis para análise do risco a que cada instituição está exposta.

## 38.5 SEGMENTAÇÃO DAS INSTITUIÇÕES FINANCEIRAS

Face à heterogeneidade do sistema financeiro nacional, e seguindo as recomendações internacionais do Comitê de Basileia para Supervisão Bancária, o Conselho Monetário Nacional (CMN) aprovou e publicou a Resolução CMN nº 4.553, de 30 de janeiro de 2017, com o objetivo de segmentar as instituições financeiras e demais instituições autorizadas a funcionar pelo BCB, para fins de aplicação proporcional da regulação prudencial.

Conforme detalhado no Capítulo 2, as instituições financeiras e demais instituições autorizadas a funcionar pelo BCB, para fins de aplicação proporcional da regulação prudencial, devem se enquadrar em um dos seguintes segmentos:

- Segmento 1 (S1).
- Segmento 2 (S2).
- Segmento 3 (S3).
- Segmento 4 (S4).
- Segmento 5 (S5).

Mas detalhes poderão ser observados no Capítulo 2, "Segmentação do Sistema Bancário".

## 38.6 ÍNDICE DE BASILEIA

O índice de Basileia também é conhecido com índice de solvência ou de solvabilidade de uma instituição financeira. Em outras palavras, demonstra a capacidade da instituição para cumprir com suas obrigações com clientes e investidores.

Na prática, calcula-se este índice da seguinte forma:

- IB = PR / RWA

Onde:

- IB: Índice de Basileia
- PR: Patrimônio de Referência
- RWA: Valor dos ativos ponderados pelo risco

A regulamentação vigente (Resolução CMN nº 4.955, de 21 de outubro de 2021) estabelece a seguinte metodologia de cálculo para o Patrimônio de Referência (PR), a ser apurado pelas instituições financeiras e demais instituições autorizadas a funcionar pelo BCB:

- PR = Nível I + Nível II

Onde:

- Nível I
  - Capital Principal (patrimônio líquido, minoritários/outros e ajustes prudenciais)
  - Capital Complementar (instrumentos de capital e dívida)
- Nível II (instrumentos de capital e dívida)

O montante dos ativos ponderados pelo risco (RWA) corresponde à soma das seguintes parcelas:

- RWACPAD, relativa às exposições ao risco de crédito sujeitas ao cálculo do requerimento de capital mediante abordagem padronizada; ou
  - RWACIRB, relativa às exposições ao risco de crédito sujeitas ao cálculo do requerimento de capital mediante sistemas internos de classificação do risco de crédito (abordagens IRB) autorizados pelo BCB;
- RWAMPAD, relativa às exposições ao risco de mercado sujeitas ao cálculo do requerimento de capital mediante abordagem padronizada; ou
  - RWAMINT, relativa às exposições ao risco de mercado sujeitas ao cálculo do requerimento de capital mediante modelo interno autorizado pelo BCB; e
- RWAOPAD, relativa ao cálculo do capital requerido para o risco operacional mediante abordagem padronizada.

De acordo com a Resolução CMN nº 4.958, de 21 de outubro de 2021, as instituições devem manter, permanentemente, montantes de PR, de Nível I e de Capital Principal em valores superiores aos requerimentos mínimos estabelecidos, conforme apresentado a seguir:

| Requerimento mínimo | Fator "F" |
|---|---|
| Patrimônio de Referência (PR) | 8% |
| Nível I | 6% |
| Capital Principal | 4,5% |

(*) Aplica-se o Fator "F" ao montante de RWA

### Exemplo

Considerando que o Banco XYZ apresenta os seguintes dados:

- PR = R$ 150.236.230 (Nível I + Nível II)
- Nível I = R$ 130.565.270
  - Capital Principal = R$ 119.106.690
  - Capital Complementar = R$ 11.458.580
- Nível II = R$ 19.670.960
- RWA = R$ 953.325.685

Os requerimentos mínimos a observar são:
- PR = R$ 76.266.054 (8% do RWA)
- Nível I = R$ 57.199.541 (6% do RWA)
- Capital Principal = R$ 42.899.655 (4,5% do RWA)

Os índices apresentados por essa instituição são:
- IB = PR/RWA = 15,8%
  - Nível I = 13,7%
    - Capital Principal = 12,5%
    - Capital Complementar = 1,2%
  - Nível II = 2,1%

Vale observar também que essa norma estabelece uma parcela adicional de requerimento ao Capital

Principal (sigla ACP – adicional de capital principal). O ACP corresponde à soma das seguintes parcelas:

- ACP$_{Conservação}$: correspondente ao Adicional de Conservação de Capital Principal;
- ACP$_{Contracíclico}$: correspondente ao Adicional Contracíclico de Capital Principal; e
- ACP$_{Sistêmico}$: correspondente ao Adicional de Importância Sistêmica de Capital Principal.

Nota-se que o ACP$_{Sistêmico}$, como o próprio nome já representa, aplica-se exclusivamente às instituições enquadradas no Segmento 1 (S1).

A seguir, são demonstrados os percentuais para o ACP:

| Requerimento mínimo | Fator "F" |
|---|---|
| ACP$_{Conservação}$ | 2,5% |
| ACP$_{Contra-cíclico}$ (*) | máximo de 2,5% |
| ACP$_{Sistêmico}$ (*) | máximo de 2,0% |

(*) Fica a critério do BCB estabelecer a metodologia de apuração destas parcelas e os seus percentuais em relação ao montante RWA.

## 38.7 REGRAS VIGENTES APLICÁVEIS ÀS INSTITUIÇÕES DE PAGAMENTO

Em 4 de novembro de 2013, quando o BCB publicava a Circular nº 3.681, que dispunha, entre outros assuntos, sobre os requerimentos mínimos de patrimônio, o regulador focava apenas em garantir os riscos envolvidos aos serviços de pagamentos. Naquele momento, ainda não se tinha a visão do tamanho e da relevância que as IPs teriam no mercado. Tampouco o tipo de grupos econômicos que se formariam em torno dessas instituições com a abertura de outras subsidiárias, muitas vezes até IFs, abaixo delas para expandir a gama de produtos ofertados. E fora a complexidade e sofisticação que essas instituições trariam ao mercado, a exemplo da securitização de recebíveis com característica de crédito, e sua consequente distribuição via cotas no mercado.

A circular anteriormente mencionada traz as regras ainda vigentes de requerimento de capital mínimo para as Instituições de Pagamento, até o momento da publicação desta obra. Dado que essas regras já têm prazo para serem revogadas, o capítulo trará um resumo dessas novidades na próxima seção.

Segue, no Quadro 38.1, um resumo com as regras vigentes para cálculo de capital das IPs.

**Quadro 38.1** Regras para patrimônio ajustado das IPs

| Modalidade (1) | Regra para patrimônio líquido ajustado pelas contas de resultado (PLA) mínimo |
|---|---|
| Emissoras ou credenciadoras de instrumento pós-pago | 2% do valor médio mensal das transações de pagamento executadas nos últimos 12 meses |
| Emissoras de moeda eletrônica | O maior valor entre 2% da média mensal de transações de pagamentos executadas pela instituição nos últimos 12 meses ou do saldo das moedas eletrônicas emitidas, apurado diariamente (2) |
| Iniciadoras de transação de pagamento (3) | Um % mínimo do valor médio das transações iniciadas nos últimos 12 meses: 1% – entre 03/11/2020 e 31/12/2022 1,25% – entre 01/01/2023 e 31/12/2024 1,5% – a partir de 01/01/2025 |

**Fonte:** Elaborado pelos autores.

(1) No caso de uma instituição de pagamento que opere em mais de uma modalidade, esta deve somar os requerimentos mínimos por modalidade para chegar ao valor mínimo final de patrimônio líquido ajustado pelas contas de resultado ("PLA").

(2) No caso de *book transfer*, a IP deve considerar apenas uma das transações, para evitar-se duplicidade na soma.

(3) Artigo incluído na norma pela Resolução BCB nº 25, de 22 de outubro de 2020, dado que a modalidade de iniciador de transação de pagamento é algo mais recente da norma.

Uma observação importante é que, até o momento da publicação obra, os conglomerados compostos por IPs e IFs seguem regras distintas entre as empresas. As IPs devem se atentar ao normativo detalhado anteriormente, enquanto as instituições financeiras devem seguir as regras atuais de Patrimônio de Referência. Isso mudará bastante em 2023, mas esse assunto será tratado na próxima seção.

### Exemplo – cálculo do capital mínimo requerido por uma emissora de instrumento pós-pago

Considere que a IP X esteja calculando o seu PLA mínimo em janeiro de 2022, e que ela tenha um volume mensal de transações de pagamento apresentado no Quadro 38.2.

**Quadro 38.2** Volumes de transação da IP X

| Mês | Volume de transação |
|---|---|
| Jan./21 | 120.000.000,00 |
| Fev./21 | 122.400.000,00 |
| Mar./21 | 126.072.000,00 |
| Abr./21 | 131.114.880,00 |
| Maio/21 | 137.670.624,00 |
| Jun./21 | 145.930.861,44 |
| Jul./21 | 156.146.021,74 |
| Ago./21 | 168.637.703,48 |
| Set./21 | 183.815.096,79 |
| Out./21 | 202.196.606,47 |
| Nov./21 | 224.438.233,18 |
| Dez./21 | 251.370.821,17 |
| Média | 161.149.404,02 |
| PLA mínimo | 3.282.988,08 |

Segundo o normativo vigente, é necessário aplicar 2% sobre o volume médio de transações dos últimos 12 meses. O volume médio dos últimos 12 meses no nosso exemplo é de R$ 164.149.409,02. Logo, a IP X deveria ter um PLA mínimo de R$ 3.282.988,08 em janeiro/22. Qualquer valor abaixo desse montante a IP está em desenquadramento regulatório.

## 38.8 MUDANÇAS NAS REGRAS PRUDENCIAIS DAS INSTITUIÇÕES DE PAGAMENTOS

Em março de 2022, o BCB publicou uma série de normativos, que entraram em vigor partir de janeiro de 2023, visando aprimorar as regras prudenciais aplicadas às entidades sobre a sua supervisão, visando combater assimetrias regulatórias existentes em especial no que tange ao mercado de pagamento brasileiro.

Na exposição de motivos da Resolução BCB nº 197, de 11 de março de 2022, o BCB traz alguns princípios importantes que foram considerados na elaboração dos novos normativos que valem ser transcritos de forma resumida aqui:

a) **equilíbrio entre regulação por atividade e por entidade**: – tratamento idêntico para uma mesma atividade;

b) **manutenção da segmentação e proporcionalidade regulatória**: manutenção de regras mais simples para as atividades e instituições que detêm operações mais simples (exemplo: IPs puras);

c) **captura do *shadow banking***: consolidação das instituições em um mesmo conglomerado, de modo a capturar todos os riscos incorridos por um mesmo grupo empresarial, e aqui vale um parêntese, pois existem atualmente instituições que seguem regras diferentes dentro de um mesmo conglomerado, dada a ausência de normativos que tratassem esses novos cenários apresentados;

d) **previsibilidade regulatória**: promoção de mudanças de forma progressiva e com prazo para a efetiva implementação; e

e) **fomento à inovação e concorrência**: a norma deve manter as portas abertas para novos entrantes por meio de regras prudenciais mais simples e de menor requerimento de capital para instituições de menor porte e complexidade.

Conforme detalhado no Capítulo 2, os conglomerados prudenciais compostos por pelo menos uma instituição de pagamento são segmentados em: tipo 1, tipo 2 e tipo 2.

O normativo continua considerando instituição líder conforme a definição da regulamentação que trata dos critérios contábeis de elaboração dos documentos contábeis consolidados do conglomerado prudencial.

Já a Resolução BCB nº 198, de março de 2022, aplicável aos conglomerados tipo 2 ou aquelas IPs puras traz o conceito de Patrimônio de Referência de Instituição de Pagamento ("PRip"), que substitui o conceito de PLA apresentado na Circular nº 3.681, de novembro de 2020. O PRip garantirá maior qualidade para o capital, tornando-o mais capaz de absorver perdas inesperadas do que a atual metodologia.

A Resolução BCB nº 199, de março de 2022, é aplicável para os conglomerados prudenciais tipo 3 e inova em estender o conceito de Patrimônio de Referência ("PR") para a sua IP líder, que antes seguia a metodologia de PLA, e suas subsidiárias. Dado o impacto em maior requerimento de capital, a norma dispõe sobre uma mudança gradual nos percentuais de redutores aplicados na apuração do capital até 2025.

Assim como a resolução apresentada, a Resolução BCB nº 200, de março de 2022, também é aplicável aos conglomerados prudenciais tipo 3, trazendo o conceito já existente para o tipo 1 de cálculo de ativos ponderados pelo risco (RWA), também definindo o *Adicional de Capital Principal* (ACP) e as restrições que a sua insuficiência ocasiona. Também apresenta uma implementação gradual até 2025.

Visando também manter a competição ativa para novos entrantes com níveis de operação menor, a Resolução BCB nº 201, de março de 2022, traz uma alternativa de modelo simplificado para os conglomerados tipo 3 que estejam inseridos no segmento S5, ou seja, instituições que possuam um menor impacto e relevância no sistema como um todo.

E, finalmente, a Resolução BCB nº 202, de março de 2022, traz o cálculo da parcela de ativos ponderados pelo risco (RWA) relativa ao cálculo do capital requerido para os riscos associados a serviços de pagamento (RWAsp). Que é algo também novo que o normativo traz em específico para esse novo tipo de conglomerado prudencial.

## 38.9 EXERCÍCIOS

1. Com relação à metodologia de Patrimônio Líquido Ajustado, que a Circular nº 3.681 do BCB traz, a qual é aplicável às IPs, pede-se assinalar a opção correta:

a) As instituições de pagamento que operem em mais de uma modalidade devem ser conservadoras e considerar como PLA o maior entre os valores apurados de PLA para cada modalidade em que estas operem.

b) As transferências internas entre contas de pagamento de um mesmo arranjo não devem ser consideradas para fins de cálculo de PLA das emissoras de moeda eletrônica.

c) A metodologia de PLA será descontinuada após janeiro 2023 com a promulgação de novos normativos em março de 2022.

d) Atualmente, tanto emissor de cartão como iniciador de transação de pagamento devem considerar como PLA 2% sobre o volume médio de transações de pagamentos.

e) As instituições de pagamento emissoras de moeda eletrônica terão um período de ajuste gradual do seu percentual a ser aplicado para ponderação do PLA.

2. Como parte integrante do Pilar 1, quais são os riscos a serem calculados e/ou considerados para fins de RWA?

a) Risco de mercado, risco de sustentabilidade e risco de crédito.

b) Risco operacional, risco de crédito e risco de mercado.

c) Razão de alavancagem, risco de sustentabilidade e risco de mercado.

d) Risco de crédito, risco de mercado e razão de alavancagem.

3. Com relação à metodologia de Patrimônio Líquido Ajustado, que a Circular nº 3.681 do BCB traz e que é aplicável às IPs, pede-se assinalar a opção correta:

a) As instituições de pagamento que operem em mais de uma modalidade devem ser conservadoras e considerar como PLA o maior entre os valores apurados de PLA para cada modalidade em que estas operem.

b) As transferências internas entre contas de pagamento de um mesmo de arranjo não devem ser consideradas para fins de cálculo de PLA das emissoras de moeda eletrônica.

c) A metodologia de PLA será descontinuada após janeiro 2023 com a promulgação de novos normativos em março de 2022.

d) Atualmente, tanto emissor de cartão como iniciador de transação de pagamento devem considerar como PLA 2% sobre o volume médio de transações de pagamentos.

4. De acordo com o BCB, as instituições devem manter, permanentemente, montantes de Capital Principal, PR e Nível I em valores superiores aos requerimentos mínimos estabelecidos. Quais são estes percentuais mínimos?

a) 8%, 6% e 4,5%.
b) 4,5%, 6% e 8%.
c) 4,5%, 8% e 6%.
d) 8%, 4,5% e 6%.

## 38.10 RESPOSTAS DOS EXERCÍCIOS

1. c

**Justificativa:** a alternativa (a) está incorreta, pois as instituições que operem em mais de uma modalidade devem somar o PLA de cada modalidade para se chegar ao patrimônio mínimo requerido.

A alternativa (b) também está incorreta, dado que no caso de transferências internas a instituição emissora de moeda eletrônica deve considerar uma das pontas da transferência interna para fins de cálculo de volume de transações efetuadas.

A alternativa (d) está incorreta, já que o iniciador de transação de pagamento tem uma regra de percentual diferente do emissor de cartão de crédito.

E, finalmente, a alternativa (e) também é incorreta, pois a metodologia de PLA será descontinuada após a vigência dos novos normativos em 2023.

2. b

3. c

4. c

## APÊNDICE – DEFINIÇÃO DE TERMOS

COMITÊ DE BASILEIA PARA SUPERVISÃO BANCÁRIA – fórum internacional para discussão e formulação de recomendações para a regulação prudencial e cooperação para supervisão bancária. Tem por objetivo reforçar a regulação, a supervisão e as melhores práticas bancárias para a promoção da estabilidade financeira.

# REFERÊNCIAS

BANCO CENTRAL DO BRASIL. Acordos de Basileia. Disponível em: https://www.bcb.gov.br/estabilidadefinanceira/recomendacoesbasileia. Acesso em: 17 maio 2023.

BANCO CENTRAL DO BRASIL. Circular nº 3.681/2013. Dispõe sobre o gerenciamento de riscos, os requerimentos mínimos de patrimônio, a governança de instituições de pagamento, a preservação do valor e da liquidez dos saldos em contas de pagamento, e dá outras providências. *Diário Oficial da União*, 4 nov. 2013. Disponível em: https://normativos.bcb.gov.br/Lists/Normativos/Attachments/48839/Circ_3681_v9_P.pdf. Acesso em: 17 maio 2023.

BANCO CENTRAL DO BRASIL. Resolução BCB nº 25/2020. Altera a Circular nº 3.681, de 4 de novembro de 2013, que dispõe sobre o gerenciamento de riscos, os requerimentos mínimos de patrimônio, a governança de instituições de pagamento, a preservação do valor e da liquidez dos saldos em contas de pagamento, e dá outras providências. *Diário Oficial da União*, 26 out. 2020. Disponível em: https://www.bcb.gov.br/estabilidadefinanceira/exibenormativo?tipo=Resolu%C3%A7%C3%A3o%20BCB&numero=25. Acesso em: 17 maio 2023.

BANCO CENTRAL DO BRASIL. Resolução BCB nº 197/2022. Classifica o conglomerado prudencial integrado por ao menos uma instituição que realize serviço de pagamento e estabelece a segmentação para os conglomerados prudenciais classificados como Tipo 3 para fins de aplicação proporcional da regulação prudencial. *Diário Oficial da União*, 14 mar. 2022. Disponível em: https://www.bcb.gov.br/estabilidadefinanceira/exibenormativo?tipo=Resolu%C3%A7%C3%A3o%20BCB&numero=197. Acesso em: 17 maio 2023.

BANCO CENTRAL DO BRASIL. Resolução BCB nº 198/2022. Dispõe sobre o requerimento mínimo de Patrimônio de Referência de Instituição de Pagamento (PRIP) de conglomerado do Tipo 2, nos termos da Resolução BCB nº 197, de 11 de março de 2022, e de instituição de pagamento não integrante de conglomerado prudencial, e sobre a metodologia de apuração desses requerimentos e a respectiva estrutura de gerenciamento contínuo de riscos. *Diário Oficial da União,* 14 mar. 2022. Disponível em: https://www.bcb.gov.br/estabilidadefinanceira/exibenormativo?tipo=Resolu%C3%A7%C3%A3o%20BCB&numero=198. Acesso em: 17 maio 2023.

BANCO CENTRAL DO BRASIL. Resolução BCB nº 199/2022. Dispõe sobre a metodologia para apuração do Patrimônio de Referência (PR) para conglomerado prudencial classificado como Tipo 3. *Diário Oficial da União*, 14 mar. 2022. Disponível em: https://www.bcb.gov.br/estabilidadefinanceira/exibenormativo?tipo=Resolu%C3%A7%C3%A3o%20BCB&numero=199. Acesso em: 17 maio 2023.

BANCO CENTRAL DO BRASIL. Resolução BCB nº 200/2022. Dispõe sobre os requerimentos mínimos de Patrimônio de Referência (PR), de Nível I e de Capital Principal e sobre o Adicional de Capital Principal de conglomerado prudencial classificado como Tipo 3. *Diário Oficial da União*, 14 mar. 2022. Disponível em: https://www.bcb.gov.br/estabilidadefinanceira/exibenormativo?tipo=Resolu%C3%A7%C3%A3o%20BCB&numero=200. Acesso em: 17 maio 2023.

BANCO CENTRAL DO BRASIL. Resolução BCB nº 201/2022. Dispõe sobre a metodologia facultativa simplificada para apuração do requerimento mínimo de Patrimônio de Referência Simplificado (PRS5) para os conglomerados prudenciais classificados como do Tipo 3, sobre os requisitos para opção por essa metodologia e sobre a estrutura simplificada de gerenciamento contínuo de riscos. *Diário Oficial da União*, 14 mar. 2022. Disponível em: https://www.bcb.gov.br/estabilidadefinanceira/exibenormativo?tipo=Resolu%C3%A7%C3%A3o%20BCB&numero=201. Acesso em: 17 maio 2023.

BANCO CENTRAL DO BRASIL. Resolução BCB nº 202/2022. Estabelece o cálculo da parcela dos ativos ponderados pelo risco (RWA) relativa ao cálculo do capital requerido para os riscos associados a serviços de pagamento (RWASP) estabelecida nas Resoluções BCB nºs 200 e 201, de 11 de março de 2022 e 14 de março de 2022. *Diário Oficial da União*. Disponível em: https://www.bcb.gov.br/estabilidadefinanceira/exibenormativo?tipo=Resolu%C3%A7%C3%A3o%20BCB&numero=202. Acesso em: 17 maio 2023.

CONSELHO MONETÁRIO NACIONAL. Resolução CMN nº 4.553/2017. Estabelece a segmentação do conjunto das instituições financeiras e demais instituições autorizadas a funcionar pelo Banco Central do Brasil para fins de aplicação proporcional da regulação prudencial. *Diário Oficial da União*, 30 jan. 2017. Disponível em: Res_4553_v2_P.pdf (bcb. https://normativos.bcb.gov.br/Lists/Normativos/Attachments/50335/Res_4553_v2_P.pdfgov.br). Acesso em: 17 maio 2023.

CONSELHO MONETÁRIO NACIONAL. Resolução CMN nº 4.955/2021. Dispõe sobre a metodologia para apuração do Patrimônio de Referência (PR). *Diário Oficial da União*, 21 out. 2021. Disponível em: https://www.bcb.gov.br/estabilidadefinanceira/exibenormativo?tipo=Resolu%C3%A7%C3%A3o%20CMN&numero=4955. Acesso em: 17 maio 2023.

CONSELHO MONETÁRIO NACIONAL. Resolução CMN nº 4.958/2021. Dispõe sobre os requerimentos mínimos de Patrimônio de Referência (PR), de Nível I e de Capital Principal e sobre o Adicional de Capital Principal (ACP). *Diário Oficial da União*, 21 out. 2021. Disponível em: https://www.bcb.gov.br/estabilidadefinanceira/exibenormativo?tipo=Resolu%C3%A7%C3%A3o%20CMN&numero=4958. Acesso em: 17 maio 2023.

# ÍNDICE ALFABÉTICO

## A

Abordagem
    de custos, 44
    de mercado, 41, 43
    de receita, 41, 44
*Accounting mismatch*, 27
Aceites cambiais, 141
    recursos, 148
Acordo
    de Basileia I, 367
    de Basileia II, 367
    de Basileia III, 368
Adiantamento a depositantes, 206
Agronegócio brasileiro, 337
Ajuste a valor presente, 103
Amortização do ativo intangível, 113
Análise de risco de crédito, 208
Aplicações
    em depósitos interfinanceiros, 52
    em moeda estrangeira, 52
    em operações compromissadas, 52

Apresentação das demonstrações contábeis, 351
Apropriação de receitas, 231
Apuração de resultado, 331
Aquisição de direitos, 182
Arranjo de pagamento
    interoperabilidade, 303
Arranjo de pagamento, 301
Arrendadora, 80, 87
Arrendamento mercantil
    classificação, 79
    conceito, 77
    operações, 77
    tratamento contábil, 79
Arrendatária, 84, 86
Atividades de financiamento
    fluxo de caixa, 360, 361
Atividades operacionais
    fluxo de caixa, 360
Ativo
    conceito, 21
    técnicas de avaliação, 43
Ativo financeiro, 221

Ativo identificável, 111
Ativo imobilizado, 105
    abertura das contas, 107
    baixa, 108
    classificação e conteúdo das contas, 107
    divulgação das demonstrações contábeis, 108
    mensuração inicial, 105
    mensuração subsequente, 106
    reavaliação, 108
Ativo intangível, 111
    amortização, 113
    amortização com vida útil definida, 113
    amortização com vida útil indefinida, 113
    baixa, 113
    desenvolvido pelas instituições, 112
    recebido em doação, 113
    registro contábil, 112
Ativos contingentes, 163

Ativos financeiros, 235
    fluxo de decisão, 240
    reclassificação, 230
Ativos intangíveis identificáveis, 283
Ativos mensurados ao valor justo
    divulgação, 46
Ativos não financeiros
    mensuração do valor justo, 40
Atos cooperativos, 327
Auditoria cooperativa, 332

## B

Baixa de ativo intangível, 114
Baixa de instrumentos financeiros, 235
Baixa dos elementos das demonstrações financeiras, 28
Baixa no ativo imobilizado, 108
Balancete combinado, 331
Balanço Patrimonial, 19, 354
    conceitos, 21
    elementos, 21
Banco cooperativo, 328, 332
Basileia I e II, 367
Basileia III, 368
Benefícios a empregados, 171
Benefícios de curto prazo, 173
    divulgação, 174
Benefícios de longo prazo, 178
Benefícios pós-emprego, 174
Benefícios rescisórios, 178

## C

Caixa e equivalentes de caixa, 359
Cálculo do *goodwill*, 285
Capital de giro, 206
Capital mínimo, 328
Captação de poupança, 328
Captação por certificados de operações estruturadas, 153
Captação por emissão de títulos e valores imobiliários no exterior, 152
Captura do *shadow banking*, 372

Características específicas dos consórcios, 293
Características qualitativas, 17
Carta de crédito, 97
Cartões de crédito, 205, 211
*Chargeback*, 205, 212
Cheque especial, 206
Circular BCB nº 1.273, 55
Circular nº 3.068, 65
Classificação das operações de *hedge*, 268
Classificação de ativos financeiros, 225
Classificação de passivos financeiros, 225, 229
Classificação em níveis, 46
CMN
    normas, 2
Coligada, 118
Combinação de negócios, 281
    determinação da data de aquisição, 282
    identificação do adquirente, 282
    método de aquisição, 282
Comércio exterior e operações de câmbio, 91
Componentes de risco, 269
Composição do SFN, 12
Compras e vendas a termo de moedas estrangeiras, 96
Compras e vendas futuras de moedas estrangeiras, 94
Compromisso de crédito, 222
Compromisso de recompra, 58
Conceitos regulatórios, 301
Confederação de crédito, 332
Conglomerado prudencial, 353
Consórcios
    características contábeis específicas, 294
    características específicas, 293
    procedimentos contábeis, 295
Contabilidade de *hedge*, 222, 265
    critérios de qualificação, 276
    descontinuidade, 277
    requisitos de efetividade, 276

Contabilidade de instrumentos financeiros, 215
Contabilização do *hedge*, 275
Contabilização, 102
Contas contábeis
    atributos, 4
Contas de compensação, 201
    como usar, 201
    conceito, 201
Contingências, 159
Continuidade, 192
Contraparte externa, 268
Contraparte, 222
Contraprestação transferida, 285
Contrato híbrido, 222
Contratos de câmbio, 93
Contratos híbridos, 72, 230
Controlada, 117
Controle acionário, 127
Cooperativa central de crédito, 332
Cooperativas de crédito, 325
    classificação, 327
Cosif
    a partir de 2025, 4
    capítulos, 2
    distribuição das rubricas, 5
    estrutura, 2
    grupos, 5
    objetivo, 1
    origem, 2
    padrão contábil, 1
    revisão, 2
    subgrupos, 5
Crédito de comercialização, 339
Crédito de custeio, 339
Crédito de industrialização, 339
Crédito de investimento, 339
Crédito rural, 337
    contabilização das operações, 346
    controle das operações, 346
    depósitos interfinanceiros, 341
    equalização de taxas de juros, 342
    finalidade, 338

fiscalização, 343
monitoramento, 343
objetivos, 338
origem, 338
regulamentação, 339
títulos de crédito, 344
Crise financeira mundial, 240
Custo amortizado, 228
Custo corrente, 30
Custo de transação, 39
Custo de transporte, 39
Custo histórico do ativo, 29
Custos relacionados à aquisição, 283

# D

Debêntures, 141
Definição do valor justo, 234
Demonstração das mutações do patrimônio líquido, 355
Demonstração do Resultado
    composição, 25
    elementos, 24
Demonstração do Resultado Abrangente, 355
Demonstração do Resultado do exercício, 355
Demonstração dos Fluxos de Caixa, 52, 359
    de bancos, 361
    método direto, 364
    método indireto, 364
    métodos de elaboração, 364
Demonstrações combinadas, 20
Demonstrações consolidadas, 20, 350
Demonstrações contábeis, 349
    apresentação, 351
    conteúdo mínimo, 354
    divulgação, 352, 356
Demonstrações contábeis intermediárias, 351, 356
Demonstrações financeiras
    a entidade que reporta, 19
    apresentação, 31

baixa dos elementos, 28
divulgação, 31
elementos, 21
limitações, 16
mensuração dos elementos, 28
objetivo, 16, 19
participações societárias, 20
reconhecimento dos elementos, 26
utilidade, 16
vínculos entre os elementos, 26
Demonstrações individuais, 20
Demonstrações separadas, 20
Depósitos, 142
    a prazo, 144
    à vista, 142
    captação a custo zero, 142
    captação por emissão de letra de câmbio, 148
    de poupança, 145
    em moedas estrangeiras, 145, 146
    interfinanceiros, 145, 146
    principais rubricas, 143
Derivativo embutido, 222
Descontinuidade do uso do MEP, 128
Desmontagem de ativos, 163
Despesas antecipadas, 101
    classificação, 101
    com assinatura de anuidades, 101
    com comissões e prêmios, 101
    com seguros, 101
    com vale-transporte, 101
    conceito, 101
    conteúdo, 101
Devoluções
    provisões, 165
DFC, 52, 359
    de bancos, 361
    estrutura, 360
Disponibilidades
    conceito, 51
    em moeda nacional, 52

Distribuição de dividendos por entidade coligada, 125
Distribuição de dividendos por entidade controlada, 121
Distribuição de sobras, 331
Dividendos, 192
DMPL, 355
Documentação formal do *hedge*, 277
DRA, 19, 355
DRE, 19, 355
    elementos, 24

# E

Efetividade de *hedge*, 276
Elaboração da norma IFRS 13
    conceito, 36
Elaboração de documentos contábeis, 293
Elementos da DRE, 24
Elementos das demonstrações financeiras, 21
Elementos do Balanço Patrimonial, 21
Elementos patrimoniais, 21
Emissão de títulos e valores imobiliários no exterior, 152
Empréstimo consignado, 206
Empréstimo pessoal, 206
Empréstimo rotativo, 206
Empréstimos, 141, 205, 206
    novo tratamento contábil, 212
Equilíbrio do índice de *hedge*, 277
Escrituração contábil, 6
    por agência, 7
Estágios de risco de crédito, 257
Estrutura conceitual, 15, 17
Estrutura societária, 117
Evento subsequente
    conceito, 190
    continuidade, 192
    dividendos, 192
    divulgação, 193
    quando demanda ajustes, 190
    quando é considerado, 190

quando não requer ajustes, 190
tratamento contábil, 190
Exportação e importação, 96

## F

Fatores de ponderação, 343
Financiamento às exportações, 98
Financiamentos, 206
Fluxo contábil genérico, 7
Fluxo de troca entre empregador e empregado, 172
Fundo de assistência técnica, 330
Fundo de reserva, 330
Fundo garantidor, 328

## G

Garantia financeira prestada, 222
Gastos estimados com desmontagem de ativos, 163
Gastos futuros, 283
Gestão de capital, 367
Grupos homogêneos de risco, 260

## H

HACC, 266
*Hedge*
    accounting, 265
    conceito, 265
    de fluxo de caixa, 275
    de investimento líquido no exterior, 276
    de valor justo, 275
    descontinuidade da contabilidade, 277
    documentação formal, 277
    efetividade, 276
    inclusão dos ajustes no capital da instituição, 278
Hierarquia do valor justo, 44

## I

IAS 17, 85
IFRS 16, 86

*Impairment*
    definição, 132
    periodicidade do teste, 134
Índice de Basileia, 370
Influência preponderante, 127
Informações financeiras úteis
    características qualitativas, 17
Iniciador de transação de pagamento, 308
Instituição de pagamento, 14, 299
    credenciadora, 307
    emissora de instrumento pós-pago, 305
    emissora de moeda eletrônica, 304
    regras vigentes, 371
Instituições financeiras
    atividade internacional, 12
    de pagamento, 14
    enquadramento, 13
    porte, 12
    requerimentos, 13
    segmentação, 12, 369
Instituidor de arranjo, 302
Instrumento de *hedge*, 267
Instrumento de pagamento e moeda eletrônica, 303
Instrumento patrimonial, 223
Instrumentos financeiros, 229
    baixa, 235
    categorias de ativos em 2025, 71
    mensuração, 231
    mensuração do valor justo, 41, 42
    mensuração subsequente, 233
    novo critério em 2025, 71
    reconhecimento, 231
Investimento em coligadas, 118
Investimento em controladas, 118
Investimento em *joint ventures*, 118
Investimentos e método da equivalência patrimonial, 117

## J

*Joint venture*, 118

## L

Lei nº 12.865, 299
Letra do Tesouro Nacional
    valor de mercado, 43
Licenças remuneradas de curto prazo, 173
Linhas de crédito do exterior, 99
Livros de escrituração, 7
LTN
    valor de mercado, 43

## M

Maior e melhor uso, 40
Marcação a mercado de títulos e valores mobiliários, 66
Memorando de entendimento, 37
*Memorandum of Understanding* (MoU), 37
Mensuração
    conceito, 35
    de ativos financeiros, 225
    de passivos financeiros, 225
    do valor justo, 35, 39
    do valor recuperável, 132
    inicial, 105
    subsequente, 73, 106
Mercado mais vantajoso, 39
Mercado principal, 39
Método da equivalência patrimonial, 117, 126
Método de juros efetivos, 223, 232
Moeda de escrituração, 92
Moeda eletrônica, 303
Mudança de estimativa, 195
Mutações do patrimônio líquido, 25

## N

Norma internacional, 84
Normas contábeis aplicáveis às administradoras de consórcio, 293
Notas explicativas, 356

## O

Objeto de *hedge*, 267

Obsolescência
  conceito, 44
Opção pelo valor justo, 229
Operações com títulos e valores mobiliários, 65
Operações compromissadas
  processo de registro, 56, 57
Operações compromissadas – tipos, 56, 57
Operações de arbitragem, 96
Operações de arbitragem, 96
Operações de arrendamento mercantil, 77
  classificação, 79
  tratamento contábil, 79
Operações de câmbio e comércio exterior, 91
  definições, 92
  moeda de escrituração, 92
  plano de contas, 92
  regras de escrituração, 92
Operações de crédito, 205, 229
  adiantamento a depositantes, 206
  análise de risco, 208
  aprovação, 208
  capital, 209
  capital de giro, 206
  cheque especial, 206
  classificação, 205
  contabilização, 207
  empréstimo consignado, 206
  empréstimo pessoal, 206
  empréstimo rotativo, 206
  empréstimos, 205, 206
  financiamentos, 206
  formalização do contrato, 209
  garantias, 209
  liberação, 208
  procedimentos contábeis, 209
  títulos descontados, 206
Operações de *hedge*, 268
Operações interbancárias, 93
Operações interfinanceiras de liquidez, 55

## P

Pagamento
  instituições, 299
Pagamento baseado em ações
  conceito, 181
  divulgação de transações, 181
  reconhecimento e mensuração, 181
PANC, 285
Partes de um consórcio, 294
Participações societárias, 20
Participantes do mercado, 39
Passivo
  circulante, 160
  conceito, 21
  condições de existência, 241
  critérios, 23
  não circulante, 160
  técnicas de avaliação, 43
Passivos, 159
Passivos contingentes, 283
Passivos financeiros
  mensuração do valor justo, 41, 42
Passivos mensurados ao valor justo
  divulgação, 46
Patrimônio líquido
  conceito, 21
  mutações, 25
Patrimônio líquido mínimo, 328
Perda esperada, 259
Plano contábil Cosif, 1
Plano de contas
  objetivo, 1
Plano de contas, 102
Plano Safra, 345
Planos de benefício definido, 174, 175
Planos de contribuição definida, 174
Planos de participação nos lucros e bônus, 173
POCI, 223
Políticas contábeis, 195
Porte de instituições financeiras, 12

Posição bancada, 52
Previsibilidade regulatória, 372
Princípios gerais, 15
Pronunciamento conceitual básico, 15
Pronunciamento técnico CPC 41, 186
Provisão para perdas esperadas, 261
  metodologia completa, 252, 256
  metodologia simplificada, 253
  relacionadas ao risco de crédito, 245
Provisionamento, 82
Provisões, 159
  para devoluções, 165
  passivos contingentes, 161
  tratamento fiscal, 167
Publicação de documentos contábeis, 293

## Q

Quotas de capital, 330

## R

Rateio de prejuízos, 331
Reclassificação de títulos e valores mobiliários, 67, 73
Reconhecimento de ágio em participação societária, 128
Reconhecimento inicial de investimento em participação societária, 127
Recursos
  de aceites cambiais, 148
  de debêntures, 151
  de depósitos, 141
  de empréstimos e repasses, 154
  de letras do agronegócio, 149
  de letras financeiras, 149
  de letras hipotecárias, 149
  de letras imobiliárias, 149
  transferidos para bancos cooperativos, 330

Redução ao valor recuperável de ativos, 131
    definição, 132
    em instituições financeiras, 137
Redução no valor do ativo
    condição, 133
Regimes prudenciais, 328
Regulamentação do SFN, 11
Regulamentação prudencial, 368
Relação de proteção, 267
Repasses financeiros, 330
Repasses, 141
Resolução BCB nº 120, 15, 30
Resolução BCB nº 219, 215, 221
Resolução BCB nº 3.339, 56
Resolução CMN nº 2.682, 247
Resolução CMN nº 3.533, 241
Resolução CMN nº 4.434, 330
Resolução CMN nº 4.924, 15, 30
Resolução CMN nº 4.966, 66, 215, 221
Resolução CMN nº 4.975, 78
Resultado básico por ação, 186
Resultado por ação, 185
Retificação de erros, 195
Reversão da perda por desvalorização, 135
Risco de crédito
    estágios, 257

## S

Segmentação
    das instituições financeiras, 369
    do sistema bancário, 11

Segmentos das instituições financeiras, 12
Simulação de Monte Carlo, 277
Sistema bancário
    regulamentação prudencial, 11
    regulamentação, 11
    segmentação, 11
Sistema cooperativo, 331
Sistema de informações de crédito, 213
SNF
    composição, 12
Sociedades de crédito direto
    contabilização, 317
Sociedades de crédito direto, 315
Sociedades de empréstimo entre pessoas, 315, 318
*Swap* de taxas de juros, 269

## T

Taxa de desconto, 133
Taxa de juros efetiva, 223
Teste de *impairment*
    evidências de perda, 134
    individual, 135
    periodicidade, 134
    unidade geradora de caixa, 134
Títulos de renda fixa, 55
Títulos descontados, 206
Títulos disponíveis para venda, 66, 69
Títulos e valores mobiliários
    classificação, 66
    marcação a mercado, 66
    procedimentos para reclassificação em 2025, 73
    procedimentos para reclassificação, 67, 73
    reclassificação, 67
    tratamento contábil, 66
Títulos mantidos até o vencimento, 66, 70
Títulos para negociação, 66, 68
Transação forçada, 38
Transferência de controle, 223
TVM
    procedimentos para reclassificação, 67

## U

Unidade de conta, 24, 38

## V

Valor de mercado
    de LTN, 43
Valor justo
    conceito, 36, 37
    de participação anterior, 285
    hierarquia, 44
    mensuração, 35, 39
    no resultado, 228
Valor recuperável de ativos, 131
Valores mobiliários
    operações com títulos, 65
Venda com compromisso de recompra, 58
*Vesting conditions*, 182
VJORA, 228
VJR, 228